A HISTORY OF MARXIAN ECONOMICS

VOLUME II, 1929-1990

Michael Charles Howard John Edward King

马克思主义经济学史

(1929—1990)

〔加拿大〕M.C.霍华德 〔澳〕J.E.金 著
顾海良 张 新 常庆欣
郑吉伟 韩金华 吴雅杰 译
赵 准 严 冰 赵雅沁

中央编译出版社
CCTP Central Compilation & Translation Press

图书在版编目 (CIP) 数据

马克思主义经济学史 . 1929—1990 / (加) M.C. 霍华德 , (澳) J.E. 金著；顾海良等译 . —北京：中央编译出版社 , 2003.7 (2020.12 重印)

ISBN 978-7-80109-632-6

I. ①马… II. ① M… ② J… ③顾… III. ①马克思主义政治经济学—经济思想史— 1929-1990 IV. ① F091.9

中国版本图书馆 CIP 数据核字 (2018) 第 193219 号

马克思主义经济学史 (1929—1990)

责任编辑	翟民刚
特约编辑	周明圣
执行编辑	王丽芳
责任印制	刘 慧
出版发行	中央编译出版社
地 址	北京西城区车公庄大街乙 5 号鸿儒大厦 B 座 (100044)
电 话	（010）52612345（总编室） （010）52612368（编辑室） （010）52612316（发行部） （010）52612346（馆配部）
传 真	（010）66515838
经 销	全国新华书店
印 刷	佳兴达印刷（天津）有限公司
开 本	710 毫米 ×1000 毫米 1/16
字 数	479 千字
印 张	28.5
版 次	2003 年 7 月第 1 版
印 次	2020 年 12 月第 2 次印刷
定 价	98.00 元

新浪微博 @ 中央编译出版社 **微 信** 中央编译出版社（ID：cctphome）
淘宝店铺 中央编译出版社直销店（http://shop108367160.taobao.com）（010）55626985

本社常年法律顾问：北京市吴栾赵阎律师事务所律师 闫军 梁勤
凡有印装质量问题，本社负责调换，电话：（010）55626985

译者再版前言

《马克思主义经济学史（1929—1990）》译著正式出版，到现在已经过去18年了。我在2001年的“译者前言”中曾经提到：“当代西方有影响马克思主义的研究者，大多是以‘学术的’‘考据的’视角对待马克思主义历史和理论为特点的，一般被列作西方‘马克思学’范围之内。M.C.霍华德和J.E.金的两卷本《马克思主义经济学史》，总体上也持这种理论倾向。因此，两位作者的许多观点，我们都是不赞成的。但同时，对这种‘学术的’‘考据的’研究以及形成的理论观点，对我们的研究还是有意义的，甚至可以说是有裨益的。这就是我们组织翻译本书的初衷。”我写这些文字，旨在说明我们对待本书所阐释的理论观点的基本态度，即以“以我为主、为我所用”的基本立场来看待这些理论观点的。

习近平在提到怎样正确对待当代世界马克思主义思潮时提到：“对国外马克思主义研究新成果，我们要密切关注和研究，有分析、有鉴别，既不能采取一概排斥的态度，也不能搞全盘照搬。”[①] 这次在对《马克思主义经济学史》第二卷再版译校时，我对霍华德和金提出的有些理论观点特别关注。如他们对苏联社会主义经济建设的评价，特别是对斯大林社会主义建设理论和实践的理解，是有偏颇的，有的甚至是极其错误的；在如何理解20世纪马克思主义政治经济学在苏联和在中国发展过程和特征的理解上，与历史事实也多有背离，有的理解显然是武断的；在如何理解马克思主义政治经济学当代意义问题时，对劳动价值论、剩余价值论、资本积累论和经济危机论的论述，也有程度不同的误读，等等。如何“有分析、有鉴别”地对待这些理论观点，其中有些是学术观点上的论争问题，有些则是根本的政治见解上的问题，确实需要我们“密切关注和研究”。对霍华德和金的理论观点，我们同样应该“既不能采取一概排斥的态度，也不能搞全盘照搬”。

---

① 《深刻认识马克思主义时代意义和现实意义 继续推进马克思主义中国化时代化大众化》，载《人民日报》2017年9月30日。

此次再版，对原来译文中的讹误和不妥之处作了修正和校订。修正和校订工作由常庆欣和顾海良承担。出版社王丽芳编辑为再版付出了极大辛劳，在此特表谢意。

顾海良

2020 年 10 月

译者前言

《马克思主义经济学史（1929—1990）》是M.C.霍华德和J.E.金合著的两卷本《马克思主义经济学史》的第二卷。两卷本《马克思主义经济学史》是20世纪末西方学术界研究马克思主义经济思想历史发展的最有影响的著作之一。

两卷本的第一卷《马克思主义经济学史（1883—1929）》出版于1989年。该卷对1883年马克思去世后直到1929年资本主义经济危机爆发这一时期马克思主义经济学史作了阐述。该卷从恩格斯和马克思经济学遗产关系的分析入手，集中评价了恩格斯晚年编辑出版《资本论》第二卷和第三卷的意义，以及恩格斯与各种流派的经济学家围绕价值问题展开理论争论的过程及其得失。接着，对1895年到1914年间西方学者（主要是德国学者）关于价值理论的进一步争论，伯恩施坦、卢森堡和考茨基关于修正主义的争论，以及考茨基、希法亭、卢森堡和奥托·鲍威尔等人关于帝国主义与战争、金融资本、资本积累问题的讨论等作了展开论述。从19世纪90年代到1917年马克思主义经济学在俄国的发展是该卷的重要论题，作者分19世纪90年代、1905—1914年和1914—1917年三个时期展开论述。该卷的最后部分，集中于1917年到1929年间马克思主义经济学在西方国家（同样主要是在德国）的新的趋向，其中如弗里茨·斯滕伯格的新的帝国主义理论、关于向社会主义过渡的经济学理论以及亨里克·格罗斯曼的资本主义"崩溃"理论等。

两卷本的第二卷《马克思主义经济学史（1929—1990）》出版于1992年，主要是对1929年资本主义经济危机以后直到20世纪90年代初苏联解体东欧剧变时，马克思主义经济思想发展的基本轨迹的阐述。第二卷的内容是第一卷内容的继续。因此，在本卷的"导言"中，作者就提出："在第一卷中，德国和俄国马克思主义者的著述占统治地位，因为1929年以前，这两个国家实际上垄断了马克思主义经济学的理论讨论。但是，20世纪30年代以来，理论分析的重心开始转向西方，以至于西欧和北美在战后成为马克思主义政治经济学的中心。新的难题也在这一时期出现，马克思经济学中早先为人们所忽视的一些东西被提升到更加突出的位置；正因为如此，在本卷的一些章节中，我们也对本卷主要涉及的年代之前的文献进行了考察。同时，马克思主义政治经济学也变得越来越难以界定，因为非马克思主义的观点被用来克服马克思主义分析上的缺陷或被用于增强马克思主义的分析。”这些，可以看作是对本卷内容及其特点的最为概要也是最为精要的说明。至于第二卷的主要内容及其基本观点，作者在“导言”中作了阐述。

当代西方有影响的马克思主义研究者，大多是以“学术的”“考据的”视角对待马克思主义历史和理论为特点的，一般被列作西方“马克思学”范围之内。M.C. 霍华德和 J.E. 金的两卷本《马克思主义经济学史》，总体上也持这种理论倾向。因此，两位作者的许多观点，我们未必赞成。但同时，对这种“学术的”“考据的”研究以及形成的理论观点，对我们的研究还是有意义的，甚至可以说是有裨益的。这就是我们组织翻译本书的初衷。

《马克思主义经济学史（1929—1990）》是在我的主持下，主要由我指导的几位在读的或已取得学位的博士研究生合作完成的。各章初稿翻译分工如下：郑吉伟：导言、第 1—4 章、结束语；吴雅杰：第 5—8 章；赵准：第 9 章和第 16 章；严冰：第 10 章和第 11 章；韩金华：第 12—15 章；赵雅沁：第 17 章、第 18 章。张新协助我对初稿作了校译、修订，最后由我定稿。应该说明的是，虽然我们尽了全力，但译校的讹误之处依然难免，敬请读者们指正。

在本书的翻译过程中，一直得到李其庆同志的支持和鼓励，也得到中央编译出版社的编辑的大力支持，一并表示感谢。

顾海良

2002 年 6 月

目　录 contents

第三篇　新帝国主义理论

第四篇　价值与剥削

第五篇　当前的争论

致　谢

我们非常感谢彼得·拜尔哈茨、肖恩·哈格里夫斯·希普、约翰·贾沃斯基、塔尼亚·科罗夫金、彼得·克里斯勒、拉梅什·库马尔、弗雷德·李、约翰·洛德韦克斯、布鲁斯·麦克法兰、法德勒·纳基卜、布赖恩·波利特、约翰·辛格尔顿、彼得·斯科特和诺埃尔·汤普森的有益的建议和批评。有些章节先前曾在学术刊物上发表过：第1章曾发表在《政治经济学史》上，第16章曾发表在《政治经济学评论》上，第17章曾发表在《社会经济评论》上，第18章曾发表在《国际社会经济学杂志》上。还要感谢拉筹伯大学和滑铁卢大学图书馆内部借阅部的工作人员，感谢基思·波维在编辑上付出的劳动，感谢科琳·奈特、卡伦·马塞尔曼和安·文特提供的卓有成效的辅助性劳动，以及加拿大社会科学与人文学科研究会在研究经费上给予的巨大支持。

M.C. 霍华德

J.E. 金

导 言

在 1989 年出版的第一卷中，我们考察了自 1883 年卡尔·马克思去世至 1929 年马克思主义经济学的历史。这次出版的第二卷阐述其后直至现在的历史。从许多方面看，本卷讲述了一个与第一卷相比非常不同的故事。

在第一卷中，德国和俄国马克思主义者的著述占统治地位，因为 1929 年以前，这两个国家实际上垄断了马克思主义经济学的理论讨论。但是，20 世纪 30 年代以来，理论分析的重心开始转向西方，以至于西欧和北美在战后成为马克思主义政治经济学的中心。新的难题也在这一时期出现，马克思经济学中早先为人们所忽视的一些东西被提升到更加突出的位置；正因为如此，在本卷的一些章节中，我们也对本卷主要涉及的年代之前的文献进行了考察。同时，马克思主义政治经济学也变得越来越难以界定，因为非马克思主义的观点被用来克服马克思主义分析上的缺陷或被用于增强马克思主义的分析。尽管如此，1929 年以后最剧烈的变化，也许就是马克思主义经济学的理论发展脱离了成功的革命实践。从这个意义上来说，早期布尔什维主义者是独特的：那些以马克思的名义发动革命的革命家，通常也是一流的理论家。这种结合，至今再没有发生过。

但是，在给马克思主义带来巨大希望的 1929 年，事情似乎并非如此。在东方，斯大林通过一场“自上而下的革命”，攫取了 1917 年夺得的政权，创立了一种新的生产方式，加速了经济的发展，并产生了一种新的正统理论。在西方，大萧条的爆发预示着资本主义经济的崩溃和苏联孤立地位的结束。如果实践和经验是检验理论价值的标尺，那么马克思主义者将会从这些事件中感到欢欣鼓舞，而自由主义者则会为他们的社会和理论的破碎而忧心忡忡。但是，这些现象已被证明是虚幻的。第 2 章阐述的斯大林的马克思主义在理论上是脆弱的，根据第 3 章所考察的马克思主义的一些批判者的观点，斯大林模式要么是对一种新剥削秩序的伪装，要么就是一种仅在其潜在可能上表现出社会主义性质，且已开始显示出蜕化迹象的社会形态。战后的岁月证明，这些观点是完全正确的。20 世纪 30 年代，已有明显的征兆表明，苏联的马克思主义是病态的。然而，吊诡的是，正是马克思主义理论家自己首先分析证实了这一现象；保守派和自由主义者更长于谴责而非分析。另一方面，第 1 章考察的当代马克思主义者对大萧条的解释，是令人失望的；他们尽管偶尔也颇具洞察力，但是在对资本主义危机的经济学分析方面，几乎没有取得什么进展。尽管马克思主义经济学家在危机理论方面比主流理论家们更具优势，但是最具盛名的理论创新却来自后者，即凯恩斯的《通论》。

斯大林主义的失败不应当引起很大的惊异。马克思的理论观点从来都不是一种现代化的意识形态；马克思本人对工业化引起的社会转型问题的论述，实际上排除了马克思主义既适应于该项任务同时又保持其完整的可能性。人们难以说清楚马克思主义者研究大萧条的著述的缺陷，但这种缺陷部分地可能产生于对主观主义理论的敌视。当这种敌视在相当大的程度上被合理地确立起来时，在对实现问题的分析上确实会产生很多困难，因为实现问题必然涉及需求不足，并由此反映消费决策。事实上，在 1917 年以后，不同的、有细微差别的马克思主义者更为关注的是“主观因素”，但在 20 世纪 30 年代，理论家们仅仅限于关注其在上层建筑和政治革命中的作用，并不认可其在经济分析中的客观性。只是在战后的年代里，马克思主义经济学家才日益意识到以下问题的重要性：经济现象不完全是由结构因素决定的行为结果。只有到这时，他们才认识到，即使经济行为由结构性因素所决定，对它发生的机制进行分解叙述也仍然是重要的。

本卷第二篇对一个具有重大创新意义的问题，即凯恩斯主义理论融入马克思主义的问题作了概述。第 4 章对马克思主义经济学家认为资本主义在战后已经发生变化的问题作了评论，第 5 章考察了凯恩斯与马克思之间的复杂关系。这两章为人们理解有效需求原理如何有助于马克思主义经济学家研究战后西方资本主义的“长期繁荣”提供了背景。三个重要分析中的两个——第 6 章对垄断资本理论的概述和第 8 章对军事经济的分析——涉及凯恩斯主义的观点。第三个理论，以马克思对利润率下降的分析为基础，很大程度上是一种对任何形式的凯恩斯主义修正主义原教旨主义的回应；它坚持垄断资本和军事经济理论中的任何有效的东西，最好依据剩余价值生产而不是它的实现来加以理解，剩余价值的生产问题，是一个凯恩斯主义思想必然表现出其局限性而视之为次要的问题。这一观点中有一些真理的成分，但将其建立在马克思的利润率趋向下降理论的分析上，则是一种严重的缺陷。19 世纪 90 年代，杜冈 - 巴拉诺夫斯基证明，利润率趋向下降规律根本不是一个规律；最近 60 年这一观点被反复确认，如第 7 章所阐述的那样。不顾这种情况，一再坚持马克思所分析的利润率下降的贴切性，已经对马克思主义政治经济学的理论声誉造成诸多不良的影响。

马克思主义经济学家在分析“长期繁荣”问题的同时，也试图阐明为什么资本主义的活力没有扩展到第三世界的问题。第三篇的第 9 章和第 10 章阐述了不发达理论，提出正是世界经济的本质阻碍了边缘国家的自主发展（这与第二次世界大战前的大多数马克思主义所持的观点不同）。这一新观点的大多数论据，来自于这样一个事实，即由马克思主义者领导的革命发生在像俄国和中国等落后国家；不发达理论似乎可以对此作出解释，而早期的马克思主义则不能。实际上，一些马克思主义的批判者正是以此证明古典马克思主义是错误的。但这是不正确的。早在第一次世界大战之前，马克思主义者就认为社会主义与落后是不相容的，实践也很好地证明了这一点。另外，一般来说，早期的马克思主义者并不认为马克思主义本身有可能成为一个新阶级社会的思想意识，但其理论结构却具有这种可能性，而且许多马克思主义者也很快承认，这种情况在 1917 年后的苏俄实际上已经发生了。20 世纪 70 年代末，出现了与不发达理论相联系的类似的反应，对此我们将在第 11 章中讨论。也是在这一过程中，出现了“回归马克思”的思潮，但是，由此引起的对新马克思主义不发达理论的批评，却在这一时期产生了一些最优秀的著作，决不能将这些著作斥为蒙昧主义而不加理睬。

第 9 章、第 10 章和第 11 章的内容确实表明，马克思主义政治经济学的实质已经发生了巨大的变化，因为成功的革命实践与有关这种革命的理论理解已彼此分离。莱斯泽克·科拉科夫斯基对毛泽东的描述，实际上是对第三世界革命的一般性经济思想的真实写照；他们“极其原始和笨拙，有时甚至带有些孩子气；与此相对照，即使是斯大林也给人以大理论家的印象”[1]。许多西方马克思主义者也赞同——但很少明确指出——并且事实上已经抛弃了马克思《关于费尔巴哈的提纲》第十一条的观点[2]：即他们更多关注的是解释这个世界，而不是改造这个世界。20 世纪 60 年代，西欧和北美的大学迅速增加，极大地推动了这种趋势，因为它允许在社会主义政党之外形成马克思主义理论研究机构，并产生了实质上脱离政治运动的“左派学术团体”。不管马克思的实践理论的含义是什么，这样是有利于保持马克思主义理论上的声誉的，而不是使之完全屈从于实践的僵化的支配。

有时，结果是难以预先料想的。他们当然不赞同那些极端的反马克思主义者的观点，这些反马克思主义者眼中只有学术偏执者构成的第五纵队。他们的错误在 20 世纪 60 年代和 70 年代关于价值理论的争论（在本书第四篇论述）中暴露得最为明显：正是马克思主义者主导了对马克思的正式的经济理论所做的唯一最为重要的批判。但是，通过将这些与对传统的新古典经济学的攻击结合起来，他们同样认为，只有按唯物主义重建政治经济学，才能保持马克思主义的真理性，并使之与凯恩斯的理论相融合。主流的理论家被置于被动防守的位置，尽管他们在还击中取得一些成功，但新古典理论在这个过程中被修改了。此外，这些争论也表明，马克思主义经济学和新古典理论之间可能出现一些融合。马克思主义政治经济学从方法的严格性上说已经成熟，这使得人们对马克思本人的经济学和早期的新古典理论中什么是站不住脚的问题，形成广泛一致的看法，即使这种一致性并没有延伸到这些范例的现代形式。这可以看作是一般的趋势。越来越高的精确性，以及同非马克思主义经济学的融合，在第二篇和第11章阐述的问题中将得到证明。

第17章讨论的主题“理性选择马克思主义”，是上述趋势的一种极端形式。在这里，分析哲学和新古典经济学的工具，被用于分析马克思主义政治经济学中著名的问题。理性选择马克思主义者的许多观点有些言过其实，但他们在马克思主义者和自由主义者都关注的一系列问题上提出了新的看法：理性的本质、结构主义的局限性、剥削的含义、推动经济理论发展的手段等。然而所有这些问题都是有争议的，本书最后一篇讨论的另外两个问题也同样如此：发达资本主义国家在20世纪70年代初以来经济增长缓慢的原因，以及社会主义经济组织的可行性。第16章阐述了马克思主义对“第二次经济衰退”的分析，第18章阐述了后资本主义社会的经济学。我们如果把这两章中讨论的问题同以前对这些问题的讨论相比较，就会看到，早期马克思主义中存在的明显的目的论和乐观性，已经让位于更具分析性的和更强烈的实用性。第16章论及的一些著述者的理论分析的相对精巧，与其前辈们关于“大萧条”的著作形成了明显的对照。此外，马克思主义经济学家现在所承认的在组织社会主义经济中必然要涉及的那些复杂问题，不仅与1917年许多布尔什维主义者的天真的自信形成鲜明的对比，而且也与斯大林主义者们缺乏想象力的集权主义形成鲜明的对比。

注释：

1.L. 科拉科夫斯基：《马克思主义的主要趋势》第三卷《崩溃》（*Main Currents of Marxism*，*Volume III. The Breakdown*，Oxford：Clarendon Press，1978），第494页。

2.T. B. 博特莫尔和M. 吕贝尔编：《卡尔·马克思：社会学和社会哲学选辑》（*Karl Marx*：*Selected Writtings in Sociology and Social Philosophy*，Harmondsworth：Penguin，1963），第84页。

第一篇　大萧条与斯大林主义

第 1 章　马克思主义经济学家与大萧条

1. 资本主义的最后一次危机?

大萧条是资本主义历史上最严重的一次经济危机。1930 年美国的国民生产总值下降了 9.9%，1931 年又下降了 7.7%，1932 年下降了 14.8%。1932 年，德国和美国的工业生产不及 1929 年的 47%（对其他资本主义强国来说，这次大崩溃不是全面的，但仍然是严重的）。[1] 马克思主义经济学家对于这次大灾难提出了两个问题：它对资本主义制度的未来和社会主义的前途意味着什么？如何用马克思的危机理论对它作出连贯一致的解释？这两个问题都不简单。马克思的资本主义危机理论并没有完整地得到概括，甚至没有被系统地组织为一个完整的理论，而 20 世纪 30 年代的政治史出现了新的发展。其中最突出的现象就是法西斯主义在德国的得势、美国的“新政”以及国家干预在其他方面的增强。这就再次提出了国家在现代资本主义中的作用问题，以及民众支持保守或改良、而不支持革命的基础问题。

马克思主义理论家对这次危机的本质有着不同的看法。起初，至少是德国社会民主党的经济学家并不感到兴奋。这次大萧条“既不是‘扬格危机’（Young-crisis），也不是合理化的危机，不是资本主义制度的彻底崩溃，也不是世界革命的来临”。弗里茨·纳夫塔利在 1930 年写道：“像每一次危机所表现的那样，这次危机仅仅是具有历史特性的资本主义制度的典型危机。”[2] 1931 年，卡尔·考茨基驳斥了德国社会民主党认为只有社会主义才能结束这次危机的激进观点：“这种看法使我联想到那些生活在凉爽而湿润的夏天的人，他们认为这样的天气永远不会变暖，一个新冰川时代已经来临。”[3] 像先前所有的危机一样，复苏是不可避免的；它会增强工人阶级的经济和政治力量，足以使人们相信当前的危机是这类危机的最后一次。考茨基的结论是：“我们有充分的理由期待未来的繁荣将把人们带入一个持久富裕的、持久安全的、并迅速把生产过程转向满足工人阶级需要的时代，我们应把它称为无产阶级革命的时代。”[4] 与这一结论相反，法西斯主义在德国得势，同时其他地方的经济复苏缓慢且不彻底。但不管是考茨基还是德国社会民主党的主要理论家鲁道夫·希法亭，似乎都没有修正关于萧条问题的自负的观点。[5]

可是，大多数马克思主义者还是同意法兰克福研究所弗里德里克·波洛克的观点，他认为这次大萧条比以前的危机更深刻、范围更广、持续时间更长，甚至与 1873—1879 年的危机相比也不逊色，因此需要作出专门的解释。[6] 有少数人认为，资本主义发展中存在“长波”现象。除了已被接受的 7—10 年的商业周期理论外，有人认为还有以半个世纪为一个周期的经济波动。这一长波的下降阶段与其上升阶段相比，其周期性的扩张更为脆弱，衰退更为强烈，持续时间更长。这种观点最早是在第一次世界大战前由俄国马克思主义者亚历山大·格尔方德（即帕尔乌斯）提出来的。在 20 世纪 20 年代，引起了德国经济学家沃尔夫和瓦格曼的注意，也引起了苏联前社会革命党人尼·德·康德拉季耶夫的注意，50 年的周期便以康德拉季耶夫的名字命名。[7] 大致情况是，上升阶段被确定为 1851—1873 年和 1896—1914 年（或 1920 年），相应的下降阶段为 1826—1850 年、1873—1895 年及 1920 年之后。弗里茨·纳夫塔利尝试用长波理论解释这次大萧条，奥地利马克思主义者奥托·鲍威尔则更为自信地发展了这一解释，他们都强调农业价格下跌在下降阶段的作用。[8] 但是，这种假想几乎无人赞同，例如，波洛克把长波理论斥为“形而上学”，认为它建立在孤立环境中的“不可靠的归纳”的基础上。[9]

如果这次危机既不表示一次周期性商业循环的下降趋势，也不表示这一衰退由于受到康德拉季耶夫长波的影响而得到加强，那么期望实现积累率或产出和就业的持久复苏似乎是毫无根据的。所以，人们可以认为资本主义注定要陷入持久的停滞，或者濒临经济崩溃。一般说来，严格意义上的崩溃的观点——由于纯粹经济方面的理由，可获利的经济增长很快将会变得不可能——在 1914 年以前比其后得到更为广泛的认同，尽管亨里克·格罗斯曼在华尔街崩溃前夕曾极为热情地鼓吹这种观点。[10] 可是，在 20 世纪 30 年代中期，斯大林在第 17 次党代会上宣布的代表苏联官方的观点称其为“特殊类型的萧条”，会有“有限的复苏”。这就是说，它既不是真正的复苏，也不是陷入低谷。用共产国际首席经济发言人尤金·瓦尔加的话来说，大萧条已经“引起整个资本主义体系的极大紊乱，开始了资本主义总危机的新的、更高的阶段，致使革命的客观前提日趋成熟”。先前的左翼反对派的理论家叶夫根尼·普列奥布拉任斯基，在20世纪30年代重新得到人们的拥护，他同意这种说法，即“假如它没有引起世界大战，或者没有被一场技术革命打断，在垄断时代的总经济危机肯定会突破经济领域，并成为一场整个资本主义历史体系的总的社会危机”。在资本主义世界的一些地区（如美国）可能重新走向经济高涨，但这是以牺牲其他国家（尤其是英国和法国）为代价的。[11]

弗里德里克·波洛克小传

波洛克于1894年出生在弗莱堡，是一个犹太商人的儿子。他起先经商，1918年以后在慕尼黑、弗莱堡和法兰克福学习经济学和政治学，在那里他写了一篇关于马克思货币理论的学位论文。从1924年开始，他与法兰克福研究所负责人卡尔·格林贝格合作研究，并在1928—1930年担任该研究所的代理所长。波洛克在1927年应达维德·梁赞诺夫的邀请访问苏联，专注于他的研究领域，他在一部主要著作中论述了两年后在苏联出现的计划问题。希特勒上台迫使波洛克与他的朋友马克斯·霍克海姆和法兰克福学派的其他一些主要成员一起来到纽约，这时他已经成为法兰克福学派的最重要的经济理论家。波洛克强烈地抨击了经济决定论；在分析国家资本主义时，他坚持政治和意识形态影响的重要性。1945年以后，他在返回德国之前一直住在加利福尼亚，1970年在瑞士逝世。

越来越多的独立的马克思主义者形成了相似的看法。特立独行的美国共产党人刘易斯·科里在承认“衰退不是崩溃”的同时，仍然把大萧条看作是经济不稳定和停滞趋势不断发展的证明，认为它预示着资本主义制度“最后的、永久性的危机”。

在德国，纳塔莉·莫斯科斯卡把危机的日益恶化，看作是永久性危机危险性的证据，永久性危机表明资本主义即将垮台。她的同胞弗里茨·斯滕伯格认为，有三个理由可以相信复苏将是极其困难的：不再有新的海外市场可以利用；工薪者、文职雇员和独立的中产阶级前所未有的贫困化，已经毁掉了一个重要的内部稳定器；大规模的失业和实际工资的削减，使国内需求的复苏异常困难。[12]

刘易斯·科里小传

刘易斯·科里（1926 年开始采用这个名字）于 1892 年出生于意大利的路易斯·弗兰那，3 岁时到美国。在纽约，他在贫困中长大，14 岁就离开学校。科里在社会党、社会主义劳动党和世界产业工人联合会中表现活跃，1919 年由于其早期反战活动而遭短期监禁。他是美国共产党第一批党员之一，1922 年由于抗议该政党对莫斯科的奴性表现而退党；但是，在后来的十几年中，他仍然是一个马克思主义者。科里最初当过店员和校对员，后来当过调查员和编辑、工会的教育主任，而且还是安蒂奥克学院的经济学教授（1942—1951 年）。尽管科里当时已是一个自由主义者，积极的反共产主义者，但是，他在 1953 年去世前一直面临麦卡锡主义调查员的强大压力。

少数马克思主义者甚至更进了一步。托洛茨基和议会共产主义者保罗·马蒂克把这次大萧条看作是资本主义的“垂死挣扎”。马蒂克在 1933 年世界产业工人联合会的纲领中写道：“在资本主义的最后阶段，剩余价值第一次不再能支撑足够的工资水平和必要的积累。”这不仅提供了无产阶级革命的客观经济条件，而且还促使人类在“共产主义和野蛮状态”之间作出抉择。托洛茨基持类似的观点，他把这次大萧条看作是他的以第一次世界大战为开端的“时代概念”的有力证明，第一次世界大战表明欧洲生产力的进一步发展受到发达资本主义民族国家结构的制约。他以列宁《帝国主义是资本主义的最高阶段》的语言风格表达了自己的观点，他写道：

> 我们时代的垄断资本主义贯穿着一连串的危机。每一次危机都是一场灾难。人们必须通过关税壁垒、通货膨胀、增加政府支出和债务等方式，从这些局部性灾难中摆脱出来，这反过来又为新的、更深刻的、范围更广的危机创造了条件。对市场、原材料、殖民地的争夺使战争灾难不可避免。总之，它们为革命性灾变创造了条件……毫无疑问，“崩溃理论”战胜了“和平发展理论”[13]。

显然，这里有一些模糊的地方。“资本主义总危机的新的、更高阶段”是什么意思？不断恶化的不稳定性是否与停滞相一致？“永久性危机”究竟是什么？对这些问题，理论家们并没有作出令人满意的回答。托洛茨基，尤其地仰仗着辩术和武断的主张，没有能提供经济上的坚实的证据，支持自己无产阶级革命新时代开始于 1917 年的观点（参见本书第一卷第 13 章）。琼·范·海詹劳特在 20 世纪 30 年代的大部分时间里都是托洛茨基的秘书，他写道，可能“托洛茨基方在对经济学的掌握上缺乏信心”，斯滕伯格关于他 1934 年作为托洛茨基的非正式辅导老师的描述，证实了这种观点。[14]

到目前为止，最连贯一致的停滞理论来自保罗·斯威齐（在 1942 年）的论述。斯威齐强调大规模消费不足和投资机会减缩理论的发展，既有 J.M. 凯恩斯和阿尔文·汉森等自由主义理论家，也有马克思的功劳[15]，同时也在很大程度上利用了希法亭和列宁的理论。像许多马克思主义著述者一样，斯威齐对经济的质上的变化比纯粹的量上的变化更感兴趣，他指出资本主义发展新阶段已经到来。他指责希法亭和列宁在他们的“金融资本”概念中，错误地把 20 世纪的资本主义从总体上概括为银行资本家统治工业的特定的、短暂的阶段（参见第 5 章和本书第一卷第 14 章）。斯威齐在与保罗·巴兰合作之前，就提出了“垄断资本”的术语，用以概括这一时代的超大公司、价格刚性、边际利润增长、投资不景气和销售成本上升对消费不足型停滞的抵销。[16] 纳塔莉·莫斯科斯卡的“晚期资本主义”的概念与此极为相似。[17]

与欧洲的马克思主义者相比，斯威齐的看法是“经济主义的”，他较少关注国家日益增长的经济作用。奥托·鲍威尔根据德国当时的实践，把大萧条看作是新的“官僚主导的垄断资本主义”的征兆。鲍威尔认为，欧洲在 1932 年以后的有限的工业复苏，是建立在不断膨胀的军事开支基础上的，并伴随着国家对外贸易、国内价格、工资构成的严格控制。倒闭的银行被国有化，政府通过特殊的就业手段获得了对作为“后备军”的失业者的控制。鲍威尔相信，回归到自由竞争和自由贸易的资本主义是不可能的，国家经济权力的提升是不可逆转的。新的制度徒具经济计划的外观，而无经济计划的实质；它只可能抑制资本主义的基本经济矛盾，而不可能克服这些矛盾。一场新的世界大战将不可避免。[18]

尤金·瓦尔加依据列宁关于战时资本主义的论述（并含蓄地依据布哈林的论述），得出与鲍威尔相类似的结论：人为地克服危机的主要后果（以及危机期间所有的资本主义政策的后果）是国家对经济生活各个方面的干预，以有利于整个统治阶级，尤其是垄断资本和大农场主。垄断资本利用其对国家机器的控制，影响国民收入体系向有利于他们的方向转变，以各种方式和各种借口洗劫国库。“国家资本主义”趋势迅速增长。正如列宁对第一次世界大战时的资本主义的称呼一样，垄断资本主义在某种程度上正向“战争国家垄断资本主义”转变。

尤金·瓦尔加小传

瓦尔加1879年出生于布达佩斯，曾在布达佩斯、柏林和巴黎学习，1906年加入匈牙利社会民主党。1918年成为布达佩斯大学政治经济学教授，随后几年曾担任财经委员会委员，后来担任短命的匈牙利苏维埃共和国的最高经济委员会主席。共和国被推翻后，瓦尔加逃到苏联，为共产国际工作，不久成为其最杰出的经济发言人。1927年，开始担任莫斯科世界经济研究所所长达20年，并成为该研究所刊物的编辑。20世纪20年代初以后，他是一位多产作家，1939年被选入苏联科学院。他对战后资本主义前景的非正统的观点，使他于1947年失去许多官方职务，两年后被迫放弃一切职务。但在斯大林去世后，他迅速而彻底地恢复了一切职务，并两度获得列宁勋章（1954年和1959年）、斯大林奖章（1954年）和列宁奖章（1963年）。他于1964年去世。

“事实上，资本主义当前的处境非常类似于世界大战期间的景况……为下一次世界大战准备条件，这越来越多地支配着国家所有的经济政策的核心。”这样，“战争国家垄断资本主义”的突出特点，就在于经济政策中的军事因素占据支配地位，以及国家经济权力的极大增长。[19] 瓦尔加像鲍威尔一样，坚持认为资本主义仍然具有深刻的矛盾。

刘易斯·科里交替使用“国家资本主义”、“垄断资本主义”和“国家垄断资本主义”这些术语[20]，他否定该制度代表一种新的社会秩序：

> 与国家资本主义相联系的“国家计划”，从任何真正意义上说都不是计划，因为计划依赖于私人利益关系的无政府状态的消亡；对产量实现计划控制只是对资本主义工业的零碎补缀，是为了阻止这一制度的彻底崩溃和工人的暴动。国家资本主义是旧的和新的社会秩序这对不可调和的矛盾的产物（对需要一种新的社会秩序的否定表述），它使不断衰退的资本主义的矛盾更加恶化。

正如我们已经看到的那样，托洛茨基尽管与鲍威尔和瓦尔加存在一些分歧，但也存有相似的观点。因为资本主义基本矛盾使生产力已经超出了民族国家的界限，任何通过国家经济管理来解决危机的办法都是不可行的。如果不爆发无产阶级革命，新的帝国主义战争将不可避免。[21]

弗里德里克·波洛克阐述的是一种完全不同的观点。波洛克起初强调资本家会反对计划，因为计划将使他们成为领取年金的人，暴露其寄生的本性，威胁其特权地位的合法性。[22] 但是，波洛克不久就以罗斯福“国家产业复兴法案”为主要例证，开始强调国家经济作用在不断增强。他指出，不论是新的世界战争还是经济的彻底崩溃，都不能认为是不可避免的。假如国家管制进一步增强、政治制度发生相应转变，有计划的、稳定的资本主义经济完全是有可能的。权力越来越集中在经济寡头手中。中间阶级将失去其独立性，而技术性失业和劳动力市场的分割将挫败工人罢工，毁灭无产阶级抵抗的意志。波洛克在 1933 年得出结论：“走向终结的不是资本主义，而仅仅是其自由主义阶段。无论在经济上、政治上还是在文化上，大多数人将拥有越来越少的自由。”议会型政府将让位于公民投票式的独裁，从心理上对大众控制的机构不断发展，将导致国家机构独立于所有阶级，使它取得超脱于社会的自主地位。[23]

1941 年之前，波洛克一直在探讨一种新的国家资本主义。在这种新的国家资本主义中，市场不再控制生产和分配，经济规律已经消失。国家具有了以“虚拟市场”为工具来调节经济生活、保证充分利用资源的功能。国家资本主义“意味着从经济主导的时代向实质上的政治时代转变……权力动机取代了利润动机”；利润成为次要的，资本家降为靠年金生活的人。[24] 波洛克区别了新制度的两个变量。在民主的国家资本主义中，国家由民众掌握；而在极权主义国家中，它成为高层工商管理人员、国家主要官僚（包括军队中的官僚）、（单一）政党的最高集团组成的“新统治集团”的工具。波洛克预期后者将取得胜利。以类似乔治·奥威尔《一九八四》中的反乌托邦的腔调，波洛克指出，首要的是战争和为战争做准备，因为该制度无法承受大规模失业，它还必须阻止民众生活水平的提高，以防范增加工人闲暇时间会为“批判性思维提供更多的空间，革命精神会由此发展起来”。[25] 在这些条件下，国家资本主义不会面临不可克服的经济障碍，因为“我们无法发现任何内在的经济力量，以及能够阻止国家资本主义发挥作用的各种新的和老的‘经济规律’……我们甚至可以说，在国家资本主义中，经济学作为一门社会科学已经失去其对象”[26]。

与此密切相关的是法西斯主义问题。卡尔·考茨基从来不理解法西斯主义对大型工商业的吸引力，在他看来，法西斯主义是经济衰退的非理性的产物，它适合意大利而不适合德国的环境。[27] 波洛克则从另一个极端，把法西斯主义看作是新的社会秩序的一个范例，在这里政治超过经济而处于至高无上的地位，国家已经开始统治经济生活。这是法兰克福学派大多数人的观点[28]，但是波洛克同事中的少数人，尤其是赫伯特·马尔库塞和弗兰茨·诺伊曼，持更为正统的马克思主义的观点，认为法西斯主义是资本主义专制的一种形式。在颇有影响的《极权主义国家经济》一书中，诺伊曼认为“国家垄断资本主义”是一个矛盾的术语，并把当时德国经济描述成极权主义的垄断资本主义。[29] 这一观点与保罗·斯威齐关于纳粹德国本质的看法“从根本上说是一致的”，与希法亭的“极权主义的国家经济”概念极其类似[30]，这也类似于官方共产主义的观点。托洛茨基的分析更为精细，他认识到了法西斯主义的小资产阶级基础，但其结论则是一样的。正如季米特洛夫在共产国际第七次世界代表大会上指出的，对大多数马克思主义者来说，法西斯主义是“最反动的、最具沙文主义的、最具帝国主义的金融资本的公开的、恐怖的专制”[31]。按刘易斯·科里的说法，“法西斯主义仅仅是一种旧的社会秩序，至多如此，而且还不具有该社会秩序曾经具有的进步性”[32]。这种观点与波洛克的相比不可能有更大的分歧了。

2. 大萧条的原因

由于对大萧条的本质众说纷纭，因此没有一个得到普遍认同的关于大萧条原因的理论就毫不奇怪了。在 1942 年的一部著作中，保罗·斯威齐区分了两类危机：由于利润率下降而形成的危机和由于剩余价值实现的困难而导致的危机。[33] 在斯威齐的论述中，每类危机又有两种明显的危机理论，共提出四种危机理论。利润率下降而形成的危机，是由于技术进步推动的资本有机构成提高快于剥削率增长造成的，如马克思在《资本论》第三卷中所强调的；或者是由于资本积累率提高过快导致失业大军枯竭和工资提高使剥削率下降造成的，如马克思在《资本论》第一卷和第三卷中所提示的。[34] 剩余价值实现的困难而导致的危机，既可能源于不同生产部门的比例失调，也可能源于消费不足导致的总需求不足。[35] 这些理论不一定是相互排斥的：斯威齐本人赞成第二种理论（用于解释短期波动）和第四种理论（作为解释长期停滞的理论），而否定第一和第三种看法。然而，这四种理论并不是完全孤立的，在以下的论述中将明显地看到这一点。但是，作为马克思主义对萧条的解释，它们之间的区别极为显著，其适用性也曾引起很大的争论，对此需要单独进行讨论。

在1929年以前，对利润率下降是由于技术进步推动的资本有机构成提高快于剥削率增长造成的论证，是普遍地被接受的，只是人们很少将其作为一种严格的危机理论。一些处在马克思主义的外围的经济学家事实上反对整个利润率趋向下降的分析，认为资本家（在不存在工资上升的条件下）只有在利润率提高时才会进行技术革新。[36] 在一些正统的马克思主义政治经济学家中，一般的做法是承认马克思的分析正确地揭示了技术变革的后果，但根本不将其与资本主义危机联系起来：罗莎·卢森堡是最极端的例子，当然还有其他一些人。[37] 希法亭确实把利润率下降与危机的发生联系起来，但他没有强调这一点（在更大程度上，他用比例失调来解释危机）。[38] 除了极少的例外，对利润率下降的这种忽视，在20世纪20年代反复地发生，如苏联经济学家瓦尔加，在随后的几十年里都一直坚持这种观点。理查德·戴曾查遍了关于大萧条的当代俄文文献，仅仅发现一篇提到利润率下降问题。[39]

1929年，随着亨里克·格罗斯曼关于崩溃理论的大部头著作的出版，上述情况发生了变化。格罗斯曼的数学模型以奥托·鲍威尔1913年的一篇论文为基础，论证了技术进步要求资本家在每个生产周期内以10%的比率增加固定资本投资，以5%的比率增加可变资本投资。他假定剥削率是固定的，很容易得出积累最终（在35个生产周期后）将由于缺乏进行积累所必需的剩余价值不足而无法实现的结论。[40] 在他的数字例子中，当资本家的消费降至零时，危机就爆发了，而这时的利润率（尽管下降）仍然是正的。正因为如此，从严格意义上说，把格罗斯曼定为用利润率下降分析危机的理论家可能是不正确的，但其分析的内在机制与《资本论》第3卷是一致的。格罗斯曼受到了共产主义者、社会民主党和独立的马克思主义者等的严厉批评[41]，但在随后的几年里，资本有机构成提高开始在一些马克思主义危机理论的分析中占有十分突出的位置。首先进入该领域的是刘易斯·科里，他引用官方统计数据证明，美国的有机构成不论在长期（从1849年到1914年）还是在大萧条准备期都在持续增长：“1923—1929年间，制造业中的固定资本增长为可变资本的4倍，即为24.4%与5.7%。”科里承认这可能会被剥削率的增长所抵销，利润率只有在非常例外的情况下才不会下降。事实上，在1923年到1931年间，它从9.2%下降为负数（当然，像我们将看到的那样，科里把这种下降部分地归为实现的困难）。[42] 在英国，首先是约翰·斯特雷奇然后是莫里斯·多布，将利润率下降引入他们带有折中主义色彩的危机理论中。同时，在欧洲大陆，奥托·鲍威尔从战后资本主义生产迅速实现合理化中得出类似的结论。[43]

但是，也有不少人对这种观点提出异议。因为这是第一次，主流马克思主义的著述者，对马克思的论述的有效性提出质疑。颇为奇怪的是，没有一个人站出来反对科里，指出他的经验性论据是不可信的，因为它涉及的是价格而不是劳动价值量。相反，这一规律从理论层面上受到质疑。莫斯科斯卡指出，仅仅是利润率下降这一事实不能为《资本论》第 3 卷的分析提供充分的支撑，因为利润率下降可能是有极不相同的原因引起的（例如，由实现的困难造成的）。[44] 她还批评马克思的结论，其根据是——如杜冈－巴拉诺夫斯基和博特凯维茨曾经提出的——与技术进步相关的生产率的提高，将会导致利润率上升，除非实际工资的增长足以保持剥削率不变。她认为，这就使得谈论“剥削率上升的规律”同谈论“利润率下降规律”是一回事。[45] 马克思本人曾讨论过与利润率下降趋势相反的抵消趋势。“不变资本各要素的价值减少”会降低有机构成，同时必要劳动时间的降低会提高剥削率。[46] 在斯威齐和更为游移不定的多布看来，这些因素使人们不可能得出任何关于利润率长期趋势的确定论断，也导致人们怀疑马克思提出的规律作为危机理论根据的合理性（参见本书第 7 章）。[47]

莫里斯·多布小传

多布 1900 年出生于伦敦的一个具有新教徒氛围的小商人家庭。他曾在剑桥大学查特豪斯与彭布罗克学院学习，并在那里首先加入独立工党，在 1922 成为伦敦经济学院研究生后加入共产党。多布一生都是该党积极的和忠诚的（尽管有时是批判性的）成员，就任《劳动月刊》、《现代季刊》、《马克思主义季刊》和《今日马克思主义》编委。他于 1924 年重返剑桥大学，成为该校一名讲师，并在这里度过余生，1948 年成为三一学院的研究员，1959 年成为经济学高级讲师。多布较早访问苏联，出版过两本关于苏联经济的重要著作，以及关于经济思想史、计划理论、经济史和经济发展方面的大量著作。在某种意义上也许可以认为，多布是剑桥大学的局外人，他从未入选英国皇家科学院。他于 1976 年去世。

有更大把握的是，在经济繁荣的情况下，由于实际工资上升，剥削率可能下降，由此利润率也可能下降。这种“过度积累”理论可以追溯到马克思，奥托·鲍威尔于 1913 年使这一理论重新焕发活力（参见本书第一卷第 6 章）。它沿着以下思路，为人们提供了一个清晰而合理的周期波动模型：积累过程开始时，仍然存在大量失业后备军、较低的实际工资、较高的剥削率和利润率；尽管固定资本积累比可变资本积累快得多，对劳动力的需求还是在扩大；失业后备军缩小，工人的实际工资开始上升；实际工资很快就超过劳动生产率的增长，压低了剥削率，从而降低了利润率；这又阻塞了投资，使积累陷入停滞；失业因此增加，实际工资下降，剥削率得到恢复，利润率又上升了，从而使整个循环得以周而复始地进行。[48] 莫斯科斯卡在她的第一本著作中，曾经提出过这些概念，尽管她在以后的著作中放弃了这种观点。[49] 斯特雷奇以商业周期高涨时实际工资上升，作为反对消费不足理论的决定性证据 [50]，而斯威齐和多布则将过度积累看作是马克思危机理论的基本因素（当然，他们没有运用这一术语）。[51]

过度积累作为一种理论上的可能性是难以否认的，但它经验上的可靠性则是另一回事。科里和瓦尔加引用美国的统计资料证明，当时失业率已经居于高位，实际工资处于停滞状态，终于导致 1929 年的大危机。他们以此证明大萧条的基础是消费不足，而不是过度积累。[52] 但是，在考察这一点——这是马克思主义关于衰退的最一般的解释——之前，有必要阐述一下与实现理论不同的比例失调问题，因为它有时同消费不足理论难以区分。

长期以来，马克思主义者认为资本主义生产的无政府状态是导致经济危机的主要原因。因为投资是由彼此独立的私人资本家分散进行的，没有一个总体计划指导他们的决策或使他们彼此协调，个别部门的生产过剩几乎是不可避免的，并可能扩散到其他产业部门，导致总体上的生产过剩。但对引起这种情况的机制却从未作过专门的阐述。马克思主义经济学家和正统理论家一样没有关于有效需求和乘数过程的准确概念。但是，他们比前凯恩斯主义正统理论家更接近这些概念，比例失调还使他们认识到危机在资本主义经济中的功能。危机有疏泄的作用，即消除不合理的投资，根据“价值规律”恢复恰当的比例关系（即形成一种使所有产业部门都趋于获得平均利润率的资源配置）。[53]

奥托·鲍威尔和弗里茨·纳夫塔利在 20 世纪 20 年代阐述资本主义合理化时，提到过比例失调理论的一些内容。纳夫塔利和斯滕伯格则把它与垄断的增长联系起来，进一步阐述了这一观点。他们认为，经济形势的进一步恶化，是由于最初赢利的垄断部门的过度投资，以及把必要的调整成本向竞争性部门转嫁。[54] 按照弗里德里克·波洛克的观点，国家对陷入困境的垄断者提供援助，会进一步弱化该体制的自我调节能力。他在这里引入了一种“受保障的资本主义”的形式，在这种形式中，通过使不成功的企业遭受毁灭性损失的竞争的调节力，不再能发挥作用。这是大萧条为什么难以对付的最重要原因之一。[55]波洛克相信，这也表明《通论》中存在一个严重缺陷。凯恩斯对投资品和消费品部门的总体分析，忽视了不同部门间的比例失调问题，进而对资本主义经济波动的规律作出错误判断。[56]

普列奥布拉任斯基对危机的解释，是以比例失调在资本主义新的垄断阶段变得越来越严重这一命题为根据的。在竞争条件下，通过价格机制的激励，资源能够迅速地从一个经济部门转移到另一个经济部门，总产量水平迅速地对总需求的增长作出反应。但是，在垄断资本主义条件下，资源流动受阻，需求的变动带来非对称的后果：需求减少时产量下降，而需求增加却使物价而不是产量上升。当需求增加时，投资增长为何特别缓慢的原因是多方面的。垄断资本家掌握着大量的剩余生产能力，这会阻碍新的投资。进入市场壁垒使新企业的创建更为困难。消除无效率的生产单位需要更长的时间，保守的官僚主义的工会运动具有越来越严重的缺陷，使得创新的动力减弱，而这种动力原来是由工资的不断增加来提供的。所以，与资本主义历史上的自由竞争阶段相比，危机更为严重，复苏更为缓慢。甚至由非资本主义需求增长（普列奥布拉任斯基在这里引用的是罗莎·卢森堡的观点）所带来的暂时喘息的余地，在垄断资本主义条件下也将不复存在。[57]

但是，自 20 世纪初以来，比例失调理论在马克思主义经济学家中引起激烈的争论，它似乎带有修正主义色彩。如果危机源于无政府的个人主义，它们应该可能通过资本家本身的集体积累的计划得到克服，这种计划或者是私人性质的，或者是与政府相联系的。资本主义在很大程度上可以摆脱危机的这一前景首先吸引了爱德华·伯恩施坦，继而吸引了 1914 年之后“有组织的资本主义”的理论家，同时也冲击了从卢森堡到列宁和瓦尔加等革命的马克思主义者的观点。[58]与此有些不一致的是，纳塔莉·莫斯科斯卡反对用比例失调说明萧条的理论，反对该理论关于在垄断资本条件下个别计划增强和通过价格机制继续发挥有效调节作用的观点；她甚至引证哈耶克关于后者的观点。莫斯科斯卡对她认为的新、旧比例失调理论进行了比较。新的理论强调工资与利润之间、消费与储蓄之间、进而投资品产业与消费品产业之间的不平衡。“假如说旧的理论是在生产中寻找危机产生的原因，那么新的理论则转向分配……低工资与高利润削弱了消费能力，促进了积累。”对莫斯科斯卡来说，比例失调意味着消费不足。[59]

莫斯科斯卡的危机理论可以概括如下：资本家之间的竞争要么绝对地降低实际工资，要么降低相对于利润的实际工资。而剥削率随之上升，资本家越来越难以寻找到实现其产品中包含的剩余价值的充分的消费需求。只要实际工资增长远远落后于劳动生产率，劳动力市场就会失衡。这就会导致商品市场的失衡，进而导致生产与消费之间的比例失调进一步发展。结果是，流通成本增加，因为资本家无助地试图运用各种促销方式来创造需求。[60] 在垄断资本主义条件下，即使货币工资保持不变，由于价格竞争的约束，消费不足的压力也会随着剥削率的上升而越来越强。[61] 莫斯科斯卡否认这样一种观点，即消费不足会导致停滞而不是经济活动的剧烈波动。她认为，在每次循环的下降阶段，生产针对消费所作的调整，是通过三种内在稳定器的作用暂时取得的：维持失业工人和非资产阶级的消费支出；固定成本越来越重要，这意味着生产率比收入支出下降更快；强化营销和非生产性工人工资的相应增长。[62]

奥托·鲍威尔提出了一个更为成熟的消费不足理论，清晰地阐述了莫斯科斯卡分析中许多不甚明了的地方。鲍威尔首先从资本家的储蓄倾向大大高于工人阶级的储蓄倾向（它趋于零）的假定开始：

> 群众消费的发展与社会生产发展之间的关系，取决于工资与利润之间的比例关系。工资总量增长越慢，利润总量就增长越快；那么群众消费也就增长越慢，社会生产部门也就增长越快。

因此，所有的事情都以工资与利润的相对份额为转移。如果利润增长快于工资增长，剥削率就会上升，储蓄就会比产量增长得更为迅速（而消费的增长则更为缓慢）。[63]

鲍威尔在马克思主义著述者的第一个消费不足理论的数学模型中，把这些观点加以形式化。他把积累定义为净产出与消费之间的差额。如果剥削率上升，积累将会加速增长。这会带来生产能力的真正提高。但是，要求达到的生产能力的提高，通过一个系数（它“取决于技术发展的普遍提高程度”）与消费的增长密切相关，而对凯恩斯主义宏观理论中的加速系数反应迟缓。鲍威尔得出的结论是，只要消费的增长落后于收入的增长，实际积累就将超过必要的积累，因此“社会的固定资本的增长就会超过满足消费增长而进行的生产所需的固定资本；

消费落后于生产能力”，最终是一场消费不足危机的爆发。[64]

共产党的理论家从经典的权威和政治的权宜之计出发，对这些观点作了批判。首先，他们认为，马克思本人曾把关于危机的消费不足理论，斥为“纯粹是同义反复”，并指出实际工资的增长通常发生在生产周期的高涨阶段，并引起过度积累的危机。[65] 其次，他们把消费不足理论斥为反革命的异端，因为它使人们相信危机可以通过提高工资而不消灭资本主义这一改良主义的方式得到克服。正如一本党的教科书中所宣称的，它是“适应社会民主党的实践任务”的教义。[66] 与此相反，人们认识到马克思自己的观点就有不明确的地方。[67] 他同持消费不足论的人一样，否定了“萨伊定律”，相信在“资本主义条件下消费落后于生产发展”就会发生危机，并以此阐述了“生产的社会性与资本主义占有方式之间的矛盾”。[68] 所以，保罗·斯威齐这样一个同情共产主义运动的无党派学者，完全赞同鲍威尔的模型，[69] 科里和瓦尔加则以类似的但略微粗糙的方式赞同这样的观点。科里把技术进步、资本有机构成的提高、劳动生产率的提高与剥削率的不断提高联系起来，即：

> 剥削率的提高限制了工人的购买力和消费。工资总是落后于利润，工资从相对量上看也落后于产出和利润。这大大限制了市场的发展，使生产资料和消费资料失衡，从而推动周期性危机和崩溃。[70]

瓦尔加坚持认为，资本有机构成提高所造成的失业上升，导致了工人阶级的绝对贫困，而不仅仅是相对贫困：“因此，资本主义社会消费能力的相对下降限制了生产资料的销售……社会消费能力的限制，人民大众所处的无产者的地位，是所有真正的生产过剩危机的原因。”这是苏联官方对大萧条的解释。[71]

3. 结论

瓦尔加是非常坚定的，其后只有莫斯科斯卡和他一样信奉消费不足理论，排除马克思关于危机理论的其他所有变体。多数学者把在前一部分讨论的四个因素中的两个或两个以上的因素结合起来，莫斯科斯卡甚至在其 1929 年的一本书中，毫不费力地从消费不足论滑向我们称作的“过度积累”论，但却使用消费不足这一术语对这两种分析进行了颇为艰难的综合。[72] 鲍威尔和科里把具有《资本论》

第三卷风格的利润率下降理论的内容加入他们的消费不足理论中，而弗里茨·纳夫塔利则利用了消费不足论和比例失调论。多布和斯威齐是同等的折中主义者。斯威齐仅仅彻底否定了利润率下降的解释，多布在其精妙而又多少令人迷惑的论述中，把所有四种危机理论揉合在一起。[73]

一些著述者试图进行明晰彻底的综合。斯威齐的综合也许是最连贯一致的，他把作为短期波动根源的过度积累，同作为长期停滞根本原因的消费不足结合起来，普列奥布拉任斯基的贡献也给人以深刻的印象，他超越了含混的比例失调理论，构建了一个垄断（与自由竞争相比较）资本主义条件下的令人信服的投资不足理论。另一个极端来自斯特雷奇的令人迷惑的结论："当代资本主义的困境的实质是消费者的需求一方面太低，以致于不能提供一个市场；另一方面又太高，以致于无法进行有利可图的生产。这就是马克思所说的资本主义的矛盾。"[74] 人们不可能接受有效需求太高同时又太低的观点。但是，可能发生的首先是需求在通常情况下要么太高，要么太低；其次需求的均衡水平是一个刀锋位置，它会不断地自动偏向任何一方。奥托·鲍威尔在阐述官僚统治下的垄断资本主义时代的政府干预时，更加接近一种宏观经济不稳定的模型。鲍威尔认为，国家不可能克服资本主义的基本矛盾。如果国家干预是为了提高剥削率，消费不足就会发生；如果国家的活动旨在降低剥削率，利润率的降低就会引发危机。[75] 但是，鲍威尔并没有试图把这种直觉加以形式化，把后人才能取得的理论成果附会到他的著作中是不明智的，也是不必要的。[76]

尽管马克思主义经济学家们存在分歧和疑虑，但是与新古典理论家相比，他们无论在概括性地论述两次世界大战期间的发展问题方面，还是在专门阐述大萧条的具体问题方面，都做得相当出色。[77] 其原因不难理解。正统的经济学家缺乏整体的社会理论，这种理论超越了 19 世纪流行于世的自由主义理论，因此世界大战和法西斯主义完全处于他们的范式之外。与此相反，马克思主义者却拥有理解这些现象的较为成熟的理论框架。

在两次世界大战期间，对商业周期的正统的非马克思主义分析，在深度和范围上取得了很大进展。[78] 但是，非马克思主义的正统派拘泥于有效需求短缺不可能发生的观点。那些赞成举办公共工程的经济学家，由于其直观性的观点而备受推崇，但在 1936 年之前他们的这些直观性观点还没有一套严密的理论阐述。马克思主义者所面临的分析上的障碍要小得多。危机是其整体观点中的一个部分，马克思的经济学提供了许多解释危机问题的出发点。如果说马克思主义者也面临着什么难题的话，那就是，他们面临着与非马克思主义者正相反的难题，即理论过于丰富的困境。分歧也由此产生。

但是，马克思主义者对大萧条的分析论证是有缺憾的，其根本原因类似于资产阶级经济学对大萧条的分析：他们缺乏一个完整的有效需求理论。马克思本人既运用需求这一新古典经济学的概念，又对其进行了出色的批判，表明它并不具有广泛的适用性。他还构建了工人对消费品需求的数量限制的概念，但是他既没有把这一概念拓展到其他类型的需求上，也没有始终如一地接受任何形式的消费不足观点。[79] 20 世纪 30 年代的马克思主义者未能克服这些缺陷，但是居主导地位的比例失调论和消费不足论表明，他们正朝这个方向努力。从这种意义上讲，琼·罗宾逊（在 1942 年）得出的结论是正确的："马克思给自己提出发现资本主义运动规律的任务，但并没有概述它的细节问题，如果人们还希望推动经济学前进，就必须运用学术的方法来解决马克思所提出的问题。"[80] 当然，罗宾逊所说的"学术的方法"就是凯恩斯的方法。

本章所提到的战后对其他一些问题的讨论，将在本书第二篇进行阐述。第 4 章将概述马克思主义经济学家试图理解现代资本主义结构变化的方法。第 6 章阐述有关垄断资本主义和消费不足的一些理论，因为这些理论经过修正后可用于解释 1945 年后出现的"长期繁荣"。第 7 章对利润率下降理论的发展作了评析，最后第 8 章分析马克思主义关于军事支出重要性的有关文献。其中的一些问题在本书第三篇中还会出现，在那里它们经过修正后可用于解释资本主义在第三世界明显没有得到发展的事实，在第 16 章又被用于解释 20 世纪 70 年代所谓的"第二次衰退"。但是，我们首先还是转向马克思主义政治经济学在 20 世纪 30 年代所关注的其他一些主要问题：苏联生产方式的本质以及斯大林主义者宣称它代表了真正的社会主义。

注释：

1.M. Bleaney：《凯恩斯经济学的兴衰》（*The Rise and Fall of Keynesian Economics*, London：Macmillan，1986），第 41—52 页。

2. 最初强调的见纳夫塔利：《经济危机与失业》（*Wirtschaftskrisis and Arbeitslosigkeit*, Berlin：Dietz，1930），第 23 页。

3.K. 考茨基：《统一》（‘Um die Einheit’，*Vorwärts* 11，October 1931）。

4.K. 考茨基：《无产阶级革命》（*The Proletarian Revolution*）一书第三版导言，该书出版时名为‘Die Proletarische Revolution’，*Der Kampf*，24（1931），第 292—297 页。

5.W. Gottschalch：《鲁道夫 · 希法亭的社会结构变动与政治运动关系理论》（*Strukturveränderungen der Gesellschaft und Politisches Handeln in der Lehre von Rudolf Hilferding*）（Berlin：Drucker & Humblot，1962），第 196 页；参见 Bleaney：《凯恩斯经济学的兴衰》（*Rise and Fall*），第 2 章；A. Sturmthal：《欧洲劳工的悲剧 1918—1939》（*The Tragedy of European Labour 1918–1939*）（London：Gollancz，1944），第 72—77 页；R.A. Gates：《德国社会主义与 1929—1933 年大萧条》（‘German Socialism and the Crisis of 1929–1933’），《中欧历史》（*Centrtal European History* 7，1974，第 332—359 页）；H. James：《德国的衰退：1924—1936 年的政治与经济》（*The German Slump*：*Politics and Economics* 1924–36，Oxford：Oxford University Press，1986）。

6.F. 波洛克：《对当前经济危机的看法》（‘Bemerkungen zur Wirtschaftskrise’，*Zeitschrift für Sozialforschung*，2，1933，第 324—325 页）。

7. 纳夫塔利：《经济危机与失业》，第 12 页；波洛克：《对当前经济危机的看法》，第 325 页；参见 E. 曼德尔：《资本主义发展的长波》（*Long Waves of Capitalist Development*）（Cambridge：Cambridge University Press，1980），以及 L. 托洛茨基：《资本主义发展的曲线》（‘The Curve of Capitalist Development’，1923），载于托洛茨基：《日常生活问题》（*Problems of Everyday Life*）（New York：Monad Press，1979），第 272—280 页。

8. 纳夫塔利：《经济危机与失业》，第 11—13 页；O. 鲍威尔：《两次世界大战之间》（*Zwischen Zwei Weltkriegen*）（Bratislava：Eugen Prager Verlag，1936），第 22—42 页。

9. 波洛克：《对当前经济危机的看法》（‘*Bemerkungen*’），第 325 页；参见 N. 莫斯科斯卡：《对现代危机理论的批判》（*Zur Kritik Moderner Krisentheorien*）（Prague：Michael Kacha，1935），第 102 页。

10.H. 格罗斯曼：《资本主义制度的积累和崩溃》（*Das Akkumulations-und Zusammenbruchsgesetz des Kapitalistischen Systems*，*Zugleich eine Krisentheorie*，Leipzig：C. L. Hirschfeld，1929）；参见 P. M. 斯威齐：《资本主义发展理论》（*The Theory of Capitalist Devlopment*）（New York：Monthly Review Press，1970；初版于 1942 年），第 11 章，以及 F.R. 汉森：《资本主义的崩溃》（*The Breakdown of Capitalism*）（London：Routledge & Kegan Paul，1985）。

11.E. 瓦尔加：《大萧条及其政治后果：经济学与政治学》（*The Great Crisis and its Political*

Consequences: *Economics and Politics*）（New York：Howard Fertig，1974；初版于 1935 年），第 13 页，第 73—74 页；E. A. 普列奥布拉任斯基：《资本主义的衰落》（*The Decline of Capitalism*）（Armonk，NY：M. E. Sharpe，1985；在苏联初版于 1931 年），第 111 页，第 117—118 页，第 164—166 页。

12.L. 科里：《美国资本主义的衰落》（*The Decline of American Capitalism*）（London：John Lane，The Bodley Head，1935），第 12 页，第 218 页；莫斯科斯卡：《对现代危机理论的批判》（*Zur Kritik Moderner Krisentheorien*），第 101—102 页；F. 斯滕伯格：《德国资本主义的衰落》（*Der Niedergang des Deutschen Kapitalismus*，Berlin：Rohwolt，1932），第 151—153 页。

13.L. 托洛茨基：《资本主义的垂死挣扎与第四国际的任务》（'The Death Agony of Capitalism and the Tasks of the Fourth International'），载托洛茨基：《社会主义革命的过渡纲领》（*The Transitional Programme for Socialist Revolution*，New York：Pathfinder Press，1974），第 111—152 页；托洛茨基：《卡尔·马克思的活的思想》（*The Living Thoughts of Karl Marx*，London：Cassell，1940），第 23 页；保罗·马蒂克：《资本主义垂死的征兆》（'Die Todeskrise des Kapitalismus'，1933 年），该文收入 K. Korsch，保罗·马蒂克和 A. Pannekoek：《资本主义崩溃理论与革命问题》（*Zusammenbruchstheorie des Kapitalismus oder Revolutionäres Subjekt*，Berlin：Karin Kramer Verlag，1973），第 100—112 页；参见 A. Pannekoek：《资本主义的崩溃》，1934 年（'Die Zusammenbruchstendenz des Kapitalismus'，1934），载于同上书，第 20—45 页。

14.J. van Heijenoort：《流亡的托洛茨基：从 *Prinkipo* 到 *Coyoacan*》（*With Trotsky in Exile*: *from Prinkipo to Coyoacan*）（Cambridge，Mass：Harvard University Press，1978），第 56 页；F. 斯滕伯格：《与托洛茨基的对话》（'Conversations with Trotsky'，*Survey* 47，1963），第 146—159 页。至于对托洛茨基在这个问题上的有力批驳，参见 G. 霍奇森：《托洛茨基与宿命论的马克思主义》（*Trotsky and Fatalistic Marxism*，Nottingham：Spokesman Books，1975），第 22—27 页，以及 J. Molyneux：《列夫·托洛茨基的革命理论》（*Leon Trotsky's Theory of Revolution*，Hassocks：Harvester，1981），第 175—179 页。

15. 斯威齐：《资本主义发展理论》，第 214—236 页；参见 A. H. 汉森：《经济增长与人口不断下降的趋势》（'Economic Progress and Declining Population Growth'，*American Economic Review*，29，1939），第 1—15 页。

16. 斯威齐：《资本主义发展理论》，第 269—286 页；参见 P. A. 巴兰和 P. M. 斯威齐：《垄断资本》（*Monopoly Capital*，Harmondsworth：Penguin，1966），以及本卷第 6 章。

17. 莫斯科斯卡：《对现代危机理论的批判》（*Zur Kritik Moderner Krisentheorien*），第 26

页，第 102 页；参见莫斯科斯卡：《晚期社会主义的动力》（*Zur Dynamik des Spätkapitalismus*）（Zurich：Verlag ‘der Aufbruch’，1943），以及科里：《美国资本主义的衰落》（*Decline of American Capitalism*），第 168—169 页。苏联经济学家普列奥布拉任斯基在 1931 年也阐述了类似的观点，参见 R. B. 戴：《“危机”与“崩溃”：苏联对西方的研究（1917—1939）》（*The'Crisis' and the'Crash': Soviet Studies of the West*（1917-1939），London：New Left Books，1981），第 213—218 页。

18. 鲍威尔：《两次世界大战之间》，第 47—48 页，第 66—79 页。

19. 瓦尔加：《大萧条及其政治后果：经济学与政治学》，第 68—69 页；参见戴：《“危机”与“崩溃”苏联对西方的研究（1917—1939）》，第 269—270 页，以及 C. Gannage：《瓦尔加与国家垄断资本主义理论》（‘E.S.Varga and the Theory of State Monopoly Capitalism’），《激进政治经济学评论》（*Review of Radical Political Economics* 12，1980），第 36—49 页。

20. 科里：《美国资本主义的衰落》（*Decline of American Capitalism*）第 12 页，第 95 页，第 394 页。

21.L. 科里：《中间阶级的危机》（*The Crisis of the Middle Class*，New York：Covici-Friede，1935），第 218 页；霍奇森：《托洛茨基与宿命论的马克思主义》（*Trotsky and Fatalistic Marxism*），第 24 页，第 31 页。

22.F. 波洛克：《当代资本主义形势与计划经济新秩序的前景》（‘Die Gegenwärtige Lage des Kapitalismus und die Aussichten einer Planwirtschaftlichen Neuordnung’，*Zeitschrift für Sozialforschung*，1，1932），第 27 页。

23. 波洛克：《对当前经济危机的看法》，第 346—353 页。

24.F. 波洛克：《国家资本主义：其可能性与局限性》（‘State Capitalism：Its Possibilities and Limitations’），该文收入 A. Arato 和 E. Gebhardt 编辑：《法兰克福学派的主要文选》（*The Essential Frankfurt School Reader*）（Oxford：Blackwell，1978），第 71—94 页；该文首次发表于 1941 年，参见波洛克：《国家社会主义是一个新的制度吗？》（‘Is National Socialism a New Order?，*Studies in Philosophy and Social Science*，9，1941），第 440—455 页。

25. 同上，第 73 页，第 89—90 页。

26. 同上，第 86—87 页；参见本卷第 3 章，以及 J. 伯纳姆：《管理革命》（*The Managerial Revolution*，New York：J. Day，1941），第 9 章。

27.M. 萨尔瓦多里：《卡尔·考茨基与社会主义革命（1880—1938 年）》（*Karl Kautsky and the Socialist Revolution* 1880-1938，London：New Left Books，1979），第 341—343 页。

28.M. Jay：《辩证思维》（*The Dialectical Imagination*，London：Heinemann，1973），

第 154—155 页；参见 D. Held：《批判理论导言》（*Introduction to Critical Theory*，London：Hutchinson，1980），第 282—295 页，以及汉森：《资本主义的崩溃》，第 66 页，第 97—98 页。

29.F. 诺伊曼：《庞然大物：国家社会主义的结构与实践》（*Behemoth*：*The Structure and Practice of National Socialism*，London：Gollancz，1942）；参见 Jay，《辩证思维》，第 161—165 页以及 Held，《批判理论导言》，第 52—65 页。

30. 斯威齐：《资本主义发展理论》，第 337 页；参见同上书，第 341 页，斯威齐在这里屏弃了他早期关于纳粹国家就是国家资本主义的思想；斯威齐：《“管理革命”的假象》（‘the Illusion of the “Managerial Revolution” ’），载于 *Science and Society* 第 6 期（1942 年），第 6—10 页；以及 R. 希法亭：《国家资本主义或国家极权主义经济》（‘State Capitalism or Totalitarian State Economy’），载于 C. Wright Mills 编辑：*The Marxists*（Harmondsworth：Penguin，1963），第 323—341 页；该文首次发表于 1941 年。

31. 引自 J. M. Cammett：《法西斯主义的共产主义理论（1920—1935 年）》（‘Communist Theories of Fascism 1920–1935’，*Science and Society*，31，1967），第 149—163 页；参见托洛茨基：《德国反对法西斯主义的斗争》（*The Struggle Against Fascism in Germany*）（New York：Pathfinder，1971），以及普列奥布拉任斯基：《资本主义的衰落》（*Decline of Capitalism*），第 11 章。

32. 科里：《美国资本主义的衰落》，第 513 页。

33. 斯威齐：《资本主义发展理论》，第 145—146 页。

34. 分别参见上书第 100—106 页，第 209—213 页，第 147—155 页。

35. 分别参见上书第 156—162 页，第 162—189 页。

36.M. 杜冈－巴拉诺夫斯基：《英国商业危机理论与历史研究》（*Studien Zur Theorie und Geschichte der Handelskrisen in England*，Jena：Fischer，1901），第 197—231 页；L. 冯 · 博特凯维兹：《马克思体系中的价值与价格》（‘Value and Price in the Marxian System’，*International Economic Papers*，2，1952），第 36—51 页（首次发表于 1907 年），也可参见 B. 克罗齐：《卡尔 · 马克思的历史唯物主义与经济学》（*Historical Materialism and the Economics of Karl Marx*，London：Cass，1966），第 142—158 页（有一篇论文首次发表于 1899 年）；也可参见本书第一卷第 10 章和以下第 7 章。

37.R. 卢森堡：《资本积累：一种反批判》（‘The Accumulation of Capital：An Anti-Critique’），该文收入 k. Tarbuck 编辑的包括 R. 卢森堡和 N. 布哈林文章的《帝国主义与资本积累》（*Imperialism and the Accumulation of Capital*，London：Allen Lane，1972）一书，第 76 页；参见 K. 考茨基：《危机理论》[‘Krisentheorien’，*Die Neue Zeit*，20（1901–1902）]，第 37—47 页。

38.T. 希法亭：《金融资本》（*Finance Capital*，London：Routledge & Kegan Paul，1980；初版于 1910 年），第 257—256 页，以及本书第 1 卷第 5 章、第 6 章。

39. 瓦尔加：《大萧条及其政治后果：经济学与政治学》（*The Great Crisis*），第 23 页；参见戴：《"危机"与"崩溃"：苏联对西方的研究（1917—1939）》，第 188 页引述了 B. Livshits 的观点。

40. 格罗斯曼：《资本主义制度的积累和崩溃》（*Das Akkumulations*），第 119—122 页；参见 O. 鲍威尔：《资本的积累》（'Die Akkumulation von Kapital'，*Die Neue Zeit*，31，1913），第 831—838 页，第 862—874 页，该文的译文参见《政治经济学史》（*History of Political Economy*，18，1986），第 87—110 页。本书第一卷第 16 章对格罗斯曼的模型及其应用进行了全面阐述。

41. 分别参见 E. 瓦尔加：《资本主义的积累与崩溃》（'Akkumulation und Zusammenbruch des Kapitalismus'，*Unter Dem Banner Des Marxismus*，4，1930），第 74—76 页；H. 鲍威尔：《一种新的崩溃理论》（'Ein Neuer Zusammenbruchstheoretiker'，*Der Kampf*，22，1929），第 270—280 页；以及 F. 斯滕伯格：《帝国主义及其批判》（*'Der Imperialismus' und Seine Kritiker*，Berlin：Soziologische Verlags-Anstalt，1929），第 26—27 页。

42. 科里：《美国资本主义的衰落》，第 113—129 页。

43. 斯特雷奇：《资本主义危机的本质》，第 324—326 页；M. H. 多布：《政治经济学与资本主义》（*Political Economy and Capitalism*，London：Routledge，1937），第 94—99 页，第 108—114 页；鲍威尔：《两次世界大战之间》，第 55—56 页，第 62—66 页。

44. 莫斯科斯卡：《对现代危机理论的批判》，第 50—52 页。

45. 莫斯科斯卡：《马克思主义体系：对创立者的贡献》（*Das Marxsche System：Ein Beitrag Zu Dessen Aufbau*）（Berlin：Verlag Hans Robert Engelmann，1929），第 118—119 页；莫斯科斯卡：《对现代危机理论的批判》，第 46—47 页；参见斯威齐：《资本主义发展理论》，第 100—108 页。

46. 马克思：《资本论》第三卷中文版第十四章。

47. 斯威齐：《资本主义发展理论》，第 100—108 页；多布：《政治经济学与资本主义》，第 112 页。

48. 英文译文参见鲍威尔：《资本的积累》（'Die Akkumulation'），第 104—108 页。

49. 莫斯科斯卡：《马克思主义体系：对创立者的贡献》（*Das Marxsche System*），第 128 页，第 142—143 页。

50. 斯特雷奇：《资本主义危机的本质》（*Nature of Capitalist Crisis*），第 320 页。

51. 斯威齐：《资本主义发展理论》，第 147—155 页；多布：《政治经济学与资本主义》，第 123—125 页。

52. 科里：《美国资本主义的衰落》，第 74—93 页；瓦尔加：《大萧条及其政治后果：经济学与政治学》，第 86—98 页。

53. 杜冈 – 巴拉诺夫斯基：《英国商业危机理论与历史研究》（*Studien Zur Theorie*），第 27—32 页；希法亭：《金融资本》第 257—266 页；参见本书第一卷第 10 章。

54.O. 鲍威尔：《世界大战后的资本主义与社会主义》（*Kapitalismus und Sozialismus Nach dem Weltkrieg*，Vienna：Wiener Volksbuchhandlung，1931），第 199 页；纳夫塔利：《经济危机与失业》，第 13 页，第 20—21 页；F. 斯滕伯格：《世界经济危机》（'Die Weltwirtschaftskrisis'，*Weltwirtschaftliches Archiv*，36，1932），第 127 页。

55. 卜洛克：《当代资本主义形势与计划经济新秩序的前景》，第 11—14 页，以及《对当前经济危机的看法》，第 329—330 页。

56.E. Baumann：《凯恩斯对自由主义国民经济理论的修正》（'Keynes' Revision der Liberalistischen Nationalökonomie'，*Zeitschrift für Sozialforschung*，5，1936），第 384—403 页（'Baumann' 是 Pollock 和 Kurt Mandelbaum 的笔名）。

57. 普列奥布拉任斯基：《资本主义的衰落》（*The Decline of Capitalism*），第 1 章，第 2 章，第 3 章，第 5 章（第 5 章概括了这个长期而复杂的争论）。

58.E. 伯恩施坦：《改良的社会主义：批判与肯定》（*Evolutionary Socialism: A Criticism and an Affirmation*，New York：Schocken Books，1961）；R. 卢森堡：《改良与革命》（*Reform or Revolution*，New York：Pathfinder Press，1970）；戴：《“危机”与“崩溃”：苏联对西方的研究（1917—1939）》；斯威齐：《资本主义发展理论》，第 156—162 页；也可参见本书第一卷第 4 章，第 14 章。

59. 莫斯科斯卡：《马克思主义体系：对创立者的贡献》，第 159 页；参见同上书第 153—154 页，以及莫斯科斯卡：《对现代危机理论的批判》，第 63—69 页，第 87 页。

60. 莫斯科斯卡：《马克思主义体系：对创立者的贡献》，第 115—117 页，第 129—130 页，第 148—149 页，第 183—184 页；参见莫斯科斯卡：《对现代危机理论的批判》，第 8 页，第 102 页，以及普列奥布拉任斯基：《资本主义的衰落》，第 66—68 页，第 75—76 页。

61. 同上书，第 24—25 页，参见纳夫塔利：《经济危机与失业》，第 25—27 页。

62. 莫斯科斯卡：《对现代危机理论的批判》，第 99—100 页；参见科里：《美国资本主义的衰落》，第 118—129 页。

63. 鲍威尔：《两次世界大战之间》（*Zwischen*），第 51—52 页。

64. 同上书，第 351—353 页。

65. 引自多布：《政治经济学与资本主义》，第 89—94 页，以及斯特雷奇：《资本主义危机的本质》，第 320 页。

66.M. Wolfram 编辑：《政治经济学：马克思主义者的研究课题》（*Political Economy: Marxist Study Courses*，Chicago：Banner Press，1976；该书初版于 1933 年），第 360—365 页。

67. 多布：《政治经济学与资本主义》，第 115—121 页。

68.Wolfram 编辑：《政治经济学》，第 380—382 页。

69. 斯威齐：《资本主义发展理论》，第 186—189 页。

70. 科里：《美国资本主义的衰落》，第 117 页；参见斯滕伯格：《世界经济危机》，第 112—118 页，以及（更为通俗的）A. Rochester：《美国统治者：金融资本研究》（*Rulers of America: A Study in Finance Capital*, London: Lawrence & Wishart, n.d., 1937），第 286—298 页。

71.E. 瓦尔加：《两种制度：社会主义经济与资本主义经济》（*Two Systems*：*Socialist Economy and Capitalist Economy*，London：Lawrence & Wishart，1939），第 89 页；参见瓦尔加：《大萧条及其政治后果：经济学与政治学》，第 19—23 页，以及戴：《“危机”与“崩溃”：苏联对西方的研究（1917—1939）》。

72. 莫斯科斯卡：《马克思主义体系：对创立者的贡献》（*Das Marxsche System*），第 122—123 页（格罗斯曼还用“过度积累”来概括其利润率下降理论，从而带来了更大的混乱）。

73. 多布本人后来也对《政治经济学与资本主义》不满意，参见 M. H. 多布：《对传记的几点说明》（‘Random Biographical Notes’，*Cambridge Journal of Economics*，2，1978），第 119 页。

74. 斯特雷奇：《资本主义危机的本质》，第 328 页作了最初的强调。

75. 鲍威尔：《两次世界大战之间》，第 71 页；参见同上书，第 55—56 页，英文译文参见鲍威尔：《资本的积累》，第 104—108 页。

76. 例如，参见 G. M. 布朗芬布伦纳：《现代人看〈资本论〉》（‘“Das Kapital” for the Modern Man’，*Science and Society*，29，1967），第 419—438 页。

77. 关于大萧条的正统理论，参见 G. Haberler：《繁荣与萧条》（*Prosperity and Depression*，New York：Columbia University Press，1941），W. E. Stoneman：《美国关于大萧条经济分析的历史》（*A History of the Economic Analysis of the Great Depression in America*，New York：Garland，1979），以及 K. Kim：《从历史角度看均衡商业周期理论》（*Equilibrium Business Cycle Theory in Historical Perspective*，Cambridge：Cambridge University Press，1988）。

78.G. Barrett：《从历史角度看均衡商业周期理论》（‘Equilibrium Business Cycle Theory in

Historical Perspective'，*History of Economic Thought Society of Australias Bulletin*，9，1988），第 24—29 页（关于此处的书目，我们应感谢 John Lodewijks）。

79.M.C. 霍华德和 J. E 金：《马克思的政治经济学》（*The Political Economy of Marx*，Harlow：Longman，第 2 版，1985），第 209—211 页。

80.J. 罗宾逊：《论马克思主义经济学》（*An Essay on Marxian Economics*，London：Macmillan，1942），第 95 页。

第 2 章　斯大林的政治经济学

1. 斯大林体制

正当大萧条席卷西方资本主义经济时，苏联经济的增长率急剧提高。1928 至 1937 年间，工业生产增长 3 倍，从不足国民生产的 1/3 发展到接近 1/2。1937 至 1953 年间，工业再次增长两倍多，到斯大林去世时接近于总产出的 60%。这一切只有通过大规模投资才会成为可能。每年平均有 20% 以上的产出用于积累，工人与农民的消费显著下降；工人的实际工资直到 20 世纪 50 年代初才再度达到 1928 年的水平，而农民的生活水平下降得更多，需要更长的时间恢复到原有水平。[1]

随着向前的“大飞跃”，一场“自上而下的革命”建立起一种新的生产方式。始于 1927 年年末的谷物危机，使战时共产主义的一些收购措施得以恢复，1928 年后继续推出旨在“消灭富农阶级”和迅速实现农业集体化的政策。[2] 这在 1934 年前取得了实质性进展，直到 30 年代末才真正完成。随之带来了对农产品分配的必要的政治控制，清除了曾在 20 年代大部分时间中实施的对工业高速扩张的约束。快速的工业化又反过来使 30 年代发生了意义深远的农业机械化。[3] 在集体化的同时，非农部门再度实现国有化，行政分配在很大程度上取代了市场交易。一系列的五年计划成为大部分生产的指导力量。

但是，这种“命令性经济”只是不完善的计划。特别是在早期，弥漫着唯意志论和战争意识；在这里，“世界上没有……布尔什维克攻不下的堡垒”。[4] 产量目标的制定不受生产能力的制约，超额完成任务的压力极为强烈，“突击战术”被应用于具体的规划。比例和平衡观念被斥为“资产阶级偏见”，科学的标准由于不能充分表达“群众的热情”而被视为不合时宜。[5] 斯大林以帝国主义进攻临近的威胁和国内阶级斗争的激化，为经济的高速度辩护。无法实现产量目标的现象集中于非优先发展的部门，因为如果重工业产量跌到计划目标以下，就把对非优先发展部门的投入转到重工业。[6]

社会政策的制定是为了促进经济转轨和政治统治。工人对剩余工业品的支配权完全被取消，取而代之的是“一长制”，新的劳动纪律也是严厉的。不仅货币收入的不平等在扩大，而且通过对较高层统治集团提供特殊的零售渠道和社会服务、在军队中恢复军衔以及提倡传统的家庭关系，使不平等扩大了。刑法体制失去其教育性，“劳动改造营”（即“古拉格”）成为经济体制的一个不可或缺的组成部分——其中的大部分原因是要镇压农民对集体化的抵制、清洗“反革命分子”和对盗窃国家财产的人实施严酷的惩罚。内部安全机构在规模上和权力上膨胀起来，以适应对“古拉格”的管理，以保证对遭受严重剥夺的人民全面监视的需要。[7]

被镇压的人的数量是令人惊愕的。1929 至 1937 年间，1100 万农民在清除富农和农业集体化过程中死去。在 1936 至 1938 年的“大清洗”中，500 万人由于政治原因被逮捕，其中至少有 100 万人被枪决，200 万人死于狱中。在 1929 年以后的 10 年间，斯大林成功地清除了所有的“老布尔什维克”，其中包括许多斯大林主义者和 20 年代的各种反对派。一套内部通行证制度使农民受到控制，使他们仅仅依靠私人小块土地生产维持生计，以致农业生产关系近似于农奴制。到 20 世纪 30 年代末，监狱中关押的人超过 1000 万，毫不夸张地说，他们的生活条件与奴隶差不多。[8]

新经济政策时期的文化多样性不复存在。艺术、自然科学和马克思主义本身都服从于党的路线。对斯大林的崇拜与对列宁的崇拜结合在一起，并最终超过了对后者的崇拜。斯大林被推崇为马克思主义理论领袖、万能的天才、人类进步智慧的主要源泉。[9] 大清洗毁掉了大部分 20 年代圆满完成任务的经济研究机构和计划机关的人员。这是从所谓的“遗传学派”开始的，这个学派指出了过去经济发展的人为的强制性、市场关系的重要性以及急速的社会结构变革的代价。其反对者是一批目的论者，这些人强调运用行政措施的国家计划在转型中的潜力。最初他们并没有受到严厉处理，但是该政权在 30 年代后期相对稳定后，持这样观点的人同样遭到被镇压的厄运。数量经济学在苏联受到猛烈的批判，甚至像瓦尔加这样一些忠诚的理论家，如果他们的著作被认为是修正主义的，也会受到冷落。[10]

尽管政府企图实行全面监控，一些社会团体和学术团体并没有全部被消灭。大多数后来成为马克思列宁主义正统派的学术团体来自下面，对立的见解只有得到官方裁定后，才能成为国家意识形态的一部分。马克思主义政治经济学同样如此，对它的研究也从未完全停止。即使是 1936 年后的“大清洗”，也有其“大众化的”一面，部分地摆脱了斯大林主义权力中心为其设定的发展轨迹。来自上层的社会、经济和文化上的转变，常常得到下面热情的支持，也常常受到一系列空想的鼓舞。[11]

这些情绪在斯大林 1935 年宣称苏联已经实现社会主义时得到认可，一年以后的新宪法再次加以肯定，这部宪法被宣称为“世界上最民主的法律”。[12] 上述二者都不是偶然发生的；斯大林在其理论著作中对社会主义建设道路、社会主义建设的成功及其巩固都作了阐述。到目前为止，我们阐述的是苏联对其社会成就的自我意识；虽然没有论述与官方结论同时存在的反对派的观点，但还是为我们提供了对其含义与重大意义的一种新的理解。

2. 斯大林的政治经济学

相当奇怪的是，斯大林从来不宣称自己对马克思主义理论作出了创造性的贡献。他总是说他坚持的观点是真正的列宁主义，这些思想并不需要进一步创新。而且斯大林还不断地以执行列宁的“嘱咐”为其 1923 年后的政策辩护；[13] 而列宁的“嘱咐”正是斯大林所致力的布尔什维主义的事业，这隐含着他本人的思想是得到列宁肯定的。[14] 这种忠诚能说明斯大林某些著作中明显存在的教条主义迹象的原因，而他的地下职业革命者的背景无疑有助于树立这样一种形象。

同样奇怪的是，尽管在斯大林统治下发生过巨大的经济变革，但他的政治经济学却偏重于“政治”，而不是“经济”。苏联其他的马克思主义者也是如此，与德国马克思主义者（参见本书第一篇）相比，他们的经济学总是集中在政治问题上。在斯大林已经出版的著作中尤其如此，它们实际上并没有讨论中央计划的方法，没有讨论投资评估和技术选择的标准，没有讨论应对不确定因素和非均衡因素的措施，也没有讨论信息传递问题和理性定价缺乏问题。许多苏联经济学家当然意识到由命令性经济产生的困难，被迫采取一些措施，但是，他们工作的社会氛围自然而然地阻碍了深入的研究和公开的讨论。西方马克思主义经济学家如莫里斯·多布，确实出版了有关这些问题的极有价值的著作，而其他一些对斯大林主义没有什么好感的马克思主义者（以及强烈反对马克思主义的经济学家）突出了斯大林主义生产方式的深刻矛盾。但是，因为这些观点直到斯大林去世后才对苏联产生影响，并且常常成为对马克思主义进行更为广泛的自由主义攻击的一部分，或者是斯大林的马克思主义的对手的观点，所以把对这些观点的考察放到后面第 3 章和第 18 章，本章将集中讨论斯大林的马克思主义观。

斯大林对列宁主义的解释既不是无懈可击，也不总是他自己的创造。他广泛地吸收其他人的观点。在新经济政策期间，他大量地引用布哈林的观点；1928年与右派决裂之前，他又利用了源于左翼反对派的一些思想。他的《论列宁主义基础》[15]比1924年以后的其他著作更能确立他的理论地位，但这本书可能归功于克塞诺弗托夫梳理列宁思想的尝试。[16]斯大林甚至会采用托洛茨基对俄国革命事业的某些最初看法，并把这些看法强加给列宁。因此，斯大林的马克思主义观是高度折中主义的，它既掺杂着列宁的思想（这是斯大林常常忽视的），又揉合了被他击败的反对派的看法，他把理论仅仅作为获取个人权力的斗争工具。[17]

但是，还是不应该轻易否定斯大林的理论探索。他重视理论的原因同其他的马克思主义者是完全一样的。理论为人们提供“确定方针的能力，使它能了解周围事变的内部联系……只有理论，才能使实践……了解这些阶级在最近的将来会如何行进和向哪里行进”。[18]另外，在20世纪20年代早期，列宁本人思想的地位已经显著衰落，斯大林把列宁的思想重新编纂为一个整体，这就为解释由一连串危机所引起的政策上的剧烈变化提供了有力的逻辑一致性。斯大林的绝大部分著作是通俗易懂的，显示了他对列宁著作的深刻理解。他对包括托洛茨基在内的对手们的批判，常常击中其真正的弱点，时时展现斯大林论战的技巧。斯大林尽管与不断革命论的理论家相比是理论上的侏儒，但他绝不是托洛茨基所说的无知之辈。[19]尽管他在不同的时期明显地改变其政策，但关于他在理论上偏离了通常所理解的列宁主义、马克思主义的原则，或者其观点与列宁本人或与布哈林、季诺维也夫、加米涅夫以及其他布尔什维克领导人的理论相比是否更为摇摆不定，这些都是可以讨论的。即使1953年斯大林去世后，斯大林对列宁主义的解释仍然是苏联意识形态的基础，当然，他的后继者在其他领域实行了“去斯大林化”。

斯大林作为党的国内组织者的背景，使他与流亡西欧者集团失去联系，这有助于理解与他的名字相联系的马克思主义为什么出现得较晚。[20]它作为一个明确的理论结构在1924年才开始出现，这时，世界革命遭受一连串的失败，列宁去世后又出现了接班人的问题。所有的问题都集中在列宁主义的定义上，即“帝国主义时代的马克思主义”上。斯大林批评那些强调列宁的思想完全基于俄国情况的布尔什维克，也批评那些认为列宁的原创性的贡献就在于把农民问题引入革命理论的布尔什维克。[21]根据斯大林的观点，列宁主义从整体上对马克思主义政治经济学作了真正的发展。斯大林认为，由于垄断资本主义是新近的现象，马克思和恩格斯都没有意识到由帝国主义所引起的变化。[22]只有列宁才解决了经典马克思主义需要解决的问题，这些问题关系到全世界的工人阶级，而不仅仅关系到俄国的无产阶级。[23]

斯大林对解决列宁的帝国主义理论（参见本书第一卷第13章）中含糊不清之处和存在的缺陷，没有作出任何贡献。但从非批判的视角出发，斯大林十分合理地将资本主义世界体系的不平衡发展理论置于这一学说的核心。[24]由此得出，“重新瓜分世界的战争”意味着资本主义在总体上已经成为一种与全球性危机相联结的倒退力量。[25]但是，斯大林认为，正是由于这种不平衡，不可能指望资本主义在所有地点同时崩溃，而马克思和恩格斯在资本主义发展到帝国主义阶段以前的著述中认为是可能的。随着“最薄弱的链条”的突破，资本主义只可能逐渐地被推翻。这些不必发生在经济上最发达的国家中。斯大林强调，世界经济对革命的制约呈现出更为复杂的形式，但他并没有比列宁更多地用一般性的用语详细说明什么决定着“薄弱的”链条。[26]

在斯大林看来，由于俄国历史发展的特殊性，沙皇俄国在第一次世界大战中成为帝国主义矛盾的焦点，俄国最先经历了无产阶级革命。[27]反对资本主义制度的下一次进展，不可能按同一方式重复。在东方，最近一个阶段，帝国主义的渗透使一部分殖民地的资产阶级成为一种革命力量，它们虽然与苏联可能结成联盟，但不可能成为真正的资产阶级，成功地反对帝国主义的革命只能由无产阶级领导。在此之前的那些革命，仅仅是成功的社会主义革命的“准备”。[28]在西方，由于超额利润对“工人贵族”的腐蚀和社会民主党领导者的变节，无产阶级革命受到阻碍。那些最终将使工人阶级激进化的力量在发挥作用，但发展缓慢，特别在帝国主义的中心更是如此。[29]但是，无论是在东方还是在西方，这一切都意味着布尔什维克党的组织原则对确保社会主义事业成功是至关重要的。[30]

在宣称布尔什维克理论具有普遍意义的同时，斯大林还用列宁的思想为一种俄国例外论辩护。他以某些正当的理由，指责托洛茨基没有理解列宁的不平衡发展理论，不恰当地使俄国的经验泛化。因此，托洛茨基散布了一种冒险主义的革命战略，这种战略不能把握帝国主义矛盾的关节点。这将从总体上削弱包括苏联在内的反帝国主义的力量。[31]同时，斯大林认为，左翼反对派没有认识到苏联革命自身的威力。如列宁早在1915年就认识到并在其晚期著作中进一步确认的那样，正是不平衡发展（从列宁主义的意义上说）使“在一个国家实现社会主义成为可能”。

可以利用帝国主义内部的分化来保证苏联有一个暂时的和平时期，在这一和平时期可能在本国基础上建立起社会主义。[32] 斯大林认为，这并不排除社会主义最终胜利需要世界范围的革命，确实把国际革命放在适当的位置。[33] 他认为，遭受资本主义包围所面临的各种矛盾，可以分为内部与外部两个层面。俄国内部的小资产阶级生产关系对革命产生威胁，但是沙皇时代发展的特殊性，已经使这个国家的大工业掌握在无产阶级政府手中，允许较大程度上的自给自足的发展，可能克服由落后引起的各种内部矛盾，从而最终达到“完全”建立社会主义。[34] 但是，社会主义的“最终”胜利只能以世界革命为保证，它将消除资本主义势力对一国国内成功的社会主义（不论多么发达）的武装干预。[35] 因此，苏联绝不会放弃国际无产阶级，但也不会因被封锁隔离而停滞不前。

事实上，斯大林认为相反的情况也是存在的。由于苏维埃俄国只有通过西方无产阶级牵制帝国主义的侵略，才能成功地得以巩固，1917 年俄国革命实际上是一场国际革命。[36] 它打破了世界经济的整体性，全球被分为两大集团：一方面是帝国主义力量，另一方面是以苏联为首的反帝国主义的力量。[37] 扩大反帝国主义力量的最有效方法是证明社会主义可以成功地在苏联建立起来，这同时也将削弱社会民主党对工人阶级的影响。其中蕴含的重要结论就是，世界无产阶级的利益同苏维埃俄国的利益是一致的。按照斯大林的观点，它们之间不存在分歧。[38]

这样，斯大林就改变了人们过去对俄国和世界革命之间关系的认识，把苏联的民族主义（有时表现为俄国的民族主义）与世界社会主义事业融合在一起了。[39] 他并不常常使共产国际服从于苏联国内的利益——正如人们经常指责他的那样——而是把苏联国内利益等同于无产阶级的整体利益。在这里也同他的所有其他理论观点一样，都是通过引述列宁的字句而使之合法化的。

按照斯大林的观点，社会主义的建立应该遵循两个原则：必须增进党的团结统一[40]，必须快速而自主地实现以重工业为主的工业化。党的领导地位等同于无产阶级专政（在 1936 年“建成社会主义”之后，则等同于劳动人民专政）。在这里，斯大林不过表达了所有布尔什维克主义者共同信奉的准则。但是，他确实特别强调这样的信念，即孤立和落后引起左派与右派的“分化”，因此清洗成为自卫的持续的必要的条件。[41] 还有其他一些威胁党的纯洁和国家管理的因素。干部可能沾上官僚主义惰性，受权力诱惑而滥用他们的地位。[42] 另外，由于对资产阶级专家的依赖，政权利用了旧社会的可能背叛的阶层。[43] 因此，建立党内的组织纪律、“来自下面的批评”，以及建立“红色专家队伍”，都是建立社会主义的至关重要的因素。[44]

斯大林关于政党政治和行政管理问题的这些言论并不局限于20世纪20年代，当时这些言论有助于维护他本人的小集团的统治。这些言论延续到30年代，诠释了1934年大清洗背后的某些动机，一批在过去十年间给予他支持的人大部分遭到迫害。这些言论也与思想意识相关。斯大林认识到“来自下面的批评”的重要性，并将它与列宁的《国家与革命》联系起来，他利用人们对“大知识分子”的普遍反感，这表明毛泽东的“文化大革命”尽管有其新特点，但却完全是以斯大林主义的实践为基础的。[45]

“一国社会主义”要求实现特定形式的工业化。斯大林认为，由于具有国际上的象征意义以及国内的社会基础，苏联不会照搬资本主义的剥削方法。[46]他从来不提供评价一种特别的社会主义工业化成功与否的标准，但是，他在20年代用以反对普列奥布拉任斯基社会主义原始积累论的观点，成为反对左翼反对派的有效力量。[47]但是，因为斯大林“左转”后还多次重复他的观点，所以使这一观点所包含的内容超出了宗派斗争的需要。他特别强调独立发展的必要性，相信任何试图把苏联生产融入国际市场的做法，都会产生一种“依附”的条件。这正是他的经济政策区别于托洛茨基的地方，托洛茨基认为广泛利用世界经济对达到较高的劳动生产率至关重要。[48]

这种对自给自足的强调与布哈林新经济政策下的社会主义发展战略相吻合，斯大林在1928年以前对这种战略予以广泛支持。[49]但是，在1925年以后，他与布哈林的渐进主义开始分裂，抛弃注重消费品生产的看法，相反宣称必须迅速实现工业化，并且集中于重工业。[50]战后重建于1926年完成，1927年以后又出现“战争恐慌”，这些都强化了上述看法。[51]但是，在整个这一时期，斯大林未能把实现工业化的看法与新经济政策固有的制约因素结合起来，结果导致1928年和1929年的谷物危机。他的著作表现出极大的混乱，例如，他把农村消费品市场和重工业都看作是现代化的“基础”。而斯大林在论述重工业的重要性时，的确意识到一些重要的比例关系，后来费尔德曼在1928年发表的数学增长模型中概括了这些关系，现在人们一般将它看作是对马克思再生产模式的成功的概括和拓展。[52]

费尔德曼的两部门模型建立在非常严格的假定基础上，阐述的是一种封闭经济，在这种封闭经济中，资本存量是限制增长的主要因素。他证明，第Ⅰ部类相对于第Ⅱ部类的资本存量比例越高，经济的总体增长率就越高。所以，经济的加速增长需要投资集中于资本品部类。费尔德曼还证明，一旦达到一个理想的增长率，就可以通过两大部类之间按照已有的资本存量的比例进行投资来维持这一增长率。那时，消费品的增长将与资本品的增长相等。由此得出一个明显的自相矛盾的结论：消费品增长率的平稳提高，要求将现有投资集中于资本品生产部门。

1928 年以后苏联经济的发展似乎符合费尔德曼的模型，这也是斯大林有意识地提出的相关政策的结果。投资被集中在第 I 部类，1952 年斯大林又重申投资集中于重工业部门的必要性，直至苏联的人均收入超过西方资本主义国家的人均收入。[53] 但是，在 20 世纪 20 年代末，斯大林完全没有看到，强调发展重工业的任何观点所固有的“杜冈主义”，与布哈林用以反对左翼反对派的消费不足论相矛盾，因为布哈林认为维护农村市场是经济发展的真正基础（参见本书第一卷第 9 章、第 10 章和第 15 章）。另外，费尔德曼的模型并不完全适合于分析斯大林的经济体制，因为它假定比例关系保持不变。1928 年以后的“高速、绷紧的计划”政策，几乎不符合费尔德曼的均衡观点；也不符合满足防务的需要。费尔德曼对第 I 部类优先权的辩护是建立在消费的更大增长的基础上的，而这是通过把资源向资本品生产部门的最初转移实现的。费尔德曼的模型为苏联的热情支持者如莫里斯·多布提供了一个重要论据。与对斯大林命令性经济的理想化论述相配合（参见以下第三篇），多布运用这一模型展示了社会主义工业发展与资本主义相比具有的优越性[54]，他的分析有着广泛的影响。

苏联的工业化还表明它偏重于资本密集型生产技术。这反映了“赶超”资本主义发达国家的目标，也反映了传统马克思主义的大规模组织生产具有更高效率的观点。但是，多布再次试图使这个问题人性化。他认为，在可用于投资的剩余的规模成为经济更快增长的制约因素的情况下，选择这种使剩余最大化的技术是合理的，而这些技术可能比那些最大限度地提高当前产量和就业的技术更倾向于资本密集型生产。[55] 随着投资集中于第 I 部类，任何放弃消费的初始代价都是暂时的，而且可以通过后来的更高的消费来弥补。这是正确的，但正如米哈尔·卡莱茨基所指出的，按照多布的标准来选择技术，可能会在经济增长的早期阶段使产量降低和就业减少；而建立在失业和资源浪费基础上的发展战略是不受欢迎的。卡莱茨基还认为，技术变化的过程会使剩余最大化的技术与就业最大化的技术之间的差距缩小，这样多布的观点在实践上变得越来越不重要。[56]

最后的一个观点是技术变化采取的确切形式的问题。它绝不会削弱多布关于投资使剩余最大化的原则，但是也提出了在两个时间段之间进行选择的难题：当前的产量、消费和就业越低，将来的产量、消费和就业就越高（可能非常高）。

事实上，就苏联的发展而言，多布和卡莱茨基的分析都不十分贴切。人们难以证明，可投资的剩余规模严重阻碍了斯大林统治下的苏联的发展。实际上，当时苏联出现的是相反的情况：投资超过了经济的吸纳能力，不必要的加紧剥夺，进而引起大量的无效率的生产（参见以下第 18 章）。但推进剩余产品的增加不会降低产量或引起失业。

1927 年的“战争恐慌”使斯大林对帝国主义理论作了修改。他背弃了布哈林关于资本主义已经稳定的观点，而赞成新卢森堡学派用消费不足所导致的对新市场的持久需求来解释西方的侵略。这就成了整个 30 年代的斯大林主义的教条。尽管它与斯大林的苏联工业化观点相吻合，但它在 20 世纪 20 年代进一步使斯大林与布哈林主义右翼分道扬镳，而与左翼反对派更为接近。然而，他对于资本主义稳定为什么不复存在的详细理论阐述，主要还求助于瓦尔加。[57]

至于国内谷物危机所引起的内部不稳定，斯大林似乎一无所知。他认识到，更快的工业发展，需要更大的农村市场，但是他像大多数左翼反对派一样，乐观地相信这一切可以通过建立在长期机械化基础上的自愿的集体化来实现。[58] 托洛茨基非常正确地指出，斯大林笨拙地引发了危机，他解决危机的激进方式纯粹是“经验性的”。[59] 只有在斯大林从实践上彻底抛弃新经济政策后，才使其“自上而下的革命”得以合理化，并对“一国建成社会主义”的教条提出了与其在 20 年代占主导地位时不同的内容。

但是，这种教条的形式符合斯大林的马克思主义观中的一个不变准则：他不是将急剧的变化解释为错误的后果，而是将其解释为新阶段发展的要求。[60] 斯大林运用这一原则阐述列宁的理论发展，认为列宁主义早在 1905 年（如果不是更早的话）就已经完全形成；其后的变化是很明显的，革命发展到新的阶段都会揭示出那些曾经是潜在的东西，每一阶段都是前一阶段的必然结果。[61] 至于谷物危机，斯大林认为这正是社会主义乘胜前进的代价。在新经济政策条件下，向社会主义迈进已经“使阶级斗争激化”，因为作最后挣扎的资产阶级分子试图保持其阶级地位。[62] 由于社会主义“上层建筑”的作用就在于建立其“基础”，国家已经通过“自上而下的革命”彻底介入阶级斗争。[63] 不仅富农“作为一个阶级被消灭”，而且工业部门的许多资产阶级分子通过国家化和对那些在“社会主义不断前进”中进行“破坏”的专家进行起诉而得到清除。因此，一个新时代诞生了，“一国社会主义”在农业集体化和计划经济的基础上飞速前进。

“阶级斗争激化”的教义已经成为一种笑柄，因为它掩盖了政策上的严重倒退，并且被广泛地用来镇压斯大林的反对者。[64]但是，它并没有被托洛茨基主义者轻易地抛弃。最初提出不断革命论，是为了巩固无产阶级权力而不是革命本身，它要证明落后的俄国最困难的是：无产阶级专政推翻了农村古老的社会制度，但农民却强烈地抵制推动其进一步发展所必需的措施（参见本书第一卷第12章）。在新经济政策时期，托洛茨基修正了他的观点，降低了无产阶级与农民之间对抗的必然性，认为假如左翼反对派的政策能够奏效，就有可能在自愿的基础上实现集体化。[65]他或者其他左翼反对派没有足够地重视布哈林的观点，即“超工业化”需要第二次革命，并且这场革命只有通过全面的恐怖统治才能成功。[66]

在这一方面，斯大林并不否认其现行政策在很大程度上与左翼反对派在20年代的政策主张相吻合，但他解释说，左翼反对派的观点不适合早期发展阶段。另一方面，斯大林认为，布哈林和“右派分裂分子”没有认识到新经济政策阶段已经发生转变，还试图保持过去的政策，同样犯了时代的错误。[67]因此，斯大林愿意在左翼反对派成员承认错误的情况下，恢复他们的党员资格，他也同样接受右派的公开认错，当然这一切都是以卑躬屈节的方式进行的。

直到20世纪30年代中期，（国有）工业部门的产量与农业部门的产量大致持平（苏联据此宣布为“工业国”）；绝大多数农民被集体化；生产资料私人所有制已经变得无足轻重。如果斯大林相信社会主义能够在一个国家建成（参见第三篇），那么宣布苏联建成社会主义就是理所当然的了。[68]资本主义的包围被用来解释社会主义存在的问题的性质，特别是国家的继续存在、镇压的必要性，反映了“资产阶级意识”残余支撑的反革命势力仍在垂死挣扎。斯大林表达了后来与毛泽东联系在一起的一个道理，认为阶级斗争不会随着“一国社会主义”的成功而废止，只有到社会主义在全世界“最后”胜利才可能停止。[69]

但是，苏联社会主义的“完全”胜利，把（在单一国家里）向共产主义过渡提上日程。斯大林从斯达汉诺夫工人较高的劳动生产率中洞察到共产主义出现的一缕曙光[70]，1935年以后，他不时就通向人类解放更高阶段的正确道路作出指示。[71]纳粹的入侵以及战后的重建，使这一问题直到20世纪40年代末才引起广泛讨论。其中的很多问题都同布尔什维克统治一开始就引起的一个争论联系在一起，这个争论就是价值规律在社会主义中的地位。许多理论家认为，社会主义中价值规律不再起作用，社会主义意味着商品生产的终结，因此也是价值形式的终结。与这一观点相联系的是，人们相信苏维埃国家在社会主义经济关系的转变中是不受制约的。20 世纪 30 年代期间，当“没有……布尔什维克攻不下的堡垒”的思想占统治地位的时候，上述观点赢得了广泛的支持。[72] 但是，1943 年《在马克思主义旗帜下》杂志发表的一篇未署名的文章提出，这一切都是错误的，价值规律只有在共产主义来临的时候才会停止对经济发展的制约。尽管这篇文章并不深刻，条理也不清楚，但它在西方引起一些震动。这篇文章第二年在《美国经济评论》中用英文再次发表，引起了广泛讨论。[73] 马克思主义者对这个问题的理解相距甚远。一方面，拉亚・杜娜耶夫斯卡娅认为，苏联经济学家接受价值规律表明一种新的非社会主义的社会秩序已经巩固，它要求实现意识形态上的变革，以便使广泛存在的不平等现象合法化。[74] 另一方面，艾萨克・多伊彻在后来几年的著述中认为，它意味着已经变质的工人国家的矛盾日趋成熟[75]，这一点正如托洛茨基所预见到的那样（参见第 3 章和第 18 章）。

1952 年，斯大林在干预苏联的这一争论时[76]，驳斥了乌托邦的唯意识论，选择了经济渐进主义。他认为，苏联社会主义受客观规律——包括价值规律——的制约，这些规律可以被自觉地运用，但在社会主义条件下不能被超越。斯大林没有对如何识别这些规律作出论述，但是这些规律可以认知和被有意识利用的事实表明，社会主义的自由与资本主义条件下盛行的盲目的无政府状态形成鲜明对比。商品关系（当然是非资本主义的商品关系）在消费产品的分配中，在国营工业和集体农庄的关系中，仍然发挥着作用。尽管苏联可能在不久后会实行实物交换，以取代货币交易，但要经过一个时代才能实现从集体农庄到国营企业的转变，同时才能消灭商品关系。这同所有其他新的过渡措施一起，被社会主义国家自上而下地引入，但斯大林忽略了集体农庄的市场目标和过去 20 年相关的“交换”率都由中央确定的事实。斯大林认为，由于苏联在总体上还落后于资本主义发达国家，只有到经济上超过西方国家、工业能够集中于消费品生产的时候，苏联才能向共产主义迈出实质性步伐。斯大林断言，到那时社会主义积累规律还是有效的。第Ⅰ部类的增长率必然超过第Ⅱ部类的增长率，否则“国民经济不可能持续发展”。这明显地是对费尔德曼增长公式的歪曲，但它后来却被苏联的政治经济学教科书以类似的形式不断重复。[77]

事实上，斯大林的这些观点类似于他在新经济政策早期所持的观点。苏联的经济关系并不存在进一步的革命性的变革；苏联将“发展到”共产主义的更高阶段，社会主义的不完美将“消失”。但是，不祥的迹象表明，他正准备像 20 世纪 30 年代晚期那样，通过新的清洗来实施其保守主义，以对抗官僚机构中的激进分子。[78] 对那些急躁的反对斯大林观点的人来说，非常幸运的是，他在把这些想法大规模实施之前，就于 1953 年 3 月去世了。

3. 斯大林主义与马克思主义

国际共产主义运动及世界范围内的追随者，在四分之一世纪还多的时间里，都把斯大林看作是马克思主义的最高理论家，把苏联看作社会主义方案的生动体现。苏联以外的主要马克思主义经济学家如莫里斯·多布和罗纳德·米克，也持这种看法，当然他们比在斯大林统治下的典型的共产主义者更严谨，更富学究气。多布从未参与“个人崇拜”，并且事实上对“个人崇拜”还作过一定程度的批判，特别是对第一个五年计划的高速度作过批判。[79] 他的著作是有价值的，受到非共产主义经济学家的好评。多布从大萧条和第二次世界大战的角度，用通俗易懂的方式清楚地描述了命令性经济的状况。但是，他显然未能把马克思主义作为一种批判的理论，他对苏联的总体描述与苏联集权主义的现实相去甚远。

多布在一些关键问题上没有明显地脱离斯大林主义的传统认识。在 20 世纪 20 年代末期，他与苏联的官方观点相呼应，赞成布哈林的经济发展战略，反对普列奥布拉任斯基的战略，并宣称新经济政策完全符合列宁主义。[80] 在“自上而下的革命”发生后，多布用同斯大林相同的方式使之合理化，也对斯大林反对者的观点予以驳斥。他对反对派的批评常常是斯大林已经提出过的。多布对于在加速工业化中存在的多方面的镇压，要么视而不见，要么认为这仅仅是信息不灵通的结果，并以战争威胁和反革命活动为其辩护，或用技术性的术语来对待它。[81] 多布对工人管理或政治民主没有兴趣，并把社会主义等同于国家主义和中央计划。[82] 他对苏联存在的不平等和特权的严重程度估计不足。简而言之，多布轻描淡写地谈到这些事实上绝不平静的事件。

罗纳德·米克的大部分著作具有文质彬彬的亲斯大林主义的特点。但是，与多布不同，米克更关注斯大林的思想，声称《苏联社会主义经济问题》是对马克思主义的重大贡献。米克欣然认为，斯大林坚持社会主义条件下存在商品关系和价值规律的观点，与马克思和恩格斯是不同的，这正是斯大林对马克思主义的贡献。俄国革命是在落后条件下取得成功的，这在 19 世纪是不可想象的。这意味着商品生产和价值关系仍然起支配作用。斯大林由于认识到这一点，并阻止了更具空想性的经济学家冒险地推动苏联前进而受到称赞。[83] 这显然是对斯大林真实思想的曲解，实际上也与米克本人的思想不相符合，这也勾勒了苏联后来对价值理论的争论（参见以上第 2 节）。

罗纳德 · 米克小传

罗纳德 · 米克于 1917 年 7 月出生在新西兰的惠灵顿。20 世纪 30 年代，他在当地大学学习法学和经济学。1946 年开始，他在剑桥大学皮罗 · 斯拉法的指导下攻读博士学位。1948 年在格拉斯哥大学政治经济学系谋得职位。1963 年，他离开格拉斯哥大学，任莱斯特大学泰勒经济学院负责人，直至 1978 年去世。尽管米克于 1956 年脱离了共产党，但他继续发表了大量的关于马克思政治经济学的多方面论题的著述。

米克像多布一样，没有充分阐述斯大林主义的问题，但也没有像典型的追随斯大林的人那样制造拙劣的辩护和狂热的谎言。这些追随者与共产主义者不同，他们对苏联的忠诚是同斯大林掌握政权相一致的，他们将斯大林上台视作科学的社会管理对布尔什维克激进主义和阶级暴力的胜利。他们几乎不承认自己是马克思主义者，也不对苏联、马克思主义或其他方面做任何经济分析。他们大多数是社会民主党人、自由主义者、基督徒和和平主义者，对苏联的社会主义敬而远之，不参加当地的共产党，满足于他们自己的资产阶级生活条件。与苏联宣传机器相呼应，他们的表演几乎是丝丝入扣，着重渲染权威主义情绪，这种情绪有时会有支持启蒙运动的价值。[84]

最具有分析性和批判性的，是马克思主义者中反对斯大林的人（参见以下第 3 章）。他们对斯大林的理论嗤之以鼻，将其视为对马克思主义的荒谬的歪曲，并常常将其看作是对革命理想的背叛。他们表达的观点和斯大林主义对其的反驳，不断激起关于斯大林主义与马克思主义的关系、斯大林的独断是不可避免还是偶然的激烈争论。

形形色色的观点都有着丰富的论据。列宁、布哈林和托洛茨基的理论的成熟性与斯大林的肤浅论述形成鲜明对比；20 世纪 20 年代的独断形式比 30 年代的形式要温和得多；可以有把握地认为，斯大林上台的原因是他的反对者犯有明显的错误，而不仅仅是反对者们对斯大林的野心和能力估计不足。另一方面，正统的马克思主义关于社会主义的观点总是倾向于集权主义，尽管在马克思本人思想中明显地存在着关于自由的思想成分。[85] 另外，对原文的诠释还可以使人把斯大林的分析与列宁的分析联系起来，并且实际上还与布哈林和托洛茨基的类似思想联系起来；[86] 历史学家可以辨别出早期布尔什维主义的无情和独断的特点；人们很容易认为经济发展中的问题排除了与斯大林所采取的十分不同的政策措施。这些说法，可以变换来为斯大林主义的不同理论提供辩护或予以驳斥。这些含糊不清的说法的根源，在于历史分析常常存在方法论上的、本质上的问题，但也包括马克思主义本身所存在的缺陷。[87]

实践是用以解决这些问题的一个可能的标准，特别是斯大林本人充分准备接受结果的检验。他指出了生铁生产上的显著成就、生产资料私有制已被实际根除、苏联从一个农业社会转变为工业社会，以及国家不仅取得反对纳粹侵略的胜利，而且同时把社会主义扩展到周边地区。[88] 但是，批评者合理地指出了存在着顽固的野蛮因素、持续的国家镇压和斯大林发动自上而下革命后大量不平等的滋长（不只是不平等的维持）。[89] 然而按照社会主义的经典概念，这些解释中的每一条都存在问题。马克思主义者为了证实自己的观点，传统上是把社会主义定义为包括斯大林所援引的说法，而排除了批评者所强调的内容。所以，苏联的发展引出了社会主义新模式，不论是斯大林主义者还是其马克思主义的反对者，都不能够断然面对这样一个难题，即这本身是否与历史唯物主义相悖。

马克思主义的批评者有时采取不同的方针，把斯大林的成就与“罪恶”区别开来，认为前者标志着其成功之处。[90] 尽管这种看法从自由人道主义的观点可能具有合理性，但它在马克思主义自身的范围内却不是一个前后一贯的见解。就马克思主义者对道德标准的关注而言，他们倾向于使手段的重要性最小化而集中关注其结果，他们非常清楚发展表现为否定。[91] 另外，斯大林的镇压很难与他的积极成就分开。尽管镇压带有随意性成分，意识形态的统治对科学的进步产生很大损害 [92]，但这两者也给经济发展提出了真正的难题：敌对势力的抵制、劳动纪律的惊人松弛、民族文化的匮乏，以及官僚集团内部的离心倾向。这些都由于斯大林及其随从缺乏了解而恶化，部分原因是行政管理机构的效率极度低下，对国家的控制有时极其松散。[93]

马克思主义者通过把理想的自由社会与阶级斗争相联系，把合法的革命行为降为确定无产阶级利益的问题。马克思似乎相信这是一个明显的社会现象，从而对这个问题没有作深入探讨。从卢卡奇在《历史与阶级意识》中提出的相当成熟的具有黑格尔理论印记的观点 [94]，到斯大林将无产阶级的事业与苏联重工业的扩张等同起来的粗陋的理解，后来的马克思主义者对此的理解存在很大差别。[95] 还有一些理解处于这两个极端之间，包括列宁的《怎么办？》中的观点。[96]这一问题还与无产阶级利益的其他三个相关方面的问题联系在一起：（1）无产阶级的特殊利益；（2）非无产阶级的被压迫者的阶级利益；[97]（3）实行阶级专政的统治形式。还没有一个理论家解决了这些问题（参见以下第3章）。所以，人们无法断定或否认斯大林的政权组织和经济发展战略符合无产阶级的利益。

斯大林利用了马克思主义的这些缺陷，使他的统治合法化。但在关键时刻，他似乎决定冒大风险。在20世纪30年代中期，他指责布尔什维克反对者是自觉的反革命，同帝国主义势力的情报机构相勾结。托洛茨基被刺杀，基洛夫、加米涅夫、布哈林及其他多数老布尔什维克，都以上述借口被判死刑。证据被罗织出来，通过酷刑使他们招认，而历史档案则被篡改。[98]这些都具有热月政变的特征，而许多马克思主义者却毫无缘由地无视这一点（参见以下第3章）。

但是，甚至这些事件都有其正统的理论的合理性，这些时时被一些较为敏感的斯大林主义者暗示过，但他们仅仅认为布尔什维克反对斯大林主义客观上就是反对革命，尽管并不认为这些反对者是自觉的帝国主义的代理人。不管他们的动机如何，他们政策的后果将会损害苏联，从而损害国际无产阶级；因此对他们的指控是有根据的。[99]这些主张的表达方式是与人们文化上的落后相适应的，所有布尔什维克——斯大林主义者和反斯大林主义者——都十分清楚这一点。这要求使用说教性语言，把客观结果转变为主观目标。用相似的原则使官方对历史作出的歪曲、对列宁著作进行的删改，以及对生活水平提供错误的统计数据等做法合法化。

所有这些都表明，马克思主义在其发展历程中，经历了从批判的理论到国家意识形态的转变和曲折。在取得统治权之前，常常假设真理会与无产阶级的发展一同前进。马克思主义者从来没有想到忠实理论本身可能会威胁他们的统治。但在早期，正好在斯大林上台之前，这种矛盾确实出现了。1921年的喀琅施塔得叛乱作为反革命事件被镇压，喀琅施塔得的水兵们因要求恢复布尔什维克自身在1917年所坚持的政策，而被谴责为“白匪”。[100]

这并不表明布尔什维主义就是斯大林主义，或者斯大林主义就是布尔什维主义发展的唯一形式。但它确实意味着，斯大林主义可以归为马克思主义的一种形式，其依据与布尔什维主义的其他形式大致相同。试图指导和控制社会主义实践的是一系列的理论。在一个不宽松的氛围中，获取权力的动机渗透到理论中，并在斯大林的统治下不断地蜕变。但是，斯大林从来无法垄断马克思主义，理论上的贫乏有利于斯大林主义自称为马克思主义，也使另一种选择——甚至其他形式的布尔什维主义——成为颠覆斯大林主义统治的学说。我们在下一章将转入讨论与斯大林同时代的马克思主义。至于斯大林之后的发展，将在以下第 9 章第 2 节和第 18 章中进行讨论。

注释：

下面参考书目中，《斯大林全集》（Moscow：Foreign Languages Publishing House，1953–55），简写为 WS，后面是卷次；《马克思主义与国家和殖民地问题》（*Marxism and the National and Colonial Question*）（London：Lawrence & Wishart，1936）简写为 MNCQ；《联共（布）党史》[*History of the Communist Party of the Soviet Union*（*Bolsheviks*），*Short Course*（Toronto：Francis White，1939] 简写为 SC；《列宁主义问题》（*Problems of Leninism*）（Moscow：Foreign Languages Publishing House，1953）简写为 PL；以及 B. Franklin 编辑的《本质层次上的斯大林：主要理论著作（1905—1952）》（*The Essential Stalin*: *Major Theoretical Writings*，1905–1952）（New York：Anchor，1972）简写为 ES。本章在时间跨度上与本书第一卷第 15 章部分重叠。建议读者在阅读本章之前，先阅读该章有关内容。

1.A. Bergson：《1928 年以来苏联实际的国民收入》（*The Real National Income of Soviet Since* 1928，Cambridge，Mass：Harvard University Press，1961）；G.W. Nutter，I. Borenstein 以及 A. Kaufman：《苏联工业生产的增长》（*Growth of Industrial Production in the Soviet Union*，Princeton，NJ：Princeton University Press 1962）；V.G. Treml 以及 J. P. Hardf 编：《苏联经济统计》（*Soviet Economic Statistics*，Durham，NC：Duke University Press，1972）；R.A. Clarke 以及 D. J. I. Matko：《苏联经济情况（1917—1981）》（*Soviet Economic Facts*，1917–81，London：Macmillan，1983）；P.R. Gregory 及 R.C. Stuart：《苏联经济结构与绩效》（*Soviet Economic Structure and Performance*，New York：Harper & Row，1990）。

2.WS，XII，第 147 页。

3. 农民抵制集体化，宰杀牲畜，从而导致农业生产力下降，所以这些投资的大部分仅仅补偿了这种下降缺口。关于集体化在苏联经济发展中的作用的大致情况，可参见 Gregory and Stuart：《苏联经济结构与绩效》，第 109—120 页，以及 M. Ellman：《社会主义计划》（*Socialist Planning*，Cambridge：Cambridge University Press，1989），第 92—130 页。

4.WS，XI，第 62 页（《斯大林全集》中文版，第 11 卷，第 50 页）。

5.WS，XII，第 114—147 页，第 125—126 页，第 135 页，第 149 页，第 178 页，第 195 页，第 323 页；XIII，第 13 页，第 40 页，第 43 页，第 75 页；PL，第 668 页，第 674 页。

6.WS，XI，第 81 页；XII，第 184 页，第 194 页，第 357 页；XIII，第 41 页，第 186 页，198 页；PL，第 657 页；A. 诺夫：《苏联经济史》（*An Economic History of the U.S.S.R*，Harmondsworth：Penguin，1972），第 187—191 页，第 201—202 页，第 219 页。

7.T. 克利夫：《俄罗斯：一个马克思主义者的分析》（*Russia*：*A. Marxist Analysis*，London：International Socialism，1964），第 17—63 页；D. Filtzer：《苏联工人与斯大林工业化》（*Soviet Workers and Stalinist Industrialisation*，London：Pluto Press，1986）；M. Heller and A. M. Nekrich：《乌托邦在掌权》（*Utopia in Power*，New York：Summit Books，1986），第 224 页，第 259 页，第 320 页；A. Solzhenitsyn：《古拉格群岛（1918—1956 年）》（*The Gulag Archipelago*，1918–1956，New York：Harper & Row，1985）。

8.R. Conquest：《大恐怖：斯大林 30 年代的清洗》（*The Great Terror*：*Stalin's Purge of the Thirties*，New York：Macmillan，1973）；Conquest：《悲惨的结局：苏联集体化与饥荒》（*The Harvest of Sorrow*：*Soviet Collectivization and the Terror-Famine*，Edmonton：University of Alberta Press，1986）；R. Medvedev：《让历史审判：斯大林主义的起源与后果》（*Let History Judge*：*The Origins and Consequences of Stalinism*，New York：Columbia University Press，1989）；Solzhenitsyn：《古拉格群岛（1918—1956 年）》。

9. 这种谄媚的典型代表是苏共中央委员会编：《苏联共产党与斯大林》（*Communist Party of the Soviet Union*，*Stalin*，New York：Workers Library Publishers，1940）。

10.N. Spulber 编：《苏联经济增长的战略基础：苏联论文选（1924—1930 年）》（*Foundations of Soviet Strategy for Economic Growth*：*Selected Soviet Essays*，1924–1930，Bloomington：Indiana University Press，1964）；N. Jasny：《20 世纪 20 年代苏联经济学家》（*Soviet Economists of the* 1920*s*，Cambridge：Cambridge University Press，1972）；A. Belykh：《数量经济学与苏联计划》（'Mathematical Economics and Soviet Planning'，*Carleton Economic Papers*，1989）；C. Gannage：《瓦尔加与国家垄断资本主义理论》（'E. S. Varga and the Theory of State Monopoly Capitalism'，*Review of Radical Political Economics* 12，1980），第 36—49 页。

11.J. Barber：《苏联理论界教条的建立（1928—1934 年）》（'The Establishment of Intellectual Orthodoxy in the USSR，1928–34'，*Past and Present*，83，1979），第 141—164 页；S. Fitzpatrick 编：《苏联的文化革命（1928—1931 年）》（*Cultural Revolution in Russia*，1928–1931，Bloomington：Indiana University Press，1978）；G. T. Rittersporn：《反思斯大林主义》（'Rethinking Stalinism'，*Russian History*，11，1984），第 343—361 页；J. Arch. Getty：《大清

洗的起源：对苏联共产党的再研究（1933—1938 年）》（*Origins of the Great Purges：The Soviet Communist Party Reconsidered*, 1933–1938, Cambridge：Cambridge University Press, 1985）; A. T. Baum：《共青团参与苏联第一个五年计划》（*Komsomol Participation in the Soviet First Five-Year PLan*，London：Macmillan，1987）。

12.WS，XII，第 141 页，第 167—171 页，第 270—282 页；XIII，第 5 页，第 174—176 页，第 178 页，第 182 页，第 211—219 页，第 331 页，第 340 页，第 347 页；SC，第 320—321 页；PL，第 659 页，第 679—680 页；Heller and Nekrich：《乌托邦在掌权》，第 280 页，第 289 页。

13.WS，VI，第 47—53 页，第 71—196 页；VII，第 1 页，第 15 页；IX，第 121 页，第 157 页；X，第 59 页；XII，第 384 页；XIII，第 107 页，第 177 页，第 192 页，第 259—260 页，第 353 页；SC，第 268—269 页。也可参见 H. 马尔库塞：《苏联马克思主义》（*Soviet Marxism*，Harmondsworth：Penguin，1971）。

14.I. 多伊彻：《斯大林》（*Stalin*，Harmondsworth：Penguin，1966），第 111 页，第 114—115 页，第 117—118 页，第 120—121 页；R. C. Tucker：《作为革命者的斯大林（1879—1929 年）》（*Stalin As Revolutionary*，1879–1929，New York：Norton，1973），第 197 页。

15.WS，VI，第 71—196 页；（《斯大林全集》中文版，第 6 卷，第 62—165 页）。

16.Medvedev：《让历史审判：斯大林主义的起源与后果》，第 821—823 页；Tucker：《作为革命者的斯大林（1879—1929 年）》，第 234—329 页。

17.1928 年 7 月，布哈林告诉加米涅夫，斯大林是"一个毫无原则的阴谋家，他为了维护权力而愿放弃任何东西，也会在任何时候根据想要除掉的人而改变他的理论"（引自 Heller and Nekrich：《乌托邦在掌权》，第 207 页）。也可参见 L. 托洛茨基：《左倾反对派面临的挑战（1928—1929 年）》[*Challenge of the Left Opposition*（1928–1929），New York：Pathfinder Press，1981]，第 204—209 页，第 308—311 页，第 383 页。

18.WS，XI，第 92 页；（《斯大林全集》中文版，第 6 卷，第 80 页）。

19. 托洛茨基在 20 世纪 20 年代末期和整个 30 年代，不断这样指责斯大林。也可参见托洛茨基：《斯大林：对他的评价与他的影响》（*Stalin：An Appraisal of the Man and His Influence*，New York：Stein & Day，1967），这也许是托洛茨基著作中最糟糕的一本。（但是，它在托洛茨基 1940 年遇刺时没有完成）。

20. 早在 20 世纪 20 年代，斯大林的主要理论集中在民族问题上，并深受列宁思想的影响。参见 WS，II，第 300—381 页。

21.WS，VI，第 73 页，第 99 页；VII，第 13 页；X，第 97—103 页。

22.WS，VII，第 237—239 页；VIII，第 259 页，第 312 页，第 318 页；IX，第 91 页，第 105 页，第 113 页；SC，第 168—169 页，第 357 页；ES，第 439—440 页。

23.SC，第 358 页。

24.WS，VIII，第 326—330 页。

25.WS，IX，第 105—108 页。

26.WS，VI，第 100—102 页，第 414—416 页；VIII，第 265—266 页；IX，第 108 页；XII，第 143 页。

27.WS，VI，第 77 页，第 130—136 页，第 374 页；IX，第 102 页；X，第 112 页，第 247—250 页；SC，第 212—214 页。

28.WS，VI，第 15 页，第 75 页，第 97 页，第 102—103 页，第 143 页，第 147—155 页，第 308 页，第 313 页；VII，第 108—110 页，第 147—151 页，第 224—226 页；VIII，第 19 页，第 274 页，第 282 页；IX，第 21 页，第 117 页，第 205—206 页，第 225—231 页，第 237—238 页，第 244—250 页，第 255 页，第 261—263 页，第 308—315 页，第 337—339 页；X，第 11 页，第 27 页。在其他的布尔什维克开始将东方落后国家革命纳入其视野的时候，斯大林早已看到东方落后国家革命的可能重要性；参见下文 MNCQ，第 62—67 页，第 37 页。本卷第 9 章将进一步讨论这一问题。

29.WS，VI，第 158 页，第 308 页，第 384 页；VII，第 21—29 页，第 236 页；VIII，第 200 页，第 212 页；IX，第 19 页，第 125 页；ES，第 85—88 页。但是，在 1928 年至 1934 年间，斯大林对欧洲无产阶级革命持更为乐观的态度，共产国际的政策也变得激进起来。参见 D. Hallas：《共产党和工人党情报局》（*The Comintern*，London：Bookmarks，1985），第 6 章；本章以上内容以及本卷第 1 章。

30.WS，VI，第 74 页，第 120—121 页，第 177 页。

31.WS，VII，第 207 页；VIII，第 80 页，第 186 页，第 233 页，第 239 页，第 258 页，第 292 页。关于托洛茨基与列宁在不平衡发展概念上的差异，以及托洛茨基最终向列宁靠拢的情况，参见托洛茨基：《左翼反对派面临的挑战（1926—1927 年）》（*Challenge of the Left Opposition*（1926–27），New York：Pathfinder Press，1970），第 15—18 页；《托洛茨基文集（1932—1933 年）》（*Writings of Leon Trotsky*（1932–33），New York：Pathfinder Press，1972），第 116—117 页；以及《卡尔·马克思的活的思想》（*The Living Thoughts of Karl Marx*，Greenwich，Conn.：Fawcett Publications，1963），第 13—51 页；也可参见 R. B. 戴：《"危机"与"崩溃"：苏联对西方的研究（1917—1939）》（*The' Crisis' and the' Crash'：Soviet Studies of the West*（1917–1939），London：New Left Books，1981），第 31—33 页，第 43—44 页，第

48—51 页，第 92 页。

32.WS，VI，第 161 页，第 248 页，第 391—392 页；VII，第 21 页，第 27 页，第 208 页，第 258 页，第 277—284 页，第 289—295 页；VIII，第 102 页，第 276 页，第 328—330 页；IX，第 26 页，第 144—147 页，第 168 页，第 332 页；X，第 295—296 页，第 298 页；XIII，第 41—42 页；SC，第 168—169 页；马尔库塞:《苏联马克思主义》，第 97—98 页。

33.WS，VII，第 111 页，第 119—122 页，第 209—212 页，第 305 页；VIII，第 278 页，第 340 页，第 342 页；IX，第 25 页。

34.WS，VI，第 109—110 页，第 386 页；VII，第 208 页；VIII，第 65 页，第 228 页；IX，第 21—25 页；XI，第 357 页；SC，第 274 页。

35.WS，VI，第 80 页，第 111 页，第 391 页；VII，第 16—17 页，第 119 页，第 169 页，第 208 页；VIII，第 65 页，第 274 页，第 342 页；IX，第 25 页；XI，第 357 页；SC，第 274 页。

36.WS，VIII，第 102 页，第 115 页，第 193 页，第 228 页，第 276 页；IX，第 333 页；X，第 53—54 页，第 173 页，第 243—244 页，第 293 页。

37.MNCQ，第 127 页；WS，VI，第 98 页，第 149—155 页，第 158 页，第 277 页，第 313 页，第 391 页，第 418—420 页；VII，第 94 页，第 258 页，第 288—295 页；VIII，第 77 页；X，第 59—62 页，第 220 页，第 251 页，第 293 页；X，第 173 页，第 243—244 页，第 293 页；XI，第 157 页，第 212 页，第 350—354 页；XIII，第 25 页，第 41—42 页，第 96 页，第 107 页，第 387 页；ES，第 85—88 页，第 467 页，第 489 页。

38.WS，VI，第 51—52 页；VII，第 53—57 页，第 169 页，第 259 页，第 303 页，第 360 页；VIII，第 65 页，第 77 页，第 230 页，第 284—285 页，第 292—294 页；IX，第 23 页，第 28—30 页，第 55 页，第 135 页，第 144—147 页；X，第 47 页，第 140 页，第 247—250 页，第 293 页，第 337 页；XI，第 157 页，第 311 页；XII，第 267—268 页，第 334 页；XIII，第 25 页，第 41—42 页，第 96 页，第 149 页，第 156 页，第 163—164 页，第 172—174 页，第 387 页；PL，第 695 页，第 712 页；SC，第 263 页，第 353 页；ES，第 408 页，第 508—511 页。

39.WS，IX，第 335 页；XI，第 258 页；XIII，第 25 页；SC，第 228，247 页；ES，第 393 页；苏联的民族主义在 1941 年后表现得极为突出。但是，随着对纳粹德国的胜利，斯大林发动了一场新的意识形态上的斗争，以捍卫马克思列宁主义，反对战争期间的一些让步行为；参见多伊彻:《斯大林》，第 463 页。

40.WS，VI，第 2 页，第 7 页，第 20 页，第 25 页，第 45— 46 页，第 51 页，第 190 页；IX，第 153 页，第 317—318 页；X，第 7 页，第 55—58 页，第 207—209 页；XI，第 53 页；

XIII，第 86 页。

41.WS，VII，第 342 页；IX，第 1 页，第 8 页，第 10 页；XI，第 231 页，第 280 页，第 288—289，第 293 页；XI，第 239 页；XII，第 1 页，第 46 页，第 101—102 页，第 362 页，第 371 页；XIII，第 46 页，第 211—219 页，第 373 页；SC，第 306—308 页，第 359 页。

42.WS，VI，第 261 页，第 282—283 页；VII，第 161 页，第 211—212 页，第 312—314 页；VIII，第 40—51 页，第 63—64 页，第 142 页；IX，第 162 页；X，第 319 页，第 338 页；XI，第 12—13 页，第 34 页，第 70—71 页，第 65 页，第 75 页，第 103—104 页，第 133—139 页；XII，第 114—117 页，第 179 页，第 200—202 页，第 311 页，第 336 页；XIII，第 37 页，第 54 页，第 67 页，第 75 页，第 137 页，第 220 页，第 257 页，第 331 页，第 335 页，第 375—383 页；SC，第 312—316 页，第 327—329 页，第 335—340 页，第 346—350 页，第 360 页；PL，第 621—624 页，第 668 页，第 673—677 页。

43. WS，VI，第 112—116 页；VII，第 248 页；XI，第 57 页，第 224 页，第 239 页；XII，第 13 页，第 71 页。

44.WS，VII，第 85—86 页，第 136 页，第 144 页，第 153 页，第 248 页；VIII，第 145 页；IX，第 319 页；XI，第 41 页，第 61 页及其后诸页，第 79—82 页，第 224 页，第 370 页；XII，第 13 页，第 235 页，第 309 页，第 336 页；VIII，第 19 页，第 37 页，第 67 页，第 259—260 页；SC，第 312—316 页，第 322—324 页；PL，第 660 页，第 666—668 页，第 775—778 页，第 783 页，第 798 页。

45.WS，VIII，第 151—154 页；XI，第 31 页，第 70—71 页，第 75 页，第 103—104 页，第 133—140 页，第 235 页；XII，第 14 页，第 179 页，第 321 页；XIII，第 376 页；SC，第 360 页。

46.WS，VII，第 198 页，第 244 页，第 297 页，第 305—310 页，第 363—364 页；VIII，第 128—131 页；IX，第 135—138 页，第 141 页，第 174—176 页，第 194—195 页；X，第 115—116 页，第 128—130 页，第 203—205 页，第 298 页，第 334 页；XI，第 165 页，第 201 页，第 256 页；XIII，第 33 页；SC，第 281 页。

47.WS，VIII，第 302 页；IX，第 48 页。斯大林后来逐渐运用一些曾经被他批判过的而普列奥布拉任斯基早已使用过的术语；参见 WS，XI，第 165 页；XII，第 52 页；以及上书第 34—35 页。

48. 毫不奇怪，苏联的对外贸易到 20 世纪 30 年代已经显著下降；参见 Gregory and Stuart:《苏联经济结构与绩效》，第 17 页，以及诺夫:《苏联经济史》，第 231 页。

49.WS，VII，第 136—142 页，第 171—175 页，第 252—260 页，第 272—273 页，第

394—395 页；VII，第 29—30 页，第 117 页，第 124—125 页，第 155 页，第 159 页，第 177—180 页，第 200 页，第 305 页，第 346 页，第 381—389 页；VIII，第 30 页，第 89—90 页，第 83 页，第 138 页，第 149 页，第 234 页，第 299 页；IX，第 24 页，第 77 页，第 196—199 页；X，第 124 页，第 202—203 页，第 227 页，第 260 页，第 318—319 页 .

50.WS，VII，第 132—134 页，第 201—213 页，第 258 页，第 260 页，第 306 页，第 322—323 页；VIII，第 124 页，第 129 页，第 139 页，第 156 页，第 226 页；IX，第 199 页；X，第 234 页，第 298 页。

51.WS，IX，第 317—318 页，第 328—330 页，第 335—336 页；XI，第 97—98 页；诺夫：《苏联经济史》，第 130 页，第 136 页；A. Erlich：《斯大林关于经济发展的观点》（‘Stalin's Views on Economic Development’，载于 E. J. Simmons 编：《俄国与苏联在思想上的连续和变化》（*Continuity and Change in Russian and Soviet Thought*，New York：Russell & Russell，1955），第 81—99 页。

52.WS，XI，第 256 页。费尔德曼的文章收入 Spulber：《苏联经济增长的战略基础：苏联论文选（1924—1930 年）》，第 171—199 页，第 304—331 页。也可参见 E. S. 多马：《苏联经济增长模式》（‘A Soviet Model of Growth’），该文收入《经济增长理论论文集》（*Essays in the Theory of Economic Growth*，Oxford：Oxford University Press，1957），第 223—261 页，以及 Ellman：《社会主义计划》，第 139—147 页，费尔德曼于 1937 年被捕，直到 1953 年才获释。

53.ES，第 445—502 页。

54.M. 多布：《经济增长与不发达国家》（*Economic Growth and Underdeveloped Countries*，*London*：*Lawrence* & Wishart，1963）；A. Erlich：《多布与马克思 – 费尔德曼模型》（‘Dobb and the Marx-Feldman Model’，*Cambridge Journal of Economics* 2，1978），第 203—214 页。

55.M. 多布：《论经济增长与计划》（*An Essay on Economic Growth and Planning*，London：Routledge & Kegan Paul，1960）。

56.M. 卡莱茨基：《社会主义经济增长与混合经济文集》（*Selected Essays on the Economic Growth of the Socialist and Mixed Economy*，Cambridge：Cambridge University Press，1972），第 10 章。

57. 关于斯大林接受布哈林的资本主义稳定的观点，参见 WS，VII，第 27 页，第 34—35 页，第 51 页，第 91 页，第 94 页，第 240 页，第 267—275 页；VIII，第 175—176 页。关于“战争恐慌”的作用，参见 WS，IX，第 317—318 页，第 328—330 页；X，第 247 页，第 282—288 页，第 291—296 页；XI，第 209 页，256 页。但是，斯大林并不总是一致的，参见 WS，X，第 221 页，第 251 页；他最终确定批判资本主义已经稳定的观点：参见 WS，XII，第 17 页，第 242—262 页；XIII，第 288 页；PL，第 750 页。

58.WS，XI，第 7—10 页，第 85—88 页，第 91 页，第 125 页，第 178—183 页，第 188 页，第 217—218 页，第 236 页，第 277 页；XII，第 61—62 页。

59. 托洛茨基：《左翼反对派面临的挑战（1928—1929 年）》；《托洛茨基文集（1929 年）》[*Writings of Leon Trotsky*（1929），New York：Pathfinder Press，1975]。也可参见 E. H. Carr：《自上而下的革命》（'Revolution from Above'，*New Left Review 46*，1967），第 17—27 页；E. H. Carr 和 R. W. Davis：《计划经济的基础》（*Foundations of a Planned Economy*，1926–1929，Volume I，Harmondsworth：Penguin 1974），第 254—289 页；诺夫：《苏联经济史》，第 147 页，第 154 页，第 161 页。

60.WS，XIII，第 361 页；IX，第 207—223 页，第 225—230 页；XI，第 43—44 页，第 93 页，第 151 页，第 168—170 页，第 221 页，第 268 页，第 279 页，第 282 页，第 365 页；XII，第 11 页，第 29 页，第 60 页，第 68—72 页，第 172 页，第 184 页，第 187 页，第 288—198 页，第 314 页，第 318 页，第 359—362 页；XIII，第 92 页，第 103 页，第 244 页；SC，第 276—279 页，第 286 页；ES，第 426 页，第 441 页。

61.WS，VI，第 368—369 页；SC，第 20 页，第 64 页，第 73—77 页，第 140 页，第 160—164 页，第 168—169 页，第 184 页，第 356 页，（他并没有解释列宁为什么在第一次世界大战之前没有形成明确的帝国主义理论）。

62.WS，XI，第 179—80 页；XIII，第 71 页，第 211—219 页；SC，第 291 页，这种观点的潜台词，参见 WS，IX，第 55 页，第 328 页；X，第 140 页，第 325 页；XI，第 121 页。

63.WS，XII，第 153—155 页，第 176 页，第 294 页；SC，第 305 页；PL，第 796 页；ES，第 408 页。

64. 例如，在 WS，X，第 231 页和 XI，第 91 页，第 279 页中，斯大林接受了这样一种正统的观点，即集体化需要建立在一个新的技术基础之上。在 WS，XII，第 159—160 页中，他认为这又是不必要的。根据 Medvedev：《让历史审判：斯大林主义的起源与后果》的第 222 页，90% 的集体农庄在 1929 年还没有实现机械化。

65. 托洛茨基在《托洛茨基文集（1930 年）》[*Writings of Leon Trotsky*（*1930*），New York：Pathfinder Press，1975]第 205 页中，嘲笑这种“阶级斗争不断激化”的观点。

66.N. I. 布哈林：《关于国家和向社会主义过渡著作选》（*Selected Writings on the State and the Transition to Socialism*）（Nottingham：Spokesman Books，1982），该书的编辑者为 R. B. 戴，第 127 页，第 135 页，第 164 页，第 175 页，第 199 页，第 301—351 页。

67.WS，XII，第 173 页，第 359—362 页。

68.WS，VII，第 310 页；IX，第 23 页；XII，第 241 页。

69. 斯大林在 WS，VI，第 125 页，第 186 页；IX，第 134 页；以及 XI，第 326 页中，接受了这种国家“不断消亡”的观点。在 WS，XII，第 381 页，XIII，第 215—216 页中，他暗示需要修正这种教条的认识，并最终在 PL，第 791—797 页；ES，第 439—441 页抛弃了这种想法。

70.PL，第 665—666 页。

71.WS，XIII，第 349—350 页，第 357 页；PL，第 764—765 页；SC，第 346 页。还可参见 M. Lewin：《苏联经济争论中的政治潜流：从布哈林到当代改革者》（*Political Undercurrents in Soviet Economic Debates*：*From Bukharin to Modern Reformers*，Princeton，NJ：Princeton University Press，1974），第 110 页。

72.A. Kaufman：《“社会主义政治经济学”的起源》（‘The Origin of “The Political Economy of Socialism”’，*Soviet Studies*，4，1952-1953），第 243—272 页；J. Miller：《发展中的社会主义政治经济学》）（‘A Political Economy of Socialism in the Making’，*Soviet Studies* 4，1952-1953），第 403 页；I. Guelfat：《苏联经济思想》（*Economic Thought in the Soviet Union*，The Hague：Martinus Nijhoff，1969）。

73.《苏联经济学教学》（‘Teaching of Economics in the Soviet Union’，*American Economic Review*，34，1944），第 501—530 页。

74.R. 杜娜耶夫斯卡娅：《对马克思主义经济学的新修正》（‘A New Revision of Marxian Economics’，*American Economic Review*，34，1944），第 531—517 页，也可参见本卷第 3 章。

75.I. 多伊彻：《“经济问题”中的教条性和现实性》（‘Dogma and Reality in Stalin’s “Economic Problems”，*Soviet Studies*，4，1952-1953），第 349—363 页。

76. ES，第 445—502 页。

77.《政治经济学教科书（苏联科学院经济研究所编）》（*Political Economy. A Textbook Issued by the Institute of Economics of the Academy of Sciences of the USSR*，Moscow：Foreign Languages Publishing House，1957），第 721 页。

78. 多伊彻：《斯大林》，第 602 页；Medvedev：《让历史审判：斯大林主义的起源与后果》，第 865 页。

79. 多布：《俄国自革命以来的经济发展》（*Russian Economic Development Since the Revolution*，London：George Routledge & Sons，1929）；《苏联自 1917 年以来的经济发展》（*Soviet Economic Development Since* 1917，New York：International Publishers，1948）。

80. 多布：《俄国自革命以来的经济发展》。

81. 例如，参见多布：《苏联自 1917 年以来的经济发展》，第 291 页，他在这里阐述了他对 20 世纪 30 年代大清洗的看法。这在该书第 6 版（London：Routledge & Kegan Paul，1966）中仍然没有改变，见该书第 292 页。

82. 直到斯大林的后继者开始主张经济改革时，多布才思考全面非集权化的优越性。参见多布：《苏联自 1917 年以来的经济发展》第 6 版，第 13 章。

83.R. L. 米克：《斯大林对语言学争论的贡献的几点说明》（'Some Notes on an Interpretation of Stalin's Contribution to the Linguistics Controversy'，*Soviet Studies* 3，1951），第 174—184 页；《作为经济学家的斯大林》（'Stalin as an Economist'，*Review of Economic Studies* 21，1954），第 232—239 页；《劳动价值论研究》（*Studies in the Labour Theory of Value*，London：Lawrence & Wishart，1956），第 256—284 页。

84.S. Webb 和 B. Webb：《苏联共产主义：一种新的文明？》（*Soviet Communism：A New Civilisation*? London：Longman，1935），第一卷和第二卷。这些人及其继承者的观点广泛收录于 D. Caute：《追随者：同情共产主义的知识阶层》（*The Fellow Travellers：Intellectual Friends of Communism*，New Haven，Conn.：Yale University Press，1988）；也可参见 P. 霍兰德：《政治追随者》（*Political Pilgrims*，London：Harper Colophon Books，1983）。

85. N. W. Balabkins：《前景：Carl Ballod 视野中松散的斯大林主义》（'"Der Zukunftsstaat"：Carl Ballod's Vision of a Leisure-Oriented Socialism'，*History of Political Economy*，10，1978），第 213—232 页。

86. 参见 N. I. 布哈林：《过渡时期经济学》（*Economics of the Transformation Period*，New York：Bergman，1971；初版于 1920 年），以及托洛茨基：《恐怖主义与共产主义》（*Terrorism and Communism*，London：New Park Publications，1975；初版于 1920 年）。

87. 有这样一种看法，它将布尔什维克原则的意义降为具体事件，参见 E. H. Carr 的多卷本著作《苏联历史》（*A History of Soviet Russia*，London：Macmillan，1950–1971 and Harmondsworth：Penguin，1966–1976）。A. G. Meyer 的《列宁主义》（*Leninism*，Cambridge，Mass：Harvard University Press，1957）对列宁的思想作了斯大林化的解释，尽管 Meyer 本人并不是一个斯大林主义者。多伊彻的《斯大林》认为斯大林尽管与布尔什维主义相去甚远，但它在唯一可能的道路上坚持了布尔什维主义。多伊彻在其下面关于托洛茨基的三部曲传记作品中，对此作了进一步阐述：《武装的预言家》，《被解除武装的预言家》，《被驱逐出境的预言家》（*The Prophet Armed*，*The Prophet Unarmed*，*The Prophet Outcast*，Oxford：Oxford University Press，1954，1959，1963）。S. F. 科恩的《布哈林与布尔什维克革命》（*Bukharin and the Bolshevik Revolution*，Oxford：Oxford University Press，1980）也强调存在一种更为仁慈和

友善的布尔什维主义来代替斯大林主义；以及科恩的《苏联经验反思》（*Rethinking the Soviet Experience*，Oxford：Oxford University Press，1985），第 3—37 页，对极权作了精彩的但有节制的批判，这种观点盛行于“西方苏联学”。

88.WS，VI，第 84—85 页；XII，第 353 页；XIII，第 98—100 页，第 120 页，第 186 页，第 211—219 页，第 231 页，第 259—260 页，第 355 页，第 368 页，第 371 页；SC，第 321—322 页，第 327—329 页，第 341 页，第 352 页；PL，第 680—693 页，第 702 页，第 727 页，第 802—803 页；ES，第 401 页。

89. 例如，参见 L. 托洛茨基：《被背叛的革命》（*The Revolution Betrayed*，New York：Pathfinder Press，1972；初版于 1937 年），以及本书后面的第 3 章。

90.N. S. 赫鲁晓夫：《苏共中央二十大秘密报告》（‘Secret Report of the 20th Party Congress of the CPSU’），该文收入 T. Ali 编辑的《斯大林主义的遗产》（*The Stalinist Legacy*，Harmondsworth：Penguin，1984），第 221—272 页；T. Ali：《自上而下的革命》（*Revolution from Above*，London：Hutchinson，1988）；Medvedev：《让历史审判：斯大林主义的起源与后果》。

91. 布尔什维主义者确实如此。列宁的观点主要体现在《列宁选集》（*Selected Works*，Moscow：Foreign Languages Publishing House，1951），第二卷第 2 部分，第 482—484 页。托洛茨基的主要著作是《他们的道德与我们的道德》（*Their Morals and Ours*，New York：Pathfinder Press，1973；写于 1937 年至 1938 年）。斯大林根本没有对道德这个问题进行思考；但可参见 WS，VI，第 116 页，第 172 页；IX，第 194—195 页；X，第 237 页，第 241 页；XI，第 329 页；XII，第 182 页，第 344 页；XIII，第 110—111 页。

92. 安全机关必须满足计划所设定的目标，这不时需要用那些“有用”的人来补充这种队伍：参见 *Slozhenitsyn*, *Gulag Archippelago*。关于斯大林主义的教条对苏联科学的影响，参见 Z. Medvedev：《李森科浮沉》（*The Rise and Fall of T. D. Lysenko*，New York：Columbia University Press，1969）以及 D. Joravsky：《李森科记事》（*The Lysenko Affair*）（Cambridge，Mass：Harvard University Press，1970）。

93.P. Flaherty：《斯大林主义的转变（1932—1937 年）》（‘Stalinism in Transition，1932–37’，*Radical History Review*，37，1987），第 41—68 页；S. Fitzpatrick：《关于斯大林主义的新看法》（‘New Perspectives on Stalinism’，*Russian Review*，45，1986），第 357—373 页；T. von Laue：《再评斯大林》（‘Stalin Reviewed’，*Soviet Union*，11，1984），第 71—92 页；H. Reichman：《对“斯大林主义”的再研究》（‘Reconsidering “Stalinism” ’，*Theory and Society*，17，1988），第 57—90 页；T. 斯克科玻尔：《国家与社会主义革命》（*States and Social Revolutions*）（Cambridge：Cambridge University Press，1979），第 206—235 页；Rittersporn：《反思斯大林主义》；Getty：《大清洗的起源：对苏联共产党的再研究（1933—1938 年）》；Filtzer：

《苏联工人与斯大林工业化》。

94.G. 卢卡奇：《历史与阶级意识》（*History and Class Consciousness*，London：Merlin Press，1971；初版于 1923 年），第 51 页。

95. 例如，斯大林写道："工人阶级（即无产阶级）的利益与占人口大多数的劳动人民的利益是一致的"，参见 WS，XIII，第 21 页；也可参见 XII，第 344 页。

96.《列宁全集》（Moscow：Progress Publishers，1960–70），第 5 卷，第 349—520 页（《列宁选集》中文第 3 版，第 1 卷第 290—458 页）。

97. 斯大林在 1927 年关于工农联盟的论述就是从这方面展开的。他指出这不需要保护农民，而是要改变他们。参见 WS，IX，第 186—193 页。

98.L. 托洛茨基：《扭曲的斯大林集团》（*The Stalin School of Falsification*，London：New Park Publications，1974；初版于 1932 年）；《托洛茨基文集（1936—1937 年）》；《托洛茨基文集（1937—1938 年）》（*Writings of Leon Trotsky*（1937–1938），New York：Pathfinder Press，1976）；J. Dewey：《探究莫斯科审判中对列夫·托洛茨基的指控》（*Commission of Inquiry into the Charges Made Against Leon Trotsky in the Moscow Trials*，New York：Merit，1969）；R. C. Tucker 和 S. F. Cohen 编：《大清洗的审判》（The Great Purge Trial，New York：Grosset & Dunlap，1965）；Medvedev：《让历史审判：斯大林主义的起源与后果》。

99.Radek 在论述托洛茨基时阐述了这个问题，参见《托洛茨基文集（1934—1935 年）》（*Writings of Leon Trotsky*（1934–35），New York：Pathfinder Press，1971），第 41 页；《托洛茨基文集（1936—1937 年）》，第 318 页，第 368 页；以及《托洛茨基文集（1938—1939 年）》（*Writings of Leon Trotsky*（1938–39），New York：Pathfinder Press，1974），第 154 页；也可参见 J. Tuck：《贬损的发动者：Karl Radek 的分析性传记》（*Engine of Mischief*：*An Analytical Biography of Karl Radek*，New York：Greenwood Press，1988）。斯大林最初坚持"客观主义的"立场，参见 WS，VI，第 242—245 页，第 265 页，第 280 页；VII，第 30 页，第 165—166 页；VIII，第 286—287 页；X，第 265 页，第 365 页；XI，第 365 页；XI，第 330 页。但他也隐含着险恶用心，参见 WS，VI，第 367 页；VIII，第 242—243 页；XI，第 330 页，并且这些险恶用心昭然若揭，参见 XII，第 362—364 页；XIII，第 101 页；PL，第 791 页；SC，第 136 页，第 218 页，第 324—325 页。

100.N. Harding：《列宁的政治思想》（*Lenin's Political Thought*，London：Macmillan，1983），第 268—274 页；I. Getzler：《喀琅施塔得（1917—1921 年）：苏联民主制度的命运》（*Kronstadt* 1917–1921：*The Fate of Soviet Democracy*，Cambridge：Cambridge University Press，1983）。

第 3 章 苏联生产方式

1. 预期

马克思和恩格斯曾经警告过，“过早地”夺取政权将会使无产阶级政府根基不稳。由于无法实现自己的纲领，无产阶级将被迫为了生存而成为资产阶级的工具，完成资本主义的历史任务。[1]但这究竟包含着怎样的蜕化过程，并没有得到详细的说明，他们简短的论述几乎没有表明苏联后来的发展。尽管人们可能会认为，斯大林主义的不断发展所完成的是历史唯物主义指出的资本主义的职能，但这种政权按传统的定义已明显不再是资产阶级的工具。但是，一个无阶级的社会是否已经在苏联出现就更不清楚了，如果还没有出现，那么这个新的统治阶级又可能是什么呢?

马克思和恩格斯的担忧极大地影响了他们的后继者。普列汉诺夫、孟什维克、“合法马克思主义者”和全世界的社会民主党人都认为，在俄国只有资产阶级民主革命才是可行的。在 1917 年之前，列宁也持这种观点，也许除了与布哈林保持密切联系的人之外，所有的布尔什维克也都坚持这种观点。持各种各样意见的正统马克思主义者都相信，俄国革命可能具有特别激进的特点，但在第一次世界大战之前，只有托洛茨基和他的追随者相信，苏联可以马上进入社会主义阶段（参见本书第一卷第二篇）。

但是，在托洛茨基的早期著作中，既有革命激进主义，也有对布尔什维主义畅言无忌的反感。托洛茨基接受了孟什维克提出的要建立一个结构松散的群众性政党的观点，宣称列宁在《怎么办？》一文中所描绘的蓝图是把雅各宾主义渗入社会民主党中。列宁已经用政党代替了阶级。他的思想逻辑就是，“政党组织以自己代替这个政党，中央委员会以自己代替这个组织，最终‘独裁者’以自己来代替中央委员会”。不管托洛茨基预言性批判的性质如何，他不可能相信它适用于未来任何一个无产阶级政府，哪怕这个政府只从布尔什维克那里获取理论指导。在 1905 年至 1917 年间，他认为“不断革命”是一个必需的过程；不管这个革命政党的纲领和结构如何，它们最终将被真正的无产阶级力量的发展所淹没，这些政党要么将被迫支持无产阶级，要么将被搁在一边不予理睬。1914 年前后，托洛茨基也宣称，从世界资本主义经济占优势地位的角度来看，俄国的无产阶级统治绝不是“早熟”的。[2]

托洛茨基的全球观点最终渗透到布尔什维主义中，该党的所有理论家（包括一些左派孟什维克者如尤利乌斯·马尔托夫）在 1917 年后都否认俄国革命是冒险行为。[3] 按照他们的观点，帝国主义战争表明资本主义已不再是一种进步力量，他们自信地预测俄国革命之后会爆发一系列的无产阶级革命。但是，无论是托洛茨基还是列宁、布哈林，都没有清楚地说明，在发达国家中推翻资本主义将如何扫除落后的俄国进行社会主义建设面临的障碍。这种疏漏带来了很大的麻烦，因为普列汉诺夫早在 19 世纪 80 年代就认为，如果没有国际的支持，使俄国农业实现现代化的企图将导致任何社会主义政府变质。但他没有详细阐述这将采取何种形式，并且他的理论是针对民粹派而不是针对马克思主义者的（参见本书第一卷第 140 页）。

巴枯宁作为一个无政府主义者攻击马克思主义的组成部分，在较早的时候就提出了类似的观点。按照他的观点，马克思主义关于革命过程的整个概念都是令人怀疑的；正是“科学社会主义”概念隐含着精英统治论，通过集权国家来实施无产阶级专政的思想与人类自由是不相符合的。[4] 尽管马克思在对巴黎公社进行阐述时，曾含蓄地接受了许多无政府主义的论点，但在行动上他一直反对无政府主义。在正统马克思主义的全盛时期，马克思主义者对无政府主义批评家表示轻视，对他们不顾客观条件限制进行持续不断的解放运动表示蔑视。大多数无政府主义者并不清楚沿着国家社会主义道路前进的具体结果，这一事实无疑巩固了上述状况。

波兰激进主义者简·麦克哈吉斯基是一个例外，他在 19 世纪 90 年代把粗略的历史唯物主义应用于马克思主义自身。他认为，社会主义知识分子典型地利用了工人运动，达到他们自己的小资产阶级的目的，所以，成功的革命将导致新的阶级统治形式，而知识分子将成为统治阶级。[5] 这种思想肯定会在马克思主义中找到自身的位置。早在 1918 年，考茨基就指出，一个“新阶级”在苏联发展起来，尽管他并不打算确定它的具体特征或者将之归为哪一种新的生产方式。[6] 但在 20 年后，唯物主义对这种特权的新形式作了详细分析，从而为麦克哈吉斯基的思想提供了一个较为坚实的基础（参见本章第 3 节、第 4 节）。

马克斯·韦伯论述官僚统治的著述可以用来论证这些思想，尽管大多数马克思主义者对此犹豫不决，因为韦伯认为广泛的官僚化是公有制和计划经济的必然结果[7]，马克思设想的社会主义根本是不可行的（参见以下第 18 章）。韦伯的学生罗伯特·米歇尔斯则更进一步，他在研究了德国社会民主党的结构后，于 1911 年详细阐述了“寡头统治铁律”。[8] 考茨基于 1908 年试图含蓄地对这些思想进行反驳，布哈林也于 1920 年试图从正面迎接这个挑战，但是他的观点在布尔什维克统治下尤其不能令人信服。[9] 布哈林后来对官僚化予以关注，但他的论述没有形成体系，而他关于国家资本主义的思想确实产生了较大的影响（参见本章第 4 节）。韦伯的思想可能影响了克里斯蒂安·拉柯夫斯基，他在 20 世纪 20 年代是左翼反对派的主要成员。他超越了托洛茨基关于蜕变的分析（参见本章第 2 节），认为即使在最宽松的环境下，官僚化都会真正地威胁到社会主义理想的实现，他开始把苏联的官僚制度与新的统治阶级联系起来。但是，拉柯夫斯基没有能够使他的分析系统化，1933 年在政治高压下，被迫宣布放弃了这些思想，5 年后成为斯大林大清洗的牺牲品。[10]

革命的彻底性从一开始就引起党内各方面的关注。[11] 布列斯特—里托夫斯克和约表现出的向帝国主义的妥协、政党独裁的发展、雇用“资产阶级专家”和沙皇官吏，以及战时共产主义使劳动军事化的方案，所有这一切都引起对党内左翼反对派的疑虑。到 1922 年，列宁甚至明确承认已经出现了官僚主义蜕变，并发现它在斯大林的独裁行为中得到体现。列宁把出现上述情形的根本原因归为俄国文化的落后，面对这一相当普遍的现实，他有时认识到用行政措施来限制腐败是软弱无力的。[12]

在 20 世纪整个 20 年代，党内成员一直存在着不满情绪，其中的一些人同意被流放的孟什维克的观点，认为复辟势力不断增长，并正在改变布尔什维克的意识形态和党的组织。但最不可想象的是，反对派的思想倾向在 1923 年后不断升级。列夫·托洛茨基在国内战争期间达到其权力的巅峰，他既是所有布尔什维克领导者中最大的权威，又是其贬损者的最猛烈的批判者，后来却成为坚持革命蜕变论的主要理论家。直到 1940 年被刺杀前，他一直对苏联制度抱有敌意，是最坚定的反对者之一，而他的支持者则投向了斯大林主义。

2. 一个蜕变的工人阶级国家？

托洛茨基花费近 20 年的时间试图阐明苏联革命的蜕变问题。由于这一时期发生了巨大变化，托洛茨基的思想也毫不奇怪地随之发生了变化。但是，某些基本特征自 20 世纪 20 年代中期以后一直没有发生变化。在对他自 1923 年至 1940 年的理论演化史阐述之前，有必要考察这些保持不变的特点。

托洛茨基像大多数布尔什维克（包括列宁和斯大林在内）一样，相信世界资本主义经济处于划时代的危机中。也像他们一样，他对危机潜在的经济原因总是含糊其词。[13] 但是，他明确承认他的整个分析取决于这种观点的合理性。他承认，如果国际资本主义有可能实现长期稳定，那么他的整个理论（包括适用于苏联的理论）的基础将被削弱，他对苏联蜕变的分析也将随之衰落。[14]

对社会主义革命不受客观经济条件制约的信念，使托洛茨基在两次大战期间的马克思主义观具有极强的政治特点。他在解释无产阶级斗争的延迟、失败和蜕变时，将其归为错误的领导。[15] 他从 1923 年起领导的一个组织，在 1938 年最终组成为第四国际，这个组织被当作纠正上述情况的手段。该组织试图在世界范围内重复列宁的布尔什维克在俄国所完成的一切。托洛茨基把他的不断革命理论等同于列宁主义，并视其为唯一的真正革命的马克思主义。[16]

根据托洛茨基的观点，苏联的情况仅仅是无产阶级领导权总体上不适应的一种特例。蜕变在相当程度上集中于上层建筑，对经济关系并没有造成很大的影响。这种生产方式既不是社会主义的，也不是资本主义的，而是过渡性的。但是，只有当这一革命扩展到西欧（参见本书第一卷第 15 章），这一过渡才能成功地到达社会主义。尽管“无产阶级专政”——或者如托洛茨基通常所说的“工人阶级国家”——继续存在，但它在政党工具的支配下已经官僚化了。他逐渐承认这种官僚制度具有统治阶级的某些特征，因为它把特权和权力延伸到了职能上非必要的领域。但是，他坚持认为，从马克思主义的观点看，它仅仅构成一个社会的“特权阶级”，对无产阶级是一种非剥削的、但属寄生性的关系。[17] 在这里，托洛茨基主要求助于马克思本人的观点，即官僚制度自身并不构成一种社会力量，但它依附于一个或几个真正的阶级。[18] 这在资本主义生产方式条件下是有意义的，可托洛茨基从来没有阐述为什么在苏联也普遍存在着同样的制约因素。因此，托洛茨基除了求助于马克思在不同条件下得出的公式外，并没有明确说明如果官僚主义不是一个统治阶级又是什么的问题。他提出的“特权阶级”在一定程度上具有永久性，它与两次大战期间的动荡形势严重不符。

托洛茨基认为斯大林只是同辈中最优秀人物中间的一个 [19]，认为他是在思想上背离了列宁主义、并用官僚主义意识形态来反对真正的布尔什维主义（即托洛茨基主义）的那种人。因此，官僚政权的统治不仅损害了苏联无产阶级专政，而且损害了国际工人阶级革命的潜能，增加了资本主义复辟的可能性。“一国社会主义”是一个导向完全错误的教义，前进的唯一道路就是在不断革命理论指导下在国际范围内推翻资本主义。否则，苏联过渡性的社会形式永远不可能稳固，它将不断遭受危机的破坏并最终被危机所吞没。

托洛茨基在解释官僚化问题时摇摆不定，依次解释为与世隔绝、物质匮乏和非人道化等原因。但是，从总体上看，他趋向于循环因果关系的论述，其中每一个起作用的因素都证明了其他的因素。[20] 苏联的官僚化源于国际革命的失败和国内战争期间工人阶级力量的消耗，而官僚化又强化了后两者。共产国际受到错误的领导或遭受破坏，使苏联更加孤立。同时，官僚政权镇压革命马克思主义批判家（即托洛茨基主义者），又损害了党的领导作用，使工人阶级非人道化，因而进一步使共产国际破产。官僚机构的无效率和特权，使苏联的经济发展同样被遗弃，反过来又证明了别的方面的“倒退”，并使苏联维持着不合时宜的经济政策。

根据托洛茨基的观点，可以通过恢复真正的布尔什维主义来切断这种循环因果关系。他似乎从未怀疑过真正的民主集中制能够统治党，他理想化地想象这个党由无产阶级“哲学王”构成，这些“哲学王”与落后条件下必然产生的国家管理机关中的任何官僚阶级相隔离。根据这个设想，党将构成这个阶级真正的先锋，理论上生机勃勃，为世界革命和迈向社会主义的经济发展制定正确的战略与策略。

托洛茨基关于世界资本主义经济的观点在 1914 年以前已经明显成形，而他对布尔什维主义的许诺在国内战争期间得到兑现（参见本书第一卷第 12 章）。但是，列宁却早于托洛茨基觉察到党内的官僚化。从总体上看，托洛茨基遵循了列宁的最初理论，但即使在早期阶段，他们也存在判断上的差异。他们虽然都把官僚化看作是一种“蜕变”，不认为存在一个明显的官僚阶层，但托洛茨基认为它是一种新的现象，不像列宁把它看作是经济文化落后的产物。1923 年年底，托洛茨基把它看作是政党组织与国家机器不恰当地结合在一起所产生的问题，其中难免有一些官僚化现象。[21] 这种融合使党的政治任务和理论任务从属于行政任务，通过损害党内民主来排斥有效的批评。官僚化加剧了由与世隔绝和新经济政策造成的危险。[22]

在 20 世纪 20 年代余下的时间里，托洛茨基集中探讨的是党的官方政策存在的复辟危险的问题。在这个时期，他对官僚化的分析越来越具有唯物主义特征，他开始把官僚化与非无产阶级的压力联系起来，把官僚政权看作是由个人组成的明确的阶层，这些个人的出身背景和利益使他们可能与在新经济政策下成长起来的资产阶级分子联合起来。[23] 与此同时，托洛茨基开始把斯大林“一国社会主义”的教条，看作是适合于官僚政权希望稳定的一种意识形态。[24] 他也看到官僚政权内部的分化问题。斯大林集团被归为“中间派”，它对反对阶级之间冲突的影响作出反复无常的反应，而另一方面却更为坚定地亲近富农。[25]

最初，托洛茨基把斯大林在 1928 年至 1929 年对新经济政策的背弃和 1929 年后“自上而下的革命”说成是“左倾”。[26] 党的领导者听任资产阶级势力增强，致使形势处于反革命的边缘。但是，左翼反对派的压力已经使官僚机构分化，迫使中间派为对抗富农和维护其传统利益而向左转，中间派的传统利益与真正革命的利益是相对立的。[27] 在这种估计的背后，托洛茨基一直拒绝承认官僚统治能够成为历史上独立的力量。[28] 尽管他开始认识到官僚统治自身的特权依赖于非资本主义的经济关系，“一国社会主义”的教义已经抛弃其早期所带有的布哈林主义的痕迹 [29]，但他认为，用官僚统治本身来维持那么一个既非资产阶级又非无产阶级的发展前景是不可想象的。他相信，对左翼反对派的持续镇压，预示着不久的将来必然会向右转。[30]

托洛茨基由于深信官僚统治根本没有真正的理论，所以他对上述观点作了强化。没有党内民主，就缺乏与无产阶级的紧密联系，党只能根据当前形势的压力“经验性地”行事。[31] 所以，官僚统治无法预见到由其疏忽和残酷策略所引起的灾难。由于集体化是在缺乏先进的技术基础的情况下推行的，它也就不可能终止农村的两极分化，富农肯定会重新出现。托洛茨基坚持认为，冒险主义者的工业化速度不符合按比例发展的要求，是不可能持续下去的。[32] 因此，斯大林发动自上而下革命的企图，受到各种矛盾的困扰，政权也奄奄一息，行将结束。[33]

托洛茨基的立场观点还有一个没有得到承认的特点，这就是他提出的经济政策与布哈林更为接近。尽管托洛茨基毫不含糊地支持斯大林反对右派 [34]，但同时他又同布哈林一样对正在出现的斯大林体制提出了许多批评。托洛茨基和布哈林都相信，行政措施无法摆脱经济落后，计划需要市场关系来补充，从长远来看，资产阶级成分只能在显示出社会主义关系优越性的基础上，运用“经济”手段加以消灭。[35] 因此，布哈林和托洛茨基都赞成恢复新经济政策，将其作为与过渡相适应的经济形式，这也使斯大林在某种程度上相信，右翼和左翼反对派结成了反革命联盟。

尽管托洛茨基从未与激进派达成一致，接受斯大林自上而下的革命，但在

20 世纪 30 年代中期，他还是承认这一革命最终取得了部分成功。同时，他相信国际革命的命运要求对苏联政权的性质作出重新评价。这时，他区分了官僚化的内部作用与外部作用，试图更准确地理解其特征。纳粹在德国夺取政权似乎使托洛茨基的观点开始发生变化。他一直认为莫斯科对共产国际的控制是无力的。[36] 但在 1933 年，托洛茨基向前迈了一步，承认苏联的蜕变已经使官僚统治发展到有意损害国际革命的程度，这有利于帝国主义的生存并维护其自身地位，而这一地位可能受到其他地方成功的社会主义革命的威胁。因此，苏联的官僚统治成为一个外在的反革命力量，共产国际破产了，需要建立一个新的国际组织。[37]

从 1933 年起，托洛茨基开始把斯大林主义者描绘成热月党人。以前他用“热月”这一概念指的是取得成功的资产阶级反革命的第一阶段，并否认苏联实际已经出现这种情况。现在，他运用这一术语只是描述保守派的稳定性，认为苏联的热月政变早在 1923 年就已经开始。[38] 斯大林所代表和领导的官僚统治，现在起到了内部的双重作用：它保卫了后资本主义财产关系，但却是以保留自身特权的方式来实现的。因此，尽管官僚统治已经背叛革命，但还没有颠覆革命。[39]

这成为托洛茨基对作为工人国家的苏联进行辩护的关键所在。1933 年之前，他曾为支持苏联寻找理由，认为这种蜕变可以通过改革加以纠正：左翼反对派可能在党内获取领导权，如果这样，就能以和平方式铲除权力机器。[40] 现在，托洛茨基抛弃了这种观点，认为这个党就像共产国际一样，是不可能获得新生的。有必要发动一次革命，以布尔什维克组织取代二者。但是，托洛茨基还认为，这场革命必然是“政治性的”，而不是“社会性的”。工人国家的经济基础还没有变化，同以前一样，发生蜕变的仅仅是上层建筑。[41] 因此，他的无产阶级专政概念现在只涉及财产关系。他承认苏联政权与法西斯主义政府一样采取独裁和恐怖手段行事，从这里可以清楚地看出托洛茨基沿着上述方向走了多远。但他又坚持认为，从阶级实质上看，由于苏联政权和法西斯主义政府所赖以存在的财产关系不同，因此它们又属于不同的两极：一个是蜕变的工人国家，另一个是垄断资本的独裁统治。[42]

为了证明这种解释，必须从狭义上理解财产关系，而托洛茨基最后把他的理论观点建立在纯粹法律意义的财产关系概念上。这种形式主义在他的著作中并不典型，但它确实反映了他的马克思主义观不仅与列宁和斯大林有相同之处，而且与第二国际的大多数理论家也有相同之处。他们都倾向于认为现实中的社会关系基本上不受成功的无产阶级革命的影响。可能有更好的工作条件和更高的报酬，但工厂中的生产技术和管理结构与资本主义在很多方面是相同的。[43]

托洛茨基对工人国家的定义是，它不只意味着工人实际上控制着这个国家，而且实际上还排除了那些掌权者成为一个新的阶级。官僚阶层是一个在无产阶级内部成长起来的寄生者。为了证明这一论点，托洛茨基断言官僚阶层在生产中不发挥独立的作用，它所代表的蜕变仅仅涉及分配关系和权威的实施。即使是在这些方面，官僚阶层也不具备把他们的特权传给其继承人的阶级特征。[44]托洛茨基没有排除官僚阶层通过建立私人所有制而成为一个新资产阶级的可能性，他倾向于认为官僚阶层的利益是建立在国家化所有制基础上的一个独特层面。[45]他的分析的关键现在就是资本主义在苏联的复辟只可能通过外部干涉来实现。[46]所以，托洛茨基非常接近于承认构成斯大林"一国社会主义"基础的内部和外部矛盾的二分法（参见以上第 2 章）。他与斯大林的区别仅仅在于如何解决这个矛盾。托洛茨基相信，内部矛盾不可能通过官僚统治得到彻底解决，官僚统治的对外政策也不会增强工人阶级国家的安全。

事实上，他坚持认为，官僚统治面对国际斗争前线，会使其处在一种危及长期生存的境地，苏联就是如此。它的利益使它抛弃国际革命事业，但在这样做的同时，官僚统治也增强了帝国主义的力量。[47]与此同时，国内政策也限制了经济发展。到 20 世纪 30 年代中期，托洛茨基承认工业化是迅速的，计划经济已经在实践中得到肯定。[48]但他又坚持认为，官僚统治妨碍了它全部潜能的发挥。中央试图控制一切，对镇压的依赖以及把资源转移到优先发展的部门中去，所有这些都表明生产力受到官僚关系的限制。[49]尽管这一观点与托洛茨基所说的官僚统治在生产中不能发挥独立作用的观点不相一致，但他以此坚持生产力与生产关系之间的矛盾是大清洗的原因，它表明这个政权处于危机之中。[50]

托洛茨基从来没有明确解释经济基础中的对抗是如何与上层建筑的混乱联系起来的。他相信对反对派的镇压处于恐怖统治的核心，但他也正确地认识到，对反对派的镇压也延伸到了形形色色的斯大林主义者中间。[51]托洛茨基长期以来一直坚持认为，单个的独裁者可以克服内部分化从而有利于官僚统治。[52]由于官僚同盟似乎正在崩溃，他倾向于把大清洗看作是导致官僚统治的内部争斗。但他没有清楚说明这一观点如何与他关于官僚组织阻碍生产力发展的观点联系在一起，后一观点是他长期所坚持的官僚统治不可能稳定论调的核心。

不管如何令人难以置信，托洛茨基因此而得以重申他的观点，即只有实现社会主义革命的扩展，并伴随真正布尔什维克的政治实践，才能最终拯救俄国的工人国家。但即使在这个问题上，他的论述也是矛盾的。他对布尔什维主义的看法不仅过于理想化，而且还与他在 1917 年期间及以后对布尔什维克行为的批判相悖。托洛茨基认为，如果没有列宁，这个党就无法掌握政权，而在列宁生病和去世后，布尔什维克的许多领导者在“热月事变”中都发挥了积极的作用。[53] 这样，托洛茨基对布尔什维主义的信奉最终归结为对“领导者”的信奉问题，而列宁去世后，作为蜕变的核心事件，他自己也落到失去权力的地步。他不断否认这是事实，[54] 但是他自己的思想逻辑却证明了这一点。另外，在 20 世纪 30 年代中期，托洛茨基隐约地（虽然是半心半意地）承认，即使在列宁的领导下，布尔什维主义也是有欠缺的，因为党在 1921 年禁止派别斗争曾促进了官僚化的发展。但是，由于他还相信这种禁止是必要的，这并不影响他在立场观点上的一致性。[55] 1936 年，他又补充说一党制政权可能不是无产阶级专政的适宜形式，并准备考虑允许其他政党发挥作用的可能性。但托洛茨基把这种自由局限于“苏维埃”政党，并且也没有扩展到这些政党有权利实际执政的地步。[56]

托洛茨基只是在其一生的最后两年才考虑对布尔什维主义进行激进的重新评价的可能性。但即使在这时，他对布尔什维主义本质要点的忠诚仍然是很显然的，因为他把它与马克思主义本身的有效性联系在一起。托洛茨基感到置疑的原因是布鲁诺·里齐在 1939 年提出了官僚集体主义理论。[57] 里齐认为，苏联形成了一种生产方式，这种生产方既不是资本主义的，也不是社会主义的，更不是过渡性的（参见本章第 3 节）。它也正在法西斯国家内部出现，在资本主义国家的集体主义趋势中也十分明显。令人惊奇的是，尽管托洛茨基以前用相似的思想对付其他批判者，但他并没有立即抛弃里齐的这种观点。相反，他承认官僚集体主义在理论上是可能的。[58]

人们并不清楚托洛茨基对待官僚集体主义的思想有多认真。他在 1939 年和 1940 年重申了他在 20 世纪 30 年代中期已经讲清楚的立场观点 [59]，并且 1939 年发生的一些事件使他再次确信他的分析是合理的，这样做又使他陷入自相矛盾之中。在希特勒—斯大林条约之后，波兰东部的苏维埃化表明官僚主义确实是一种外部的革命力量。它不仅在国内继续保护国家化所有制，而且还把其生产方式向苏维埃国家以外推进。托洛茨基以此证明斯大林主义仍然代表着无产阶级专政，尽管这削弱了他早些时候把官僚主义称为国际反革命力量的观点。[60]

托洛茨基在这一时期还写下遗嘱，声称他对共产主义理想的信念不可动摇 [61]，并写下了对辩证唯物主义的教条主义辩护，反对詹姆斯·伯纳姆和马克斯·沙奇托曼的复辟主义思想。[62] 他尽可能相对温和地对待官僚集体主义，这反映了里齐还没有对第四国际在帝国主义进攻的情况下无条件地为苏联辩护的立场提出质疑。当其他人这样做时，托洛茨基毫不留情地对他们的思想予以批判。[63] 里齐也没有批判辩证法，他对马克思主义的信奉显得模棱两可 [64]，但他暗示官僚集体主义也可以表现得与历史唯物主义相一致，某一个阶段仅仅会延缓一些国家努力走向社会主义。托洛茨基显然不愿意迎难而上，并以不甚乐观的态度看待官僚集体主义出现的可能性。他坚持认为，苏联最终是一个蜕变的工人国家，还是一个新的官僚集体主义生产方式的问题，这将会在第二次世界大战结束后自行解决。这样，托洛茨基就制定了一个判断其关于苏联的理论是否有效的标准，这一标准同他对整个帝国主义时代的分析的判断标准一样：如果战争没有引发新的社会主义革命，或者如果它巩固并扩展了苏联的现有体制，那就表明无产阶级无法成为一个新的统治阶级。马克思主义者到那时将被降低到仅从人道主义立场出发反抗极权主义奴隶制，共产主义解放将没有任何希望。[65]

3. 官僚集体主义

布鲁诺·里齐在 1939 年与托洛茨基决裂之前的许多年中，对托洛茨基关于苏联的分析是赞同的。究竟是什么促使他这样做还不清楚，但他关于国际无产阶级无力夺取政权——或者，更准确地说，在革命后无力将政权握在自己的手中——的信念已经明显包含在其著作《 官僚化世界》之中，并且这也同 1914 年以来工人阶级政治斗争的历史相一致。里齐当然不怀疑资本主义处于腐朽的过程之中，他也没有对托洛茨基关于苏联发展的事实提出质疑。另外，里齐并不孤立，其他许多托洛茨基主义者也得出同样的结论。詹姆斯·伯纳姆于 1941 年发表了与里齐极为相似的论文，他还和马克斯·沙奇托曼于 1940 年一起辞去了在第四国际美国分部的职务。[66]

《官僚化世界》的中心内容是对托洛茨基关于“无产阶级专政唯一的必要条件是国家要捍卫国家化所有制，政治组织的确切构造仅仅反映了无产阶级统治的纯粹程度或蜕变程度”的观点进行有力的批判。里齐正确地指出，这些命题依赖于托洛茨基没有进行充分论证的信念，即在当今时代只有无产阶级或资产阶级才能掌握政权。一旦这一点受到怀疑，就不可能保证无产阶级专政能够实现，除非工人阶级自己实际行使着权力。第三种力量也可能掌握政权，它既非无产阶级也非资产阶级。[67]

里齐把这一观点与他对财产所有制概念的考察结合在一起，他把财产所有制看作是一种权力形式。[68] 由于苏维埃国家的控制权掌握在官僚手中，而官僚阶级与无产阶级在利益上存在对抗性——这两点托洛茨基都承认——因此集体财产是官僚的财产，而不是无产阶级的财产。[69] 苏维埃的官僚于是成为特殊类型的财产所有者，因此按照马克思本人的理论，它可以被看作是一个阶级。[70] 它并不像托洛茨基所说的那样仅仅是一种产自于并依附于无产阶级的寄生物。从财产的本质上看，官僚在生产中有独立的地位。他们根据一整套明确的非无产阶级利益来编制五年计划，确定价格和工资，作出投资决策以及消费决定。[71] 苏联工人因此受到剥削，他们的剥削形式是历史上所没有的。官僚统治并不运用资产阶级的方法。相反，这种关系直接是“阶级与阶级”的关系；统治阶级不像在资本主义中那样被分成单个企业。官僚统治运用国家本身去榨取剩余劳动，然后按照合乎自己利益的特定规则进行分配。[72]

布鲁诺·里齐小传

里齐 1901 年生于意大利的 Poggio Rusco。1918 年入米兰工业大学，开始与各种社会主义团体进行联系。他在两次大战之间以经营鞋业为生，第二次世界大战后，他进入实业界，到 1977 年去世前，一直是一个富裕的业主。在 20 世纪，他深受托洛茨基著作的影响，尽管也有证据表明他是一个排犹主义者，并暗地同情法西斯主义。《官僚化世界》是其仅有的重要著作；它在遭到几家出版商的拒绝之后，1939 年由私人出版。

尽管苏联因此代表了一种独特的生产方式和一种相应独特的阶级结构，但在里齐看来，它还是一种更一般现象的高级形式。他觉察到，在法西斯主义和美国“新政”中，都具有同一集群的胚胎形式。[73] 里齐坚持认为，马克思曾正确地认识到资本主义不可能容纳现代生产力，它们的进一步发展确实要求实行计划经济和财产国有化。[74] 但是，马克思也错误地相信这就是社会主义的组织形式和无产阶级的统治。如果这些确实实现了——里齐认为它们最终会实现[75]——也只能是在后集体主义社会才能做到；后资本主义社会就是官僚集体主义。

里齐在 1939 年的一篇论文具有不容置疑的逻辑。它与大萧条的经历、工人阶级的一系列挫折、苏联的巩固和纳粹德国的迅速军事化等相吻合。即使在战后时期，也有充分的证据证明里齐著作的普遍冲击力。的确，法西斯主义已经被击退，但苏联是完成这一任务的主要力量，与此同时西方资本主义经济中国家的作用明显增长。当然，里齐的观点也还有重要的缺陷，其他一些马克思主义者通过指出这些缺陷，不仅能够修正官僚集体主义的思想，而且能够更好地理解苏联生产方式。

里齐根本没有探索苏联走向官僚集体主义的历史路径。他在一些地方重复了托洛茨基的观点，在另外一些地方他又偏向于麦克哈吉斯基和拉柯夫斯基。[76] 更为重要的是，纳粹主义的溃败，西方资本主义的蓬勃发展，以及苏联经济模式向东欧、亚洲和加勒比海的发展，这些都表明官僚集体主义迄今已经成为一种普遍的现象，它与里齐的看法存在差异。里齐从来没有解释苏联为何完善到他所认为的最发达的生产方式，这使得对他的批评得到了加强。一些马克思主义者自然而然地把官僚集体主义与落后联系起来，而不是将它与现代性联系起来。[77]

另一方面，对于苏联来说，里齐理论的一个方面更适用于经济成熟时期，而不是斯大林主义转变时期。鲁道夫·希法亭于 1938 年通过对阶级概念是否真正适用于苏联的质疑，提出这一问题。希法亭认为苏联的生产方式既非资本主义又非社会主义；相反，它与法西斯主义相似，并且他相信它已经颠倒了历史唯物主义内在的因果关系结构。在“专制的国家经济”中，与“有组织的资本主义”一样，政治支配着经济。[78] 希法亭宣称官僚并不是一个统治阶级，它是以斯大林为核心的精英的政治工具，它通过清洗成功地控制了国家机器，并运用它为自己的目标服务。希法亭并不清楚这些目标是什么，仅仅提到掌握政权的愿望，但他的观点即使没有这一点也是有效的。里齐忽视了恐怖用作反对官僚统治的手段的作用，而只是把它看作官僚统治用于对另一些人进行攻击的工具。[79] 因此，他认为官僚统治不仅具有相似的结构性，而且还表现出相当程度的凝聚力，事实上在斯大林的统治下却缺乏这种凝聚力。换言之，在里齐看来，官僚统治不仅构成一个“自在的阶级”，而且构成一个“自为的阶级”。[80] 事实上，只是在 20 世纪 60 年代勃列日涅夫宣布“稳定干部队伍”的政策时，官僚主义似乎才具有了自己的阶级意识和自治组织。这一过程是从 50 年代非斯大林化开始的，当时创立了某种近似于“法律准则”的东西来规范官僚统治内部的分歧。但是，即使在赫鲁晓夫的统治下，单个官僚也存在着职位上的不稳定性，而巨大的行政组织重组打破了已有的惯例。只有到勃列日涅夫统治时期，这种混乱状况才明显减缓。因此，里齐关于官僚统治的概念，以及从里齐的著作中得出的“新阶级”的理论，在斯大林去世后形成的更为稳定的状态下才最清晰地显现其有效性。[81] 斯大林本人倾向于分裂官僚统治，是为了避免出现托洛茨基所警告过的、也是里齐所宣称的那种阶级的形成。[82]

后来，蒂克亭对希法亭的观点作了概括，并且也为这一观点提供了唯物主义的基础。[83] 蒂克亭接受了苏联既非资本主义又非社会主义的观点，认为正是其组织结构表明了在官僚统治的核心和外围之间存在着结构性划分。苏联模式的运行规则依赖于核心层追求更高产量的压力，而下层官僚却由于自身处境的内在原因对此进行抵制。因此，蒂克亭认为，没有任何主观或客观的标准可以将作为一个整体的官僚统治看作是苏联发展的某个阶段上的一个阶级，不论是在斯大林时期还是在后斯大林时期都是如此。这是一种极端的立场。马克思主义者一直认为，任何一个统治集团内部都可能发生分裂，而且认为整体统一性并不是统治阶级存在的必要条件。蒂克亭没有解释为什么苏联官僚统治内部的斗争如此重要以致于会阻碍官僚统治形成为一个阶级。另一方面，马克思主义理论家根本没有为解决这个问题提供一个一般的标准。然而，更为重要的是，蒂克亭的观点在更深层次上切断了里齐的思想，因为他阐明了官僚统治的内部斗争怎样使苏联体制产生巨大的浪费。[84] 这个方面完全为里齐和伯纳姆所忽视（但托洛茨基和布哈林并非如此）。它并不是一个偏离了正题的问题，因为他们正是求助于官僚集体主义的所谓效率，试图把它解释为一个最终将取代资本主义的世界力量。这更使人们认为斯大林主义是落后的产物，而不是现代性的产物。

里齐关于再生产的动力的观点也不甚清楚。他不仅假定官僚集体主义形式能够维持自身发展，而且它将迅速成长。里齐一度认为这是任何一种生产方式的所有制关系，他的这一观点显然是错误的。[85] 在别的地方他又追随托洛茨基，认为生产力发展的基础正是官僚统治扩展其特权的利益所在。[86] 这一解释更为合理些，但它没有说明苏联集中发展重工业的原因，而这正是苏联经济发展的突出特点。希法亭关于苏联经济的关键在于权力政治的观点是有启发性的，尽管还不够确切，因为他没有具体阐明权力运用的目的是什么，以及掌权者攫取权力的动力是什么。

只关注一种生产方式的最高点，不能完全理解这种生产方式的特点。从马克思主义的观点看，从属阶级的本质至少同样重要。但是，里齐几乎把注意力完全集中于新统治阶级，而没有注意到被榨取剩余价值的被压迫阶级。在这方面，伯纳姆、希法亭以及“新阶级”理论家都是追随他的。实际上，形形色色的政治分析一直存在着一种学习苏联“自上而下”方式的趋势。里齐关于斯大林时期苏联主要附属阶级的说明并没有很大的启发意义。他否认苏联工人组成了一个无产阶级的观点，相反，他相信奴隶制是他们生活条件的更准确的描述。[87] 这不仅与他对社会主义未来的看法相左，而且这只是从表面意义上看待集中计划和集权主义思想。但是，即使是在斯大林时代的鼎盛时期，由于对劳动力的大规模过度需求和企业之间为各种类型的投入而展开竞争，产业工人仍然保留了一些经济上的自由。[88] 这表明苏联模式中主要生产阶级的成员更接近于雇佣劳动者，而不是奴隶，并且这也表明该生产方式本身可能并非自成一类，相反，它是一种特殊类型的资本主义。

4. 国家资本主义

马克思和恩格斯不止一次认识到资本主义会以各种各样的形式出现。同时，他们认为这种生产方式的特殊运行机制会导致迅速的结构变化。[89] 在对此进行深思以后，恩格斯甚至声称马克思的观点防止了僵硬的概念性定义，避开了过程的结构问题。[90] 他这么做暗示了通过求助于已有的教条来判断马克思主义新著是不恰当的。更为重要的是，恩格斯的这些话表明，要对一个变化的生产方式进行经济分析是极其困难的。

尽管第二国际的马克思主义者存在明显的教条主义特征，但他们的行动常常与其理论观点保持一致，如同本书第一卷所印证的。布尔什维克当然也是如此，他们为自己在 1917 年发动革命辩护的理由是资本主义已经进入了新的帝国主义时代，它所提供的国家资本主义制度促进了向社会主义的过渡（参见本书第一卷第 13 章）。列宁甚至认为过渡本身就将涉及国家资本主义的一种修正形式，它只能逐渐地让位于社会主义的组织形式（参见本书第一卷第 15 章）。这给他的左派批评者提供了弹药，他们要求同过去作出更为激进的决裂，常常把“国家资本主义”这一术语当作对革命成就失望的象征来使用。与此类似，许多孟什维克声称俄国的落后排除了资本主义发展形式之外的任何形式。[91] 这再一次表明斯大林把左倾和右倾反对派等同于一个集团并不完全是凭空想象的（参见以上第 2 章）。

但是，托洛茨基对任何形式的国家资本主义从来就不感兴趣，他特别批评了那些认为俄国是国家资本主义的人。他的一些批评是相当合理的；这一术语常常被用作一种反对的口号，而不是一种分析。[92] 但是，在托洛茨基反对的背后存在着某种更为根本的东西。他仅仅把国家资本主义看作是资本主义发展的产物，而不是无产阶级革命的结果。[93] 希法亭在嘲弄地把这一概念运用于苏联时，揭示了类似的观点。

然而，苏联是国家资本主义的观点最终确实破坏了战后的托洛茨基主义运动。20 世纪 40 年代，拉亚·杜娜耶夫斯卡娅和 C.L.R. 詹姆斯都离开第四国际，抛弃了托洛茨基关于苏联是蜕变的工人国家的分析，相反，提出了一种国家资本主义的观点。他们这么做是受到了“青年马克思”的《1844 年经济学哲学手稿》的影响。他们根据异化劳动来分析苏联真实的生产关系，这成为他们证明其理论科学性的主要依据。[94] 其他的马克思主义者——其中的许多人最初还是托洛茨基主义者——持有极为相似的立场，重振早期无政府主义反对国家社会主义的主旋律，认为正是布尔什维主义导致了苏联的国家资本主义。尽管俄国革命不是一场资产阶级革命，但它可以被看作是由先锋队政党扮演了资产阶级代理人的一场资本主义革命。毫不奇怪，托洛茨基主义者由于表示要忠于布尔什维主义，他们有时被认为是“忠诚的斯大林主义反对者”，甚至是“流亡的斯大林主义官僚”。[95] 另外，从这一观点出发，苏联仍将是国家资本主义，即使苏联以议会政治的方式实现了民主化，并以列宁在《国家与革命》中所阐述的最低纲领派的方式实施了工人阶级的管理。依据这一观点，雇佣劳动制度是资本主义的规定性特征。任何对自我管理方式的拙劣修补，与变更财产所有权的法律形式一样，都是与划分生产方式问题无关的。社会主义意味着与前社会主义方式的彻底决裂，它只能在革命的过程中被创造出来，不存在长期的过渡。毫不奇怪，这样的理论家倾向于认为西方的资本主义与东方的国家资本主义仅仅是程度上的区别。在任何意义上，苏联都不是有计划的；商品关系无所不在；国家甚至在似乎是“私人”资本主义的领域也是主导经济的力量。[96]

法兰克福学派的大多数学者在 20 世纪 30 年代和 40 年代也得出相似的结论，尽管他们认为计划经济无论在苏联还是在西方资本主义国家都是一个现实。对波洛克来说，苏联、纳粹德国和西方的罗斯福“新政”，都是同一类型的不同例子。[97] 他的观点在实质上与希法亭、里齐和伯纳姆的观点没有什么区别，尽管对国家资本主义的命名法有所不同。但是，法兰克福学派的思想家们不断地向这一观点靠拢，认为工具理性的支配是使所有现代社会受到压抑的真正力量，不管这一现代社会的形式如何。[98] 这种观点最著名的版本是由赫伯特·马尔库塞在 20 世纪 60 年代提出的[99]，但这种思想早在 30 年前就已成形。至于苏联马克思主义，马尔库塞在 1956 年就揭示，它在促进工业社会的发展代替人道的世界的同时，也在发生转变。[100] 但是，他没有对苏联生产方式的具体本质，以及相应的阶级结构进行深入的分析。这与法兰克福学派的一般观点相一致，认为这是次要的问题。

事实上，这些理论家都没有提出具体的国家资本主义政治经济学，以详细阐述其特殊的经济动力、矛盾和所有制关系的转变等问题。在斯大林主义时期，只有托尼·克利夫和后来的社会主义工人党所提出的国家资本主义理论[101]，试图从根本上详细研究这些问题，但这一研究存在大量的缺陷。从总体上看，这一理论是有启发性的，但它从来没有向外延伸，没有结合斯大林主义和后斯大林主义发展的复杂性进行研究。

在 20 世纪 40 年代末之前，克利夫也是一个正统的托洛茨基主义者，但后来他像其他马克思主义者一样，认识到苏联生产方式在地理上的拓展是有悖于托洛茨基的一般观点的。他在修正自己的观点时，也许受到过里齐的影响，尽管在认为苏联是国家资本主义问题上，克利夫与第四国际完全不同。50 年代，克利夫把这一理论运用于分析所谓的共产主义社会[102]，并且也采纳了一种军备生产的分析方法，解释了西方资本主义长期繁荣的原因（参见以下第 8 章）。因此，在所有坚持国家资本主义的理论家中，他试图效仿托洛茨基宽广的视角，对这个时代从整体上作出经济上的理解。但是，克利夫的经济思想更接近于布哈林的早期思想，而不是接近于托洛茨基的思想，他的基本思想可以追溯到布哈林的《帝国主义与世界经济》一书。[103]

克利夫仅仅用两个特征来描述资本主义：竞争；生产阶级与生产资料的分离。[104] 克利夫假定苏联生产方式中存在雇佣劳动，但他没有赋予其特别的意义。[105] 相反，所有一切都以西方的军事威胁为转移，这种军事威胁最终迫使与世隔绝的、落后的俄国以资本主义的方式进行积累。[106] 斯大林的“自上而下的革命”是一种新版本的原始积累，生产者在那里被完全剥夺了对生产资料的控制权，而官僚统治却受到保护。[107] 从那时起，官僚统治通过快速积累从俄国无产阶级身上榨取的剩余价值，承担起典型的资产阶级的职责。[108]

对克利夫来说，苏联是世界资本主义经济中一个巨大的资本单元[109]，并且他坚持认为，脱离这一现实就不可能正确地理解关于苏联生产方式的经济学。例如，苏联显然没有价值规律据以产生的内部结构：商品生产十分微弱，价格和利润仅仅是计算的工具，资源配置通过行政命令来实现。只有从世界经济的角度，这些制度才表现为资本主义内部竞争的替代物，间接地执行着“价值规律”。克利夫似乎得出以下结论：如果苏联生产方式不遵从价值规律，它就不能抵御私人资本主义的压力，也不能建立起充分强大的武器库来抵御帝国主义的侵略。[110]

苏联生产方式在第二次世界大战中以胜利的姿态出现，接着又将西方资本主义置于自己的威胁之下，两种形式的资本主义都被迫进行扩军备战。在克利夫看来，这最终挽救了西方资本主义制度，防止重新回到20世纪30年代的衰退状况，并在1945年后维持了"长期繁荣"。所以，列宁曾错误地认为帝国主义是资本主义的最高阶段，它只是资本主义倒数第二个阶段。[111]"持久军备经济"所蕴含的矛盾，最终将开创世界范围的社会主义革命（参见以下第二篇，特别是第8章）。克利夫直到那时还认为，落后资本主义的矛盾只能导致国家资本主义结构的形成。这些与先前的观点相比可能是进步的，但它们并不代表无产阶级专政。其中的原因与列宁主义的原则无关，而与缺乏足够强大的无产阶级队伍有关，与西方资本主义（或其他国家资本主义）对落后社会的压力有关。[112]

克利夫关于西方的军事威胁对于苏联经济发展具有重要意义的核心思想，至少自19世纪80年代以来成为马克思主义持续关注的主题（参见本书第一卷第二篇）。波洛克在1941年明确地提到这一思想，希法亭在20世纪30年代也很了解这一思想。另外，一些后来的马克思主义者既不接受里齐对国家资本主义的特殊概念，也不接受里齐从他的分析中得出的大胆论断，他们一直强调苏联的军事化。[113]而且，大多数反对里齐的官僚集体主义理论的批判者，也运用了克利夫的国家资本主义理论。克利夫的理论也存在其他一些特有的缺陷。最有说服力的反对意见是，他的理论高度抽象化，对历史特性没有予以足够的关注。例如，欧内斯特·曼德尔有力地证明，资本主义的竞争是一种只可能发生在商品生产体系中的竞争形式，它的后果超出资本主义之外是不可想象的。在人类历史之初，竞争就以各种形式存在着，但它只有在现代条件下才发展为主要是资本主义的形式。[114]

还有一个进一步的相关问题，即确定苏联反革命的确切发生时间。克利夫论列宁的巨著指出，在国内战争结束之前或者更早，官僚化作为一种结构，在列宁和托洛茨基的领导下已得以确定。[115]但是，按照他本人的布尔什维克的观点（这种观点与托洛茨基的观点并无二致），克利夫声称官僚统治或国家资本主义宗派，到20世纪20年代末期才取得统治地位，最终成为一个"自为的阶级"。[116]第二个问题是为什么大清洗吞噬了新阶级的那么多的成员，而不仅仅是他们的反对派，并且为什么官僚统治的主要成员即使在1938年后仍然感到没有保障。[117]

从这一点看，托洛茨基的分析即使存在一些局限性，但确实是胜人一筹的，因为托洛茨基至少隐隐约约地感觉到斯大林主义恐怖统治的复杂性，而克利夫忽视了这些。[118]

许多重要的官僚自己也成为斯大林恐怖统治的牺牲品，这也成为 20 世纪 50 年代去斯大林化背后的一般主要政治力量。这里也有重要的经济原因，克利夫对此进行了较为详细的研究。[119] 但是，令人惊奇的是，这种研究几乎根本没有对克利夫关于斯大林统治下的苏联和国家资本主义的观点产生任何影响。即使 20 世纪 80 年代末期最激进的措施，也被认为与 20 世纪 50 年代的做法相似；这一切仅仅是重建官僚统治和苏联生产方式的手段，以便更好地迎接其他资本主义国家的竞争，并且这些激进的措施将具有更为重大的意义，只是官僚统治中的改革派为了赢得广泛的支持，不经意地发动自下而上的革命。[120] 否则，这些变革将是无关紧要的，从其内部结构上看，苏联生产方式的动力显然没有什么变化。[121]

克利夫和他的同事们没有对这一戏剧般的结论进行一般性的理论阐释，并且这一结论似乎明显是非马克思主义的。但是，在 20 世纪 70 年代期间，伊曼纽尔·沃勒斯坦的世界体系理论提出了一个概念性的总体框架，试图为它辩护并且还声称它的结论符合马克思主义的观点。这些思想作为新帝国主义理论和第二次世界大战后出现的全球经济学的一部分，以下第 9 章将对此进行讨论。第 18 章将再次论述这一问题，讨论社会主义是否仍然是苏联的可行方案。但是，我们先要转而考察马克思主义对 1945 年以后西方资本主义的分析。

注释：

* 这里，引用和参考托洛茨基的著作，用以下一些缩写形式：CLO 表示《左翼反对者面临的挑战》（*Challenge of the Left Opposition*，New York：Pathfinder Press，1975–1981）；WLT 表示《托洛茨基文集》（*Writings of Leon Trotsky*，New York：Pathfinder Press，1973–79）；TI 表示《列宁之后的第三国际》（*Third International After Lenin*，New York：Pathfinder press，1970）；LTC 表示《列夫·托洛茨基论中国》（*Leon Trotsky on China*，New York：Pathfinder Press，1976）；PR 表示《不断革命》（*The Permanent Revolution*，New York：Merit，1969）；ML 表示《我的一生》（*My Life*，*New York*：Pathfinder Press，1970）；HRR 表示《俄国革命史》（*History of the Russian Revolution*，London：Pluto，1977）；SAFG 表示《德国反对法西斯

主义的斗争》（*The Struggle Against Fascism in Germany*，New York：Pathfinder Press，1971）；RB 表示《被背叛的革命》（*The Revolution Betrayed*，New York：Pathfinder Press，1972）；SSF 表示《扭曲的斯大林集团》（*The Stalin School of Falsification*，London：New Park，1974）；TP 表示《社会主义革命过渡纲领》（*The Transitional Program for Socialist Revolution*，New York：Pathfinder Press，1977）；OF 表示《论法国》（*On France*，New York：Pathfinder Press，1979）；SR 表示《西班牙革命》（*The Spanish Revolution*，New York：Pathfinder Press，1973）；IDM 表示《捍卫马克思主义》（*In Defence of Marxism*，*London*：New Park，1971）。

1.《马克思恩格斯全集》第 6 卷（London：Lawrence & Wishart，1976），第 331—333 页；恩格斯：《德国农民战争》（*The Peasant War in Germany*）（Moscow：Progress Publishers，1965），第 114—119 页。

2.L. 托洛茨基：《我们的政治任务》（*Our Political Tasks*，London：New Park Publications，n. d.；首次出版于 1904 年）。

3.L. H. Haimson 编：《孟什维克：从 1917 年革命到第二次世界大战》（*The Mensheviks*：*From the Revolution of* 1917 *to the Second World War*，Chicago：University of Chicago Press，1974）。但是，马尔托夫仍然强烈批评布尔什维克的政治活动，卢森堡也用极其相同的言辞反对它；参见 I. Howe 编辑的《社会主义基本著作》（*Essential Works of Socialism*，New Haven，Conn.：Yale University Press，1986），第 148—156 页。

4.S. Dolgoff 编：《巴枯宁论无政府主义》（*Bakunin on Anarchism*，Montreal：Black Rose，1980）。

5.P. Avrich：《什么是麦克哈吉斯基主义？》（‘What is Makhaevism?’，*Soviet Studies*，17，1965），第 66—75 页,E. Haberkern:《麦克哈吉斯基：一个容易被忘却的预言家》（‘Machajsky：A Rightfully Forgotten Prophet’，*Telos* 71，1987），第 111—128 页；M. Sawer 编：《社会主义与新阶级》（*Socialism and the New Class*，Sydney：Australian Political Science Association Monograph 19，1978），第 6—8 页；G. Konrad 和 I. Szelényi：《在阶级权力道路上的知识分子》（*The Intellectuals on the Road to Class Power*，New York：Harcourt Brace Jovanovich，1979）。

6. 卡尔 · 考茨基：《无产阶级专政》（*The Dictatorship of the Proletariat*，Manchester：National Labour Press，1920）；考茨基：《恐怖主义与共产主义》（*Terrorism and Communism*，London：National Labour Press，1920）；也可参见奥 · 鲍威尔：《奥地利革命》（*Die Österreichische Revolution*，Vienna：Wiener Volksbuchandlung，1923）。

7.H. H. Gerth 和 C. Wright Mills 编：《来自马克斯 · 韦伯》（*From Max Weber*，London：Routledge & Kegan Paul，1948）；W. G. Runciman 编：《马克斯 · 韦伯：译文选集》（*Max*

Weber: *Selections in Translation*，Cambridge：Cambridge University Press，1978）。

8.R. 米歇尔斯：《政党：对现代民主制度寡头化趋势的社会学研究》（*Political Parties. A Sociological Study of The Oligarchic Tendencies of Modern Democracy*，New York：Free Press，1962）。

9.K. 考茨基：《基督教的基础》（*Foundations of Christianity*，London：Orbach & Chambers，1925；在德国初版于 1908 年）；布哈林：《历史唯物主义》（*Historical Materialism*，New York：Russell & Russell，1965）。

10.C. 拉柯夫斯基：《苏联反对派著作选辑（1923—1930 年）》（*Selected Writings on Opposition in the USSR*，1923-1930，London：Allison & Busby，1980）。

11.R. V. Daniels：《革命意识》（*The Conscience of the Revolution*，New York：Simon & Schuster，1969）。

12.M. Lewin：《列宁最后的斗争》（*Lenin's Last Struggle*，London：Pluto，1975）。

13. 参见本书第一卷第 13 章，第 15 章，以及本卷第 1 章。

14. 参见本书第一卷第 286 页，以及 *WLT*（1929），第 124 页。

15.TI，第 82 页；*WLT*（1935—1936），第 31 页；（1938—1939），第 41 页。

16.CLO（1928—1929），第 347—351 页；*WLT*（1935—1936），第 106 页；（1938—1939），第 116 页。

17.*RB*，第 253 页。

18.H. Draper：《卡尔·马克思的革命理论》第一卷：《国家与官僚统治》（*Karl Marx's Theory of Revolution*，*Vol. I*，*State and Bureaucracy*，New York：Monthly Review Press，1977）。

19. 例如，参见 TS。托洛茨基在整个著作 CLO 和 *WLT* 中，都对斯大林的人格进行贬损。

20. 尤其参见 *CLO*（1926—1927），第 67—68 页，第 71 页，第 103 页；（1928—1929），第 260 页；*TI*，第 246 页，第 256—257 页；*WLT*（1930），第 259 页；（1934—1935），第 183 页。

21.*CLO*（1923—1925），第 76—78 页。

22.*CLO*（1923—1925），第 60 页，第 123 页，第 193 页。

23.*CLO*（1923—1925），第 158 页，第 327 页；（1926—1927），第 74 页，第 81 页，第 171—172 页，第 342 页，第 349 页，第 355 页，第 445 页；*TI*，第 158 页，第 243 页，第 294—299 页，第 303 页。

24.*LTC*；*TI*，第 x 页，第 69—73 页，第 127 页；CLO（1928—1929），第 24—32 页；*PR*。

25.*CLO*（1926—1927），第 17 页，第 69—70 页，第 118 页，第 307 页，第 442 页；*TI*，第 xix 页。也可参见 C. 贝特兰：《苏联的阶级斗争》（*Class Struggles in the USSR*，New York：

Monthly Review Press，1976 and 1978），第一卷和第二卷。

26. *CLO*（1926—1927），第 466 页，第 490 页；*TI*，第 284 页；*WLT*（1930），第 238—239 页。

27.*TI*，第 273—274 页；*CLO*（1928—1929），第 78 页，第 97 页，第 106 页，第 368 页；*WLT*（1929），第 44 页，第 48 页，第 250—251 页；（1930），第 208 页；（1930—31），第 200 页，第 215 页，第 314 页；（1932），第 34 页；（1929—1933 增补部分），第 27 页。

28.*CLO*（1926—1927），第 506 页；（1928—1929），第 272 页，第 292—293 页，第 311 页，第 315—316 页，第 333 页，第 371 页；*ML*，第 512—513 页，第 533 页；*WLT*（1929），第 26 页，第 80—81 页，第 362 页；（1930），第 207 页；（1930—1931），第 215—217 页，第 314 页；（1932），第 105 页；*SSF*，第 XVII 页。

29.*CLO*（1928—1929），第 324—326 页；*WLT*（1930），第 131 页，第 259—261 页；（1932），第 227 页；（1932—1933），第 277 页。

30.*CLO*（1928—1929），第 128 页，第 138—139 页，第 292—293 页；*WLT*（1929），第 26 页，第 109—110 页，第 201 页，第 216 页；（1932），第 272 页；（1932—1933），第 17 页，第 23 页，第 75—77 页，第 80 页；（1929—33 增补部分），第 36 页。

31.*CLO*（1928—1929），第 128 页，第 204 页；*TI*，第 XXXⅥ页，第 257 页，第 265—266 页；*ML*，第 512—513 页，第 533 页；*WLT*（1930），第 50 页，第 80 页，第 145 页。

32. *WLT*（1929），第 401—404 页；（1930），第 96 页，第 112—116 页，第 200—201 页，第 216 页，第 339 页；（1930—1931），第 51 页，第 58 页，第 76—77 页，第 82 页，第 85 页，第 89 页，第 207 页；（1932—1933），第 22 页，第 73 页，第 96—98 页；（1929—1933 增补部分），第 138—139 页。

33.*CLO*（1928—1929），第 138—139 页，第 159 页，第 289 页；*WLT*（1929），第 79 页；（1930），第 232 页，第 259—261 页；（1930—31），第 252 页；（1932），第 53 页；（1932—1933），第 96 页，第 131—132 页，第 143 页，第 225 页。

34.*CLO*（1926—1927），第 461—464 页；（1928—1929），第 19 页，第 70 页。

35.*WLT*（1929），第 360 页；（1932—1933），第 110 页。

36.*LTC*；*TI*；*PR*；*SAFG*；*CLO*（1928—1929），第 135 页；*WLT*（1932），第 32 页。

37. *TI*，第 XI 页，第 XXV 页，第 XXXIII 页及其诸页；*WLT*（1934—1935），第 10—12 页，第 124 页，第 219 页，第 299 页；（1935—1936），第 19 页，第 306 页；第 135 页；（1936—1937），第 478 页；第 135 页；（1937—1938），第 430—431 页；（1938—1939），第 363 页，第 365 页；*RB*，第 191 页；也可参见 *TP*。

38. 参见 M. C. 霍华德：《托洛茨基论法国革命》（'Trotsky on the French Revolution', University of Waterloo，mimeo，1989）。

39.*WLT*（1933—1934），第 40 页，第 84—85 页，第 102 页，第 104 页，第 116 页，第 274 页；（1934—1935），第 130 页；（1935—1936），第 306 页；（1937—1938），第 65 页；*RB*，第 252 页。

40.*CLO*（1923—1925）；（1925—1927）；（1928—1929）；*WLT*（1929），第 280 页；（1930—1931），第 44 页，第 225 页。

41.*WLT*（1935—1936），第 22 页，第 223—225 页；*RB*，第 100 页，第 111—112 页，第 288 页。

42.*WLT*（1933—1934），第 103—105 页，第 107—108 页，第 223 页；（1934—1935），第 162—163 页，第 180—181 页，第 206—208 页；（1937—1938），第 276 页；*RB*，第 99 页，第 183 页，第 277—278 页；也可参见本卷第 1 章。

43.*CLO*（1923—1925），第 365 页；（1926—1927），第 59—60 页；*WLT*（1930—1931），第 97 页；（1932），第 188 页。但是，托洛茨基有时也赞成工人管理，参见 WLT（1929—1933 增补部分），第 291 页；（1934—1935），第 226 页。至于总体评价，参见 M. Brinton：《布尔什维克与工人管理（1917—1921 年）》（*The Bolsheviks and Workers' Control*，1917-1921，London：Solidarity，1970）。

44.*WLT*（1933—1934），第 111 页；（1934—1935），第 117—119 页，172 页；（1935—1936），第 223—225 页；*RB*，第 111—112 页，第 248 页。

45.*WLT*（1933—1934），第 20 页；（1934—1935），第 160 页，第 166 页；（1935—1936），第 202 页，第 281 页，第 287 页，第 331 页，第 357—359 页；（1936—1937），第 405 页，第 429 页；（1937—1938），第 38 页，第 67—68 页，第 126—132 页；（1938—1939），第 20 页，第 66 页，第 157 页；（1934—1940 增补部分），第 647—648 页，第 673 页；*RB*，第 121—123 页，第 128—130 页，第 132—135 页，第 235 页，第 249 页，第 253 页。

46.*WLT*（1929—1933 增补部分），第 252 页；（1934—1935），第 86 页，第 119—120 页，第 124 页，第 142 页，第 164 页；*RB*，第 225—227 页。

47.*OF*；*SR*；*WLT*（1936—1937），第 93 页。

48.*RB*，第 5 页。

49.*WLT*（1933—1934）第 113 页；（1934—35），第 120—121 页，第 130—131 页，第 157 页，第 171 页；（1935—1936）第 118 页；（1936—1937）第 329 页；（1937—1938）第 57—58 页，第 131—132 页，第 444 页；（1934—1940 增补部分）第 647 页；*RB*，第 44 页，第 273 页。

50.*WLT*（1934—1935）第 121 页，第 171 页，第 182 页；（1935—1936）第 119—170 页；（1936—1937）第 335—336 页，第 393 页；（1937—1938）第 205 页，第 252 页，第 275—276 页，第 303 页；（1938—1939），第 319—320 页，第 346 页，第 351 页；（1934—1940 增补部分），第 766—767 页，第 846 页。

51.*WLT*（1935—1936），第 236—241 页，第 406 页，第 413 页；（1936—1937），第 102 页，第 121 页，第 189 页，第 330 页，第 336 页，第 363 页；（1937—1938），第 28 页，第 112 页，第 160 页，第 198 页，第 229—230 页，第 259 页；（1938—1939），第 332 页，第 346 页；*RB*，第 165—166 页，第 169—170 页。

52.*CLO*（1928—1929），第 256—257 页，第 308 页；*WLT*（1930），第 206 页，第 335 页；（1933—1934），第 226 页；（1935—1936），第 304—310 页。

53.*CLO*（1923—1925），第 199—258 页；*HRR*；也可参见本书第一卷第 237 页。

54.*ML*。

55.*WLT*（1935—1936），第 186 页；（1936—1937），第 426 页。

56.*RB*，第 289 页；*WLT*（1936—1937），第 426 页。

57.B. 里齐：《官僚化的世界》（*La Bureaucratisation du Monde*）（巴黎，该书在 1939 年由作者私人出版）。该书第一篇已由 A. Westoby 以《世界的官僚化》（*The Bureaucratisation of the World*）为书名翻译出版（New York：Free Press，1985），如不注明，所有引文都源自该书。

58.*IDM*，第 5 页，第 18 页，第 37—39 页。

59.*WLT*（1938—1939）；（1933—1940）；*IDM*；*TS*。

60.*IDM*，第 22 页，第 70 页，第 111 页，第 155—156 页；*WLT*（1939—1940），第 145—147 页，第 197 页，第 351 页。

61.*WLT*（1939—1940），第 158—159 页。

62.*IDM*。

63.*IDM*，第 19—22 页，第 24—26 页，第 29 页，第 35 页，第 50 页及其后诸页，第 222 页。

64.Westoby 给《官僚化的世界》一书写的“导言”，第 1—33 页。

65.*LT*（1938—1939），第 342 页；（1939—1940），第 151—153 页；*IDM*，第 4—5 页，第 10—11 页，第 15—18 页。

66.J. 伯纳姆：《管理革命》（*The Managerial Revolution*，Harmondsworth：Penguin，1945）；M. 沙奇托曼：《官僚革命》（*The Bureaucratic Revolution*，New York：Donald Press，1962）。里奇后来指责伯纳姆剽窃他的成果（关于这一点，参见 Westoby：《官僚化的世界》一书的“导言”）。

67. 里齐:《官僚化的世界》, 第 2 章。

68. 里齐:《官僚化的世界》, 第 62—63 页, 第 69—71 页。参见 G. A. 科亨:《卡尔·马克思的历史理论: 一种捍卫》(*Karl Marx's Theory of History: A Defence*)(Princeton, NJ: Princeton University Press, 1978), 对这种观点进行了严格的检验。

69. 里齐:《官僚化的世界》(*La Bureaucratisation*), 第 52—54 页。

70. 同上书, 第 1 章和第 2 章。

71. 同上书, 第 66—67 页, 第 73 页。

72. 同上书, 第 50—52 页, 第 63 页。形成这种观点有三个目的, 参见 M. 森岛通夫和 G. 凯特福斯:《价值、剥削和增长》(*Value, Exploitation and Growth*, Maidenhead: McGraw-Hill, 1978), G. 霍奇森:《资本主义、价值和剥削》(*Capitalism, Value and Exploitation*, London: Martin Robertson, 1982)和 J. E. 罗默:《剥削和阶级的一般理论》(*A General Theory of Exploitation and Class*, Cambridge, Mass: Harvard University Press, 1982); 也可参见本卷第 14 章, 第 15 章, 第 17 章。

73. 同上书, 第 59 页, 第 63 页, 第 68 页, 第 83—97 页, 第 91—92 页; 以及里齐:《官僚化的世界》第二篇, 第三篇。

74. 同上书, 第 51 页, 第 54 页, 第 63 页, 第 66 页, 第 83—92 页。

75.Westoby:《官僚化的世界》的"导言", 第 16 页, 第 27 页。

76. 里齐:《官僚化的世界》第 41 页, 第 47 页, 第 87 页。

77.A. Carlo:《苏联社会主义经济的本质》('The Socio-Economic Nature of the USSR', *Telos* 21, 1974), 第 22—86 页; A Carlo 和 U. Melotti:《回忆布鲁诺·里齐》('In Memory of Bruno Rizzi', Telos 33, 1977), 第 142—144 页。也可参见 T. 克利夫:《不断革命》(*Permanent Revolution*, London Bookmarks, 1983)。

78.R. 希法亭:《国家资本主义与国家极权主义经济》('State Capitalism or Totalitarian State Economy'), 该文收入 Howe:《社会主义基本著作》(*Essential Works*), 第 321—327 页。也可参见本书第一卷第 14 章, 以及本卷第 1 章。

79. 里齐:《官僚化的世界》, 第 48—49 页, 第 54 页。

80. 伯纳姆的《管理革命》(*Managerial Revolution*)对此进行了更为明确的阐述, 因为伯纳姆更多地关注阶级意识问题。

81. 关于这些新阶级理论中最著名的是 M. Djilas 的《新阶级》(*The New Class*, New York: Praeger, 1957)。至于对该著作的研究和评论, 参见 A. 诺夫:《政治经济学与苏联斯大林主义》(*Political Economy and Soviet Socialism*, London: Allen & Unwin, 1978), 第 3—25 页,

第 195—218 页；诺夫：《社会主义、经济学与发展》（*Socialism*，*Economics and Development*，London：Allen & Unwin，1986），第 220—238 页；A. Giddens：《发达社会的阶级结构》（*The Class Structure of Advanced Societies*，London：Hutchinson，1973），第 12 章，第 13 章；A. Giddens 和 D. Held：《阶级、权力和冲突》（*Classes*，*Power and Conflict*，Berkeley：University of California Press，1982），第Ⅷ部分；以及 Sawer：《社会主义与新阶级》。我们没有论述这些理论，因为它们主要分析社会结构，而没有特别关注苏联生产方式的本质。

82.I. 多伊彻：《被驱逐出境的预言家》（*The Prophet Outcast*，Oxford：Oxford University Press，1963），第 307 页。

83.H. H. 蒂克亭：《关于苏联政治经济学》[‘Toward a Political Economy of the USSR’，*Critique*，1（1973）]，第 20—41 页。

84. 有关苏联经济的文献都对此进行了很好的论述；参见本卷第 18 章。

85. 里齐：《官僚化的世界》，第 76 页。

86. 同上书，第 48—49 页，第 60 页，第 63 页，第 96—97 页。

87. 同上书，第 80—81 页。

88.D. Filtzer：《苏联工人阶级与斯大林主义的工业化》（*Soviet Workers and Stalinist Industrialisation*，London：Pluto，1986）。

89. 例如，参见马克思：《资本论》第三卷（London：Lawrence & Wishart，1972），第 27 章；K. Marx 和 F. Engels：《马克思恩格斯选集》第三卷（Moscow：Progress Publishers，1970），第 145 页。

90. 马克思：《资本论》第三卷，第 13—14 页，（中文版见《马克思恩格斯文集》第 7 卷，人民出版社 2009 年版，第 17 页），也可参见本卷第 11 章。

91.Daniels：《革命意识》，Haimson：《孟什维克：从 1917 年革命到第二次世界大战》；Sawer：《社会主义与新阶级》第 4 章；A. Buick 和 J. Crump：《国家资本主义》（*State Capitalism*，London：Macmillan，1986），第 117—125 页。

92.WLT（1930），第 384 页；（1933—1934），第 42 页，第 66 页，第 108—109 页，第 111—113 页；（1935—1936），第 223 页；（1934—1940 增补部分），第 673 页，第 688—689 页；RB，第 245 页。

93. 希法亭：《国家资本主义与国家极权主义经济》，也可参见本卷第 1 章所概述的其他马克思主义者对国家资本主义的看法。

94.R. 杜娜耶夫斯卡娅：《1941—1951 年约翰逊 – 福里斯特趋势或国家资本主义理论及其兴衰和分化的真相》（*For the Record*，*the Johnson-Forest Tendency or the Theory of*

State Capitalism，1941–1951：*Its Vicissitudes and Ramifications*，Detroit：News and Letters Committee，1972）；杜娜耶夫斯卡娅：《最初的历史分析：苏联作为国家资本主义社会（1942年）》（*The Original Historical Analysis*：*Russia as State Capitalist Society*（1942），Detroit Mich：News and Letters Committee，1973）；C. L. R. 詹姆斯：《国家资本主义与世界革命》（*State Capitalism and World Revolution*，Detroit：Facing Reality Publishing Committee，1950；1956年第2版；1969年第3版）；P. Beilharz：《托洛茨基、托洛茨基主义与向社会主义过渡》（*Trotsky*，*Trotskyism and the Transition to Socialism*，Beckenham：Croom Helm，1987），第5章。

95. 同上。

96. 马蒂克：《反布尔什维克的共产主义》（*Anti-Bolshevik Communism*，London：Merlin，1978）；P. 卡丹：《社会主义和蒙昧主义》（*Socialism and Barbarism*，London：Solidarity，1969）；C. 卡斯托里亚迪：《政治学和社会学著作》（*Political and Social Writings*，Minneapolis：University of Minneapolis Press，1988），第一卷和第二卷；Sawer：《社会主义与新阶级》，第4章；A. Hirsh：《法国新左派》（*The French New Left*，Boston，Mass：South End Press，1981），第5章；Buick 和 Crump：《国家资本主义》，第4章；Brinton：《布尔什维克与工人管理（1917—1921年）》，也可参见 K. Anderson：《拉亚·杜娜耶夫斯卡娅（1910—1987年）：马克思主义经济学家和哲学家》（'Raya Dunayevskaya，1910 to 1987，Marxist Economist and Philosopher'，*Review of Radical Political Economics*，20，1988），第62—74页。

97.F. 波洛克：《国家资本主义：其可能性及局限性》['State Capitalism：Its Possibilities and Limitations'，*Studies in Philosophy and Social Science* IX（1941）]，第200—225页。

98.M. Jay：《辩证思维》（The Dialectical Imagination，Boston，Mass：Little，Brown & Co.，1973）；D. Held：《批判理论导言》（*Introduction to Critical Theory*，London：Hutchinson，1980）。

99.H. 马尔库塞：《单向度的人》（*One-Dimensional Man*，London：Routledge & Kegan Paul，1964）。

100. 马尔库塞：《苏联马克思主义：一种批判的分析》（*Soviet Marxism*：*A Critical Analysis*，London：Routledge & Kegan Paul，1958）。

101.T. 克利夫：《苏联：一种马克思主义的分析》（*Russia*：*A Marxist Analysis*，London：Socialist Review，1964）；T. 克利夫：《苏联的国家资本主义》（*State Capitalism in Russia*，*London*：*Bookmarks*，1988）；P. Binns，T. 克利夫和 C. Harman：《苏联：从工人阶级的国家转向国家资本主义》（Russia：From Workers' State to State Capitalism，*London*：*Bookmarks*，1987）。

102.Y. Gluckstein：《欧洲的斯大林卫星国》（Stalin's Satellites in Europe，*London*：*George Allen & Unwin*，1952）；Gluckstein：《毛泽东的中国》（Mao's China，*London*：*Allen & Unwin*，1957），Ygael Gluckstein 是克利夫在出生时的名字。

103.N. I. 布哈林：《帝国主义与世界经济》（*Imperialism and World Economy*，London：Merlin，1972；写于 1915 年）。参见本书第一卷第 13 章，以及本卷第 1 章；也可参见 *C. Gannage*：《瓦尔加与国家垄断资本主义理论》（'E. S. Varga and the Theory of State Monopoly Capitalism'，*Review of Radical Political Economics*，12，1980），第 36—49 页，该文考察了关于国家资本主义思想的部分历史。

104. 克利夫：《苏联：一种马克思主义的分析》，第 91 页，第 106 页；*Binns*，克利夫和 *Harman*：《苏联：从工人阶级的国家转向国家资本主义》，第 52 页，第 57 页。

105. 同上书，第 90—91 页。

106. 克利夫：《苏联：一种马克思主义的分析》，导言和第 109 页；《苏联的国家资本主义》，第 19 页，第 343 页；Binns，克利夫和 Harman：《苏联：从工人阶级的国家转向国家资本主义》，第 11 页。

107. 克利夫：《苏联：一种马克思主义的分析》，第 43—47 页；克利夫：《苏联的国家资本主义》，第 17 页。

108. 克利夫：《苏联：一种马克思主义的分析》，第 63 页。

109. Binns，克利夫和 Harman：《苏联：从工人阶级的国家转向国家资本主义》，第 88 页。

110. 同上书，第 55 页，第 76—77 页，第 80—82 页，第 92—95 页；克利夫：《苏联：一种马克思主义的分析》，第 109—110 页，第 112 页，第 120 页，第 146 页；M. 基德隆：《马奇诺马克思主义：曼德尔的经济学》（'Maginot Marxism：Mandel's Economics'，*International Socialism*，36，1969），第 33—36 页；C. Harman：《欧内斯特·曼德尔的不持续性》（'The Inconsistencies of Ernest Mandel'，*International Socialism* 41，1969），第 36—41 页。

111.M. 基德隆：《资本主义与理论》（*Capitalism and Theory*，London：Pluto，1974），第 124—142 页。

112. 克利夫：《不断革命》。

113. 波洛克：《国家资本主义：其可能性及局限性》；希法亭：《国家资本主义与国家极权主义经济》；卡丹：《社会主义和蒙昧主义》；C. 卡斯托里亚迪：《"面对战争"和"军备扩充的社会经济基础"：一种反驳》，（'"Facing the War" and "The Socio-Economic Roots of Re-Armament"：A Rejoiner'，*Telos*，53，1982），第 192—198 页。

114.E. 曼德尔：《"国家资本主义"的不持续性》（*The Inconsistencies of "State Capitalism"*，

London：International Marxist Group，1969)，也可参见 D. 利伯曼：《苏联社会形式的“国家资本主义”和“官僚剥削”解读：一种批判》(‘The “State Capitalist” and “Bureaucratic-Exploitative” Interpretations of the Soviet Social Formation：A Critique’，*Review of Radical Political Economics*，10，1978)，第 24—34 页。

115.T. 克利夫：《列宁》(*Lenin*，London：Pluto，1975–79)，第Ⅲ卷和第Ⅳ卷。

116. 克利夫：《苏联：一种马克思主义的分析》，第 27 页，第 64 页，第 106 页，第 125 页；Binns，克利夫和 Harman：《苏联：从工人阶级的国家转向国家资本主义》，第 22—26 页，第 42 页。

117.N. S. 赫鲁晓夫：《赫鲁晓夫同僚》(*Khrushchev Remembers*，New York：Bantam Books，1971)。

118. 克利夫：《苏联：一种马克思主义的分析》，第 128 页，第 318 页；*Binns*，克利夫和 *Harman*：《苏联：从工人阶级的国家转向国家资本主义》，第 35 页，第 41—45 页，第 57 页。

119. 克利夫：《苏联：一种马克思主义的分析》，第Ⅱ部分。

120. 克利夫：《苏联的国家资本主义》，第 300 页。

121.Binns，克利夫和 Harman：《苏联：从工人阶级的国家转向国家资本主义》，第 85 页。也可参见蒂克亭：《关于苏联政治经济学》。

第二篇　长期繁荣

第 4 章　“资本主义发生变化了吗？”

1. 正统马克思主义的反思

第二次世界大战结束后，许多马克思主义（以及一些非马克思主义）经济学家预测，一场经济衰退很可能像大萧条一样，在短暂和平后会马上发生。12 年以后，原先预想的危机并没有发生，发达资本主义国家仍然迅速而平稳地进行着资本积累，马克思主义者面临对其整个政治经济学进行重新审视的压力。关于马克思主义与凯恩斯主义理论之间的关系这一重要问题，将在下一章进行分析。在这里论述的是与资本主义本质变化相关的一系列广泛的问题。马克思本人已经预见到资本主义的经济结构在一定时期会发生变化，但是他对这一体制演变的界限（如果存在这一界限）很少予以论述。[1]

20 世纪 50 年代中期，爆发了一场新的“修正主义论战”（参见本书第一卷第 4 章和第 14 章）。莫里斯 · 多布在 1957 年写道：“新费边主义著述者已经声称，资本主义或者已经进入一个新的、变革的阶段，这一阶段与 19 世纪的资本主义有巨大的区别；或者甚至已经不再是资本主义，它早已变为另一种东西。”[2] 在这些“新费边主义者”中，有许多杰出的政治家如 C.A.R. 克罗斯兰和约翰 · 斯特雷奇。克罗斯兰是英国工党中“修正主义”思潮的思想领袖，这一思潮试图清除马克思主义对党的章程和行动计划的任何影响。德国正在发生类似的思想运动（其中，反马克思主义的“巴德—哥德斯堡纲领”在 1957 年被采纳，它反映出这些思想运动取得的成功，爱德华 · 伯恩施坦的思想重新焕发活力），其他所有发达资本主义国家几乎都有一个重要的工党或社会民主党。[3]

如同多布所承认的，马克思主义经济学确实要对这一情况作出回答。资本主义在战后开头十年的持续繁荣，不可能完全归结为战后的恢复：

> 至于所谓由战时状态和战时灾难导致的被抑制的需求，在20世纪50年代维持工业活动中的作用急剧下降。需要解释的是，特别是北美、西德等国在后来的三四年中（即自美国1953—1954年在衰退中崛起以后），在面临着原先巨额军费开支逐渐停止、利率不断升高和信贷紧缩等情况下，个人投资为什么能持续增加。这种事实越突出，就越迫切地需要作出解释，由于在两次战争期间来自理论和实践的所有的东西都会使我们非常容易想到垄断资本主义。垄断资本主义越发展，工厂和设备的过剩生产能力以及投资和经济增长率的停滞趋势就越严重。[4]

多布继续指出，新费边主义者对这些现象作了三个方面的解释。第一是“管理革命”，认为管理革命使工业的控制权从资本家阶级那里转移出来，掌握在新的管理精英手中，他们的行为使投资决策波动更小，从而刺激了私人投资的增长。第二是近几十年的所谓的“收入革命”，大大降低了所有发达工业国家中的经济不平等，提高了平均消费倾向，从而刺激了总需求。最后是国家经济作用的显著增强，极大地促进经济的稳定性。多布认为，前两个因素很容易被否定，因为资本所有者还保留着对其财产的控制，所谓的管理革命也是不合逻辑的，而收入平等化的进展极其缓慢。[5]相反，自1939年以来的“国家垄断资本主义的大规模扩张”却是实实在在的，国家支出（尤其是军事支出）的扩张，在支撑过去12年的工业高产出和高就业方面起着重要的作用。[6]

多布提出另外两个因素也促使了战后的复苏。一个因素是“内部积累”。它的资金来源是企业保留利润，而不是银行提供的外部基金；这有助于鼓励大公司的投资，使大公司的决策不再需要得到外部融资者的认可。[7]另一个因素是不断加快的技术创新，它同促进技术发生革命性变革的工业“自动化”进程相联系，提高了投资率，降低了投资率在面对需求变化时的波动。多布得出结论，第Ⅰ部类扩张的结果抵销了消费不足的倾向，不然这种倾向可能对第Ⅱ部类产生相反的作用。但这并不意味着“上升阶段像一些新费边主义者认为的那样，可以无限制地进行下去，将一个创新‘阶段’（我认为我们必须承认它的存在）转变为一个新的‘历史时期’”。他在两年后指明，这个新阶段是“危机更为频繁，但也是更为短促和浅度的”阶段。没有证据表明资本主义的矛盾已经被克服。这些矛盾只是以新的通货膨胀的形式表现出来，再次发生经济萧条的可能当然无法被排除。[8]

在苏联，尤金·瓦尔加在1945—1946年间写了一本书，这本书出版于1946年9月。他在该书中认为，由于战争导致欧洲、中国和日本经济衰竭，主要资本主义国家至少在10年的时间里要承担经济复苏的使命。瓦尔加预计，国家的经济实力将会持续增加，如果立即爆发一场严重的经济危机，国家的强大作用就会体现出来。有意识的计划正在取代市场的无政府状态，国家有一定程度的决策权；仅仅用金融寡头统治已经不可能概括它了。但是，瓦尔加的理论被斥为异端邪说，因为他的理论暗含着资产阶级国家能够超越商品生产的内在规律，把国家资本主义的发展趋势提升到一个新的、不再发生危机的资本主义发展的历史时期。[9]他在1949年宣布放弃这种思想，而苏联在斯大林时代和赫鲁晓夫时代的官方观点仍然坚持1939年以前的看法。“垄断资本主义”自第一次世界大战以来存在着根本上的连续性。在“资本主义制度的总危机”下，世界被分为“帝国主义”阵营和“社会主义”阵营。资本主义不可能长期稳定发展，相反其矛盾变得空前尖锐，军国主义猖獗一时，公民的自由权利连续受到威胁，无产阶级革命的可能性在不断增长。苏维埃阵线内也存在着模棱两可的认识，特别是在资本主义暂时稳定的可能性、国家资本主义倾向不可抗拒地增强、帝国主义阵营内部冲突的持续性等方面。然而，总的来说，苏联官方认为资本主义的本质没有发生变化。[10]

非殖民化也对传统共产主义观点提出挑战。帝国主义国家在1945年以后的20年中放弃对亚洲、非洲和加勒比海等大部分地区的正式的控制，乍一看这与希法亭—列宁的帝国主义理论很难统一，因为根据后者的理论，瓜分和重新瓜分世界，是资本主义最高阶段的本质特征之一。如果由列宁主义正统观点所证明的促使帝国主义扩张的经济矛盾曾发挥过作用，那么殖民地得到解放难道不是清楚地证明，1914年之前的经济矛盾实质上已被克服了吗？（见本书第一卷第13章）瓦尔加确实把印度的独立看得很重要，同时，新修正主义最有影响的著作——约翰·斯特雷奇的《帝国的结束》认为，“霍布森—列宁”的帝国主义理论是建立在消费不足基础上的，与20世纪宗主国资本主义国家中实际工资的巨大增长不相符。斯特雷奇认为，老牌帝国主义强国不再从殖民地榨取利润。西德没有海外财富，但它在战后比法国恢复得更快，法国为延续其帝国主义的虚荣而付出了沉重的代价。[11]

马克思主义理论家对这种状况作出了各种解释，这些解释相互之间不总是一致。大多数人否认欧洲强国已自愿放弃了它们的殖民地。英国共产党人R.帕姆·达特在1953年写道，“西方帝国主义的破产”反映了以前的殖民者再也不能通过以前非常成功的把暴力和分而治之结合起来的手段维持它们的统治。英国资本家阶级企图至少在某种程度上维持其帝国的三心二意的尝试，导致的“经济和军事力量的过度扩张”，削弱了该国战后的复苏，大部分殖民强国很快放弃了这种努力。如同保罗·巴兰在四年后所说的：“两次世界大战削弱了帝国主义力量，它们再也抵御不了殖民地的民族解放运动的压力，被迫向不可抗拒的历史潮流低头，承认那些反帝力量最强大的、它们自己不再指望能进一步维持其殖民统治的国家，在政治上实现独立”（参见以下第9章）。[12]

早在20世纪60年代初，托洛茨基主义者欧内斯特·曼德尔从极不相同的角度阐述了这一问题。曼德尔承认，非殖民化是“宗主国家资产阶级向殖民地资产阶级作出的一个不可避免的让步”。但这一过程是同核心国家与外围国家之间经济关系的重大变化相一致的，其中，生产资料的输出比以前更为重要（同时消费品输出的地位降低）。曼德尔认为，（前）殖民地资产阶级现在被看作是一个消费者，而不是一个竞争者，因此可以被允许在行动上有更大的自主权。前殖民地通过政府干预促进重工业的建立，这只能有利于西方机械工业的发展，西方也可以通过给贫穷国家提供经济“援助”得到补贴。[13]

曼德尔、达特和巴兰一致认为，形式上的独立掩盖了（西方国家）对前殖民地国家经济政治生活的持续的非正式的控制。列宁本人就以土耳其、埃及和中国为例，证明纯粹名义上的国家主权掩盖了实际的依赖关系。爱尔兰和伊拉克在两次大战期间加入这个行列；这个行列的名单从1945年起显著增加。因此，达特认为，英国金融资本继续占据印度的重要经济部门，从中获得贡物，并且美国资本也在迅速发展。达特得出结论认为，帝国主义并没有绝迹，它只不过采取了一种不同的伪装。[14]“新殖民主义”或者曼德尔所说的“新帝国主义”的新阶段已经出现（参见以下第9章和第10章）。[15]

这就是西方学者的观点。作为吸引新独立国家的官方意识形态，苏联马克思主义不得不更加小心谨慎。所以，Y.A.克隆罗德在1961年一次国际讨论会的发言中，把非殖民化看作既是一场真正的解放，也是对资本主义核心层的经济稳定的主要威胁：

> 由于世界范围内殖民体系的崩溃，前殖民地持有者已经丧失或正在丧失对其殖民地的物质资源进行不公正的、有利于自己的再分配的基础。这些国

家工业结构的急剧变化是绝对必要的，因为它们失去了对殖民地的特权，被迫在“机会均等”的基础上参与世界市场上孤注一掷的竞争。另外，它们原来的殖民地正迅速地转变为世界经济竞技场上新的工业竞争力量。[16]

按这种理论，非殖民化加剧了发达国家资本主义的矛盾，这与列宁的《帝国主义论》的总论题是一致的。

2.“资本主义发生变化了吗？”

克隆罗德是苏联出席 1958—1959 年度一次国际讨论会的代表，讨论的成果由日本经济学家都留重人于 1961 年编辑出版。都留重人在战前与保罗·斯威齐合作研究消费不足理论的发展问题，并以试图综合凯恩斯主义与马克思主义的宏观经济学而闻名。[17] 都留重人在讨论的议题中提出这样一个问题，即资本主义是否“经过不断进化，已经足以避免像 1929—1933 年那种类型的大萧条”。[18] 美国已经实现 20 年的经济增长，而没有爆发一次经济危机。这不可能完全归因于战争和备战，因为繁荣早已经受过 1945—1947 年、1953—1954 年军费支出的大幅度缩减。正如一些马克思主义者所认为的，资本主义避免了萧条，不可能用新的技术进步的浪潮加以解释，这一浪潮同康德拉季耶夫 50 年周期的上升阶段相联系（见以上第 1 章第 1 节）。新的“科学—产业革命”最早从 1954 年开始，当时在所有先前的康德拉季耶夫繁荣阶段都存在着传统类型的 10 年周期。都留重人承认，经济政策的转变确实是其中的部分原因，因为 1946 年“美国就业法案”、银行改革、农产品价格支持以及内部财政稳定器的增长，都限制了有效需求不足的程度。制度也发生了变化，其中最突出的是美国工会争得的收入分配平等的增长，提高了平均消费倾向，只是部分地被固定价格的寡头垄断部门边际利润增加所抵销。[19]

都留重人本人强调军费支出在维持需求中的重要性，假设美国个人投资与国民收入之比最高可能达到 16%。其他一些更为短暂的因素也发挥了作用，尤其是美国的出口盈余（现在正在下降）和消费信贷难以维系地迅速扩张。都留重人相信，政治上对政府增加民用支出的反对，将阻止它增长到足以抵销军事部门的剧烈衰退。繁荣要求高投资，进而要求高利润。但是，资本家会抵制任何侵占私人投资的危险，不管它是提高工资、增加福利，还是低成本的公共住房规划。都留重人认为，如果确实要维持经济增长，那么它只能以巨大的浪费为代价，其中有加速折旧、巨额广告费用和持久的军事化，这将有助于维持有效需求。[20]

在改良的社会主义者中，普遍流行着一种资本主义与社会主义之间的区别越来越模糊的观点，应该如何看待这种观点呢？都留重人坚决反对资本主义与共产主义之间会慢慢地但又是不可逆转地趋同的观点。[21] 一种生产方式的性质，是由谁控制剩余产品来决定的。都留重人认为，资本主义的基本特征包括四个方面：利润是经济活动的动力；利润由私人资本控制；利润在很大程度上用于积累；经济人有持续的压力，通过售卖商品而实现利润。这些基本特征一个也没有发生显著的变化。大公司尽管存在着所有权和控制权的分离，但仍然追求安全的、长期的利润最大化；国家通过公司所得税只能获得一小部分剩余产品；不断升高的提留比率降低了利润的消费倾向；销售面临的压力空前强烈。[22] 都留重人的结论是："至少对美国来说，资本主义生产方式的基本特征仍然存在。"[23]

都留重人的结论得到保罗·斯威齐和保罗·巴兰的支持和充实。斯威齐强调，在垄断资本主义条件下，技术进步与投资之间的联系在不断减弱。他认为，现在新技术的引入能够从公司的折旧储备中得到资金支持，但对任何有效需求不产生任何刺激，因此一个迅速的创新速度与经济停滞是完全一致的。至于收入不平等的缩小，这完全是 1945 年以前的事情；平等的增长不存在固有的或长期的趋势。最后，斯威齐驳斥了一种过分简单化的观点，这种观点认为，由于不断扩大的国家支出将有利于美国资本主义，所以它必然要发生。这种观点既忽视了"意识形态眼罩"的存在，这种"眼罩"使资本家错误估算其真正的长期利益之所在，也忽视了作为一个整体的资本家阶级的长期利益和部分资本家的短期利益之间存在的冲突。在斯威齐看来，资本主义国家既不是中性的调解人，也不是联合在一起的统治阶级的被动的工具。经济政策的制定是不断的斗争的主题，至少从美国的情况来看，增加公共支出的反对者总的来说占据了上风。[24]

保罗·巴兰对消费不足理论作了更长的、更彻底的和更为详尽的重新阐述。巴兰认为，必须把消费不足看作是一种趋势，它可能被一些相反的力量抵销。自 1870 年以来，美国工人的劳动生产率比他们实际工资的增长快得多。结果作为总产出一部分的经济剩余有了巨大增长，并且越来越集中到数目逐渐减少的大公司手中。所以，存在着消费不足的趋势，不论是资本家的消费还是投资，都不能提供足以吸纳经济剩余持续增长的有效需求。为了抵制由此产生的停滞的压力，必须增加非生产性和浪费性支出，尤其是以私人部门的产品差异与广告成本以及国家军事开支的形式出现。因此，利润现在仅仅代表经济剩余的一部分；吸纳经济剩余的浪费性支出则是其余的部分。这意味着作为总产出的一部分，不论是利润没有上升还是消费没有下降，都不会否定消费不足理论。资本主义由于消费不足仍然趋向于停滞（参见以下第 6 章）。[25]

Y. A. 克隆罗德、莫里斯·多布以及法国共产主义者夏尔·贝特兰是马克思主义的较为传统的理论分支的代表人物。克隆罗德的分析重复了尤金·瓦尔加在两次战争期间的观点（参见以上第 1 章）。克隆罗德认为，尽管资本主义国家的作用大大增强，但是世界范围的生产过剩的危机仍不可能长期地得以避免。西方资本主义发生的所有的结构变化都是矛盾的。垄断的增长引起生产发展的速度大大快于市场扩大的速度，而国家支出的增加又是通货膨胀性的，它趋向于降低实际工资，进而限制工人阶级的购买力。“非生产性”（服务）活动的增加仅仅暂时缓解了消费不足的压力。[26] 贝特兰的观点在本质上与上述观点相似，否认资本主义国家能够抑制资本主义基本经济规律作用的发挥，并把 1945 年以后没有爆发经济危机归因于浪费性的销售费用和军事开支的增加。[27]

正如我们在上一节所看到的，多布的观点更为谨慎。他在给都留重人编辑的专题文集撰写的论文中指出，有两个极端的观点都是错误的：断言资本主义没有发生任何变化是错误的；认为资本主义已经进入一个全新的制度同样是错误的。国家作用的增强，技术的加速进步，以及金融资本的崩溃都是重要的发展，但是这些不能“在任何意义上证明‘新阶段’言论的有效性，或者在任何基本方面改变我们对资本主义作为一个制度的评价和对其未来的估计”。[28]

为《资本主义发生变化了吗？》撰稿的马克思主义者，没有一个人提到世界范围的协作，它最初曾受到诸如马歇尔计划的推动，并通过一些较为固定的组织机构，如国际货币基金组织、世界银行以及关税与贸易总协定而得到促进。直到 20 世纪 80 年代中期，国际经济秩序显得日益脆弱，马克思主义者这时才意识到它的重大意义（参见以下第 16 章）。也没有一个马克思主义者试图评析马克思的工人贫困化学说与实际工资在一个时期中稳步增长之间的相关性。这一工作留给了罗纳德·米克，他在 1962 年对马克思主义的工资理论提出了尖锐批评，但从来没有受到更为正统的马克思主义著述家的有效反击。[29]

在这次研讨会中，J.K. 加尔布雷思和约翰·斯特雷奇两人发表了两种不同的见解。加尔布雷思强调经济集权的作用，但他自负的新凯恩斯主义的乐观，减弱了这一观点对当代马克思主义思想的影响。他的文章对其《美国的资本主义》一书并没有什么发展，他在该书中描绘了大公司蓬勃发展的垄断力量如何与国家新的“抵销力量”、工会、农场主组织、消费者协会和“大众经销商”（连锁商店和超级市场）相配合。在总的方面，斯特雷奇的文章内容较为充实，充分保留了战前的马克思主义观点（参见以上第 1 章），他断言消费不足仍然存在：高利润既是充分就业的必要条件，（同时因为它们抑制了消费需求）也是充分就业的毁灭者。寡头的增长使这种矛盾更加尖锐（而非缓和），因为价格刚性扩大了边际利润，使不平等更加恶化，并降低了市场的自我调节能力。斯特雷奇认为，资本主义最终无法逃避这种困境，但是，如果工人阶级运用国家机器，通过贫富之间的收入再分配，通过增加对社会有用的民用工程的公共支出，这种困境就会得到一定的缓解。西欧自战争以来，确实在相当大程度上出现了上述情况。斯特雷奇认为，“新政”取得了部分的成功，美国资本家最终将认识到他们真正的长期利益。停滞和增加浪费不再只是唯一的选择。[30]

欧内斯特·曼德尔对上述论断给予了有保留的支持。他没有参加都留重人的讨论，但他在 20 世纪 60 年代初出版了大量关于马克思主义政治经济学方面的著述。曼德尔撰写的编年体著作《马克思主义经济理论》于 1962 年用法文第一次出版，他在该书中对始于 1900 年的“资本主义衰退时代”作了这样的描述：在这个时代，国家日益通过负责承办非赢利的基础产业，对私人资本提供直接或间接补贴，以及提供利润担保等措施来维持垄断利润。军事支出为重工业部门的产品提供了“替代市场”，从而有助于第Ⅰ部类的稳定发展，而工会所争得的国家福利待遇和稳定的工资收入，又维持了对第Ⅱ部类的需求。尽管现代资本主义经济仍然存在着重要的停滞力量，但是，国家的干预已经能够阻止 1929 年大灾难的重演。[31]

曼德尔在两年以后出版的《马克思主义经济理论导论》中宣称，国家干预的增强已经导致其所谓的“新资本主义”。[32]“新资本主义”的显著特征是经济计划以及对有组织的工人阶级采取容忍和妥协的政策。新资本主义从某种程度上说是一种暂时的现象，它与康德拉季耶夫长波的高涨时期联系在一起，并且很可能随着这个高涨期的结束而结束。但它反映了资本家避免第一次大萧条重演的迫切愿望，反映了他们认识到没有规制的市场机制是不可行的，新资本主义达到的程度就会到此为止。然而，它仍然是资本主义：

> 据此，我们可以得出以下结论：国家干预经济生活、管制经济、经济规

划、指导性计划，从社会的观点来看，这些绝不是中性的。它们是由资产阶级或资产阶级统治集团掌握的干预经济的工具，绝不是资产阶级和无产阶级之间的公断人。[33]

这一点更清楚地体现在国家试图实行工资计划方面。收入政策是资本主义的一项旨在降低社会产品中工资所占的份额来保护利润的措施，工会也被纳入这个制度内。[34]

3. 法兰克福学派与非经济因素的重要性

对工人阶级收编这一主题的研究，成为“批判理论家”战后著作的特点。这些批判理论家就是法兰克福学派以及受其影响的人。1945 年后的 20 年间，在积极活动的马克思主义理论家中，批判理论家从当代资本主义变化中得出最为激进的结论。法兰克福学派深受法西斯主义和斯大林主义作为一种压制性的国家权力的思想体系而产生的影响，它抛弃了那些将自然科学作为其范例的马克思主义流派所持有的决定论的、实证主义立场。批判理论家反对独裁的和官僚的列宁主义先锋队政党，反对人类自我解放的自由意志论观点。他们反对机械的经济崩溃论的观点，主张对社会制度、意识形态和政治之间的相互作用进行更为复杂和微妙的分析。正如博特莫尔所指出的，法兰克福学派改变的正是“政治”这一概念，将它拓展到劳动的分化、科层制、文化、家庭、财产所有权和国家机器等领域。经济的决定作用相应被降低。批判理论强调“政治”与“经济”不断综合的问题，计划的增长和官僚控制是以牺牲市场为代价的；强调社会生活的不断合理化；以及劳动分化的增强，它使工人阶级的任务支离破碎，把工人阶级分化为个体，使工人阶级不再能理解并组织起来反对自身的异化。[35]

在对苏联马克思主义的研究中，赫伯特·马尔库塞引出了马克思主义政治经济学的某些内涵。希法亭和考茨基论证了一个稳定的、有组织的世界经济如何可能代替资本家之间的相互争斗（见本书第一卷第 14 章）。马尔库塞认为，1945 年以后，面对要与苏联展开竞争的迫切需要，这些可能性变成为现实。在东西方冲突中，帝国主义列强之间原来的对抗消失了，取而代之的是基于计划而不是市场无政府状态之上的“洲际政治经济学”：

> 为动员整体的物质力量与精神力量的需要，必须取消经济和文化生活中的自由放任，对政治过程有条理的控制，以及在真正的经济实力等级下对国家进行重新组合——不惜以牺牲宝贵的国家主权为代价。西方社会整体的压倒一切的利益改变了国家和阶级的利益。

其结果就是类似于希法亭的“总的卡特尔”，受美国这一超帝国主义盟主的支配。对于劳动者，马尔库塞接受了阿诺德·汤因比对“内部”与“外部”无产阶级的区分。对于后者，即居住在前殖民地地区和西方国家中被隔离的少数民族聚居地的人来说，没有发生什么变化；而前者则被整合进资本主义体系，并且作为对其忠诚的奖赏，他们的生活水平有所提高，并具有少许政治影响力。马尔库塞认为，如同列宁主义理论认为帝国主义之间不可抑制的竞争将导致战争的观点一样，马克思关于发达资本主义国家爆发无产阶级革命的期待，也已经成为乌托邦。[36]

弗里德里克·波洛克对生产自动化影响的研究，进一步发展了上述观点。波洛克预期新技术会拉大业已存在的差距，即

> 以一小部分高素质的“管理者”、工程师、专家为一方和以大量靠工资生活的工人为另一方之间的差距。其中的原因，不仅在于两个群体之间的个人素质，而且在于他们的技术和管理培训程度。“手”的活动，现在一般被限制在完成相当初级的操作，或者按简单的指令操作，他们没有必要理解这样操作的真正目的。

波洛克隐晦地指出，自动化的长期影响可能包括演化为一个建立在独裁主义和军事原则基础上的“社会新形式”，在这个社会里，高素质专家组成的“经济总参谋部”，将毫无挑战地统治该社会，资本家将失去其经济作用。[37]

对马尔库塞和波洛克来说，战后资本主义的变化已经使工人阶级变得破碎和被动。这种基本上悲观的观点，在1961—1962年遭到一位居住在巴黎的希腊经济学家的反对，这位经济学家与法兰克福学派没有正式的联系，但深受它的影响。保罗·卡丹（在他的《科层资本主义》中）认为，传统马克思主义所认为的经济矛盾已经被成功地克服。卡丹认为，马克思对利润率下降的分析有着致命的缺陷，同时，随着工人的生活水平不断提高，消费不足也已经避免了。国家干预

把周期性波动限制在很窄的限度内，结果是“实际上已经永久实现充分就业。不论是体力劳动者还是脑力劳动者，只要他们适应环境，就能够面对永无止境的就业前景。除了细小的波动外，生产年复一年地以相当高的百分比扩张”。实际工资也以大致相同的比例上升。由于投资和政府支出的稳定增加，这意味着“市场问题从根本上得到了解决”。卡丹据此得出结论：“1929—1933 年程度的危机在今天是不可想象的，现在已经不可能突然爆发集体性的非理性的行为，并同时影响那么多的资本家及其经济顾问。”[38]

但是，对卡丹来说，这既不意味着资本主义已经摆脱了所有矛盾，也不意味着工人阶级注定要被动地接受现状。这两点是紧密联系的。卡丹认为，马克思政治经济学的根本错误是，它假定资本主义社会中的代理人完全是“物化的”（即将社会代理人还原为不受控制的经济规律支配的客观对象）。不论是马克思的剥削理论还是他对经济危机的分析，都假定资本家和工人不可能对经济运行产生影响。但是，这与资本家有能力组织国家管理的、不存在危机的积累不相符合，也与工人阶级在资本主义经济的所有方面——从工资水平和投资的节奏，到生活结构和技术变化的性质——所展开的持续斗争不相符合。生产中阶级冲突的存在，证明物化是有界限的。卡丹所认为的现代资本主义真正的基本矛盾是：它需要借助于工人的参与（没有工人的参与，就不可能进行能够获取利润的生产），同时又需要限制这种参与（唯恐他们组织起来废除资本主义本身）。卡丹得出结论，资本主义社会的真正动力就是阶级斗争的动力，它表现在工人为控制生产和生产发展速度而展开非正式罢工的次数不断增多。[39]

于尔根·哈贝马斯是第二代“批判理论家”中最突出的一位，他（以颇为不同的方式）详细讨论了类似的问题。尽管他最重要的著作《合法性危机》直到 1973 年才出版，但是它与本章主题的联系是很清楚的。哈贝马斯否认“有组织的或国家控制的资本主义”已经能够完全消灭经济危机。利润率下降趋势的基本规律——在这一点上，哈贝马斯与除曼德尔外的其他参与争论的理论家们不同——仍然在起作用。但危机已经改变了表现形式，通货膨胀、国家财政经常面临的压力、个人富裕与公共贫穷之间不平等状况的恶化等取代了传统的生产萎缩和就业下降。[40] 阶级关系已经具有政治性，以致“经济过程不再可能被看作是自我调节的经济体制的内在运动”。由国家提供公共品，尽管这对降低固定资本价格和提高剥削率至关重要，但是，这也对劳动价值论的一般性提出了质疑，它不能被运用于教育、技术或科学等领域。工资的决定也与价值规律严重背离，它成为准政治性的，表现为通过集体谈判而达成的阶级妥协。[41]

哈贝马斯的思想与“国家垄断资本主义”概念有许多相似的地方。“国家垄断资本主义”是东德的官方意识形态，认为国家是一个资本家集团，它运用集中计划取代市场力量的自发作用。哈贝马斯认为，这样一种把国家仅仅看作是垄断资本家的代理人的观点过于简单，也夸大了国家合理制定计划的能力。但他的确接受了国家垄断资本主义思想中的最重要内容，即经济活动的政治本质日益公开化。只有把经济危机背后的压力转移到社会生活的其他领域，经济危机才可能避免。阶级冲突和剥削仍然是非常重要的，但现在它们在政治和社会的而不仅仅是经济的不稳定中表现自身。[42]

这一结论把意识形态问题提到政治经济学的核心位置。哈贝马斯坚持认为，国家干预增长的后果之一是“资产阶级公平交易的基本意识”瓦解了，取而代之的是正式的政治民主的观念，以及技术精英计划者的实际统治。这增加了爆发两种类型政治危机的可能性：一种是“合理性危机”，这源于该制度不能兑现它向民众所承诺的成功的经济管理，一种是“合法性危机”，即它不再能保持公众对它的忠诚。在社会文化领域中，这将导致“动机危机”，因为该体制不能“产生必要数量的行为动机意义”。[43]

卡丹从基层工人的不满意中看到了基层群众革命运动的萌芽（这在法国1968年5月的反叛中得到部分证明），而哈贝马斯的结论就不那么尖锐了。哈贝马斯宣称他回答了“人们还没有作出满意回答的‘资本主义已经发生变化了吗？’这一问题”[44]，但是，他的答案还远不够清楚。资本主义已经克服了传统的经济矛盾，但面临着工人阶级认可的合法性衰退的前景。哈贝马斯似乎认为，这会引起一场“持久性危机”，威胁资本主义的持续生存。只是这种威胁如何可能成为现实却在某种程度上仍然是模糊不清的。[45]

4. 没有结束的繁荣，无止境的工商业

我们当然可以同意哈贝马斯的看法，即都留重人提出的问题还没有得到令人满意的回答。资本主义已经发生了变化，但是，它对马克思主义政治经济学在何种程度上产生了影响、又赋予其什么含义上，仍然存在着激烈的争论。资本主义发展的新的历史分期，判断资本主义发展新阶段的标准，以及如何把它与新“时期”区分开来，这些问题并没有得到解决，它们在未来的几十年里还会被提起。

关于马克思与凯恩斯之间的关系这一核心的分析性问题，是人们在许多现实问题上存在分歧的根源。持有各种不同观点的经济学家对此展开了非常广泛的讨论，这是下一章要讨论的主题。

人们在 1965 年后对许多还没有得到解决的问题展开了热烈讨论，当时，战后经济繁荣的脆弱性开始显现。巴兰和斯威齐的消费不足理论在美国影响很大，人们围绕这一理论展开了一场争论；我们将在第 6 章阐述他们对“垄断资本”的分析。《资本论》第三卷阐述的利润率下降的趋势，通常被当作是消费不足的替代，当然它偶尔也与经济危机的综合模型联系在一起。这些是第 7 章所要讨论的内容。对马克思主义关于发达资本主义的理论来说，一个很重要的问题是军事支出对经济的影响或者是促进资本积累，或者是（像达托所认为的）成为资本积累的沉重负担。第 8 章将讨论“持久性军事经济”的内涵。最后，第三世界中的前殖民地国家显然没有实现战后经济繁荣，这在 20 世纪 60 年代成为人们讨论的突出问题。马克思主义和新马克思主义的经济发展的文献，在 20 世纪 60 年代和 70 年代纷纷涌现，这些文献远远超过了早期对非殖民化所作的平淡的分析。整个第三篇（第 9—11 章）主要阐述新出现的帝国主义理论。

在所有这些讨论中，几乎所有的参与者都理所当然地把资本主义经济矛盾放在首位。这不是责备他们是庸俗的经济决定主义者；巴兰和斯威齐特别对政治、意识形态和文化问题予以极大的关注。但是，“批判性理论”的洞察力没有被严格地运用于分析经济问题，直到 20 世纪 70 年代中期以来，解释经济危机的更为传统的方法所存在的缺陷越来越明显。在近期的许多经济危机理论中，工人阶级的自觉行动、合法性和动机的作用占据了首要地位，如同我们将在第 16 章看到的那样。

注释：

1.F. 斯滕伯格：《即将到来的危机》（*The Coming Crisis*，London：Gollancz，1947）；A. Cairncross：《复苏的岁月：英国经济政策（1945—1951 年）》（*Years of Recovery*：*British Economic Policy* 1945–51，London：Methuen，1985），第 411 页。

2.M. 多布：《第二次世界大战以来资本主义发生的变化》（‘Changes in Capitalism Since the Second World War’，*Marxism Today*，*December* 1957），第 79 页。

3.C. A. R. 克罗斯兰:《社会主义的未来》(*The Future of Socialism*, London: Cape, 1956); J. 斯特雷奇:《当代资本主义》(*Contemporary Capitalism*, London: Gollancz, 1956); C. Gneuss:《先驱者：爱德华·伯恩施坦》(‘The Precursor：Eduard Bernstein’，该文收入 L. Labedz 编:《修正主义》(*Revisionism*，London：Allen & Unwin，1962)，第 31—41 页。

4. 多布:《第二次世界大战以来资本主义发生的变化》，第 82—83 页。

5. 同上书，第 79—80 页；参见斯威齐:《“管理革命”的错觉》(‘The Illusion of the “Managerial Revolution”’，*Science and Society* 6，1942)，第 1—23 页；C. Wright Mills 和 H. Gerth:《作为管理者的马克思》(‘A Marx for the Managers’)，该文收入 C. Wright Mills:《权力政治与人民》(*Power Politics and People*，Oxford：Oxford University Press，1963)，第 53—76 页(初版于 1942 年)。

6. 多布:《第二次世界大战以来资本主义发生的变化》，第 81 页。

7. 事实上，内部融资在两次大战间的英国已经发挥过重要作用，参见 L. Hannah:《法人经济》(*The Corporate Economy*，London：Methuen, 1983)第 2 版，第 62—64 页。

8. 多布:《第二次世界大战以来资本主义发生的变化》，第 81—85 页；多布:《1957—1958 年经济危机》(‘The 1957–1958 Economic Crisis’，*Marxism Today*，3，October，1959)，第 293 页；参见多布:《第二次世界大战以来资本主义发生的变化》，第 85 页。

9. 瓦尔加的著作还没有翻译过来，但其内容 F. C. Barghoorn 在《对瓦尔加的讨论及其意义》(‘The Varga Discussion and its Significance’，*American Slavic and Eastern European Review* 7，1949)，第 214—236 页中作了概括。还有一份瓦尔加与其反对者在研讨会上争论的英文材料:《苏联对战后世界经济的看法：对尤金·瓦尔加关于“第二次世界大战引起资本主义经济发生变化”的观点的官方批判》(*Soviet Views on the Post-War World Economy*：*An Official Critique of Eugene Varga's ‘Changes in the Economy of Capitalism Resulting from the Second World War’*，Washington，DC：Public Affairs Press，1949)，也可参见 E. S. 多马:《关于瓦尔加的“资本主义经济发生变化”的讨论》(‘The Discussion on Varga's “Changes in the Economy of Capitalism”’，*Soviet Studies* 1，1949)，第 28—40 页；以及 H. 马尔库塞:《苏联马克思主义：一种批判的分析》(*Soviet Marxism*：*a Critical Analysis*，London：Routledge & Kegan Paul，1958)，第 66—67 页。

10. 马尔库塞:《苏联马克思主义：一种批判的分析》，第 38—62 页，第 68—69 页；也可参见本卷第 1 章，第 2 章。

11.《苏联对战后世界经济的看法：对尤金·瓦尔加关于“第二次世界大战引起资本主义经济发生变化”的观点的官方批判》，第 7 页，第 122 页；J. 斯特雷奇:《帝国的终结》(*The*

End of Empire，London：Gollancz，1961），第6—7章，第10—12章。

12.《苏联对战后世界经济的看法：对尤金·瓦尔加关于“第二次世界大战引起资本主义经济发生变化”的观点的官方批判》，第20页；R. 帕姆·达特：《英国与英帝国的危机》（*The Crisis of Britain and the British Empire*，London：Lawrence & Wishart，1953），第125—130页，第397—399页；P. A. 巴兰：《增长的政治经济学》（*The Political Economy of Growth*，Harmondsworth：Penguin，1973，初版于1957年），第367页；非马克思主义的关于非殖民化问题的类似观点，参见R. Robinson：《关于帝国主义的奇谈怪论：是否存在帝国》（‘The Excentric Idea of Imperialism，With or Without Empire’），该文收入W. J. Mommsen和J. Osterhammel编：《帝国主义及帝国主义之后：连续性与非连续性》（*Imperialism and After*：*Continuities and Discontinuities*，London：Allen & Unwin，1986），第267—289页。

13.E. 曼德尔：《马克思主义经济理论》，第二卷（Marxist Economic Theory，volume II，London：Merlin Press，1968；初版于1962年），第480—481页。

14. 多布：《1957—1958年经济危机》，第186—190页，第201—209页。

15. 曼德尔：《马克思主义经济理论》第二卷，第480页。

16. 克隆罗德：《当代资本主义的结构变化与周期经济危机问题》（‘Structural Changes in Contemporary Capitalism and the Problem of Cyclical Crisis’），该文收入S. 都留重人编：《资本主义发生变化了吗？》（*Has Capitalism Changed?* Tokyo：Iwanami Shoten，1961），第126页。（克隆罗德的论文像其他提交研讨会的论文一样，最早在1959年日文杂志Sekai上发表）。

17.S. 都留重人：《关于再生产图式》（‘On Reproduction Schemes’），见P. M. 斯威齐：《资本主义发展理论》（*The Theory of Capitalist Development*，New York：Monthly Review Press 1970；初版于1942年）附录A，第365—374页；都留重人：《凯恩斯与马克思：扩大再生产的方法论》（‘Keynes versus Marx：the Methodology of Aggregates’），该文收入D. 霍罗威茨编：《马克思与现代经济学》（*Marx and Modern Economics*，London：McGibbon & Kee，1968），第176—202页；初版于1954年。关于都留重人后来的情况，参见T. Morris-Suzuki：《日本经济思想史》（*A History of Japanese Economic Thought*，London：Routledge，1989），第158—162页。

18.S. 都留重人：《资本主义发生变化了吗？》（*Has Capitalism Changed?*），该文收入都留重人编：《资本主义发生变化了吗？》，第3页。

19. 同上书，第5—22页。

20. 同上书，第20—38页，第57—61页；参见都留重人：《尚未解决的问题：代结论》（‘The Unsettled Problems：In Place of a Conclusion’），《资本主义发生变化了吗？》，第201页。

21. 关于当代讨论的“趋同论”，参见P. Hollander编：《美国社会与苏联社会》（*American*

and Soviet Society，Englewood Cliffs，NJ：Prentice Hall，1969），第 561—589 页。

22. 都留重人：《资本主义发生变化了吗？》，第 40—56 页。

23. 同上书，第 56 页。

24.P. M. 斯威齐：《资本主义发生变化了吗？》（‘Has Capitalism Changed?’），该文收入都留重人编：《资本主义发生变化了吗？》，第 83—91 页。

25.P. A. 巴兰：《对消费不足的思考》（‘Reflections on Underconsumption’），该文收入都留重人编：《资本主义发生变化了吗？》，第 147—165 页。

26. 克隆罗德：《当代资本主义的结构变化与周期经济危机问题》，第 125—137 页。

27.C. 贝特兰：《一种评价：关于都留重人“对资本主义的思考”》（‘Commentaires Sur：“Reflections on Capitalism” de Shigeto Tsuru’），该文收入都留重人编：《资本主义发生变化了吗？》，第 93—109 页。

28.M. 多布：《资本主义发生变化了吗？》，该文收入都留重人编：《资本主义发生变化了吗？》，第 146 页。

29.R. L. 米克：《马克思的“日渐不幸的教条”》（‘Marx's “Doctrine of Increasing Misery”’，*Science and Society* 76，1962），第 422—441 页，该文经过修订重印于米克：《经济学、思想意识及其他论文》（*Economics and Ideology and Other Essays*，London：Chapman & Hall，1967），第 112—128 页。

30.J. K. 加尔布雷思：《经济力量与资本主义的生存》（‘Economic Power and the Survival of Capitalism’），该文收入都留重人编：《资本主义发生变化了吗？》，第 167—181 页；参见加尔布雷思：《美国资本主义：一个反对力量的概念》（*American Capitalism*：*The Concept of Countervailing Power*，London：Hamish Hamilton，1957），加尔布雷思后来在《新工业国家》（*The New Industrial State*，London：Deutsch，1972）中抛弃了这种观点；J. 斯特雷奇：《资本主义发生变化了吗？》（‘Has Capitalism Changed?’），该文收入都留重人编：《资本主义发生变化了吗？》，第 67—82 页。

31.E. 曼德尔：《马克思主义经济理论》第一卷（*Marxist Economic Theory*，volume I，London：Merlon Press，1968；法文初版于 1962 年），第 501—507 页，第 529—534 页；参见曼德尔：《马克思主义经济理论导论》（*An Introduction to Marxist Economic Theory*，New York：Pathinder Press，1970；法文初版于 1964 年），第 62—67 页。

32. 曼德尔：《马克思主义经济理论导论》，第 54—78 页。

33. 同上书，第 76 页。

34. 同上书，第 73—75 页。

35.T. 博特莫尔：《法兰克福学派》（‘Frankfurt School’），载于博特莫尔编：《马克思主义词典》（*A Dictionary of Marxism*, Oxford: Blackwell, 1983），第 182—188 页；参见 D. Held：《批判理论导论》（*Introduction to Critical Theory*, London: Heinemann, 1980）和 F. R. Hansen：《资本主义的崩溃》（*The Breakdown of Capitalism*，London：Routledge & Kegan Paul，1986），第 6 章。

36. 马尔库塞：《苏联马克思主义》，第 33—37 页；参见 N. 莫斯科斯卡：《理想与现实》［‘Erwartung und Wirklichkeit’，*Periodikum für Wissenschaftlichen Sozialimus*，16，（1960）］，第 10 页。也可参见本卷第 9 章。

37.F. 波洛克：《自动化的经济与社会后果》（*The Economic and Social Consequences of Automation*，Oxford：Blackwell，1957），第 82—83 页。

38.P. 卡丹：《现代资本主义与革命》（*Modern Capitalism and Revolution*，Bromley：Solidarity，1965），第 28 页，第 63 页。

39. 同上书，第 33—39 页，第 72—77 页。

40. J. 哈贝马斯：《立法危机》（*Legitimation Crisis*，London：Heinemann，1976；初版于 1973 年），第 33—36 页，第 45—46 页。

41. 同上书，第 52 页，第 55 页。也可参见 A. Przeworski：《资本主义与社会民主》（*Capitalism and Social Democracy*，Cambridge：Cambridge University Press，1985）。

42. 同上书，第 40 页，第 59—60 页；参见 M. Wirth：《民主德国的资本主义理论》（*Kapitalismustheorie in der DDR*，Frankfurt am Main：Suhrkamp Verlag，1972）。至于日本对相关理论的创新，参见 Morris-Suzuki：《日本经济思想史》，第 122—124 页，第 127—128 页。

43. 哈贝马斯：《立法危机》，第 36 页，第 49 页。

44. 同上书，第 31 页。

45. 同上书，第 93 页；Held：《批判理论导论》，第 284—295 页。

第 5 章　马克思与凯恩斯

1. 凯恩斯与马克思

大萧条最重要的理论成果是 1936 年出版的凯恩斯的《通论》，这本书并非完全首创，也没有提出一个完全连贯一致的和独立的理论体系。书中的许多观点已由更早的著述者（包括凯恩斯本人）所预见到，而且正如我们将会看到的，《通论》中还有重要的分析上的漏洞。甚至《通论》所开的政策处方，与人们通常所料想的相比，并不是那么有新意和争议性。此外，凯恩斯从未与正统理论彻底决裂，而是把大量新古典的重要理论观点掺和进自己的论著。[1] 尽管如此，这本书依然是迄今为止出自一位受人尊重的主流经济学家笔下，对大量失业是不受管制的资本主义经济的正常结果这一论点所作的第一次系统的和完整的表述，它的出现是马克思主义理论家们不能忽视的一个重要事件。[2] 而且凯恩斯的理论提供了一种改良的、消除了经济危机的资本主义的前景，在这种资本主义前景中，马克思主义经济学将变得无关紧要，从而，《通论》的诞生使马克思主义面临着一种直接的政治影响。本章的大部分内容涉及马克思主义政治经济学如何回应凯恩斯主义者的挑战。然而，我们在开始时却要问一个相反的问题：凯恩斯是如何看待马克思的?《通论》只在三处提到马克思，其中一处只是简单地承认马克思是“古典经济学”这一术语的首创者。[3] 第二处，凯恩斯描写了 1820 年以后李嘉图经济学怎样成功地排除了总需求不足这一观点：“它只能偷偷摸摸地存在于下层，生活在卡尔・马克思、西尔维奥・格塞尔和道格拉斯少校这些不入流社会中。”因为格塞尔和道格拉斯是在理论上没有什么地位的货币异教徒，这并不是在奉承马克思。但接下来的情况更糟。凯恩斯断言，与马克思不同，格塞尔已经明确地否定了“古典假设”（即萨伊定律）。格塞尔这样做就使得马克思本人对古典经济学的批判变成多余的了；因此在他的论著中包含了“对马克思主义的回答”。凯恩斯以并不十分肯定的口气得出结论：“后世从格塞尔那里得到的，将比从马克思那里得到的多。”[4]

凯恩斯并非如上述最后一段话所展现的那样，对马克思一无所知，也不总是对马克思持蔑视的态度。在 1920—1921 年或 1921—1922 年，莫里斯・多布还是一位研究生，他曾在凯恩斯的房间里读到一篇论述马克思与剑桥的政治经济学俱乐部的论文。多布回忆道，凯恩斯很赞许这篇论文，因为“他年轻时在一定程度上喜欢非正统思想”。[5]凯恩斯在20世纪20年代以来的文章中，对马克思主义说了一些坏话，包括著名的关于“一个如此不合逻辑，如此空洞的教条怎么能对人的思想从而对历史事件有如此强烈和持久的影响”的质问。[6]但是，到1933年，大概在皮罗·斯拉法的影响下（参见以下第13章和第15章），凯恩斯开始对马克思采取比较赞许的态度，在他关于古典货币理论的演讲中，婉转地提到马克思对实现问题的阐述，而且发现了马克思和马尔萨斯在有效需求问题上的密切相似之处。[7]

《通论》的第一稿，也写于1933年。在该稿中，凯恩斯距离正确理解马克思最为接近。有关段落值得全文援引如下：

> 合作经济和企业家经济之间的区别，同卡尔·马克思所作的富于成果的观察有某种关系，——尽管其后他对这一观察的利用是相当不合逻辑的。他指出，在现实世界中，生产的本质并不像经济学家们通常所认为的那样，如C-M-C′的情形，即把商品（或劳务）换成货币是为了获得另外的商品（或劳务）。这也许是私人消费者的观点，但不是商家的看法，后者认为是M-C-M′的情形，即抛出货币换取商品（或劳务），是为了获取更多的货币。

凯恩斯接着指出，这一观点的意义在于：企业家对劳动力的需求，依赖于生产预期收益率，而不取决于对人类需求的直接满足。

在一个长脚注中，凯恩斯作了进一步阐述。

> 超过M的余额，是马克思的剩余价值的源泉。令人不解的是，在经济理论史上，那些数百年来以这种或那种形式用古典公式C-M-C′反对M-C-M′公式的异教徒们，或者倾向于相信M′总是并且必然超过M，或者倾向于相信M总是并且必然超过M′，这要取决于他们生活的时期哪一种思想在实践中占支配地位。马克思与那些相信资本主义制度必然具有剥削性的人断言，M′余额是不可避免的；然而，相信资本主义内在地具有通货紧缩和就业不足发展趋势的霍布森、福斯特、卡钦斯或道格拉斯少校则断言，M余额是不可避免的。但当马克思补充说M′持续增加的余额，将不可避免地

> 被一系列日益猛烈的危机或者企业倒闭和未充分就业所打断时，马克思正在逐渐接近不偏不倚的真理，可以推测，在这种情况下，M 一定会有余额。如果能够得到承认，我自己的观点至少可以有助于使马克思的追随者们和道格拉斯少校的追随者这两派达成和解，而不去理会那些不切实际空洞地相信 M 与 M′ 总是相等的古典经济学家们（按照凯恩斯对这一术语的独特用法，古典经济学家就是指萨伊定律的支持者）。[8]

撇开把马克思与道格拉斯相提并论有些不恰当这一点不论[9]，凯恩斯这时已离真理不远了，我们在下一节中将会看到。但是，凯恩斯对马克思的调情卖俏没能持续多久。第二年，凯恩斯又重操旧论，嘲笑马克思对资本主义世界毫无希望的描述不适合当代现实，并嘲笑他正是那个已被推翻的 19 世纪正统学派的栋梁。凯恩斯 1934 年 11 月对一位广播电台听众说："如果李嘉图经济学说破产了，马克思主义理论根基的一个主要支柱也将随之瘫塌。"[10] 这一时期，在与乔治·萧伯纳的通信中，凯恩斯仍坚持自己的观点，重申马克思主义理论是建立在李嘉图学说（即萨伊定律起作用）基础之上的。他不屑一顾地把《资本论》比作《古兰经》，认为它们都是无用的教条，并抱怨说人们对于《资本论》的争议是"乏味的、过时的和学究气的"。凯恩斯的结论是："《资本论》在当代的经济价值（排除一些偶然的但却非建设性的和不连贯的思想火花以后）是零。"[11] 这完全暴露了《通论》对马克思的蔑视，但却一点也没有能弱化马克思主义者对"庸俗"经济学家的理论固有的敌意。

2. 马克思主义者论凯恩斯：最初的回应

甚至在《通论》问世之前，刘易斯·科里就对凯恩斯的《货币论》作了激烈的抨击。在本卷第 1 章我们已经看到，科里对大萧条的解释，综合了马克思危机理论中的利润率下降和消费不足这两个因素。毫不奇怪，科里而后对凯恩斯的攻击也集中在这两个论题上。科里坚持认为，投资取决于利润率的变动，而不是（像凯恩斯所讲的那样）取决于利息率；因此，凯恩斯对萧条期货币的解释混淆了原因和结果。"利润率下降并非像凯恩斯想象的那样是平稳过渡到一个既'是'资本主义而又'不是'资本主义的'新社会秩序'的手段。利润率下降只表明经济衰退，而且是激烈的阶级斗争、社会暴乱和战争的前兆。"至于第二个因素，科里认为凯恩斯“轻视了消费”而夸大了投资的重要性。“过度储蓄是循环过程中的一个因素。因为它并不造成资本投资（和生产）的不足，而是把本该进入消费的货币转化成了投资，从而造成消费不足。”最后，科里作了方法论上的批判：凯恩斯的理论“强调了交换这一次要因素，而没有强调生产这一首要因素”。[12]这成为马克思主义者对凯恩斯的回应中的一个反复不断的话题。

马克思主义经济学家对凯恩斯的《通论》作过广泛的评论。流亡纽约的前德国社会民主主义者埃米尔·莱德勒，指出了凯恩斯与马克思的三点相似之处。[13]第一点是凯恩斯在“工资单位”概念中采纳了劳动价值论，以及熟练劳动对非熟练劳动的折算。第二点是他关于利润率下降的观点，只不过是用资本边际效率下降对它进行了伪装。第三点是凯恩斯承认消费和投资之间有必要保持比例，从而承认了马克思关于第Ⅰ部类和第Ⅱ部类之间的比例关系。莱德勒对《通论》的反对是方法论上的和政治上的，而不是狭义的经济上的。他认为，凯恩斯赞成个体的心理因素，忽视了阶级的存在，并对资本家政治行为的合理性作了盲目的乐观主义的表述：

> 凯恩斯作了一个不言而喻的假设，即（“资本家的”）决策受理论洞察力的指导。一种理论见解即使意味着社会地位的毁灭，也能被资本家所接受，他认为这是理所当然的。这个从18世纪继承下来的观念，使凯恩斯的观点变成了一种乌托邦——在那些还没有学会和解艺术的国家更是如此。

莱德勒得出结论，除非受利益和情感驱动，否则思想不能改变任何事物：“这样一个合理的分析并不是一种原动力……凯恩斯提出了要求进行一场权力和财产革命的思想，但是我们难以相信，通过劝说的方式能够使人类接受一种新的经济社会制度。”[14]

法兰克福研究所（也在流亡中）的库尔特·曼德尔鲍姆和弗雷德里克·波洛克甚至更挑剔。[15]他们认为，既然货币的错位是危机的症状而不是原因，那么凯恩斯对于流动性偏好的强调就用错地方了。凯恩斯夸大了利息率变动对投资的影响，同时忽视了技术进步对利润率进而对投资的影响。《通论》没有谈及不同经济部门投资比例失调所造成的影响。事实上，凯恩斯的这本书少有新意。书中对萨伊定律的驳斥，马克思早已讨论过了，而凯恩斯那“天真的、长期被人反驳的消费不足主义”，揭露了他在与资产阶级思想决裂方面的无能，而他对主观倾向的依赖则表明其分析上的肤浅。甚至他的自由主义也只是表面的：他对重商主义的赞成和对通过通货膨胀降低实际工资的认可，都暴露了他的专制倾向。曼德尔鲍姆和波洛克断言，“凯恩斯的修正程度超越了古典教条，但他没有指出更光明的前途，而是指向更暗淡的未来”。[16]

凯恩斯思想中的保守成分也被约翰·达雷尔所强调，其观点发表在新创刊的美国马克思主义季刊《科学与社会》上。达雷尔承认，凯恩斯与马克思在某些问题上，特别是在利润率下降问题上，有着密切的相似之处。但从总体上看，凯恩斯对危机和资本主义长期发展趋势的说明，同马克思主义的观点是不可调和的。尤其是凯恩斯的个体心理学是错误的。追随杰文斯、瓦尔拉斯和门格尔，凯恩斯研究的是非社会性的个体，认为他们的偏好、他们的消费倾向、他们对利润的预期都是既定的。因此，达雷尔得出的结论是，《通论》是与主观价值论相符的。它是一本经济学著作，而不是政治经济学著作，它未能揭示资本主义生产的内在规律。[17]

创建于 1938 年的《现代季刊》是《科学与社会》杂志在英国的副刊。在该刊物的第一期，埃里克·罗尔批评凯恩斯把注意力放在了交换上而不是放在生产上，并忽视了那些与试图改变交换机制相联系的政治问题。罗尔断言，《通论》的言外之意是，自由主义在政治上和在经济上都破产了。凯恩斯的理论已经在法西斯意大利和纳粹德国得到实施。尽管凯恩斯本人真诚地信奉进步的观点，但他的著作的确有被反动政客所借用的危险。[18]

英国的马克思主义者们对凯恩斯的反应也不一致，约翰·斯特雷奇在《现代季刊》上发表的三篇对《通论》赞赏有加的论文证明了这一点。[19] 斯特雷奇指出，在关于利润率这一中心问题上，凯恩斯的结论与《资本论》第三卷的结论有明显的相似之处。斯特雷奇承认，凯恩斯的确忽视了技术进步和利润率之间的关系。然而凯恩斯和马克思两人都认为，要增加就业就需要扩大投资，而且都认为资本积累导致了利润率的下降（按照斯特雷奇的说法，利润率这一概念与凯恩斯的资本边际效率最接近）。因此，利润率下降趋势是“凯恩斯先生背后的战车。非常有趣的是，一位一流的资产阶级经济学家竟把利润率下降趋势重新确立为他所描绘的资本主义社会的核心”。[20]

像科里和达雷尔一样，斯特雷奇在认为两种理论存在一致性上走得太远了，但是 20 世纪 30 年代末期，另外一些同情马克思的著述者在学术期刊上发表的文章，强调马克思与凯恩斯的这种或那种相似之处。在《经济研究评论》中，

J.D. 威尔逊像斯特雷奇一样，认为凯恩斯的资本边际效率同马克思的利润率密切相关，但是凯恩斯把在马克思更为成功的分析中发挥了核心作用的长期因素作为数据来使用。这份杂志还发表了署名樊弘的一篇重要论文，该论文用代数公式比较了《通论》和《资本论》中关于有效需求、利润率、货币和利息等理论。樊弘认为，凯恩斯错误解释了马克思的再生产图式。马克思的再生产图式没有接受萨伊定律的有效性，但相当详细地论述了与凯恩斯的有效需求分析相容的宏观经济均衡条件。在《经济实录》中，澳大利亚人 E.E. 沃德强调了马克思与凯恩斯之间在消费不足观点上的相似，但也指出了《通论》（在方法论意义上）的相对肤浅和主观主义。沃德把马克思对资本主义发展过程（日益增加的失业、垄断增强、危机、国际扩张）的成功预言，同凯恩斯缺乏对这些内容的预言进行了对照，凯恩斯理论缺乏预言性内容是他未能将制度变化融入其理论中的不可避免的结果。波兰马克思主义者奥斯卡·兰格早就说过，这是所有资产阶级经济学的主要局限。[21]

一种曾经响亮的学术声音出人意料地保持沉默。1936 年，莫里斯·多布是英国共产党的主要经济学家，也是以英语为母语的国家中最卓越的马克思主义经济学家；他也以剑桥大学为自己的根据地。然而他似乎从未参加过任何有关《通论》的讨论。多布本人把这种令人吃惊的缺憾，归因于埋头从事反法西斯主义和其他政治活动。1977 年，他在剑桥的同龄人奥斯汀·罗宾逊进一步证实，多布是"性格相当孤僻的人……当时他没有像现在这样处于剑桥争论的中心，在围绕凯恩斯和凯恩斯理论争论最起劲儿的时候，他在剑桥也处于这种情况"。[22] 但是，这不能说明全部情况。多布曾发表过对凯恩斯的《货币论》表示敬意的书评，并寻机发表了一个重要的理论读本（1937 年），三年后，他在与米哈尔·卡莱茨基进行讨论后，修改了关于危机的一章。1940 年版的《政治经济学和资本主义》有七处提到凯恩斯，其中仅三处有一些实质内容，而且没有一处提出对于《通论》的主要观点的批评意见。多布似乎一开始就被这本书弄糊涂了，同时他也不便对曾经是他彭布罗克大学时代有恩于自己的这个人进行正面攻击。多布早期对凯恩斯的尊重多是由于《和平的经济后果》一书中有原则的国际主义，同时凯恩斯也安排出版了多布的《论工资》一书，并对多布的《俄国经济发展》一书的手稿进行了有益的评论。对多布来说，应该不会有来自党内同志要求他谴责《通论》的巨大压力。因为 20 世纪 30 年代末反法西斯主义的共产主义人民阵线运动，本身就包括有效地放弃任何反对改良主义经济学的思想运动。这样，多布就能够通过罗宾逊和卡莱茨基的文章慢慢地和凯恩斯的思想达成妥协，而不必被迫对他们的理论成就表明自己的坚定立场。[23]

概括地说，马克思主义者对凯恩斯的最初反应是复杂的。重要的相似的思想，特别是资本主义危机趋势的本质、利润率下降和货币与利息理论，引起了关注。尽管如此，凯恩斯的主观主义，他对交换的表面现象的关注，他不能与自由主义微观经济学决裂，以及他对于政治前景的天真（或者更糟），还是遭到了激烈的批评。某些遭到反对的观点，甚至比其他观点更牢固地成为凯恩斯经济学的基础。特别是莱德勒和罗尔对凯恩斯《通论》的非自由主义政治见解提出的疑惑，的确揭示了凯恩斯理论的重要缺陷。但是，科里的批评却没有触及实质，不论是科里还是曼德尔鲍姆和波洛克，他们似乎都认为凯恩斯更为强调的是资本边际效率表本身的变动，而不是沿着资本边际效率表的运动；达雷尔也明显地误述了凯恩斯关于利润预期的观点。凯恩斯的工资单位与马克思的劳动价值之间的任何相似之处都纯粹是形式上的，而资本边际效率表是一个主观概念，它比马克思的利润率下降理论所涉及的时间维度要短得多。马克思主义者对凯恩斯的批评缺乏明确性，在很大方面是因为他们未能看到凯恩斯主义经济学属于短期分析，在短期条件下股本和技术被认为是固定不变的。1945 年以后，马克思主义者对凯恩斯的反对得到了加强，而且更系统化了，凯恩斯的短期分析特点得到了明确的承认。与此同时，早期凯恩斯主义者正在重新考虑他们自己的处境。

3. 凯恩斯主义者与马克思

《通论》出版以后，凯恩斯没有对马克思表示更多的兴趣。然而，他的确鼓励他的一个最积极的追随者琼·罗宾逊对凯恩斯主义和马克思主义之间的思想关系进行不懈研究。凯恩斯作为《经济学杂志》的编辑，发表了罗宾逊有关马克思的最初两篇文章（一篇是评论斯特雷奇的《资本主义危机的本质》的文章），并“宽厚地接受”了她的《论马克思主义经济学》。[24] 在写于 1935 年的第一篇文章中，罗宾逊得出了“马克思事实上是一位古典经济学家这一明显地自相矛盾的观点”，这是按照凯恩斯对这个词带有贬义意义上（即萨伊定律的支持者）使用的。罗宾逊之所以得出这个结论，是因为“（马克思的）理论的核心是：除非消费下降否则投资不能增加”。对萨伊定律的否定将——这里她使用了凯恩斯的说法——摧毁了“马克思经济分析的绝大部分基础”。罗宾逊进而舍弃了作为“一种形式主义”的劳动价值论，并舍弃了通过“完全的循环论证”推导出的马克思对利润率下降的说明（即使利润率作为日益增长的资本—劳动比率的结果，的确是下降的）。[25]

所有这些都得自于斯特雷奇的而不是马克思的著述。罗宾逊在《经济学杂志》的一篇文章中，得出同《资本论》相似的一种新的见解，尽管她对《剩余价值理论》并不熟悉（这是重要的），因为那时《剩余价值理论》还未被译出，并且可能——由于纳粹焚书——在德文原版中缺少这一内容。凯恩斯似乎也没有读过《剩余价值理论》，马克思在《剩余价值理论》中对萨伊定律作了比《资本论》中严厉得多的批判。[26]然而，罗宾逊对《资本论》第三卷有关利润率下降的分析也没有表示赞同，她在对纳塔莉·莫斯科斯卡的回忆文章中（参见以下第 7 章），把利润率下降规律歪曲成可以用剥削率上升规律来重新表达，认为“换个说法也是一样的”。[27]关于萨伊定律，她首先指责马克思假定资本家用他们积蓄的所有东西进行投资，从而忽视了有效需求问题。她认为，马克思所信奉的在萧条期间工资减少会提高剥削率，从而会提高利润率的观点是错误的，因为它忽视了实际工资减少对工人消费，从而对总需求的消极影响。[28]但是，罗宾逊接着援引米哈尔·卡莱茨基的话，以表明“马克思的方法为有效需求分析提供了基础，而学院派经济学家，由于他们对马克思的轻视，已经浪费了大量时间为自己重新找到这一方法”。这必然包含着对凯恩斯的含蓄的批评，也包含着对她自己早期著述的含蓄的批评。[29]

米哈尔·卡莱茨基小传

米哈尔·卡莱茨基 1899 年生于波兰的罗兹，是一个犹太纺织品制造商的儿子。他在华沙科技大学学习工程学，但没有毕业。他开始从事金融方面的记者工作，之后有 7 年时间（1929—1936 年）在华沙的经济周期与价格研究所工作。1936 年移居英国，先在剑桥大学从事研究，从 1940 年开始在牛津大学统计学院从事研究。1946 年，他曾短期受雇于蒙特利尔的国际劳动组织，接着又去纽约联合国经济事务部工作。在麦卡锡时代的政治压力下，卡莱茨基于 1955 年重返波兰，任政府顾问和华沙大学教授。然而他和波兰当局的关系并不融洽。1968 年，由于反对半官方的反犹太主义运动，卡莱茨基辞掉了职务，并于两年后去世。

在卡莱茨基的帮助下，罗宾逊已在马克思那里找到了消费不足的因素，并把马克思的危机理论解释成第Ⅰ部类和第Ⅱ部类之间的一种比例失调，也是消费和投资之间的比例失调。事实上，“工人不能消费，而资本家不愿消费。消费品产业因此为投资提供了一个狭窄的领域，而资本品产业则依次遭受了需求的限制。在这里萨伊定律终于被推翻了，而马克思似乎预见到了现代有效需求理论。”因此——她用马克思的一个关键的观点结束了她的这篇文章：“资本主义生产的障碍是资本本身。”[30]

琼·罗宾逊小传

琼·罗宾逊1903年生于英国，是英军一位将军的女儿，基督教社会主义者F.D.莫里斯的孙女。她受教于伦敦圣保罗女子学校和剑桥大学格顿学院，1925年毕业于剑桥大学经济学专业。在印度待了两年之后，于1928年重返剑桥，在那里任教直到1971年退休。她是“剑桥学派”的重要成员，在《货币论》和《通论》出版期间，她曾协助凯恩斯重新系统地表述他的思想。20世纪30年代末，在同米哈尔·卡莱茨基辩论后，罗宾逊开始研究马克思，事实证明她对马克思主义经济学所作的论证同她对凯恩斯主义的解释都相当有影响。作为一个永不疲倦的旅行者，她对经济发展问题怀有浓厚兴趣，并成为20世纪70年代毛泽东中国的热心支持者。琼·罗宾逊于1983年去世，此时她已经建立了自己作为早期后凯恩斯主义理论家的国际声誉，但最为重要的是，她已经建立了作为一个自封的异教徒和所有正统经济学理论的克星的国际声誉。

对这些问题，罗宾逊在《论马克思主义经济学》中作了更大篇幅的阐述。她再次舍弃了利润率下降理论，认为它代表了“一个虚假的线索”，而且对劳动价值论的敌意更明显了（罗宾逊从未给人留下劳动价值论与凯恩斯的“工资单位”有明显相似之处的印象）。[31]现在她把马克思说成是一个老牌的消费不足论者，在马克思看来，工人的贫困和资本家对积累的贪婪制约了对消费品的需求。结果就限制了对于投资品需求的增长率，并造成有效需求不足。但是，罗宾逊认为，马克思还没有认识到萨伊定律的基础作用，并试图建立一种即使萨伊定律成立也能适用的危机理论。这就把马克思本人和后来的理论家混淆起来（可以推测，也和凯恩斯、罗宾逊两人混淆起来）。[32]然而，罗宾逊坚持认为，经过适当修订后的马克思主义政治经济学，同凯恩斯《通论》的基本观点是完全一致的。马克思和凯恩斯甚至拥有某些共同的缺陷，其中包括他们都缺乏完整的收入分配理论和引致投资理论。[33]

罗宾逊历时近 40 年，不断地写有关这些方面问题的文章，尽管她对资产阶级经济学不断地进行批判，并更多地接受马克思的一些观点，但她仍相信自己在 1942 年得出的总的结论。其他那些激进的凯恩斯主义者们几乎无一例外都在她的引导之下，并常常被认为是形成了一种凯恩斯主义的马克思主义形式。亨利·史密斯确实可能是这样做的第一人。早在 1937 年，他就指出，马克思的商业周期理论与投资支出的波动是相联系的，而这恰恰是凯恩斯在《通论》中得出的结果。[34] S.S. 亚历山大发现凯恩斯与马克思的相似之处在于，他们都把收入分配作为消费倾向的决定因素，他们对货币储蓄和流动偏好的分析，以及（再一次）对利润率下降的长期趋势的研究。通常自称为凯恩斯主义者的亚历山大，在这里重复了马克思主义者对凯恩斯的某些批评。[35] 战后 L.R. 克莱因用参数值不同的经济计量模型来表述马克思主义和凯恩斯主义体系，并对它们进行经验检验（由此马克思的理论显现出相当的优势），从而扩充了樊弘的著述。[36] 一旦有效需求的长期分析由经济增长理论来解释，许多凯恩斯主义著述者又论证了哈罗德—多马模型和马克思增长模型的紧密相似之处。多马本人直率地承认，他受惠于 20 世纪 20 年代俄国经济学家，并通过他们而受惠于马克思。[37] 最后，在 20 世纪 80 年代，老牌的凯恩斯主义者达德利·迪拉德把马克思和凯恩斯的主要成就重新表述为将货币理论整合进一般经济分析。[38] 在以下第 15 章，我们将再次论及马克思主义和凯恩斯主义的理论关系。

4. 马克思主义者论凯恩斯：第二次和第三次思考

可以预料到，迪拉德的评价受到了来自马克思主义阵营而非其凯恩斯主义同伙的挑战，因为凯恩斯的新古典价值论、技术统治论和改良资本主义的国家主义形式，与马克思的政治经济学是根本不相容的。[39] 在最初的几十年里，这样的异议不断地出现。冷战初期，意识形态的对立处在最紧张状态，很多马克思主义者都认为，苏联明显地面临着日益迫近的来自资本主义世界的军事进攻的危险，这时反对意见常常相当富有进攻性。因此，尽管保罗·斯威齐在 1946 年的评价中承认，《通论》对有效需求分析的许多观点，马克思主义者也能得出，但他把凯恩斯（并非不公正地）说成终究是新古典理论培育的一个“囚犯”。斯威齐认为，凯恩斯从来没有把资本主义制度看作是一个整合了资本主义经济、政治、技术和文化的总体。因此，凯恩斯认为阶级斗争不过是“令人讨厌的混乱”[40]，而忽略了资本主义国家的阶级的作用，把国家只看作是一个在紧要关头突然出现以扭转局面的角色。他忽视了技术进步对增加失业的影响，他把这看成是经济机制中可以矫正的缺陷，而不是保证资本家控制劳动力市场的手段。最后，凯恩斯甚至比他的一些新古典理论派的同行们更少关注垄断的力量，丝毫没有论及垄断在宏观经济中的意义（这一缺陷后来由“后凯恩斯主义”理论家如卡莱斯基，以及巴兰与斯威齐这样的马克思主义者们努力加以校正：参见以下第 6 章）。斯威齐断定，在这方面，希法亭的《金融资本》还没有资产阶级的对手。[41]

1950 年，莫里斯・多布终于和凯恩斯清算了理论总账。多布强调了《通论》与新古典正统理论的决裂及其对传统的经济均衡假设的否定。但多布认为，凯恩斯一直想改革资本主义，因此不能把他看做是“民主社会主义”理论家；他提出的“投资社会化”（从未作过明确的定义，但可能包含金融部门的国有化），可以理解为对生产社会化的替代。多布坚持认为，凯恩斯的经济方法过于宏观，因而导致他忽视了不同部门之间的必要的均衡，并进而忽视了计划的必要性。凯恩斯同情生产资本家，反对借贷资本家，他也不同情工人阶级，他把资本主义国家的特点描述成一个中立的仲裁者，从而使他看不到政府经济政策的政治局限。多布断言，军费开支大概是资本家乐意接受的政府介入反萧条的唯一形式，而且在资本主义制度下充分就业是个乌托邦式的理想。（我们对“持久的军事经济”将在以下第 8 章讨论）。多布在其晚期著作中，对《通论》的敌意减少了，但他对凯恩斯的本质上还属于新古典主义的价值理论和分配理论仍进行严厉的批判。他认为，凯恩斯建立在投资边际效率思想上的利润分析，是整个《通论》的“最庸俗的观点”。[42]

正如斯威齐指责凯恩斯忽视了垄断的宏观经济含义一样，多布在这里也说出了很多真理。但是，尽管他们作了这些批判，斯威齐和多布还是没有否定《通论》在关键的分析上的信条，即有效需求不足是经济危机的原因，而且财政政策能够（至少在原则上）使情况恢复正常。他们对凯恩斯的反对主要集中在政治上的而不是狭义的经济上的局限，并似乎大多归因于米哈尔・卡莱斯基的一篇有影响的文章《政治商业周期》。[43] 斯威齐公开承认自己是消费不足论者（参见以下第 6 章），多布很少承认这一点，但他极为同情消费不足论者的观点。[44] 他们都没有太多的时间考虑，作为《通论》的余波，大多数马克思主义者对危机的解释，即《资本论》第三卷对利润率下降的分析，不久将发生什么变化。不管利润率下降理论的优点和缺点是什么（对此将在以下第 7 章分析），但它的确从萧条的原因、从为防止与缓和危机进行政府干预两个方面，为主流凯恩斯主义提供了一种可供选择的明确的分析方法。按照这一理论，技术进步将比提高剥削率更快地提高资本有机构成，从而强制降低利润率并抑制投资。私人资本家——甚至整个资本主义国家——经历了一次需求下降的衰退。但是，把需求不足看作根本因素，就误把症状当成了起因。资本主义经济的核心是生产，而不是交换。既然政府支出只是构成利润源泉的剩余价值的“排水渠”，因此，它不能提供长期的解决危机的办法。资本主义具有内在的和不可避免的危机趋势。

对凯恩斯主义的这种直截了当的反对，根源于亨利克·格罗斯曼的（凯恩斯主义之前的）著作，并由他的弟子保罗·马蒂克孜孜不倦地宣传了近半个世纪。[45] 今天，它已被马克思主义经济学家们普遍接受。[46] 这能用马克思的资本循环公式得到最好的解释，这一公式在凯恩斯 1933 年的手稿中曾被不确切地引用过（参见以上第 1 节），它忽视了劳动价值转化为生产价格（参见以下第 12—14 章）以及固定资本（参见以下第 13 章）问题。在简单商品生产或前资本主义商品生产中，循环采取 W–G–W 的形式：私人生产者把一种商品（W）交换成货币（G）是为了购买另一种与之等价的不同的商品（是 W，而不是凯恩斯所说的 W′）。在资本主义生产条件下，循环公式是 W–G–G′–W′（不是凯恩斯所说的 W–G–W′）。这样，资本家首先用一笔货币（G）去交换与之等价的生产手段和劳动力（W）。这些商品接着被投入生产中使用，在使用的过程中剩余劳动完成，剩余价值创造出来。在生产过程结束时，资本家是新商品的所有者，新商品的价值（W′）大于他最初投入的价值，W′ 与 W 的差额表现为剩余价值。一切都很顺利，资本家以劳动价值卖出新商品，并得到等价的货币（G′），这里 G′ 超过 G 的余额既代表生产出来的剩余价值，也代表资本家得到的利润。利润率被表示为（G′–G）/G，相当于（W′–W）/W。

那时，反对凯恩斯主义的马克思主义者认为，危机产生的原因是未能生产出足够的剩余价值，以至于（W′–W）的增长慢于 W 的增长，从而引起利润率下降。危机并不是实现阶段（W′–G′）的困难所致。既然政府本身不是资本家，它不生产任何剩余价值，而且政府活动又构成对私人盈利部门生产劳动所创造剩余价值的挥霍。政府干预减少了私人资本得到的剩余价值的数量，而且只会使事情变得更糟。这同凯恩斯经济学含义正相反。[47] 乍一看，这是李嘉图谬误的一个突出例子，凯恩斯曾用马克思本人的观点对此加以指责：如果假设 W′ = G′（而且 W = G），表面看来是坚定地以萨伊定律为基础，并且否定了有效需求不足的可能性。事实并非如此。凯恩斯主义反对者的主张并没有排除 G′<W′ 的可能性。它确实很可能是利润率下降造成投资缩减的结果，而这又会减少有效需求，并导致产品价格下降；紧接着它会成为使危机普遍化和深化的一个重要因素。但是，需要反复强调的是，对于反凯恩斯主义者而言，它仅仅是一个结果。危机的更深层原因在其他方面，在于剩余价值的生产，而不在于实现剩余价值的困难。

重要的是，要搞清楚凯恩斯主义的反对者已经得出了什么结论和没有得出什么结论。完全撇开马克思对利润率下降分析（参见以下第 7 章）的正确性不论，他们已经证明，即使不存在剩余价值实现的困难，危机也可能根源于剩余价值生产。他们没有得出的结论是，所有的危机都必定以这种方式产生。在（W′–W）/W 比率固定不变甚至提高的条件下，实现了的利润率（G′–G）/G 也会下降，并且如果 W′<G′ 是由于有效需求不足造成的，那么经济危机就可能接踵而来。反之，危机也可能产生于过度的有效需求。在这类情况下，生产资料和劳动力的短期市场价格就上升到它们长期生产价格（我们已假设它们与劳动价值相等）之上。因此，资本家无法买到与 W 等价的投入，结果是 G<W。

受卡莱茨基[48]影响的马克思主义者，也探讨了有效需求不足的问题，虽然在方法上略有不同，但并非完全不一致。他们认为剩余价值的生产是不存在问题的，因此一开始就提出在均衡条件下总收入必须等于总计划支出的命题。排除政府和对外贸易因素，我们可以将其表述如下：

$$\text{工资} + \text{利润} = \text{工人的消费} + \text{资本家的消费} + \text{投资} \tag{5.1}$$

这个公式十分接近一个真理，即认为工人消费掉他们的全部工资收入，因为他们在工作期间的所有储蓄（比如通过养老基金形式），会被他们退休后的不储蓄所抵消。因此，公式（5.1）可以简化为：

$$\text{利润} = \text{资本家的消费} + \text{投资} \tag{5.2}$$

这与凯恩斯大名鼎鼎的“寡妇取之不竭的坛子”的总利润模型是相同的[49]，在这里，资本家的收入决定于他们的支出，特别是（因为资本家的消费压力很小）决定于他们的投资支出。按照马克思的循环公式，这意味着（G′–G）的大小由资本家的投资决定；在不考虑剩余价值生产（由 G′–G 决定）时，它将对利润总量构成一个最大的限制值。然而，需要注意的是，卡莱茨基主义者通常不能做到这一点，因为他们只是从生产过程中得出总结。相反的情况也是对的：即如果不能生产出足够多的剩余价值，资本家的投资计划也将受挫。

在卡莱茨基看来，只要制定一些有关税赋的假设，政府支出也能被加以考虑。假设工人不承受任何负担，公式（5.2）可被重写为：

净利润 + 税收 = 资本家的消费 + 投资 + 政府支出　　（5.3）

或者

净利润 = 资本家的消费 + 投资 +（政府支出 - 税收）　　（5.3a）

这样，在有效需求不足的情况下，预算赤字将提高净利润，并刺激剩余价值生产。然而，这是以私人支出没有任何“挤出”为先决条件的；也就是说，它认为资本家对政府日益扩大的作用不通过减少投资来作出反应，就像反凯恩斯主义的马克思主义者所认为的那样。所以一切都取决于投资这一决定因素，对此（像我们已经看到的）马克思和凯恩斯都没有提供令人满意的解释。以这个很重要的条件为前提，卡莱茨基主义的重新表述，的确为马克思主义和凯恩斯主义理论[50]的整合提供了基础。在凯恩斯主义理论中，剩余价值的实现取决于有效需求的水平，而抛开了剩余价值生产中存在的问题。如果马克思主义经济学家在当时得知这样的重新表述，他们对大萧条的反应就将可信得多（参见以上第 1 章）。

5. 结论

事后看来，《通论》更像是马克思政治经济学而非资产阶级经济学的分水岭。对传统经济学的“凯恩斯革命”，在很大程度上是流产了，凯恩斯结论中的任何激进主义，都首先被同新古典理论的综合所窒息，并接着被新古典主义的反革命所击溃。凯恩斯本人对传统微观经济学的不懈坚持和其短期分析的局限，为上述两个过程助了一臂之力。[51]

然而，只有当凯恩斯的理论被修订为长期分析，并在斯拉法的古典政治经济学复兴的情况下，凯恩斯的观点对马克思主义所具有的真正的重要性，才变得明显起来。[52] 20 世纪 50 年代和 60 年代的这些理论发展，将在以下第 13 章和 15 章讨论。然而在马克思主义者中，不久就发生了很大的分歧，很多人认为卡莱茨基—斯拉法版本的马克思主义，不过是“凯恩斯主义左派”。与凯恩斯观点不同，他们强调马克思经济思想方法论的独特性，与交换明显不同的生产的中心作用，利润率下降所具有的压倒一切的重要性，并且明确地站在反凯恩斯的立场上。这两派的鸿沟在加宽，包括在价值理论上，“凯恩斯左派”和卡莱茨基主义者在面对由劳动价值论产生的许多问题时，比他们的对手更乐于放弃这一理论。这些理论斗争在以下的一些章节中还会碰到，特别是在第 14 章和第 15 章中。

注释：

1.M.Bleaney：《凯恩斯经济学的兴衰》（*The Rise and Fall of Keynesian Economics*, London：Macmillan，1986），第 1—2 章；琼·罗宾逊：《经济哲学》（*Economic Philosophy*, Harmondsworth：Penguin，1964）；罗宾逊：《经济异端》（*Economic Heresies*, London：Macmillan，1971）；也可参见以下第 15 章。

2. 库尔特·曼德尔鲍姆和弗里德里克·波洛克在以共同的笔名“Erich Baumann”发表的著述中，把凯恩斯对“古典经济学”的攻击看作是 J.S. 穆勒在 1869 年改变工资基金理论在 20 世纪的翻版。E.Baumann：《凯恩斯对自由主义国民阶级性的修正》（‘Keynes's Revision der Liberalistischen Nationalökonomie’, *Zeitschrift für Sozialforschung*，5，1936），第 384 页。

3.J.M. 凯恩斯：《就业、货币和利息通论》（*The General Theory of Employment*, *Money and Interest*, London：Macmillan，1936），第 3 页注释。

4. 同上书，第 32 页，第 355 页。关于道格拉斯的观点，参见 H. I. Dutton 和 J. E. 金:《“一个私人的，也许，但不是一个主要的……”：英国对道格拉斯社会信用观点的接受，1919—1939 年》（‘“A Private，Perhaps，but not a Major ...”：the Reception of C.H. Douglas's Social Credit Ideas in Britain，1919-1939’, *History of political Economy*，16，1986），第 259—279 页，关于格塞尔的观点，参见 H. T. N. Gaitskell：《四种货币邪说》（‘Four Monetary Heretics’, 载于 G.D.H. Cole 编：《人们所想知道的货币》（*What Everyone Wants to Know About Money*, London：Gollancz，1933），第 385—401 页。

5.M. H. 多布：《传记随笔》（‘Random Biographical Notes’, *Cambridge Journal of*

Economics，2，1978），第 117 页。

6.J. M. 凯恩斯:《自由放任主义的终结》（‘The End of Laissez-Faire’,1926），见凯恩斯:《论文选集》第四卷（*Collected Works*，London：Macmillan for the Royal Economic Society，IX，1972）（以下简称 *CW*），第 285 页；参见他对托洛茨基《英国走向何方？》[*Where Is Britain Going*？，1926 in *CW*，X（1972），第 63—67 页] 的评论。

7. *CW*，XIII（1973）的编者注，第 420 页；*CW*，X（1972）中凯恩斯论马尔萨斯的文章，第 91 页；以及同上书第 71 页的编者注，对此追溯到了 1933 年。

8. 凯恩斯:《就业、货币和利息通论》1933 年的草稿，见 *CW*，XXIX（1979）第 81 和第 81 页注释。关于霍布森的观点，参见 J.E. 金:《经济学的放逐》（*Economic Exiles*，London：Macmillan，1988），第 6 章；关于福斯特和卡钦斯，参见 J. Dorfman:《美国文明中的经济观念》第 4 卷（*The Economic Mind in American Civilisation*，volume 4，New York：Viking Press，1959），第 338—351 页。

9. 关于这一问题，参阅 Dutton 和金:《“一个私人的，也许，但不是一个主要的……”：英国对道格拉斯社会信用观点的接受，1919—1939 年》（*History of political Economy*，16，1986），第 272—274 页。

10. 凯恩斯:《凯恩斯先生答萧伯纳》（‘Mr. Keynes Replies to Shaw’，1934），见 *CW*，XXVIII（1982），第 30—35 页；《富饶中的贫困：经济制度在自我调节吗？》（‘Poverty in Plenty：Is the Econoic System Self-Adjusting'，1934），见 *CW*，XⅢ（1973），第 488 页。

11. 凯恩斯 1934 年 12 月 2 日和 1935 年 1 月 1 日给萧伯纳的信，见 *CW*，XXIII（1982），第 38 页，第 42 页；参见 D.K. 弗利:《马克思与凯恩斯理论中的萨伊定律》（‘Say’s Law in Marx and Keynes’，*Cahiers d`économie Politique*，10-11，1986），第 183—194 页。

12.L. 科里:《美国资本主义的衰落》（*The Decline of American Capitalism*，London：John Lane The Bodley Head，1935），第 188—190 页，第 214—216 页；参见本卷第 1 章第 2 节。

13.E. 莱德勒:《对凯恩斯的评论》（‘Commentary on Keynes’，*Social Research*，3，1936），第 478—487 页。关于莱德勒的观点，参见 R.A. Dickler:《埃米尔 · 莱德勒（1882—1939）》（‘Lederer，Emil（1882-1939）’），见 J. 伊特韦尔、M. 米尔盖特和 P. Newman 编:《新帕尔格雷夫经济学词典》第三卷（*The New Palgrave*：*A Dictionary of Economics*，*volume* 3，London：Macmillan，1987），第 157—158 页。

14. 同上书，第 487 页。当时的社会主义者 A. L. Rowse 在他的《凯恩斯先生和工人运动》（*Mr Keynes and the Labour Movement*，London：Macmillan，1936）一书第 12—13 页，第 17 页，第 56—61 页中，提出过很相似的观点。

15.Baumann：《凯恩斯对自由主义国民阶级性的修正》，第384—403页。

16. 同上书，第403页。

17.J. 达雷尔：《凯恩斯先生的经济后果》（'The Economic Consequences of Mr. Keynes', *Science and Society*，1，1937），第194—211页。

18.E. 罗尔：《自由经济学的衰落》（'The Decline of Liberal Economics', *Modern Quarterly*，1，1938），第78—90页。

19.J. 斯特雷奇：《凯恩斯先生与下降的利润率》（'Mr. J. M. Keynes and the Falling Rate of Profit', *Modern Quarterly*，1，1938），第337—347页。也可参阅N. 汤普森：《约翰斯特雷奇：一位英国马克思主义者的形成与消失》（'John Strachey：the Making and Unmaking of an English Marxist', 1925–40），载于D.E. Moggridge编：《对经济思想史的看法》第三卷（*Perspectives on the History of Economic Thought*，*Volume* 3，Aldershot：Edward Elgar，1990），第103—116页。

20. 同上书，第340页。

21.J. D. 威尔逊：《对马克思和商业周期的评论》（'A Note on Marx and the Trade Cycle', *Review of Economic Studies*，5，1938），第107—113页；樊弘：《凯恩斯和马克思关于资本、积累、货币和利息的理论》（'Keynes and Marx on the Theory of Capital，Accumulation，Money and Interest', *Review of Economic Studies*，7，1939），第28—41页，在D. Horowitz编的《马克思和现代经济学》（Marx and Modern Economics，London：McGibbon & Kee，1968）第117—137页中重印；E. E. 沃德：《马克思和凯恩斯的"通论"》（'Marx and Keynes's General Theory', *Economic Record*，15，1939），第152—167页；兰格：《马克思主义经济学和现代经济理论》（'Marxian Economics and Modern Economic Theory', *Review of Economic Studies*，2，1935），第189—201页。

22. 多布：《传记随笔》，第119页；A. 罗宾逊：《凯恩斯和他的剑桥同事》，见D.Patinkin和J.C. Leith（eds.）：《凯恩斯、剑桥和"通论"》（*Keynes*，*Cambridge and the 'General Theory'*，London：Macmillan，1937），第27页。

23. 多布：《评凯恩斯的〈货币论〉》（Review of Keynes's *Treatise*，*Cambridge Review*，28 November 1930），该文在E. Homberger, W. Janeway和S. Schama编的《剑桥思想："剑桥评论"九十年》（*The Cambridge Mind*：*Ninety Years of the 'Cambridge Review'*，London：Cape，1970）第44—46页中重印；《俄国自革命以来的经济发展》（*Russian Economic Development Since the Revolution*，London：Routledge，1928），第xii页；多布：《"就业与失业"：评琼·罗宾逊的〈就业理论导论〉》（'Employment And Unemployment', a Review of Joan Robinson's *Introduction*

To The Theory Of Employment，*Cambridge Review*，*28 January* 1938），第 213—214 页；多布：《一位来自波兰的经济学家》（评卡莱茨基《经济波动理论文集》）（‘An Economist From Poland’，*Daily Worker*，22 March 1939）；多布：《政治经济学和资本主义》（*Political Economy and Capitalism*，London：Routledge，1937；第 2 版，Routledge & Kegan Paul，1940）。我们感激 N. 汤普森，并特别感激 Brian Pollitt，是他们提供了有关多布对《通论》一书的态度的情况。

24.J. 罗宾逊：《就业理论文集》（*Essays in the Theory of Employment*，London：Macmillan，1937），第 v 页，第 246—255 页；罗宾逊：《马克思论失业》（‘Marx on Unemployment’，*Economic Journal*，51，1941），第 234—248 页；罗宾逊：《论马克思经济学》（*An Essay on Marxian Economics*，London：Macmillan，1966 年第 2 版；1942 年第一次出版），第 vi 页。

25. 罗宾逊：《论马克思经济学》，第 246—255 页。

26.M. C. 霍华德和 J. E. 金：《马克思的政治经济学》（*The Political Economy of Marx*，Harlow：Longman，1985，第 2 版），第 209—214 页。

27. 罗宾逊：《论马克思经济学》，第Ⅲ章和第 V 章。

28. 罗宾逊：《马克思论失业》，第 236 页，第 246 页。

29. 同上书，第 240 页；参见卡莱茨基：《经济波动理论文集》（*Essays in the Theory of Economic Fluctuations*，London：Allen & Unwin，1939），第 45 页。

30. 罗宾逊：《马克思论失业》，第 248 页。

31. 罗宾逊：《论马克思经济学》，第Ⅲ章和第 V 章。

32. 同上书，第 49—51 页。

33. 同上书，第 34 页，第 62 页，第 80—81 页。

34.H. 史密斯：《马克思和商业周期》（‘Marx and the Trade Cycle’，*Review of Economic Studies*，4，1937），第 192—204 页。

35.S. S. 亚历山大：《凯恩斯先生和马克思先生》（‘Mr. Keynes and Mr. Marx’，*Review of Economic Studies*，7，1940），第 123—135 页。

36.L.R. 克莱因：《有效需求和就业理论》（‘Theories of Effective Demand and Employment’，*Journal of Political Economy*，55，1947），第 108—132 页，重印于霍罗威茨编：《马克思和现代经济学》（Marx），第 138—175 页。

37. 都留重人：《凯恩斯反对马克思：集合的方法论》（‘Keynes Versus Marx：The Methodology of Aggregates’），载于 K. Kurihara（ed.）：《后凯恩斯主义经济学》（*Post Keynesian Economics*，New Brunswick，NJ：Rutgers University Press，1954），第 320—344 页，重印

于霍罗威茨编：《马克思和现代经济学》，第 176—202 页；A.E. Ott：《马克思与现代增长理论》（‘Marx and Modern Growth Theory’，*German Economic Review*，10，1967），第 189—195 页；W.Krelle：《作为增长理论家的马克思》（‘Marx as a Growth Theorist’，*German Economic Review*，9，1971），第 122—133 页；T. P. Lianos：《多马的增长模型与马克思的再生产公式》（‘Domar’s Growth Model and Marxs’ Reproduction Scheme’，*Journal of Macroeconomics*，1，1979），第 405—412 页；参见 E.S. 多马：《经济增长理论文集》（*Essays in the Theory of Economic Growth*，New York ：Oxford University Press，1957），第 IX 章，以及本书第一卷第 15 章。

38.D. 迪拉德：《凯恩斯和马克思：百年评价》（‘Keynes and Marx：a Centenary Appraisal’，*Journal of Post- Keynesian Economics*，6，1984，第 421—432 页）；参见 P. Kenway：《马克思、凯恩斯和危机的可能性》（‘Marx，Keynes and the Possibility of Crisis’，Cambridge Journal of Economics，4，1980，第 23—36 页）；C. Sardoni：《马克思与凯恩斯关于经济衰退：失业理论与有效需求》（*Marx and Keynes on Economic Recessions*：*The Theory of Unemployment and Effective Demand*，Brighton：Wheatsheaf，1987）。

39.P. Burkett：《对迪拉德论凯恩斯和马克思的评论》（‘Dillard on Keynes and Marx：Comment’，*Journal of Post-Keynesian Economics*，8，1986，第 623—631 页）；参见 D. 迪拉德：《迪拉德对凯恩斯和马克思的回答》（‘Dillard on Keynes and Marx Rejoinder’，*Journal of Post-Keynesian Economics*，8，1986，第 632—636 页）。

40. 凯恩斯：《劝说集》（*Essays in Persuasion*，见 *CW*，IX，1972），第 vii 页；他对托洛茨基的评论见以上注释 6 。

41.P. M. 斯威齐：《J. M. 凯恩斯》（‘John Maynard Keynes’，*Science and Society*，10，1946），第 398—405 页，重印在斯威齐：《作为历史的现实》（*The Present as History*，New York：Monthly Review Press，1953），第 253—262 页。关于希法亭，参阅本书第一卷第 5 章。

42.M.H. 多布：《充分就业与资本主义》（‘Full Employment and Capitalism’，1950），载于多布：《经济理论与社会主义》（*On Economic Theory and Socialism*，London：Routledge & Kegan Paul，1955），第 215—225 页。多布：《自亚当 · 斯密以来的价值理论与分配理论》（*Theories of Value and Distribution Since Adam Simth*，Cambridge：Cambridge University Press，1973），第 225 页；参阅 J. M. 吉尔曼：《对 J. M. 凯恩斯的评价》（‘An Evaluation of John Maynard Keynes’，*Science and Society*，19，1955，第 107—133 页），以及 M. A. Lebowitz：《当前的经济理论危机》（‘The Current Crisis of Economic Theory’，*Science and Society*，37，1973-74，第 385—403 页）。

43.M. 卡莱茨基：《充分就业的政治影响》（‘Political Aspects of Full Employment’，

Political Quarterly，14，1943，第 322—331 页），重印于 E.K. 亨特和 J.G. Schwartz 编：《经济理论批评》（*A Critique of Economic Theory*，Harmondsworth Penguin，1972），第 420—430 页。

44. 参阅多布：《充分就业与资本主义》，第 224 页和本卷第 1 章第 2 节。

45.P. 马蒂克：《马克思与凯恩斯：混合经济的局限性》（*Marx and Keynes：the Limits of the Mixed Economy*，London：Merlin，1971），以及本书第一卷第 16 章。

46.B. 法因和 L. 哈里斯：《重读“资本论”》（*Re-Reading 'Capital'*，London：Macmillan，1979），以及 G. 皮林：《凯恩斯主义经济学的危机》（*The Crisis of Keynesian Economics*，Beckenham：Croom Helm 1986）。

47. 与 Bacon 和 Eltis 这些相提并论的保守作者，皮林在《凯恩斯主义经济学的危机》第 131 页加以确认。参见 R.Bacon 和 W.Eltis：《英国的经济问题：生产者过少》（*Britain's Economic Problem：Too Few Producers*，London，Macmillan，1976）。

48.M. 卡莱茨基：《马克思的再生产等式与现代经济学》（'The Marxian Equations of Reproduction and Modern Economics'，*Social Science Information*，7，1968，第 73—79 页），重印于 J.B. 福斯特和 H.Szlajfer 编：《不稳定经济》（*The Faltering Economy*，New York：Monthly Review Press，1984），第 159—166 页；参见 J.Steindl:《美国资本主义的繁荣与萧条》（*Maturity and Stagnation in American Capitalism*，New York：Monthly Review Press，1976；首版于 1953 年），第 236—239 页；P. Erdos：《对凯恩斯和凯恩斯主义批评的贡献》（'A Contribution to the Criticism of Keynes and Keynesianism'，载于 J.G.Schwartz 编：《对资本主义的敏锐剖析》（*The Subtle Anatomy of Capitalism*，Santa Monica，Cal.：Goodyear，1977），第 232—254 页；以及 M. Sebastiani 编：《卡莱茨基对现今重大问题的关注》（*Kalecki's Relevance Today*，London：Macmillan，1989），第 164—190 页，第 206—219 页。

49.J. M. 凯恩斯：《货币论》第一卷，载于 *CW*，V，第 125 页；这个比喻见《旧约圣经》“列王纪上”第 17 章第 12—16 节（I Kings17，vv. 12-16）。

50. 对卡莱茨基和马克思关系的更广泛的讨论，参见 M. 索耶：《米哈尔卡莱茨基经济学》（*The Economics of Michal Kalecki*，London：Macmillan，1985），第 8 章。

51. 罗宾逊：《凯恩斯革命的后果如何？》（'What Has Become of the Keynesian Revolution'，载罗宾逊：《经济学论文集》第四卷（Collected Economic Papers，volume V，Oxford：Blackwell，1979），第 168—177 页；R.E. 卢卡斯：《商业周期理论研究》（*Studies in Business Cycle Theory*，Cambridge，Mass.：MIT Press. 1981）；参见多布：《自亚当・斯密以来的价值理论与分配理论》，第 214—215 页。

52.Sardoni：《马克思与凯恩斯关于经济衰退：失业理论与有效需求》。

第 6 章　垄断资本

1. 引言

正如我们在第 1 章所看到的，马克思主义经济学家主要使用四种类型的危机理论来解释大萧条：比例失调、过度积累、利润率下降和消费不足。其中，比例失调论很快就失去了它的所有影响，而过度积累论几十年来不再得到支持。1945 年以后，人们乞灵于其他两种理论，用以解释“长期繁荣”的原因，并用它证明“长期繁荣”不可能无限地持续下去。战后，一派理论家认为，因为各种反作用趋势的力量，利润率下降的趋势已经暂停了，但是它将逐渐恢复，并结束持续的繁荣。这在第二次世界大战以前是极少数人的观点，但到了 20 世纪 60 年代可能已被大多数马克思主义经济学家所接受，至少在欧洲是如此。参与讨论的另一派观点以消费不足理论为基础，在北美影响较大，他们通过对“垄断资本”的分析，认为战后浪费性（如军事的）开支已经刺激了总需求。对于保罗·巴兰、保罗·斯威齐和他们的追随者们来说，资本主义不仅趋于停滞和危机，而且对它的生产力作出进一步的不合理的使用。

本卷的这一篇结构如下。本章考察垄断资本的理论，评价它在形式上的合理性及其说服力。接着的第 7 章，要考察自 1883 年以来对利润率下降理论的批判史。这两章，我们重点研究到“长期繁荣”结束时期——严格说是到 1973 年——的理论发展过程，把其后争论的细节问题放到本卷最后一篇的第 16 章。在第 8 章，我们将通过对有关军费开支和战后西方资本主义经济成就之间关系的讨论，对本篇作出结论。

2.《垄断资本》的起源

大萧条之前，马克思主义经济学在美国几乎没有什么影响。阶级意识在美国比在欧洲要淡得多，工人运动表现为更多的机会主义成分，而大学对于激进思想可能更为保守和更不能容忍。对布尔什维克革命的反应在北美也更严酷，增强了本来就很有力的文化与政治的一致。制度主义者索尔斯坦·凡勃伦是资本主义的犀利批评者，他的所作所为在某种意义上确实像传播社会主义观念的渠道。但是，除了路易斯·布丁的《卡尔·马克思的理论体系》（出版于 1907 年的一本著名的但主要是注释性的书），20 世纪 30 年代中期刘易斯·科里关于危机理论的论著问世之前，美国没有出现任何有特别重要意义的马克思主义的教科书。[1]

科里主要依靠自学，他是行动主义者而非学者 。他的论著被他的折中主义所毁损，而且不久就完全抛弃了马克思主义。[2] 事实证明，保罗·斯威齐倒是位重要得多的人物。在哈佛大学和伦敦经济学院学习时，年轻的斯威齐就发表了关于英国煤炭工业经济史的论文，并在主流学术杂志上撰写大量文章。最初他是作为正统的“古典”经济学家（按照凯恩斯的理解），接受萨伊定律的合理性，支持通过降低工资来减少失业，并在论证这一观点时表现出了不可忽视的数学才能。[3] 然而到 1938—1939 年，斯威齐已经改变了自己的立场，显然变得更加激进了，认为就业决定于产品需求，商品供应垄断意味着在一定变化的范围内具有零工资弹性的一条连续的劳动需求曲线；因此降低工资不能刺激就业的回升。这个结论是他的著名的折弯需求曲线分析的必然结论。[4]

严格说来，斯威齐什么时候成为一位马克思主义者是不太清楚的。洛里·塔希斯是斯威齐的同时代人，他在回忆中首先把斯威齐看作是“一位热心而好斗的哈耶克的辩护者”，而后在 1937 年，又把斯威齐看作是一位坚定的凯恩斯主义者。第二年，斯威齐作为一本相当有影响的小册子《美国民主制度的经济纲领》的合作者出现，这本小册子“以新政的美国人的服饰表现了凯恩斯的《通论》的样式”。[5] 斯威齐本人的回忆与此不同，他在 1981 年写道：“当我完成伦敦学院的学业（于 1933 年）重返美国时，是一个坚信但却非常无知的马克思主义者。”[6] 可是，斯威齐在 20 世纪 30 年代发表的作品，并没有使他与非常胜任的、有独到见解的凯恩斯主义者区分开来。他的消费不足论部分地也要归功于英国激进主义著述者 J.A. 霍布森，斯威齐在 1938 年发表的一篇书评中赞扬了霍布森的著作。[7] 另外，斯威齐对垄断势力的批评态度，同他的很多自由主义和社会主义同时代的人，如斯图尔特·蔡斯和加德纳·米恩斯所持的立场是一致的。[8]

无论怎样，那时哈佛大学是学习马克思主义经济学的好地方。研究生中有日本的马克思主义者都留重人和斯威齐的另一位未来合作者保罗·巴兰（在 1939 年以后）。社会主义讨论小组像细胞分裂一样迅速增加。其中教授有约瑟夫·熊彼特和瓦西里·里昂惕夫，他俩是研究马克思的专家，而次一级的专家爱德华·S. 梅森，则聘用斯威齐作为他的社会主义经济学这门课程的助教。斯威齐为这门课写的讲义，奠定了他的第一本重要理论著作《资本主义发展理论》[9]的基础，该书出版于 1942 年，甚至到今天它仍然是对马克思本人经济思想作了最好介绍的著作之一，而且也是对直到 20 世纪 30 年代用英文写作的马克思主义危机理论的最全面的概括。正如我们在第 1 章中看到的，斯威齐把周期波动的过度积累分析，同对长期停滞趋势的消费不足理论分析结合起来，在这里我们关心的是后者，因为它与斯威齐的垄断资本学说有着十分紧密的联系。

保罗·斯威齐小传

斯威齐 1910 年生于纽约市，是一位华尔街银行家的儿子。他先后求学于哈佛大学和伦敦经济学院，并于 1933 年以教员和研究生的身份返回哈佛。1942 年，他在成为战略情报局研究人员时，已经完成了一篇关于英国煤炭贸易经济史的哲学博士论文，发表了一篇关于在商品供应垄断条件下价格决定的文章，并写出了有影响的《资本主义发展理论》一书。在第二次世界大战接近尾声时，他预感到继续留任已不可能，就主动从哈佛离职，而后在新罕布尔冒犯了麦卡锡主义。虽然他后来依然保持康奈尔、斯坦福、耶鲁和其他研究机构的访问学者身份，但事实证明，斯威齐永远地离开了他的学院生活。1949 年与利奥·休伯曼一起创建了《每月评论》杂志，并一直任该杂志的编辑。然而使斯威齐名声大振的，是他与保罗·巴兰的长期合作，而且最为重要的是因为他们的畅销书《垄断资本》。

在对停滞问题的分析中，斯威齐大量引证了奥托·鲍威尔关于消费不足的正式模型，该模型与由英国凯恩斯主义者罗伊·哈罗德 3 年后即 1939 年单独表述的增长模型有着密切关系。鲍威尔—斯威齐模型是有缺陷的，但是其理论实质表述起来很简单：消费作为总产品的一个比例趋于下降，因为资本家在利润不断增加的情况下没有足够多地花费，以保证储蓄率不变，同时工人（花掉一切所得的人）得到的收入不断减少，因此，如果把所有储蓄都用作投资，股本就会比消费品的产量增长得更快。“适当”的股本——也就是使利润达到最大化的股本——与消费水平紧密相关，因此，如果积累有超过消费支出的危险，那么，投资将被削减，而可以获得利润的增长将宣告结束。简而言之，这就是鲍威尔—斯威齐的消费不足模型（对此的批评，见以下第 4 节）。[10]

斯威齐推断，在一些相互抵消的因素的作用下，长期萧条是资本主义发展趋向的正常情况。投资会由于新产业的创立而得以增加，如 19 世纪中叶铁路的兴建，略微次要的原因是那些不增加盈利性生产能力而只促进需求的错误投资，也会引起投资的增长。人口增长和非生产性支出的扩大，能够刺激私人消费。最后，政府支出会增加。斯威齐提出，迄今为止最重要的反作用趋势，是新兴产业部门的发展和人口的增长。他坚持认为，这两个因素在近几十年里已相当弱化了，而使政府的非生产性消费和需求创造，成为需求不足的重要障碍。在这里，斯威齐显露出凯恩斯主义观点和他哈佛同行阿尔文·汉森著作的影响。汉森是后期的但却是热心的改变原来的信仰而追随凯恩斯的人，他的著名的“停滞论”强调人口增长下降和技术创新率下降。[11] 在《资本主义发展理论》中，虽然没有特别提到这两个人，但斯威齐在悼念凯恩斯时对他的赞扬已经说明了这一点（参见以下第 5 章第 6 节），迟至 1954 年，斯威齐仍在赞扬汉森强调的停滞的外因问题。[12] 对于斯威齐来说，非生产性消费和政府支出是造成需求不足的主要障碍。在《资本主义发展理论》中，有关经济学的内容相对而言极少，更多的却是关于国家的政治理论。[13] 然而，斯威齐关于非生产性消费的观点显而易见是来自于他对垄断资本的论述。希法亭和列宁的观点曾被斯威齐肯定地加以引用，斯威齐与他们一样，确信垄断增强代表了资本主义发展的一个新阶段，对这一阶段——这里按他自己想法提出——的资本主义发展的运动规律必须进行再思考。他同意马克思的观点：垄断者的超额利润主要是靠牺牲其他资本家的利益而获得的，而且这又造成了不同经济部门利润率的长期不同。马克思对产品竞争价格的分析所依据的假设是：所有产业部门的利润率都是相同的。在垄断资本主义条件下，这一假设是难以成立的。可见，垄断价格没有任何一般规律：只能说，与自由竞争条件相比，它的产量更低，价格更高。斯威齐继苏联作家普列奥布拉任斯基的观点（斯威齐并不知道他）之后，认为垄断也有宏观经济后果：投资更低，分配成本更高。因为竞争性资本家能力太小，他们不能影响市场价格，他们的投资决定只反映了他们希望从新积累的资本中得到的利润，而忽视了对他们已经使用的资本的影响。可是，垄断者也必须考虑新投资对现存资本盈利能力的影响，现存资本盈利能力将会由于工业生产能力的增长而下降，结果引起价格下降。其他情况是相同的，垄断者将比竞争性资本家投资更少，因而减少了有效需求并产生了向萧条发展的趋势。反其道而行的办法是增加商业和分配上的支出，这样能够提高单个垄断者的需求，并扩大整个经济的消费（通过减少储蓄的方式）。但这些支出是非生产性的，垄断资本因此具有了提高浪费水平的特征。[14]

最后的结论已由普列奥布拉任斯基和纳塔莉·莫斯科斯卡两人同时作了阐述[15]，但对斯威齐来说，这一结论显露了当代资产阶级理论的影响。尽管爱德华·张伯伦本人从他们的激进的（特别是他们的宏观经济）含义中退缩回来了，但产品差别和销售成本是张伯伦的“垄断竞争”模型的基础，他在1926年的博士论文中，对此作了初次阐述。他和琼·罗宾逊两人，按照罗宾逊在1933年对“不完全竞争”的非常相似的分析，提出了单一市场均衡的可能性。这样，资本家将使用过剩的生产能力，因为他们会发现通过削价来消除这种过剩是无利可图的。[16]斯威齐关于垄断资本主义条件下投资水平更低的观点，确实是对上述提法的一种动态扩充。因为张伯伦—罗宾逊坚信：在不增加新投资的情况下，过剩的生产能力可以满足增长的需求。当然，斯威齐不是唯一一位在实施“新政”的10年中把垄断势力和宏观经济萧条联系在一起的经济学家。[17]

3. 介绍保罗·巴兰

在《资本主义发展理论》中，斯威齐感谢保罗·巴兰对他的帮助。巴兰1939年已到了美国，在接下来的四分之一世纪中，他成为斯威齐的主要合作者。[18]巴兰在第二国际和第三国际已为自己奠定了坚实的马克思主义基础，最早在他的出生地俄国，接着在德国，他与法兰克福学派的弗里德里克·波洛克一起工作过。在某些方面，巴兰的兴趣是对保罗·斯威齐的补充。首先，巴兰对落后地区的经济增长问题表现出深切的关注。斯威齐在他的书中，已否认来自发达国家的资本输出能够使不发达地区产生和谐的平衡发展的观点，但几乎没有提及不发达国家的依附性和欠发达理论，巴兰后来的论著对这一理论作了阐述（参见以下第9章）。[19]巴兰的第二个贡献是他在法兰克福时期就已获得的有关批判理论的知识。巴兰远远超过他同时代的大多数马克思主义者的是，他不仅仅关心资本主义在狭隘的经济意义上的生存能力，更关心资本主义作为一种社会生活方式的合理性。巴兰的影响使“垄断资本”理论少了些它本应具有的经济主义的含义，并对北美的马克思主义经济学在劳动、教育和家庭生活的文化、意识形态方面给予了特别关注。[20]

保罗·巴兰小传

巴兰1910年12月生于黑海尼克拉夫的一个波兰犹太人家庭，他的父亲是医生。他受教育于波兰、俄国和德国，早年曾加入共产党。他在莫斯科完成了由普列奥布拉任斯基指导的研究后，于1928年回到了德国。在那里他参加了德国社会民主党，作为弗里德里克·波洛克的研究助手在法兰克福研究所从事工作，并在埃米尔·莱德勒的指导下写出哲学博士论文。1933年后，直到1939年移居美国之前，巴兰生活在巴黎、莫斯科、维也纳和伦敦。他在哈佛从事研究工作，并在那里开始了与保罗·斯威齐的长期联系，并在战争期间与约翰·肯尼思·加尔布雷思一起在美国战略轰炸调查部供职。从1949年起直到1964年3月去世，巴兰一直在斯坦福大学任教，在那里他作为美国唯一的一位公认的马克思主义经济学教授形单影孤，并不愉快。

第三，巴兰对斯威齐关于资本主义国家的相当简略的分析作了扩充。他在发表于1952年的一篇有关经济计划的重要论文中，分析了可能抵消消费不足的政府支出的6种形式。其中4种形式——完善的社会服务、海外援助、生产企业的投资和直接的消费支出——将会引起工商界的反抗行为，他认为，这是因为它们对资本主义意识形态的统治造成了威胁。在巴兰看来，只有军费开支和非生产性的民用项目（如“拾树叶”）才是不受这些反对意见影响的。因此，像社会民主主义政治家们所信奉的那样，计划不能提供与和平的、自由—民主资本主义相一致的充分就业。为了“使劳动者各得其所”，除了社会主义，其他可供选择的无非是军事法西斯主义统治或干脆抛弃充分就业。[21]

巴兰和斯威齐合作的最后的、也是最重要的贡献，就是关于经济剩余的概念，这一概念是巴兰1957年出版的《增长的政治经济学》一书的核心（参看以下第9章）。严格说来，这里有三个不同的概念：计划的剩余、实际的剩余和潜在的剩余。计划的剩余是社会主义经济的最适度产量与最适度消费之间的差额。“适度”是根据人们“对于由理性和科学所引导的社会主义社会的判断来定义的”。[22]它与资本主义没有关系，并且和传统的马克思主义剩余价值理论也没有任何直接关系。实际的剩余是现实产量与现实消费之间的差额。在封闭经济中，如果不考虑国家因素，这个差额与当前的储蓄是相等的，并且它小于剩余价值，它与剩余价值的差额等于资本家的消费减去工人的全部储蓄。一般说来，实际的剩余能够从常规的国民收入账目——用市场价格、而不是劳动价值——中计算出来。[23]

巴兰把潜在的剩余定义为“在既定的自然和技术环境中，借助于可利用的生产资料所能够生产出的产量，与可以被认为是必需的消费之间的差额”。它有四个组成部分：首先，是上层阶级和一部分中层阶级的消费超过由社会所决定的能够被接受的最低消费水准的差额；其次，被放弃的产量，因为要雇佣非生产性的社会成员：军火制造者、奢侈品和炫耀性商品的生产者，政府和军队官员，牧师，律师，广告代理商，中间人，商人和投机者。（第一类和第二类有重叠的地方，因此增加了重复计算的可能性）。第三，由于“对现存生产机构的不合理的和浪费的管理”，包括正常的（即非萧条时期）剩余生产能力、被放弃的经济规模、无意义的产品差别和为了保护现有的特权和利润而对技术进步进行抑制所丧失的产量。最后，是那些由于总需求不足而从未被生产出来的产量。因此，巴兰的潜在的经济剩余是一个混合概念，它既与当时的资本主义现实相联系，又与他关于有理性的未来社会主义思想相联系。它的积极作用在于“预见到要对社会产品的生产和分配进行或猛烈或温和的重新调整，并暗示了社会结构的深刻变化”。[24]

在《增长的政治经济学》中，巴兰并不想计算潜在的剩余，他也拒绝预言它作为总产出的一部分的长期发展趋势，他只是在一个单独的脚注中说明了它与传统剩余价值的关系。（与剩余价值不同，潜在的剩余包括由于未充分就业或对生产资源的滥用而丧失的产量，但不包括资本家的必要消费和在公共管理方面的必要支出）。[25]然而，这一概念对于他的整个理论体系在两个方面具有决定性的重要意义。首先，对现存的非社会主义经济制度，包括落后的和发达的经济，进行批判地分析提供了一个有力的工具。如果潜在的剩余得以实现，并被引导到社会生产活动中，那么，增长率将会提高，失业将会减少，生活水准和生活质量将得到极大改善。事实上，“浪费”构成了巴兰反对发达国家垄断资本主义的主要观点，并用他的潜在的剩余概念对它进行了定义。第二，潜在的剩余概念为消费不足理论提供了一个新的更有辩护力的系统表述。消费不足论的批评者们反对如下观点：这一理论所必需的是，作为国民收入的一部分，利润没有得到增加，储蓄也没有得到增加；换句话说，储蓄率和利润份额从长期看仍是相当稳定的。[26]巴兰认为，这将混淆现实性和可能性。就收入而言，现实的利润和实际的储蓄不会增长，但它们的潜在能力的确大大增长了。通过过剩的生产能力和非生产性消费，现实与潜在能力之间的差额已经被填充了——即剩余已被吸收。因此，浪费增长是为消费不足论辩护的最明显而又可能的证据。如果没有浪费增长，停滞和危机将是显而易见的。[27]

《资本主义发展理论》一书的结束语是相对乐观的，斯威齐期待着社会主义在西欧的早日胜利，以及美国从资本主义向社会主义（较长时期的）和平转变的可能性。[28] 15 年之后，《增长的政治经济学》描述了一个总体上较为暗淡的前景。从根本上说，垄断资本是敌视充分就业的，并抵抗政府公共支出的扩张。这就使私人消费和政府用于帝国主义统治方面（特别是军队方面）的支出，成为解决潜在的剩余的唯一重要的出路。巴兰因而得出结论：这一制度在经济、政治和军事方面的稳定是相当危险的。如果要能够避免萧条，就只能以麦卡锡式的病态和持续不断的战争威胁为代价。[29]

4.《垄断资本》

有关垄断资本理论的大部分部件现在被装配起来：斯威齐对于消费不足和垄断企业的分析，巴兰对于潜在的剩余和限制政府干预的论述。留给《垄断资本》的就是找到剩余的部分拼进来以完成这一理论。这剩余的部分就叫作“剩余增长规律”。如果能够证明潜在的剩余确实随着时间的推移有明显的增长趋势，那么，被修正的消费不足理论就将得到极大加强。发达资本主义（至少在北美）的历史将被重写，它将不仅仅能够解释 1945 年以后长期繁荣的原因，也能预言它的日益迫近的消亡。

巴兰在 1959 年发表的一篇文章中，第一次对剩余增长规律作出暗示，紧接着在与斯威齐合作发表的两篇文章中提到剩余增长规律，这是他们长达 20 多年合作后首次共同发表文章。[30] 它们是《垄断资本》核心章节的初稿，该书最后出版于 1966 年，也就是巴兰去世后的两年。《垄断资本》从第一次的尝试性写作大纲到最后出版花费了近 10 年的时间。[31] 该书的出发点是“大公司”，大公司在小企业纯粹起被动作用的制度中，将作为主要发动机取代私人资本。[32] 在巴兰和斯威齐看来，大公司同传统企业一样具有追求利润最大化的强烈的动机；股票持有人与管理者的利益是一致的，都为了寻求更高的利润，这增强了公司的规模和实力，并为它的管理者们提供了最大的安全和最好的晋升前景。公司确与对手竞争，但不采用削价的方式，因为市场供应垄断者认识到这样做只能是自我拆台，自我失败。取代价格战的是心照不宣的互相勾结和共谋。这样，价格和产量水平经协议达成一致，并接近每一位垄断者都认为自己将最有利可图的那一价格和产量水平。这一“共同利润最大化”模型很无耻地从当代微观经济理论中产生出来。[33]巴兰和斯威齐指出，激烈的竞争仍在继续，但使用的是非价格武器，如产品差别、产品创新和销售成本。垄断资本阻碍价格下降要甚于阻碍创新。既然生产成本继续下降，同时价格又是固定的，那么，利润就增加了。这是微观经济学原理。从宏观经济上看，它反映相对剩余和绝对剩余的增长趋势。[34]

在《垄断资本》中，巴兰和斯威齐把剩余定义为“一个社会生产的产品和生产这些产品所费成本之间的差额”。并请读者参阅《增长的政治经济学》对此所作的进一步的分析。[35]在一个附录中，他们介绍了约瑟夫·菲利普斯的统计数值。菲利普斯是按照下列几项来计算剩余数量的：财产收入、浪费性支出、政府支出和促销渗透于生产过程引起的成本（如不必要的模型和设计改变引起的成本）。这既不是巴兰在他的书中所定义的实际的剩余，也不是他的潜在的剩余（菲利普斯的剩余与巴兰的剩余不同，前者并不想把事先决定的产量归因于失业和过度的生产能力）。菲利普斯的观点已遭到激烈批评，我们在本章的下一节将会看到。现在把他的结论记录在此就已足够了：1929 到 1963 年间，美国国民生产总值中剩余从 46.9% 上升到 56.1%。1964 年财产收入总计不到总剩余的 1/3。[36]

怎样使增长的剩余得以吸收，这是《垄断资本》的核心问题。巴兰和斯威齐的结论是：资本家的消费不能解决这一难题，资本家的投资也不能解决它。由于公司利润中用于支付红利部分的比例下降，股票持有者的消费明显减少，因而剩余中寻求投资的部分增加了。消费不足论者的理由是，即便在垄断条件下对投资的刺激比竞争资本主义更强，投资与产量之比率也决不会持续增长。巴兰和斯威齐也否认了列宁的下述观点：资本输出到落后地区最终是为了吸收剩余。美国从它在穷国的资产中得到的收入，比它在这些国家的投资中得到的收入更多：剩余正在被转移，但按照错误的方向在转移。[37]

剩下的问题是销售费用和政府支出。在非马克思主义读者中，《垄断资本》以把“促销”描写成解决剩余的一个出路而闻名：

> 可能今天广告已具有支配作用，为了生产者和消费品销售者的利益，广告正在为反对节约和支持消费而进行不懈的战斗。而实现这一任务的主要手段是引导时尚变化、创造新的需要、设置新的社会地位标准、推行新的礼仪规范。广告在实现上述目标方面的无可非议的成功，已极大地加强了它作为抵抗垄断资本停滞趋势的力量的作用，同时它也被称作为著名的“美国生活方式”的主要缔造者。[38]

至于政府，来自私人既得利益的意识形态上的偏见和异议肯定了不是民用支出而是军事开支支配着政府对剩余的吸收。[39]《垄断资本》对民用消费的讨论，没有对巴兰书中的有关问题提供什么更新的东西，它对军费开支的论述将在本卷的下一章讨论。巴兰和斯威齐最后认为，正统的共产主义提出的“国家垄断资本主义”的术语是不恰当的，因为国家不是一种独立的力量，而且它在经济上的作用没有发生任何质的变化。[40]

他们认为，垄断资本大约可以追溯到1870年，它是随着大公司在美国经济中作为有决定性的影响因素的出现而产生的，而且剩余增长规律从那时起就已存在。巴兰和斯威齐认为，停滞一直是垄断资本的正常状态，除非它被世界大战或划时代的发明创造，如铁路（1870—1900年）或内燃机（20世纪20年代）的出现而抵消。[41]停滞的第一次真正明显标志，在1907—1915年的长期萧条中就已显现；而20世纪30年代的大萧条，“不应该被看作是特例，而应该被看作是美国经济体制运行的正常结果”。1945年以后，促销的发展和军事开支持续不断的增长掩盖了停滞趋势，但到1963年这一趋势日益迫近地表现出来，长期繁荣的末日已不远了。[42]

值得注意的是，该书并没有在此结束。关于种族歧视的一章把落后的第三世界革命和资本主义心脏地带那些被排斥的人群联系在了一起（参见以下第9章）。接着，巴兰和斯威齐又剖析了垄断资本主义条件下的生活质量。垄断资本主义既没有满足人类的需要，也没有使人们快乐。他们在回忆马尔库塞和加尔布雷思的一章中，对这些问题的论述并不比马克思少。因为人们日益迷失方向，冷漠和绝望，加之诸如不断地挣扎于贫困之中、恶劣的居住环境和由于市郊的延伸及公共交通与教育的衰退等问题，价值危机已经产生。[43]《垄断资本》的最后一章，主要运用批判理论评价了这一制度的合理性问题。巴兰和斯威齐提出，大公司能确保美国社会局部合理性，但不能阻止整个社会日益增长的非理性。尽管算计和虚伪已渗透到日常生活的各个方面，但资产阶级思想本身正在分化瓦解之中。由于人们受到精细的劳动分工所造成的非人性的影响，越来越疏于工作，在消费方面也是如此，甚至“闲暇”也成了折磨。垄断资本这只有害的手，深入到个人领地，影响着家庭生活和性的满足。[44]

对于巴兰和斯威齐来说，最重要的结论是，再也不能依赖发达国家的无产阶级作为社会变革的代理人：

产业工人成为美国工人阶级中日益减少的少数人，而且基础产业中工会的头领们，已作为消费者和意识形态上适应于这一社会的成员而融入了这一制度。与马克思时代的产业工人不同，他们不是这个制度的特殊的牺牲品，尽管他们与其他阶级和阶层一起，遭受了这一制度的基本厄运和非理性——但却比上不足，比下有余。

无论如何，垄断资本将被第三世界的革命战争所推翻（参见以下第 9 章）。[45]

5.《垄断资本》及其批评者

从《增长的政治经济学》出版之日直到现在，有大量文章批评巴兰和斯威齐。其中一部分认为他们的方法论是非马克思主义的，而其余的则指出了他们在理论和证据上的根本缺陷。至于前者，正统的马克思主义者认为，《垄断资本》忽视了劳动过程和工资的决定；强调了剩余价值的实现而非剩余价值的生产，因而是“凯恩斯主义左派”而非马克思主义；用模糊的、与历史无关的和道德主义的“剩余”概念代替马克思的科学的剩余价值概念；几乎没有论及美国的工人阶级（而且书中所说的内容是明显不讨人喜欢的）；依赖第三世界农民阶级的而非西方无产阶级的革命热情；否定利润率下降理论；抛弃了列宁主义对帝国主义分析中的关键因素。最重要的是，劳动价值论在巴兰和斯威齐的理论中没有起丝毫作用。[46]

虽然一种观点是真理还是谬误，同它和马克思一致还是不一致是没有关系的，但上述批评意见多数没错。对于最后一项批评，斯威齐的回答是：他和巴兰从未否定马克思的劳动价值论，反而把它看作理所当然是成立的。在竞争资本主义条件下，劳动价值转化成生产价格，而垄断资本需要第二次转型，即从竞争价格向垄断价格的转化。马克思忽视这个过程是可以理解的，《垄断资本》对此进行了研究。[47] 这个相当站不住脚的辩护，使人想起萨缪尔森讽刺地把转型描写成用橡皮擦去并加以替换的过程。[48] 斯威齐可能得到忠告，承认垄断资本和劳动价值论没有关系，把劳动价值论看成是决定价格的数量论，而且对马克思的价值量分析具有异化和拜物教理论的永久意义进行辩护。[49] 斯威齐一直强调劳动价值论的这个方面的意义，这与巴兰对法兰克福学派的支持是完全一致的。

巴兰和斯威齐对劳动和工人有点忽视，后来哈里·布雷弗曼在《劳动和垄断资本》中对此作了校正，以下我们就要谈到这个问题。在这一节稍后一点，我们将评论他们对于剩余和剩余价值的分析。在其他方面，无论是从方法论上还是从理论上，斯威齐都坚决否认异端的指责。马克思本人对唯物主义思想的分析，要求理论要随着社会实践的变化而不断地得到修正，因此在资本主义发展新阶段改造政治经济学并没有什么不合适。况且《垄断资本》所抛弃的传统马克思主义经济学的那些内容，特别是利润率下降理论和列宁对于资本输出的论述，都是公认的理论中最薄弱的环节。而消费不足论在第二国际和第三国际却拥有一个悠久的而又相当著名的渊源（参见本书第一卷和以上第 1 章）。当巴兰和斯威齐写作该书时，谁能料到在美国将会发生无产阶级革命呢?

除了这些“原教旨主义”的观点外，对垄断资本理论有五种实质性的反对意见值得进行慎重讨论。它们包括：消费不足一般理论的正确性；“剩余增长规律”中表现的特殊形式，在概念和经验上的地位；缺乏工资理论以及与过度积累有关的问题；对政府支出的分析；（最关键的是）现代资本主义是否在本质上是垄断的而不是竞争的。所有这些都和一个真正关键的问题有关系：《垄断资本》真的能解释战后的繁荣和繁荣的逐渐消退吗?

在本世纪早期，杜冈–巴拉诺夫斯基指出了消费不足理论的关键：资本主义是由利润，而不是由劳动人民的消费需求驱动的。总体来说，资本家在很大程度上是他们自己的主顾，以至于对一种生产品的需求，常常依赖于其他种类生产品的产量。杜冈观点的通俗意译就是：“生产工具的工具生产工具。”（参见本书第一卷第 9 章）在资本主义经济中，资本与消费的比率没有理由不无限增长，尽管从一个假设的、具有合理计划的社会主义组织的观点看，它是多么的荒谬。然而斯威齐的哈佛同事 E.S. 多马提出了一个解救消费不足理论结论的办法，即用一个恒定不变的资本—产出比率（在经验上更有辩护力）代替资本与消费之间想象上的不变关系。多马指出，这实际上强化了斯威齐的结论，因为这时会出现有效需求不足——在某些条件下——如果储蓄率有上升的趋势，即使一般消费倾向没有丝毫下降，也会如此，只有加速增长率才能避免需求不足。[50] 不管多马模型是一种消费不足论还是一种无需讨论的观点，最要紧的是他揭示了停滞或危机的极大的可能性。

第二种批评是关于经济剩余和它的所谓的增长趋势。如我们在前一节看到的，《增长的政治经济学》中的潜在的剩余概念，是社会批判的工具，它和马克思的剩余价值概念只有松散的联系。《垄断资本》中对潜在的剩余的定义是很直白的，考虑到这样一个事实：即非生产性劳动的使用只是吸收剩余价值，并不创造剩余价值，因此“一个社会生产的产品和生产这些产品所费成本之间的差额”，被认为与马克思的剩余价值是很接近的。[51]然而，对于生产性劳动和非生产性劳动的精确区分仍是相当有争议的。特别是由于巴兰和斯威齐把所有的政府支出都看成是非生产性的或吸收剩余的，并忽视了很多政府职能在生产上的需要，因此受到了批判。[52]由于菲利普斯使用价格而不是价值标准，混淆了剩余产出和收入的定义，而且由于有关的重复计算，有人提出了对他的计算方法的进一步反对意见。[53]这些缺陷都无关紧要，其中大多数已由 E.N. 沃尔夫在 1977 年的一项非常仔细的研究作了纠正，该研究发现：“调整后的剩余价值率（作为国民生产总值的一部分，最接近巴兰和斯威齐的剩余），在 1947 年以后的 20 年间已经明显上升了，这主要是由于非生产性活动增加造成的。[54]

自由主义批评家们永远关注的问题是，在这一时期很少有或根本没有停滞的迹象。失业和过剩生产力水平都没有明显上升，经济增长率虽没有西欧和日本快，但还是相当可观的。[55]显而易见，对剩余的吸收并没有像巴兰和斯威齐所说的那么困难。

对垄断资本理论的第三种批评意见补充了上述观点。在《资本主义发展理论》中，斯威齐根据接近繁荣鼎盛期失业减少，实际工资增加而造成的剥削率下降来解释危机（参见以上第 1 章）。在《垄断资本》中丝毫没有发现这样的观点，该书根本就没有工资理论。这就引出一个问题：在斯威齐早期著作中所讨论的“过度积累”是否不可能成为具有如此强大的反萧条力量的经济的半永久特征。[56]哈里·布雷弗曼在《劳动和垄断资本》一书中，强调了美国工人屈从于泰勒制的“科学管理”，虽然这是很片面的，但却给人以深刻的印象。尽管如此，该书对工资理论并没有什么建树，而且对增加实际工资可能成为剩余吸收的主要形式这种可能性，也没有得出什么结论。[57]

《垄断资本》对政府论述的一些薄弱之处，增加了对基本理论分析正确性的怀疑。至少有一位马克思主义评论家发现，想象中的限制军事支出增长是令人难以置信的。[58]其他批评家抱怨巴兰和斯威齐极大地夸张了扩大民用政府支出的障碍。19 世纪末，对于私人资本积累来说，这些政府支出很多在事实上是必要的。[59]一些人也反对琼·罗宾逊所描述的巴兰对于公共财政的草率的论述，否定在长时期由减税造成的预算赤字能够明显地刺激有效需求，这是很没有说服力的。[60]

然而，对巴兰和斯威齐最不利的指责是：他们完全歪曲了当代资本主义的本质，资本主义过去一直（现在仍然是）充满激烈的竞争。在一些批评家看来，《垄断资本》严重地夸大了大企业不受价格和利润的竞争压力影响的程度。从许多大企业生产多种产品这一特点看，仅有规模并不必然具有垄断势力。拥有相关技术和过剩生产能力的企业，可以通过股份公司的形式潜在地或实际地跨入另一个行业，在这方面的机会是无限的。[61] 在这里，第二个条件必须加以考虑。由于战后贸易和资本流动的自由化，加之国际竞争的持续和不断升温，很多行业的"垄断程度"应该从全球而不是仅从一国范围内来把握。[62] 关于这些问题，"垄断资本"是一种幻觉。

6. 一个评价

对于垄断资本理论的第三、第四和第五种批评意见，即关于工资、政府和国际竞争程度方面，还有很多话要说。事后看来，很显然，巴兰和斯威齐的观点完全是他们所处时代和所处国家的产物。他们写作于 20 世纪 50 年代和 60 年代初期的美国，把美国资本主义当做其他资本主义国家能从中看到自己未来的一面镜子，恰如马克思用英国（希法亭用德国）作为范例一样。[63] 一些同代人对他们的观点感到不安，因为它们鲜明地反映了第二次世界大战的直接后果是美国取得了经济上的霸主地位。戴维·霍罗威茨很遗憾地指出，"在《垄断资本》中，有过于依赖美国作为典型垄断资本主义社会的倾向，而忽视了国际体系的相互依存"。莫里斯·多布怀疑这本书对西欧的现实意义；詹姆斯·奥康纳甚至问道："美国给戴高乐主义的法国展示它的未来了吗？或者它是在走另一条路吗？"[64]

到 20 世纪 70 年代初，这个问题开始变得不那么离谱了，因为美国原先的经济霸主地位已经削弱，在一个开放的、竞争的、静态的和通货膨胀的，并伴有周期性的令人讨厌的工人运动的资本主义世界经济中，美国只是几个经济强国中的老大。因此，《垄断资本》在西欧几乎没有什么影响并不令人吃惊，在米哈尔·卡莱茨基和约瑟夫·斯坦德尔的影响下，那里已经发展了另一种垄断资本理论。[65] 这个在 20 世纪 80 年代由基思·考林和马尔科姆·索耶等所代表的欧洲流派，对于垄断资本所作的分析比巴兰和斯威齐的分析要严密得多，但是，它对历史唯物主义概念的运用也并不明显，由于这个原因，事实上它更像后凯恩斯主义，而不太像马克思主义。[66]

一旦长期繁荣难以为继，大多数北美马克思主义者更通常的做法是从《垄断资本》和消费不足理论转向其他危机理论。巴兰和斯威齐的观点仅在两个方面对全世界的马克思主义经济学有更久远的影响：一是他们对军事支出的论述，该内容将在以下第 8 章讨论；一是他们关于第三世界的消费不足理论，这将在第三篇阐述。

注释：

1.P.M. 斯威齐：《马克思经济学对美国人思想与实践的影响》（‘The Influence of Marxian Economics on American Thought and Practice’），载于 D. D. Egbert 和 S. Persons 编：《美国生活中的社会主义》第一卷（*Socialism in American Life*，Princeton，NJ：Princeton University Press，1952），第 455—486 页。

2. 参见以上第 1 章第 2 节，以及 E. 科里：《刘易斯・科里，1892—1953：自传文献》（‘Lewis Corey（Louis C. Fraina），1892–1953：A Bibliography with Autobiographical Notes’，*Labor History*，4，1963，第 103—131 页）。

3.P.M. 斯威齐：《皮古教授的“失业理论”》（‘Professor Pigou's “Theory of Unemployment”’，*Journal of Political Economy*，42，1934，第 800—811 页）。

4.P.M. 斯威齐：《对“工资政策”讨论的贡献》（‘ Contribution to Discussion on “Wage Policies”’，*American Economic Review*，28，1938），第 156—157 页；《寡头条件下的需求》（‘Demand under Conditions of Oligopoly’，*Journal of Political Economy*，47，1939），第 568—573 页。

5.G.C. Harcourt：《建立后凯恩斯主义的临时肖像：洛里塔希斯（或者由 Harcourt 绘制的塔希斯眼中的塔希斯）》（‘Occasional Portraits of the Founding Post-Keynesians：Lorie Tarshis（or Tarshis on Tarshis by Harcourt’），载于 G.C. Harcourt：《社会科学帝国主义者》（*The Social Science lmperialists*，London：Routledge & Kegan Paul，1982），第 367 页，第 370—371 页，第 375 页注释；D. L. 梅：《从新政到新经济：对 1937 年大衰退的自由回响》（*From New Deal to New Economics*：*The Liberal Response to the Recession of* 1937，New York：Garland，1981），第 148 页。

6.P.M. 斯威齐：《关于马克思主义的四次讲演》（*Four Lectures on Marxism*, New York: Monthly Review Press, 1981），第 13 页；参见 M. Hillard：《哈里·马格多夫和保罗·斯威齐：自传》（'Harry Magdoff and Paul Sweezy: Biographical Notes'），载于 S. Resnick 和 R. 沃尔夫编：《反思马克思主义——马克思主义理论的斗争：哈里·马格多夫和保罗·斯威齐文集》（*Rethinking Marxism: Struggles in Marxist Theory, Essays for Harry Magdoff and Paul Sweezy*, Boston, Mass.: Autonomedia, 1985），第 397—404 页。

7.P.M. 斯威齐：《霍布森的经济异端》（'J. A. Hobson's Economic Heresies', *The Nation*, 147, 1938），第 209—210 页。

8.S. 蔡斯：《浪费的悲剧》（*The Tragedy of Waste*, New York: Macmillan, 1925）；G.C. 米恩斯：《大商业、管制价格及充分就业问题》（'Big Business, Administered Prices, and the Problem of Full Employment', *Journal of Marketing*, 4, 1939-1940，第 370—381 页）。

9.Hillard：《哈里马格多夫和保罗斯威齐：自传》；都留重人：《逍遥派经济学家》（'A Peripatetic Economist', *Banco Nazionale del Lavoro Quarterly Review*, 142, 1982，第 227—244 页）。

10.P.M. 斯威齐：《资本主义发展理论》（*The Theory of Capitalist Development*, New York: Monthly Review Press, 1970；首版于 1942 年），第 X 章（附录）；参见 O. 鲍威尔：《两次世界大战之间》（*Zwischen Zwei Weltkriegen*? Bratislava: Eugen Prager Verlag, 1936），第 351—353 页，以及 R.F. 哈罗德：《动态理论文集》（'An Essay in Dynamic Theory', *Economic Journal*, 49, 1939，第 14—33 页）。

11. 斯威齐：《资本主义发展理论》，第 XI 章；A.H. 汉森：《完全复苏还是停滞？》（*Full Recovery or Stagnation*? New York: Norton, 1938）。约瑟夫·熊彼特也对斯威齐有所影响；参见 J. 熊彼特：《资本主义、社会主义和民主主义》（*Capitalism, Socialism and Democracy*, London: Routledge & Kegan Paul, 1942），斯威齐：《资本主义发展理论》1956 年版前言。

12.P.M. 斯威齐：《约翰·梅纳德·凯恩斯》（'John Maynard Keynes', *Science and Society* 10, 1946），第 398—405 页，重印于斯威齐：《作为历史的现实》（*The Present As History*, New York: Monthly Review Press, 1953），第 253—262 页；斯威齐对 J. 斯坦德尔的评论：《美国资本主义的繁荣与萧条》（*Maturity and Stagnation in American Capitalism*, *Econometrica*, 22, 1954），第 531—533 页。

13. 斯威齐：《资本主义发展理论》第 XIII 章；参见斯威齐：《"管理革命"的幻想》（'The Illusion of the "Managerial Revolution"', *Science and Society*, 6, 1942，第 21—22 页）。

14. 斯威齐：《资本主义发展理论》，第 XV 章；参见 E. A. 普列奥布拉任斯基：《资本主义的没落》（*The Decline of Capitalism*, Armonk, NY: M.E. Sharpe.1985；俄文版首版于 1931 年），

第 3 章。

15.N. 莫斯科斯卡：《现代资本主义理论批判》（*Zur Kritik Moderner Krisentheorien*, Prague：Michael Kacha. 1935），第 96—97 页，第 116—117 页；参见莫斯科斯卡：《晚期资本主义动向》（*Zur Dynamik des Sptkapitalismus*，Zurich：Verlag ‘Der Aufbruch’，1943）第Ⅲ篇，以及普列奥布拉任斯基：《资本主义的没落》（*Decline of Capitalism*），第 4 章。

16.E. H. 张伯伦：《垄断竞争理论》（*The Theory of Monopolistic Competition*，Cambridge，Mass.：Harvard University Press，1933）；琼・罗宾逊：《不完全竞争理论》（*The Theory of Imperfect Competition*，London：Macmillan，1933）。

17. 例如，参见 A. R. Burns：《竞争的衰落》（*The Decline of Competition*，New York：McGraw-Hill，1936），第 241—272 页。

18. 关于巴兰的观点，参见 J.E. 金：《经济学的放逐》（*Economic Exiles*，London：Macmillan，1988），第 8 章。

19. 斯威齐：《资本主义发展理论》，第 305 页，第 326 页。

20.R. Jacoby，《失败的辩证法：西方马克思主义概况》（*Dialectic of Defeat*：*Contours of Western Marxism*，Cambridge：Cambridge University Press，1982），第 109—110 页；H. 金蒂斯：《马克思主义经济学在美国的复兴》（‘The Reemergence of Marxian Economics in America’），载于 B. Ollman 和 E. Vernoff 编：《左派学院：美国校园马克思主义学派》（*The Left Academy*：*Marxist Scholarship on American Campuses*，New York：McGraw-Hill，1982），第 53—81 页。

21.P.A. 巴兰：《国家的经济计划》（‘National Economic Planning’），载于 B.F. Haley 编：《当代经济学概观》第Ⅱ卷（*A Survey of Contemporary Economics*，volume II，Homewood，Ill.：Irwin，1952），第 355—377 页 。（这篇文章的其余部分涉及落后地区与苏联的情况）。

22.P.A. 巴兰：《增长的政治经济学》（*The Political Economy of Growth*，Harmondsworth Penguin，1973；首版于 1957 年），第 156 页。

23. 同上书，第 132 页。

24. 同上书，第 133—134 页，141—155 页。

25. 同上书，第 133 页注释。不清楚巴兰为什么把资本主义的所有消费都看作是必要的。

26.J. 斯坦德尔：《美国资本主义的繁荣与萧条》（*Maturity and Stagnation in American Capitalism*，New York：Monthly Review Press，1976；首版于 1953 年），第 243—246 页；参阅 N. 卡尔多：《评〈增长的政治经济学〉》（*American Economic Review*，48，1958，第 164—170 页）。

27. 关于这一点，参阅斯坦德尔：《美国资本主义的繁荣与萧条》，第 245—246 页。

28. 斯威齐:《资本主义发展理论》，第 XIX 章。

29. 巴兰:《增长的政治经济学》，第 226—233 页，第 258—264 页。

30.P.A. 巴兰:《消费不足的影响》(‘Reflections on Underconsumption’)，载于 M. Abramowitz 等的《经济资源的配置：纪念伯纳德·弗郎西斯·克哈里文集》(*The Allocation of Economic Resources*：*Essays in Honour of Bernard Francis Haley*，Stanford：Stanford University Press，1959)一书第 52—64 页；巴兰和斯威齐:《垄断资本：美国经济和社会秩序》(‘Monopoly Capital：The American Economic and Social Order’，*Monthly Review*，14，July-August 1962，第 131—224 页)。

31. 巴兰和斯威齐:《垄断资本》(*Monopoly Capital*，Harmondsworth Penguin.1970；首版于 1966 年)，第 12 页。

32. 同上书，第 54—55 页，第 62 页。

33. 同上书，第 48—51 页，第 68—69 页；参阅 W. J. Fellner:《寡头竞争》(*Competition Among The Few*，New York：Kelley，1965；首版于 1949 年)。

34. 巴兰和斯威齐:《垄断资本》，第 76—81 页。

35. 同上书，第 21 页注释，第 23 页。

36. 同上书，第 23—24 页，第 355—377 页。

37. 同上书，第 87—90 页，第 97—103 页，第 110—113 页。

38. 同上书，第 131—132 页。

39. 同上书，第 6—7 章。

40. 同上书，第 75 页。

41. 同上书，第 8 章。

42. 同上书，第 235 页，第 239—243 页。

43. 同上书，第 10 章；参阅 J. K. 加尔布雷斯:《丰裕社会》(*The Affluent Society*，Boston，Mass.：Houghton Mifflin，1958)和 H. 马尔库塞:《单向度的人》(*One-Dimensional Man*，Boston，Mass.：Beacon Press，1964)。

44. 巴兰和斯威齐:《垄断资本》，第 324—348 页。最后部分的作者无疑是巴兰，参阅他的《马克思主义和精神分析学》(‘Marxism and Psychoanalysis’)，载于巴兰:《长远的观点》(*The Longer View*，New York：Monthly Review Press，1969)，第 92—111 页。

45. 巴兰和斯威齐:《垄断资本》，第 349 页，第 351 页。

46.D. Lebowitz:《垄断资本》(‘Monopoly Capital’，*Studies on the Left*，6，1966，第 61—71 页)；E. 曼德尔:《剩余资本与剩余价值实现》(‘Surplus Capital and the Realisation of

Surplus Value’，*International Socialist Review*，January-February 1967，第 59—64 页）；曼德尔：《劳动价值论与“垄断资本”》（‘The Labour Theory of Value and “Monopoly Capital”’，*International Socialist Review*，July-August 1967，第 29—42 页）；P. 马蒂克：《马克思主义与“垄断资本”》（‘Marxism and “Monopoly Capital”’，*Progressive Labor*，6，1967，第 34—49 页）。

47.P. M. 斯威齐：《垄断资本与价值理论》（‘Monopoly Capital and the Theory of Value’，*Monthly Review*，25，January 1974，第 31—32 页）。

48.P. A. 萨缪尔逊：《从马克思的“价值”到竞争“价格”的“转型”：抛弃与替换的过程》（‘The “Transformation” from Marxian “Values” to Competitive “Prices”：A Process of Rejection and Replacement’，*Proceedings of the American Academy of Sciences* 67，1970，第 423—425 页）；参见以下第 14 章。

49. 斯威齐：《资本主义发展理论》，第 II—III 章。

50.E. S. 多马：《资本积累问题》（‘The Problem of Capital Accumulation’，1948），载于多马：《经济增长理论文集》（*Essays in the Theory of Economic Growth*，New York：Oxford University Press，1957），特别是第 120—128 页；参阅 N. Georgescu-Roegen：《资本主义崩溃的数学证明》（‘Mathematical Proofs of the Breakdown of Capitalism’，*Econometrica*，28，1960，第 225—243 页）；R. 罗松：《需求、实际工资与经济增长》（*Demand，Real Wages and Economic Growth*，London：Thames Polytechnic，1981）；以及 P.M. 斯威齐：《对批评的答复（1950 年）》（‘A Reply to Critics（1950）’），载于斯威齐：《作为历史的现实》（*The Present As History*，New York：Monthly Review Press，1953），第 352—360 页。

51.M.C. 霍华德和 J.E. 金：《马克思的政治经济学》（*The Political Economy of Marx*，Harlow：Longman，1985），第 2 版，第 128—132 页。

52.J. J. 奥康纳：《国家的财政危机》（*The Fiscal Crisis of the State*，New York：St. Martin's Press，1973）；R. Stanfield：《对经济剩余概念的修正》（‘A Revision of the Economic Surplus Concept’，*Review of Radical Political Economics*，6，1974，第 69—74 页）。

53.《“贡献者”，评〈增长的政治经济学〉》（‘A Contributor’，Review of *The Political Economy of Growth*，*The New Reasoner*，3，1957-1958，第 119—123 页）；W.J.Barclay Jr 和 M. Stengl：《剩余和剩余价值》（‘Surplus and Surplus Value’，*Review of Radical Political Economics*，7，1975，第 48—64 页）；Lebowitz：《垄断资本》；曼德尔：《剩余资本与剩余价值实现》。

54.E.N. 沃尔夫：《美国的非生产劳动与剩余价值率，1947—1967 年》（‘Unproductive Labor and the Rate of Surplus Value in the United States，1947-1967’，*Research in Political*

Economy，1，1977，第 87—115 页），以及沃尔夫：《增长、积累与非生产活动：战后美国经济分析》（*Growth*，*Accumulation and Unproductive Activity*：*An Analysis of the Postwar U.S. Economy*，Cambridge：Cambridge University Press，1987）；参阅 J. R. Stanfield：《经济剩余和新马克思主义》（*The Economic Surplus and Neo-Marxism*，Lexington，Mass.：D.C.Heath，1973）；H.Szlajfer：《垄断资本主义条件下的经济剩余和剩余价值》（'Economic Surplus and Surplus Value Under Monopoly Capitalist'），收入 J.B.Foster 和 H.Szlajfer 编：《不稳定经济：垄断资本主义条件下的积累问题》（*The Faltering Economy*：*The Problem of Accumulation Under Monopoly Capitalism*，New York：Monthly Review Press，1984 年），第 262—293 页；以及 J. B. 福斯特：《垄断资本主义理论：马克思主义政治经济学的详细阐述》（*The Theory of Monopoly Capitalism*：*an Elaboration of Marxian Political Economy*，New York：Monthly Review Press，1986），第 2 章。关于如此计算所固有的逻辑上的困难，参见以下第四篇。

55. 卡尔多：《评〈增长的政治经济学〉》；R. Lubitz：《垄断资本和新马克思主义》（'Monopoly Capitalism and Neo-Marxism'），载于 D. Bell 和 I. Kristol 编：《今日资本主义》（*Capitalism Today*，New York：Basic Books，1970），第 167—178 页。

56.M.H. 多布：《关于"马克思和垄断资本：专题论集"》（'Marx and Monopoly Capital：A Symposium'，*Science and Society*，30，1966，第 470—475 页）；R. Heilbroner：《马克思主义的美国》（'A Marxist America'，*New York Review of Books*，26，May 1966，第 22—24 页）；D. Horowitz：《新马克思主义理论案例》（'The Case For a Neo-Marxist Theory'，*International Socialist Review*，July-August 1967，第 26—28 页）；曼德尔：《剩余资本与剩余价值实现》；R. L. 米克：《评〈垄断资本〉》（Review of *Monopoly Capital*，*Economic Journal*，77，1967，第 114—116 页）。

57.H. 布雷弗曼：《劳动与垄断资本》（*Labor and Monopoly Capital*，New York：Monthly Review Press.1974）；也可参见 R.Jacoby 写的评论，见 Telos（29，1976），第 199—207 页。

58.H. J. 谢尔曼：《评〈垄断资本〉》（Review of *Monopoly Capital*，*American Economic Review*，56，1966，第 921 页）。

59. 奥康纳：《国家的财政危机》；J. 托宾：《过去十年的新经济学》（*The New Economics One Decade Older*，Princeton，NJ：Princeton University Press，1974），第 41—51 页。

60.M. 布朗芬布伦纳：《评〈增长的政治经济学〉》（Review of *the Political Economy of Growth*，*Journal of Political Economy*，66，1958，第 85—87 页）；琼・罗宾逊：《评〈增长的政治经济学〉》（Review of *The Political Economy of Growth*，*Nation*，184，1957，第 485—486 页）；托宾：《过去十年的新经济学》。

61.P. W. S. Andrews：《经济理论中的竞争》（*On Competition In Economic Theory*，London：Macmillan，1964）；金：《经济流放》，第 9 章。

62. 曼德尔：《剩余资本与剩余价值实现》；P. Auerbach 和 K. Skott：《集中、竞争和分配：对垄断资本理论的批评》（'Concentration，Competition and Distribution：A Critique of Theories of Monopoly Capital'，*International Review of Applied Economics*，2，1988，第 42—61 页）；J. A. Clifton：《竞争的市场过程》（'Competitive Market Processes'），载于 J. 伊特韦尔，M. 米尔盖特 和 P. Newman 编：《新帕尔格雷夫经济学词典》（*The New Palgrave*：*A Dictionary of Economics*，London：Macmillan，1987），第 1 卷，第 553—556 页；N. 哈里斯：《第三世界的终结》（*The End of the Third World*，Harmondsworth：Penguin，1986）；S. Lash 和 J. Urry：《结构资本主义的终结》（*The End of Organised Capitalism*，Cambridge：Polity Press，1987）。

63. 巴兰和斯威齐：《垄断资本》，第 25—26 页。

64. 多布：《马克思和垄断资本》（'Marx and Monopoly Capital'）；D. Horowitz：《分析剩余》（'Analyzing the Surplus'，*Monthly Review*，18，August 1967，第 49—59 页）；奥康纳：《评〈垄断资本〉》（review of *'Monopoly Capital'*，*New Left Review*，40，1966，第 50 页）。

65.J. 斯坦德尔：《美国资本主义的繁荣与萧条》；关于卡莱茨基，参见以上第 5 章第 4 节。

66.K. 考林：《垄断资本》（*Monopoly Capitalism*，London：Macmillan，1982）；K. 考林和 R. Sugden：《跨国垄断资本》（*Transnational Monopoly Capitalism*，Brighton：Wheatsheaf，1987）；M.C. 索耶：《处在争论中的宏观经济学》（*Macroeconomics in Question*，Brighton：Wheatsheaf，1982）。

第 7 章　下降的利润率

1. 下降的利润率：1883—1918 年

以考察早期发展情况作为论述现代问题章节的开端，是有一个简单的理由的。在 1945 年以前，利润率下降理论中几乎所有的关键问题都已被提出来了，而且其中不少问题也得到解决。因此，很显然，大多数参与辩论的人并不知道，战后的很多论战不过是过去几十年前发生的辩论的再现，并没有什么新的内容。[1] 在早期文献中，能够发现两个问题都涉及最近辩论中的论点和主张。首先，对利润率的长期趋势作出明确的预言，这种理论在逻辑上站得住脚吗？第二，它为严密的马克思主义危机理论提供根据（或者甚至就是这一个根据）了吗？进一步提出的两个问题就是：利润率确实下降了吗？如果是这样的话，为什么下降呢？这两个问题在某种程度上是被忽视的。

马克思在《资本论》第三卷第三篇对一般利润率作了详细论述。他的观点可以用简单的代数式表示。社会资本有机构成可写成 $k = c/v$，是总不变资本与总可变资本的比率；剥削率为 $e = m/v$，是总剩余价值与总可变资本的比率。利润率是 $r = m/(c + v)$。分别用 v 去除分子式的分子和分母，并做适当的代换，可得到 $r = e/(k+1)$。因此，利润率随 e 的提高而提高，随 k 的提高而下降。最简单的概括就是，马克思认为，在资本主义发展的“现代工业”或“机器制造”阶段，k 倾向于比 e 增长得更快。尽管一些“反作用趋势”在起作用，但利润率一定会逐渐下降。这是和更猛烈的周期性危机趋势相联系的——至于如何联系，马克思并不清楚。[2]

有充分的理由说明为什么马克思要把利润率下降理论的阐述，同对劳动价值转化为生产价格的分析放在一起，因为一般利润率和生产价格是同时决定的（参见以下第 12—14 章）。但是，甚至还在 1894 年《资本论》第三卷出版之前，这一理论就处在争论之中。“有奖论文竞赛”中一个叫乔治 ·C. 斯蒂贝林的人提出，较高的资本有机构成与较高的剥削率是有关系的，因此，当资本有机构成提高时，利润率可能会保持不变。他的观点惹怒了恩格斯。斯蒂贝林从美国工业统计数字中引用典型事例来说明自己的观点，但是他分析中的错误是严重的。[3]

很难对1899年单独出版的贝内代托·克罗齐和米哈伊尔·杜冈－巴拉诺夫斯基的观点忽视不理。克罗齐用意大利文写道，技术进步提高了劳动生产力，并因此在其他条件不变的情况下降低了不变资本的价值。他断言，这将提高利润率，而不是降低利润率。杜冈的观点与此相似，他强调技术革新在使不变资本各要素价格低廉和在提高剥削率这两方面的影响。但是，与克罗齐为解决利润率上升的意义相反，杜冈既断定马克思的危机理论的一个分支是有问题的，也断定马克思的剥削理论已被摧毁。[4] 如果利润率事实上的确下降了，它可能是由于别的什么原因，而不是因为马克思所依据的那些原因，如实际工资的增长、工作日长度的缩短、租金的增加，或者是利润税负的增加。[5] 然而杜冈的批评缺点不少。他的大量例子令人相当难懂，因为他经常把实物量和价值量混淆起来，而且对这个问题没有一般的代数上的分析。他假设在不同的部门有相同的资本有机构成，这也就意味着他的分析在逻辑上被局限在一个单部门的经济中。而且，像拉迪斯拉斯·冯·博特凯维兹之后不久所发现的，杜冈并没有证明有机构成和利润率之间的任何联系；他只是指出马克思关于这种联系的观点是有缺陷的。[6]

然而，博特凯维兹本人却同意杜冈的结论，他努力使该理论精确地建立起来。博特凯维兹认为，如果技术发明可以提高一般利润率，那么也只是资本家使用的那些使过去由手工完成的生产过程实现机械化的技术发明。马克思的错误是让他的资本家去计算价值而不是价格。仅仅在能使利润率提高的条件下，对现存生产过程的改进将再次被利用。利润率下降需要至少一个部门劳动生产率下降，或实际工资的增加（马克思不同意这种观点）。在博特凯维兹看来，马克思得出了另外的结论，因为他忽视了劳动生产率增长对剥削率的影响。[7]

相隔多年之后，马克思主义者才开始研究博特凯维兹的复杂的数学模型。然而，杜冈的观点理解起来要容易得多，尽管有点令人吃惊，德国的修正主义者对该理论无任何建树，只是对该理论作出的反应更加正统。在对杜冈第一本书的早期评论中，卡尔·考茨基以马克思已经酌情考虑了劳动生产率增长对资本有机构成的影响为依据，为马克思作了辩护。考茨基认为，仅仅在不变资本价值不超过可变资本价值这种特殊情况下，杜冈的大量例子才是站得住脚的。在任何情况下，杜冈犯了构成上的错误：技术发明对单个资本家是有利的，但却使整体资本家的利润率下降。虽然考茨基对马克思理论分析的辩护是迅速的，但考茨基的危机理论是消费不足论，而且和利润率下降趋势没有任何关系。[8] 在这一点上，考茨基是他同时代马克思主义者的典型。甚至强调利润率下降延缓资本积累速度的路易斯·布丁也采取了相似的立场。[9] 利润率下降只构成鲁道夫·希法亭解释危机原因的一个次要因素 [10]，罗莎·卢森堡在她的《资本积累论》中措辞含糊，但举了一个利润率在扩大再生产中严格保持不变的数学例子。在她的《反批判》中，她嘲笑一位评论者关于利润率下降会导致资本主义崩溃的观点：

> 人们并不太清楚这些可怜的家伙们究竟怎样面对这种情况——资本家阶级是否会由于对低利润率感到绝望而在某个时刻自杀，或者他们是否会因此宣告商业是如此糟糕，以至于根本不值得人们为它付出太多，并因此而把钥匙交给无产阶级呢？然而，这种安慰不幸被马克思的一句话驱散了，这句话就是“大多数资本家会通过大批量生产来弥补由于利润率下降所造成的损失”。因此，在利润率下降引起资本主义灭亡之前，还有一段时间，粗略说来要直到太阳烧毁。[11]

事实上，俄国数学家乔治·冯·查洛索夫已经在他 1910 年出版的《马克思主义体系》中回答了卢森堡的反诘。他指出，利润率对资本积累率构成了最大限制。如果工人花费掉他们的全部收入，所有的积蓄都是由资本家提供的，那么很容易得出：积累率一是资本家的储蓄倾向，二是利润率的结果。用现代符号表示就是 $g = sc.\ r$，这里 g 是储蓄（假设和投资相等）和资本的比率；sc 是储蓄和利润的比率；而 r 是利润率，是利润和资本的比率（参见以下第 15 章）。查洛索夫认为，sc 趋向一致，以至于利润率下降会引起积累率下降。而且他通过马克思对资本过度生产的分析，把利润率下降和周期性危机的原因直接联系起来。[12] 查洛索夫似乎是自马克思以后第一位认为资本有机构成提高会降低最高利润率的人，他认为，如果工资是零，$r = s/c$，它是死劳动与活劳动之比率的倒数。[13]

尽管如此，查洛索夫依然是马克思定律的强有力的批评者，他进一步阐述了杜冈-巴拉诺夫斯基的反对理由，并增加了一些他自己的观点。他认为，均衡利润率不等于 $m/(c+v)$；资本家不会采纳降低利润率的发明；而且甚至那些提高第Ⅰ部类有机构成的技术上的改进，也能够使不变资本的各要素便宜到足以降低第Ⅱ部类的有机构成，并增加两大部类的剩余价值生产。只有当李嘉图的报酬递减开始，或者实际工资提高的时候，利润率才会下降。查洛索夫得出结论，马克思的利润率下降理论“不是什么定律，而是一个明显的错误……按照资本主义经济规律，利润率从来也不会下降”。[14] 该理论中的这些弱点，足以摧毁整个马克思主义政治经济学的目标。[15]然而，除了奥托·鲍威尔的简短的不屑一顾的评论之外[16]，查洛索夫的书几乎没有引起人们的注意。在传统的俄国马克思主义者（普列汉诺夫、列宁、布哈林和托洛茨基）的作品中，缺乏对利润率下降的分析，这表明他们在这个问题上与罗莎·卢森堡的观点是完全相同的。

因此，到1918年对利润率下降理论的一般评价是：马克思低估了技术进步对劳动生产率的影响；这些影响有助于降低不变资本价值和提高剥削率；而且作为技术进步的结果，利润率不但不会下降，反而可能会上升。传统的马克思主义者和马克思本人一样，说话是留有余地的。然而，大多数马克思主义者还是否认在长期中反作用趋势足以阻止利润率下降，而且很少有人对技术进步确实将提高利润率这种观点妥协。没有人把利润率下降理论看成是马克思危机理论中很重要的一部分，也没有谁（除了斯蒂贝林）引证任何一点经验证据。

2.1918—1945年

第二阶段所发生的批评家们的争论，先是由纳塔莉·莫斯科斯卡、接着由日本杰出的经济学家柴田敬的努力得以大大增强。自相矛盾的是，这也是一些马克思主义者开始用利润率下降理论来解释经济危机的一段时间。然而，这两方面的进展主要发生在国际马克思主义的外围。传统的社会民主主义者，如考茨基和希法亭，并没有进一步关注这些讨论，而且在共产主义经济学中这种忽视是相同的。1945年以后，利润率下降日益被看作列宁的“腐朽”资本主义概念的分析基础，列宁用它来解释资本输出、日益激烈的帝国主义竞争和战争。但是列宁的《帝国主义论》对这个问题却是模棱两可，而且绝大多数列宁主义（和后来的斯大林主义）著述者在两次世界大战之间都把他理解成是消费不足论者。因此，1935年，第三国际的主要理论家尤金·瓦尔加把利润率下降趋势看成是资本有机构成提高的一个偶然结果，资本有机构成提高的主要影响，是由于使用的可变资本减少而降低了工人阶级的购买力。然而，有机构成将会提高，而利润率下降被看成是理所当然的。[17]

利润率下降与危机的联系首先由德国的大学教师埃里克·普雷泽尔所强调，对于他来说，利润率下降是马克思危机理论的基础，它可用于解释商品的生产过剩和激烈的竞争战。普雷泽尔屏弃了以前把马克思看成是消费不足论和比例失调论理论家的做法。他认为，这涉及一个方法论上的错误，因为“黑格尔的历史哲学并不比利润率下降定律更令人明白”。[18] 五年后，这一点被亨里克·格罗斯曼所接受，他认为，为了与马克思的唯物主义历史观相一致，资本主义的经济矛盾必须追溯到剩余价值的生产，而不是剩余价值的实现。格罗斯曼从马克思的周期波动理论和更惊人的经济崩溃的预言推论：剩余价值相对于所用资本的下降，而这将逐渐使资本家们不再可能保持原来的积累速度，并且不可能再维持他们自己的消费支出水平。[19] 与法兰克福学派有联系的独立的马克思主义者格罗斯曼，由于忽视了技术进步对劳动生产力的影响，并在不考虑技术进步对资本家利润的影响的情况下假定资本家会继续积累，而遭到了来自各个方面的猛烈批评。[20] 社会民主主义者汉斯·尼斯尔断言，即使格罗斯曼的分析是对的，仍不能在利润率下降和经济危机来临之间建立联系。甚至当利润率下降时，积累还会继续，只要利润率仍是正的；而且，那些以牺牲自己的对手为代价来提高自己赢利能力的成功的资本家，当然会继续扩大他们自己的生产能力。[21]

1936 年，对于商业循环和利润率下降之间联系的第一次确实有道理的解释，来自奥地利社会民主主义者奥托·鲍威尔，那时他还被流放在捷克斯洛伐克。鲍威尔的出发点是处于周期谷底的经济，该经济受到了一种（无法解释的）外部刺激。由于同样的（未充分利用的）工厂和设备能生产出更多的产品，那么生产力的利用效率将提高。因此，会雇佣更多的工人，这样会降低资本有机构成并提高利润率，从而促成新一轮的资本积累。这种情况进一步推进着经济繁荣。逐渐地，新的投资速度加快到足以提高资本有机构成。现在，所有的事都依赖剥削率。鲍威尔认为，如果这一上升趋势足以使资本家保持现在的利润率，随利润变动而变动的工资下降就可能消除消费不足的危机。如果剥削率滞后于有机构成，利润率会下降。公司对这种情况的反应是削减它们的股息或红利；金融市场会发生崩溃，直接导致投资下降，并因此造成经济衰败。[22] 尽管鲍威尔的分析缺乏规范的周期模型和能带来繁荣的内生机制，但是，在当代众多利用利润率下降分析周期波动理论和引入有效需求问题的种种努力中，他的分析是最有说服力的。在某种程度上，鲍威尔的分析也预示了战后如欧内斯特·曼德尔这样的理论著述者们更具雄心的综合。[23]

当格罗斯曼和鲍威尔正在构建危机理论时，纳塔莉·莫斯科斯卡已回到杜冈-巴拉诺夫斯基对这个问题的分析方式上：在不提高实际工资的条件下，技术进步真的能降低利润率吗？莫斯科斯卡以马克思用来衡量技术进步的标准作为她分析的起点。马克思认为，为了对资本家有利，一台新机器必须至少节省和它所花费的成本相同的有酬劳动。莫斯科斯卡用大量的例子说明：这个判断标准引出另一个标准。在马克思看来，一项能节约劳动的技术发明——如其他条件都相同，实际工资保持不变——也能提高利润率。在有限制的条件下，资本家并不关心是旧技术还是新技术，因为劳动价值的净节约是零，利润率将不会改变。因此，杜冈是对的。能降低利润率的新技术，不能满足马克思的节约劳动费用的判断标准。[24]

把莫斯科斯卡的有限制条件下的例子稍加修改，就可以用来说明她的观点。[25] 在一个单一部门的模型中，我们假设，同样的工人使用同质的生产资料（谷物），生产大量的相同商品。旧技术用实物单位可表示为：

170 谷物 + 340 劳动 → 510 谷物　（7.1）

该公式表明：在每个生产阶段，340 个工人把 170 吨谷物转变成 510 吨的总产出。净产出是 340 吨；劳动生产力被定义为每个工人的净产出，是 340 比 340 等于 1；而 1 吨谷物的价值是劳动力价值的倒数（即，也是 340 比 340 等于 1）。如果我们假设，每个工作日的一半支付了报酬，另一半没有付酬，那么，劳动力的价值是二分之一，而剥削率是百分之百。这也就意味着净产出的二分之一给了工人，每个工人消费 170/340 = 1/2 吨谷物；剩余的 170 吨谷物代表剩余产品并由资本家获得。记住：1 吨谷物的价值是 1，这个公式用价值形式可表示为：

$170c + 170v + 170m = 510$,　（7.2）

因此，利润率是 170/（170+170）= 50%

莫斯科斯卡认为，新技术可以表示为：

340 谷物 + 340 劳动 → 765 谷物　（7.3）

可以看出，这个公式正好满足马克思的判断标准。如果规模收益不变，765 吨的总产出能在旧技术条件下通过分别增加 50% 的谷物和劳动的使用而生产出来，得出：

255 谷物 + 510 劳动 → 765 谷物　（7.1a）

比较（7.1a）和（7.3），很显然，新的生产过程多使用了 85 吨谷物，价值是 85，而且少使用 170 个工人，其劳动力价值是二分之一，这表示节约了 85 个单位的直接劳动的劳动力价值。因此，当使用原有技术的劳动价值进行比较时，包含在新生产资料中的额外劳动恰恰等于新技术所允许的有酬劳动的节约。

使用新技术，净产出增加到（765–340=425）；每个工人使用的生产资料已经翻了一倍（从 170/340=1/2 上升到 340/340=1）；而且劳动生产力提高了 25%

（以前每个工人的净产出是 340/340=1，现在是 425/340=1.25）。因此，谷物的单位价值已经下降，从 340/340（=1），下降到 340/425（=0.8）。如果实际工资没变，每个时期每个工人的工资是 1 吨谷物的二分之一，工人得到 170，而剩下的 425−170=255 吨构成由资本家所有的剩余产品。那么，价值量能够像前面那样计算：不变资本是 272（340 × 0.8），可变资本是 136（170 × 0.8），而剩余价值是 204（255 × 0.8），得出：

$$272c + 136v + 204m = 612 \tag{7.4}$$

剥削率等于 150%（204/136），利润率没变，仍是 204/（272+136）=50%。如果剥削率保持不变，还是 100%，利润率确实会下降：

$$272c+170v+170m=612, \tag{7.4a}$$

利润率 r=170/（272+170）=38.5%。但是，这会涉及实际工资的上升（马克思在论证中排除了这一点），因为 170 个单位的可变资本代表 170/（0.8）=212.5 吨的谷物，每个阶段每个工人将能够消费 212.5/340=0.625 吨谷物，而不再是原来的 0.5 吨。劳动生产力提高不超过 25% 也能使利润率趋于下降。但正如我们已看到的，按照马克思的节约劳动标准，这项技术发明对于资本家来说是不能接受的，因此，这并不代表对其理论的批判。然而，如果劳动生产力提高 25% 以上，在工资保持不变的条件下，利润率将会提高。

莫斯科斯卡从中得出以下理论：

> 这是一个动态的，而不是一个历史的规律。它没有表达一个历史事实，即利润率下降，而只是表达了两个变量之间的相互依存，即：
>
> 1. 当剥削率不变时，利润率下降。
>
> 2. 当利润率不变时，剩余价值率上升。
>
> 因此，该规律只表达了一种机能性的关系，而且像“利润率下降趋势规律一样”，也可以把它叫做“剩余价值率上升趋势规律”。[26]

莫斯科斯卡的观点与杜冈的问题是相似的。按照劳动价值而不是生产价格来说明这些观点，而且是在单一商品经济，即只生产一种商品的经济范围内来研究马克思的观点。然而，资本家是按照价格量，而不是劳动价值来作出决定的，而且在生产多种商品的经济中，资本家只能这样做。因此，莫斯科斯卡在综合批评的论证中有两个缺陷：首先，马克思判断一项发明对资本家是否有利的标准，必须按照价格术语来加以具体说明，并且要求新增不变资本所增加的成本要大于工资成本的降低，而且他的观点必须以此为根据进行评价。第二，这种评价应该在多商品的经济条件中进行。

莫斯科斯卡的书出版 5 年之后即 1934 年，柴田敬发表的一篇文章证明，杜冈—博特凯维兹—莫斯科斯卡的利润率上升原理的确可以建成既能用价格，也能用劳动价值来加以详细说明的模型。柴田敬使用的只是循环资本的三部门模型，为了简便起见，开始时模型中每个工人生产资料的数量和其他部门是相同的。稍微与众不同（柴田敬没有命名这三种商品，而且以很不同的方式开始论述他的观点）的是，他的模型可以写成：

8/3 钢 +4/30 劳动→ 4 钢

2/3 钢 +1/30 劳动→ 1 谷物

2/3 钢 +1/30 劳动→ 1 金　（7.5）

如果每个时期每单位劳动的实际工资相当于 5 吨小麦，这个模型就是简单再生产。钢的产量恰好等于三个部门所使用的钢的数量（4 吨），全部谷物产量用来养活工人，因为（6/30）（5）=1；金的全部产量都归资本家所有。通过对以下方程组的解释，可以得到三种商品的劳动价值（λ_s，λ_c，λ_g）

$$8/3\lambda_s+4/30=4\lambda_s$$
$$2/3\lambda_s+1/30=\lambda_c$$
$$2/3\lambda_s+1/30=\lambda_g \quad (7.6)$$

由此得知，$\lambda_s=\lambda_c=\lambda_g=1/10$，而价值关系是

$$8/30c_1+2/30v_1+2/30s_1=4/10$$
$$2/30c_2+1/60v_2+1/60s_2=1/10$$
$$2/30c_3+1/60v_3+1/60s_3=1/10 \quad (7.7)$$

在每个部门中资本有机构成是 4，剥削率是 100%，利润率是 20%。

用金来表示前两种商品的价格 p_s 和 p_c，用 w 和 r 分别表示工资率和利润率，通过解下面的方程组可以得到相应的价格量：

$$(8/30p_s+2/3w)(1+r)=4/10p_s$$
$$(2/30p_s+1/60w)(1+r)=1/10p_c$$
$$(2/30p_s+1/60w)(1+r)=1/10p_g \quad (7.8)$$

这里我们已经知道，$w=5p_c$，而且 $p_g=1$。这些方程式表明，每种商品的均衡价格必须能够使资本家收回他们的成本并得到一般的平均利润率 r（参见本书第

一卷第 3 章和以下第 12—14 章）。解方程组（7.8）得 $p_s=p_c=1$，而且 $r=0.2$。

现在，柴田敬介绍了几种技术变化，其中，每一种都包括一点生产资料使用的增加和一点活劳动使用的减少。在第一种情况下，他增加了第Ⅰ部类和第Ⅱ部类中每单位产出中钢的投入量，从 2/3 提高到 401/600，相应地减少了劳动投入，从 1/30 减少到 199/600。金业的生产条件没有改变。他在求解（7.6）和（7.8）方程式的有关变量时指出，两大部类的有机构成已经如所预料的那样上升了（从 4 上升到 4.03），同时价格和利润率已改变了：$p_s=p_c=1.001$，而且 $r=0.1988$。但是，这对马克思的利润率下降规律没有任何帮助。两种商品的价格已经上涨。因此，这种技术创新不能节省成本；有理性的资本家都不会引进这种创新，所以这与当前讨论的问题是没有关系的。

第二种情况是关于在不改变价格的条件下提高有机构成。（柴田敬在前两个部门中选择新的投入系数，这样做没有产生不同于等式（7.5）所描述的第一种情况下（7.8）等式所计算的价格。）取得这种结果是由于提高了钢的需求量，每单位钢和谷物产出需求的钢提高到 4100/6006，而且在每一部类直接劳动需求减少到 199/6006。柴田敬使用作了适当修改的方程式（7.6）的变形发现，有机构成与剥削率以相同的比率上升了，但利润率的价值率没有改变。新方程组（7.8）更证实了这一点，从（7.8）得出 $p_s=p_c=1$，$r=0.2$。这个例子与莫斯科斯卡的“限定条件”是很相似的：成本没有减少，利润率没有变化。资本家对于技术的新旧是无所谓的。

现在分析第三种变化，即在前两个部门中，单位投入的需求量改变为 401/601 和 199/6010。这一新的价值关系表明，有机构成、剥削率和利润率都得到了提高。价格方程式更证明了这一点，该方程式给出 $p_s=p_c=0.999$，$r=0.20080$。这项创新减少了成本，因此，对资本家来说是可以接受的。然而，只有当实际工资增加时，才不会导致利润率的上升。[27]

1934 年，柴田敬明确地运用生产价格直接探讨马克思的观点，他的分析比莫斯科斯卡的要深入。但是，他没有研究真正的多种商品经济的复杂性。在他的文章中，生产钢的部门和生产谷物的部门的资本有机构成始终是相等的。因此，这两种商品总是在相同的技术条件下被生产出来的，而且从分析问题的角度看，这两种商品可以作为一种商品来讨论。[28] 当然，柴田敬允许在金的生产上有不同的资本有机构成，但博特凯维兹在 1907 年就已指出，这样的“奢侈品”生产部门对利润率，或对非奢侈品价格不会有任何影响。[29] 因此，柴田敬的观点只适用于前两个部门，而且还可以减少到一个部门。尽管讨论的只是表面的现象，但柴田敬并没有研究莫斯科斯卡文章中的第二个局限性。

然而，柴田敬 1939 年发表了一篇更具概括性的论文，专门分析研究了这个问题。事实上，他提供了一个里昂惕夫投入—产出模型的早期例子，从这个例子（已知实际工资），可以推导出生产价格和利润率。这篇论文在有关转型问题的讨论中起着里程碑的作用，以下第 12 章将对此作详细分析。这里需要注意的是，柴田敬不辞劳苦地提出三个命题，这三个命题在 1945 年以后都正式得到了进一步的证实。第一个命题是，已知实际工资，在不参考第Ⅲ部类的劳动价值或生产条件的情况下，通过第Ⅰ部类和第Ⅱ部类的投入系数与资本周转期的统计资料，可以计算出该系统的利润率。第二个命题是，只要实际工资保持不变，无论是第Ⅰ部类还是第Ⅱ部类的降低成本的技术创新都会使利润率提高。后来在由冲盐伸夫做出精确证明之后（参见以下第 4 节），这一结论也就以“置盐定理”闻名。第三个命题是，如果假设不变资本随着时间的变化呈线性贬值，那么这些结论不会因为不变资本的引入而受到影响 。[30]

因此，柴田敬在论证马克思的利润率下降理论的虚假性方面做出了重大贡献。虽然他的著述只在日本出版，但却是用英语写的，而且，不久以后得到了保罗·斯威齐的注意，大概是通过斯威齐的哈佛大学的同事都留重人，都留重人曾向柴田敬的第一篇论文的结论发起过挑战，但没有成功。[31] 斯威齐在 1942 年出版的《资本主义发展理论》中，引用了柴田敬的观点，但显然他并不理解利润率上升原理的重要性，从而否定了这一点。然而，斯威齐的确否定了作为一般规律的传统利润率下降理论，因为他不能说明有机构成一定比剥削率提高更快的原因。斯威齐断定，如果利润率真的下降了，那更可能是实际工资提高的结果，或者是有利于劳动者的国家干预的结果。[32]

这时期的英国的理论著述者好像既不熟悉莫斯科斯卡，也不熟悉柴田敬，但是，他们对于马克思的分析的一般合理性的保留意见显而易见是相似的。莫里斯·多布在 20 世纪 40 年代初认为，利润率的变动趋势取决于技术变化、劳动生产率提高和剥削率的关系。利润率可能会逐渐下降，但这是根据情况而定的，而且可能被长期延迟。[33] 琼·罗宾逊更进一步，她得出了与莫斯科斯卡很相似的结论。罗宾逊认为，人们可能像谈论利润率下降一样也谈论剩余价值率上升，“换个说法也是一样的”。她对于鲍威尔把有效需求引入分析之中产生共鸣，但却认为马克思对利润率下降的分析，是“一个错误的线索……（它）没有说明任何问题”。[34]

3.1945—1973 年

战后的论战在三个层次上展开。首先，在本世纪 50 年代末和 60 年代初，英国、美国和日本的经院经济学家们继续研究利润率下降理论的逻辑统一问题；他们都发现在这方面或多或少是有缺陷的。紧接着，在 70 年代初长期繁荣的后期，对亨里克・格罗斯曼的重新发现，激起人们对这一理论在马克思主义政治经济学中作为替代凯恩斯主义和消费不足论的影响的理论的有力辩护（参见以上第 5 章）。同时，有人正努力为马克思《资本论》第三卷的分析提供经验上的证明，并把它和当代资本主义经济的现实发展联系起来。

最初的贡献在 1956 年来自 H. D. 迪金森，他使用新古典经济学的分析工具来揭示资本有机构成和剥削率之间的关系。[35] 在实际工资保持不变的条件下，迪金森使用一个科布—道格拉斯生产函数把资本的增长和产出的增长联系起来。他认为，只有在极特殊的条件下，利润率才会持续下降；否则，一开始它将随着资本有机构成的提高而提高，只有当资本积累超过某一临界点时，利润率才会下降。[36] 因此，迪金森断言，虽然利润率下降是无法逃脱的，但它可能被延迟到“遥远未来的某个时间”。[37]

这是对马克思经济学和新古典经济学的有独创性的、被后人广为模仿的[38]，但最终是失败的一次综合。对于把资本积累、劳动生产力和剩余产品的增加联系起来，一般而言没有什么异议，杜冈、莫斯科斯卡和柴田敬都已经这样做了。虽然不变资本不创造价值，但是从提高商品产量这个意义上说，它又是生产性的，马克思本人非常了解这一点。迪金森论证的问题在于，他使用了已经被证明具有严重缺陷的新古典主义思想。只有非常特殊种类的技术才能按照总生产函数来加以表述。[39]

1960 年，罗纳德・米克在一篇文风朴实但却很有影响的文章中避免了这种易犯的错误。[40] 米克没有使用代数归纳法，而完全依靠大量的似乎合理的统计数字来说明问题，在这些例子中技术进步既提高了有机构成，也提高了利润率。他的结论与迪金森的很相似。米克断定，“如果我们从很低的有机构成开始，那么我们就可以这样说，根据马克思的前提，利润率的变动‘趋势’是先上升，经过一段时间以后开始下降”。[41] 最初的上升越大，并且向下的转折越迟，那么，最初的剥削率就越低，与有机构成的既定提高相联系的劳动生产率的增长就越大，而随第Ⅰ部类而转移的第Ⅱ部类的劳动生产力增长就更快。这最后的结果有些令人吃惊，因为第Ⅰ部类劳动生产力的增长使不变资本各要素更廉价，并因此抵消了假定的有机构成的提高。[42] 这指出了米克方法中的一个缺陷。像莫斯科斯卡、柴田敬和迪金森一样，米克把资本有机构成看作是一个随着时间的推移具有内在增长趋势的参数。然而，它应该被看做是一个内生变量，它的价值是从一个与技术变化特点有关的假设推导出来的。事实上，如果不变资本的单位价值下降得足够快，技术进步和有机构成的下降可能是联系在一起的。

第一个模型只能追溯到 1972 年，它似乎是荷兰经济学家阿诺德·希尔吉的模型。在该模型中，有机构成的内生性已得到明确表述。希尔吉主要依靠萨缪尔逊的那些深受里昂惕夫和冯·诺伊曼的开创性分析影响的早期作品。[43] 正如一位传记作家所声称的[44]，诺贝尔奖得主保罗·萨缪尔逊虽不是将现代活动分析应用于马克思的第一人，但他无疑是最杰出的，而且也是最有毅力的。在第 14 章我们将介绍萨缪尔逊在 20 世纪 70 年代与劳动价值论的长期对峙。1957 年，他的论文《工资与利息：对马克思经济模型的现代剖析》，与这里讨论的问题是有关系的。在这篇论文中，萨缪尔逊假设：没有连带生产或稀缺的自然资源，而且实际工资保持不变，那么，如果一项技术革新确实被资本家所采用，利润率一定会上升。如果利润率不能上升，资本家使用旧技术日子也能过得不错。假定已知资本家的行为是有理性的，那么不可能同时存在一是技术进步，二是实际工资不变，三是利润率下降。因此，如果技术进步没有增加实际工资，那么它一定提高了利润率。[45] 这是对柴田敬结论的概括和更好的表述。萨缪尔逊在其文章的数学脚注中很大胆地说明了这一观点。然而，日本经济学家置盐信雄接着提供了精确的证据，这个观点也就以置盐的名字被命名为置盐定理。[46]

到 20 世纪 60 年代初，经院派经济学家们对于利润率下降趋势提出了严格的保留条件。在迪金森和米克看来，凡事依赖于有机构成、劳动生产力和剥削率之间的关系，而且他们相信，利润率在开始下降之前，会在相当长的时期呈上升趋势。按照萨缪尔逊和置盐的观点，技术改进引起利润率下降这种后果只有同时在实际工资上升时才会出现。但是，马克思认为，机械化也取代了工人，而且由此造成的失业只会“妨碍工资的增加”。[47] 因此，用萨缪尔逊的话说，马克思似乎“太依靠一匹马了”。因此，科尔内利乌斯·卡斯托里亚迪并不是唯一一位批判利润率下降，并用它来否定任何不是由剩余价值实现困难造成的资本主义危机理论的社会主义者。[48]

这些疑问由于吉尔曼自斯蒂贝林以来对这一定理进行的首次严肃的经验上的研究而得到加强。约瑟夫·吉尔曼在1957年使用19世纪末20世纪初的美国官方资料，发现在1919年前后利润率变动趋势发生明显的断裂，1919年之前，资本有机构成明显上升，超过了剥削率的上升幅度，造成预料中的利润率下降。1919年以后，这三个比率几乎都没有发生变化。[49]吉尔曼断定，或者马克思的定理只适用于资本主义发展的早期阶段，或者必须对马克思的定理重新进行表述。他指出了垄断资本主义条件下技术改进具有“节约资本”的性质，尤其是指出了非生产性支出的快速增长，如销售成本和管理成本的增长，这在巴兰和斯威齐的《垄断资本》中是很重要的（参看以上第6章）。他认为，这些从剩余价值得出的推论与马克思的观点是一致的。[50]在不考虑可变资本的条件下，如果把非生产性支出表示为u，那么实际利润率是（$m-u$）$/c$，而不是m/c。利润率不仅依赖于剥削率和有机构成，而且也依赖于u/v，也就是说，依赖于非生产性支出和生产工人工资之间的比率。吉尔曼认为，如果以此为基础重新加以判断，在1919年以后利润率的确已经下降，但它是由于u/v而不是c/v的提高而引起的。[51]

吉尔曼的一系列分析使用的都是市场价格而不是劳动价值，所以并不能用它们来估量马克思的$r = m/(c+v)$，这个公式的三部分都是用劳动价值定义的。然而，他分析中的主要问题是假设全部生产能力都得到了充分利用。保罗·巴兰在给吉尔曼的书所做的书评中强调了这一点：

> 的确，看待这个问题的方式是自相矛盾的，而且我怀疑吉尔曼本人充分认识到了它的含义，因此可以得出，在缺乏吉尔曼所说的非生产性支出的情况下，美国资本主义现在仍会生活很好。利润量和利润率都将更高。显然，为了保持繁荣，这些数量可观的利润将必须在投资（在国内和国外）和（或）资本家的消费方面寻找必要的出路，以免被普遍的萧条和失业所“抵消”（和消灭）。既然吉尔曼不可能认为萧条和失业是资本主义制度的幸事，那么他一定相信较高的利润率会刺激投资，并使投资自动增加到维持适度就业所需要的水平。
>
> 对于投资的利润率的弹性充满信心与美国经济普遍（和日益加强的）垄断化几乎就是矛盾的，吉尔曼正确地看到并强调了这一点，很显然，他并没有被这种矛盾所扰乱。他似乎对商业循环以毫不掩饰的沮丧反作用于政府非

> 生产性支出的减少没有什么深刻的印象，或对由华尔街每一次“和平恐慌”爆发所引起的痛苦也无动于衷。

巴兰断言，在总需求不足的条件下，非生产性支出可能会通过使更多已经生产出来的剩余价值得到实现来增加利润。[52]

在欧内斯特·曼德尔的著作中，利润率下降和消费不足危机模式之间的紧张关系是相当明显的，曼德尔是这一时期引用赢利能力变动趋势的经验证据的唯一一位马克思主义经济学家。曼德尔在早期作品中，对这一理论重视不够。在他1962年的《马克思主义经济理论》中，与比例失调和需求不足危机理论相比，利润率下降所占的篇幅要少得多。[53] 在5年后出版的《马克思主义经济学导论》中，强调的重点仍然是有效需求，而不是利润率。[54] 直到《晚近资本主义》1972年用德语、1975年用英语出版，曼德尔才从帕尔乌斯和康德拉季耶夫那里借用50年周期或资本主义发展的“长波”概念（参见以上第1章和以下第16章），强调利润率下降是理解长期繁荣和繁荣消退的关键。在曼德尔看来，积累是利润率的一个函数。在长周期中，经济景气是由那些能够降低有机构成和提高剥削率的“触发因素”引起的。曼德尔认为，战后的繁荣就是这种情况，其明显特点就是表现为长期有力的资本积累高涨和短期微弱的经济不振。在1945年以后发挥作用的特有触发因素包括：使不变资本的各要素变得廉价的关键技术改进，以及缩短流通时间的交通和通讯的改进；这两个因素抵消了有机构成上升的趋势。同样重要的是，欧洲工人阶级反法西斯主义的失败导致了剥削率的实际上升。随着“第三次技术革命”能量的耗尽，以及工人阶级对自身力量与自信的觉醒，长期繁荣将让位于一个新的康德拉季耶夫下降趋势，而资本主义将面临古典的经济危机的重新开始。[55]

曼德尔用朴素的语言，从正统经济学著作和官方的统计资料这些无所不包的百科全书式的内容中引用大量的经验性的详细材料，讲述了一个吸引人的故事。然而，他的机敏解释只会隐藏他分析中的真正缺陷。在《晚近资本主义》中引用的资料掩盖了他“顽固拒绝面对现实”的立场，特别是顽固拒绝承认资本—产出比率——基本上代表马克思的有机构成——几乎一个世纪都保持不变或一直在下降，因此，利润率的波动主要是由于剥削率的改变。关键因素是阶级斗争，而不是技术变化。[56] 从理论上说，曼德尔并没有正视置盐定理和迪金森—米克的利润率上升可能是一种普遍现象而不仅是长周期现象的观点。而且，由于他不能否定他的早期凯恩斯主义观点，这必然使他模棱两可。正如一位评论者所断言的：

> 曼德尔是否认为资本主义具有生产过剩的内在趋势，并周期性地以利润率下降的方式表现出来，或者生产过剩本身是由利润率下降引起的，这从来是不清楚的。因此，他经常提到的需求和剩余价值实现有点像存在于真空中，而且使人不明白的是，它们与他的资本主义发展基本理论如果说有点什么联系的话，那么这种联系是什么呢？[57]

坚决的反凯恩斯主义成为一种日益有影响的思想潮流的明确特征，这是以亨里克·格罗斯曼的观点为依据的，并得到他的弟子保罗·马蒂克（美国）和罗曼·罗斯多尔斯基（德国）的宣传。[58]在众所周知的“资本逻辑”学派的大量的夸张性的文献中，最有代表性的例子是戴维·耶夫1973年发表的被广泛阅读的一篇文章[59]，该文完全忠实于格罗斯曼的理论精神（除了没有忠实于他得出的经济崩溃结论的数量模型）。耶夫开篇就警告人们要提防对马克思的人道主义解释，像法兰克福学派的解释一样，它们存在于经济以外的资本主义矛盾中，存在于意识形态、技术和政治领域，而且要提防很多自封为马克思主义经济学家的凯恩斯主义者（参见以上第4章和第5章）：“如果资本主义生产方式在具备或不具备政府干预的条件下，都能保证经济的持续发展和充分就业，那么，为社会主义革命理论辩护的最重要的带有目的性的观点就会不攻自破。”[60]在《资本论》第一卷中，马克思集中研究“资本一般”或“资本的内在属性”，着手于对资本主义的分析，而“资本一般”是从“许多资本”的竞争行为的作用中抽象出来的。从这点看，他已经证明，有机构成提高“不纯粹是一个主张，而是从逻辑上得自资本概念本身”，因为机械化和由它造成的死劳动代替活劳动是必需的，只有这样才能保证资本对生产过程的统治。[61]

耶夫在文中继续谈到，由于存在反作用趋势，利润率下降“不是呈线性的，但是在某些时期它只以潜伏的方式发作，而在其他时期则表现得或强或弱，并以一个危机周期的形式表现出来”。一旦发生“绝对过度积累”，再增加积累并不会增加所生产的剩余价值总量，经济增长就会停止。在耶夫看来，这就是马克思危机理论的全部。从逻辑上说，它与竞争和有效需求是没有关系的，因为：

> 在不考虑竞争的条件下，我们已指出了资本主义本身所具有的生产过剩

和危机趋势。到此为止该论述一直假设所有的商品实际上是以它们的价值出售的，不存在价值实现上的困难；这样得出的是资本主义危机趋势，而资本的生产过剩在没有如此条件的情况下也能推导出。

竞争在解释如何克服危机时的确是有用的；资本“重构”——一个令人想起20世纪70年代的词——保证只有在效率更高、获利最大的条件下，资本才能存活下去：“从这个意义上说，资本主义危机可以被看做是与利润率下降的长期趋势相对立的最强有力的反作用趋势……由于受相反趋势的影响，‘崩溃’停滞的趋势因此采取了循环的形式，而现实中的危机不过是这一相反趋势的极端情况。”[62]

在文章的结尾，耶夫再次评论马克思危机理论中的大量观点，这些观点“把流通过程从资本主义生产过程这个整体中分离出来”。其中消费不足观点，他这样表述：“资本过度积累是商品生产过剩的原因，而后者并不是资本主义生产过程的限制因素。”由此可见，政府活动不可能阻止利润率下降趋势，因为它本身是非生产性的。向政府出售商品（如武器）的资本家所获得的利润是以牺牲其他资本家的利益为代价的，因为这只是“已经生产出来的剩余价值的再分配”。因此，“混合经济并没有从根本上改变传统资本主义制度的矛盾”，它仍具有危机趋势。[63]

这是对利润率下降理论的重新表述，并不是一种合理的辩护。同曼德尔一样，耶夫只是提供了对置盐定理的一种批评意见。他确实把他恰当地称作的“积累过程的内在趋势”，看成是剥削率上升的因素。但是，随着技术进步的继续，减少必要劳动时间变得越来越困难（这是由马克思首先声明的），正是根据这一点，耶夫又否定了他的上述观点。米克勉强承认这个观点，但他的统计资料还是表明利润率最初上升，而且可以想象它能持续相当长的时间。耶夫完全忽视了这一可能性。[64] 他也没有努力去说明长期繁荣的原因，或者去解释几乎长达30年没有发生由积累过度造成的危机的原因，这些危机常被认为是资本本质的组成部分。就此而言，他的分析比曼德尔的要缺乏一定的说服力。

4. 结论

到20世纪70年代中期，利润率下降理论的辩护者们的议程开始分为两部分。在理论上，他们将不得不同置盐定理进行斗争，还击迪金森—米克的非难，而且以一种不同于同义反复的方式来系统表述他们的观点，这种同义反复是"或者利润率下降，或者如果反作用趋势足够强大，利润率不下降"。在经验上，他们必须更加小心谨慎地拿出证据，根据劳动价值标准来计算有机构成和剥削率，并利用这些资料说明利润率的运动，这是一个包括价格在内的比率。最后，他们将必须完全清楚创造剩余价值的生产性劳动和吸收剩余价值的非生产性劳动之间的界线。在第 16 章我们将会看到他们是多么成功。

注释：

1. S. Groll 和 Z.B. Orzech：《从马克思到置盐信雄定理：一个谱系》（'From Marx to the O kishio Theorem：A Genealogy'，*History of Political Economy*，21，1989，第 253—272 页）。

2. 马克思：《资本论》第三卷，中文版第十三章至第十四章，也可参见 M.C. 霍华德和 J.E. 金：《马克思的政治经济学》（*The Political Economy of Marx*，Harlow：Longman，1985，第 2 版），第 200—202 页。

3. G.C. 斯蒂贝林：《平均利润率问题：批判及其补充》（*Das Problem der Durchschnittsprofitrate*：*kritik einer Kritik mit Meinem Nachtrag*，New York：Labor News Co.，1893），第 12 页；参见斯蒂贝林：《剩余价值率和平均利润率研究以及关于平均利润率问题的解答》（*Untersuchungen über die Raten des Mehrwerths und Profits mit Bezug auf die Lösung des Problems der Durchschnittsprofitrate*，New York：New York Labor News Co.，1894）；以及恩格斯为马克思《资本论》第三卷所写的《序言》（见《马克思恩格斯文集》第 7 卷，人民出版社 2009 年版，第 24—26 页）。关于"有奖论文比赛"的详细情况，参见本书第一卷第 2 章。

4. B. 克罗齐：《对马克思利润率下降规律的批评》（'A Criticism of the Marxian Law of the Fall in the Rate of Profit'，1899），参见克罗齐：《卡尔・马克思的历史唯物主义和经济学》（*Historical Materialism and the Economics of Karl Marx*，London：Cass，1966；首版于 1914 年），第 142—158 页；M. 杜冈 – 巴拉诺夫斯基：《英国商业危机的理论和历史研究》（*Studien Zur Theorie und Geschichte der Handelskrisen in England*，Jena：G. Fischer，1901），第 7 章。

5. 杜冈 – 巴拉诺夫斯基：《马克思主义的理论基础》（*Theoretische Grundlagen des Marxismus*，Leipzig：Duncker & Humblot，1905），第 170—186 页。

6. L. 冯・博特凯维兹：《马克思体系中的价值计算和价格计算。首篇论文》（'Wertrechnung

und Preisrechnung im Marxschen System. Erster Artikel'，*Archiv für Sozialwissenschaft und Sozialpolitik*，23，1906，第 49 页）。

7. L. 冯·博特凯维兹：《马克思体系中的价值与价格》（'Value and Price in the Marxian System'（1907），*International Economic Papers*，2，1952，第 36—51 页）。

8. K. 考茨基：《危机理论》（'Krisentheorien'，*Die Neue Zeit*，20，1901—1902，第 37—47 页，第 76—81 页，第 110—118 页，第 133—143 页）。

9. L. 布丁：《卡尔·马克思的理论体系》（*The Theoretical System of Karl Marx*，New York：Kelley，1967；首版于 1907 年），第 142—146 页，第 169 页。

10. R. 希法亭：《金融资本》（*Finance Capital*，London：Routledge & Kegan Paul，1981；首版于 1910 年），第 17 章。

11. R. 卢森堡：《资本积累论》（*The Accumulation of Capital*，London Routledge & Kegan Paul，1951；首版于 1913 年），第 330—338 页，第 367 页；卢森堡：《资本积累：一种反批评》（'The Accumulation of Capital：An Anti-Critique'），载于 K. Tarbuck 编辑的 R. 卢森堡和 N. 布哈林的文章：《帝国主义和资本积累》（*Imperialism and the Accumulation of Capital*，London：Allen Lane，1972），第 76—77 页。

12. G. 冯·查洛索夫：《马克思的体系：阐述和批判》（*Das System des Marxismus：Darstellung und Kritik*，Berlin：Hans Bondy Verlag，1910），第 63 页，第 176 页，第 313—314 页；参阅查洛索夫：《卡尔·马克思论人类的和资本主义的经济：一种新的阐述》（*Karl Marx über die Menschliche und Kapitalistische Wirtschaft：Eine Neue Darstellung Seiner Lehre*，Berlin：Hans Bondy，1909），第 76 页，第 83—84 页。关于查洛索夫对价值理论的贡献，参见以下第 12 章。

13. 同上书，第 45—50 页。

14. 同上书，第 160—161 页，第 184—186 页，第 192 页，第 194 页，第 245 页，第 247 页，作了最初的强调。

15. 同上书，第 196—198 页。

16. O. 鲍威尔：《对查洛索夫〈马克思的体系〉的评论》（*Review of Charasoff*，*Das System*，*Der Kampf*，February 1911）。

17. E. 瓦尔加：《大萧条和它的政治后果：1928—1934 年的经济和政治》（*The Great Crisis and its Political Consequences*：Economics and Politics 1928-1934，New York：Howard Fertig，1974；首版于 1935 年），第 23 页；关于列宁及其追随者的观点，参见本书第一卷第 13 章和第 15 章，以及以上第 2 章。

18. E. 普雷泽尔：《马克思危机理论的本质》（'Das Wesen der Marxschen Krisentheorie' 1924），

载于普雷泽尔：*Politische Ökonomie im 20. Jahrhundert*：*Probleme und Gestalten*（Munich：C. H. Beck，1970），第 49 页，第 52 页，第 58—59 页，第 72 页，第 75 页。

19. H. 格罗斯曼：《资本主义制度的积累和崩溃》（*Das Akkumulations- und Zusammenbruchsgesetz des Kapitalistischen Systems*，*Zugleich Eine Krisentheorie*，Leipzig：C. L. Hirschfeld，1929）；也可参见本书第一卷第 16 章第 1—3 节。

20. 对格罗斯曼的批评反应的评价，参见本书第一卷第 16 章第 4 节。

21. H. 尼斯尔：《作为危机和崩溃的利润率下降规律》（'Das Gesetz der Fallenden Profitrate als Krisen- und Zusammen-bruchsgesetz'，*Die Gesellschaft*，8，1931，第 84—85 页）。

22. O. 鲍威尔：《两次世界大战之间？》（*Zwischen Zwei Weltkriegen*? Bratislava：Eugen Prager Verlag，1936），第 55—57 页。

23. 参见以上第 1 章对刘易斯·科里和 约翰·斯特雷奇 的讨论；关于曼德尔，参见以下的内容。

24. N. 莫斯科斯卡：《马克思的体系：创造性的贡献》（*Das Marxsche System*：*Ein Beitrag zu dessen Aufbau*，Berlin：Verlag Hans Robert Engelmann，1929），第 37—38 页。

25. 同上书，第 86 页。像杜冈一样，莫斯科斯卡混淆了实物量和价值量，以至于我们在说明这一问题时一定要对她的范例进行一些修改。K. Schoer 给出了一个更一般的代数解释，见《莫斯科斯卡与利润率下降理论》（'Natalie Moszkowska and the Falling Rate or Profit'，*New Left Review*，95，1976，第 92—96 页）。

26. 莫斯科斯卡：《马克思的体系：创造性的贡献》，第 118 页。

27. 柴田敬：《关于利润率下降原理》（'On the Law of Decline in the Rate of Profit'，*Kyoto University Economic Review*，July 1934，第 61—75 页）。

28. P. 加雷尼亚尼：《异质资本、生产函数与分配理论》（'Heterogeneous Capital，the Production Function and the Theory of Distribution'，*Review of Economic Studies*，37，1970，第 407—436 页）。

29. 参阅本书第一卷第 3 章。

30. 柴田敬：《关于一般利润率》（'On the General Profit Rate'，*Kyoto University Economic Review*，January 1939，第 40—66 页）。也可参见柴田敬：《世界资本主义的动态和辩证理论》（*Dynamic and Dialectic Theories of World Capitalism*，Kyoto：Minerva Shoho，1959），该书除了技术资料外，还包括对苏联作为一种"国家资本主义生产模式"的分析。

31. 同上书，第 58—60 页。

32. P. M. 斯威齐：《资本主义发展理论》（*The Theory of Capitalist Development*，New York：

Monthly Review Press，1970；首版于 1942 年），第 100—105 页。

33. M. H. 多布：《政治经济学和资本主义》（*Political Economy and Capitalism*，London：Routledge & Kegan Paul，1940，第 2 版），第 94—99 页，第 108—114 页；多布：《评斯威齐的〈资本主义发展理论〉》（Review of Sweezy，'The Theory of Capitalist Development'，*Science and Society*，7，1943，第 270—275 页）。

34. 琼 · 罗宾逊：《马克思论失业》（'Marx on Unemployment'，*Economic Journal*，51，1941，第 243—245 页）；罗宾逊：《马克思经济学论文集》（*An Essay on Marxian Economics*，London：Macmillan，1942），第 42 页。

35. H. D. 迪金森：《马克思经济学中的利润率下降问题》（'The Falling Rate of Profit in Marxian Economics'，*Review of Economic Studies*，24，1956–1957，第 120—130 页）。

36. 用 Y 代表产出，L 代表劳动，K 代表资本，A 和 β 是常数，多布—道格拉斯生产函数是 $Y = AL^{1-\beta}K^{\beta}$。为了使得 $r = AK^{\beta}$，新古典主义理论家们设定利润率（r）等于资本边际产量（$\partial Y | \partial K$）。迪金森指出，如果起始股本是 K_0，当利润率 r 随着资本积累上升到 $K = K_0 / (1-\beta)^{1/\beta}$ 时，接着利润率会下降（同上书，第 125—126 页）。

37. 同上书，第 129 页。

38. 例如 M. 布劳格：《马克思主义经济学和技术变化》（'Marxian Economics and Technical Change'，*Kyklos*，13，1960，第 495—509 页）。

39. 加雷尼亚尼：《异质资本、生产函数与分配理论》；G. C. Harcourt：《关于资本理论的剑桥辩论》（*Some Cambridge Controversies in the Theory of Capital*，Cambridge：Cambridge University Press，1972），第 4 章，也可参见以下第 13 章。

40.R. L. 米克：《利润率的下降》（'The Falling Rate of Profit'），参见米克：《经济学和意识形态及其他观点》（*Economics and Ideology and Other Essays*，London：Chapman & Hall，1967；首版于 1960 年），第 129—142 页。

41. 同上书，第 141 页。

42. 同上书，第 137—142 页；参见迪金森：《马克思经济学中的利润率下降问题》，第 128 页。

43. A. Heertje：《论马克思经济学》（'An Essay on Marxian Economics'，*Schweizerische Zeitschrift für Volkswirtschaft and Statistik*，108，1972，第 33—45 页），重印于 M.C. 霍华德和 J.E. 金编：《马克思的经济学》（*The Economics of Marx*，Harmondsworth：Penguin，1976），第 219—232 页；参见霍华德和金：《马克思的政治经济学》，第 128—132 页。

44. C. C. von Weizsäcker：《论李嘉图和马克思》（'On Ricardo and Marx'），载于 E. C.

Brown 和 R. M. Solow 编：《保罗・萨缪尔逊和现代经济理论》(*Paul Samuelson and Modern Economic Theory*，New York：McGraw-Hill，1983)，第 203—210 页。

45. P. A. 萨缪尔逊：《工资和利息：现代分析或马克思的经济模型》(‘Wages and Interest：A Modern Dissection or Marxian Economic Models’，*American Economic Review*，47，1957，第 884—912 页)。

46. 同上书，第 894 页；N. 置盐信雄：《技术变化与利润率》(‘Technical Changes and the Rate of Profit’，*Kobe University Economic Review*，7，1961，第 85—99 页)，以及《马克思公式的数学注解》(‘A Mathematical Note On Marxian Theorems’，*Weltwirtschaftliches Archiv*，91，1963，第 287—298 页)。(置盐信雄承认自己受柴田敬和萨缪尔逊的影响，对他们二者的观点都有所引用。) 也参见 E.Dietzenbacher：《马克思理论框架中技术变化的含义》(‘The Implications of Technical Change in a Marxian Framework’，*Journal of Economics/Zeitschrift für Nationalökonomie*，50，1989，第 35—46 页)。

47. 马克思：《资本论》第一卷中文版第 25 章。

48. P. 卡丹（C. 卡斯托里亚迪的笔名)：《现代资本主义与革命》(*Modern Capitalism and Revolution*，Bromley：Solidarity，1965)；参见以上第 4 章第 3 节。

49. J. M. 吉尔曼：《利润率的下降》(*The Falling Rate of profit*，London：Dobson，1957)，第 51 页表 3，第 57 页表 4。

50. 霍华德和金：《马克思的政治经济学》，第 128—132 页。

51. 吉尔曼：《利润率的下降》，第 97 页表 H，第 98 页表 5。

52. P.A. 巴兰：《评吉尔曼》(‘Review of Gillman’，*American Economic Review*，49，1959，第 1082—1083 页)；J. 罗宾逊：《利润率下降：一个评论》(‘The Falling Rate of Profit：A Comment’，*Science and society*，23，1959，第 104—106 页)；H. Szlajfer：《垄断资本主义条件下的经济剩余和剩余价值》(‘Economic Surplus and Surplus Value Under Monopoly Capitalism’)，载于 J.B. Foster 和 H. Szlajfer 编：《不稳定经济》(*The Faltering Economy*，New York：Monthly Review Press，1984)，第 276 页。吉尔曼的新近著述坚信消费不足理论，巴兰和斯威齐传统见其著作《危机中的繁荣》(*Prosperity in Crisis*，New York：Marzani and Munsell，1965)。

53. E. 曼德尔：《马克思主义经济理论》(*Marxist Economic Theory*，London：Merlin，1968；首版于 1962 年用法文出版)，第一卷，第 345—349 页；参见同上书，第 349—371 页和第二卷，第 529—536 页。

54. E. 曼德尔：《马克思主义经济理论导论》(*An Introduction to Marxist Economic Theory*，

New York：Pathfinder Press，1967），第 47—51 页，第 51—53 页。

55. E. 曼德尔：《晚近资本主义》（*Late Capitalism*，London：New Left Books，1975；首版于 1972 年用德文出版），第 4—8 章和第 14 章。

56. R. 罗松：《晚近资本主义》（‘Late Capitalism’，*New Left Review*，96，1976，第 67 页）。

57. 同上书，第 61 页作了最初的强调。

58. 关于马蒂克，参见以上第 5 章。罗斯多尔斯基的遗作《马克思〈资本论〉的形成》（*The Making of Marx's 'Capital'*，London：Pluto Press 1977），1969 年用德文首次出版，此前他已经发表了许多颇有影响的文章。格罗斯曼的书的第 2 版于 1970 年在法兰克福出版；参见本书第一卷第 16 章。

59. D.S. 耶夫：《马克思的危机、资本和国家理论》（‘The Marxian Theory of Crisis，Capital and the State’，*Economy and Society*，2，1973，第 188—232 页）。

60. 同上书，第 187 页。

61. 同上书，第 189—190 页，第 195—196 页。

62. 同上书，第 203—207 页作了最初的强调。

63. 同上书，第 213 页，第 218 页，第 228 页作了最初的强调。

64. 同上书，第 201—203 页；参见米克：《利润率的下降》和马克思：《资本论》第一卷第 2 章。

第 8 章　持久的军事经济

1. 引言

战前与战后世界最显著的（而且当然是最危险的）不同，可能就是战胜国军事开支水平的变化。第一次世界大战以后，裁军并没有完成，但是像现在这样规模的军事开支在资本主义和平时期是绝无仅有的。1950 年，英国的军费开支占国民生产总值的 6.6%，法国占 5.5%，美国占 5.1%；10 年以后，这三个国家的军事开支，已分别占国民生产总值的 6.5%，6.5% 和 9.0%。[1] 对这种持久军国主义的一种解释，是自由主义经济学家詹姆斯·托宾后来所描述的军费开支的“天真理论”，该理论把军费开支简单地看作是“对世界事件的反应”。[2] 然而，这并不像听起来那么天真。毫无疑问，1945 年以后有严重的政治障碍阻碍裁军。法国和（不太绝望的）英国卷入了殖民战争，美国正在保卫它刚刚赢得的“非正式的帝国”，而且上述三个国家都在从事与苏联和中国的长期冷战对抗。

可是，马克思主义者不可避免地发现了“天真理论”的不足，因为它忽视军费开支问题的几个重要方面，而且特别是它没有提到高额军费开支可能给世界资本主义体系及这个体系中的民族国家带来的实际利益。首先是意识形态上的利益。军国主义可以促进民族团结，反对可能的外部威胁，并有助于缓和内部阶级对抗。我们将在本章的最后再讨论这个问题。其次是两类间接的经济上的利益。最重要的经济利益是，运用帝国主义势力通过在殖民地和新殖民地投资与贸易，获取超额利润。在这种场合，军费开支对于帝国主义来说是一个支柱，而不是帝国主义本身的一个重要现象。（我们把军国主义经济学从帝国主义政治经济学中分离出来，从某种意义上说是人为的，不熟悉后面问题的读者，应参考以下第 9 章、第 10 章和第 11 章。）另一个很重要的经济利益，是从军事研究和开发中获得了民用的“副产品”，“从圆珠笔经计算机到核能”。[3] 稍后我们就将进一步介绍这样的副产品。

然而，我们这里主要关心的是军国主义可能产生的直接的经济利益。得到军事合同的公司是有利可图的（事实上，是非常有利可图的）。[4] 但是，军费开支如何才能提高整个制度的利润率呢？像大多数自由主义者一样，很多马克思主义者否认这种可能性。一些人认为，军费开支降低了利润率，并因此对资本形成一个净负担。然而，其他马克思主义著述者则认为，军费开支由于下述两个原因之一而是直接有益的。首先是刺激总需求，因而相应地减弱了否则会阻碍剩余价值实现的消费不足趋势。这种观点是（并不局限于）巴兰和斯威齐以及他们的追随者们分析的中心问题（参见以上第 6 章）。其次是有关剩余价值生产而非剩余价值实现。军费开支被认为是抵制利润率长期下降趋势的一个最重要的力量。20 世纪 50 年代和 60 年代初，英国新托洛茨基分子迈克尔·基德隆对这一观点做出了最有说服力的表述，直到现在这一观点仍是英国社会主义工人党的官方立场。

本章的其他几节结构如下。下一节，我们要对古典马克思主义有关军费开支的稍嫌简略而未有定论的观点作出概要总结。接着，我们要考察消费不足论者的观点，并特别注意用经验的方式检验它的可能性。第 4 节将分析军费开支与利润率之间的关系。然后，解决有关军国主义的经济成本、“军工联合体”的作用，以及认为军国主义是一种经济寄生形式等问题。最后，我们将讨论“持久的军事经济”论题的方法论意义。

2. 1939 年之前的马克思主义和军费开支

马克思没有任何关于军费开支经济学的著述。尽管恩格斯在他生命的最后 10 年，对于战争的技术方面和欧洲军国主义的实质性增长具有浓厚的个人兴趣，但他做得比马克思只略多一点 。恩格斯写于 1893 年的小册子《欧洲能否裁军？》，号召通过谈判和用民兵替换常备军的方式来解决国际争端。在恩格斯看来，军费开支给资本主义国家带来的既不是直接的利益，也不是间接的利益，而只是财政毁灭的前景。[5] 德国和俄国的马克思主义者倾向于忽视这整个问题。像恩格斯一样，卡尔·考茨基的确指出了殖民扩张以及与此相关的军事支出所花费的成本，并警告说德国在开销巨大的陆军基础上若还想建设一支强大的海军，则将导致经济上的灾难。当世界战争隐约出现时，考茨基认为，虽然军国主义确实能促进消费需求，但它（像其他非生产性支出一样）是前后矛盾的。资本家确能从军费开支中获利，但从军费开支来源于向利润征税这个角度讲，资本家必然会抵制它。结果，军费支出增长肯定会受到限制，这样就不可能使这一制度克服它的长期的消费不足趋势。[6] 考茨基认为，当他的社会民主党左翼批评家们把军国主义看作资本主义存在的一个必要条件时，他们是弄错了。虽然军事支出有经济上的原因，但它不是不可缺少的，而且裁军具有真实的可能性，尽管这种可能性是靠不住的。[7]

在所有古典马克思主义者中，只有罗莎·卢森堡对军事开支的经济含义表现出最浓厚的兴趣，但是她在《资本积累论》[8]的简短章节中对此所作的分析显然是很难懂的。卢森堡这本书的主题是在剩余价值得以实现的前提下对国外（即非资本主义）市场的需求（参见该书第一卷第6章）。她似乎把军事开支看成是对在海外殖民地和新殖民地开拓的更重要的外国市场的补充，但是她关于包含军事部门的扩大再生产的数学例子，只会使她的观点更加难懂。事实上，关键在于军事支出的扩张如何获得资金上的支持。这里有三种可能性。向工人增加税收只会改变产出的构成（更多的枪炮，更少的黄油），却不能影响总利润或有效需求水平；对利润征收较高的税能否增加资本的全部盈利，取决于它们先前在不征税的情况下的用途；只有在需求不足以实现在一切生产能力都得到充分利用时生产的全部剩余价值时，赤字财政才对需求起刺激作用。从消费不足论者的观点看，军事支出有明显的好处，它“增加生产能力但并没有引起更严重的问题（更不用说资本主义国家在以武器彼此敌对后，由重复建设产生的巨大的新的投资机会）”。[9]

但是，这只表明可以用凯恩斯的术语来理解卢森堡，并不意味着她本人是早熟的凯恩斯主义者。这可能给了她过多的同时也是过少的赞誉。说过多，是因为《资本积累论》的确没有对有效需求问题做出必要的清晰的分析；说过少，是因为这样就忽视了她的广泛的贡献。卢森堡强调，资本主义从军国主义得到了社会的和意识形态上的好处，包括在国内的（缓和阶级矛盾，增加必要的强制力量）和在国外的（强迫自然经济转变为商品经济，把资本和雇佣劳动迅速引进到落后地区）好处。

布尔什维克的经济理论观点，是不会支持卢森堡关于军事开支得到经济好处的看法的。虽然列宁和托洛斯基都没有特别研究过军费开支本身的影响问题，这与他们对帝国主义的分析明显不同，布哈林也是这样做的。按照马克思的再生产图式，布哈林在《过渡时期经济学》中认为，军事生产卷入剩余价值并妨碍了扩大再生产。的确，如果军事产品价值超过了总剩余价值，该制度就将进入“负的扩大再生产”。布哈林相信，这个过程可能被货币价格的通货膨胀所掩盖，但这样的增长是虚幻的。布哈林用含蓄的而不是明显反驳的方式指出：卢森堡对军事经济的研究与实际情况正相反；军事经济的主要影响是毁灭价值生产，而不是有助于剩余价值的实现。以下我们将对此进行讨论。尽管布哈林的观点更具有辩护力，但事实证明到目前为止，卢森堡的观点在马克思主义政治经济学中影响最大。[10]

在已知所有主要资本主义国家大幅度裁军的条件下，就很难认为军事开支是造成20世纪20年代相对经济稳定的原因。只是在1933年以后，随着希特勒统治下的德国军国主义（和德国经济）的惊人复活，人们才严肃地把注意力投向卢森堡的结论。尤金·瓦尔加在写于1937年的文章中，否认军事开支能够保证繁荣。然而，瓦尔加观点的要旨明显的是凯恩斯主义的，并具有浓厚的卢森堡的色彩。他认为，如果军事支出靠向工人阶级征税来获得资金支持，那么总需求将是不变的，发生变化的只是总需求的构成。另一方面，只要“利用的是以前的闲置资本”，贷款支出会扩大需求。也就是说，在一定程度上过剩生产能力已被消灭。两年后，瓦尔加在一个附录中态度更为明确。他写道，军事支出的增长已经“导致德国消灭了失业”，“军备为资本主义提供了一个巨大的而且几乎无限的市场”，它不会以牺牲民用项目为代价的，除非充分就业已经实现后军事支出还继续增加。[11] 瓦尔加是以他背后的第三国际的充分权威来写作的，这就清楚地说明，到1939年，消费不足论、军费支出“吸收剩余”的观点可以看作是斯大林主义的正统理论，以至于斯大林能够免于纳塔莉·莫斯科斯卡对他的指责：他和列宁都未曾努力研究“战时资本主义”这一新现象。[12]

然而，可以从一个完全不同的角度来看待军国主义的复活。如我们在第1章中所看到的，弗里德里克·波洛克（在1941年）认为，在西方，新的国家资本主义不能忍受大量失业，害怕群众反抗。但提高人民生活水平也是危险的，因为这意味着更多的闲暇，更多的反省时间，以及自觉的和革命的反抗这一更大的危险。波洛克的措辞很像战后乔治·奥威尔的小说《一九八四》中的用语。波洛克总结说，资本主义不可能经受住“和平经济”：“只要一国的国家资本主义还没有征服整个地球，总是有大量的机会为永久增长的和在技术上更完善的军事花费掉大部分过剩的生产能力（超过最低生活标准需求的余额）。”[13]

3. 军事支出和有效需求

在《资本主义发展理论》中，保罗·斯威齐把军国主义描写成“抵消消费不足趋势的一个日益重要的力量”，它“为整个资产阶级提供了不断增加的资本投资获利机会”。[14] 但是斯威齐对它的经济影响的分析仅占一页的篇幅；只是到了战后，他和保罗·巴兰才把军事支出置于他们的垄断资本理论的中心（参见以上第 6 章）。斯威齐在 1953 年认为，军事经济的一个不利之处就是高税收。

> 其他方面都是有利的。正是最大的垄断者，最直接地从军事支出中受益；与私人企业没有任何直接或间接的竞争；和军备相伴的仇恨与偏狭的气氛——以莫须有罪名进行的政治迫害、侵略主义、赞扬暴力——营造了一种气氛，有产阶级发现在这种气氛下最易于控制工人、农民和下层中产阶级的思想与活动。

自由的和平运动者所提出的可选方案没有一个能够成功。资本家们将抵制政府民用支出的扩张，而且任何以牺牲利润为代价，通过提高工资来增加消费的企图，都将受到强烈的抵制。事实证明，对军费支出和税收同时并均衡地加以减少并不奏效："利润如此之大，以至于使消费增长局限在狭窄范围内，如果这些利润被大量地投资于扩大民用生产能力，那么结果很快将是一场超额生产能力和生产过剩的危机。"[15]

可能是由于朝鲜战争结束时美国军事支出相对下降，保罗·巴兰在这 4 年后出版的《增长的政治经济学》，很少强调军事支出的稳定作用。然而，军国主义在《垄断资本》中的作用却重大得多，此书把它与"促销"一起作为两个主要的剩余吸收者。[16] 到 1970 年，"军事工业联合企业已经消灭了长期停滞的幽灵"，已变成了美国马克思主义者的一个信条。[17] 巴兰和斯威齐更加慎重，认为能够创造需求的军事支出受到军事的和经济的限制。武器生产的高度资本密集型特点，使得它严重地影响了就业，而且核军备竞赛的致命的非理性在军事组织内越来越得到了公认。巴兰和斯威齐认为，这些限制"预示着永久繁荣能够通过无限扩大军事预算获得保证这一幻想的破灭"，而且预示着停滞和萧条将卷土重来。[18] 严酷的事实是，经济上和军事上的压力都没有像巴兰和斯威齐所预料的那样限制美国的军事支出。军事预算（按当前价格）从 1961 年的 470 亿美元增长到 1984 年的 265 亿美元，1989 年达到 299 亿美元；就是在扣除了由于通货膨胀所造成的物价上涨之后，在越南和里根时代军事支出的大量增加已是很明显的了。[19]

从理论上说，消费不足论者的观点提出了两个重要问题。第一，军事支出是否作为一种经济政策手段而被有意识地执行。第二，军事支出实际上是否已经起到了巴兰和斯威齐以及他们的追随者所主张的刺激作用。就第一个问题来说，要把军事支出有意识地作为一个反周期或反萧条的方法持续地使用下去是十分困难的。要这样做的话，下面的条件是必要的：首先，美国统治阶级意识到了需要这样的手段，并同心协力决心使用它；第二，从宏观经济考虑，军事支出的变化在时间和数量上受到他们的支配。这两个主张似乎都不只是有一点儿的强词夺理（参见以下一些很不确定的证据）。上述两个观点，巴兰和斯威齐都不赞成，他们使用更规范的术语解释战后军事支出的增长：它是美国在政治和经济上支配一个日益敌对世界的不可避免的先决条件。[20] 这不是托宾有关军国主义的“天真理论”，因为它依据的是从帝国主义的霸权主义中增长起来的间接经济利益。然而，任何得自军事支出的直接经济利益，都仅仅是美国超级帝国主义地位的副产品。

这些利益是实在的还是表象的呢？对该问题的研究常常被概念上和技术上的问题所干扰。首先，硬把辩证的马克思主义理论纳入适于正规统计检验的均衡模型，很难说就是合情合理的。这样做不可避免地会使马克思主义理论的研究范围狭窄化，因为众所周知，经过人为加工的大量历史事件，比精确且少量的经济学假设更难于进行经济计量方面的检验。其次，发表的数据总是以市场价格而不是以生产价格来计算的，更不用说以劳动价值来计算了，从正统的马克思主义理论观点来看这些检验，其确切性就值得怀疑了。第三，关于分析的层次，是分析单个的国家还是整个资本主义世界？第四，关于一大堆经济计量上的问题，特别是同时性的问题。仅仅在军事支出和生产能力的利用度之间建立统计关系，丝毫不能说明两者之间何为因、何为果，可能前者是因，后者是果（“装备新的武器促进需求”），或者后者是因，前者是果（“经济增长为更多的军事支出创造了条件”）；当然，也可能它们之间没有任何因果关系。[21]

从马克思主义观点出发，对军事支出进行严格的经济计量学研究的只有两个人。首先是阿尔·西曼斯基，他研究了从 1950 年至 1968 年间 18 个最富的资本主义国家的军事支出、失业和经济增长之间的关系。他最初的观察结果是：军事支出很小——除了英国、以色列和美国外，其他国家都低于国民收入的 4%，以致对军事支出的经济影响产生了严重的怀疑。（然而它更多依赖于国际乘数效应的作用，有关内容将在下面讨论）。紧接着，西曼斯基发现，除了美国之外，以人均收入水平测定的发展阶段与军事支出份额之间没有任何相互关系。如果比较富裕的国家的确生产了相对更多的剩余，并遭受更严重的消费不足，这并没有从它们的军事支出中反映出来。第三，与巴兰和斯威齐的预料相反，西曼斯基发现军事支出和经济增长率之间具有反向关系。只通过一项验证该理论就成立了：西曼斯基真的发现了军事支出较高而失业率又较低的国家。总的来说，剩余吸收方法还是和所观察的资本主义现实不一致。[22]

另一个是罗恩·史密斯，他对消费不足论产生了进一步的怀疑。他认为，由于军事产业投产准备阶段长，加之大多数军备产品的高度资本密集型特点，军事支出不适合作为一项反周期政策。他没有发现这种迹象，即美国增加军事支出的时间选择是受失业趋势影响的。史密斯还发现，1970 年以前，发达资本主义国家军事支出的变化同它们相对的失业率没有关系。和西曼斯基一样，他提供了军事支出与经济增长之间负的横截面关系。史密斯也认为，消费不足论者对军国主义的解释缺乏说服力。[23]

可能有人要提出反对意见，认为横截面关系抓不住检验的要点。如果能够证明美国的军事支出已刺激了日本和西欧的需求，那么，较低的军事支出与消费不足论者的观点将没有关系。[24] 然而有充分的理由说明事实并非如此。首先，仍处在猜测之中的是：没有任何确凿的证据证明，其他资本主义国家的失业率或生产能力利用度指数，同美国军事支出的变化呈线性移动。其次，对于这样的国际需求外溢来说，至少在 20 世纪 50 和 60 年代，美国进口的边际倾向非常低，无法起到扩张经济的主要发动机作用。[25] 第三，具有决定意义的是，在上述 20 年中，美国军事支出的资金来源主要靠增加税收，而不是靠赤字财政。因此，其扩张作用是相对小的。假定军事支出中没有一点用于购买进口商品，那么军事支出本身就会提高美国的国民收入（根据凯恩斯经济学的平衡预算乘数原理），但对国际经济不会有任何影响。[26] 如果其中一部分军事支出用于购买外国商品，将会产生国际乘数效应。然而在这种情况下，该效应会被美国国内经济中需求扩张的缩减而抵消。

这种观点必须加以限定。美国私人投资很可能也存在加速器效应，可以想象这可能已溢出到其他西方国家（比如美国工程技术公司向日本订购机床）。这样会依次刺激全世界的商业信心（并因此刺激投资），虽然很难对之进行经验上的检验。最后，关键是要注意到西曼斯基和史密斯都没有研究 1970 年以后的情况，此间美国经济对于进口渗入开放得多了，在这段时间里（特别是从 1981 年以来），庞大的预算赤字一直是军事扩张的伴生物。因此，他们的结论只适合于早期阶段。然而，这些限制条件没有一项能够弱化这两个本质上否定的结论。军事支出的需求创造效应不可能没有以巴兰和斯威齐所说的方式引起 1945 年以后的“长期繁荣”；而 20 世纪 70 和 80 年代下降的增长率及提高的失业率是有意“改剑铸犁”的结果。

4. 武器和利润率下降

比巴兰和斯威齐更进一步，迈克尔·基德隆把军事支出看做是 1945 年后资本主义成功的关键（参见以上第 3 章第 4 节）。在基德隆看来，它是一个高就业、快速增长和经济稳定在因果关系上起作用的时期，正如 20 世纪 30 年代停滞和不稳定相互作用一样，这些因素也在以同样的方式相互作用。基德隆否定了解释这一变化的几个流行的理由。政府计划以高水平的经济活动为前提条件，如果不具有这个条件，那么，政府计划将是不必要的了。至于战后贸易自由化和技术革新的快速发展，基德隆认为，两者都是在已经提到的因果关系内部起作用。要解释长期繁荣，需要一个自发的外在因素。[27]

对于基德隆来说，这个外在因素就是军事经济。就向利润征税为军事经济提供资金来源来说，军事支出剥夺了资本主义本该用于生产性投资的资源。它们被用于武器生产，引起民用经济中资本有机构成增长速度放慢，因此，明显阻碍了本该出现的利润率下降。基德隆的分析依据的是一个极为重要的命题：军事生产中有机构成的提高，对更广义的经济领域的利润率没有任何影响。武器装备不是供工人消费的，它们也不能直接或间接地作为工资商品产业的生产资料来使用。从这点看，它们倒像由资本家消费的奢侈品。它们既不属于第Ⅰ部类，也不属于第Ⅱ部类，而应属于第三部门，即马克思所说的Ⅱ b（奢侈消费资料生产）和博特凯维兹（在这点上，后来的多数作者都追随他）所划分的第Ⅲ部类。大卫·李嘉图早就认为：这种产业生产条件的改变，只会影响相关商品的相对价格，不会影响一般利润率。19 世纪和 20 世纪之交，博特凯维兹通过一个简单的三部门简单再生产模型证明上述观点是正确的。1960 年，皮罗·斯拉法用更加概括的方法，进一步证实了这一观点。基德隆由此得出结论：永久的军事经济是利润率下降的最新的、很可能也是最有力的反作用趋势。它构成了资本主义发展新阶段的基础，取代了列宁的帝国主义，事实证明帝国主义只是“次高级阶段”。[28]

马克思本人对于李嘉图有关奢侈品生产的分析的合理性游移不定，偶尔也对之作出断然否定。[29] 这样就使得那些不愿意批评自己老师的马克思主义者们，如欧内斯特·曼德尔，拒绝基德隆的观点，认为这一观点是错误的。曼德尔确实指出，军事生产中相对较高的有机构成是一种迹象，它表明军事经济已经加速了利润率下降，并助长了不稳定因素。[30]然而，这是完全错误的。博特凯维兹的简单模型证明，一般利润率与第Ⅲ部类的生产条件是没有关系的，而且这一结果的潜在逻辑是容易理解的。第Ⅰ部类和第Ⅱ部类的生产不需要来自第Ⅲ部类的投入，从这个意义上说，第Ⅰ部类和第Ⅱ部类的生产是自给自足的。这两大部类构成一个独立的子系统，而且它们内部的生产条件单独决定它们本身的利润率。如果整个社会经济的利润率是均衡的，那么，第Ⅲ部类的利润率必须因此调整到由第Ⅰ部类和第Ⅱ部类构成的子系统的一般利润率。第Ⅲ部类固定资本的过度集中，可能使利润率保持在过低的水平，以至于阻碍了利润率均衡地实现，但是，它不会影响第Ⅰ部类和第Ⅱ部类的利润率。[31]最近，相同的观点已经在n个产业的条件下得以建立。皮罗・斯拉法证明，只有“基础”产业，即生产工资商品和生产生产资料的产业，对利润率有影响。而武器生产在技术意义上显然是“非基础”生产活动。[32]

基德隆研究存在的真正问题是很不一致的。从理论上说，他的分析与马克思的利润率下降理论成败与共，我们在第7章看到，他的分析是有严重缺陷的。因此，基德隆关于如果没有持久的军事经济，日益下降的利润率本该使战后资本主义趋向危机的说法，没有任何理论意义。他也没有像人们所希望的那样，使自己的观点得到任何经验上的证明。例如，军事支出在英国产出中所占的比例，从1952年的12%锐减到1970年的5.5%，但并没有引起利润率相应的下降。我们将在下一章看到，利润率发生下降完全可以用其他因素来加以说明。[33]这并不是否定军事支出可能影响利润率。例如，技术上的副产品可以使民用工业的固定资本要素变得廉价，同时，军国主义的思想影响可能会诱使工人接受更低的工资和更高的剥削率。同样，下一节也会涉及这个内容。有些军事支出方法的使用可能会减少利润。但是没有一个能为基德隆的论题提供证据，因为军事支出影响经济的方式是很不同的。

5. 军事支出的成本

西曼斯基曾得出这样的结论：“从根本上说，军事支出不是导致经济增长的原因，而实际上表现出至少是相对停滞的一个原因 。”[34]事实上，起码有三种军事支出方式能够阻碍增长：军国主义可能“挤掉”生产性工业的投资；可能使科学家、技术员和辅助资源从非军事科研与开发项目中转移出去；而且在军事部门内部和更广泛的经济领域培养了骄傲自满和无效率。尽管从军事支出中获得了特殊的既得利润，但如果这些因素起作用，它是以牺牲总资本为代价的。

随机观察支持了军事支出会减少生产性投资这一观点。极端的例子就是，战后英国和美国军事负债沉重，它们比日本的投资率和增长率低得多不可能是巧合；直到最近，日本宪法规定的军事支出占国民生产总值 1% 的限额仍被看作是有约束力的。从时间序列和横截面的资料看，史密斯的经济计量分析揭示了军事支出所占的国民收入份额与民用投资之间的强反比关系。这大概反映了军事生产集中在资本品工业（工程技术、造船和电子），相伴随的是有效需求的严重不足和对由于扩大军事支出造成的私人和公共消费下降的抵抗。[35]

军国主义不仅影响投资的数量，也影响投资的质量，而投资质量主要依赖于技术革新。再一次引用极端的例子，1945 年以来整个英国研究与开发资源的一半以上被用于军事事业。除非有大量的和不断的技术上有用的副产品，否则这一定是以牺牲民用工业的进步为代价的。然而，几乎所有的著述者都承认，军事创新日益变得专业化和秘密化，给非军事资本主义提供的利益越来越少。[36] 而且和直接用于民用的研究费用相比，军事上有用的副产品对经济增长几乎没有太大的影响。

最后，可能最重要的是，军事支出对民用经济的效率、动力和灵活性产生了无形的有害影响。正常的竞争压力一点也不能、或者说仅仅以一种微弱和歪曲的形式作用于军事生产，因为这类产品的唯一大主顾是政府。利润率高得超乎寻常；衡量管理成功的标准是成本最大化（因此也是津贴最大化），而不是成本最小化。当军事需求支撑本该滑坡的产业，而且像电子等新兴部门都服从军事目的时，结构刚性就产生了。松散的和浪费的行为在承包公司的各层次中都会得到奖赏，当它们不能在民用市场生存时，就更加依赖军事生产。在更高度军事化的国家中，国内竞争的整个基础会被严重削弱。[37]

那么，为什么身处这种经济中的资本家会支持军事经济呢？简单的答案可能是，他们并不支持军事经济。克拉伦斯·劳对美国人在 1948 年和 1953 年间（麦卡锡主义时代）态度的仔细研究发现，由于税负、通货膨胀和政府控制，工商界对于增加军事支出的反对是很强烈的。装备新式武器的计划总是排在前面。[38] 当然，强烈支持一个居高不下并还在增长的军事预算的，是那些从中直接受益的公司。对于军国主义的自由批评家们，从科布登和霍布森到梅尔曼，曾抨击既得利益构成了“军工联合企业”。对这一点，退休总统艾森豪威尔（他本人从前是位将军）在 1960 年就曾警告过美国人民。第一次世界大战这一血战刚刚结束，A.C. 庇古就写文章斥责军火生产商提供了“爆炸物，并由此点燃了战争的火焰”；而且他是从比喻，也是从字面的意义上说这些话的。[39] 很多马克思主义者也把军国主义看成是一种经济寄生现象，这里少数人的资本利润是由社会中的其他人（包括大多数资本家）来付款的。用詹姆斯·奥康纳的话来说，国防物资的承包人好像“已经在联邦预算上建了一个永久的流出口，并因此在军备竞赛中投下长期的赌注……因此，大军火商都毫不犹豫地参与国防项目，而不考虑从全国的资本利润来看，这些工程是否具有合理性”。[40] 军国主义强有力地证明了现代资本主义国家经济管理上的失败。[41]

6. 资本主义与和平

回到本章第 1 节曾使用过的概念，军事支出的直接经济效应可能是负的（或者说直到 20 世纪 70 年代末其效应是负的：对美国里根总统执政时期的“军事重新工业化”还有待于进行充分的评价）。[42] 接受这个结论，也就意味着是供给约束而不是需求不足严重地制约了战后资本主义生产的增长[43]，或者由裁军造成的有效需求缺口至少应该能够很快地由增加民用（包括政府）支出加以弥补。这种对凯恩斯观点的驳斥有时也被称为“供给派马克思主义”（参见以下第 16 章），这一称谓并非完全可笑。对于美国来说，军事支出的最初的间接经济效应，由于超过了它的直接成本从而可能是正值，因为它的军事实力的确有助于美国在 1945 年以后统治世界经济达四分之一世纪之久。然而，这又是一对矛盾，因为接下来的平衡预算赤字以及生产投资的挤出效应，都将极大地促进由国防军事支出开始的经济霸权的毁灭。[44] 对于像英国和法国这样在军事支出上投入巨大的其他西方国家来说，平衡表绝对是负的。因此，持久的军事经济不是长期经济繁荣的原因，军事支出的削减也不意味着繁荣的消失。

根据日益增强的社会凝聚力和资本主义阶级关系的日益合法化，可以看出，军国主义在意识形态上仍有影响。这些效应不能量化，而且在某些时刻可能是负的（特别是在越南战争期间）。假定它们总体上是正的，就会提出一个重要的方法论上的问题。从军事支出使资本主义运行更顺畅这一事实出发，并以此认为这就是 1945 年以后军事支出如此高涨的原因。这样的推理合适吗？作这种机制上的解释，马克思主义的分析可以接受吗？或者说因果陈述必须按照个人的理性选择来构建吗？在这些问题上存在着大量的分歧（如在国家理论和劳动过程理论上的分歧），有关内容将在以下第 17 章谈到。

另一个与此联系紧密的问题与马克思主义理论中一个比较传统的争论有关。这就是高额军费支出在多大程度上是由经济因素造成的，而不是由“相对自治的”政治的、战略的和其他上层建筑的决定因素造成的。玛丽·卡尔多认为存在一种武器拜物教。

> 在这种武器拜物教中，武器系统作为彼此独立的金属器具的一小部分，表现为受它自身的消费和生产模式所支配，并把战争模式的军事和工业成分结合在一起。可能是由于我们对炸弹的畏惧，使我们成了武器拜物教的牺牲品，使我们不能辨别它在生产它的社会系统中的意义，并因此使我们在现代军国主义急速发展的势头面前显得无能为力。[45]

承认军事竞争确实拥有其自身致命的动力，无需走得像 E.P. 汤普森那样远，在他看来，自动推进的“灭绝主义”已取代处于世界历史中心的资本主义和社会主义。[46]

这引导我们到达最后的，大概也是最重要的一点。不论其生产过程有多么复杂和矛盾，现代军国主义毕竟是资本主义的产物。那么，在资本主义限度内，它能被克服吗？这是第一次世界大战前夕使卡尔·考茨基感到烦恼的问题。他小心谨慎以免把军国主义是资本主义的创造物（他所接受的）与军国主义是资本主义存在的必要条件（他所否定的）这两种说法混淆起来。因此，考茨基认为，在资本的逻辑中，没有任何力量能够阻止裁军与和平的出现。[47] 鉴于资本主义生产方式具有很强的适应力，我们只能希望考茨基是对的。

注释：

1.D. 史密斯 和 R. 史密斯：《军国主义经济学》（*The Economics of Militarism*，London：Pluto Press，1983），第 23 页。

2.J. 托宾：《过去十年的新经济学》（*The New Economics One Decade Older*，Princeton，NJ：Princeton University Press，1974），第 41—51 页。

3.D. 史密斯和 R. 史密斯：《军国主义经济学》，第 94 页。

4.S. 梅尔曼：《持久的战争经济，衰退中的美国资本主义》（*The Permanent War Economy: American Capitalism in Decline*, New York: Simon & Schuster, 1985），第 140—141 页。

5. 恩格斯：《欧洲能否裁军？》（1893 年）[‘Can Europe Disarm?’，（1893）]，见 O. Henderson：《恩格斯的生活》（*The Life of Friedrich Engels*, London: Cass, 1976）第二卷，第 810—832 页。

6. 考茨基：《老的和新的殖民政策》（‘Altere und Neuere Kolonialpolitik’, *Die Neue Zeit*, 16, 1897-1898 年，第 781 页）；考茨基：《金融资本和危机》（‘Finanzkapital und Krisen’, *Die Neue Zeit*, 29, 1910-1911，第 802—804 页）。

7.K. 考茨基：《5 月 1 日和反对军国主义的的斗争》（‘Der Erste Mai und der Kampf Gegen den Militarismus’, *Die Neue Zeit*, 30, 1911-1912，第 106—109 页）。

8.R. 卢森堡：《资本积累论》（*The Accumulation of Capital*, London: Routledge & Kegan Pall, 1951；首版于 1913 年），第ⅨXXⅡ章。

9.J. 罗宾逊：《卢森堡〈资本积累论〉导言》，第 27—28 页。也可参见 M. 卡莱茨基：《杜冈－巴拉诺夫斯基和罗莎·卢森堡理论中的有效需求问题》[‘The Problem of Effective Demand in Tugan-Baranovsky and Rosa Luxemburg’（1967）]，载于卡莱茨基：《资本主义经济动态论文选》（*Selected Essays on the Dynamics of the Capitalist Economy*, Cambridge: Cambridge University Press, 1971），第 146—155 页，以及 R. 罗松：《罗莎·卢森堡和军国主义政治经济学》（‘Rosa Luxemburg and the Political Economy of Militarism’），载于罗松：《资本主义矛盾与信息》（*Capitalism Conflict and Information*, London: Lawrence & Wishart, 1980），第 250—269 页。

10. 布哈林：《过渡时期经济学》（*Economics of the Transformation Period*, New York: Bergman, 1971；首版于 1920 年），第 3 章；罗松：《罗莎·卢森堡和军国主义政治经济学》，第 251 页，第 260—261 页。

11. 瓦尔加：《两种制度：社会主义经济和资本主义经济》（*Two Systems: Socialist Economy and Capitalist Economy*, London: Lawrence & Wishart, 1939），第 137—138 页，第 238 页作了最初的强调。关于瓦尔加，参见本卷第 1 章。

12.N. 莫斯科斯卡：《希望与现实》（‘Erwartung und Wirklichkeit’, *Periodikum für Wissenschaftliche Sozialismus*, 16, 1960，第 10 页）。

13.F. 波洛克：《国家资本主义：它的可能性和局限性》[‘State Capitalism: Its Possibilities and Limitations’（1941）]，载于 A. Arato 和 E. Gebhardt 编：《法兰克福学派主要读物》（*The Essential Frankfurt School Reader*, Oxford: Blackwell, 1978），第 89—90 页。

14.P.M. 斯威齐：《资本主义发展理论》（*The Theory of Capitalist Development*，New York：Monthly Review Press，1970；首版于 1942 年），第 309—310 页。

15.P. M. 斯威齐：《和平与繁荣》[‘Peace and Prosperity’（1953）]，载于斯威齐：《作为历史的现实》（*The Present as History*，New York：Monthly Review Press，1953），第 364—365 页；参见 M. 卡莱茨基：《与战前相比较的美国经济状况》[‘The Economic Situation in the United States as Compared with the Pre-War Period’（1956）]，载于卡莱茨基：《资本主义转变的新近阶段》（*The Last Phase in the Transformation of Capitalism*，New York：Monthly Review Press，1972），第 85—97 页。

16.P.A. 巴兰和 P.M. 斯威齐：《垄断资本》（*Monopoly Capital*，Harmondsworth：Penguin，1966），第 7 章。

17.H. 金蒂斯：《美国凯恩斯主义和战争机器》（‘American Keynesianism and the War Machine’），载于 D.Mermelstein 编：《经济学：主流读物与激进批评》（*Economics：Mainstream Readings and Radical Critiques*，New York：Random House，1970），第 248 页；参阅 M. Reich：《美国经济需要军事支出吗？》（‘Does the U.S. Economy Require Military Spending？’，*American Economic Review*，62，1972，第 296—303 页）。

18. 巴兰和斯威齐：《垄断资本》，第 211—214 页。这种论点是可疑的，因为它忽视了用于武器生产的投入品生产部门的资本密集性，以及生产投入品的那些部门的资本密集性，等等（关于这个问题，参见以下第 13 章）。

19. 梅尔曼：《持久的战争经济：衰退中的美国资本主义》，第 18 页；SIPRI 年鉴，1989 年，第 136 页。

20. 巴兰和斯威齐：《垄断资本》，第 178—205 页。

21.R. 史密斯：《军事开支与资本主义再观察》（‘Military Expenditure and Capitalism Revisited’，提交给 ESRC 政治经济学研究学会高级研讨会的论文，London，27 February 1987）；R.P. 史密斯：《军事支出的交替模型》（‘Alternate Models of Military Expenditure’，经济学研讨论文，87/17，Birkbeck College，London，1987）；P. Dunne 和 R. 史密斯：《经济合作与发展组织中的军事支出与失业》（‘Military Expenditure and Unemployment in the OECD’，*Defence Economics*，1，1990，第 57—73 页）；军备开支政治经济学研讨会（*Cambridge Journal of Economics*，14，1990，第 395—505 页）。

22.A. 西曼斯基：《军事支出与经济停滞》（‘Military Spending and Economic Stagnation’，*American Journal of Sociology*，79，1973–1974，第 1—14 页）。

23.R. 史密斯：《军事开支与资本主义》（‘Military Expenditure and Capitalism’，*Cambridge*

Journal of Economics，1，1977，第 61—76 页）；E. Chester：《军事支出与资本主义稳定性》（‘Military Spending and Capitalist Stability’，*Cambridge Journal of Economics*，2，1978），第 293—298 页；史密斯：《军事支出与资本主义：一个回答》（‘Military Expenditure and Capitalism：A Reply’，*Cambridge Journal of Economics*，2，1978，第 299—304 页）。

24.Reich：《美国经济需要军事支出吗？》；M. Pivetti：《军事开支和经济分析：一篇评论文章》（‘Military Expenditure and Economic Analysis：A Review Article’，*Contributions to Political Economy*，8，1989，第 55—67 页）。

25. 史密斯：《军事开支与资本主义》，第 68—69 页。

26.M. Bleaney：《凯恩斯经济学的兴衰》（*The Rise and Fall of Keynesian Economics*，London：Macmillan，1986），第 103—104 页。

27.M. 基德隆：《战后西方资本主义》（*Western Capitalism Since the War*，Harmondsworth：Penguin，1970），第 12—13 页，第 42—47 页。

28. 同上书，第 49 页，第 55—61 页；M. 基德隆：《“资本主义：最新阶段”和“帝国主义的第二最高阶段”》（‘Capitalism：The Latest Stage’，and ‘Imperialism Highest Stage but One’），载于基德隆：《资本主义和理论》（*Capitalism and Theory*，London：Pluto Press，1974），第 11—31 页，第 124—142 页；C. Harman：《解释危机：马克思主义的再评价》（*Explaining the Crisis：A Marxist Reappraisal*，London：Bookmarks，1984），第 75—121 页。也可参见 A. Martineau：《赫伯特・马尔库塞的乌托邦》（*Herbert Marcuse's Utopia*，Montreal：Harvest House，1986），第 48 页及其后诸页，第 58 页，第 94 页及其后诸页。

29. 参见马克思：《剩余价值理论》第一册（London：Lawrence & Wishart，1969）第 216 页和同书第二册（London：Lawrence & Wishart，1969）第 423 页。

30.E. 曼德尔:《晚近资本主义》(*Late Capitalism*, London: Verso, 1980)，第 9 章；参阅 F. M. Gottheil：《马克思与马克思主义者对资本主义经济中军事生产的作用的对立》（‘Marx Versus Marxists on the Role or Military Production in Capitalist Economies’，*Journal of Post-Keynesian Economic*，8，1986，第 563—573 页）。

31.L. 冯・博特凯维兹：《对马克思〈资本论〉第三卷基本理论结构的修正》（1907）（‘On the Correction of Marx’s Fundamental Theoretical Construction in the Third Volume of “Capital” ’），载于 P.M. 斯威齐编：《卡尔・马克思及其体系的终结》（Karl Marx and the Close of His System，New York：Kelley，1966），第 206—209 页，第 214—215 页；参见本书第一卷第 3 章第 5 节。

32.P. 斯拉法：《用商品生产商品》（*The Production of Commodities by Means of Commodities*，Cambridge：Cambridge University Press，1960），第 7—8 页；也可参见以下第

13 章。然而，在联合生产系统中，对“基础”商品没有如此简单直观的定义。此外，基础商品生产条件的重要性，有赖于经济理论中剩余方法的正确性；参见以下第 15 章。

33.D. Purdy：《持久军事经济理论——批评和替代》（‘Thc Theory of the Permanent Arms Economy —a Critique and an Alternative’, *Bulletin of the Conference of Socialist Economists*, September 1973），第 21 页；参见以下第 16 章。

34. 西曼斯基：《军事支出与经济停滞》，第 6 页。

35. 史密斯:《军事开支与资本主义》，第 72—73 页；史密斯和史密斯:《军国主义经济学》，第 86—87 页。

36. 基德隆：《战后西方资本主义》，第 63—64 页；史密斯和史密斯：《军国主义经济学》，第 93—96 页；J. Cekota：《军事部门和技术变化》（‘The Military Sector and Technological Change’, *Peace Research*, 19, 1987，第 7—10 页，第 71—74 页）。还可参见 J. M. Cypher：《军事支出、技术变化和经济增长：工业政策的虚假形式》（‘Military Spending，Technical Change and Economic Growth：A Disguised Form of Industrial Policy？’, *Journal of Economic Issues*, 21，1987，第 33—59 页）。

37. 梅尔曼：《持久的战争经济：衰退中的美国资本主义》；M. 卡尔多：《福利与资本主义》（‘Warfare and Capitalism’），载于 E. P. 汤普森编：《灭绝主义与冷战》（*Exterminism and Cold War*，London：Verso，1982），第 261—287 页；参见 C. Barnett：《战争决算》（*The Audit of War*，London：Macmillan，1986）。

38.C.Y.H. 劳：《反对军事支出增长的国家和商业理论》（‘Theories of the State and Business Opposition to I ncreased Military Spending’, *Social Problems*，29，1982，第 424—438 页）。

39.A.C. 皮古：《战争的政治经济学》（*The Political Economy of War*，London：Macmillan，1921），第 24 页。

40.J. J. 奥康纳：《国家的财政危机》（*The Fiscal Crisis of the State*，New York：St. Martin's Press，1973），第 154—155 页。

41.L. 哈里斯：《军事竞赛：一项经济负担》（‘The Arms Race：A Burden on the Economy’, *World Marxist Review*，27，1984，第 89—95 页）；B. Fine 和 L. 哈里斯：《英国经济特色》（*The Peculiarities of the British Economy*, London：Lawrence & Wishart, 1985），第 8 章。

42.J. Lovering：《大西洋军事经济：向积累的军事制度发展吗？》（‘The Atlantic Arms Economy：Towards a Military Regime of Accumulation？’, *Capital and Class*，33，1987，第 129—155 页）。

43. 史密斯与史密斯：《军国主义经济学》，第 86—87 页。

44. 同上书，第 92 页；C.Y.H.Lo：《二战后美国军事开支的矛盾作用》（‘The Conflicting Functions of US Military Spending after World War Two’，*Kapitalistate*，3，1975，第 26—44 页）。也可参见 P. 肯尼迪：《大国的兴衰》（*The Rise and Fall of the Great Powers*，London：Fontana，1989），第 447—698 页。

45. 卡尔多：《福利与资本主义》，第 270 页。

46.E. P. 汤普森：《关于灭绝主义，文明的最后阶段》（‘Notes on Exterminism，the Last Stage of Civilisation’，*New Left Review*，121，1980，第 3—31 页）。

47.K. 考茨基：《5 月 1 日和反对军国主义的斗争》，第 106—107 页；参见卡尔多：《福利与资本主义》，第 283—285 页。

第三篇　新帝国主义理论

第9章　资本主义与不发达

1. 引言

第二篇集中分析了发达资本主义的运行及其变化。每种理论都谋求对"长期繁荣"提供一种解释，理解使它最终受到削弱的矛盾，因此而说明西方工人阶级的被动状态，也为将来的激进化运动寻找根据。在所有的情况下，落后地区的经济结构及其与发达国家经济结构的关系，几乎都不在考虑之列。只有巴兰和斯威齐认为它们比较重要，但即使如此，它们在《垄断资本》中的重要性也只是第二位的。资本主义中心地带稳定和变化的力量，在根本上被认为是通过主要资本主义国家经济的再生产和增长来起作用的。

但是，第二次世界大战之后，其他地区的落后变得越来越明显。那时，发达国家平均的单位资本收入比不发达地区高4倍，18世纪中期这两者大约是相等的，再早200年，很多非欧洲国家比欧洲还要富。[1] 此外，作为一种政治力量，马克思主义主要是在不发达地区获得了发展，而且马克思主义者自然觉得有必要把马克思主义的发展与落后连在一起。这一点本身并不新鲜。正如本书第一卷所证明的，俄国的马克思主义者曾详细思考过这个问题。战后出现的理论的新奇之处在于，它们认为落后是不发达进程的结果，在这一进程中，发达资本主义经济为了阻碍落后地区的发展而扭曲其经济结构。当然，马克思主义者总是认为帝国主义剥削有助于主要资本主义国家的经济增长。但在20年代之前，他们还认为西方的冲击在全球范围内刺激了经济的发展。马克思、恩格斯、考茨基、卢森堡、希法亭以及列宁、布哈林、托洛茨基都普遍相信，帝国主义促进了资本主义经济的发展。[2]

当然，这一问题从来不是这些马克思主义者著作论述的主题，这些马克思主义者是高度的欧洲中心主义者。甚至他们对"帝国主义"这个词的使用也反映了这一点。例如，列宁把帝国主义用作资本主义垄断阶段的同义词，而希法亭和卢森堡则把帝国主义与争夺“经济版图”等同起来。发达国家对不发达国家的控制和剥削，在战后已经成为帝国主义的主要涵义，但在1917年之前，甚至在两次世界大战期间，它的确没被普遍提及。只有考茨基和卢森堡比较接近这个涵义，他们强烈地抵制这种新用法产生的政治联想，在这种新用法中，人们常常会认为“阶级斗争”在现在就意味着剥削和被剥削民族之间的斗争（见以下第3节）。

对已有的帝国主义理论进行修正的责任落到保罗·巴兰身上。在50年代初，他就系统地阐述了关于不发达分析的大部分主要的经济学命题。[3] 这些思想的先兆，甚至能够在权威的，如1928年共产国际的纲要这样的文件中看到（见以下第11章）。两次世界大战期间，斯大林、托洛茨基和其他俄国马克思主义者的偶然陈述中，也有巴兰著作中的观点。[4] 在列宁关于帝国主义已不再是进步力量的论述中，也明显地可见这种新理论的基础。由于他严重依赖希法亭，又与布哈林的观点很接近，所以在希法亭和布哈林的著作中也可见新理论的基础（见本书第一卷第13章）。1920年之后，第三国际强调殖民地国家反帝斗争的重要性，这无疑也为这种理论的重新表达提供了有益的推动。[5] 不过，单单是巴兰的著作，就已对传统马克思主义关于落后国家资本主义经济发展问题作出了明显的突破。一个全面的不发达经济理论第一次得到了系统阐述，它解释了为什么如果没有社会主义革命的介入，发达资本主义中心地带之外的发展就不可能。巴兰的观点后来虽然被安德烈·冈德·弗兰克、伊曼纽尔·沃勒斯坦和“依附理论者”加以扩展，但他们对它改进很少（见以下第3节和第4节）。因而，巴兰可以在现代马克思主义帝国主义理论中占据与希法亭在本世纪初马克思主义帝国主义理论中相类似的地位。他提供了最重要的概念和主要的思想，并为其他理论家进行新的思考留下了足够的空间。

对巴兰主要的影响大概来自保罗·斯威齐。他俩之间持久的友谊开始于1939年，而斯威齐1942年出版的《资本主义发展理论》已简略地暗示了10年后巴兰的观点。[6] 但斯威齐日益转向一种在巴兰的著作中没得到清楚表达的“交换的看法”（参见以下第11章第1节）。劳尔·普雷维什和其他激进的发展经济学家，可能也提供了一些为巴兰所使用的观点，包括成为新帝国主义理论标志的“中心”“外围”等术语。但巴兰强调的既不是（他们所声称的）阻碍了落后地区经济发展的结构刚性，也不是由此得出的想象中的贸易条件的恶化。[7] 相反，他强调不发达正是资本主义根本性质发生作用的结果。苏联经济转型提供的对照显然给巴兰留下了深刻的印象，计划经济在东欧和中国的扩展，也一样给他留下了深刻的印象。这导致他否定改良主义：不管多么激进，改良资本主义都不如中央计划所具有的潜力大，中央计划的本质就是要进行社会主义革命。[8] 与殖民地独立运动一道，民族解放运动的急剧高涨，以及苏联对同盟军及贸易伙伴的需要，这种在巴兰的理论中所具有的斯大林主义色彩，说明了他受到莫里斯·多布以及苏联代言人热烈欢迎的原因。[9]

2. 保罗·巴兰和《增长的政治经济学》

巴兰对不发达理论的第一次简略论述，是在他 1952 年发表的《论落后地区的政治经济学》一文中，之前两年这篇论文曾送交美国经济学会。接着，出版于 1957 年的《增长的政治经济学》对这一理论作了进一步的阐述，该书的主要思想是他 1953 年所作的一系列专题讲座的主题。50 年代和 60 年代，巴兰还写了一些从多个角度探讨不发达问题的论文，其中一些论文结集以《更长远的观点》为题于 1970 年（他已去世）出版。同时，他与保罗·斯威齐合著了《垄断资本》（见以上第 6 章）。这本书讲的几乎全是发达资本主义经济结构的问题，但考虑到巴兰关于落后命题的特性，它也构成其不发达理论的必要的组成部分。[10]

巴兰论述帝国主义问题的核心思想，比马克思主义者还要正统。经济的增长是剩余的大小及对其利用的结果。把剩余用于生产性投资，经济就会增长。剩余积累得越多，增长得就越快。经济出现停滞，要么是因为剩余不足以用来扩大生产力；要么是剩余虽然丰富却被浪费到非生产消费上了。这样，“中心”与“外围”分化的经济史——生产资料的开发被集中到中心地带，外围地区的发展受到阻止——就取决于世界剩余产品在不同地区的分配，以及它们在这些地区被使用的方式。[11]

根据巴兰的观点，这种分化始于 16 世纪，那是西欧国家开始其殖民扩张和原始积累进程的时期。在国内的剩余不断地被投入国内生产的同时，欧洲以外其他国家的剩余也被补充进来使用。这种剩余的转移破坏了拉丁美洲、非洲和大部分东南亚国家的经济增长。巴兰断言，自发的资本主义发展的种子，在 16 世纪到处可见（或者至少在亚洲到处可见）。那时，在全世界都有可能进行资本积累。但结果却被集中到西欧，仅仅因为欧洲对其他地区的控制阻碍了那里早期的资产阶级革命，并根据帝国主义中心的利益重塑了那里的经济。[12] 西欧在现代历史的发端期所拥有的这点小小的、最初的优势，就这样变成了永久的好处，并产生了累加的分化。

为了支持这一论点，巴兰指出印度工业的发展早于对它的殖民控制，并展示了印度的经济在后来是怎样为了英国制造商们的利益而被殖民管理扭曲的：已经建立起来的工业被破坏了，印度经济生产出来的剩余被帝国吮吸。巴兰还拿日本的命运与印度的经历作对比：日本成功地逃脱了殖民控制，并因此而保存了自己的工业，使之未受损害，完成了自己的资产阶级革命，把剩余用于本国的生产性投资。[13] 根据巴兰的观点，一般说来决定一个国家是获得发展还是变得不发达，在于它是被并入一个帝国的经济还是保持自己的独立。

毫无疑问，巴兰夸大了他的例子。断言整个亚洲都处在资产阶级革命的边缘是荒谬的。[14] 巴兰把注意力集中在生产力上，没能看到欧洲以外许多地区的经济特征中前资本主义生产关系的力量。但是，他所坚持的殖民地化破坏了原有的生产力、并掠夺了被殖民者生产的剩余的主张已得到证实。[15] 欧洲的积累速度至少在某种程度上是外围地区所受剥削的函数。尽管如此，这是否导致了不发达仍是一个更有争议的问题。如果外围地区一开始就是落后的——正如马克思本人所认为的——那么，为了帝国的利益对其经济进行重构本身并不构成不发达的证据。相反，这可能是它后来持续增长的必要条件。

除了历史发展问题之外，真正的争议在于殖民地独立后这个过程是否继续起作用。巴兰认为它仍在起作用。他对此所作的补充分析，具有更明显的马克思的成分，包括垄断资本理论、消费不足理论等。他判定垄断资本出现于 19 世纪末，这就开通了把他自己的理论解释为列宁理论的扩展的可能性。[16] 但是，巴兰对垄断资本作用的分析与列宁的分析有很大的区别。在巴兰看来，帝国主义之间的竞争不起什么作用，是消费不足导致了停滞的趋势。投资方式不足以吸收不断扩大的剩余，这样，现代资本主义即使在其国内也不再是一个进步力量。它不再像竞争资本主义一样保持生产力的迅速扩张，而是用浪费的行为挥霍剩余（见以上第 6 章）。

对巴兰来说，外围经济从未间断过，因为新帝国主义毫不费力地取代了殖民控制并继续造成不发达。剩余继续被吸干、枯竭，主要通过外国投资利润返遣回国的方式。这加剧了发达经济剩余吸收的问题，却不能通过外围地区自身扩大投资来缓解它，因为这会威胁到在壕沟保护下的外国公司的垄断地位。巴兰坚持认为，这个问题被外围社会的阶级结构强化了，而它本身又是帝国主义或新帝国主义控制的产物。在那里，无论落后国家的统治阶级拥有什么剩余，它们都不会被用于生产，因为普遍存在的极端不平等妨碍了社会向供大众消费的产业进行有益的投资，巴兰认为这是资本主义工业化的实质。外围地区还受到由买办（代理）资产阶级和封建残余控制的社会结构这一“殖民化遗产”的折磨。第三世界政府任何鼓励自主发展的企图，都会遭到发达资本主义国家、尤其是美国的强烈反对，带来外来干涉的威胁。对外围地区真正的经济发展，垄断资本还不如殖民统治者的兴趣大。[17]

巴兰及其许多追随者对战后不发达状况持续存在的观点，可以概括如下：首先，第三世界落后的原因是外生的而不是内生的，即它们的贫穷在于与西方的联系，而不纯粹是因为内部的经济增长的障碍；其次，这些联系产生的结果是不发达而不是发达，因为富裕资本主义国家既有阻止其发展的强烈动机，又（通过创造依附关系）具备这种能力。它们有一种让落后地区永远保持落后的动机，因为这可以使其对外围地区的资本输出或商品贸易更有利可图。

哈里·马格多夫和其他的巴兰的追随者，为巴兰的主题增添了一些正统的马克思主义的分析。不发达使资本有机构成更低、剥削率更高，因而可以获得比发达国家更高的利润率。它还意味着从中心出口的工业制成品价格更高，从外围进口的原材料价格更低，并且相应地从贸易中获取更大的利润份额。[18] 这就是依附关系有利可图的原因。通过政治、经济权力的行使，它们被保存下来：正式的殖民统治让位于“新殖民主义”或“新帝国主义”（参见以上第 4 章第 1 节），并通过各种经济影响加以强化。对资产的直接占有只是其中的一种方式，对现代技术的垄断控制和第三世界国家日益增长的债务，也发挥着同样重要的作用，这使它们不能拒绝像国际货币基金组织、世界银行这样的帝国主义机构发出的指令。

巴兰及其追随者受到一些相当正确的意见的反驳，这些意见认为，由于富裕地区比贫困地区获得更高的利润，所以想象中的阻挠其发展的动机是一种错觉。1914 年之前，资本没有被输往地球上最落后的地区，而是流向了美洲、大洋洲等生活水平已经很高的“新拓居地”。[19] 另外，战后美国资本输出流向西欧的比流向第三世界的要多。1945 年之后在中心—外围间贸易落后的情况下，发达资本主义经济间的贸易却增长得更迅速。这样，富裕地区好像比贫困国家提供了更有利的市场和投资机会，因此西方资本也没有明显的阻挠落后地区经济发展的动机。它这样做的能力也比巴兰声称的要小。发达资本主义国家对第三世界国家内部事务进行政治、军事干涉的例子很多。[20] 但同时，非殖民也不纯粹是装样子的。至少较大的新独立的国家赢得了相当大程度的真正独立。印度、尼日利亚同巴西、墨西哥一样，都不仅仅是帝国主义的傀儡。

经济独立的证据是有强力的，但它的涵义却并非一目了然。债务的广泛程度已臭名昭著，而且比巴兰的时代要大得多。但是，单独地看，资产占有的地理分布同发展与落后问题是完全无关的。关键的问题不是谁拥有剩余，而是它们被投向哪里。如果这不是事实，别的说法怎么能解释“新大陆”及非洲的第一个实质性的掠夺者——西班牙和葡萄牙在战后的衰落呢？与此相类似，外围的落后也不是因为它受到了中心国家的剥削，而是因为剩余被投向了别处。[21] 而且由于外围经济仍然在技术上依赖于西方，不清楚为什么这会妨碍发展。事实上，技术依赖问题已经引发了两种完全对立的抱怨：第三世界无法接触到最先进的技术；对这些不适宜的生产方法的运用严重地破坏了它们的发展。[22]

对巴兰分析的其他方面提出反对意见也是有可能的：他用“垄断资本”这一术语概括西方经济的特征；他的消费不足理论；他否定第三世界实施出口导向工业化战略的可能性；以及他把美国的对外政策等同于资本的直接经济利益等。垄断资本理论在第 6 章已经作了批判，与消费不足相关的理论问题在几乎一个世纪之前已被杜冈 - 巴拉诺夫斯基所揭示（参见第一卷第 9 章和第 10 章）。如果 50 年代初强调国内市场的重要性还有一定的道理，那么自那以后它无疑已经被世界经济自由化削弱了。1964 年巴兰去世后，工业化可以建立在出口的基础上已变得很明显（参见以下第 11 章）。巴兰的理论所预言的根据收入水平和经济增长率划分的稳定的世界等级已遭到破坏。甚至在《增长的政治经济学》出版之前，情况就已与巴兰的命题有所不符。显然为了促进西欧经济的恢复，马歇尔计划才提出美国向欧洲提供大量的援助。[23] 这里没有任何“阻挠”发展的企图。但巴兰没提到这个重要的反面例证，而是不变地把“援助”描绘成为了保持不发达而进行的资源从中心向外围的转移。[24] 当然，在马歇尔计划下，资源向欧洲的转移，可以通过其反苏联政权的战略目的得到解释，是用来实现其限制苏联发展的深层次利益的，但这笔交易产生相反结果的可能性，巴兰没有进行分析。他也没考虑到美国对第三世界所进行的阻碍其发展的干涉活动，可能出于政治目的，而不是通过保持其落后状况来获取经济利益的。

巴兰看到至少有一些外围地区的经济获得增长，但他把这看成是依附的发展，是中心地带发达资本主义的创造物，缺乏自主的推动力，因而是“扭曲”的。[25] 这个观点受到日本的一些马克思主义者的欢迎，他们宣称，在美国的控制下，日本经济的发展一直屈从于美国资本的需要。日本经济近 40 年的非凡成功使这个命题越来越没有说服力，尽管它作为日本共产党的学说的一部分一直延续到 60 年代。[26] 在其他地方，“扭曲发展”的概念也一直比较流行，尤其在拉丁美洲的依附理论家中。[27] 但他们与巴兰一样，没有提供能把自主发展与依附发展区别开来的标准。当其他经济学家为了检验“依附发展是第三世界的特征，而中心国家是自主的发展”这一假设而这么做时，也没找到对其有利的证据。最明显的反面例子是加拿大，它在经济、政治、文化等许多方面都依赖美国，却享有仅稍低于美国的人均收入。[28]

认为只有跟随苏联的实践才能摆脱落后的信条，在 50 年代被广泛地接受，接受的范围甚至超出了正统的共产主义者的行列。巴兰对这个论题完全不加批判的态度值得注意。斯大林主义镇压运动在他的著述中只是偶然提及，它与苏联生产模式之间存在的密切关系的可能性未予认可。[29] 对于苏联实践常常越过古典经济学最可靠的命题（这些命题马克思本人也已接受）的事实，巴兰认为是有力量的表现而不是其缺陷（参见以下第 11 章和第 18 章）。巴兰忽视了一切，除了为迅速地积累把剩余动员到以重工业为基础的资本密集型加工工业这一点外。[30] 因此他论述问题的方法与莫里斯·多布非常相似，而多布也非常赞赏巴兰的分析。[31]

巴兰在其生命的最后几年，对苏联的社会主义道路表现出一些怀疑。[32] 他 20 年代在俄罗斯时的朋友（包括普列奥布拉任斯基），以及他 30 年代与法兰克福学派的联系，使他不可能对斯大林镇压程度存有迷惑。但与保罗·斯威齐和艾萨克·多伊彻以及在他们之前的奥托·鲍威尔和西奥多·丹（30 年代侨居国外的孟什维克左翼领导人）一样，巴兰也相信苏联的极权主义最终将服从于由经济发展发动起来的自由的潜能。[33] 根据这个观点，斯大林只能用实践中可行的方式来维护社会主义。在这样做的时候，他使用了野蛮的手段，但使用野蛮手段主要是为了消除野蛮主义本身；经济的现代性将会证明，它与极权主义不相容，它将不可避免地带来实质性的民主。社会主义方案将与斯大林所维护的集体所有制一起，向传统观念回归。随着反对这种庸俗的历史唯物主义的逐渐积累，巴兰越来越不满意他在《增长的政治经济学》中对苏联所持的立场。但是直到他 1964 年去世，仍然不情愿、或者说没能提出另外一个可供选择的发展模型，也没有证据表明他抛弃了自己的不发达理论。

对保罗·斯威齐来说，他在 60 年代后期的确中断了对苏联的信仰，转而宣布毛泽东主义的社会主义发展战略是正确的。[34]毛泽东本人实际上把赫鲁晓夫领导下的苏联称为一种资本主义，并谴责它按帝国主义的方式行事。[35]一些东欧共产党在亲身体验了苏联帝国主义之后，可能会对这个观点深表同感，他们像中国一样，经常抵制被并入以比较利益为基础的“社会主义劳动分工”中。[36]在西方，毛泽东主义对苏联的批评被夏尔·贝特兰加以扩展，他试图用革命初期的文件资料证明苏联历史中的蜕化趋势。在这一过程中，贝特兰重复了许多由官僚集体主义和国家资本主义理论家们已经说清楚的观点（见以上第3章）。但贝特兰最终却用缺乏一个至高无上的统治者来解释这种退化。他认为，这个统治者应该能够保持意识形态的纯洁性，在反对用不间断的阶级斗争创造新的社会主义生产关系的同时，也要反对与生产力发展有关的“经济主义”。[37]

与斯威齐和贝特兰一样，在60年代和70年代，许多省悟了的共产主义者及其同情者转向对其他社会主义国家的忠诚，新左派中的年轻一代也加入了他们的行列。[38]巴兰对古巴革命的同情态度表明，如果他活着，很可能也会这么做。对他的不发达理论，苏联不是一个合适的模式，它更符合民族解放运动所引导的第三世界革命，它还影响着格瓦拉和德布雷等人的著述。[39]总之，如果巴兰是对的，外围地区就不存在无产阶级革命的可能性，就必须寻找其他某种途径。但对农民所持的传统观点上的轻视[40]和对斯大林主义重工业发展道路的忠诚，可能妨碍了他对这个问题作任何的重新定位。

3. 弗兰克的修正

20世纪50年代，巴兰发现发表文章非常困难，在他公开表示对古巴革命的支持之后，他在斯坦福大学的职位也受到威胁。[41]但是，《增长的政治经济学》对激进分子产生了巨大的影响。它为像劳尔·普雷维什、达德利·西尔斯和基思·格里芬这样的创新发展经济学家的思想增添了色彩，也受到像萨尔瓦多·阿连德、切·格瓦拉和里吉斯·德布雷这样的马克思主义活动家的强烈崇拜。甚至在毛泽东对苏联霸权的挑战中，也可以看出巴兰思想的成分。同时，它为在理论上理解不发达问题的马克思主义经济学派提供了基础。安德烈·冈德·弗兰克和特奥托尼奥·多斯·桑托斯等依附理论家的著述，代表了巴兰分析的扩展，《每月评论》杂志（保罗·斯威齐和哈里·马格多夫编辑）则被视为是其观点的综合表述。像莫里斯·多布这样的正统共产主义者、像欧内斯特·曼德尔这样的托洛茨基主义者，有时也对它抱有同样热烈的态度。自费尔南德·布罗代尔和伊曼纽尔·沃勒斯坦的理论编纂史中大量引用了多布的一般理论观点后（参见以下第4节），巴兰的影响再也不局限于政治经济学家和革命者之中。[42]

20世纪60年代，弗兰克成为发展巴兰思想的最重要的马克思主义著述者，尤其是在他的《拉丁美洲的资本主义和不发达》一书中。[43]在很大程度上，这本书不过是巴兰的最初命题运用于拉丁美洲后的重新表述。事实上，正是在拉丁美洲，巴兰发现了他的理论的最大支持者，而弗兰克的著作是主要的媒介形式。不过，弗兰克确实在很多方面对巴兰的分析作了修正，而且这些修正产生了久远的影响。他剔除了巴兰的某些较为薄弱的论证，引入别的资料强化其他的分析。最重要的是，他提出一种新的观点，使巴兰对殖民主义及垄断资本的论述普遍化。

弗兰克没有重复巴兰关于早期资产阶级革命和自发资本主义发展在16世纪已是世界范围现象的观点，相反，他认为地球上大部分地区确实是不发达的，而且“不发达地区的发展”是为了迎合帝国主义的需要而进行重建的过程，而不是先前发展的倒退。虽然他也把模仿苏联实践看成是解决不发达问题的途径，但他没有用巴兰对“推理规则”（the rule of Reason）作的那些令人不快的、完全不恰当的引证来判断斯大林主义的合理性。[44]在保留了垄断的重要性的同时，弗兰克集中研究了它对外围地区的影响，但没有强调它在中心地带的停滞趋势。他还提供了很多不发达历程的历史证据，明确地反对新古典主义的国际贸易理论、罗斯托著名的“现代化”理论，以及强调外围社会经济僵化及二元化的重要性的更激进的结构主义。[45]

所有这些超出《增长的政治经济学》并不太远，巴兰论题真正重要的缺点在弗兰克的著作中仍然显而易见。但在看待问题的角度上，弗兰克发生了一种具有特殊意义的变化。他用交换关系概念来定义资本主义：为了市场而不是为了直接使用而进行的生产使经济活动资本主义化。无论所有权关系是否包括雇佣劳动或奴役，只要产品是用来交换的，就足以把它定义为资本主义。而且在弗兰克看来，所有的市场都只是一个唯一的世界市场的组成部分，因此每个资本家的活动都是全球劳动分工的一部分。不同的“劳动控制模式”[46]仅仅是特殊环境下最佳的生产方式，它们都是利润最大化的产物。由此可见，拉丁美洲从16世纪最初参与世界经济的时候就已经是资本主义了。[47]

弗兰克坚持认为，垄断从一开始就是资本主义世界经济的特征。这个体系一直包括一系列“链条”，在这“链条”中，“卫星”的剩余被“中心”榨取，而这些“中心”本身又可能是更高层次的“中心”的“卫星”。这些链条在国内与在国家之间一样起作用，因此，存在一个拉长了的剥削关系的连续统一体。弗兰克注意到，资本主义世界经济在其产生以来的五个世纪中，发生了一些重要变化，但他认为这都是“连续性的变化”，而其基本结构没有发生变化。[48] 这个结构依次地、经常性地表现为一个零和关系的矩阵，在这个矩阵中，中心的财富是直接从卫星榨取的剩余。这样，对弗兰克来说，经济发达和不发达就是互补并存关系，它的经典表达可以在早期重商主义者的思想中发现。[49]

虽然在巴兰的理论中有可能发现这些议题的线索[50]，但总的说来，他自己的观点明显地与此不同。巴兰把资本主义看作是一种由特定的社会关系界定的生产方式，这同早期马克思主义的概念非常接近。他对发达资本主义中心与外围间的关系所作的对比说明，比弗兰克的“中心—卫星链条说”清楚得多。对巴兰来说，垄断资本是资本主义发展的一个特殊阶段。在毫不怀疑地认为它是寄生的同时，他站在标准的马克思主义立场上，把较早期的资本主义形式毫不含糊地看作是进步的。因为剩余的榨取主要与发展生产力有关，而且正是从计划经济能迅速积累这一点上，巴兰看到了第三世界的救星。

弗兰克的思想相当松散，而且到处都有摸棱两可的东西。真正的难题在于他的资本主义概念，它把中心—卫星关系的连续统一体与把剥削看成是零和博弈的现象很好地协调起来。正是这一点，在 70 年代引起了较为正统的马克思主义者的猛烈抨击（参见以下第 11 章）。但在 60 年代，弗兰克修正的理论受到了广泛的拥护，因为它呼应了当时流行的革命理论。外围是可以在发达资本主义内部找到的，它有助于识别第一世界的被压迫的、被边缘化的人与第三世界的这些人。同时，这部分西方的无产阶级是相对富裕的，他们的相对富裕来自于对第三世界这些群体的剩余的榨取。他们可以依次被认为是真正的世界革命的力量，因为正是他们的苦难支撑着全球资本主义的整个结构。[51]

到 60 年代末，弗兰克超越了拉丁美洲不发达问题，转向更广泛的世界经济主题。[52] 这也是萨米尔·阿明和伊曼纽尔·沃勒斯坦关注的中心问题，而且正是沃勒斯坦创建的“世界体系”理论，从那时起成了这一领域最有影响力的学说。这个理论与弗兰克 60 年代所持的观点有非常密切的关系，但同时也作了一些修正，增强了它的说服力。这样，随着世界体系理论在 70 年代初期的兴起，巴兰首创的不发达理论经历了第二次修正。

4. 沃勒斯坦对弗兰克的修正

伊曼纽尔·沃勒斯坦的世界体系理论，稳固地建立在弗兰克的资本主义作为交换体系的概念之上。对沃勒斯坦来说，资本主义生产方式是用“市场导向的生产”来定义的，其中不同的劳动控制方式是不同条件下利润最大化的结果，每种方式都是世界经济分工的一个构成要素。[53] 他经常认为，这个系统是剩余价值零和转移的一种方式[54]，虽然这个观点并没有被始终如一地表达出来。[55] 与弗兰克一样，他的著述也在许多问题上表现出含混不清和明显的矛盾。沃勒斯坦有时也会提到中心—卫星链条的存在[56]，但通常更强调的是世界资本主义经济的三形态的划分：处在顶层的是由富裕的强国构成的核心层，底部由第三世界的大部分国家构成，在这两者之间的“半外围”层，其特征表现为中心要素和外围要素的凸形结合。沃勒斯坦把大部分拉丁美洲国家划入半外围国家，考虑到这些国家的人均收入比大部分落后国家要高得多，对此就不会感到奇怪了。[57]

这个观点在沃勒斯坦对 16 世纪——他认为是资本主义的发端期——以来世界经济史的研究中丰满和充实起来。迄今为止，《现代世界体系》虽然只出版了三卷，但沃勒斯坦在大量的论及 19 世纪中期以来众多题材的论文中，已经勾画出了计划写作的第四卷和最后一卷的论点。[58] 中心的问题主要集中在 longue durée 上（即很长的时期），这反映了费尔南德·布罗代尔对他的影响。虽然沃勒斯坦承认资本主义发展存在不同的阶段，但与弗兰克一样，他也强调“变化中的连续性”。沃勒斯坦还宣称他的总体观点与马克思的精神实质很接近（如果说在形式上有所不同的话），传统马克思主义的论题在他的书中的确比在弗兰克的书中更明显。但沃勒斯坦把所有研究不发达问题的著作，都看成本质上是马克思主义的，他还认为“世界体系理论”是其巅峰，因为它表达的是巴兰和弗兰克仅仅作了粗略勾画的分析的完成形态。[59]

其实，“不发达”和“依附”在沃勒斯坦的书中并不占中心位置，而且由于他对世界经济中所有要素间普遍存在的相互依赖关系的重视，“不发达”和“依附”已黯然失色。而且因为总是存在核心层、半外围层和外围层，所以也存在着社会、经济的变动性。对沃勒斯坦来说，特定国家的位置一直是在变化的，特别是存在着从两个方向进入和退出半外围层的运动。沃勒斯坦在《现代世界体系》中分析了这种变化，确认了各种复杂的、起作用的力量。但作为一般规律，他认为政府机构起的积极作用是最关键的。[60] 因此，与巴兰和弗兰克不同，沃勒斯坦把政治独立看成是战胜不发达的先决条件。他还把每个国家看成是民族资产阶级的代言人（需要根据他对资本主义下的定义作比较宽泛的理解，在这里，传统马克思主义把资本主义看作特殊的社会关系的定义不起作用），所以他的理论体系有足够的灵活性，能与列宁的不平衡发展理论、帝国主义相互竞争理论，以及美国的“超帝国主义”理论等融合在一起。[61]

同时，沃勒斯坦贬低巴兰和弗兰克两人对苏联社会主义道路所赋予的重要意义。实际上，他坚持认为，没有一种办法能让一个单独的国家从世界资本主义体系中摆脱出来。他认为，蜕化的工人政府、官僚集体主义及国家资本主义这些概念，对关于苏联性质的大部分争论而言是没有意义的，因为它假定内部的社会关系至关重要，用对革命的“背叛”这种术语进行的任何分析也是幼稚的表现。他以同克利夫同样的理由，认为苏维埃是国家资本主义（参见以上第 3 章）：通过来自其他国家的军事和经济竞争压力，价值规律支配着苏联经济。布尔什维克的革命在很大程度上与革命的目的无关，而是一种更为普遍的现象的例证，即通过更新国家政权和重建经济从半外围升入中心的例证。[62]

沃勒斯坦完全赞同早期布尔什维克的奋斗目标，相信他们领导的运动代表了真正的“反体系”的力量。中国共产党也是这样。毛泽东在“文化大革命”中努力通过不间断的阶级斗争反对官僚主义化和反对“走资本主义道路的当权派”，抵抗来自世界资本主义经济的压力，这给沃勒斯坦留下了极其深刻的印象。不过，在他看来，没有一种办法能使任何革命成功，因为资本主义世界体系太强大，最终控制着全球经济的所有组成部分。沃勒斯坦用中国和苏联在世界经济体系中所处的不同地位，解释从 50 年代开始的中苏冲突：苏联已经成功地获得了核心层地位，而中国仍然处在外围，于是剩余占有的逻辑必将显示自己的作用。[63]

但无论是俄国革命还是中国革命，或者是第二次世界大战以来其他外围地区的民族解放运动，都没被看作是 20 世纪通向资产主义现代化的“普鲁士道路”的翻版（参见以下第 11 章第 1 节）。沃勒斯坦认为，它们代表了在下两个世纪最终会取得胜利的世界“反体系”运动的开端。他拥护以上第 3 节结尾处描绘的革命方案，并坚持认为只有他的经济分析，才能解释那些信奉马克思主义而表面上不同的运动。[64] 只有把资本主义看成是一个世界体系，并用这些术语解释马克思主义政治经济学的概念，才能懂得马克思的“无产阶级”是怎样地被普遍用来指代被压迫者和被剥削者的。这里，沃勒斯坦的观点与弗兰茨·法农和赫伯特·马尔库塞的异端观点非常接近。更为传统的马克思的思想，把以国家为单位的社会关系看成是解释生产方式的基础，它在解释在马克思主义旗帜下谋求推翻资本主义的大量革命运动时，说服力还不全面。[65]

尽管重新融入了资本主义世界经济，但马克思主义革命一直是进步的。它们根除了奴役的社会关系，虽然未能实现社会主义，但社会主义理想在官方的思想意识中保留了下来。[66]"反体系"革命运动将在世界体系的其他地方继续发生，虽然它们也不能从资本主义中摆脱出来，但它们会以同样的进步方式发挥作用。最终，资本主义矛盾将带来世界范围内反体系力量的联合，社会主义将取得胜利。[67]

沃勒斯坦对这个过程的经济学的阐述非常模糊，它包含了让人回想起罗莎·卢森堡的消费不足论，并掺杂有康德拉季耶夫和熊彼特的周期理论。[68]他用如下的话概括自己的观点：

> 资本主义世界经济史证明，这个体系的增长或"发展"始终是不稳定的，一直发生着像波浪一样起伏不休的扩张、收缩……因为生产是在个人对积累的追求中扩大的，所以它总会定期地达到这样的临界点，在这个临界点上，世界经济的产出量会超过基于现存世界收入分配状况的有效需求……接下来的停滞时期既会减少总生产，又会带来阶级斗争，它迫使世界收入向世界经济的较低层重新分配。这种重新分配至少在核心层扩大了市场，并能根据最顶层的利益，通过让新的地带并入世界经济从而增加一个获得极低收入的新的组成部分而得到最有效的补偿。[69]

根据沃勒斯坦的理论，收缩阶段不会威胁资本主义的存在，因为存在着一个有规律地导致逆转的机制。但他确实相信资本主义世界经济已经进入了一个早在20世纪就开始的"长期危机"之中。这种体系的外部边界的扩张、直接生产者的无产阶级化等使有效需求得到恢复的措施，正在接近极限。在政治上，这一点表现为"反体系运动"的兴起。[70]无产阶级化（在这里，沃勒斯坦是在标准的马克思主义意义上使用这个词）的后果就是减少了这些运动内部以及它们之间的区别，使它们在世界范围内联合起来。然后，他们将向整个资本主义发起总攻，而不是像过去那样局限于摆脱资本主义的、必定会失败的民族斗争。换言之，资本主义（沃勒斯坦理解的）与资本主义（马克思理解的）距离越近，真正的社会主义解放离我们就越近。斯大林、巴兰和弗兰克都相信，社会主义社会可以与资本主义共存，与之展开竞争，并在使之不断受损的情况下日益壮大。但这是一个幻想。因为根据沃勒斯坦的理论，资本主义是一个世界体系，它必须在这个层面上被推翻，社会主义只能在世界范围内实现。[71]

这样，沃勒斯坦回到了马克思本人的主题，但他的路径却很不相同。虽然马克思和恩格斯的著作中有多种多样的含混不清，但与沃勒斯坦相比却算不了什么。事实上，人们对世界体系理论提出的最常见的责难之一，同对弗兰克及依附理论家提出的反对意见是一样的，那就是缺乏概念的精确性和分析的严密性。在涉及他们经济学的核心问题，即剩余概念和剩余转移问题时，这个问题特别尖锐。不像巴兰有时会在这些问题上详细地解释自己的观点，沃勒斯坦特别含糊不清。他经常提到垄断，但他不仅在非常不同的涵义上使用这个词，而且似乎还把它看成是不平等交换的同义语。在一些观点上，他从阿格里·伊曼纽尔的理论中寻求支持[72]。在第 11 章对不发达理论批判之前，下一章我们将批判地考察伊曼纽尔的分析。

注释：

1. J. 法兰德：《21 世纪的人口和世界经济》（*Population and the World Economy in the 21st Century*，Oxford：Basil Blackwell，1982），第 162 页。

2.M.C. 霍华德和 J. E. 金：《马克思的政治经济学》（*The Political Economy of Marx*（Harlow：Longman，1985），第 2 版，第 14 章；A. Brewer：《马克思主义的帝国主义理论》（*Marxist Theories of Imperialism*，London：Routledge & Kegan Paul，1980）；也可参见本书第一卷。

3. 保罗·巴兰：《讨论》（'Discussion'，*American Economic Review*，41，1951，第 355—358 页）；巴兰：《国家的经济计划》（'National Economic Planning'），载于 B.F.Haley 编：《当代经济学概观》第三卷（*A Survey of Contemporary Economics*，Homewood，Ill.：Irwin，1952），第 355—403 页；巴兰：《论落后地区的政治经济学》（'On the Political Economy of Backwardness'，*Manchester School*，20，1952，第 66—84 页）；巴兰：《增长的政治经济学》（*The Political Economy of Growth*，Harmondsworth：Penguin，1973；首版于 1957 年）；巴兰：《更长远的观点》（*The Longer View*，New York：Monthly Review Press，1970）。

4.F. Claudin：《共产主义运动：从第三国际到共产党和工人党情报局》（*The Communist*

Movement：*From Comintern to Cominform*，Harmondsworth：Penguin，1975）；比尔·沃伦：《帝国主义：资本主义的先锋》（*Imperialism*：*Pioneer of Capitalism*，London：New Left Books，1980）；M. N. 罗伊：《罗伊选集（1917—1923）》第一卷（*Selected Works*：*Volume* Ⅰ，1917–23，New Delhi：Oxford University Press，1987）；罗伊：《罗伊回忆录》（*M. N. Roy's Memoirs*，Bombay：Allied Publishers，1964）：O. Kuusinen：《马克思主义 – 列宁主义的基本原则》*Fundamentals Of Marxism-Leninism*，Moscow：Foreign Languages Publishing House，1928）；A.Foster-Carter：《新马克思主义关于发达和不发达的观点》（'Neo-Marxist Approaches to Development and Underdevelopment'，*Journal of Contemporary Asia*，3，1973，第 7—33 页）；A. Pronin：《印度》（*India*，Moscow：Foreign Languages Publishing House，1940）；M. Blomström 和 B. Hettne：《过渡中的发展理论》（*Development Theory in Transition*，London：Zed，1984）；列夫·托洛茨基：《托洛茨基文集（1930）》（*Writings of Leon Trotsky*，New York：Pathfinder Press，1975–1981），第 242—246 页，第 324 页；《托洛茨基文集（1933—1934）》，第 306 页；《托洛茨基文集（1937—1938）》，第 324 页，第 358—361 页，第 430 页；《托洛茨基文集（1938—1939）》，第 26 页，第 33—35 页，第 326—329 页；也可见以上第 2 章第 2 节。

5.Claudin：《共产主义运动：从第三国际到共产党和工人党情报局》。

6.J.E. 金：《经济学的放逐》（*Economic Exiles*，London：Macmillan，1988），第 8 章。

7.L. E. Di Marco 编：《世界经济和发展：祝贺劳尔·普雷维什论文集》（*International Economics and Development*：*Essays in Honor of Raul Prebisch*，New York：Academic Press，1972）；I. M. D. Little：《经济发展》（*Economic Development*，New York：Basic Books，1982）。

8. 巴兰：《国家的经济计划》。

9. 莫里斯·多布：《经济增长和不发达国家》（*Economic Growth and Underdeveloped Countries*，London：Laurence & Wishart，1963）；E. K. Valkenier：《第三世界的东西经济竞争》'East-West Economic Competition in the Third World'，载于 M. D. Shulman 编：《第三世界中东西方的张力》（*East-West Tensions in the Third World*，New York：Norton，1986），第 6 章。

10. 见以上注释 3，以及以上第 6 章。

11. 巴兰：《增长的政治经济学》，第 1 章，第 2 章；也可参见以上第 6 章。

12. 巴兰：《增长的政治经济学》，第 268 页。

13. 同上书，第 68 页，第 277 页，第 285 页。

14. 琼·V. 罗宾逊：《评〈增长的政治经济学〉》（Review of The Political Economy of Growth，*Nation*，184，1957，第 485—486 页）；N. 卡尔多：《评〈增长的政治经济学〉》（Review of The Political Economy of Growth，*American Economic Review, 48*，1958，第 164—170 页）。

15. 基思·格里芬和 J.Gurley：《对帝国主义、第三世界和向社会主义过渡的激进分析》（‘Radical Analysis of Imperialism，the Third World，and the Transition to Socialism’，*Journal of Economic Literature*，XXIII，1985，第 1089—1143 页）。

16. 巴兰：《增长的政治经济学》，第 112 页及其后诸页。

17. 同上书，第 120 页，第 237 页，第 300 页及其后诸页，第 337 页及其后诸页，第 358 页及其后诸页，第 364 页及其后诸页，第 404 页，第 410 页及其后诸页。

18. 巴兰本人对这一最终的观点几乎没有作什么解释，但他的一些信徒对此作了强调。例如，参见哈里·马格多夫：《帝国主义时代：美国对外政策的经济学》（*The Age of Imperialism：The Economics of U.S. Foreign Policy*，New York：Monthly Review Press，1969），第 43—54 页。

19.R. Nurkse：《反发展贸易模式》（*Patterns of Trade anti Development*，Oxford：Blackwell，1961）。

20.N. Chomsky：《论权力和意识形态》（*On Power and Ideology*，Montreal：Black Rose，1987）；E. Kolko：《面对第三世界》（*Confronting the Third World*，New York：Pantheon，1988）；S. E. Ambrose：《上升到全球主义》（*Rise to Globalism*，Harmondsworth：Penguin，1989），第 5 版；F. Halliday：《冷战、第三世界：评苏美关系》（*Cold War，Third World：An Essay on Soviet-American Relations*，London：Hutchinson，1989）。

21.M.C. 霍华德：《费尔南德·布罗代尔论资本主义：一种理论分析》（‘Fernand Braudel on Capitalism：A Theoretical Analysis’，*Historical Reflections*，12，1985，第 469—483 页）。

22. 比较阿格里·伊曼纽尔的《适当的或落后的技术？》（*Appropriate or Underdeveloped Technology*? Chichester：Wiley，1982）和 E. F.Schumacher 的《小的是美好的》（Small is Beautiful，London：Blond & Briggs，1973）。

23. 菲利普·阿姆斯特朗、安德鲁·格林和约翰·哈里森：《第二次世界大战以来的资本主义》（*Capitalism Since World War II*，London：Fontana，1984），第 106—112 页，第 125—126 页，第 154—155 页，第 161—162 页；M. J. Hogan：《马歇尔计划》（*The Marshall Plan*，Cambridge：Cambridge University Press，1987）。

24. 巴兰：《增长的政治经济学》，第 77—86 页，第 241 页。

25. 巴兰：《增长的政治经济学》，第 127 页，第 274—278 页，第 325 页及其后诸页，第 360 页，第 431 页。

26.T. Morris-Suzuki：《日本经济思想史》（*A History of Japanese Economic Thought*，London：Routledge，1989），第 108—111 页。

27. 特奥托尼奥·多斯·桑托斯：《依附的结构》（‘The Structure of Dependence’，

American Economic Review，60，1970，第231—236页）；T. H. Weaver和M. Berger：《马克思主义对依附理论的批评》（'The Marxist Critique of Dependency Theory：An Introduction'），载于*C.Wilber*编：《发展和不发展的政治经济学》（*The Political Economy of Development and Underdevelopment*，New York：Random House，1984，第3版），第45—64页；Blomström和Hettne：《过渡中的发展理论》。

28.S. Lall："'依附'概念对于分析不发达问题是否有用"（'Is "Dependence" a Useful Concept in Analysing Underdevelopment？'，*World Development*，3，1975，第799—810页）；Little：《经济发展》第Ⅳ部分（*The Economist*，4，November 1989，第123页）。

29. 巴兰：《增长的政治经济学》，第14页，第28页，第55页，第57页，第409页．

30. 同上书，第8章。

31. 多布：《经济增长和不发达国家》；也可参见以上第2章。

32.P. Clecak：《激进的悖论：美国左派的两难选择（1945—1970年）》（*Radical Paradoxes*：*Dilemmas of the American Left*，1945–70，New York：Harper & Row，1973），第1章，第2章，第4章。

33. 艾萨克·多伊彻：《武装起来的先知》（*The Prophet Armed*，Oxford：Oxford University Press，1954），第291页，第513页；多伊彻：《被解除武装的先知》（*The Prophet Unarmed*，Oxford：Oxford University Press，1959），第vii，第199—200页，第262页，第464页及其后诸页；多伊彻：《被放逐的先知》（*The Prophet Outcast*，Oxford：Oxford University Press，1963），第92页及其后诸页，第102页及其后诸页，第308页及其后诸页，第510页及其后诸页，第521页；多伊彻：《斯大林》（*Stalin*，Harmondsworth：Penguin，1966），第14页，第244页，第553页，第557页及其后诸页，第609—613页；多伊彻：《巨大的竞赛》（*The Great Contest*，New York：Oxford University Press，1960），第20—21页；多伊彻：《历史的嘲弄》（*Ironies of History*，New York：Simon & Schuster，1966），第17页，第23页，第25页，第30—31页；多伊彻：《未完成的革命》（*The Unfinished Revolution*，New York：Oxford University Press，1967），第38页，第53—58页，第104—107页；多伊彻：《斯大林之后的苏联》（*Russia After Stalin*，London：Hamish Hamilton，1969），第55页，第64页，第96页，第101页，第165—175页；M. Croan：《对苏联独裁专制的展望》（'Prospects for the Soviet Dictatorship：Otto Bauer'），载于L. Labedz编：《修正主义》（*Revisionism*，London：Allen & Unwin，1962），第281—296页；L. H. Haimson编：《孟什维克：从1917年革命到第二次世界大战》（*The Mensheviks*：*From the Revolution of 1917 to the Second World War*，Chicago：University of Chicago Press，1974）。

34.Clecak：《激进的悖论：美国左派的两难选择（1945—1970 年）》，第 5 章。

35. 毛泽东：《对苏联经济学的批判》（*A Critique of Soviet Economics*，New York：Monthly Review Press，1977）；《人民日报》编辑部：《毛主席关于三个世界区分的理论是对马克思列宁主义的重要贡献》（'Chairman Mao's Theory of the Differentiation of the Three Worlds is a Major Contribution to Marxism-Leninism'，*Peking Review* 45，1977），第 10—41 页。

36.M. Ellman：《社会主义的计划》（*Socialist Planning*，Cambridge：Cambridge University Press，1989），第 272—276 页，第 278 页，第 288 页，第 294 页。

37. 见贝特兰发表在保罗・斯威齐和夏尔・贝特兰：《向社会主义的过渡》（*On The Transition to Socialism*, New York：Monthly Review Press, 1971）一书中的文章，并参见夏尔・贝特兰：《苏联的阶级斗争》（*Class Struggles in the USSR*，New York：Monthly Review Press，1976 and 1978），第一卷和第二卷。

38.Clecak：《激进的悖论：美国左派的两难选择（1945—1970 年）》；D. Caute：《同路人：共产主义的知识分子朋友》（*The Fellow Travelers*：*Intellectual Friends of Communism*，New Haven，Coun.：Yale University Press，1988），第 III 部分。

39.S. Schram：《毛泽东思想》（*The Thought of Mao Tse-Tung*，Cambridge：Cambridge University Press，1989）；里吉斯・德布雷：《切的游击战争》（Che's Guerilla War，Harmondsworth：Penguin，1975）；H. Ramm：《里吉斯・德布雷的马克思主义》（*The Marxism of R. Debray*，Lawrence：Regent's Press of Kansas，1978）。

40. 巴兰：《增长的政治经济学》，第 39 页，第 122 页，第 416 页，第 435 页，第 437 页。

41. 金：《经济学的放逐》，第 176 页。

42. 同上书，第 177 页；格里芬和 Gurley：《对帝国主义、第三世界和向社会主义过渡的激进分析》；Blomström 和 Hettne：《过渡中的发展理论》；Clecak：《激进的悖论：美国左派的两难选择（1945—1970 年）》。

43. 安德烈・冈德・弗兰克：《拉丁美洲的资本主义和不发达》（*Capitalism and Underdevelopment in Latin America*，Harmondsworth：Penguin，1971）；首次出版于 1967 年）。

44. 巴兰：《增长的政治经济学》，第 119 页，第 139 页，第 145 页，第 155 页，第 424 页，第 428 页；弗兰克：《资本主义和不发展》（*Capitalism and Underdevelopment*），第 22 页，第 144—145 页，第 235 页，第 304—305 页，第 346 页。

45. 安德烈・冈德・弗兰克：《拉丁美洲：不发达或革命？》（*Latin America*：*Underdevelopment or Revolution*？ New York：Monthly Review Press，1969）。

46. 这一用语是沃勒斯坦的，但概念是弗兰克提出的；参见以下第 4 节。

47. 弗兰克：《拉丁美洲的资本主义和不发达》（*Capitalism and Underdevelopment*），第11—12页，第22页，第31页，第48页，第53页，第149页，第159页，第175页，第180页，第272—273页，第293—294页。

48. 同上书，第14—15页，第21页，第31页，第34—36页，第38—39页，第44页，第46页，第140页，第174页，第176页，第178页，第228—229页，第273—274页；Blomström和Hettn：《过渡中的发展理论》，第58页及其后诸页，第67页及其后诸页，第175页及其后诸页。

49. 弗兰克：《拉丁美洲的资本主义和不发达》，第32页，第91—92页，第99页，第122—127页，第134页，第142页，第218页，第225页，第238页，第327页。然而，根据弗兰克所作的所有解释，实际上没有什么东西表述得模棱两可。参见亚历克·诺夫：《读解安德烈·冈德·弗兰克》（'On Reading André Gunder Frank'，*Journal of Development Studies*，10，1973，第445—455页）。

50. 巴兰：《增长的政治经济学》，第302页及其后诸页，第388页。

51. 弗兰克：《拉丁美洲的资本主义和不发达》，第145页，第228页；安德烈·冈德·弗兰克：《游离的资本主义：游离的发展》（*Lumpen-bourgeoisie*：*Lumpendevelopment*，New York：Monthly Review Press，1972）；Blomström和Hettne：《过渡中的发展理论》，第58页及其后诸页，第67页及其后诸页，第175页及其后诸页；Clecak：《激进的悖论：美国左派的两难选择（1945—1970年）》。

52. 安德烈·冈德·弗兰克：《1492—1789年的世界积累》（*World Accumulation* 1492-1789，New York：Monthly Review Press，1978）；弗兰克：《依附性积累和不发达》（*Dependent Accumulation and Underdevelopment*，London：Macmillan，1979）；弗兰克：《世界经济中的危机》（*Crisis*：*In the World Economy*，New York：Holmes & Meier，1980）；弗兰克：《第三世界的危机》（*Crisis*：*In the Third World*，New York：Holmes & Meier，1981）。

53. 伊曼纽尔·沃勒斯坦：《现代世界体系》第一卷（*The Modern World-System I*，New York：Academic Press，1974），第87页及其后诸页，第126页及其后诸页；沃勒斯坦：《资本主义世界经济》（*The Capitalist World-Economy*，Cambridge：Cambridge University Press，1979），第4—5页，第15页，第17页，第19页，第66页，第68页，第120页，第122—124页，第147页，第155—159页，第196—197页，第206页及其后诸页，第276—278页，第285页；沃勒斯坦：《世界经济的政治学》（*The Politics of the World Economy*，Cambridge：Cambridge University Press，1984），第16页；沃勒斯坦：《历史资本主义》（*Historical Capitalism*，London：Verso，1983）。

54. 沃勒斯坦:《现代世界体系》第一卷，第127—128页，第170页，第356页；沃勒斯坦:《现代世界体系》第二卷（*The Modern World System II*，New York：Academic Press，1980），第28页，第31页，第249页；沃勒斯坦:《资本主义世界经济》，第64页，第71页，第73页，第87页，第129页，第134页，第142页；沃勒斯坦:《世界经济的政治学》，第9页，第80页，第97—98页，第111页，第155页，第165页；沃勒斯坦:《历史资本主义》，第40页，第47页，第72页，第97页及其后诸页，第100—104页。

55. 沃勒斯坦:《现代世界体系》第一卷，第38页，第349—350页，第337页；沃勒斯坦:《现代世界体系》第二卷，第7—9页，第38页，第48页，第55页；沃勒斯坦:《现代世界体系》第三卷（*The Modern World-System III*，New York：Academic Press，1989）；沃勒斯坦:《资本主义世界经济》，第87页，第97页，第120—121页，第129页，第134页，第285页，第292—293页；沃勒斯坦:《世界经济的政治学》，第16页及其后诸页，第38—39页，第59页，第125页及其后诸页，第155页及其后诸页。

56. 沃勒斯坦:《资本主义世界经济》，第223页，第292页；沃勒斯坦:《历史资本主义》，第28页及其后诸页，沃勒斯坦:《现代世界体系》第一卷，第349—350页；沃勒斯坦:《资本主义世界经济》，第57页，第120页，第247页；沃勒斯坦:《世界经济的政治学》，第132页。

57. 沃勒斯坦:《现代世界体系》第一卷，第349—350页；沃勒斯坦:《资本主义世界经济》，第57页，第120页，第247页；沃勒斯坦:《世界经济的政治学》，第132页。

58. 这些文章中许多都在沃勒斯坦:《资本主义世界经济》和沃勒斯坦:《世界经济和政治学》两本书中重印。也可参见 G. Arrighi，T. K. Hopkins 和伊曼纽尔・沃勒斯坦:《反体系运动》（*Anti-systemic Movements*，London：Verso，1989）。

59. 伊曼纽尔・沃勒斯坦:《马克思和不发达》（'Marx and Underdevelopment'），载于 S. Resnick 和 R. Wolff 编:《反思马克思主义》（*Rethinking Marxism*，New York：Autonomedia，1985），第379—395页；沃勒斯坦:《资本主义世界经济》，第9页，第22—23页，第53页，第57页，第68页，第147页，第154—155页，第181页，第191页；沃勒斯坦:《世界经济的政治学》，第35页；沃勒斯坦:《历史资本主义》，第8—9页。

60. 沃勒斯坦:《现代世界体系》第二卷，第179页；沃勒斯坦:《资本主义世界经济》，第61页，第72页，第74页，第87页，第90页及其后诸页，第120页及其后诸页，第196页，第240页及其后诸页，第286页及其后诸页；沃勒斯坦:《历史资本主义》，第48页及其后诸页。

61. “超级帝国主义”（Super-imperialism）是指一个帝国主义强国支配着所有其他帝国主义国家。应当把它同帝国主义竞争的（经典）观念区别开来，也要同考茨基的“超帝国主义”（Ultra-imperialism）概念区别开来，后者指的是帝国主义列强之间稳固的暗中勾结。参见鲍勃·罗松：《资本主义、冲突和通货膨胀》（*Capitalism*，*Conflict and Inflation*，London：Lawrence & Wishart，1980），第 48—78 页 .

62. 沃勒斯坦：《资本主义世界经济》，第 30 页及其后诸页，第 58 页，第 61 页，第 66 页，第 68 页，第 82 页，第 239—240 页，第 272 页，第 280 页；沃勒斯坦：《世界经济的政治学》，第 52 页及其后诸页，第 83—84 页，第 88 页及其后诸页，第 92 页及其后诸页，第 106—109 页，第 112 页及其后诸页，第 125 页及其后诸页，第 172 页；沃勒斯坦：《历史资本主义》，第 69 页，第 86 页及其后诸页，第 91—92 页，第 108—111 页；C. Chase-Dunn 编：《世界体系中的社会主义国家》（*Socialist States in the World System*，Beverley Hills，Cal.：Sage，1982）；也可参见 P. 马蒂克：《反布尔什维克的共产主义》（*Anti Bolshevik Communism*，London：Merlin，1978）。

63. 沃勒斯坦：《资本主义世界经济》，第 58 页，第 227 页；沃勒斯坦：《世界经济的政治学》，第 91—92 页，第 107 页，第 131 页。

64. 沃勒斯坦：《资本主义世界经济》，第 200 页，第 236—237 页，第 251 页及其后诸页，第 266 页，第 278—279 页，第 288 页，第 291 页；沃勒斯坦：《世界经济的政治学》，第 69 页及其后诸页，第 72—73 页。

65. 沃勒斯坦：《资本主义世界经济》，第 196 页，第 200 页，第 224 页，第 230 页，第 284 页，第 288 页；沃勒斯坦：《历史资本主义》，第 89 页及其后诸页；Arrighi，Hopkins 和沃勒斯坦：《反体系运动》；参阅比较弗兰茨·法农：《地球的哀叹》（*The Wretched of the Earth*，New York：Grove Press，1968），以及赫伯特·马尔库塞：《单向度的人》（*one-Dimensional Man*，London：Routledge & Kegan Paul，1964）。

66. 沃勒斯坦：《资本主义世界经济》，第 234 页，第 280 及其后诸页；沃勒斯坦：《世界经济的政治学》，第 57 页，第 92 页；沃勒斯坦：《历史资本主义》，第 51 页及其后诸页，第 92—93 页。

67. 沃勒斯坦：《世界经济的政治学》，第 104—105 页；Arrighi，Hopkins 和沃勒斯坦：《反体系运动》。

68. 关于康德拉季耶夫和熊彼特思想的概要，参见以上第 1 章，以下第 18 章，以及本书第一卷第 15 章。

69. 沃勒斯坦：《世界经济的政治学》，第 6 页。

70. 沃勒斯坦：《现代世界体系》第二卷，第 3 页及其后诸页，第 130 页；沃勒斯坦：《资本主义世界经济》，第 35 页，第 61 页，第 97—98 页，第 120—121 页，第 125 页，第 129

页，第 148—150 页，第 162—164 页，第 278 页，第 290 页；沃勒斯坦：《世界经济的政治学》，第 16 页，第 23—24 页，第 38 页及其后诸页，第 52—59 页，第 63 页，第 98 页，第 100 页及其后诸页，第 111 页，第 153 页；沃勒斯坦：《历史资本主义》，第 34—40 页，第 90 页及其后页。

71. 沃勒斯坦：《资本主义世界经济》，第 109—118 页，第 246 页，第 271 页及其后诸页，第 281 页；沃勒斯坦：《世界经济的政治学》，第 8 页及其后诸页，第 21 页，第 24—26 页，第 32—33 页，第 35 页，第 55 页及其后诸页，第 67 页，第 78—79 页，第 101 页，第 109 页，第 111 页，第 126—130 页；沃勒斯坦：《历史资本主义》，第 22 页及其后诸页，第 60 页及其后诸页。

72. 沃勒斯坦：《现代世界体系》第二卷，第 193 页，第 205 页，第 249 页；沃勒斯坦：《资本主义世界经济》，第 18 页，第 42 页，第 71 页，第 122 页，第 127 页，第 162 页，第 273 页及其后诸页，第 285 页，第 292 页；沃勒斯坦：《世界经济的政治学》，第 3 页及其后诸页，第 37 页及其后诸页，第 43 页，第 45 页，第 58 页，第 82 页，第 100 页及其后诸页；沃勒斯坦：《历史资本主义》，第 30 页，第 32 页，第 50 页，第 61 页。

第 10 章　不平等交换

1. 伊曼纽尔之前的不平等交换理论

除了罗莎·卢森堡这一唯一的例外，古典马克思主义对帝国主义的分析，都把资本输出作为宗主国资本主义用以剥削周边国家的主要途径（参见本书第一卷第 5—6 章和第 13 章）。正如上一章所述，1945 年以后，有关列宁主义关于帝国主义理论衰落的后果之一，就是对贸易而不是对资本流动作为国际剥削主要工具的兴趣日益增长。发达国家与不发达国家之间的鸿沟日益加深，特别是在 20 世纪 50 年代初，当朝鲜战争带来的繁荣土崩瓦解，商品价格急剧下跌之后，这种日益加深的鸿沟引起了重要的理论反响。发展经济学只是在最近才作为一门清晰界定的学科分支出现的。它从一开始就处于经济学正统观念的边缘位置，因为发展经济学的实践者们比他们的主流经济学同行更倾向于容忍国家对市场力量运行的干预，并支持把激进的政治变革，如土地改革，作为经济发展的一项必要的先决条件。这些非正统的趋势，被 1952 年以后的经验所强化，该经验支持了像汉斯·辛格和劳尔·普雷维什这样的发展经济学家的论点。他们假定，从 19 世纪开始，贫穷的初级产品生产者的贸易条件处于长期的恶化之中，这成为富国与穷国间差距日益扩大的主要原因。这一时期，一个人不必是马克思主义者，也会把自由贸易看成是帝国主义统治的一种工具。[1]

尽管随后人们对关于贸易条件的主张颇为怀疑[2]，但不平等交换的观念被证明是更具弹性的。事实上，不平等交换在逻辑上并不依赖于贸易条件的任何趋势，因为交换的不平等能用完全不同的标准来定义。在劳动价值理论中，马克思主义政治经济学有另一个用以评价不平等交换程度的标准。

然而，当发展理论家求助于马克思主义文献时，他们几乎没有得到什么指导。在《资本论》中，马克思本人正确地探讨了剥削的存在是如何不取决于不平等交换的。在马克思看来，由于劳动力的独特属性，商品即使按其价值出售，剩余价值也会产生。然而，这并不排除不平等交换可以构成另一种榨取剩余的手段。马克思没有对不平等交换作出系统的探索，而对作了这种探索的重商主义者和空想社会主义者进行了严厉的批判。[3] 马克思自己没能写出计划在《资本论》

中论述世界市场的那一卷，他少数几次提及国际贸易中劳动力价值理论的地方，也是片面和不系统的。关于这一问题的最重要的三处论述在《资本论》第三卷中。其中两处涉及用数字实例说明发达国家和落后国家中剥削率和利润率之间可能存在的联系。在第一个例子中，马克思表明，即使欧洲的剥削率要高很多，但在亚洲也会比在欧洲获得更高的利润率。

欧洲 $84c + 16v + 16m = 116$

亚洲 $16c + 84v + 21m = 121$

欧洲的有机构成为 4，剥削率为 100%，利润率为 16%；对亚洲来说，相应的数字是 1/4，25% 和 21%。用这个例子，马克思声称已使曾预言在欧洲有更高利润率的巴师夏和凯里名誉扫地，但马克思并没有提供更进一步的解释。他的第二个例子将一个不发达国家与一个处于较高发展阶段的国家作比较：

不发达国家 $50c + 100v + 100m = 250$

较发达国家 $400c + 100v + 100m = 600$

这两个国家现在有相同的剥削率，因此这个较发达国家由于其较高的资本构成，只获得很低的利润率 20%，相对的不发达国家却是 66.67%。马克思继续论证道，假定落后国家劳动生产率低，即必要劳动增加而剩余劳动和剥削率减少，那么

不发达国家 $50c + 113\frac{1}{3}v + 66\frac{2}{3}m = 230$

利润率已经下降到了 $36\frac{2}{3}\%$，但仍比发达国家的利润率高。

这两段文字均未直接论及不平等交换。后来，在《资本论》第三卷中，马克思在讨论利润率下降趋势的反作用时，的确提到了不平等交换。但是他在这里的讨论，并未涉及资本有机构成的国际差异，而是指出了这样的事实：由于较发达国家具有较高的劳动生产力，这使它们能够以高于商品中所包含的劳动量的价格出售其商品，即使这一价格与生产力水平较低的竞争国家相比要低。马克思用特定的国家中的资本家作类比，“一个采用经过改良的但尚未推广的生产方法的

资本家，可以低于市场价格，但高于他个人的生产价格出售产品”，因而获得了一个超额利润。在国际环境中，“处在有利条件下的国家，在交换中以较少的劳动换回较多的劳动，虽然这种余额，同劳动与资本进行交换时通常发生的情况一样，总是被某一阶级装进腰包”。[4]

下一个对这些问题进行严肃思考的马克思主义经济学家就是奥托·鲍威尔，他在出版于1907年的一部关于民族问题的重要著作中讨论了上面的问题。尽管他没有直接引用马克思的原话，但鲍威尔明显受到了《资本论》第三卷关于资本有机构成的国际差异论证的影响。鲍威尔坚持认为，马克思的价格理论提供了理解有相互贸易、但处于不同发展水平的两个地区间相互对抗的经济基础的关键。如果有机构成不同，贸易将在不平等条件下进行，并且“高度发达国家的资本家不仅剥削本国工人，而且不断占有不发达国家生产的部分剩余价值”。这种不平等交换不仅适用于农业主导的国家与工业主导的国家之间，而且也适用于一个国家内部。

> 毫无疑问，这也是德国波西米雅人与捷克波西米雅人之间的经济关系……德国作家如此愉快地描绘的德国波西米雅人的高级文化和捷克地区“较低品质”的东西，只不过是主宰一切资本主义竞争事实的结果：该国资本主义较为发达的地区占有了资本主义不够发达地区生产的部分价值。[5]

鲍威尔事实上几乎或根本没有对马克思本人的讨论增加任何内容。从列宁的帝国主义理论和随后的不平等交换理论的发展来看，有意义的是鲍威尔竭力否认帝国主义能够使宗主国的工人阶级受益，并清楚地表明剥削率在低工资的捷克波西米雅低于高工资的德国波西米雅地区。[6]不过，鲍威尔的分析在20世纪20年代很具影响力，赢得了亨利克·格罗斯曼和叶夫根尼·普列奥布拉任斯基的支持，普列奥布拉任斯基的苏联工业化模型与用不平等的国内交换为工具从农民那里榨取剩余是有联系的。格罗斯曼运用前面提到的马克思的第一个数字例子指出，如果利润率在国际间平均化，这将引起价值从亚洲向欧洲转移。假定共同的利润率是18.5%，并且包括对欧洲有利的2.5价值单位的不平等交换，那么双方的商品都将以118.5出售，因为包含了116价值单位的商品会以118.5出售。格罗斯曼认为，价值榨取的这种过程是对利润率下降的重要补偿，并有助于说明20世纪资本主义中帝国主义的压迫力量。[7]在20世纪30年代，罗马尼亚新法西斯主义者米海尔·马诺利斯库的贸易保护主义多少应归功于鲍威尔。而在日本，托伊奇·内瓦和卡内姆·阿卡马祖在他们关于不平等交换的争论中，预测了很久以后欧洲马克思主义对此作出的发展。[8]此后，至少在西方马克思主义中，这一争论变得不太突出了。例如，保罗·斯威齐在出版于1942年的《资本主义发展理论》一书中，否定的正是国际贸易能将价值从一国转移到另一国的可能性，因为单纯的贸易（没有资本运动）不能使利润率平均化。他的合作者保罗·巴兰也忽视了这个问题。[9]从1954年起，苏联涌现了大量的关于这一问题的文献，但似乎质量较低，并且在1976年J.O. 安德森的综述发表之前几乎不为西方所注意。[10]

至此，对这一问题的研究纯粹出于对历史的兴趣。1962年12月，在巴黎从事研究的一位希腊经济学家阿格里·伊曼纽尔发表了一次演讲，将不平等交换不是归因于有机构成的国际差异，而是归因于富国与穷国间在实际工资方面巨大的、并且还在继续扩大的差异。伊曼纽尔认为，这种工资差别造成了相对价格和劳动价值量之间的巨大背离，引起国际贸易正常过程中劳动的大量不平等交换。伊曼纽尔不认识的另一位巴黎人亨利·丹尼斯发表了一篇主题非常相似的文章。[11]随后发生的论战最初局限于法国，但由于1972年伊曼纽尔这本书的英译本问世，这场论战便迅速地在全球范围内展开了。

2. 伊曼纽尔的不平等交换理论

伊曼纽尔的出发点是世界范围内存在着利润率平均化的强劲趋势，而同时发达国家和落后国家之间却保持着工资和剥削率方面的巨大差异。他提出，在考虑到相对微小而相当稳定的风险贴水之后[12]，资本的国际流动已经消除了任何实质性的利润率差异。因此，与巴兰、弗兰克和依附理论家们不同，伊曼纽尔认为世界经济本质上是竞争性的。不过他也认识到了其中的一个重要例外，这构成了他分析不平等交换的基础。像这样由西方移民控制所允许的劳动力流动，根本不足以使富国和穷国的工资得以平均化。事实上，在伊曼纽尔看来，工资“可以在空间上变动极大，但在时间上的变动却很小”。即使生理极限也是有弹性的，因为如果社会需求的满足长期得到保证，社会需求也会变为生理需求：“已经达到了这样一种阶段，某些文明所创造的需求变得如此惯常和紧要，以至于工人宁愿减少其食品和衣物，也不愿没有相应的物品和服务”。另外，“在劳动力市场上还有相当多的道德约束。无论如何，资本主义保留了从封建制度继承下来的某些个人关系的痕迹。一个人并不像变换购物商店那样变换他的雇主”，并且一个雇主也很少以减少工资而自豪。最后，“工人阶级的工会斗争和雇主机构所做出的反应，在这个领域内防止了市场的自由运作”。[13]

由于这些原因，劳动力价值存在着很大的国际差异，就这些差异是商品价格和经济发展水平差异的原因而不是结果的意义上讲，伊曼纽尔将劳动力价值视为外生的。在他看来，富国和穷国之间的工资差异说明了为什么第三世界的商品如此便宜而那些由西方生产的商品如此昂贵，并且这也导致了富国与穷国间经济发展的巨大的、并且还在继续扩大的差距。伊曼纽尔关于工资和价格的关系的讨论，使用了数字例子，这些数字例子先是利用了马克思主义的、然后是斯拉法主义的价格决定模型，但两个例子都不太令人满意。[14] 为了说明他的论点，我们使用我们自己的一个高度简化的例子，即用劳动价值量标准来构建，并且撇开马克思所说的转型计算中的所有问题（一个更为复杂的、并更容易被接受的斯拉法模型将在第 4 节中阐述；如后面的第 15 章所表明的，即使这样做也可能有问题）。富国 A 生产 30 辆汽车，使用直接和间接劳动 720 天；而穷国 B 用 480 天直接和间接劳动生产 30 吨茶叶。B 国的工资比 A 国低，因而剥削率相应较高，但两国的资本有机构成相同。为简便起见，假定没有固定资本，则价值关系可表示如下：

	c	v	m	总价值	单位产出价值
A	480	120	120	720	720/30=24
B	240	60	180	480	480/30=16

这里（共同的）有机构成是 4，A 国的剥削率是 100%，而 B 国的剥削率是 300%。

如果没有国际资本的流动，A 国的利润率将是 20%（=120/600），B 国的利润率将是 60%（=180/300）。不过，按照马克思《资本论》第三卷的思路，[15] 剩余价值总额除以所用资本总额，就得到一个相同的利润率，即 $r = 300/900 = 33\frac{1}{3}\%$。以通常的方式获得的生产价格是：

	成本价格 （c+v）	利润 r（c+v）	生产价格 （1+r）（c+v）	单位产出价格
A	600	200	800	800/30=80/3
B	300	100	400	400/30=40/3

两种商品的劳动价值比（24/16=1.5）低于两者的价格比（80/30 ÷ 40/3=2）。假定 *A* 花费（6）·（40/3）= 80 的总成本进口 6 吨茶叶，则 *B* 国的收入将使它能够进口三辆汽车而不会引起收支赤字，因为（3）·（80/3）= 80。但 *B* 进口的劳动价值是（3）·（24）=72，而它出口的劳动价值是（6）·（16）= 96。这样富国 *A* 从这场不平等交换中赚得了 24 天劳动。穷国生产的 60 天剩余劳动中只剩下 36 天，另外的 24 天在贸易过程中被转移到了富国。必须强调的是，这种价值转移与鲍威尔和格罗斯曼讨论的不平等交换完全无关，他们讨论的不平等交换产生于工资相同而资本有机构成不同的境况（例子见附录 A）。

伊曼纽尔像他的学生埃及人萨米尔·阿明一样，认为不平等交换保持甚至扩大了工资的国际差异。富国的日益繁荣加快了它们的经济发展速度，从而允许工资的进一步增长。另一方面，穷国狭小的国内市场意味着积累受阻，以至于失业增加，工资进一步下降。由于日益扩大的工资差距，不平等交换的后果变得越来越严重：这整个过程成为一个累加的过程。这一过程只能靠穷国有目的地提高工资的政策来扭转，而这将使出口税和把进口替代置于关税保护之下成为必要。按照伊曼纽尔的观点，即使完全自给自足也比不平等交换可取。[16]

伊曼纽尔分析的结论深奥而广泛。他拒绝接受整个列宁主义关于帝国主义是由资本输出统治的资本主义的一个阶段的概念。相反认为，“所有的帝国主义至少都具有重商主义的特征”[17]，它们通过商品贸易而不是通过对外投资来获得巨额利润。这说明了为何资本总是更为自由地流向发达地区，而不是流向不发达地区，同时也说明了 1945 年以后，为何自由贸易的基础一旦牢固，非殖民化如此迅速地得以贯彻。[18] 进一步的涵义就是，只要工资水平高，无论是（广义的）依附还是农业生产的专业化，都不必然阻碍经济的发展。伊曼纽尔通过对加拿大和刚果（两国都被认为是高度依附的）进行比较确立了第一个观点，又引用澳大利亚、新西兰和丹麦为例证实了第二个观点。[19]

最后，至此最为重要的就是，伊曼纽尔抨击了国际工人阶级团结的观点，并用富国与穷国之间的冲突取代阶级斗争作为世界资本主义的主要划分界。作为不平等交换的主要受益者，发达国家的工人与落后地区的工人不再有共同的利益，发达国家的工人的高生活水平依赖于对落后地区的持续的剥削。

> 从瓜分国际剥削成果在生死攸关的国内阶级斗争中占据重要地位（即使不是压倒的优势地位）时起，这种斗争就已不是马克思主义用语意义上的阶级斗争，而成为合伙人之间围绕一份共有蛋糕的量的切割。

这样，对国家的忠诚超越了阶级利益，并且“使大工业国家有可能以无产阶级的国际分裂为代价来追求民族的统一”。[20] 在即将到来的全球革命中，西方工人阶级很可能站在错误的一方。[21]

3. 伊曼纽尔和他的批评者

在由伊曼纽尔的观点引起的早期争论中，夏尔·贝特兰提出了在以后 20 年间经常被重复的反对意见。贝特兰认为，第三世界的贫穷应归咎于生产力发展的低水平。同西方的工资差异，是不发达的结果而不是原因。[22] 其他的批评者以类似的说法坚持认为，伊曼纽尔没能认识到劳动生产力水平及其变化速度作为实际工资决定因素的重要作用。正是相对较高的生产率，使英国工人在工业革命时期享有高工资，而生产力的稳定提高才允许了后来工资的提高。北美和澳大利亚的白人定居者的情况也是这样。[23] J.O. 安德森在 20 世纪 70 年代中期的著述中，提到乌拉圭的悲惨例子，从反面得到同样的结论。曾有“拉丁美洲的瑞士”之称的乌拉圭，以其丰富的物产和全面的福利国家而闻名于世，但因其出口市场方面的生产率的衰退，而陷入明显致命的经济衰退中，工人阶级生活水平急剧下降，政治权利遭到破坏。[24] 在所有这些情况中，工资似乎都是因变量而非自变量。亨利·丹尼斯在写《不平等交换》的评论文章时，更多是从新古典主义的视角得出了相同的结论。考虑到对穷国出口产品的海外需求下降的影响，收支平衡将会因通货贬值而得以恢复，这就必须使实际工资下降。因此，工资受世界市场环境变化的影响。对这种制度来说，工资是内生的而不是外生的。[25]

对伊曼纽尔持批评态度的人，对不平等交换的定量意义提出了进一步质疑。假定他的分析基本上是正确的，那么确切地说有多少穷国的剩余价值转移到了富国？这足以构成第三世界经济发展的障碍吗？这能够解释发达资本主义国家实际工资长达一个世纪的难以想象的增长吗？贝特兰认为，对这两个问题的回答必然是否定的，因为穷国对西方的出口（在20世纪60年代中期）不到250亿美元（参见以下第11章第3节）。伊曼纽尔回答说，如果不平等交换被废除，其效果应该根据这些出口得到的潜在收入来测度，大概可高达2000亿—3000亿美元。[26]萨米尔·阿明估计（也是20世纪60年代中期的情况）不平等交换每年使穷国大约失去220亿美元。这只占宗主国资本主义国家GNP的1.5%，但却占到穷国GNP的15%，而仅此就能使穷国的发展遭到失败。[27]所有这些估计都带有某些推测性，并且伊曼纽尔的估计似乎设想了一个预先确定的国际贸易模式和对穷国出口需求的零价格弹性。

下一节我们将回过来讨论不平等交换的定量的重要性。与之相关的是伊曼纽尔得出的政治结论，这些结论本身已成为深入的批判性研究的目标。马克思主义者和像保罗·萨缪尔逊这样的新古典经济学家很快就认识到，不平等交换并不像伊曼纽尔坚持的那样同贸易的双赢是不相一致的。穷国即使在其弱项方面与富国交易，其损失也只是相对的而不是绝对的。接下来的推论是，自给自足几乎比任何条件下的贸易都要糟，不管这种贸易条件怎样不平等。[28]的确，有必要如安德森所做的那样，将不平等贸易与“分离性”贸易区分开来。后者被定义为扩大双方经济差距的贸易。它与前者没有逻辑上的联系，因为一个遭受不平等贸易的国家可以获得比其贸易对手更高的经济发展速度，反之亦然。由倾销造成的国外竞争的破坏说明了这种可能性；相反的情况则发生在明显地从石油或天然气的租金中获利的非工业化国家，像委内瑞拉、荷兰和英国。[29]

布鲁尔对伊曼纽尔的政治结论提出了进一步的直接有关的反对意见。布鲁尔指出，在《不平等交换》中有两个而不是三个阶级：一个单独统一的资产阶级和两个无产阶级，即一个贫穷的无产阶级、一个富裕的无产阶级。在两国的其他条件不变时，假如存在工人和资本家之间阶级冲突的现实基础，那么任何一国工资的增加都将降低利润率。这可能会也可能不会降低其他工人阶级的工资。无论如何都不存在伊曼纽尔想让我们相信的所谓“民族”利益。[30]尽管这已经足够正确，但并没有为贝特兰和别的马克思主义著述者仍然坚持的国际无产阶级的联合重新建立起物质前提。要阐明这个问题，需要一个精确的收入分配理论，而无论是伊曼纽尔还是他的批评者们，都没有提供这样的理论。[31]在第4节我们还会回到这个问题上来。

伊曼纽尔假定第三世界与西方间巨大的工资差别由相应的剥削率的巨大差异

表现出来。他的许多批评者争辩说，相反的情形是真实的：如果富国与穷国之间生产力差异大于实际工资差异，那么剥削率在富国将更高，而不是像伊曼纽尔所认为的更低。[32] 这一点能够在简单的单一商品模型中得到证实。假定英国和印度的工人都消费谷物，但后者却获得了好得多的供应。这样英国的实际工资（w_B）就比印度的实际工资（w_I）高出许多。但由于印度的农业生产力很低，所以那里的谷物劳动价值（λ_I）比英国的谷物劳动价值（λ_B）高许多。因此，印度的必要劳动（$w_I\lambda_I$）可以比英国的必要劳动（$w_B\lambda_B$）大。如果两国的工作日相同，剩余劳动在印度将更低，并且剥削率也较低。一旦我们考虑到印度和英国工人消费的是不同条件下生产出的不同商品这个事实，分析工作就变得更为复杂。但基本的原则却是一样的：如果印度与英国相比（根据劳动折算）劳动力更为昂贵的话，那里的剥削率将更低。英国的工人会更富裕，但遭受的剥削也更多。

这是伊曼纽尔分析中的一个重大缺陷。以一种不同的方式可以表述为，他将劳动价值理论用于分析国际贸易问题是失败的。[33] 当具有不同劳动技能的工人以不同的劳动强度作用于数量完全不同的机器和原材料时，再也不能想当然地认为他们的劳动是相等的。只要技术和文化条件不同，这个难题就适用于任何特殊的国家和地区。当生产条件发生变化时，就要求认真思考复杂劳动向简单劳动的“折算”，以及对简单“社会必要劳动”的定义。[34] 在对发达国家与落后国家比较时，这些问题就更为尖锐。伊曼纽尔之所以能不考虑这些问题，是由于他的关键性的假设是富国和穷国彻底实现了专业化。在以上第 2 节的例子中，富国 A 生产汽车但不生产茶叶，穷国 *B* 生产茶叶但不生产汽车。这里对劳动生产力的比较是毫无意义的，因为无法根据“单位小时生产的茶叶吨”来测度“单位小时生产的汽车”。因此，对伊曼纽尔来说，“国际价值”这个概念是多余的。一辆汽车的价值是由在 *A* 国生产该辆汽车的社会必要劳动量来界定的，而一吨茶叶的价值则是由在 *B* 国中生产该吨茶叶的社会必要劳动时间决定的。这里没有任何含混不清的地方。如果我们放宽伊曼纽尔简单化的假设，引入两国均生产的第三种产品，情况就发生改变了。在这第三种产品的生产活动中，*A* 国的劳动生产力很有可能比 *B* 国高，而 *A* 国的“国内价值”相应就低了。但是两国中哪一个的国内价值是用作“计算”的价值呢？即把哪个商品界定为国际价值？如果用（低的）*A* 国的价值，就将导致 *B* 国消耗的一小时劳动时间少于 *A* 国的一小时，从而不平等交换的估算必然相应减少。如果采用（高的）*B* 国的价值，这一点仍然成立，因为 *A* 国的一小时劳动时间生产的价值比 *B* 国要多。

由此我们可以得出结论，一旦在可以比较的产业内，富国和穷国的生产者之间存在着生产力上的差异，不平等交换理论就必须作重大的修改。的确，如果没有这些差异，就很难解释为什么无论什么积累都发生在高工资的西方社会。为什么追逐利润的国际流动资本，不在穷国集中所有的积累、以利用当地的低工资生产伊曼纽尔假定在富国生产的产品呢？这样难道不就从根本上消除了富国与穷国、第三世界与西方的全部差别了吗？[35] 实际上，一些马克思主义经济学家认为，发达资本主义国家中的非工业化和某些第三世界国家的工业化表明，这正是现在所发生的事情（参见以下第 11 章第 5 节）。但是，在伊曼纽尔完全专业化世界中的“汽车—茶叶”模型范围内，上述事实是无法理解的，并且其局限性也产生了。总之，这是对伊曼纽尔不平等交换全部分析的最为致命的批评。

4. 安德森的重新表述

在这一节，我们从稍作简化的安德森模型开始，该模型解决了前面已考察过的针对伊曼纽尔分析的一些反对意见。[36] 在两个工资水平不同的国家中，国家 1 的工资高于国家 2（$w_1>w_2$）。但是现在有三种产品，其中两种产品只由一国生产，第三种产品两国（在不同条件下）生产。商品 A（机器）只在富国生产，商品 C（咖啡）只在穷国生产，商品 B（布匹）两国都生产，B_1 表示富国的产品，B_2 表示穷国的产品。这样，贸易所涉及的是机器对咖啡的交换。

所以，共有四个产业，其中每个产业都要使用劳动和机器。单位产出所需的机器和劳动的数量相应是（A_a、L_a），（A_{b1}、L_{b1}），（A_{b2}、L_{b2}）和（A_c、L_c），而产品的价格分别以 p_a、p_{b1}、p_{b2} 和 p_c 表示。假定没有固定成本，即机器在年终消耗完，而工资在年终支付。用 r 表示一般利润率，它在四个产业中相等。我们可以得到以下方程组：

$$
\begin{aligned}
&p_aA_a(1+r)+w_1L_a=p_aA\\
&p_aA_{b1}(1+r)+w_1L_{b1}=p_{b1}B_1\\
&p_aA_{b2}(1+r)+w_2L_{b2}=p_{b2}B_2\\
&p_aA_c(1+r)+w_2L_c=p_cC
\end{aligned}
\qquad(10.1)
$$

这个方程组中的第一个等式表示的均衡条件就是，在机器产业中销售收入（p_aA）

必须等于它的工资额（w_1L_a）加上它的机器耗费（p_aA_a），再加上那些成本所带来的利润（$r\,p_aA_a$）。剩下的三个等式表示两国的布匹生产和咖啡生产上的类似的均衡条件。在这四个等式中，共有 7 个未知数：4 种价格，以及 w_1、w_2 和 r。若将 4 种价格中的一种作为折算的基数，7 个未知数可减少为 5 个。例如，假定 p_a=1，并确定 p_{b1} 和 p_{b2} 之间的关系（p_{b1}、p_{b2} 是两种经济中同一商品的价格）。这样，这个方程组有一个自由度，因为等式比未知数少一个。其经济意义就是，两个工资率中只有一个可以是外生的，而不像伊曼纽尔所认为的两个。因此，如果 w_1 被当作是外生的，富国的工资变化会影响到穷国的工资率；如果 w_2 是外生的工资率，情况则相反。

现在我们可以评价伊曼纽尔的三个基本主张的功绩了。首先，我们回到他关于国际工人阶级没有联合基础的论点上。这与富国工资增加是以穷国工资减少为代价的主张联系在一起，用公式表述就是 $dw_2/dw_1< 0$。为了检验这种主张，我们简化的假设中不存在关税或运输成本，所以，对布匹来说，只存在单一的世界市场价格：

$$p_{b1}=p_{b2}=p_b \tag{10.2}$$

现在假定，富国的工资率是外生的，等于 w_1。从方程组（10.1）的第二等式和第三等式中我们发现：

$$w_2=\left(\frac{A_{b1}}{B_1}-\frac{A_{b2}}{B_2}\right)\left(\frac{A-w_1\mathrm{L}_a}{A_a}\right)\frac{B_2}{L_{b2}}+\frac{L_{b1}}{B_1}\cdot\frac{B_2}{L_{b2}}\cdot w_1 \tag{10.3}$$

所以有

$$dw_2/d\,w_1=\frac{L_{b1}}{B_1}\cdot\frac{B_2}{L_{b2}}-\frac{\mathrm{L_a}}{\mathrm{A_a}}\cdot\frac{B_2}{L_{b2}}\left(\frac{A_{b1}}{B_1}-\frac{A_{b2}}{B_2}\right) \tag{10.4}$$

要使 $dw_2/d\,w_1<0$，要求

$$\frac{L_{b1}}{B_1}\leq\frac{L_a}{A_a}\left(\frac{A_{b1}}{B_1}-\frac{A_{b2}}{B_2}\right) \tag{10.5}$$

但这个表达式的正负号，都不是事先决定的，它取决于在机器和布匹生产中机

器—产出比率和劳动—产出比率。由此可见，伊曼纽尔的第一个主张是不可靠的。

在《不平等交换》中，伊曼纽尔论证的第二个主张是，富国的贸易条件因其工资增长而得到改善，反之亦然。这个命题可通过把机器当作换算基数，并设 p_a=1 的方法来进行估算。既然穷国以咖啡交换机器，它的贸易条件现在表示为 p_c，这是以机器折算成的咖啡的价格。用等式（10.1）、（10.2）和（10.3）可以得到：

$$P_c=\frac{A_c}{C}\left(\frac{A-w_1\mathrm{L}_a}{A_a}\right)+\frac{L_c}{C}\cdot\frac{B_2}{L_{b2}}\left[\left(\frac{A_{b1}}{B_1}-\frac{A_{b2}}{B_2}\right)\left(\frac{A-w_1\mathrm{L}_a}{A_a}\right)+\frac{L_{b1}}{B_1}\cdot w_1\right] \quad (10.6)$$

所以，

$$dp_c/dw_1=\frac{L_c}{C}\cdot\frac{B_2}{L_{b2}}\left[\frac{L_{\mathrm{b}1}}{B_1}-\frac{L_a}{A_a}\left(\frac{A_{b1}}{B_1}-\frac{A_{b2}}{B_2}\right)\right]-\frac{A_c}{C}\cdot\frac{L_a}{A_a} \quad (10.7)$$

这再次表明，p_c 与 w_1 之间的相关关系，取决于不同产业中机器—产出比率与劳动—产出比率，所以从事先决定的正负值，得不到可靠的结论。

第三个也是最后一个主张，是关于国际工资差异与不平等交换之间的关系。伊曼纽尔声称，低工资国家经历了不平等交换并受到损害，而富国却从中获益。为了评价这个主张，我们需要分辨劳动生产力的差异，并根据劳动价值重新表述方程组（10.1）中四个产业等式。λ_a 和 λ_c 是生产汽车和咖啡所需的直接劳动量和间接劳动量之和，λ_b 表示富国生产布匹所需的直接劳动量和间接劳动量之和，α（<1）表示穷国 1 小时劳动和富国 1 小时劳动之间关系的系数，我们得到：

$$\begin{aligned}&\lambda_a A_a+L_a=\lambda_a A\\&\lambda_a A_{b1}+L_{b1}=\lambda_b B_1\\&\lambda_a A_{b2}+\alpha L_{b2}=\lambda_a B_2\\&\lambda_a A_c+\alpha Lc=\lambda_c C\end{aligned} \quad (10.8)$$

方程组（10.8）中前两个等式与富国有关。例如，第二个等式以布匹生产所需的间接劳动（$\lambda_a A_{b1}$）和直接劳动（L_{b1}）的总量来确定国家 1 中布匹的价值（$\lambda_b B_1$）。后两个等式适用于穷国，那里的劳动生产力较低，“计量”数也就较低。所以，穷国用于生产布匹和咖啡的直接劳动量，必须从 L_{b2} 和 L_c 按比例减少为 αL_{b2} 和 αL_c。而且，正是富国更为先进的生产条件，确定了布匹的国际劳动价值（即 λ_b，它由方程组第二等式求得）。这样，在第三等式中，穷国的布匹产品的价值表示为 $\lambda_b B_2$，它等于所需的间接劳动（$\lambda_a A_{b2}$）和直接劳动（αL_{b2}）的总和。第四个等式设定了咖啡产品的劳动价值（$\lambda_c C$）等于生产它所需的直接劳动和间接劳动的总和（$\lambda_a A_c + \alpha L_c$）。

求解有四个等式和四个未知数 [λ_a、λ_b、λ_c 和（ ）的方程组（10.8）]，我们得到：

$$
\begin{aligned}
\lambda_a &= \frac{L_a}{A - A_a} \\
\lambda_b &= \frac{L_{b1}}{B_1} + \frac{A_{b1}}{B_1} \cdot \frac{\mathrm{L}_a}{A - A_a} \\
\lambda_c &= \frac{L_a}{A - A_a}\left[\frac{A_c}{C} + \frac{L_c}{C} \cdot \frac{B_2}{L_{\mathrm{b}2}}\left(\frac{A_{b1}}{B_1} - \frac{A_{b2}}{B_2}\right)\right] + \frac{L_c}{C} \cdot \frac{L_{b1}}{B_1} \cdot \frac{B_2}{L_{b2}} \\
\alpha &= \frac{\lambda_b B_2 - \lambda_a A_{b2}}{L_{b2}} = \frac{B_2}{L_{b2}} \cdot \frac{L_{b1}}{B_1} + \frac{B_2}{L_{b2}} \cdot \frac{L_a}{A - A_a}\left(\frac{A_{b1}}{B_1} - \frac{A_{b2}}{B_2}\right)
\end{aligned}
\qquad (10.9)
$$

λ_a 等式的意义直接明了：一台机器的劳动价值等于该产业使用的劳动除以机器的净产出。布匹的单位价值（λ_b）等式表示，它等于：（1）单位产出的直接劳动投入 L_{b1}/B_1；（2）所需的间接劳动，它由机器产出比率（A_{b1}/B_1）乘以每台机器的价值 $\lambda_a = \frac{L_a}{A - A_a}$ 得到。

λ_c 的更为复杂的表达式可以给以类似的说明。至于 α，方程组（10.9）中的第四个等式表明它（除其他条件外）还取决于：（1）两国布匹生产中活劳动的相对生产率（B_1/L_{b1} 和 B_2/L_{b2}）；（2）相对的机器—产出比率（A_{b1}/B_1 和 b_2/B_2）。

我们现在回到不平等交换问题上来。如果我们假设机器的价值—价格比率为一个单位，因此 $\lambda_a = P_a = 1$，那么不平等交换只能够以咖啡贸易来界定。如果 $P_c \neq \lambda_c$，即如果（按机器折算的）咖啡的价格不等于其劳动价值，交换将是不平等的。将 $\lambda_a = 1$ 代入等式（10.9），

$$
\lambda_c = \frac{A_c}{C} + \frac{L_c}{C} \cdot \frac{B_2}{L_{b2}}\left(\frac{A_{b1}}{B_1} - \frac{A_{b2}}{B_2} + \frac{L_{b1}}{B_1}\right) \qquad (10.10)
$$

为了确定不平等交换的存在，我们必须比较等式（10.6）和（10.10）。我们再次看到，仍然不能得出一个简单的结论。交换可能是不平等的，但却没有清楚的理由表明富国受益以穷国受损为代价（而不是恰好相反）的必然性。因此，更为严密的重新阐述的公式也未能给伊曼纽尔的三个基本主张提供任何一般性的证明。[37] 这一点也能在安德森模型中加入假设性的数字例子得到说明，如以下附录 B 所示。[38]

5. 一些未回答的问题

尽管存在着分析上的这些严重缺点，但要想否认伊曼纽尔所强调的重要问题却很困难。为何斯里兰卡的茶叶采摘者们只挣到了美国饮茶的工人阶级所得实际工资的一小部分？为何两国的石匠或卡车司机从事非常相似的工作却享有相去甚远的生活水平？为何经历了几个世纪的国际贸易之后，工资差距不但没有消除反而极大地扩大了？难道在全球范围内不存在一个“工人贵族”，难道这还不能说明缺乏国际无产阶级团结的原因吗？

如果说伊曼纽尔没有取得什么别的成就，他倒的确保证了马克思主义经济学家被迫对这类问题给予很长时间的关注。还有一些其他的问题。问题之一就是马克思主义对比较成本理论的态度。伊曼纽尔的绝大多数批评者拒绝将自给自足作为一条可行的发展道路。那么，他们不就是赞成贸易过程使双方受益并可能使穷国的工人受益更多的正统分析吗？[39] 另一个问题涉及对工资不同时的剥削的分析。是否无论何时，只要两组工人所付工资不同，或者只有当工资差异超过生产率的某一差异时，工人就受到了不同的剥削？如果工人们集中于不同的产业以至于他们的生产率不易于比较时，又该怎么办？这些问题已经超出了帝国主义理论的范围，例如，对发达国家中黑人和妇女歧视的分析。这些问题还没有得到合适的回答。[40]

第三个问题则是由伊曼纽尔关于国际经济关系中竞争比垄断更为盛行的假设引起的。这是他与列宁主义最为明显的分歧之一。1945 年之后，在美国经济霸权之下出现的全球自由市场充分证明了竞争多于垄断的设想是正确的吗？跨国公司是世界范围内高效率的自由竞争者吗？[41] 如果是，人们又怎样解释富国强加于穷国的出口保护壁垒呢？这些贸易壁垒又怎样与利润返回相比较，以及与低工资引起的国内需求不足作为第三世界经济发展的障碍相比较呢？[42] 伊曼纽尔极度轻视资本输出的意义事实上是正确的吗（这是他背离列宁主义的第二个方面）？或者积累的焦点现在正从宗主国转移到周边国家，以至于穷国与富国相区别的全部基础已经开始崩塌了吗？[43] 这将持续多久？而工资差别的意义又是什么呢？在下一章，我们将回过来讨论其中的某些问题。

附录 A：有机构成不同导致的不平等交换

如果我们对第 2 节中的数字例子加以修改，使得工资和剥削率相同、但有机构成不同，我们就能写出如下价值关系：

	c	*v*	*m*	总价值	单位产出价值
A	480	120	120	720	24
B	240	120	120	480	16

这里平均利润率是（240/960）=25%，而价格关系是：

	成本—价格	利润	生产价格	单位产出价格
A	600	150	750	750 / 30 = 25
B	360	90	450	450 / 30 = 15

根据茶叶计算的汽车相对价格（25/15=1.6），再次超过其相对劳动价值（24/16=1.5）。如果 *A* 以总成本 75 进口 5 吨茶叶，*B* 能够花费（3）·（25）= 75 进口 3 辆汽车。*A* 进口的劳动价值是（5）·（16）= 80，超过其出口的劳动价值（3）·（24）= 72。富国通过这个不平等交换获得了 8 个劳动日。

附录 B：安德森模型的数字例子

为简单起见，假定每一产业的产出相等（$A=B_1=B_2=C=100$），并且所要求的投入设定为（$A_a=80, L_a=20$），（$A_{b1}=50, L_{b1}=50$），（$A_{b2}=40, L_{b2}=200$）以及（$A_c=20, L_c=100$）。这里机器生产的机器密集程度最高，接下来是富国的布匹生产；穷国的布匹和咖啡生产的劳动密集程度相同。若设 $P_a=\lambda_a=1$，且 $P_{b1}=P_{b2}=P_b$，从方程（10.1）-（10.10）可以发现，λ_b=1，λ_c=0.5，(=0.3。假设 W_1=0.2，我们也可以得到 P_b=0.7，P_c=0.35，W_2=0.11，r = 0.2。由于 λ_c=0.5> P_c=0.35，所以穷国是不平等交换的受害者。然而，若将 W_1 提高到 0.6，则有以下后果：利润率下降（r=0.11），咖啡价格上升（P_c=0.425），并且穷国工资率上升（W_2=0.205）。与伊曼纽尔的预期相反，富国实际工资的上升提高了穷国的实际工资，改善了穷国的贸易条件，并减少了不平等交换的程度（因为 P_c/λ_c 现在是 0.425/0.6=0.71，而不是 0.35/0.6=0.58）。即使在这种情况下不平等交换的确有利于穷国，但其数量不可能很大。

现在把富国两个产业的生产条件调换一下，使机器生产的机器密集程度低于布匹生产的机器密集程度（穷国这两个产业的数据不变）。由于 A_a=50，L_a=50，A_{b1}=80，L_{b1}=20，劳动价值的答案被证明与前面一样。如果我们设 W_1=0.5，解价格等式可得 P_c=0.56，W_2=0.35，r=0.5。现在不平等交换以有利于穷国的方式运作，因为 P_c=0.65 > λ_c=0.5。提高 W_1=0.8 会得到 P_c=0.65，W_2=0.32 和 r=0.2 的新答案。穷国的工资降低，其贸易条件恶化了，而且穷国从不平等交换中得到的优势也就减少了（因为 P_c/λ_c=0.56/0.2=1.12，而不是 0.65/0.5=1.30）。尽管在这一情形中确实没有根据本章第 4 节开始提到的标准来测度国际无产阶级联合的基础，但这也没有给阿格里·伊曼纽尔带来多少安慰。作为一种基本理论，《不平等交换》的深刻缺陷是显而易见的。

注释：

1. 劳尔·普雷维什：《拉丁美洲经济发展及其主要问题》（*The Economic Development of Latin America and its Principal Problems*，New York：United Nations Economic Commission for Latin America，1950）；H. Singer：《投资和借贷国家间收入分配》（‘The Distribution of Gains Between Investing and Borrowing Countries’，*American Economic Review*，40，1950，第 473—485 页）；G. M.Meier 和 D.Seers 编：《发展的先驱们》（*Pioneers in Development*，Washington：Oxford University Press for The World Bank，1984））；一个有影响的典型批评是 D.Lal：《“发展经济学”的贫困》（*The Poverty of ‘Development Economics*’，London：Institute of Economic Affairs，1983）。

2. J. Spraos：《初级产品与生产者之间关于纯易货项目贸易的统计争论》（‘The Statistical

Debate on the Net Barter Terms of Trade Between Primary Commodities and Manufactures', *Economic Journal*，90，1980，第 107—128 页）。

3.M.C. 霍华德和 J.E. 金：《马克思的政治经济学》，第 2 版（*The Political Economy of Marx*，Harlow：Longman，1985），第 68—70 页；卡尔·马克思：《哲学的贫困》（*The Poverty of Philosophy*，New York：International Publishers，1963）。

4. 卡尔·马克思：《资本论》，第三卷，第八章，第十三章，第十四章。参见比较 A. 伊曼纽尔：《不平等交换》（*Unequal Exchange*，New York：Monthly Review Press，1972；1969 年首先出版法文版）和 J-O. 安德森：《各国间关于不平等交换理论的研究》（*Studies in the Theory of Unequal Exchange Between Nations*，Abo：Abo Akademi，1976），第 40—42 页。

5.O. 鲍威尔：《国家的强盛与社会民主党》（*Die Nationalit*！？*Tenfrage und die Sozialdemokratie*，Vienna：Wiener Volksbuchhandlung，1907），第 246—248 页作了最初的强调。

6. 同上书，第 247 页，第 476—491 页。

7.H. 格罗斯曼：《资本主义制度的积累和崩溃》[*Das Akkumulations-und Zusammenbruchsgesetz des Kapitalistischen Systems*（*Zugleich eine Krisentheorie*），Leipzig：Grünber，1929]，第 429—438 页。E. 普列奥布拉任斯基：《新经济学》（*The New Economics*，Oxford：Clarendon Press，1965；1926 年首先以俄文出版），第 5—6 页，第 92 页，第 261—262 页。参见比较本书第一卷第 15 章第 4 节和第 16 章。

8.M. 马诺利斯库：《保护理论与国际贸易》（*The Theory of Protection and International Trade*，*London*：P. S. King，1931）；还可见 H. L.Roberts：《罗马尼亚：一个农业国的政治问题》（*Rumania*：*Political Problems of an Agrarian State*，New Haven，Conn.：Yale University Press，1951），第 192—198 页；T.Morris-Suzuki：《日本经济思想史》（*A History of Japanese Economic Thought*，London：Routledge，1989），第 112—114 页。

9.P.M. 斯威齐：《资本主义发展理论》（*The Theory of Capitalist Development*，New York：Monthly Review Press，1970；1942 年首次出版），第 290 页；巴兰：《增长的政治经济学》（*The Political Economy of Growth*，New York：Monthly Review Press，1957），第 232 页；参见比较伊曼纽尔：《不平等交换》第 92—94 页。

10. 安德森：《各国间关于不平等交换理论的研究》，第 167—179 页。

11. 伊曼纽尔：《不平等交换》，第 95 页，第 104 页，第 81 页注释。

12. 同上书，第 44—45 页，第 71—73 页。

13. 同上书，第 24—25 页。参见比较：同上书，第 120—122 页。

14. 比较同上书，第 1 章和附录 5；关于斯拉法，参见以下第 13—15 章。

15. 马克思：《资本论》，第三卷，第九章 。也可参见本书第一卷第 3 章。

16. 伊曼纽尔：《不平等交换》，第 130—136 页，第 145—151 页，第 233—236 页；参见比较 S. 阿明：《不平等发展》（*Unequal Development*，New York：Monthly Review Press，1976））；阿明：《帝国主义与不平等发展》（*Imperialism and Unequal Development*，*Hassocks*：*Harvester Press*，1977），第 117—136 页，第 181—252 页。有关阿明论点的摘要，见 S. 阿明：《操纵与发展：一个理论上的模型》（‘Accumulation and Development：A Theoretical Model’，*Review of African Political Economy*，1，1974，第 9—26 页）。

17. 伊曼纽尔：《不平等交换》，第 187 页；费尔南德 · 布罗代尔持有相同的观点；见 M.C. 霍华德：《 关于资本主义：一个理论上的分析 》（‘Fernand Braudel on Capitalism：A Theoretical Analysis’，*Historical Reflections*，12，1985，第 469—483 页）；以及以下第 11 章第 1 节。

18.A. 伊曼纽尔：《白人移民者的殖民主义与投资帝国主义的神话 》（‘White-Settler Colonialism and the Myth of Investment Imperialism’，*New Left Review*，73，May-June 1972，第 35—57 页）。

19. 伊曼纽尔：《不平等交换》，第 363 页，第 376—378 页。比较伊曼纽尔：《发展的神话对欠发展的神话》（‘Myths of Development versus Myths of Underdevelopment’，*New Left Review*，85，*May-June* 1974，第 61—82 页）。

20.A. 伊曼纽尔：《国际主义的错觉》（‘The Delusion of Internationalism’，*Monthly Review* 22，June 1970，第 13—19 页）。参见比较伊曼纽尔：《不平等交换》，第 181 页，第 189 页。

21. 同上书，第 339—340 页，引述列宁的相关论点；参见比较以上第 9 章第 3 节。

22.C. 贝特兰：《理论评论》（‘Theoretical Comments’），载于伊曼纽尔：《不平等交换》，第 287—289 页；参见比较 A. Clunies-Ross：《伊曼纽尔的不平等交换：一个马克思主义者对穷国与富国贸易关系的贡献》（‘Emmanuel on Unequal Exchange：A Marxist Contribution on The Trade Relations Between Rich and Poor’，*Journal of Economic Studies*，3，1976，第 42—60 页）；A. 谢赫：《外贸与法律的价值》（第 2 部分）（‘Foreign Trade and the Law of Value，part II’，*Science and Society*，44，1980，第 27—57 页）；也可参见以下第 11 章。

23.A. 布鲁尔：《马克思主义的帝国主义理论》（*Marxist Theories of Imperialism*，*London*：*Routledge & Kegan Paul*，1980），第 225—226 页。

24. 安德森：《各国间关于不平等交换理论的研究》，第 79—81 页。

25.H. 丹尼斯：《关于不平等交换》（‘Note surl’ échange Inégal’，*Revue économique*，January 1970，第 93—95 页）。

26. 伊曼纽尔：《不平等交换》附录 4，第 367—368 页。

27. 阿明：《不平等的发展》，第 143—144 页；参见比较 E. 曼德尔：《晚近资本主义》（*Late Capitalism*，London：Verso，1980；1972 年首次以德文出版），第 346 页。

28. 安德森：《各国间关于不平等交换理论的研究》，第 81—84 页，J. E. 罗默：《不平等交换，劳动力移民与国际资本流动：一个理论综述》（'Unequal Exchange，Labor Migration，and International Capital Flows：A theoretical Synthesis'），载于 P.Desai 编：《马克思主义、苏联经济与中央计划：献给亚历山大·艾里奇的论文集》（*Marxism*，*The Soviet Economy and Central Planning*：*Essays in Honour of Alexander Erlich*，Cambridge，Mass.：MIT Press，1983），第 34—60 页；P. A. 萨缪尔逊和 R. M.Solow 编：《马克思主义关于不平等交换学说的非逻辑性》（'Illogic of Marxian Doctrine of Unequal Exchange'），载于 D.A.Belsey，E.J.Kane，P.A.Samuelson 和 R.M.Solow 编：《通货膨胀、贸易与税收：给艾丽斯·布尔纳夫的论文集》（*Inflation*，*Trade and Taxes*：*Essays in Honour of Alice Bourneuf*，Columbus：Ohio State University Press，1976），第 96—107 页。

29. 安德森：《各国间关于不平等交换理论的研究》第 2 章（安德森用"不平等交换"一词来描述发生在比率上的——无论出于什么原因——而不是那些等于相对劳动价值的贸易）。

30. 布鲁尔：《马克思主义的帝国主义理论》，第 218—219 页。

31.A.de Janvry 和 F.Kramer：《不平等交换的极限》（'The Limits of Unequal Exchange'，*Review of Radical Political Economics*），第 8 页；参见比较 C. 贝特兰：《国家与国际团结间经济不平等》（'Economic Inequalities Between Nations and International Solidarity'，*Monthly Review*，22，June 1970，第 19—24 页）。

32.C. 贝特兰：《理论评论》，载于伊曼纽尔：《不平等交换》，第 302 页；比较 M. 基德隆：《黑色改良主义：不平等交换理论》（'Black Reformism：The Theory of Unequal Exchange'），载于基德隆：《资本主义与理论》（*Capitalism and Theory*，London：Pluto Press，1974），第 95—123 页。

33.A. 谢赫：《外贸与法律的价值》（第一卷）（'Foreign Trade and the Law of Value，Part I'，*Science and Society* 43，1979，第 281—302 页）；参见比较 A.de Janvry 和 F.Kramer：《不平等交换的极限》，第 5 页。也可参见伊滕诚：《价值理论中的熟练工人》（'Skilled Labour in Value Theory'，*Capital and Class*，31，1987，第 55—56 页）。

34. 霍华德和金：《马克思的政治经济学》，第 7 章，第 9 章。

35. 布鲁尔：《马克思主义的帝国主义理论》，第 223 页，第 226—230 页；A.de Janvry 和 F.Kramer：《不平等交换的极限》，第 11—12 页；安德森：《马克思主义的帝国主义理论》，第

73 页。

36. 安德森：《各国间关于不平等交换理论的研究》，第 96—105 页。

37. 相似的结论可见 L.Mainwaring：《国际贸易与劳动价值转移》（'International Trade and the Transfer of Labour Value'，*Journal of Development Studies*，17，1980，第 22—31 页）。

38. 安德森：《各国间关于不平等交换理论的研究》，第 156—165 页。

39. 萨谬尔逊：《马克思主义关于不平等交换学说的非逻辑性》。

40. 罗默：《不平等交换》; A.de Janvry 和 F.Kramer：《不平等交换的极限》；参见比较 J. E. 罗默：《有差别的劳动剥削：一个马克思主义的歧视理论》（'Differentially Exploited Labour：A Marxian Theory of Discrimination'，*Review of Radical Political Economics*，10，1978，第 43—53 页）。

41.N. 哈里斯：《第三世界的终结》（*The End of the Third World*，Harmondsworth：Penguin，1987）对这点提出了争论。

42.E.Manlizia：《帝国主义再思考》（'Imperialism Reconsidered'，*Review of Radical Political Economics* 5，1973，第 87—92 页）。

43. 哈里斯：《第三世界的终结》；B. 沃伦：《帝国主义：资本主义的开拓者》（*Imperialism：Pioneer of Capitalism*，London：New Left Books，1980）。

第 11 章　对不发达理论的批评

1. 引言

所有不发达理论都认为，资本主义在全球范围内以马克思所说的商业资本的方式发挥作用，而垄断势力和不平等交换在地理区域间再次分配剩余。弗兰克和沃勒斯坦将一个“零和”的描述加入这种流通论的观点中。他们不仅坚持发达资本主义导致外围地区落后的观点，而且坚持中心只是由于剥削了外围地区才得以发展的观点。而且在弗兰克和沃勒斯坦看来，在市场上得以实现的为利润而进行的生产被定义为资本主义。特殊的生产关系则被认为是不重要的。资本主义包括劳动控制的各种形式，每一种对劳动控制的形式都是财产所有者最优化行为的结果，包括农奴制、奴隶制和雇佣劳动制都是如此。因此，阶级结构是内生变量，而且没有因果意义，任何由阶级结构产生的影响都可以还原为利润最大化这个更为基本的决定因素。[1]

这种立场有时与保罗·斯威齐联系在一起。20 世纪 50 年代，斯威齐在同莫里斯·多布关于西欧由封建主义向资本主义过渡的争论中，把贸易的兴起视为“原动力”。[2] 相反，多布则认为，封建主义生产方式的矛盾是导致过渡的主要因素。斯威齐的观点马克思在 19 世纪 40 年代就作过表述，马克思当时深受亚当·斯密的影响，他有时将任何强调交换关系重要性的理论都称作“斯密主义”。[3] 普列汉诺夫和列宁在同民粹主义的论战中，也强调了市场对促进俄国资本主义发展的重要作用。在 20 世纪 20 年代关于俄国经济发展的争论中，这一思想再次出现（参见本书第一卷第 8 章、第 9 章、第 10 章和第 15 章）。尽管如此，现代不发达理论家比早期马克思主义者走得更远，他们总是将资本主义等同于雇佣劳动。例如斯威齐在提出市场扩张引起资本主义发展时，总是用同马克思相同的方法以特殊的生产关系来界定资本主义。

就斯威齐与不发达理论家在论述资本主义方面存在的理论联系而言，这种联系是较为深层的。贸易扩展引发资本主义论点的批评者断言，该理论是建立在“经济人”[4] 假设之上的。如果这是正确的，那么斯威齐、弗兰克和沃勒斯坦之间的确存在相似之处。他们之间的差异仅仅在于，斯威齐相信利润最大化将导致雇佣劳动，而不发达理论家们则认为别的劳动控制模式证明是更有利可图的。这里与新古典主义理论也有着相似性，尽管新古典理论也是不完善的。新古典主义经济学家总是假定，理性经济人活动于自愿契约盛行的环境中；[5]而弗兰克和沃勒斯坦则承认武力威胁下的贸易的可能性。这表明求助于物欲行为说明不了什么问题。只有当作出选择的可行集得到详细说明的时候，物欲行为的假设才具有解释作用。罗伯特·布伦纳对所有“斯密主义”观点持强烈批评态度，他提出了经济行为中人的理性占优势的合理解释，并且财产所有者都追求自身收益的最大化。因此，他自己对资本主义和不发达起源的考察建立在他所攻击的关于动机的假设上（参见以下第 3 节）。

自 20 世纪 60 年代以来，对不发达理论持批评意见的马克思主义者，已经把对生产关系的论述看作是这些理论的主要弱点。他们相信，阶级结构比弗兰克和沃勒斯坦所认为的要更为牢固。从这些批评者的观点来看，外围地区由资本主义剥削造成的损失比没有资本主义剥削时还要少，持续的落后是外围地区内生性因素的结果，而不是由于它们与发达资本主义世界接触而从外部强加于它们的因素所引起的（参见以上第 9 章第 2 节）。由于生产关系基本上仍旧保持前资本主义状态，资本主义阶级结构所必然要引发的快速经济发展就被推迟或锁闭了。尽管这些批评者承认可能发生不发达状况，但他们声称这取决于非资本主义生产关系的巩固程度。从更为一般的意义上讲，他们认为阶级结构被不恰当地设想为内生变量了，相反，它是发达和欠发达的外生原因。尽管他们也同意中心资本主义的发展可能得益于对外围的剥削，但他们却不将这种剥削视为业已出现的发展的一个必要条件。因此，马克思主义批评者认为，中心与外围之间的“零和”概念完全是错误的。

从“生产方式”的观点出发，对不发达理论提出的最为重要的批评产生于路易斯·阿尔都塞在 20 世纪 60 年代和罗伯特·布伦纳在 20 世纪 70 年代对历史唯物主义做出的两种解释。布伦纳似乎是受到了关于落后问题的激发，但阿尔都塞的理论却被无数的马克思主义者用于该问题的讨论。以下第 2 节将给出阿尔都塞方法的轮廓，第 3 节考察布伦纳对弗兰克和沃勒斯坦的批判。像我们将要看到的那样，这两种形式的历史唯物主义都因贬低生产力的因果意义而受到批判。因此，每一种理论都表明 20 世纪 70 年代 G.A. 科恩所捍卫的历史唯物主义版本的重要性，即认为生产关系是内生的，而生产力是外生的。科恩的理论从来没有被明确地用于分析不发达问题，但他的思想却与之有着重要的联系。这些思想将在

第 4 节讨论。最后，在第 5 节中，我们将探讨那些认为许多外围地区事实上正迅速发展其生产力的马克思主义者的著述。

2. 接合理论

阿尔都塞马克思主义有其内在的复杂性，但由于它使用不清晰的词汇而人为地变得难以理解。[6]然而，与落后问题有关的主要思想却合乎情理地直截了当。实际的经济制度被认为包括不止一种生产方式，这些生产方式的“接合”在外围“社会形态”[7]中表现得特别明显。按照通常的马克思主义分析方式，资本主义被认为包括了雇佣劳动，并且一般都假定资本主义生产关系促进了生产力的发展。外围国家的持续落后是由于前资本主义生产方式抑制了资本主义的扩张。这可能是由于前资本主义方式自身的内部一致性，或是因为资本主义渗透性不强，或者是前资本主义生产方式为满足资本主义再生产而进行调节的结果，这就窒息了它自身的活力。（然而应该指出的是，这种调节不是被解释为发达资本主义国家为阻碍外围发展而有意识实施的一种政策的结果。）资本主义发展受阻碍的程度不一样，并主要取决于前资本主义生产方式的性质。因此，发达和不发达都可以被认为是面临前资本主义方式的对抗，资本主义发展容易程度的函数。被弗兰克和沃勒斯坦视作单一资本主义经济的，其实是一组独特方式的接合，它导致了差别各异的发展趋势。

并非所有坚持“生产方式”的马克思主义者都是接合理论者。有的受到依附理论的影响，认为外围资本主义的发展是由外部因素决定的，其动力来源于中心资本主义生产方式。由于弗兰克和依附理论家们越来越关注并强调外围经济中内部因素的重要性，这些流派间的区别变得模糊了。其他的“生产方式”理论家曾认为，“外围”或“殖民地”生产方式是自成一类的。[8]中心以外的生产方式因此被认为与中心的生产方式有所不同，并且由于这些生产方式是殖民主义强制输入的，或者是中心国家统治世界经济的结果，因而它们会导致不同类型的发展。这种方法再次与弗兰克、沃勒斯坦和依附理论家的方法非常接近。所以，在这一节中我们不对生产方式理论家们作总体上的考察，而将注意力指向接合理论家们，他们确实有不同于不发达理论家们的主张。

在马克思主义政治经济学的早期历史（包括马克思自己的分析）中，接合概念是明显的。但阿尔都塞主义者则倾向于根除马克思关于外围经济的思想，代之以使用马克思的基本理论工具来构造他们自己的理论。列宁对普鲁士式和美国式资本主义道路的分析无疑是中肯的，多数阿尔都塞主义者高度重视列宁主义的所有观点。[9] 罗莎·卢森堡关于资本主义对自然经济破坏性影响的解释，通常得到人们高度的认同；尽管她也因为没能认识到外围资本主义发展可能被锁闭而受到批评。[10] 然而，托洛茨基关于不均衡发展和混合发展的思想（它们是最中肯的思想）却很少得到阿尔都塞马克思主义者的好评。[11] 这大概与法国共产主义的政治学有关，而不是出于对理论的价值的评判。这也许同样说明了为什么人们会认为毛泽东的某些论述具有重要的意义。

现代接合理论有两种形式：对具体社会形态的研究[12]，以及旨在阐述关键概念的一般性理论著作。[13] 不过，这种划分在某种程度上是人为的，因为阿尔都塞主义者的著作总是理论性的，而具体研究有时也包含有一般假设。此外，就这种探索不发达的方法本身的性质而言，高层次的理论倍受尊敬。既然具体的社会形态由构成它们的生产方式来说明，那么面对马克思概念的多重意义，就有必要使分析工具精密化。的确，这一开始就是阿尔都塞马克思主义的主要目标，阿尔都塞的马克思主义建立在一个信念之上，即马克思的著作已被广泛地和经济主义、人道主义、历史主义和经验主义等异己的概念融合在了一起，因此需要作出彻底的检查，使马克思主义特有的总问题变得更严密。

不过，关于接合理论的特殊问题却没有取得什么进展。毫无疑问，接合理论的基本思想是丰富的，它对生产方式的关注比不发达理论更明显是马克思主义的。[14] 但致力于概念解释引发了大量争论，如关于生产方式的确切定义、生产方式间怎样相互联系以及生产方式与社会结构中政治和意识形态等层面的关系等。[15] 这些基本理论的争端已证明是难以解决的。

既然任何接合的结果取决于混合生产方式的动力，那么恰当地对待这些理论原理就很重要了。但阿尔都塞主义者完全忽视了马克思自己在论述资本主义运动规律时的缺陷。因此，拉克卢在对弗兰克关于拉美的著作提出的一个本应十分精彩的批评中，却用马克思的利润率下降规律来解释资本主义的地理扩张。[16] 这不可能为任何有条理的解释提供基础（参见以上第 7 章）。在更广泛的意义上，从阿尔都塞本人起就已经存在一种显著的趋势，即认为马克思所有的更具技术性的经济分析都是不成问题的，包括价值的数量理论（参见以下第 4 节）。[17] 尽管不发达理论家自身有种种缺陷，但他们正确地认识到有必要进行某些修改，而阿尔都塞主义者则厌于此事。

对资本主义生产方式动力的任何研究，都必须相继建立在一个纯粹的资本主义模型上，在这一模型中没有别的生产方式成分存在。然而，从来被当作资本主义必然特性的东西——商品生产，不可能延伸到经济生活的所有方面，它被排除在劳动力的生产之外，也被排除在调整和实施契约的制度之外。[18] 而且迄今为止，现存的资本主义都是由具体的政治单位（城市或民族国家）构成的，它反映了先前历史发展的重要性。[19]

一个更难回答的问题是确定什么样的生产方式原则上能够存在。除非详细说明所有的生产方式，否则不可能将接合生产方式与单一生产方式分开。用阿尔都塞主义术语所作的解释肯定是不可信的，因为它总是退回到对新的生产方式的专门说明中去，以反击危及他们已有理论的证据。生产方式理论家很可能已经走上了这条道路。现存的文献涉及"殖民生产方式"、"世袭生产方式"、"种植园生产方式"以及"农民生产方式"等。在马克思的著作中当然无法找到这些，同时，马克思本人的亚细亚生产方式的概念也确实受到批评（参见本书第一卷第 7 章）。此外，要排除无数新创造的生产方式，需要某些限制原则，这意味着要求助于非模式的因素，生产力就是马克思主义传统中的显著例子。但这样一来，生产方式便成了内生变量，并在对发达和不发达的根本解释中失去了作用。[20]

阿尔都塞的所有的马克思主义观点，都无助于这些问题的解决。他所声称的经济关系的优先权是以一种不可证伪的方式加以说明的。例如，在那些政治似乎最为重要的场合，通过断言这仅仅是因为经济结构使然，并坚持"结构决定"论而将这些情况合理化。上层建筑的因素被说成是相对独立的，尽管对上层建筑定义的界限还没有清楚地加以说明。这些因素与人的能动作用无关，因为个人被设想为只是"关系的承受者"，而只有结构才是重要的。这有利于功能主义的解释，但是对这种论证形式却没有提出任何正当的理由。的确，关于科学由什么构成还没有得到合理的说明。理论结构本身被认为是独立的活动，不受经验主义证据的限制。究竟是什么东西使知识有效仍不清楚。[21]

3. 阶级关系与发展

罗伯特·布伦纳用生产关系术语对落后问题作出了比阿尔都塞主义者更为严谨的思考；从这方面讲，布伦纳现在被广泛地认为是巴兰、弗兰克和沃勒斯坦的最强有力的批评者。布伦纳主要关注的是 20 世纪以前的落后问题；他提出，在现代世界已经变化的条件下，他的某些命题也许必须作出修改。[22]另一方面，由于布伦纳求助于一般性的理论研究，任何变化也就变得微不足道了。这样一来，他对战后不发达理论的批判的意义就模糊不清了。

布伦纳的基本命题是，资本主义生产关系导致生产力的系统发展，而前资本主义生产关系却不能做到这一点。资本主义由两种关系来定义：经济主体对市场的依赖；雇佣劳动。由于在资本主义条件下的个人不可能生产他们所需的全部使用价值，而必须通过交换来获得这些使用价值，所以他们有提高效率的驱动力。更为重要的是，来自于处境相似的经济主体的竞争，迫使他们提高效率。此外，雇佣劳动的存在，要求在组织和生产规模上持续调整以提高效率。[23]前资本主义生产关系包括强制榨取直接生产者的剩余，或不依赖于市场，或二者兼而有之。这种生产关系对持续提升效率既无刺激又无强制，并且如果直接生产者被束缚于他们的生产资料（如在封建制度下），对劳动的组织就缺乏灵活性。虽然布伦纳同意前资本主义生产关系并不完全防碍生产技术的改进，但他认为这些关系在这方面不产生系统的趋势。[24]相反，财产所有者被引向专注于靠延长工作日或削减直接生产者的收入的方式来增加他们的收入，而不是像资本主义那样去提高劳动生产率。[25]所以，在布伦纳看来，巴兰、弗兰克和沃勒斯坦全都误解了发展和持续落后的原因，这些原因在很大程度上是相互分离、互不联系的一些现象。关键因素是阶级结构的不同，而不是世界市场上中心与外围的关系或不同地理区域间剩余的转移。所以，布伦纳是以上第 9 章讨论过的不发达理论的尖锐的批评者。

布伦纳以一整套论点和证据支持自己的论题。他对英国从封建主义向资本主义的过渡作了考察，并令人信服地证明，并不是贸易的出现而是一系列农民和地主的斗争构成过渡的“原动力”。这个观点在同处境相似的欧洲国家的比较中得到证实。布伦纳力图以此表明，只有用同样的阶级斗争的不同结果，才能说明各国经济历史的差异。他所采用的方法本身是强有力的，因为该方法试图把阶级斗争作为在初始条件中唯一不同的因素分离出来，所以任何发展形式的不同必然归因于这个原因。[26]多布在同斯威齐争论中的早期主张得到布伦纳的广泛认同，而世界市场具有的因果意义被否定了。[27]布伦纳还坚持认为，外围地区的阶级结构说明了它们在世界经济中的地位；[28]他举出外围地区有时在同中心的贸易中获得剩余的例子，[29]否认对落后地区进行剥削是发达资本主义的发展所必需的，因为资本主义有其自身的内在的增长动力。[30]

布伦纳重新展示了阶级关系的重要性，这是他的一个重要成就，因而也推倒了以上第 9 章和第 10 章考察过的不发达理论结论。但是，布伦纳的主张并不完全可靠，本节的后面部分将集中讨论这些主张的缺陷。尽管论证有时并不明确，但有理由相信，阶级结构的独立性（至少在现代世界中）已经被世界市场的发展大大地削弱了。这并没有使不发达理论的有效性重新确立，但的确表明不发达理论的某些次要命题中还是包含了某些真理的因素。

资本主义竞争作为推动经济发展的一种强制力量，是布伦纳论题的核心。马克思也认为竞争是重要的，但他坚持竞争只是“使资本主义生产的内在规律”外在化了，这一内在的规律源于“越来越多地占有抽象财富”是资本家的“主观目的”这个事实。[31] 这种区分是很重要的，因为没有盈利动力的预先存在，竞争从一开始就不会产生。正如布伦纳所设想的那样，资本主义阶级关系与经济发展联系在一起的原因，也许并不完全存在于这些关系之中。文化因素同样重要，至少在其形成时期是这样的。[32]

欧洲“后起者”的经验强化了这个论点。19 世纪后半期德国和俄国的资本主义的动力强劲，但却显露出杜冈 - 巴拉诺夫斯基、希法亭、布哈林和列宁都证明的大规模保护和垄断行为的特征（参见本书第一卷和以下第 5 节）。而且，在这两个国家，工业化都是由其他国家的压力引发的，所以竞争类型与布伦纳所强调的并不相同。这也表明了沃勒斯坦的世界经济概念不能完全从属于阶级问题，因为在这些例子中，为了应对国际体系提出的挑战，阶级结构被“自上而下”地改变了。而且，在对这个问题的论述中，沃勒斯坦提出了一个更为基本的观点，反对所有将生产关系作为发达与不发达的外生原因的理论家。他指出，经济理论研究的是制度，所以必须关注制度关系的边界。沃勒斯坦不无道理地把一个经济制度界定为一种相关联的劳动分工，并认为特殊地区的生产方式并不包括用以说明经济行为的所有相关因素，除非是在原始、孤立的微型制度中。[33] 在弗兰克和沃勒斯坦的著述中，对这个问题的论证采用了一种绝对化的形式。他们认为任何特定国家与世界经济的联系，都使这个国家的经济完全由世界经济决定。实际上，弗兰克认为，即使与世界经济没有明显联系的残余的微型制度，也仍然由世界经济决定。它们还未融入世界经济的事实表明其缺乏有利可图的结构重组的潜力，而这本身就是由世界经济的情势决定的。[34]

对世界市场日益增长的根本重要性，布伦纳在欧洲前资本主义经济中阶级关系占统治地位的某些观点也提到过。他没有诉求于传统主义，而是坚持认为生产关系引导了所有经济主体的理性行为朝着再生产现存生产关系的方向发展，甚至整体的生产力也会因生产关系的改变而得到提高。[35] 例如，农民生产者缺乏创新精神和专业化能力，是因为市场微弱且不确定，具有风险厌恶的行为人倾向于保守主义。[36] 然而，随着世界经济的扩张，更好的市场组织将激励专业化和资本主义的发展，正如普列汉诺夫和列宁所说的那样（见本书第一卷第 8 章和第 9 章）。

这个例子表明，布伦纳的论题终究还是包含了接合理论的主要缺陷。按照布伦纳的观点，不只是微弱的市场阻碍了发展；如果生活水平较高，从事专业化的风险成本将会降低。这样，前资本主义阶级结构的保存似乎取决于生产力所达到的发展水平。因此，生产关系是内生的，而持续落后有着更深层次的原因。生产力的有限发展被证明具有自我维持的特征，从而产生了一种“低水平均衡陷阱”[37]。

4. 生产力与生产关系

那么，是生产力的增长代表着历史的动力，生产力水平决定了经济发展阶段吗？根据科恩版本的历史唯物主义，它们的确既是原动力又是重要的决定因素。在 1978 年出版的《卡尔·马克思的历史理论》一书中，他对历史唯物主义概念作了解释，这种解释在大多数战后的原教旨主义马克思主义者来看来，也是站不住脚的。科恩坚持认为，在《政治经济学批判》序言中，马克思对其历史科学所作的著名总结中的技术决定论是规范的。[38]“从根本上讲，历史就是人类生产能力的增长，以及社会形态随着其促进或阻碍那种增长而相应地兴盛和衰落”。[39] 这样，科恩的基本立场就非常接近于考茨基和普列汉诺夫了，而与 20 世纪大多数强调生产关系重要性的马克思主义潮流相悖。但科恩的方法却是独特的：他应用现代分析哲学的工具，对自己的观点作了新的论证。

科恩通过对他所谓的“发展论题”和“首要论题”的论证，实现了他对技术决定论的辩护。[40] 发展论题建立在三个命题之上：“（c）人类……在某种程度上是理性的。（d）人类面对的历史境遇是一种稀缺。（e）人类具有某种类型和某种程度的智慧使自身的处境得以改善。”因为论题（d）而存在一种生存斗争；论题（e）保证了减缓稀缺性的创新将会发生；而论题（c）则意味着采用创新趋势的存在。科恩的首要命题以下述论证为基础，即不同的生产关系在不同发展阶段的确有导致生产力发展的不同能力。[41]

这些思想在关于不发达的争论中没有起到什么作用。令人惊异的是这些思想与不发达争论的联系十分明显，而且科恩的分析质量远远超过不发达争论中的主要人物。科恩的思想强化了那些对巴兰、弗兰克和沃勒斯坦著述早已作出的批判观点，也对接合理论和布伦纳的论题提出了质疑。然而，与此同时，科恩的观点明显地与落后地区的残酷事实相冲突。为何在发达资本主义的生产力获得巨大发展的条件下，贫穷国家的生活水准平均只有发达国家的1/7呢？[42]

用“发展命题”理解当今第三世界的落后状况，其相关程度是非常有限的。生产力已经在别的地方发展起来，外围国家对物质改善的渴望表现得十分明显。另一方面，对首要命题的接受或许不会与不发达理论的主要观点相冲突。令人吃惊的是，科恩根本没有清楚地说明他的命题所适用的经济类型，即这些命题是与地方经济有关，或者与地区、国家或大洲的经济有关，还是与作为整体的全球经济有关。在马克思主义政治经济学理论史中，对这个问题曾提出过极为不同的观点。1917年代表这些不同观点的，一方是布哈林、托洛茨基和卢森堡，另一方是考茨基、希法亭和普列汉诺夫，前者认为世界经济是理解历史唯物主义概念的相关单元，而后者则相信国家或地区的领土实体才是合适的相关单元。双方的解释都能在马克思那里求到支持，但它们都不是结论性的。而科恩根本就没有参与这个论题的讨论，更不用说去解决它了，尽管他的观点表明他会站在考茨基、希法亭和普列汉诺夫一方。[43]因此，通过论证首要命题是适用于世界经济的，而且这种世界经济的经济关系对于以牺牲外围地区为代价的、集中于中心国家的全球积累是有用的，弗兰克和沃勒斯坦原则上是能够接受首要命题的。

不发达理论家也可能会接受首要命题而拒绝（传统马克思主义意义上的）资本主义生产关系促进了现代生产力发展的命题。有论据证实，与奴隶制度、小商品生产和农奴制度相比，雇佣劳动的效率比科恩所认定的要低。[44]此外，即使生产力的技术复杂程度日益增加有利于雇佣劳动，但首要命题对说明外围资本主义发展的相关程度仍不明确，因为科恩从来没有讨论过其命题的时间架构。因此，无产阶级化的趋势要在几十年还是在几个世纪起作用并不清楚。

科恩的历史唯物主义无论对接合理论还是对布伦纳的论题都没有明确的意义。与布伦纳一样，科恩承认资本主义生产关系与快速经济发展之间的联系存在例外，如果这些关系像接合理论家强调的那样没有在社会结构中得到有效扩张。此外，科恩对前资本主义生产关系的论述似乎取决于这种生产关系的合适存在，而这种存在集中于现在建立的生产力。他提出，获取剩余的有限性鼓励生产关系去维护而不是改变生产力。这种主张与布伦纳的观点没有什么很大的冲突。[45]

最近，晦涩的新古典主义经济学家和某些马克思主义者的著述，已经以不发达国家为背景证实了这个命题。在承认存在不确定性、信息不对称、非凸性和交易成本，以及由此产生的市场不完全和不完善的情况下，他们已经证明，像谷物分成制这样似乎是封建残余的东西，在没有强制或传统文化的作用下也许能持续下去。[46]这就指出了国家政策在激励资本主义生产关系内在发生的制度的建立上所具有的重要性。这样的制度甚至可能包括创建社会保障系统以减少小生产者的企业风险。

相关的论题就是产权保障的重要性。[47]无论是接合理论家还是不发达理论家，或是布伦纳和科恩，都没有讨论过这个问题。他们都明确地假定，除了阶级冲突外，产权不会受到任何威胁。但是，许多第三世界地区深陷于内战之中，处于军事威胁之下，受腐败独裁的政府所统治，这些事实都无助于资本主义经济的发展，即使别的条件极为有利。然而，不清楚的是，这些因素是支持了那些声称持续落后产生于内部因素的人，还是支持了那些坚持外围经济与发达的西方的关系才是问题关键的不发达理论家。

5. 资本主义在外围的发展

在应对 20 世纪 20 年代以来变得日益重要的修正主义中，阿尔都塞、布伦纳和科恩的思想是不断试图“回到马克思”的代表。不发达理论成为一种天然的标靶，每一种版本的历史唯物主义都指出了该理论的局限性。然而，当时却没有一种理论能被证明对解释现代世界中经济落后的不发达理论展开正面进攻。这种正面进攻只是到 20 世纪 70 年代才出现，甚至直到 80 年代才变得重要起来。但是，这时“回到马克思”的倾向也很明显，并在更为具体的层次上得到表现。

一开始，马克思主义就试图成为自由主义的主要理论对手。这一目标的成功达到，导致某些马克思主义者倾向于压制或者忽视马克思本人的经济自由主义。尽管马克思对古典政治经济学的批判有重要的意义，但在许多方面他仍是一位古典经济学家，从政策层面上更是显而易见的。除了支持工人阶级努力限制剥削外，马克思总的来说是赞成自由贸易和小政府的，当然也认为殖民主义扩展了“文明”。他没有抛弃比较优势学说，反对自给自足的经济发展，并且在实际上赞成所有促进资本主义社会关系的措施，包括对“无历史的”种族部落进行帝国统治。总的来说，他对资本主义将席卷全球，并为世界范围内的社会主义提供物质基础持乐观的态度。[48]

自由主义经济学家作为统治势力的意识形态的代表而长期被忽视，他们从来没有体会过许多现代马克思主义者关于外围经济发展的悲观论。对马克思主义著述者来说，让他们感到多少有点震惊的是，第二次世界大战结束以来，外围地区经济增长的经验事实证实了自由主义的许多观点。那些采取出口导向增长策略的国家，已经取得了极为辉煌的成就，而那些偏爱自给自足的国家却相对穷困。那些反对扭曲市场价格的国家，过分地奉行严厉干涉主义的落后经济，它们不同程度地模仿苏联模式，并用直接控制、行政分配取代经济机制。[49] 因此，20 世纪 60 年代以来，自由主义发展经济学的复活，以及不发达理论声名扫地，是不足为怪的。

给比尔・沃伦带来持久荣耀的是，他在 20 年前开始重新确定原初的马克思观点的前后一致性，并将之与遭到广泛批评的不发达理论结合在一起。他在一系列著述中，其中最重要的是在 1980 年（他已去世）出版的《帝国主义：资本主义的开拓者》一书中，揭露了巴兰、弗兰克和依附理论家在许多概念上的含混、理论上的错误和经验主义的不准确性。[50] 沃伦不仅从经济上而且从政治、道德和文化上，重申了资本主义（在传统马克思主义意义上）的进步性。第三世界资本主义经济发展所带来的平等、自由增加和文化发展趋势的经验证据，被用来支持他的分析。[51]

沃伦认为，不发达理论代表了一种满足职业知识分子利益的民族主义意识形态，与一个世纪以前俄国民粹派的观念没有太大的区别。[52] 实际上，他认为 20 世纪 70 年代马克思主义发展理论的状况与 19 世纪 90 年代社会民主党与民粹主义间的“大争论”非常相似（参见本书第一卷第 7 章、第 8 章、第 9 章和第 10 章）[53]。由于认为落后的资本主义有其内在的动力，并对资本主义的增长作了证明，沃伦认为自己的地位与列宁的地位相似。但实际上，在某种程度上他与皮特・斯特鲁韦的立场更接近。像斯特鲁韦一样，沃伦把人口增长视为第三世界全部苦难的直接原因 [54]，低估了那里现存的条件的差异，并描绘了最为乐观的、可用数据支持的图画。即使那些赞同他的基本观点的马克思主义者，也忍不住要尖锐地批评他的描述。[55]

沃伦还对资本主义作了一个单维度的描述。为了证明资本主义的进步性，他忽略了马克思本人在关于原始积累和 19 世纪帝国主义的论述中明显存在的辩证的错综复杂性。[56] 马克思把社会形态上具有现代性的帝国主义国家，同它们推行的殖民主义的类型区别开来。即使是英国统治印度的意义，也随着时间的流逝而发生变化，这取决于有产阶级内部哪一个特殊集团掌握着政策的形成。至于爱尔兰的情况，马克思相信彻底结束英国的统治是至关重要的；没有独立，国内资本主义发展的动力会成为那些掌握着统制权力的利益集团的牺牲品。[57] 因此，在马克思看来，并非帝国主义的各个方面对资本主义的全速发展都是有利的，也没有一个帝国主义减轻了资本主义发展的“阵痛”。[58]

此外，当沃伦强调第三世界政治独立的经济意义时，他陷入自相矛盾之中。[59] 他认为非殖民化远非不发达理论家所声称的“变化中的连续”的一个方面，是正确的；但在进行相关论证时，他削弱了自己关于连续的说明，即殖民主义和国家独立都有助于外围地区资本主义的发展。沃伦还相当漫不经心地追溯了不发达理论的知识渊源，尽管他对这个论题也作了深入论述。他以列宁的《帝国主义论》为分界线，找到了通向弗兰克和依附论者的一条连续的前进路线。确实，列宁把资本主义描绘成垂死的，认为工人阶级的影响局限于靠超额利润养活的工人贵族的范围之内，找到了推翻资本主义中反对帝国主义运动的位置，这些都有利于不发达理论的形成。只是在 20 世纪 50 年代巴兰的著作中，“第三世界主义”对马克思主义的修正才取得极其微小的一致性。这一修正中的一个根本的因素，来源于列宁逝世后苏联管制经济的成就。沃伦错误地将共产国际的政治口号和苏联的外交辞令等同于理论分析，并且对列宁的《帝国主义论》赋予了比它实际所包含的更为一致和精确的内容（参见本书第一卷第 15 章）。[60]

尽管沃伦对其观点的表述存在这些不足，但基本方面还是正确的，并被后来的分析和经验证据很好地证实。最重要的马克思主义著作是奈杰尔·哈里斯的著作，该著作提供了关于外围经济中资本主义迅速发展的详细数据和增长类型的区别。[61] 同沃伦一样，哈里斯承认，在一个重要的限制条件下，新古典主义理论家在理解第三世界发展问题时，比巴兰、弗兰克和沃勒斯坦这样的新马克思主义者更为敏锐。[62] 这个限制条件涉及国家资本主义的重要性：除了中国香港，所有的“新兴工业国”（NICs）都依赖于广泛的国家参与。然而，这并没有为不发达理论提供什么支持，因为新兴工业国模仿的榜样是日本的和威廉二世时代德国的而不是苏联的模式，而且出口导向增长策略远比进口替代策略成功得多。此外，在哈里斯看来，现代技术必然发生的是，如果不进入世界市场，发展就不能长久持续下去，即使对最大的经济体来说也是如此。他坚持认为，即使不实行完全的自由放任，一种自由贸易政策也能成为持续成功的必要条件。[63]

在哈里斯看来，新兴工业国的成功表明，马克思主义者视之为新的国际分工的现象不断显现。[64] 制造业集中于中心而外围专门生产初级产品，这正在迅速地被集成电路的生产所取代，这种集成电路生产在空间上分布广泛但却不能简单地分类。发达资本主义国家并不构成一个统一的中心，跨国公司则是高度竞争性的。对付世界市场的严酷性，只能以效率的巨大牺牲为代价，并且由于第三世界生产能力的重新配置而不得不接受对某些发达经济部分的非工业化。当新的新兴国家出现时（这是哈里斯满怀信心期待的事情），所有这些将变得更为明显。他甚至认为，“债务危机”在这里有着积极的作用，它迫使发展中国家进入世界市场，并反对那些只能招致失败的减少依赖的企图。[65] 哈里斯还坚持认为，一个更为一体化的世界经济将为减少军事冲突、消解民族主义，为各地工人阶级生活条件的日趋一致提供基础。他恢复了马克思最初的关于全球社会主义革命的思想，这一思想建立在国际无产阶级的基础上，他们继承的是一个生产资料到处都得到高度发达的世界。[66]

批评者们没有提供一个精致的可替代的预见。相反，他们用公式表述的只是各种反对意见的大杂烩，这些反对意见反映了全球经济中固有的许多不确定性。大部分第三世界国家（甚至是那些已经得到迅速成长的地区）仍然可以被描述成失业、大量贫困和苦力充斥的“可怕的巢穴”。西方工人阶级与落后国家无产阶级之间在生活水平上的巨大鸿沟，很可能排除任何对共同利益的认同。20 世纪 70 年代早期“长期繁荣”的结束，在整体上使增长放慢（参见以下第 16 章）。许多第三世界国家仅仅通过扩大债务就使自己遭受了屈辱，这种债务扩大导致了 20 世纪 80 年代的债务危机。这剧烈地损害了第三世界的发展，并且这种局面可能持续很多年。如果要模仿东南亚“老虎”的经验，将需要空前巨大的进口渗入发达经济，这必然使面临非工业化的西方增加保护主义的压力。美国霸权主义的衰落也可能威胁到世界经济中自由主义经济秩序的持续，也许甚至会迎来帝国主义者之间竞争的新时代。[67]

6. 结论

弗兰克和依附理论家们把大量的模糊性和松散结构引入不发达理论，为把这些问题的思考引导到对新马克思主义“第三世界主义”的持续支持中去提供了充分的机会。但是，迄今为止出现的有关发展的证据，同 20 世纪 60 年代不发达理论家所声称的情况明显地不相一致。而且，苏联生产方式的危机还增加了更具有敌意的证据（参见以下第18章）。越来越清楚的是，全球发展的主要障碍并不是把外围并入世界经济，而是发达资本主义国家是否将继续以允许这种并入持续下去的方式行动，以及国际协调机制是否能够支撑战后年代明显的普遍稳定。因此，主要的不确定性仍存在于发达资本主义国家经济内部，存在于整合发达资本主义国家行为的摇摆不定的制度之中。

从总体上看，这种观点在什么地方背离了马克思主义的帝国主义理论呢？我们在以上第9章第1节看到，马克思主义的术语在本世纪中期的几十年中经历了形态的改变。在经典的马克思主义中，“帝国主义”主要是指发达国家之间的关系，旨在说明必然导致世界战争的垄断金融资本的宗主国“中心”之间“为经济领地而斗争”，主要资本主义强国同落后地区之间的关系则被认为是次要的。保罗·巴兰和他的追随者把所有这些观点改变了。现在由于依附理论的衰落，马克思原来的用法也许会明显地得以恢复。

但是，任何恢复希法亭—列宁的帝国主义理论的企图都必须面对两个棘手的问题。第一个问题是事实性的：发达资本主义国家之间几乎有半个世纪没有爆发战争，并且自1945年以来似乎也从未出现帝国主义的冲突。这在很大程度上反映了这样一种政治格局：美国主导的经济和（特别是）军事的联合，以及来自苏联的或真或假的威胁。随着美国“超级帝国主义”的明显衰落[68]，以及随着冷战的结束，美国统治下的和平本身也许正在走向末路。只要全球存在着不均衡的发展，宗主国强国之间的冲突就有了很大的空间，就像有些马克思主义著述者从来就认为的那样。[69]但是，沿着古典帝国主义路线（涉及欧洲、日本和美国）的新的战争前景仍然是遥远的。

这就预示了第二个难题。希法亭—列宁对帝国主义的分析要求资本家都是民族主义者。他们是否会将好战的沙文主义和希法亭[70]所说的种族主义意识形态深入人心已不重要。重要的是他们相信自己的物质利益与他们在某种程度上所“隶属”的国家是紧密相连的。像科布登和熊彼特这样的自由主义思想家，曾始终坚持认为这只不过是一种幻觉。他们认为资本越来越具有世界性，资本所有者的利益同整个世界的和平与繁荣紧密相连，并因军事主义和奉行侵略的对外政策而（像他们自己所认识的那样）受到损害。民族主义冲动是一种返祖现象，而自由贸易和资本运动则会产生国际和谐与合作。[71]

尽管得到像卡尔·考茨基这样一些马克思主义者的认同[72]，但这个愿望却被两次世界大战粉碎。然而，1945年之后全球经济自由主义的复兴，却由于“多国”或“跨国”资本的出现而有了一个真实的物质基础。[73] 在几个大洲都拥有巨额资产的公司，再也不能仅仅因为它们的首脑办公室在纽约、伦敦或东京，就被自动认为是“美国的”、“英国的”或“日本的”了。爱国主义也许越来越无利可图。当跨国公司对所有民族国家都公平博奕、不加区分平等对待时，经典马克思主义用于研究帝国主义的方法的持续有效性就值得怀疑了。

注释：

1. 然而，沃勒斯坦经常用结构主义术语表达自己的思想，将世界经济的因果优先视为一个整体，用功能主义术语来说明历史发展，并且接受像国家组织和阶级结构这样的亚系统的相对独立性。例如，见 I. 沃勒斯坦：《资本主义世界经济》(*The Capitalist World-Economy*, Cambridge：Cambridge University Press，1979)，第 20 页及其后诸页，第 38 页，第 448 页，第 69 页；沃勒斯坦：《世界经济的政治学》(*The Politics of the World Economy*，Cambridge：Cambridge University Press，1984)，第 4 页，第 14 页，第 16 页，第 33 页，第 27 页及其后诸页。弗兰克和依附理论家有时也超过他们自己的理论所允许的逻辑范围，抬高了阶级结构的重要性。例如，见 A.G. 弗兰克：《游离的资产阶级：游离的发展》(*Lumpenbourgeoisie：Lumpendevelopment*，New York：Monthly Review Press，1972)；然而，萨米尔・阿明是反对内部一致性的最糟糕的反对者，见 S. 史密斯：《萨米尔・阿明的观点：理论还是同义反复？》(‘The Ideas of Samir Amin：Theory or Tautology？’，*Journal of Development Studies*，17，1980，第 5—21 页)。

2. 多布：《关于资本主义发展的研究》(*Studies in the Development of Capitalism*，London：Routledge，1946)；R.H. 希尔顿编：《从封建主义到资本主义的过渡》(*The Transition from Feudalism to Capitalism*，London：New Left Books，1976)。

3.R. 布伦纳：《资本主义发展的起源：新斯密—马克思主义批判》(‘The Origins of Capitalist Development：A Critique of Neo-Smithian Marxism’)，载于 A.L.Beier，D.Cannadine 和 J.M.Rosenheim 编：《第一个现代社会》(*The First Modern Society*，Cambridge：Cambridge University Press，1989)，第 271—304 页。

4. 布伦纳：《资本主义发展的起源：新斯密—马克思主义批判》。

5.M.C. 霍华德：《收入分配的现代理论》(*Modern Theories of Income Distribution*，London：Macmillan，1979)，第 171—172 页。

6. 阿尔都塞思想最清楚的轮廓，可见 P. 安德森：《英国马克思主义内部的争论》（*Arguments Within English Marxism*，London：New Left Books，1980）。

7.J.G. 泰勒：《从现代化到生产方式》（*From Modernisation to Modes of Production*，London：Macmillan，1979）。

8. 见前面的注释 1 和 A.Foster-Carter：《生产方式论战》（'The Modes of Production Controversy'，*New Left Review*，107，1978，第 47—77 页）。

9.L. 阿尔都塞：《保卫马克思》（*For Marx*，London：Allen Lane，1969）；阿尔都塞：《列宁和哲学及其他论题》（*Lenin and Philosophy and Other Essays*，London：New Left Books，1971）；亦可参见本书第一卷第 11 章。

10.P.P.Rey：《阶级联盟》（*Les Alliances de Classes*，Paris：Maspero，1973），第 11 页及其后诸页。

11.T.Benton：《结构马克思主义的兴衰》（*The Rise and Fall of Structural Marxism*，London：Macmillan，1984），第 17 页。

12.P.P.Rey：《殖民主义、新殖民主义与变迁》（*Colonialisme*，*Néo-colonialisme et Transition*，Paris：Maspero，1971）；Rey：《阶级联盟》；H.Wolpe 编：《生产的联合方式》（*The Articulation of Modes of Production*，London：Routledge & Kegan Paul，1980）；J.S.Kahn 和 J.R.Llobera 编：《前资本主义社会的人类学》（*The Anthropology of Pre-Capitalist Societies*，London：Macmillan，1981）。

13.L. 阿尔都塞和 E. 巴里巴：《读〈资本论〉》（*Reading Capital*，London：New Left Books，1970）；泰勒：《从现代化到生产方式》；Wolpe：《生产的联合方式》。

14.E. 拉克卢：《封建主义和资本主义在拉丁美洲》（'Feudalism and Capitilism in Latin America'，*New Left Review*，67，1971，第 19—23 页）。

15.H.Wolpe：《生产的联合方式》，第 1—43 页。

16. 拉克卢：《封建主义和资本主义在拉丁美洲》。

17. 阿尔都塞和巴里巴：《读〈资本论〉》；比较 I. 斯蒂德曼：《马克思论李嘉图》（'Marx on Ricardo'），载于 I.Bradley 和 M.Howard：《古典的和马克思的政治经济学》（*Classical and Marxian Political Economy*，London：Macmillan，1982），第 115—156 页。

18. 见 G. 霍奇森：《民主的经济》（*The Democratic Economy*，Harmondsworth：Penguin，1984），第 6 章，第 7 章。

19. 宇野弘藏的作品中关于“纯粹资本主义”的讨论，见 T.T.Sekine：《Uno-Riron：一个日本人对马克思主义政治经济学的贡献》（'Uno-Riron：A Japanese Contribution to Marxian

Political Economy', *Journal of Economic Literature*, 13, 1975, 第847—877页)。

20.G.A. 科恩:《生产力和生产关系》('Forces and Relations of Production'), 载于J. 罗默编:《分析马克思主义》(*Analytical Marxism*, Cambridge: CambridgeUniversity Press, 1986), 第11—22页。

21.Benton:《结构马克思主义的兴衰》; L. 斯克科玻尔:《阿尔都塞的马克思》('Althusser'sMarx'), 载于R.Miliband和J.Saville:《社会主义者的记录》(*Socialist Register*, London: Merlin, 1970), 第11—28页。

22.T.H.Ashton和C.H.Philpin编:《布伦纳争论》(*The Brenner Debate*, Cambridge: Cambridge University Press, 1985), 第322—323页; R.Brenner:《经济发展的社会基础》('The Social Basis of Economic Development'), 收入罗默编:《分析马克思主义》, 第23—53页。

23. 布伦纳:《资本主义发展的起源: 新斯密—马克思主义批判》, 第30—32页, 第75—77页。Ashton and Philpin:《布伦纳争论》, 第10—63页, 第213—327页。布伦纳:《经济发展的社会基础》, 收入罗默编:《分析马克思主义》, 第29页, 第33—34页, 第46—48页。

24. 阿什顿和菲尔彭:《布伦纳争论》, 第297—299页。

25. 布伦纳:《资本主义发展的起源: 新斯密—马克思主义批判》, 第32—33页, 第35—36页, 第75—77页。

26.Ashton和Philpin:《布伦纳争论》, 第29页, 第45页及其后诸页, 第54页及其后诸页, 第59—63页, 第290页, 第299—300页, 第306页, 第312页及其后诸页。布伦纳:《经济发展的社会基础》, 收入罗默编:《分析马克思主义》。关于比较历史方法的运用, 见T.Parsons:《社会行动的机构》第三卷(*The Structure of Social Action*); T. 斯科克玻尔:《国家与社会革命》第一章(*States and Social Revolutions*, Cambridge: Cambridge University Press, 1979)。

27.R. 布伦纳:《多布关于从封建主义向资本主义过渡的论述》('Dobb on the Transition from Feudalism to Capitalism', *Cambridge Journal of Economics* 2, 1978, 第121—140页)。

28. 布伦纳:《资本主义发展的起源: 新斯密—马克思主义批判》, 第80页及其后诸页。

29. 同上书, 第63页, 第71—72页, 第84—85页。

30. 同上书, 第60—61页; 也可见P.O.Brien:《欧洲经济发展: 边缘地区的贡献》('European Economic Development: The Contribution of the Periphery', *Economic History Review*, XXXV, 1982), 第1—18页。

31.K. 马克思:《资本论》第一卷,《马克思恩格斯文集》第5卷, 人民出版社2009年版, 第251页、第368页。

32.M.C. 霍华德:《费尔南德·布罗代尔关于资本主义的论述：一个理论的分析》（‘Fernand Braudel on Capitalism: A Theoretical Analysis’, *Historical Reflections*, 12, 1985，第 469—483 页）。

33.I. 沃勒斯坦:《现代世界体系》第一卷（*The Modern World-System I*，New York：Academic Press，1974），第 7 页，第 127 页，第 347—348 页；沃勒斯坦:《资本主义世界经济》，第 8—9 页，第 14 页，第 53 页及其后诸页，第 60 页及其后诸页，第 135—137 页，第 161 页，第 220 页，第 286 页及其后诸页。沃勒斯坦:《世界经济的政治学》，第 1 页及其后诸页，第 12 页，第 14 页，第 27 页，第 162—163 页。

34.A.G. 弗兰克:《资本主义与拉丁美洲的欠发达》（*Capitalism and Underdevelopment in Latin America*，Harmondsworth：Penguin，1971），第 159 页。当然，没有必要坚持认为生产方式或阶级关系总会对世界经济造成破坏，或采取对立的立场。沃勒斯坦的理论也许更适用于用来说明 20 世纪，而不适用于 16 世纪的情况。而布伦纳的理论则对 16 世纪比对 20 世纪更有力（像他自己似乎认识到的那样；见 Ashton 和 Philpin:《布伦纳争论》，第 322—323 页；以及布伦纳:《经济发展的社会基础》，收入罗默编:《分析马克思主义》，第 29 页，第 50 页。

35.Ashton 和 Philpin:《布伦纳争论》，第 26—73 页及其后诸页，第 218—219 页，第 233—242 页，第 252 页，第 32—33 页；布伦纳:《资本主义发展的起源：新斯密—马克思主义批判》，第 124—125 页。

36. 布伦纳:《经济发展的社会基础》，收入罗默编:《分析马克思主义》，第 29 页。

37. 在某一点上，布伦纳试图直接迎战这种批评；然而他的论证却非常软弱。见同上书，第 31 页。

38.《马克思恩格斯文集》第 2 卷，人民出版社 2009 年版，第 591—592 页。G.A. 科恩：《卡尔・马克思的历史理论：一个辩护》（*Karl Marx's Theory of History*：*A Defence*，Princeton，NJ：Princeton University Press，1978）。关于《〈政治经济学批判〉序言》不应作为界定马克思真实思想的争论，见 A.R.Prinz:《马克思 1859 年〈序言〉的背景及不明动机》（‘Background and Ulterior Motive of Marx's "Preface" of 1859’，*Journal of the History of Ideas* 30，1969，第 437—450 页）。

39. 科恩:《卡尔・马克思的历史理论：一个辩护》，第Ⅹ页。

40. 科恩:《卡尔・马克思的历史理论：一个辩护》，第Ⅳ章。

41. 同上书，第 152 页及其后诸页。

42.J.Faaland:《21 世纪的人口与世界经济》（*Population and the World Economy in 21st Century*，Oxford：Basil Blackwell，1982），第 162 页。发展的论题曾因假定超历史的动机确实存在而受到批评，而且科恩已经对这点表示了怀疑。见 A.Levine 和 E.O.Wright:《理性与阶级

斗争》（‘Rationality and the Class Struggle’，*New Left Review*，123，1980，第47—68页）；科恩：《卡尔·马克思的历史理论：一个辩护》，第23页，第152—155页；科恩：《再论历史唯物主义》（‘Reconsidering Historical Materialism’，*Nomos* XXVI，1983，第227—252页）；G.A.科恩和W.基姆利奇卡：《马克思主义历史观念中的人类本性与社会变迁》，（‘Human Nature and Social Change in the Marxist Conception of History’，*Journal of Philosophy*，LXXXV，1988，第171—191页）。对初始论题的攻击是趋向于方法论上的；见J.艾尔斯特：《科恩对马克思的历史理论的论述》（‘Cohen on Marx's Theory of History’，*Political Studies*，XXVIII，1980，第121—128页）；G.A.科恩：《功能性解释：答艾尔斯特》（‘Functional Explanation：Reply to Elster’，*PoliticalStudies*，XXVIII，1980，第129—135页）；J.艾尔斯特：《马克思主义、功能主义和博弈论：方法个人主义的案例》（‘Marxism，Functionalism and Game Theory：The Case for Methodological Individualism’，*Theory and Society*，11，1982，第453—482页）；G.A.科恩：《对艾尔斯特关于〈马克思主义、功能主义和博弈论〉的答复》（‘Reply to Elster on “Marxism，Functionalism and Game Theory”’，*Theory and Society*，11，1982，第483—496页）；还有J.艾尔斯特：《对马克思主义、功能主义和博弈论的进一步思考》（‘Further Thoughts on Marxism，Functionalism and Game Theory’），载于罗默：《分析马克思主义》，第202—220页。科恩关于历史唯物主义的最近的思想，见他的《历史、劳动与自由》（*History*，*Labour and Freedom*，Oxford：Clarenden Press，1988）。

43. 科恩：《卡尔·马克思的历史理论：一个辩护》，第61页及其后诸页，第139页及其后诸页，第160页，第181页及其后诸页，第248页，第320页；参见科恩：《历史、劳动与自由》，第25—29页。

44.R.H.Fogel和S.L.Engerman：《处于十字路口的时代》（*Time on the Cross*，Boston，Mass.：Little，Brown and Co.，1974）；J.R.希克斯：《经济理论史》（*A Theory of Economic History*，Oxford：Oxford University Press，1969）；H.弗里德曼：《世界市场、国家和家庭农场：雇佣劳动时代的家庭生产的社会基础》（‘World Market，State，and Family Farm：Social Bases of Household Production in the Era of Wage Labour’，*Comparative Studies in Society History*，20，1978，第545—586页）；H.弗里德曼：《美国计划中的简单商品生产与雇佣劳动》（‘Simple Commodity Production and Wage Labour in the American Plans’，*Journal of Peasant Studies*，6，1979），第71—100页；沃勒斯坦：《资本主义世界经济》，第206页及其后诸页。P.Bardhan：《发展经济学中的马克思主义观：一个评价》（‘Marxist Ideas in Development Economics：An Evaluation’），载于罗默：《分析马克思主义》，第64—77页；科恩：《卡尔·马克思的历史理论：一个辩护》第8章；亦可参见以上第2章和第3章。

45. 科恩:《卡尔·马克思的历史理论：一个辩护》，第 23 页，第 135 页，第 140—142 页，第 152—157，第 169—177 页，第 181 页及其后诸页，第 197—201 页；布伦纳:《经济发展的社会基础》，收入罗默编:《分析马克思主义》，第 41 页。

46.Bardhan:《发展经济学中的马克思主义观：一个评价》；J.E.Stiglitz:《新发展经济学》（‘The New Development Economics’,）载于 C.K.Wilber 编:《发达和不发达的政治经济学》（*The Political Economy of Development and Underdevelopment*，New York：Random House，第 4 版，1988），第 393—407 页。

47.D.C. 诺思和 R.P. 托马斯:《西方世界的兴起》（*The Rise of Western World*，Cambridge：CambridgeUniversityPress，1973）；霍华德:《费尔南德·布罗代尔关于资本主义的论述：一个理论的分析》，第 476 页。

48.M.C. 霍华德和 J.E. 金:《马克思的政治经济学》（*The Political Economy of Marx*，Harlow：Longman，1985，第 2 版），第 14 章；S.F.Bloom:《民族国家的世界》（*The World of Nations*，New York：Columbia University Press，1941）；H.Draper:《卡尔·马克思的革命理论》，第一卷（*Karl Marx's Theory of Revolution*，*Volume I*，New York：Monthly Review Press，1977）。

49.I.Little:《经济的发展》（*Economic Development*，New York：Basic Books，1982）；J. 巴格瓦蒂:《富裕与贫困》（*Wealth and Poverty*，Oxford：Blackwell，1985）；L.G.Reynolds:《第三世界的经济增长》（*Economic Growth in the Third World*，New Haven，Conn.：Yale University Press，1985）；C.Crook:《第三世界纵览》（‘A Survey of the Third World’，*Economist*，23 September 1989，第 1—57 页）。

50.B. 沃伦:《帝国主义：资本主义的先锋》（*Imperialism*：*Pioneer of Capitalism*，London：New Left Books，1980）。

51. 同上书，第 9 页及其后诸页，第 170 页及其后诸页，第 186 页及其后诸页。

52. 同上书，第 9 页，第 19—20 页，第 115 页及其后诸页，第 125 页，第 157 页及其后诸页，第 253 页；布伦纳:《资本主义发展的起源：新斯密—马克思主义批判》，第 91 页及其后诸页。A.Gershenkron:《历史角度的经济落后》（*Economic Backwardness in Historical Perspective*，Cambridge，Mass.：Harvard University Press，1966）。亦可见 N. 哈里斯:《第三世界的终结》（*The End of the Third World*，Harmondsworth：Penguin，1987），第 22—23 页，第 170 页及其后诸页。

53. 沃伦:《帝国主义：资本主义的先锋》序言第 XIII 页，第 7 页，第 9—10 页，第 14 页，第 27 页，第 30 页及其后诸页，第 48 页及其后诸页。

54. 同上书，第 113 页。

55.A. 利匹兹：《马克思还是罗斯托？》（‘Marx or Rostow？’，*New Left Review*，132，1982，第 48—58 页）。

56. 沃伦：《帝国主义：资本主义的先锋》，第 9 页，第 113—114 页，第 128 页及其后诸页。

57. 见 E.Hazelkorn：《〈资本论〉与爱尔兰问题》（‘“Capital” and the Irish Question’，*Science and Society* 44，1980，第 326—356 页）；Hazelkorn：《马克思关于资本主义入侵农业理论中的一些问题：爱尔兰案例》（‘Some Problems in Marx's Theory of Capitalist Penetration into Agriculture：The Case of Ireland’，*Economy and Society*，10，1981，第 284—315 页）。

58. 霍华德和金：《马克思的政治经济学》，第 14 章。

59. 沃伦：《帝国主义：资本主义的先锋》，第 115 页，第 171 页及其后诸页。

60. 同上书，第 3—4 页，第 7—8 页，第 27 页，第 39 页及其后诸页，第 48 页及其后诸页，第 55 页及其后诸页，第 81 页及其后诸页。

61. 哈里斯：《第三世界的终结》；也可参见哈里斯：《关于面包和武器》（*Of Bread and Guns*，Harmondsworth：Penguin，1983）。

62. 哈里斯：《第三世界的终结》，第 19 页，第 24 页及其后诸页，第 30—69 页，第 892 页及其后诸页，第 119 页，第 130 页；亦可见沃伦：《帝国主义：资本主义的先锋》序言第 XII 页，第 18 页，第 45 页及其后诸页，第 143 页及其后诸页，第 176 页，第 184 页，第 253 页。

63. 哈里斯：《第三世界的终结》，第 84 页及其后诸页，第 115 页及其后诸页，第 127 页及其后诸页，第 143 页及其后诸页，第 149 页及其后诸页，第 163 页及其后诸页，第 189 页及其后诸页。

64. 哈里斯：《第三世界的终结》，第 93 页及其后诸页，第 124 页及其后诸页，第 129—130 页，第 142 页及其后诸页，第 187 页。

65. 同上书，第 81—82 页，第 87 页及其后诸页，第 91 页，第 125 页及其后诸页，第 142 页，第 165 页及其后诸页，第 192 页及其后诸页。

66. 同上书，第 155 页及其后诸页，第 196—202 页；也可见沃伦：《第三世界的终结》，序言第 XI—XIII 页，第 5—6 页。

67. 关于这个争论有大量的文献。综述可见 A. 布鲁尔：《马克思主义的帝国主义理论》第四卷（*Marxist Theories of Imperialism*，London：Routledge & Kegan Paul，1980）；R.Jenkins：《国际分工的分离》（‘Divisions over the International Division of Labour’，*Capital and Class*，22，1984，第 28—57 页）。W.Andreff：《资本的国际集中与世界资本主义的再排序》（‘The International Centralisation of Capital and the Re-Order of World Capitalism’，*Capital and Class*，

22，1984，第 58—80 页）；A. 利匹兹：《帝国主义或是野兽的启示？》（'Imperialism or the Beast of the Apocalypse？'，*Capital and Class*，22，1984，第 81—109 页）；R. Bush，G. Johnson 和 D.Coates 编：《世界秩序》（*The World Order*，Oxford：Polity，1987）；Wilber：《发达和不发达的政治经济学》；S.Strange：《美国帝国的未来》（'The Future of the American Empire'，*Journal of International Affairs*，42，1988，第 1—17 页）；D.M. 戈登：《全球经济：新的大厦还是正在崩塌的基础？》（'The Global Economy：New Edifice or Crumbling Foundations？'，*New Left Review*，168，1988，第 24—65 页）；G.Schlitzer：《国际债务危机：起源、发展及对第三世界经济发展的意义》（'The International Debt Crisis：Origins，Evolution and Implications for Economic Development of the Third World'，*Journal of Regional Policy*，9，1989，第 637—660 页）。

68.R. 罗松：《资本主义、冲突与通胀》（*Capitalism*，*Conflict and Inflation,* London：Lawrence & Wishart，1980），第 48—78 页。

69.E. 曼德尔：《欧洲对美洲》，（*Europe versus America*，New York：Monthly Review Press，1970）；也可见 P. 肯尼迪：《大国的兴衰》（*The Rise and Fall of the Great Powers*，London：Fontana，1989）。

70.R. 希法亭：《金融资本》（*Finance Capital*，London：Routledge & Kegan Paul，1980），第 22 章和第 23 章。

71.J. 熊彼特：《帝国主义与社会阶级》（*Imperialism and Social Classes*，New York：A.M.Kelley，1951）。

72. 参见本书第一卷第 4 章，第 5 章。

73.R.Murray：《多国公司与民族国家》（*Multinational Companies and Nation States*，Nottingham：Spokesman Books，1975）；H.Radice 编：《国际企业与现代帝国主义》（*International Firms and Modern Imperialism*，Harmondsworth：Penguin，1975）；特别是 S.Hymer，R.Murray，B. 沃伦，E. 曼德尔和 B. 罗松的贡献。

第四篇　价值与剥削

第 12 章　斯拉法之前的价值理论

1. 第四篇引言

本篇致力于马克思主义的价值和剥削理论的研究，简单地说，它为我们叙述了一个冗长而复杂的过程。需要预先提醒读者的是，本篇的结构稍微有点不同寻常。其中两章（第 12 章和第 14 章）主要按年代顺序，对价值向生产价格转化的问题展开讨论；对斯拉法经济学研究的两章（第 13 章和第 15 章），从本质上讲主要是分析性的，仅仅是附带论及这些观点随时间的发展而发生的演变。对这一论题做如此划分是存有危险的，它必然会包含一些重复。然而，就我们所涉及的材料而言，这似乎是一个不可避免的结果。

第 12 章概括了从 20 世纪初到 50 年代末这段时间里，对马克思主义价值理论的分析。这些分析的大部分内容仅仅是对前面的结论的进一步证实，特别是德米特里耶夫和博特凯维兹的分析。尽管这样做有时会提供一些更精确和更全面的阐述，然而只有到了 1960 年皮罗·斯拉法的《用商品生产商品》出版后[1]，才真正使得这一分析有了新的发展。《用商品生产商品》一书也是证实已知的结论，但除此之外还把新的和更重要的问题引入争论之中，它使得过去的分析完全相形见绌。类似的情况再也没有发生过，因此将 20 世纪对价值理论的讨论划分为两个阶段是合情合理的：前斯拉法阶段，以 1957 年塞顿和萨缪尔逊的贡献而结束；后斯拉法阶段。然而事实证明，刚开始时对斯拉法著作的重要性进行全面评估是很困难的，而且它的影响在很多年里是断断续续的。

理解斯拉法著作的困难以及它延迟的影响表明，有必要对包含在他著作中的观点作一个连贯一致的概述。第 13 章中断了对转型争论的讨论，提供了这样的内容。第 14 章继续讨论转型争论问题，在那里我们将转型问题的历史延至 20 世纪 80 年代末期。第 15 章和第 13 章一样，主要是从内容上进行分析。它从总体上对斯拉法的经济学进行了批判性的评价，介绍了最先在 20 世纪 70 年代和 80 年代就从各个方面提出的问题。这些问题如果插入前面一章的话，就会让人难以理解。

《用商品生产商品》一书在许多方面都是令人费解的，它提供的模型相当抽象，而且它把重点放在了概念的精确性和逻辑的严密性上，并与极为简洁的叙述方式结合在一起。斯拉法用非常隐晦的术语说明了该书的目的，但就他建立的观点的重要性而言，他仅仅提供了最低限度的指导，而且他还一直远离由他的著作所引起的激烈的论战。然而完成这一著作花费了他近 40 年的时间，他对某种形式的马克思主义的信奉被广泛地流传开来，只有不多的其他经济学家能够与他的理论才干相媲美。[2]

因为这样，斯拉法的结论的重要性经过许多年后才得到正确评价这一点，也就不奇怪了。最初是罗纳德・米克在对这本书的一篇评论（这是少数几篇有洞察力的评论中的一篇）中，偶然发现了其中存在着对马克思主义政治经济学进行“伟大的更新”的基础。[3] 然而人们第一次感到斯拉法的巨大影响，却是发生在一个非常不同的领域。《用商品生产商品》一书包含着对那些曾经站在批判马克思主义最前线的新古典主义理论形式的致命攻击，第 13 章对这种致命攻击如何在 20 世纪 60 年代中期的“资本论战”中变得越来越明显进行了概要论述。与斯拉法在 1926 年对马歇尔理论的早期批判联系起来看[4]，很明显，到这十年（20 世纪 60 年代）结束的时候，只有瓦尔拉斯的新古典主义观点才可能生存下来[5]，按照斯拉法的观点，瓦尔拉斯分析的连贯性至今还没有经过系统的考察，但是无论这种考察产生了什么成果，都不大适合作为为新古典主义变化的工具。

马克思主义者可能由此获得的满足很快就受到了限制。正如在以下第 14 章将要表明的，萨缪尔逊通过声称斯拉法的著作证实了他在 1957 年就已经形成的一个结论开启了价值理论的第二轮争论。萨缪尔逊当时形成的结论是：马克思的理论是一个“复杂的迂回”，它应该被放弃（参见第 12 章第 4 节）。在 20 世纪 70 年代，斯拉法主义者证实了这一点，但更为重要的是他们也超越了这一点：他们认为，“迂回”只有在运用特殊的技术时才是可能的，而在其他情况下根本不存在。第 13 章对这些观点进行了评论，并为下一章作了准备。下一章讨论的是，在斯拉法主义者对马克思批判的这些年里关于马克思价值理论的争论。

第四篇的最后一章探讨的是，许多斯拉法主义者认为他们对马克思的批判实际上推动了马克思主义政治经济学发展的观点。他们认为，《用商品生产商品》

把马克思主义并入到一个更加全面的“剩余传统”思想中，由此带来了理论上的复兴。实际上，在70年代对马克思进行批判的同时，这一点经常被强调。而且正如我们已经提到的，早在1961年，米克就对此发表了意见，它引起了马克思主义者作出了稍微不同于第14章中所要考察的反应，即完全接受斯拉法主义对马克思进行分析的逻辑，但却拒绝由此所产生的概念结构的意义。在这一主张中，“剩余传统”本身成为庸俗经济学的一种形式，而马克思主义是一个独特的思想体系，这一思想体系通过证明斯拉法式的重新评价同先前的修正主义的看法一样无法令人信服，来对抗斯拉法式的重新评价。

除此之外，第15五章阐释了剩余理论家们是如何试图发展超越斯拉法的经济学，而同时又试图继续对新古典理论的批判。20世纪70年代中期，他们明确表述了对瓦尔拉斯理论的批判，这一批判是同对瓦尔拉斯理论的以下指责联系在一起的，即尽管一般均衡分析不受在新古典理论的其他形式中很明显的逻辑上的缺陷的影响，但是一般均衡分析却无法解释在竞争资本主义条件下均衡所特有的利润率特征。[6]结果是，只有同时包括马克思和斯拉法的剩余学说才是真正科学的政治经济学。据称，庸俗经济学最终也由此遭到破坏。然而，供求理论家们却拒绝接受这一结论，相反，他们展开了一场反批判运动。第15章第4节表明，这一反批判是如何揭露了各种形式的剩余范式（包括斯拉法的和马克思的范式）所存在的严重缺陷。但这是一个相当长的过程的结束部分，这一过程开始于本章的下一节，它对斯拉法之前价值理论的发展作了叙述。

2. 价值理论：1914—1939年

正如我们在本书第一卷第3章所看到的，第一次世界大战之前的几年间，研究马克思主义价值理论的两个最重要的作者是鲁道夫·希法亭和拉迪斯劳斯·冯·博特凯维兹。希法亭强调了马克思“客观主义”价值理论的社会的和历史的方面，他声称，在这些方面与当代“主观主义”效用理论相比，对价值理论有着更为强有力的解释。然而他没有论及价值向生产价格转化的分析上的困难。至于博特凯维兹，他认为马克思价值理论的总体方法还不如李嘉图的方法，同时他也针对转型问题提出了一个代数解答。马克思曾经假定了两个等式或者说是“不变条件”：即价值总额必须等于价格总额，剩余价值总额必须等于利润总额。这意味着：在生产价格规则中普遍通行的一般利润率等于——也可以认为是决定于——在劳动价值论规则下的剩余价值与总资本的比率。然而，博特凯维兹却否认这在一般意义上的可能性。除非在特殊的假定条件下，马克思的两个不变条件中只有一个能得到满足，利润的“价格”和“价值”比率一般来看是不相等的。

在这里，我们有必要谈及与博特凯维兹同时代的一个人，在本书的第一卷中我们不合理地忽略了这个人。他就是俄国的数学家乔治·冯·查洛索夫，1877年出生于格鲁吉亚，从1896年开始，在德国和瑞士度过了二十年的政治流放生活。1909—1910年，他出版了对马克思主义理论批判性分析的有影响的两卷本著作[7]，在该著作中，他预先提出了在20世纪60年代和70年代出现的许多理论结论，包括了斯拉法的一些主题，如标准商品、次系统方法、“基本的”和“非基本的”商品的划分以及用“过去劳动”的数量来定义价值（参见本书第一卷第3章和以下第13章）。查洛索夫也是第一个把价值向生产价格的转型解释为一个马尔可夫过程的人（参见第14章第4节）。他可以称作是后来由森岛通夫说成是“马克思的基本原理”的发现者。这一“马克思的基本原理”表明，利润成为正数的充分必要条件是剩余价值应当是正数。[8]

所有这一切都表明，在马克思主义经济学说史上，查洛索夫与德米特里耶夫具有同样重要的意义，德米特里耶夫的著作获得了虽然是迟来的但却是相当慷慨的赏识，而且当他的著作的大部分被翻译成英文后更是广为人知（见本书第一卷第3章第4节）。但是查洛索夫的分析被证明远不是同代人所需要的。奥托·鲍威尔对他的著作仅做了简单的评论，并把它们斥为现代重农主义的作品而不予重视。[9]在尼古拉·布哈林、亨利克·格罗斯曼和纳塔莉·莫斯科斯卡的著作中，也能够看到对查洛索夫的简短的论述。然而这些理论家没有一个人能够吸收查洛索夫的观点，更不用说去发展他的观点了。

1939年之前，无论是在德国还是在俄国，价值理论方面进展甚微。例如，亨利克·格罗斯曼宣称要同时把一般利润率形成的重要性和劳动价值的持续的关联性，作为分析的和历史的起点，但是格罗斯曼却无所顾忌地批判早期的马克思主义者如卢森堡和鲍威尔，批判他们忽略了转型问题和用价值术语而不是用价格术语提出他们的危机理论，他却没有顾及该反驳同样适用于他自己三年前出版的经济崩溃模型这一事实。[10]弗朗兹·佩特里在死后于1916年出版的《马克思主义价值理论的社会内容》一书，虽然对价值理论的“质”和“量”的方面都进行了有洞察力的探讨，但是却完全忽略了转型问题中至关重要的数量问题。[11]几年以后（准确的日期不清楚），孟什维克I.I.鲁宾发表了一篇相当清晰的关于马克思价值理论的文章，强调马克思拜物教观点的重要性。鲁宾的著作明显地强调了价值理论的“质”的方面，明确地把《资本论》第三卷的分析作为一个动态均衡模型，而把生产价格作为“理论上界定的均衡的中心”。但是鲁宾没有对马克思的“解答”进行批判，也没有参考博特凯维兹的“解答”。[12] 战前最后的也是最不成功的研究，是 1936 年埃米尔・沃尔特试图证明马克思的两个不变条件都能够被认可的研究。为了得到这一结果，他要求每一商品的价值与生产价格的比率在不同部门间是不相同的。博特凯维兹曾经分别用 X、Y、Z 代表生产资料、工资物品和奢侈品，表示价格—价值比率。例如，不管被讨论的生产资料是用于部门Ⅰ、部门Ⅱ，还是部门Ⅲ，X 都采取相同数字的价值（参见本书第一卷第 3 章第 5 节）。沃尔特的分析抛弃了博特凯维兹模型的这一特征，因此根本没有提供任何解答。[13]

更有洞察力的是奥托・屈内。1922 年他再次系统地阐述了博特凯维兹模型，以消除他宣称已发现的物质数量和劳动时间单位的混乱。除了这一点外，屈内的文章并没有增加新内容，而且似乎更不被注意。[14] 七年以后，纳塔莉・莫斯科斯卡主要关注于马克思的两个不变条件问题，她同意两个条件中只有一个条件能够正常地适用，而攻击希法亭坚持两个条件都是必要的观点，然而，与博特凯维兹不同的是，莫斯科斯卡让价值总额等于价格总额。[15] 她承认剩余价值和利润在此发生了背离，马克思的剥削率不等于利润与工资的比率。但是，她坚持认为剩余劳动依旧决定利润。“两个量的相互依赖关系不需要采取相等的形式，相等仅仅是两者之间可想象的依赖关系的一种。”施米特和杜冈 - 巴拉诺夫斯基都错误地否认了这一点。[16]

实际上，不涉及价值尺度，利润率也可以被确定。著名的日本经济学家柴田敬 [17] 于 1939 年对这一观点进行了论证。除此之外，他还预测了利润率下降方面的置盐信雄原理（参见以上第 7 章）。约翰・冯・诺伊曼也于 1932 年证明了这一点，当时他在普林斯顿第一次向一个专家讨论会提交了他的著名的增长模型，该模型于 1937 年在德国出版，1945 年被翻译成英文后再版。[18] 这一结论也包含在瓦西里・里昂惕夫在 20 世纪 30 年代提出的投入产出分析里面。[19] 然而，尽管冯・诺伊曼和里昂惕夫模型在以后的几年里对马克思主义理论作出了重要的贡献（参见以下第 3 节以及第 14 章和第 15 章），但这两位作者都没有将其运用于劳动价值理论和转型问题。相反，柴田敬恰恰对这些问题感兴趣。他设计了一个五部门模型和同质的劳动，五部门中有一个货币商品部门、两个机器部门，两个消费品部门。这一模型可以用图式表示如下，其中箭头前面是投入，箭头后面是产出：

机器 2+ 劳动→货币

机器 1+ 劳动→机器 1

机器 2+ 劳动→消费品 1

机器 2+ 劳动→机器 2

机器 2+ 劳动→消费品 2

在柴田敬的相当繁琐的图式里，生产一单位货币需要 c_0 单位的机器 2 和用实际工资 W_0——W_0 是由第一种消费品来界定的——支付的 a_0 个单位的劳动，生产过程需要花费 t_0 个时间单位。其余四个部门的机器和劳动的投入系数例如用下标 11，21，12，和 22 来表示；W_{11}，W_{21}，W_{12} 和 W_{22} 分别表示相应的实际工资率，k_1 和 k_2 是两种机器的价格；p_1 和 p_2 是两种消费品的价格；i 是统一的利润率。假定实际工资率是已知的，柴田敬列出下式：

$$
\begin{aligned}
&(c_0k_2+a_0W_0p_1)(1+i)^{t_0}=1\\
&(c_{11}k_1+a_{11}W_{11}p_1)(1+i)^{t_{11}}=k_1\\
&(c_{21}k_1+a_{21}W_{21}p_1)(1+i)^{t_{11}}=p_1\\
&(c_{12}k_2+a_{12}W_{12}p_1)(1+i)^{t_{12}}=k_2\\
&(c_{22}k_2+a_{22}W_{22}p_1)(1+i)^{t_{22}}=p_2
\end{aligned}
\qquad (12.1)
$$

在该体系中，有五个方程和五个未知数：p_1、p_2、k_1、k_2 和 i。第一个方程表明：生产一单位货币（其价格很显然就让它等于 1）所获得的收入，必须正好足够补偿资本家的机器和工资成本，再加上生产过程所经历的 t_0 个时期中所形成的一般利润率（i），其余的四个方程有类似的意思。

柴田敬对一部分的分析作了如下总结：

> 在上面的分析中，我们没有运用价值，而是运用了客观上看作是相同的实体，如生产的技术系数，即生产一单位相应的产品所需要的具体生产者的物品的数量和劳动的数量，再加上实际工资水平来求出价格和一般利润率。[20]

他认为，该问题可以借助于劳动价值来进行阐述，但不一定必须这样做。所有的量都用价值术语来表示，同不使用它们而得到的解答并无二致。[21] 因此，柴田敬和他前面的德米特里耶夫、查洛索夫一样，预测到了萨缪尔逊在 1957 年、斯拉法经济学家们在 20 世纪 60 年代和 70 年代得出的最重要结论（参见以下第 4 节和第 13 章）中的一个结论。

3. 博特凯维兹的重新发现

到 20 世纪 30 年代中期，纳粹主义和斯大林主义已使在德国和苏联开展严肃的马克思主义研究变得不可能。毫不令人奇怪的是，马克思主义经济学的地理轴心发生了转移；从那以后，价值理论的发展将用英文出版，而且在很大程度上，都出自于英国和美国。当然，柴田敬的文章尽管是用英文写的，但它对接下来的争论的影响还没有他以前的有关利润率下降问题的文章的影响大。正值第二次世界大战爆发时，柴田敬的文章发表在日本的一家杂志上，这降低了它的影响。对盎格鲁萨克逊的作者来说，要想对这场争论有所贡献，就必须熟悉和掌握用德文写的早期的文献。这就要等到 1942 年保罗・斯威齐的《资本主义发展理论》出版以后。在该书的第七章包括了对博特凯维兹解答的详细而热情的概括。这对于对劳动价值论感兴趣的英国的两位主要经济学家来说，似乎是相当新的：与斯威齐的著作发表于同一年的琼・罗宾逊的文章没有提及博特凯维兹，而莫里斯・多布则在其对斯威齐的评论中把正在讨论的这一章（即斯威齐著作中的第七章）看作是"最新颖的部分"，而把博特凯维兹的著作看作是"很少为人所知的"。[22]

不管罗宾逊和多布忽略博特凯维兹的原因是什么——或许可以解释为对德语不熟悉——正是斯威齐的著作为以后 15 年的争论奠定了基础。斯威齐并没有对博特凯维兹进行严厉的批判，而且很特别的是，他还接受了后者这样的结论，即马克思的不变条件中只有一个能够被坚持。但是他声称，"价格总额与价值总额的此种背离，是不涉及什么重大的理论问题的，它仅仅是一个计算单位的问题"。对斯威齐来说，博特凯维兹解答的真正的重要性，在于他对"一个价格计算体系可以从一个价值计算体系中推演出来"的论证。这是马克思真正感兴趣的问题。

> 他以为用一个从价值量中直接计算出来的平均利润率就可以解决这个问题，这是一种错误。但是，这个错误同他正确地提出这个问题时那种深邃的创造性成就比较起来，是大为逊色而微不足道的。因为，由于这个成就，马克思为最终剖明劳动价值理论铺平了道路，而劳动价值理论乃是他的整个理

论体系的坚实基础。[23]

然而，在斯威齐看来，劳动价值论并不主要是一个微观经济的学说，在间接地提及奥斯卡·兰格当时发表的对马克思和新古典主义理论的评价时，斯威齐问到："为什么不从价格计算开始？""马克思主义者可以坦然地对这个观点做某些让步。"因为劳动价值"在处理单个价格和利润时没有什么用处"。传统理论"在这个领域内比马克思及其信徒的任何发现都更为有用"。但是斯威齐认为，在作为一个整体的体系水平上把价值计算省去是错误的。在这种情况下，价值计算对于清楚地说明"利润作为全社会劳动产品的一种扣除的来源与姓质"是至关重要的……价值计算使人们可能透过货币和商品的表面现象看出在它下面的人与人之间和阶级与阶级之间的关系"。另一方面，价格计算所固有的拜物教性质，使这些关系神秘化，而且产生了像利润的生产力理论这样严重的错误。[24]

1948 年，J. 温特尼茨在《经济学杂志》上发表了一篇短文，这是英国马克思主义者对博特凯维兹的第一次批判。这也是《经济学杂志》栏目中对马克思的价值理论的第一次特别报道。温特尼茨对博特凯维兹分析中的两个不必要的假设进行了反驳。[25] 博特凯维兹的第一个不必要的假设是，他要求所有的剩余价值都要被资本家消费掉，从而使简单再生产占统治地位。温特尼茨认为，任何一般性解答都应该能够解决净储蓄问题，因此按照马克思的说法，它应该能够解决扩大再生产问题。博特凯维兹的第二个不必要的假设是，他把黄金等同于由第三部门生产的奢侈品，让它的价格等于一个单位。温特尼茨认为，这是"一个相当武断和不公正的假定，它会导致价格总额偏离价值总额"。[26]

温特尼茨自己的分析去掉了这两个假设。我们把它用稍微修改了的形式呈现出来。下标 1、2、3 表示三个部门：部门Ⅰ生产生产资料，部门Ⅱ生产工资品，部门Ⅲ生产资本家消费的奢侈品。价值关系表示如下：

$$c_1+v_1+s_1=a_1$$

$$c_2+v_2+s_2=a_2$$

$$c_3+v_3+s_3=a_3 \qquad (12.2)$$

其中量 c、v、s 和 a 分别是指每一部门中的不变资本、可变资本、剩余价值和价值总额。方程（12.2）是博特凯维兹体系的一个更加一般的形式，它是以简单再生产为假定前提的：

$$c_1+v_1+s_1=c_1+c_2+c_3$$

$$c_2+v_2+s_2=v_1+v_2+v_3$$

$$c_3+v_3+s_3=s_1+s_2+s_3 \qquad (12.3)$$

温特尼茨仿效博特凯维兹，把三个部门中生产价格对价值的比率分别用 x、y 和 z 来表示，利润率是 p，由此可以得出如下公式：

$$P=\frac{a_1x-(c_1x+v_1y)}{(c_1x+v_1y)}=\frac{a_2y-(c_2x+v_2y)}{(c_2x+v_2y)} \qquad (12.4)$$

现在来看方程（12.4）里的第二项。分子给出了部门Ⅰ的总销售收入（a_1x），减去其成本（c_1x+v_1y）：这表示该部门资本家获得的利润。分母是该部门中用价格而不是用价值来表示的全部所用资本量。在这里应该注意的是，温特尼茨和博特凯维兹一样，考虑的仅仅是流动资本。从整体上看，第二项界定了部门Ⅰ的利润率。同样的，第三项给定了部门Ⅱ的利润率，在均衡状态下，该利润率与部门Ⅰ的利润率是相等的。部门Ⅲ暂时被忽略了，因为奢侈品部门中的生产条件对一般利润率没有影响。

该体系的价格关系现在可以表述如下：

$$(c_1x+v_1y)(1+p)=a_1x$$

$$(c_2x+v_2y)(1+p)=a_2y$$

$$(c_3x+v_3y)(1+p)=a_3z \qquad (12.5)$$

该方程可以与博特凯维兹的价格方程作对比，并入他的简单再生产的假设可以得出：

$$(c_1x+v_1y)(1+p)=(c_1+c_2+c_3)x$$

$$(c_2x+v_2y)(1+p)=(v_1+v_2+v_3)y$$

$$(c_3x+v_3y)(1+p)=(s_1+s_2+s_3)z \qquad (12.6)$$

温特尼茨的体系（12.5）中有三个方程和四个未知数（p，x，y 和 z）。为了得到缺失的方程，博特凯维兹设定 $z=1$，而温特尼茨则采取了另一步骤：

> 在马克思体系的实质中，明确主张价格总额等于价值总额。这不是一个重复或无意义的命题。这说明，只有当生产总产出所必需的劳动时间数量或者是货币商品的价值发生变化时，所有价格的总额才会发生变化。

他由此写道：

$$a_1 + a_2 + a_3 = a_1 x + a_2 y + a_3 z = a \tag{12.7}$$

他进一步界定：

$$m = \frac{x}{y} \tag{12.8}$$

从方程（12.5）、（12.7）和（12.8）中，可以求出利润率：

$$P = \frac{a_1 m}{c_1 m + v_1} - 1 \tag{12.9}$$

同时得出 x 和 z 的解：

$$x = \frac{am\ (c_1 m + v_1)}{a_1 m\ (c_3 m + v_3)\ + (a_1 m + a_2)\ (c_1 m + v_1)}$$

$$x = \frac{a_1 m\ (c_3 m + v_3)\ x}{a_3 m\ (c_1 m + v_1)} \tag{12.10}$$

最后，y 可以通过把（12.10）中的 x 代入（12.8）中而计算出来。这一解答同时适用于简单再生产和扩大再生产。[27] 然而它确实要求——温特尼茨很可能已很清晰地得出了这一结论——从一般来看，剩余价值总额不同于利润总额。

次年，斯威齐在其翻译的博特凯维兹著作的导言中介绍了温特尼茨的文章。[28] 然而，斯威齐的同胞肯尼思·梅却批判温特尼茨把分析限定在三个部门中。[29] 梅自己不久则第一次应用里昂惕夫对转型问题的分析建立了一个投入—产出模型，从而把温特尼茨的解答扩展至 n 个部门。在此没有必要详细阐述梅在解答中的观点，因为其本质内容以简化了的形式包括在了弗朗西斯·塞顿于 1957 年发表的更加有影响的文章中，我们将在下一节中讨论塞顿的这篇文章。然而，梅的结论确实值得给予某些关注。通过说明博特凯维兹和温特尼茨所运用的那种把 n 部门集合体并为三部门的模型，只有在非常特殊的假定条件下才是可能的，梅得出了一个非常重要的分析的要点。一般而言，“必须考虑单个商品，因为它们以不同的比例进入不同部门的生产中去，因此总部门中所包含的不变资本的生产价格和价值在不同部门有不同的比率”。[30] 依据这一重要的限定条件，转型问题“仅仅是一个形式问题”，而且“几乎是不重要的数学问题”。[31]

温特尼茨—梅分析在 1954 年被多布公开认可之前，似乎在英国马克思主义者中间挑起了某种争论。[32] 两年以后，罗纳德·米克建议用一个稍微不同的方法来解决这一问题。米克认为，以前的作者曲解了马克思的不变条件中的一个条件，上面的方程（12.7）并不是马克思所考虑的内容。米克认为，马克思的价格总额等于价值总额的主张应该按照要求重新表述为：

$$\frac{\Sigma a}{\Sigma v}=\frac{\Sigma a_p}{\Sigma v_p} \qquad (12.7a)$$

其中：$\Sigma a = a_1 + a_2 + a_3$

$\Sigma v = v_1 + v_2 + v_3$

$\Sigma a_p = a_1x + a_2y + a_3z$

和：$\Sigma v_p = (v_1 + v_2 + v_3)y$

米克很轻松地表明，一般而言，方程（12.7*a*）和（12.7）是不一致的，而且，只有在第Ⅱ部类的有机构成等于整体经济的平均有机构成时，方程（12.7*a*）自身才是有效的。[33] 几乎是在 20 年后，戴维·利伯曼也提出了一个相当类似的解释。[34] 之后，米克自己放弃了他在 1956 年论文中的观点，承认它对博特凯维兹的结论很少或没有任何的发展。

4. 塞顿和萨缪尔逊

1957 年，有两篇很重要的、但观点却截然相反的文章问世，它们的作者分别是弗朗西斯·塞顿和保罗·萨缪尔逊。这两篇文章的问世为现代转型理论的第一轮争论作了定论。[35]（正如将在以下第 14 章所看到的，萨缪尔逊通过 1971 年发表在《经济学文献杂志》上的一篇更有影响的文章而发动了第二轮争论）。塞顿的著作更直接地将注意力集中于对马克思转型问题的分析上，它既简化了梅的公式，又把梅的解答一般化，允许所有的 n 种商品都可以作为投入用于所有的 n 个部门中。同样，塞顿分析的基本框架是里昂惕夫的投入—产出分析。塞顿用 k_{ij} 表示生产第 i 种商品所需的第 j 种商品的投入，这里的商品用劳动价值来衡量，而且同时包括不变资本和可变资本（“机器供给”和“工人供给”，如塞顿所指的）；[36] e_i 表示用于资本家消费和投资的第 i 种商品的数量，它也用价值术语来衡量；s_i 是 i 部门工人所从事的剩余劳动，a_i 是第 i 种商品的产出的价值总额，由此塞顿的价值体系是：

$k_{11} + k_{21} + \cdots kn_1 + e_1 = a_1$

$k_{12} + k_{22} + \cdots kn_2 + e_2 = a_2$

…………

$$k_{1n}+k_{2n}+\cdots k_{nn}+e_n=a_n$$

$$s_1+s_2+\cdots+s_n=s \qquad (12.11)$$

第 i 行（$i=1\cdots n$）表明，商品 i 产出的劳动价值（a_i），等于作为投入使用于所有 n 个部门的第 i 种商品的价值总额，加上资本家对商品 i 的消费和资本家用商品 i 进行的投资。第 i 列表明，用于第 i 部门的所有 n 种投入的劳动价值，加上该部门的剩余劳动，每列的总计是 a_i。

塞顿紧接着建立了相应的价格体系。他把商品 i 的价格—价值比率记作 ρ_i；π 是总利润与总生产价格的比率；$\rho=1-\pi$ 被塞顿称为“成本比率”。这两个概念与利润率（r）有密切的关系，因为 $r=\pi/(1-\pi)$，$\rho=1/(1+r)$。塞顿的价格体系是：

$$k_{11}p_1+k_{12}p_2+k_{1n}p_n=\rho a_1\rho_1$$

$$k_{21}p_1+k_{22}p_2+k_{2n}p_n=\rho a_2p_2$$

…………

$$k_{n1}p_1+k_{n2}p_2+\cdots k_{nn}p_n=\rho a_np_n \qquad (12.12)$$

第 i 行（$i=1\cdots n$）表明用价格表示的商品 i 的投入，等于商品 i 的总销售收入（用价格表示），在此，由于与“成本比率”ρ 相乘，总收入中便减去了资本家的利润。例如，第一个方程中的量 ρa_1p_1 表明第Ⅰ部类的资本家的收入仅仅足以补偿其成本，没有产生任何的利润。第 i 列表明生产每种商品所需要的第 i 种商品的投入数量，它也是用价格表示的。在体系（12.12）中有 n 个方程，一个方程代表一个部门，还有 $n+1$ 个变量：n 个价格 $p_1\cdots p_n$ 和成本比率 ρ。塞顿论证了该体系可以求出 ρ 和 $n-1$ 个相对价格。[37] 他还论证了马克思的一个观点是正确的，即生产价格是大于、等于还是小于价值，将依赖于该部门的资本有机构成是高于、等于还是低于整体经济的平均有机构成。[38]

塞顿文章的第二部分探讨了不变条件，认为在将相对价格转化为绝对价格时只需要其中一个条件。塞顿非常仔细地考察了马克思自己的结论赖以生效的特殊的假定条件，即价值总额等于价格总额，剩余价值总额等于利润总额，以及利润的价值比率等于利润的价格比率。这既要求第Ⅲ部类的资本有机构成等于社会平均的资本有机构成，也要求该体系处于简单（而不是扩大）再生产的状态下。[39] 一般而言，这些条件很显然不存在。而且，在任何情况下，同所有其他假定相比宁愿选择某个特殊的不变假定，似乎不存在一个客观的基础。而且在那种程序上，转型问题可能会被说成是缺乏完全确定性。[40]

塞顿的文章在转型问题的现代讨论中是一个界标，他提供了在多部门经济中价格可以由劳动价值决定的证明，他的公式被后来研究该问题的大多数的数量经济学家所采纳，仅仅作了很小的变动。塞顿还论证了利润率总是正数条件，成为证明后来由森岛通夫命名的“马克思基本原理”的最早的人物之一，这一“马克思基本原理”是指一个正的剥削率能够保证一个正的利润率，反之亦然（参见以下第 13 章和第 14 章）。[41] 然而，塞顿却用一条很谨慎的注释来结束了他的文章：“马克思转型过程概念的内在一致性和确切性，以及由此得出的正式推论，经过本文的分析已充分证明是正确的。但是对其基本理论的整个体系却不能这样说，而整个转型问题，如果没有这种基本理论又将失去大部分本质和存在的理由。[42]

保罗·萨缪尔逊对马克思主义经济学的技术分析与塞顿的文章发表于同一年，他设定了更严格的限定条件。萨缪尔逊曾与人合著线性经济学方面的经典教科书[43]，并运用其框架来评价马克思对价格、工资、利润、失业和经济增长的论述；他的文章中只有很小的一部分致力于价值理论研究。他设立了一个两部门经济模型，在该模型中满足如下的关系：

$$a_1 \text{劳动} + b_1 \text{机器} \rightarrow 1 \text{机器}$$

$$a_2 \text{劳动} + b_2 \text{机器} \rightarrow 1 \text{消费品} \qquad (12.13)$$

其中：a_1 和 b_1 是生产一台机器所需要的劳动和机器的投入，a_2 和 b_2 是消费品生产中的相应的投入系数。把 W 作为实际工资率（用单位劳动生产的消费品来衡量），r 是利润率，萨缪尔逊设定每个部门中的资本家的收入等于他们的生产成本加利润，由此他得出了一个与塞顿的体系（12.12）相类似的两部门模型：

$$(wa_1+p_1b_1)(1+r)=p_1$$

$$(wa_2+p_1b_2)(1+r)=p_2 \qquad (12.14)$$

然后萨缪尔逊用工资项求出了两种商品的价格：

$$\frac{p_1}{w}=\frac{a_1(1+r)}{1-b_1(1+r)}$$

$$\frac{p_2}{w}=\frac{a_2(1+r)[1-b_1(1+r)]+a_1(1+r)b_2(1+r)}{1-b_1(1+r)} \qquad (12.15)$$

萨缪尔逊从中得出的结论是“所谓的‘转型问题’是毫无意义的”，因为方程（12.14）和（12.15）“运用 a_1，b_1；a_2，b_2；r；w 就能够决定所有的市场量”。劳动价值是不必要的。正如我们在第 1 节所看到的，这正是柴田敬在 1939 年曾反驳过的观点，也是米尔盖特和德米特里耶夫早在 19 世纪 90 年代就曾意识到的观点（参见本书第一卷第 3 章）。但是萨缪尔逊走得更远。他认为“把所有马克思主义的表述评价为这些相同变量的函数”当然是可能的。但是他进一步分析道：“从逻辑上讲，这一转型是从交换价值转到马克思定义的价值——而不是相反！”[44] 同样，这也不是一个新颖的观点，勒尔已于 19 世纪 90 年代预测到了这一点（参见本书第一卷第 35 页），琼·罗宾逊也于 1950 年得出了相同的论点：“整个论据被谴责为从一开始就是循环的，因为即将‘转化为生产价格’的价值，首先是通过价格转化为价值而获得的。”[45]

实际上就萨缪尔逊自己的主张而言，这是不真实的。马克思的价值量可以通过下述方式从（12.13）中求出。用 λ_1 和 λ_2 表示每种商品的单位价值，我们得出如下的方程：

$$\lambda_1 = a_1\lambda_1 + b_1$$
$$\lambda_2 = a_2\lambda_1 + b_2 \qquad (12.16)$$

例如，其中 a_1 是生产一台机器所需要的直接劳动的数量，$b_1\lambda_1$ 是所需要的间接劳动量，通过代入得出：

$$\lambda_1 = \frac{a_1}{1-b_1}$$
$$\lambda_2 = \frac{b_2 a_1}{1-b_1} + a_2 \qquad (12.17)$$

一旦我们确定了 λ_1，用于每一部门的不变资本的价值就能够计算出来。在 λ_2 和 W 给定的条件下，就可以确定劳动力的价值。最后，如果确定 λ_1 和 λ_2，就可以确定每个部门中的产出的价值，而剩余价值可以作为剩余求出。当每种商品的一个单位生产出来时，我们就得到如下的图式：

	不变资本	可变资本	剩余价值	总价值
部门 1	$b_1\left[\frac{a_1}{1-b_1}\right]$	$wb_1\left[\frac{b_2a_1}{1-b_1}+a_2\right]$	$a_1 - wa_1\left[\frac{b_2a_1}{1-b_1}+a_2\right]$	$\frac{a_1}{1-b_1}$
部门 2	$b_2\left[\frac{a_1}{1-b_1}\right]$	$wa_2\left[\frac{b_2a_1}{1-b_1}+a_2\right]$	$a_1(1-w)\left[\frac{b_2a_1}{1-b_1}+a_2\right]$	$\frac{b_2a_1}{1-b_1}+a_2$

（12.18）

（12.18）中没有价格量，只有投入系数 a_1，b_1，a_2 和 b_2，和实际工资 w。然而，如果在生产这两种商品中的一种商品时有两种方法的话，萨缪尔逊的价格优先于价值的论断还是有效的，因为方法的选择依赖于利润率。

运用与罗宾逊相似的术语，萨缪尔逊总结道：马克思的价值理论只是在“真理往往总是等于谬误加上变动”这样的意义上解释了价格对价值的偏离。这里的变动是博特凯维兹的价格—价值比率偏离于单位的程度。只有当利润等于零时，劳动价值论才能够提供一个精确的价格理论。萨缪尔逊赞扬李嘉图认识到了这一点，而马克思却没有。马克思假定所有部门中的剥削率都相同仅仅是一个“复杂的迂回”。“借用肖的说法，马克思的后继者应该留意在所有社会中都有效的基本经济规则：赶紧脱手以免多受损失！”[46]同时完全放弃劳动价值论。

注释：

1. 皮罗·斯拉法：《用商品生产商品》（*The Production of Commodities by Means of Commodities*，Cambridge：Cambridge University Press，1960）。

2. 斯拉法：《用商品生产商品》，第 5—6 页；理查德·古德温：《工资、利润和波动的经济增长率的评论》（‘A Note on Wages，Profits and Fluctuating Growth Rates’，*Cambridge Journal of Economics*，7，1983，第 305—309 页）；马克·布劳格：《凯恩斯之后的伟大的经济学家》（*Great Economists Since Keynes*，Brighton：Wheatsheaf，1985 年），第 236—238 页；O. G. Hamouda 编：《政治经济学争论：哈尔科特论文选》（*Controversies in Political Economy*：*Selected Essays of G. C. Harcourt*，New York：New York University Press，1986），第 75—110 页；约翰·伊特韦尔和 C. Panico：《皮罗·斯拉法》（‘Sraffa，Piero’），载于伊特韦尔、米尔盖特和 P. Newman 编：《新帕尔格雷夫经济学词典》（*The New Palgrave*：*A Dictionary of Economics*，London：Macmillan，1987 年），第四卷，第 445—452 页。

3. 罗纳德·米克：《斯拉法先生对古典经济学的更新》（‘Mr. Sraffa ’s Rehabilitation of Classical Economics’，*Scottish Journal of Political Economy*，8，1961，第 119—136 页）。

4. 斯拉法：《竞争条件下的收益规律》（‘The Laws of Return Under Competitive Conditions’，*Economic Journal*，26，1926，第 535—550 页）；伊恩·斯蒂德曼：《斯拉法主义的相互依存和部分均衡理论》（‘Sraffian Interdependence and Partial Equilibrium Theory’，*Cambridge Journal of Economics*，12，1988，第 85—95 页）。

5. 斯拉法主义者从来没有分析过越来越被看作是新古典理论的最一般形式的游戏规则理论，令人怀疑的是他们是否会把它作为经济学的形式而接受。参见以下第 17 章中的新古典理论与马克思主义的可能的关联性。

6. 皮耶兰杰利·加雷尼亚尼：《资本分配理论》（*Il Capitale Nelle Teoria Della Distribuzione*，Milan：Guiffre，1960 年），这似乎是第一本阐述斯拉法对一般均衡理论进行批判的主要观点的著作。

7. 查洛索夫：《卡尔·马克思的人类的和资本主义的经济》（*Karl Marx über die Menschliche und Kapitalstische Wirtschaft*，Berlin：Hans Bondy，1909）；《马克思主义体系：阐述和评论》（*Das System des Marxismus*：*Darstellung und Kritik*，Berlin：Hans Bondy，1910）。

8. 我们了解，查洛索夫的仅有的第二手资料是 M. Egidi 和 G. Gilibert 的《价格理论》（'La Teoria Oggttiva dei Prezzi'，*Economia Politica*，1，1984，第 43—61 页）；以及 H. Duffner 和 T. Huth 的《乔治·查洛索夫的价值、产出和生产价格理论》（'Georg Charasoff's Theory of Value，Output and Price of Production'，油印版，University of Bremen，1987）；也可以参见 H. D. Kurz：《20 世纪初介于古典和新古典之间的德国理论上的资产阶级政治经济学》（'Die Deutsche Theoretische National? konomie zu Beginn des 20. Jahrhunderts Zwischen Klassik und Neoklassik'），载于 B. Schefold 编：《经济学理论发展研究 VIII 》（*Studien zur Entwicklung der Ökonomischen Theorie VIII*，Berlin：Duncker &Humblot，1989），第 44—46 页。

9. 鲍威尔：《马克思文献》（'Marx-Literatur'，*Der Kampf*，2，1911，第 237—238 页）。

10. 亨利克·格罗斯曼：《马克思的价值—价格转型和危机问题》（'Die Wert-Preis Transformation bei Marx und das Krisen-problem'，*Zeitschrift für Sozialforschung*，1，1932，第 55—84 页），该文在格罗斯曼的《危机理论论文集》（*Aufsätze zur Krisentheorie*，Frankfurt am Main：Verlag Neue Kritik，1973）中重印，第 45—74 页；参见本书第一卷第 16 章。

11. 弗朗兹·佩特里：《马克思价值理论的社会内涵》（*Der Soziale Gehalt der Marxschen Werttheorie*，Jena：Gustav Fischer，1916）；也可以参看鲁道夫·希法亭对佩特里的评论：《格林贝格的有关社会主义和工人运动历史的档案》（*Grünberg's Archiv für die Geschichte des Sozialismus und der Arbeiterbewegung*，1919），第 439—448 页。

12. I. I. 鲁宾：《论马克思的价值理论》（*Essays on Marx's Theory of Value*，Montreal：Black Rose，1973），第 18 章；鲁宾对均衡术语的运用见该书第 67 页，第 224 页，第 229 页，第 233 页。（这是第三次翻译，1928 年版；该书第一版可能是在 20 世纪 20 年代初。）

13. 埃米尔·沃尔特：《博特凯维兹的价值计算和价格计算》（'Zum Problem der Wertrechnung und Preirechnung nach Bortkiewicz'，*Zeitschrift für Schweizerische Statistik und*

Volkswirtschaft，72，1936，第 376—391 页）。

14. 奥托·屈内：《马克思主义体系价值—价格计算探讨》（*Untersuchungen über Wert- und Preisrechnung des Marx' schen Systems*，Greifswald：L. Bamberg，Greifswalder Staatwissenschaftliche Abhandlungen，1922）。

15. 纳塔莉·莫斯科斯卡：《马克思体系：建设性的贡献》（*Das Marxsche System：Ein Beitrag Zu Dessen Aufbau*，Berlin：Verlag Hans Robert Engelmann，1929 年），第 1 章。

16. 同上书，第 24 页注释 21，关于杜冈 – 巴拉诺夫斯基的观点参见本书第一卷第 10 章。

17. 柴田敬：《一般利润率》（'On the General Profit Rate'，*Kyoto University Economic Review*，14，1939，第 40—66 页）。

18. 弗兰茨·诺伊曼：《一般经济均衡模型》（'A Model of General Economic Equlibrium'，*Review of Economic Studies*，13，1945，第 1—9 页）。

19.R. Dorfman，保罗·萨缪尔逊和 R. Solow：《线性规划和经济分析》（*Linear Programming and Economic Analysis*，New York：McGraw-Hill，1958），第 9 章和第 10 章。

20. 同上书，第 45 页。

21. 同上书，第 46—47 页。

22. 保罗·斯威齐：《资本主义发展理论》（*The Theory of Capitalist Development*，New York：Monthly Review Press，1970，1942 年第 1 版），第 7 章；参见琼·罗宾逊：《论马克思经济学》（*An Essay on Marxian Economics*，London：Macmillan，1942），第 3 章和莫里斯·多布对斯威齐的评论（*Science and Society*，7，1943，第 270—275 页）。在多布的《政治经济学和资本主义》（*Political Economy and Capitalism*，London：Routledge，1937）一书中，没有"博特凯维兹"或"转型问题"的条目。

23. 斯威齐：《资本主义发展理论》，第 122—123 页；参见多布对斯威齐的评论，第 271 页，在那里多布把转型问题看作是"主要是具有形式上的意义"。

24. 斯威齐：《资本主义发展理论》，第 128—130 页；参见奥斯卡·兰格：《马克思主义经济学和现代经济理论》（'Marxian Economics and Modern Economic Theory'，*Review of Economic Studies*，2，1935，第 189—201 页）。

25.J. 温特尼茨：《价值和价格：所谓转型问题的一个解答》（'Values and Prices：A Solution to the So Called Transformation Problem'，*Economic Journal*，58，1948），第 276—280 页。

26. 同上书，第 278 页。

27. 温特尼茨：《价值和价格：所谓转型问题的一个解答》，第 279—280 页。

28. 保罗·斯威齐编：《卡尔·马克思及其体系的终结》（*Karl Marx and the Close of His*

System，New York：Kelley，1966，1949 年第 1 版）一书的“编者前言”，第 XXXII 页。斯威齐倾向于温特尼茨论文的一个更长的版本，但就我们所知，这一版本没有发表。

29. 肯尼思・梅：《古典价值理论的结构》（‘The Structure of Classical Value Theories’，*Review of Economic Studies*，17，1949-1950，第 60—69 页）；参见梅：《价值和生产价格：温特尼茨方案的一个注释》（‘Value and Price of Production：A Note on Winternitz’s Solution’，*Economic Journal*，58，1948，第 596—599 页）。

30. 梅：《古典价值理论的结构》，第 68—69 页。

31. 同上书，第 67 页；梅：《价值和生产价格：温特尼茨方案的一个注释》，第 596 页；参见罗纳德・米克：《劳动价值论研究》（*Studies in the Labour Theory of Value*，London：Lawrence &Wishart，1956），第 196 页；以及琼・罗宾逊对斯威齐《卡尔・马克思及其体系的终结》一书的评论（*Economic Journal*，60，1950，第 358—363 页）。

32. 莫里斯・多布：《转型问题的一个注释》（‘A Note on the Transformation Problem’），载于多布：《经济理论和社会主义》（*On Economic Theory and Socialism*，London：Routledge & Kegan Paul，1954），第 273—279 页。在第 279—291 页的一个“附录”中，多布声明该注释曾在私下里进行了传播，但却没有发表；在这种情况下人们只有猜测。

33. 罗纳德・米克：《“转型问题”的一些注释》（‘Some Notes on the “Transformation Problem” ’，*Economic Journal*，66，1956，第 94—107 页），在米克的《经济学、意识形态和其他论文》（*Economics and Ideology and Other Essays*，London：Chapman & Hall，1967）一书的第 143—157 页再次收入。

34. 戴维・利伯曼：《价值和生产价格：转型问题的政治经济学》（‘Values and Prices of Production：The Political Economy of the Transformation Problem’，*Science and Society*，37，1973-1974，第 404—436 页）。然而利伯曼脱离了米克，参见以下第 14 章第 2 节。

35. 弗朗西斯・塞顿：《“转型问题”》（‘The “Transformation Problem” ’，*Review of Economic Studies*，24，1957，第 149—160 页）；保罗・萨缪尔逊：《工资和利息：马克思主义经济模型的一个现代剖析》（‘Wages and Interest：a Modern Dissection of Marxian Economic Models’，*American Economic Review*，47，1957，第 884—912 页）。

36. 塞顿：《“转型问题”》，第 150 页。

37. 同上书，第 150—152 页。

38. 同上书，第 157—160 页。

39. 同上书，第 154—156 页。

40. 同上书，第 153 页；最初的强调删去了。

41. 所有这些结论都包括在一个注脚中；同上，第 15 页注释 2。

42. 同上书，第 160 页。

43. R. Dorfman，R. M. Solow 和保罗 · 萨缪尔逊：《线性规划和经济分析》(*Linear Programming and Economic Analysis*，New York：McGraw-Hill，1957)。

44. 同上书，第 890 页。

45. 罗宾逊的评论，第 362 页。

46. 萨缪尔逊：《工资和利息：马克思主义经济模型的一个现代剖析》，第 891—892 页。

第 13 章　斯拉法和对马克思理论的批判

1.“资本争论”和萨缪尔逊的回答

1957 年，马克思主义经济学正处在低谷，没有人奋起反击萨缪尔逊的责难以捍卫马克思。政治环境依然相当恶劣，在美国，冷战和残余的麦卡锡主义分子的压力依旧非常强大，匈牙利革命和赫鲁晓夫对斯大林时代的揭露，使得西欧共产党遭受创伤。这一时期，几乎没有有学术地位的专门的马克思主义经济学家——正如我们以上第 6 章所看到的，保罗·巴兰是全美国唯一的被称作马克思主义者的专职教授——没有人能够作为像萨缪尔逊这样在技术上难以对付的人的敌手。马克思主义在解释战后长期繁荣方面的明显失败（参见以上第三篇），无论如何都削弱了像斯威齐、多布和巴兰这样一些理论家在抵抗资产阶级经济学影响方面的能力。

只是在总的形势看来已经加强了对马克思的研究之后，对马克思价值理论的争论才重新开始。大约从 1966 年开始，“长期繁荣”中的不稳定的最初迹象明显出现，再加上两年以后学生的激进主义达到高潮，人们对争论的兴趣与日俱增。接受马克思思想的这种较为有利的社会环境，同理论上的重大发展结合起来。皮罗·斯拉法出版于 1960 年的《用商品生产商品》引起了“资本争论”，并致命地摧毁了那些一直对社会主义运动最具挑衅性的新古典主义的理论形式。[1]

第一个受到重创的是与 J. B. 克拉克有密切联系的理论，克拉克在 19 世纪末系统阐述了用“三位一体”术语对分配作出前后一贯解释的思想。每种“生产要素”——土地、劳动和资本——的报酬，可以用每一生产要素的相对稀缺性和它对产出的贡献来说明。克拉克运用这一结论，对所有的剥削理论进行了大张旗鼓的攻击，并为资本主义条件下的收入分配进行辩护。[2] 在 20 世纪，对这一理论的有争议的内容部分地受到了压制，而这一理论的更多的分析方面的内容，则被证明对新古典主义理论家有着相当的影响。20 世纪 60 年代中期，斯拉法的批判表明，除非在非常特殊的情况下，否则在逻辑上以上分析与实际上是不连贯的。生产要素（正如克拉克和他的后继者所想象的）没有获得它们的边际产品；特别是资本生产力在对利润的解释上没起任何作用。[3]

庞巴维克对新古典主义关于资本和利润观点作了另一种阐述[4]，这一阐述成为他对马克思价值理论进行直接攻击的基础（参见本书第一卷第3章），证明马克思价值理论不再有什么危险。斯拉法的结论表明，奥地利学派关于把已生产出来的生产资料还原为一系列过去的“最初”生产要素——劳动和土地——的过程，在使用固定资本的生产过程范围内，是无法完成的。而且，即使运用流动资本的工艺技术，庞巴维克的积累和分配理论也由于其他理由而被证明存在着致命的缺陷。[5]

皮罗·斯拉法小传

皮罗·斯拉法1898年出生于都灵，是一位法律教授的儿子。1916年至1920年间，在都灵大学学习，在那里受到了社会主义思想的影响。1919年，他与安东尼奥·葛兰西建立了深厚的友谊。他的《竞争条件下的收益规律》一文的发表，确立了他作为一名相当有才华的理论家的声望。1926年发表在《经济学杂志》上的这篇文章，抨击了马歇尔的价值理论。第二年，他在剑桥的三一学院谋得职位，在那里一直待到1983年去世。斯拉法两部最有名的前后相继的著作，是他主编的李嘉图著作选和《用商品生产商品》一书。但是，他对经济学理论的所有贡献都具有极大的创见性和策略性特征。在剑桥，他影响了莫里斯·多布、琼·罗宾逊和一大批有才华的学生，包括罗纳德·米克、皮耶兰杰洛·加雷尼亚尼和路易吉·帕西内蒂。然而，事实上他在由他的理论引起的争论中却没有扮演任何角色。

所有这一切似乎进一步坚定了马克思对“庸俗经济学”长期批判的立场。正如马克思主义者一直强调的那样，资本主义生产关系不能并入工艺技术之中。如果拜物教式地对待生产资料，其结果不只是概念上的混乱，而且是逻辑上的不连贯。[6]在一段时间内，这一点极大地强化了马克思主义经济学家的主张。莫里斯·多布和罗纳德·米克与其他深受斯拉法思想影响的人一样，都试图运用《用商品生产商品》来全面复兴马克思的政治经济学（参见以下第15章）。为了做到这一点，由德米克里耶夫和博特凯维兹提出的反对新古典主义理论的早期观点登上舞台，而传统的供求理论家则该退出舞台了。

实际上，那些最主要的新古典主义理论家很快就接受了这样的事实，即反对克拉克和奥地利学派分析的进攻已经取得了成功。[7]然而，他们不仅仍然强调其理论的主要形式——瓦尔拉斯一般均衡分析——依然未受损伤，而且还存在着各种各样的运用斯拉法的分析来攻击马克思价值理论的尝试，其中最突出的就是保罗·萨缪尔逊在20世纪70年代早期所作的尝试（参见以下第14章）。[8]就数量价值论来说，在比萨缪尔逊自己当时意识到的更为基本的意义上，他对马克思的批判证明是对的。斯拉法经济学家不久就扩大了他们对马克思主义的批判，但这已远远地超过了把转型问题看作是一个“复杂的迂回”的指责。[9]对许多马克思主义者和新古典著述者来说，对马克思的这一攻击与10年前对新古典主义理论“资本争论”结果的攻击相比，似乎具有更大的破坏性。本章的其余部分概括了斯拉法对马克思的批判，接下来的两章论述了马克思主义者对这一批判的回应。然而正如第15章将要澄清的，斯拉法以及斯拉法主义者更倾向于马克思主义经济学的、而不是新古典主义的分析。他们认为，如果正确理解的话，《用商品生产商品》会使马克思的价值理论以一个重建的形式得以复活。

2.“复杂的迂回”的进一步确证

萨缪尔逊指责转型问题是一个“复杂的迂回”的观点并不新鲜。正如我们在本书第一卷第3章中看到的，在20世纪初前后，米尔普福特、德米特里耶夫和博特凯维兹都曾建议，可以通过掌握物质投入系数和工资来确定生产价格，而无需劳动价值插手其间。20世纪30年代，柴田敬提供了一个清晰的论证，以证明在一个非常简单的生产模型的条件下，这一过程是如何完成的。塞顿在他1957年发表的著名文章中提供了一个肯定的论据，即对n部门的情况来说，上述方法也是可行的，而罗宾逊从20世纪40年代初就开始声称价值分析是多余的（参见以上第12章）。斯拉法著作的最有特色的方面是，它进一步确证了这些结论，同时又把这些结论用于更加复杂的情况中。斯拉法的分析包括了联合生产技术和单一产品活动；固定资本和流动资本；如土地等的非生产性投入和生产出来的商品的运用；还有两种生产过程的存在。斯拉法论证，在任何情况下，均衡价格是如何直接地取决于与生产条件和收入分配有关的信息的。[10]

这一点可以通过考察表13.1中包含的技术过程而得到证明。表13.1是斯拉法所探讨的更加复杂的体系中的一个表格（但这不是最复杂的表格，最复杂的表格还要包括非生产性物品，以及承认生产过程有更多的可选择性）。[11]在表13.1中，a_{ij}表示过程i中商品j的投入，b_{ij}表示相应的产出，l_i是所耗费的直接劳动的数量。因此，该体系加进了联合生产，因为每一个生产过程可以有多种产出。它还允许加上固定资本一项。某些 a_{ij} 或许代表不同类型和不同时期的机器，在这种情况下，它们也要在箭头右边用适当的 $b_{ij}s$ 表示出来，以证明该生产过程把它们当作前一时期的机器再生产出来。也就是说，耐用资本品被看作是根据报废阶段不同而不同的一系列商品，因此在生产过程结束时依然存在的以前生产的物品被看作是生产过程的副产品。[12]

表 13.1　斯拉法关于包括联合生产和固定资本的技术过程

$a_{11}+a_{12}+\cdots a_{1n}+l_1\rightarrow b_{11}+b_{12}+\cdots b_{1n}$

$a_{21}+a_{22}+\cdots a_{2n}+l_2\rightarrow b_{21}+b_{22}+\cdots b_{2n}$

…………

$a_{n1}+a_{n2}+\cdots a_{nn}+l_n\rightarrow b_{n1}+b_{n2}+\cdots b_{nn}$

表 13.2　用价格术语表示的表 13.1 的体系

$(a_{11}p_1+\cdots a_{1n}p_n)(1+r)+l_1w=b_{11}p_1+\cdots b_{1n}p2$

$(a_{21}p_1+\cdots a_{2n}p_n)(1+r)+l_2w=b_{21}p_1+\cdots b_{2n}p_n$

…………

$(a_{n1}p_1+\cdots a_{nn}p_n)(1+r)+l_nw=b_{n1}p_1+\cdots b_{nn}p_n$

表 13.3　用价值术语表示的表 13.1 的体系

$a_{11}\lambda_1+\cdots a_{1n}\lambda_n+l_1=b_{11}\lambda_1+\cdots b_{1n}\lambda_n$

$a_{21}\lambda_1+\cdots a_{2n}\lambda_n+l_2=b_{21}\lambda_1+\cdots b_{2n}\lambda_n$

…………

$a_{n1}\lambda_1+\cdots a_{nn}\lambda_n+l_n=b_{n1}\lambda_1+\cdots b_{nn}\lambda_n$

很显然，某些 a_{ij} 和 b_{ij} 可能是零，因为并不是所有的过程都必然地使用所有的投入和生产每一种产品。某些过程可能是单一产品过程，其中，所有的 b_{ij}，除了一个以外，都是零。但是按照斯拉法的假设，而且不考虑投入产出关系的确切性质的话，那么价格可以直接地由生产条件来确定，再由收入分配方面的信息

（即指工资水平或利润率）进行补充。[13]

表 13.2 显示的是用价格术语表示的体系。这一体系并入了斯拉法对生产过程结束时对拖欠工资的通常处理方法，因此“工资基金”不是利润赖以自然增长的资本的一部分。[14]p_i 是均衡价格，w 是工资，r 是利润率。如果把 w 或者 r 作为外生变量的话，所有商品的价格和其他分配变量（r 或者 w）的价值就可以确定下来。通过指明它有 n 个生产过程和 n+1 个内生变量（$p_1 \cdots p_n$，r 或者 w）可以很直观地看出这一点。由于可以通过把一个价格作为价格衡量单位（让它的价值等于一个单位）来消掉这一价格，我们就可以有足够的信息来确定所有其他的价格和其他的分配量。[15]

证明这一点是可能的并不足为奇。劳动价值是被决定的量，它取决于同决定价格的因素相同的因素。马克思自己是从劳动价值得出生产价格的，但正如表 13.3 所表明的，这些劳动价值（λ_i）只能由表 13.1 中所包含的投入产出关系方面的信息来确定。因此，马克思研究的路径包含一个“迂回”，而按照数量价值论的观点，这一迂回是多余的。这一点从图 13.1 中可以看出。马克思的研究过程是从生产条件和收入分配开始，经过迂回，到劳动价值和剩余价值，然后再到生产价格和利润。而斯拉法的更加直接的路径省去了对价值和剩余价值的计算，但却有着相同的出发点和相同的目的地。

斯拉法对转型问题的“解答”，回避了转型问题，倾向于用生产条件和收入分配的数据得出商品价格和利润率这一更为基本的问题来完成。就数量价值论而言，马克思的方法既过分详细，又掩饰了因果关系的真正实质。因此，米尔普福特、德米特里耶夫、博特凯维兹、柴田敬和萨缪尔逊，在对马克思的价值具有逻辑上的优先权的主张提出质疑时[16]，都在《用商品生产商品》中获得支持他们观点的强有力的根据。

图 13.1 斯拉法和马克思的“路径”的对比

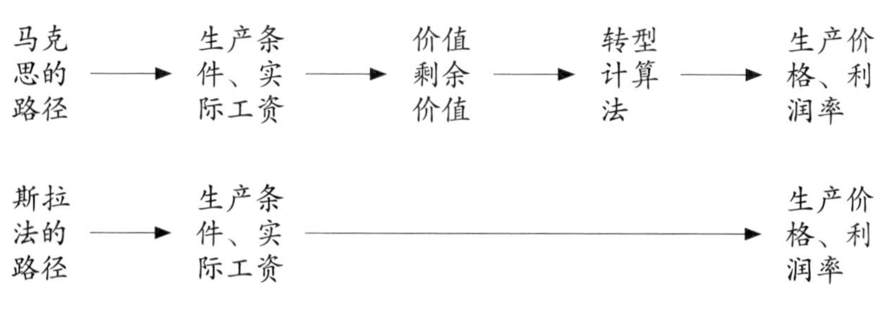

斯拉法的分析同时也强化了一些早期评论家的论据，这些早期评论家曾发现马克思劳动价值和生产价格的关系方面的其他主张也是有争议的。因此，在奢侈品的生产与利润率的决定毫不相关方面，博特凯维兹对李嘉图的捍卫和对马克思的批判是正确的。[17] 斯拉法同时也证实了博特凯维兹的论据，即一般而言，利润率不能由马克思的公式 $s/(c+v)$ 来表示；[18] 证实了肯尼思·梅提出的把价值总计为 c，v 和 s 是不合适的观点；[19] 证实了杜冈 - 巴拉诺夫斯基对马克思利润率下降规律的批判；[20] 还证实了勒尔如下的谴责，即一旦允许有两种生产过程存在的话，从逻辑上看，是劳动价值依赖于价格，而不是相反。[21]

尽管所有这些批判都很有力量，但斯拉法的分析远远超过了其他评论家的著作所作出的严格确证。他自己的分析框架，可以用来揭示马克思价值理论中更为基本的缺陷。转型不仅仅是一个“复杂的迂回”，绕远路实际上被证明是不可能的。而且，即使当马克思的扩展的路径是可行的，马克思所认为的能够由此揭示出的重要剥削关系并非总是能够建立起来。也就是说，“复杂的迂回”被证明是一个死结。这两个问题构成以下两节的主题，第 4 节论证了《用商品生产商品》是如何提出使损失达到最小化的建议的。

3.“复杂的迂回”不存在

马克思以及后来的马克思主义经济学的评论家和捍卫者，总是把生产出来的商品的劳动价值看作是正值。后来，伊恩·斯蒂德曼在 1975 年指出，斯拉法的分析揭示了相反情况的存在。[22] 这一结果是很富有戏剧性的。首先，劳动价值可能无法确定或者可能等于零，从而马克思的转型无法进行，他的通向生产价格的路径根本不存在，只有斯拉法的“路径”是唯一可行的。其次，劳动价值可能为负，这一点与劳动价值可能是零一起，反过来破坏了马克思的基本原理，即正的利润意味着、并且被决定于正的剩余价值。然而，实际上，一个正的利润率可以与一个负的或零剥削率联系在一起，同时，正的利润可以与负的或零剩余价值同时并存。

这些结论与直觉是相悖的。如果所有的生产过程都使用直接劳动的话，那么产出怎么能不具有经过很好确定的劳动价值，而这些价值又怎么能不是正数而是其他的情况？这一节探讨第一个问题，下一节探讨第二个问题。我们通过提供两个分别产生不确定的劳动价值和零劳动价值的数字例证来开始我们的分析。[23]

表 13.4 描绘了表 13.1 所表明的斯拉法体系中的一种特殊情况。相应的价格方程列在表 13.5 中，其中存在着一个有经济意义的均衡。假设把商品 1 作为价格衡量单位（由此 p_1=1），假设延期支付的实际工资是一单位的商品 2，那么，如果 p_1=1，p_2=4，w =4 和 r =0.25，就使均衡得以形成。然而，运用马克思的向劳动价值“迂回”的方法，我们是无法得到这一结论的。表 13.6 是用价值表示上述体系，它导致了不一致的方程的形成：

$$\lambda_1+\lambda_2=1$$

$$2\lambda_1+2\lambda_2=1$$

因此，劳动价值无法被计算，结果也就没有明确的价值量可以转化为生产价格。

表 13.4　表 13.1 中所表明的体系类型的一个数字例证

	投入				产出	
	商品 1	商品 2	劳动		商品 1	商品 2
过程 1	4	0	1	→	5	1
过程 2	0	6	1	→	2	8

表 13.5　用价格表示的表 13.4 体系

$$4p_1（1+r）+w=5p_2+p_2$$

$$6p_2（1+r）+w=2p_1+8p_2$$

表 13.6　用价值表示的表 13.4 体系

$$4\lambda_1+1=5\lambda_1+\lambda_2$$

$$6\lambda_2+1=2\lambda_1+8\lambda_2$$

如果某些劳动价值为零，也会得出类似的结论。这种可能性，在表 13.7—13.9 中显示出来。如果再把商品 1 作为价格衡量的单位，假设延期支付的实际工资是一个单位的商品 2，如果 p_1=1　p_2=2/3，w =2/3 和 r =0.25 的话，一个有经济意义的均衡是存在的。但是，与第一个例子一样，马克思的“复杂的迂回”是不可能的。表 13.9 中的价值体系表明，$\lambda_1=0$ 和 $\lambda_2=1$，因此商品 1 的劳动价值就消失了，同样也就没有什么可转化的了。

表 13.7　表 13.1 所表明的体系类型的第二个数字例证

	投入				产出	
	商品 1	商品 2	劳动		商品 1	商品 2
过程 1	4	0	1	→	5	1
过程 2	0	12	1	→	2	13

表 13.8　用价格表示的表 13.7 体系

$$4p_1(1+r)+w=5p_1+p_2$$
$$12p_2(1+r)+w=2p_1+13p_2$$

表 13.9　用价值表示的表 13.7 体系

$$4\lambda_1+1=5\lambda_1+\lambda_2$$
$$12\lambda_2+1=2\lambda_1+13\lambda_2$$

这些结论看起来非常奇怪，因为这里存在着一种在单一产品生产过程的脉络中考察劳动价值的倾向，而在这种生产过程中，不确定的劳动价值和零劳动价值是不会出现的，这两种情况只会出现于联合生产体系中。但是却不能将其斥为有限关联的复杂细节而不予考虑，因为它们在任何实际的经济中都是很普通的：例如，对羊的宰杀可以产出羊毛皮、兽皮、血、内脏和一块块的肉。[24] 为这些显然很反常的结论提供一个直观的解释同样也是可能的，如果生产过程中使用的直接劳动量是正的，那么净产出的劳动价值必须等于这一直接劳动的总量。表 13.4 体系中净产出是（5–4）+（2–0）=3 个单位的商品 1，再加上（1–0）+（2–0）=3 个单位的商品 2。由于直接劳动投入是 2，这一净产出就必须有 2 个单位的总劳动价值。然而，由于每一生产过程是以相同的比例生产净产出，因此在剩余产品的组成部分之间分配这一劳动价值是不可能的。

因此，计算单个劳动价值的一个必要条件是，生产过程以不同的比例生产净产出。在表 13.7 中，可以看到这样的情况。在表 13.7 中，净产出是（5–4）+（2–0）=3 个单位的商品 1 和（1–0）+（13–12）=2 个单位的商品 2。但是在这种情况下，就商品 1 而言，过程 2 确实具有更高的生产力，而在商品 2 的生产上，过程 1 和过程 2 具有相同的生产力。即使作为一个整体的净产出将会有等于 2 的劳动价值（等于该体系中所使用的直接劳动量），商品 1 的劳动价值也必须等于零。如果我们要让总的劳动投入不变，而把它的一部分从过程 1 转移到过程 2，那么我们就会在商品 2 的生产保持不变的同时增加商品 1 的生产。由于总净产出的劳动价值必须保持 2 不变，那么商品 1 的劳动价值必须是零。

4. 马克思“迂回”的死胡同

这一节阐述联合生产的另一个结果，该结果同样对马克思的价值理论造成了损害。即使劳动价值是确定的和非零的，但有一些可能是负数。正如在表 13.10—13.12 中提出的第三个数字例证所表明的那样，这一观点会损害把剩余价值与利润联系起来的马克思的基本原理。和以前一样，假设 p_1=1，延期支付的实际工资等于一个单位的商品 2，从表 13.11 中得出的价格均衡是：p_1=1，p_2 =2，w=2 和 r=0.25。然而，商品 2 的劳动价值是负数，因为从表 13.12 中得出 $\lambda_1=1\frac{1}{2}$，$\lambda_2=-\frac{1}{2}$。

表 13.10　表 13.1 所表明的体系类型的第三个数字例证

	投入				产出	
	商品 1	商品 2	劳动		商品 1	商品 2
过程 1	4	0	1	→	5	1
过程 2	0	16	1	→	2	20

表 13.11　用价格表示的 13.10 体系

$$4p_1(1+r)+w=5p_1+p_2$$
$$16p_2(1+r)+w=2p_1+20p_2$$

表 13.12　用价值表示的 13.10 体系

$4\lambda_1+1=5\lambda_1+\lambda_2$

$16\lambda_2+1=2\lambda_1+20\lambda_2$

同样，这一结果看起来也很怪，但是却能容易地对之进行直观的解释。表 13.10 体系中的净产出等于（5–4）+（2–0）=3 个单位的商品 1，加上（1–0）+（20–16）=5 个单位的商品 2，同时过程 2 对两种商品来说都确实具有更高的生产力。结果是劳动会从过程 1 转移到过程 2，两种商品作为净产出就会被更多地生产出来。然而这一更大的净产出所包含的劳动必须同通过减少生产力较低的过程的操作而节省下来的劳动相等。而这一点只有在一种商品的劳动价值是负数时才是可能的。

把前一节中的两个数字例证和刚刚讨论的这一例证综合起来，可以推导出一个一般的结论：只有当净产出是由不同的生产过程按照不同的比例生产出来的时候，而且是当没有一个生产过程会在生产力方面起支配作用的时候，所有商品的劳动价值才是可以确定的和为正数。正如我们已经看到的，这些条件并不是价格均衡要求普遍存在的。因此，生产过程以相同的比例生产净产出的模型，和一个生产过程比其他生产过程效率更高的体系，都是完全可以接受的。特别是，一个生产过程在生产力方面占支配地位并不意味着资本家运用的其他过程是无利可图的。在均衡状态中，所有的过程都同样是有利可图的。

就转型而言，负的劳动价值——不同于不确定的劳动价值和零劳动价值——不需要提出特殊的困难。用来衡量商品的单位是任意的。因此，只要劳动价值是可以计算的而且是非零的，用劳动价值作为衡量单位就是可能的。那么，价格就变成了“每一单位劳动价值”的价格，或价格—价值比率。如果工资和一个指定的衡量价格—价值比率的单位已知的话，那就存在一个价格和利润率的解。在劳动价值是负数的情况下，就会出现负的投入和产出项。然而，这仅仅表明，一个有经济意义的解答会包括非正的相应价格—价值比率，以致购买和销售这些商品会包括正的支出。

但是，现在转型还无法实现马克思所考虑的本质问题，即要表明正的利润率源于正的剩余价值率。通过计算不变资本、可变资本和剩余价值的大小，我们发现，在表 13.10 体系中，$c_1=6$，$c_2=-8$，$v_1=-\frac{1}{2}$，$v_2=-\frac{1}{2}$，$s_1=1\frac{1}{2}$，$s_2=1\frac{1}{2}$，因此剥削率是负的，而利润率是正的（r =0.25）。对表 13.7 体系中的例子进行计算，可以得出 c_1=0，c_2=12，v_1=1，v_2=1，s_1=0，s_2=0，该体系中没有剩余价值，即使利润率同样是正的（0.25），剩余价值率却为零。

我们也有可能会发现，拥有负的剩余价值和正的利润的生产体系（不是仅仅指一个负的剩余价值率与一个正的利润率并存）。斯蒂德曼的最初的例子再现于表 13.13 中。假设工资是价格衡量的单位（即 w =1），延期支付的实际工资包括 1/2 个单位的商品 1 和 5/6 个单位的商品 2，那么均衡的条件是：p_1=1/3，p_2=1，w =1，r =0.2。利润总额是 $9\frac{1}{6}$，是正数，而剩余价值总额则等于 –1，是负数。

表 13.13　斯蒂德曼的例证

	投入				产出	
	商品 1	商品 2	劳动		商品 1	商品 2
过程 1	25	0	5	→	30	5
过程 2	0	10	1	→	3	12

因此，马克思的基本原理无法在一般意义上成立。正的剩余价值率不是正的利润率的必要条件，同时正的剩余价值对正的利润来说不是必要的。所以，一般而言，受剥削的劳动并不是一个“优先的具体的量……而它有可能被看作是形成利润的最根本的源泉。”[25] 这一点除了价值和剥削理论以外还有其他分支。劳动价值可以是不确定的、负的或为零这一事实，使得马克思对“运动规律”的最初分析令人怀疑，因为这些规律是用总价值范畴（c、v 和 s）来表示的，而这些范畴则被假定为是已得到明确确定的正数。因此，即使不考虑其他情况，有些总价值范畴不确定或有反常表示这种可能性，会使得人们对马克思的宏观经济“运动规律”产生怀疑。

一个特殊的“运动规律”是认为资本有机构成随着资本主义发展而不断提高。针对这一“规律”，欧内斯特·曼德尔指出：

> 资本主义生产方式内部的绝对的限制……在于这样的事实，即在机械化的最后阶段——自动化阶段，由于把活劳动从生产过程中排挤出去，结果剩余价值量本身必然减少。资本主义与完全自动化的生产是不相容的……因为它不再允许剩余价值的产生。[26]

如果把上述观点理解为正的剩余劳动是正的利润的必要条件的阐释的话，那么它早在1898年就遭到了德米特里耶夫的批判[27]，之后又遭到了斯拉法《用商品生产商品》的批判。如果假设表13.10的数字例证中的生产过程是完全自动化的生产过程的话，那么在每一种情况下直接劳动投入都是零，而不是一个单位。在表13.11中，除了 w 项由于不再使用直接劳动而消失外，会和以前正好一样。然而，一个正的利润率和正的均衡价格依然会存在；假设商品1是衡量单位，答案是 $p_1=1$，$p_2=0.7$，和 $r=0.425$，曼德尔的论据显然是错误的，它仅仅假设存在一个商品实物上的剩余——不管它是否是由直接劳动生产出来的——利润是正数。[28]

然而，该结论并没有破坏马克思关于资本主义社会所特有的剩余价值理论。根据定义，一个完全自动化的经济是非资本主义经济，因为它不使用雇佣劳动。然而，它确实表明了马克思的价值和剥削理论存在一个更加严重的问题。即使是在不存在计算劳动价值和实施转型的困难的非自动化经济中，马克思关于劳动力具有创造剩余价值的特性的观点也是成问题的。例如，在这样的情况下，人们可以计算出石油系数来表明体现于每种商品中的石油数量，而且也可以运用马克思主义经济学家传统上用于转化劳动价值的相同方法，把这些系数“转化”为生产价格。而且“当且仅当生产出来的每一商品具有剥削的性质，利润才是正数……生产中使用的每种过去生产的商品都必须能够让出这样一种剩余……以得到某些……唾手可得的……利润。”[29]从这种观点来看，劳动力并没有什么特别之处，这与马克思的观点相反。

5. 体现马克思精神实质的一个新的斯拉法迂回

那么，从这一残骸中还能救出点什么吗？必须等到在第14章对转型问题的后斯拉法争论进行讨论和在第15章对斯拉法本人的著作进行批判性评估之后，才能对这一问题做出全面的回答。但在此可以概括一下《用商品生产商品》所提出的一种辩护。这一辩护仅仅适用于剥削理论，而对于修补马克思主义价值理论所遭受的创伤并没有提供任何帮助。它也没有提到第4节结尾处明显地提出的问题。然而，由于马克思主义者可能认为价值理论是剩余价值分析的一个主要工具，他们或许会接受第2节、第3节和第4节的批判，但仍旧认为此处所做的分析最终会证明马克思政治经济学的核心是有根据的，因为价值理论本身是次重要的，全面的自动化不会存在，剥削只有在与劳动力联系起来时才有意义（参见以下第 14 章）。而且，将要讨论的斯拉法的观点显然是处于马克思主义的传统之中的；它涉及马克思的最初争论中的一个论点，对它进行了严格详尽的研究，然后指出，如果不是从形式上来看，马克思的这一最初阐述在内容上是正确的。

作为转型分析的一部分，马克思坚持认为：（i）一个生产过程，如果其资本有机构成与整体经济的有机构成相等，那么该过程生产出来的商品的生产价格就将等于它的劳动价值；（ii）该生产过程的自身条件足以确定利润率。如果把他的利润率概念和转型的方法看作是没有问题的，那么这一命题就是正确的。通过把更通用的公式 $s/(c+v)$ 的分子分母都除以 v 就可以把马克思的利润率公式记作 $e/(k+1)$，其中 e 表示剩余价值率，k 表示整个经济的资本有机构成。由于 e 在所有的部门中都是相同的，“一般”部门的资本有机构成等于 k，该部门的利润率（用它自己的劳动价值范畴，c、v 和 s 来计算）必须等于整体经济中普遍通行的利润率。这意味着，该部门获得的利润是它自己生产的全部剩余价值，而且仅仅是它自己的剩余价值，因此在马克思的转型过程中，其生产价格等于它的劳动价值。[30]

实际上，这种观点是错误的，这既是由于马克思错误地相信利润率可以用 $s/(c+v)=e/(k+1)$ 来表示，而且还由于他的转型仅仅适用于产出。[31] 然而，斯拉法的分析表明，作为整体经济代用品的“一般部门”的观点，可以给出另外一种解释，而马克思的观点也可以得到证实。在《用商品生产商品》中，斯拉法认为，通过对不同部门的扩张或缩减，他所考虑的任何一个生产体系的比例都可以被改变，而原有体系的特性保持不变。[32] 在这一被斯拉法称之为标准体系的重新安排的体系中，以下命题成立：

1. 每一商品的总产出，与该商品作为投入的总计使用量有着相同的比例。

2. 标准体系中的净产出与资本的比率，给出了最大利润率，该最大化的利润率同样适用于该体系和拥有原有比例的体系。

3. 当把这一净产品（指的是斯拉法的标准商品）作为价格衡量单位时，标准体系中对应于任一工资的利润率等于原有体系中相同工资的利润率。

4. 标准商品的均衡价格将等于它的劳动价值，原有体系中的利润率，在标准体系中可以表示为剩余价值与资本的比率。[33]

借助于一个简单的数字例证就可以说明这些命题。不进入由联合生产引起的复杂情况中去这么做是再容易不过了（下面第 15 章将要分析这一问题）。因此，不是使用已经提出过的例证中的一个例证，而是在表 13.14 和 13.15 中提供一个新例子。[34] 在原有体系中，总的投入—产出比例是不同的；商品 1 的比例是一个单位，它与商品 2 的比例是（45/28.5）或者是 1.6，与商品 3 的比例是（48/41）或者是 1.2。通过把过程 1 扩大 4/3，把过程 2 缩减到原有规模的 4/5，让过程 3 维持原有状态的方式，就可以把这些比例带入标准比例中去。现在，总的投入—产出比例是相同的：24/20=36/30=48/40=1.2

斯拉法用符号（1+R）表示的这个量，既为标准体系也为原有体系界定了最大化的利润率，就标准体系而言，不管相对价格会发生什么变化，R 不可能再提高了。就原有体系而言，如果我们用表 13.2 中的价格术语来表示表 13.14 体系，并且让工资等于零（这样，所有的净产出与利润一起增长），结果，利润率就等于 R（=0.2），这同样也是最大化的利润率。更一般地来看，正如斯拉法所指出的那样，原有体系“包括着与标准体系相同的基本方程，只是比例不同”，而且“特殊的比例无法改变……数学上的特性”[35]。

如果把标准商品作为价格衡量单位，由此在我们的例证中 $4p_1+6p_2+8p_3=1$，工资被设定在任一可行的水平上的话，那么，由于这一特性，利润率在标准体系和原有体系中将会是相同的，用标准体系中的范畴术语可以得出一个更简单的表述：

$$r=\frac{（净产品—工资）}{用价格表示的生产资料总量} \tag{13.1}$$

如果斯拉法假定整个体系中使用的总劳动等于一个单位，那么

$$r=R（1-w） \tag{13.2}$$

其中 w 是工资（用标准商品单位来衡量）。[36] 因此，就我们的数字例证而言，在原有体系和标准体系两种体系中，如果 w=0.5，那么 r=0.1。

表 13.14　表 13.15 中的标准体系赖以建立的原有体系

	投入					产出		
	商品 1	商品 2	商品 3	劳动		商品 1	商品 2	商品 3
过程 1	9	12	6	3/16	→	18	0	0
过程 2	5	12.5	15	5/16	→	0	45	0
过程 3	4	4	20	8/16	→	0	0	48
总计	18	28.5	41	1		18	45	48

表 13.15　表 13.14 体系的标准体系

	投入					产出		
	商品 1	商品 2	商品 3	劳动		商品 1	商品 2	商品 3
过程 1	12	16	8	4/16	→	24	0	0
过程 2	4	10	12	4/16	→	0	36	0
过程 3	4	4	20	8/16	→	0	0	48
总 计	20	30	40	1		24	36	48

反过来，这也承认了马克思主义对利润率的描绘，任一生产体系的净产品的劳动价值必须等于该体系中使用的直接劳动总量（参见以上第 3 节）。因此，在标准体系的情况下，直接劳动总量必须等于一个单位，标准商品的价格等于其劳动价值。而且，标准体系中的利润率总是可以表示为该体系的剩余价值与生产资料总量的劳动价值的比率。标准体系中净产品的劳动价值可以分解为 v_s 和 s_s，其中 v_s 是工资的劳动价值，s_s 是余下的剩余价值，下标 s 表示标准体系。标准体系中生产资料的劳动价值同样可以表示为 c_s。因此，最大利润率（R）等于（v_s+s_s）/ c_s。我们已知 $r=R(1-w)$，而（$1-w$）仅仅是标准体系中净产品的比例，它趋向于利润，由此：

$$r=R(1-w)=\frac{(v_s+s_s)}{c_s}\cdot\frac{(1-v_s)}{v_s+s_s}=s_s/c_s \tag{13.3}$$

这是剩余劳动或者是剩余价值与雇用资本的劳动价值的比率。[37] 很显然，如果 c_s 是正数的话，那么正的 s_s 是正的 r 的充分必要条件。把（13.3）的分子分母分别除以 vS 得出：

$$r=\frac{s_s/v_s}{c_s/v_s}=\frac{e}{k} \tag{13.4}$$

因此，马克思主义基本原理的这一观点凭借剩余价值率和利润率也得到了维护。而且，由于对任一工资水平来说，标准体系中的利润率都必然等于原有体系中的利润率，那么原有体系中的利润率也可以表示为剩余价值与资本的比率。

米克总结道：

> 斯拉法对其“标准”部门中利润率与生产条件之间的关系所做的精确假定，与马克思对其“平均资本有机构成”部门中利润率与生产条件关系所做的假定是相同的……从这一观点看，斯拉法的“标准部门”从本质上讲是试

图用这样一种方式来界定“平均的生产条件”以得出与马克思一直在寻求的结论完全相同的结论。[38]

从这一角度看，标准体系使得资本主义体系成为透明体，使得“隐藏的东西能够显露出来”[39] 当然，这也正是马克思在其所有关于价值和剥削的著作中试图达到的目的。

6. 结论

从总体上看，斯拉法的《用商品生产商品》与马克思主义政治经济学有着模棱两可的关系，在这本书中，价值理论被证明只有在特殊情况下才是有效的，马克思自己对其剥削理论的阐述也同样被证明不具有普遍意义。联合生产会使这两个理论显得空洞，或者会得出反常的结论。但是斯拉法没有提到价值理论的质的分析的一面，因此他的分析是不全面的，而他自己设计的标准商品或许会拯救一种形式的马克思剥削理论（但是，见下面第 15 章）。而且，正如我们将要在第 15 章中所看到的，许多斯拉法主义者认为，由于斯拉法的范式与马克思的范式同样处在经济学的“剩余传统”中，马克思主义经济学实际上由于斯拉法的著作而得到了加强，因为马克思自己的特定形式的剩余经济学的缺陷被暴露出来，并且被证明与剩余方法本身是无关的。同时，斯拉法的批判者也指出了斯拉法经济学中严重的局限性，而这样做就导致了整个剩余传统受到质疑，包括由马克思所发展了的特殊看法。然而，在我们将要在第 15 章讨论这些更宽泛的问题之前，我们必须讨论“斯拉法革命”对转型问题的处理所造成的影响。

注释：

1. 伊恩·斯蒂德曼编：《斯拉法经济学：第一卷和第二卷》（*Sraffian Economics*：*Volumes Ⅰ and Ⅱ*，Aldershot：Edward Elgar，1988），这其中包括了许多构成“资本争论”的重要论文。

2.J.B. 克拉克：《财富的分配》（*The Distribution of Wealth*，London：Macmillan，1899）；米切尔·霍华德：《经济理论中的利润》（*Profits in Economic Theory*，London：Macmillan，1983），第 12 章。

3.G.C.Harcourt:《资本理论的剑桥争论》（*Some Cambridge Controversies in the Theory of Capital*, Cambridge : Cambridge University Press, 1972），提供了该争论的一个相当精彩的叙述。

4. 庞巴维克:《有效的资本理论》（*The Positive Theory of Capital*，New York：Stechert，1891）。

5.Harcourt:《资本理论的剑桥争论》；米切尔·霍华德:《奥地利资本理论：用皮罗·斯拉法的〈用商品生产商品〉进行的评价》（'Austrian Capital Theory：An Evaluation in Terms of Piero Sraffa's "The Production of Commodities by Means of Commmodities"'，*Metroeconomica*，32，1980，第1—23页）。

6.A.Bhaduri:《关于最近的资本理论争论的意义：一个马克思主义的观点》（'On the Significance of Recent Controversies on Capital Theory：A Marxian View'，*Economic Journal*，79，1969，第532—539页）。也可以看G. C. Harcourt:《关于资本理论的剑桥争论的理论与社会意义》（'The Theoretical and Social Significance of the Cambridge Controversies in the Theory of Capital'），载于J. Schwartz编:《资本主义细微的功能》（*The Subtle Anatomy of Capitalism*，Santa Monica，Cal：Goodyear，1977，第285—303页）。

7. 保罗·萨缪尔逊:《一个结论》（'A Summing Up'，*Quarterly Journal of Economics*，80，1966，第563—583页）。

8. 新古典主义者也声称，破坏克拉克和奥地利理论的主要结论——重新转换和资本变更——是新古典经济学的原理。见R.M.Solow:《证明Ⅰ：一次采访》（'Testimony Ⅰ：An Interview'），载于G.R.Feiwel编:《不完全竞争和雇佣经济学》（*The Economics of Imperfect Competition and Employment*，New York：New York University Press，1989），第542—543页；弗兰克·哈恩:《罗宾逊－哈恩爱憎关系：一次采访》（'Robinson- Hahn Love-Hate Relationship：An Interview'），载于G. R. Feiwel编:《琼·罗宾逊和现代经济理论》（*Joan Robinson and Modern Economic Theory*，New York：New York University Press，1989），第895—910页。

9. 这一切始于伊恩·斯蒂德曼:《正利润与负剩余价值》（'Positive Profits With Negative Surplus Value'，*Economic Journal*，85，1975，第114—123页），扩展于伊恩·斯蒂德曼的《斯拉法之后的马克思》（*Marx After Sraffa*，London：New Left Books，1977）。然而，伊恩·斯蒂德曼的观点部分地由森岛通夫在其《马克思的经济学》（*Marx's Economics*，Cambridge：Cambridge University Press，1973）中，部分地由B. Schefold在他的《皮罗·斯拉法的资本和地租的联合生产理论》（*Piero Sraffa's Theorie der Kuppelproduktion，des Kapitals und der Rente*，Basle：private publication，1971）中预测到了。

10. 生产条件可能包括：投入—产出关系的“社会的”和“技术的”决定因素，尽管斯拉法自己没有对这一结果做出评论。

11. 更加复杂的体系将在以下第 14 章和第 15 章分析。

12. 只有“通过把处于不同磨损阶段的资本品看作是质上不同的物品，以致重新界定的每种资本品只适用于一个时期，这样的话我们才能够处理好资本的寿命结构”。见森岛通夫：《经济增长理论》(*Theory of Economic Growth*，Oxford：Oxford University Press，1969)，第 89 页；也可见本书的第 6 章和 森岛通夫：《马克思的经济学》(*Marx's Economics*，Cambridge：Cambridge University Press，1973)，第 13 章。

13. 斯拉法的假设不是系统地提出来的，而是分散在《用商品生产商品》(*The Production of Commodities by Means of Commodities*，Cambridge：Cambridge University Press，1960)的正文和附录中。在 I. Bradley 和 霍华德的《皮罗·斯拉法的〈用商品生产商品〉以及古典的和马克思主义的政治经济学的恢复》(‘Piero Sraffa’s “Production of Commodities by Means of Commodities” and the Rehabilitation of Classical and Marxian Political Economy’)中列举了这些假设。该文载于 I. Bradley 和霍华德编：《古典的和马克思主义的政治经济学：纪念罗纳德·米克的论文集》(*Classical and Marxian Political Economy*：*Essays in Honour of Ronald Meek*，London：Macmillan，1982)，第 229—254 页。斯拉法的一些假定将在以下第 15 章进行严格的分析。

14. 斯拉法：《用商品生产商品》，第 10 页。显然，是假设工资延期支付更合理，还是在生产过程开始时预付工资更合理，这不是一个优先考虑的事。见伊恩·斯蒂德曼：《斯拉法之后的马克思》，第 103—105 页。从我们的目的来看，没有什么重要的内容以此假设为转移。

15. 斯拉法假定他分析的每一体系，包括能够保证在工资或利润率给定的条件下，内生变量在经济上有意义的水平上被确定下来的数据和关系。他通过明确地表明性质不同的过程的数量等于商品的数量这一点而表达了这一假设。见斯拉法：《用商品生产商品》，第 5 页，第 7 页，第 44 页，第 63 页，第 77 页，第 78 页。然而他意识到从一般而言，这并不是他的有关决定的假设的一个充分表述，同上书，第 59 页，第 74—75 页，第 90—91 页，在以下第 15 章，我们再回到这一问题上来。

16. 马克思：《资本论》第三卷中文版第九章；马克思：《剩余价值理论》第二册第五章；罗纳德·米克：《斯密、马克思及其之后》(*Smith*，*Marx and After*，London：Chapman & Hall，1977)，第 126 页，第 151 页；M. 霍华德和 J.E. 金：《马克思的政治经济学》(*The Political Economy of Marx*，Harlow：Longman，1985，第 2 版)，第 97—105 页；J.E. 金：《价值和剥削：一些最近的争论》(‘Value and Exploitation：Some Recent Debates’)，载于 I. 布拉德利和霍华

德：《古典的和马克思主义的政治经济学》，第 157—187 页。

17. 见本书第一卷第 3 章和马克思的《剩余价值理论》第二册，第十四章，第十五章，第十六章；马克思的《资本论》第三卷第六章第 1 节；斯拉法：《用商品生产商品》，第 7—8 页；伊恩·斯蒂德曼：《马克思论李嘉图》（'Marx on Ricardo'），载于 I. Bradley 和 霍华德：《古典的和马克思主义的政治经济学》，第 115—156 页。

18. 参见本书第一卷第 3 章和伊恩·斯蒂德曼：《斯拉法之后的马克思》，第 3 章和第 4 章。

19. 参见以上第 12 章和伊恩·斯蒂德曼：《斯拉法之后的马克思》，第 68 页。

20. 参见本书第一卷第 10 章；上面第 7 章；斯拉法：《用商品生产商品》，第 85—86 页；伊恩·斯蒂德曼：《斯拉法之后的马克思》，第 9 章。

21. 参见本书第一卷第 2 章；森岛通夫：《马克思的经济学》，第 189—190 页；伊恩·斯蒂德曼：《斯拉法之后的马克思》，第 65 页。

22. 见上面的注释 9。斯拉法：《用商品生产商品》，第 60—61 页，明确地表明了负劳动价值的可能性。

23. 这两个例证取自于霍华德：《经济理论中的利润》，第 54—57 页。

24.N. 萨尔瓦多里和伊恩·斯蒂德曼：《有关联合生产的四个疑问》（'Four Questions Concerning Joint Production'，*Political Economy*：*Studies in the Surplus Approach*，4，1988，第 223—229 页）。

25. 米克：《斯密、马克思及其之后》（*Smith*，*Marx and After*），第 16 页。

26. 欧内斯特·曼德尔：《晚近资本主义》（*Late Capitalism*，London：New Left Books，1975），第 207 页。

27.V.K. 德米特里耶夫：《有关价值、竞争和效用的经济学论文》（*Economic Essays on Value*，*Competition and Utility*），由 D.M.Nuti 编（Cambridge：Cambridge University Press，1974），第 58—64 页，第 214 页，以及 M. 德赛：《转型问题》（'The Transformation Problem'，*Journal of Economic Surveys*，2，1988，第 311—312 页）。

28.S.J.Pack：《重建马克思经济学》（*Reconstructing Marxian Economics*，New York：Praeger，1985），第 43—49 页，第 119—125 页；伊恩·斯蒂德曼：《机器人和资本主义：澄清问题》（'Robots and Capitalism：A Clarification'，*New Left Review*，15，1985，第 125—128 页）。

29. 约翰·罗默：《自由的失去》（*Free To Lose*，Cambridge，Mass.：Harvard University Press，1988），第 53—54 页，也可以参见以下第 14 章第 8 节。

30. 马克思：《资本论》第三卷第 9 章；也可以见本书第一卷第 3 章。

31. 见本书第一卷第 3 章。

32. 这是斯拉法的声明在后来被证明是很过分的几种案例中的一个。见 C. F. Manara：《斯拉法的用商品生产商品的联合生产模型》（‘Sraffa’s Model for the Joint Production of Commodities by Means of Commodities’），载于路易吉·帕西内蒂编：《有关联合生产理论的文章》（*Essays on the Theory of Joint Production*, London: Macmillan, 1980），第 1—15 页；保罗·萨缪尔逊：《斯拉法经济学》（‘Sraffian Economics’），载于 伊特韦尔、米尔盖特和 P. Newman 编：《新帕尔格雷夫经济学词典》（*The New Palgrave*：*A Dictionary of Economics*，London：Macmillan，1987），第四卷，第 452—461 页。在以下第 15 章第 5 节，分析了斯拉法分析的其他局限，我们回到在此概括的这些问题。

33. 斯拉法：《用商品生产商品》，第 20—22 页，第 24—29 页，第 31—32 页，第 45—48 页，第 53 页，第 72—73 页，第 75—78 页；米克：《经济学和意识形态》，第 161—178 页；A. Medio：《利润和剩余价值：资本主义生产中的现象和实质》（‘Profits and Surplus Value：Appearance and Reality in Capitalist Production’），载于 E. K. 亨特 和 J. G. Schwartz 编：《经济理论批判》（*A Critique of Economic Theory*，Harmondsworth：Penguin，1972），第 312—346 页；J. 伊特韦尔：《剩余价值理论争论：旧的和新的》（‘Controversies in the Theory of Surplus Value：Old and New’，*Science and Society*，38，1973，第 281—303 页）；J. 伊特韦尔：《斯拉法先生的标准商品和剥削率》（‘Mr.Sraffa’s Standard Commodity and the Rate of Exploitation’，*Quarterly Journal of Economics*，89，1975，第 543—555 页）；霍华德和金：《马克思的政治经济学》，第 140—144 页。

34. 由霍华德和金的《马克思的政治经济学》中第 142 页中的例证改编。

35. 斯拉法：《用商品生产商品》，第 23 页。换句话说，用一个常数去乘以每一个方程，不会改变答案的集合。

36. 斯拉法假设在他分析的所有体系中使用的总劳动量等于一个单位；见斯拉法：《用商品生产商品》，第 10 页，第 20 页。当然，这是合理的，因为衡量劳动的单位是随意的，而且在选择时总是以适应分析为准。

37. 可变资本从分母中删去了，因为工资是延期支付的。

38. 米克：《经济学和意识形态》，第 177—178 页（原来的强调删除了）。

39. 斯拉法：《用商品生产商品》，第 23 页。

第14章　斯拉法之后马克思的价值理论

1. 引言

正如前一章所指出的，斯拉法《用商品生产商品》的影响并不是直接的，最初的影响是对新古典主义理论产生冲击，导致了20世纪60年代中期的“剑桥之争”。尽管这与马克思对“庸俗经济学”的分析息息相关，但是它并没有对马克思政治经济学自身逻辑上的一致性产生影响。直到20世纪70年代，它对马克思经济学的直接影响才开始被意识到。同时，由弗朗西斯·塞顿和保罗·萨缪尔逊在20世纪50年代提出的问题也期待着答案（参见以上第12章）。有待观察的是萨缪尔逊的结论能否推广为n部门模型，以及（如同恩格斯和其他人曾设想过的）价值向生产价格的转化能否被合理地看作是一个逻辑的和历史的过程（参见本书第一卷第3章第2节）。另外，没有解决的问题还有与评价马克思价值理论中数学模型的作用有关的重要方法论问题，以及价值理论问题中质和量方面的相对重要性问题。

本章的大部分、但非全部，采用的是编年体的形式。下一节探讨的是（非常稀疏地）出现于1958年和1971年间关于转型问题方面的文献，那时萨缪尔逊以其发表在《经济文献杂志》上的一篇引起激烈争议的长文而再次加入这场争论。第3节概括评述了萨缪尔逊同马克思主义批评家之间爆发的激烈论战，第4节讨论20世纪70年代中期森岛通夫和斯蒂德曼在价值分析上的贡献的重要意义，这在以上第13章已经作过概述。森岛通夫也卷入重新展开“历史上的转型问题”的讨论，对此将在第4节进行评价。

从20世纪70年代末开始，出现了几种解决转型的逻辑问题的新的尝试，加上20世纪80年代间出现的某些附加的难点，这些内容构成了第6节的主题。第7节不再按年代顺序，而是按主题安排的，它简要地论及20世纪最后20年间涌现出来的对劳动价值论的一系列异议，这些异议与转型问题并没有直接的联系。最后第8节包括20世纪90年代初支持马克思价值和剥削理论的一些结论。然而，要注意的是，从某种程度上讲，第15章可以被理解为是这一章的扩展性的结论。这里所探讨的一些实质的和方法论上的问题，将在第17章对“理性选择的马克思主义”评价时再次出现。

2. 早期的贡献

20 世纪 60 年代，对转型文献的最重要的贡献是罗纳德·米克对斯拉法的评论，该评论在以上第 13 章第 5 节已作了概述。除此之外，在这 10 年间，发表的有意义的文章甚少。迟至 1973 年，莫里斯·多布还抱怨这一讨论“还留有……某种程度的限制，甚至是很深奥的；这一讨论的大部分内容并没有在马克思的追随者和解释者中引起多大的兴趣（或者是注意），这些人已转而集中研究危机和帝国主义问题了。[1]

1961 年，森岛通夫和塞顿都声称，转型过程可以按照相反的方向进行，也就是说，通过运用与生产条件和净产品分配有关的资料[2]，生产价格可以决定劳动价值。他们从这一点得出结论，认为实证主义者对劳动价值论的异议是没有事实根据的。正如琼·罗宾逊（和其他人）曾经提出的，价值不是一个形而上学的概念。不管马克思的价值概念作为“现实”描述或者行动向导上的有用性或不相关性如何，至少从操作上讲它是有意义的。[3]

两年以后，挪威人利夫·约翰森又回到世纪之交曾引起好几个著述者兴趣的主题，即把劳动价值论和边际效用分析调和起来的可能性问题（参见本书第一卷第 191—192 页）。约翰森设计了两个价格决定模型。在第一个模型中，工人拥有维持生存所必需的条件，它决定了传统的马克思模型中的均衡实际工资，而资本家则使得预算约束条件下的新古典主义效用函数最大化。这时，边际效用决定的是资本家消费的商品的数量，而不是其价格。在第二个模型中，工人和资本家都有效用函数，如果没有一个单独的收入分配理论或者——约翰森提出的变形的——反映工人最低效用水平的详细说明的话，利润率就无法确定。现在价格间接地受到边际效用的影响，因为工人效用函数中的任何变化都会影响到利润率，从而改变生产价格。[4]

塞顿 1957 年的那篇文章发表之后，一个在价值和剥削问题的分析中更加热衷于运用数学技术的时代开始了。然而，起初几乎没有人对这两篇文章作出反应，同样的，置盐信雄在 1963 年的一篇文章中对转型问题所做的相当关键的评论，也没有引起任何反应，人们仅仅记住了它对马克思利润率下降原理的攻击（参见第 7 章第 3 节）。[5] 在由萨缪尔逊挑起的争论开始之前，另一本重要的著作是安德拉斯·布罗迪的《平衡、价格和计划》，该书先用匈牙利文出版，1970年又以英文再版。[6]正如我们将在以下第5节和第6节所看到的，布罗迪预测到了后来争论的若干方面的问题。但是他的著作在西方没有造成多少直接的影响，恐怕在东方造成的影响会更小，因为在东方，有创造性的知识分子的努力仍旧碰到巨大的障碍。

在这些年里，米克对斯拉法的解释大部分被忽视了，只有一个有意义的例外：斯拉法在剑桥的同事莫里斯·多布，开始同他本人的许多共产主义同事分离开来，这是由于他坚持认为，《用商品生产商品》对马克思作了证明，这个证明不亚于该书对新古典主义经济学诅咒似的控告。在1970年发表于荷兰《经济学家》杂志上的一篇非常有影响的文章中[7]，多布把斯拉法置于古典的传统之中，他认为这一古典的传统包括卡尔·马克思以及博特凯维兹和德米特里耶夫（参见本书第一卷第3章第4节和第5节）。这一切都表明，利润率依赖于投入生产部门的生产条件（不管是工资品还是不变资本的组成要素），并且只能依赖于这些生产条件。[8]多布强调，在与马克思不一致的关于分配理论的少数几篇评论中，斯拉法没有提供什么东西。在斯拉法的模型中，资本家对生产资料的垄断是固有的，甚至他把工资当作是剩余产品的组成部分的作法，也可以看作是对现代资本主义状况的符合实际的反映。[9]多布在其最后一本书中，对这些观点做了进一步阐述，他重点介绍了斯拉法、古典经济学家和马克思之间在方法论上的相似性。所有这些人都认为，从逻辑上看，分配独立于交换，在任何情况下，价格都是取决于收入分配（再加上生产条件），而不是相反。这一“前杰文斯决定规则或模式”使他们的观点同新古典主义理论家的观点非常明显地区别开来。[10]以下第15章将对这一在经济思想史上非常有影响力的解释进行评价。

3. 萨缪尔逊争论

1969年或者是1970年，萨缪尔逊从美国国家科学基金获得津贴，资助他对马克思价值理论的研究。第二年他发表了他的这一研究成果的初步概要。[11]他的一篇较长的论文于1971年发表在《经济文献杂志》上。[12]萨缪尔逊的结论主要还是他在1957年就已得出的那些结论（参见以上第12章第2节）。劳动价值理论是一个复杂的迂回；生产价格和一般利润率可以直接地取决于与生产条件和收入分配有关的信息；因此，马克思的剩余价值理论对于理解资本主义经济中的利润来说是不必要的。

萨缪尔逊早期的文章虽然被马克思主义经济学家所忽视，但 1971 年发表的这篇文章却引起了一场激烈的争论。这种批判性反应上的不同，可以举出好几个理由。对马克思主义的一般性兴趣增强了，而且同以前相比，有更多的马克思主义经济学家以学术研究为专职。《经济文献杂志》与更加令人生畏的《美国经济评论》相比，其专门性不太强，但却有更多的读者。到了 1971 年，萨缪尔逊已成为正统经济学的一个起统率作用的人物，与 20 世纪 50 年代相比，他有了一个更高大的公众形象。1970 年，他获得了诺贝尔奖，各种介绍他的著作版本，在销售量上已远远地超过其他以英文出版的经济学著作。全世界一届届的大学生从萨缪尔逊的《经济学》中学到了他们最基础的理论。最后，还有一个风格问题。1957 年发表的文章在语气是上有节制的，而且还带着学术的腔调，但是 1971 年发表的文章大部分则相反，而且带有（并且是蓄意的？）挑衅性。

> 当你穿越代数学的迷宫，开始理解正在发生的事情时，你发现“转型的算法”可以精确地表述为下述形式：“反复思考两种可以替换但却又不一致的体系，写下一个。现在通过用一个橡皮把它擦掉来进行转型，然后再填上另一个。如此你就完成了转型的算法。”运用这一技术，可以进行从燃素到熵、从托勒密到哥白尼、从牛顿到爱因斯坦、从《创世纪》到达尔文的转型——然后是从熵到燃素的转型……这种无可争议的无聊真理，在目前已持续 3/4 个世纪的冗长文献中的任何地方都没有得到强调，这告诉我们需要对转型问题进行系统的考察研究。[13]

正是这一“橡皮原理”而不是其他东西，激怒了马克思主义读者。

当时的《经济文献杂志》编辑马克・珀尔曼，很快收到了大量批判性的短文和评论。他的反应相当迟钝。同意出版的那些仅有的投稿，均来自于杰出的学院式经济学家。在两篇相当简短的投稿中，阿巴・勒纳异乎寻常地指责萨缪尔逊“对如此彻头彻尾地遭到破坏的劳动价值论作了无根据的让步”；而琼・罗宾逊则声称萨缪尔逊对古典马克思主义和新古典主义模型进行了折中。[14] 威廉・鲍莫尔则认为，萨缪尔逊误解了马克思的意图，马克思

> 主要关注的是利润和剩余价值之间的关系，仅仅偶尔（作为达到前者的

> 工具）关注价格和价值的关系……似乎显示出土地是地租的源泉，资本是利润和利息的源泉的竞争过程，仅仅是一个分配现象，它掩盖了劳动才是产出的唯一有社会关联的源泉的事实。这正是马克思的劳动价值论和转型问题分析的重要意义。[15]

萨缪尔逊否认这一点，相反强调他的“擦除和取代原理”同样适用于剩余价值向利润的转化。鲍莫尔反击说他的文章是致力于研究马克思的目标的本质，而不是研究他是成功还是失败这一不同的问题。[16]最后，森岛通夫对他于 1973 年正值辩论高峰期出版的著作《马克思的经济学》进行了捍卫。他相信他对马克思的批评比萨缪尔逊的批评更严厉，然而还是提供了马克思的基本观点能够得以保留的论据。[17]

这些投稿没有一篇是特别深刻的，但是以后投往《经济文献杂志》的一系列评论却没有发表。珀尔曼反而任命马丁·布朗芬布伦纳去“对那些未正式介入新近一轮‘马克思主义——现代主义’论争的经济学家进行概述”。他的概要是否包括六篇被拒绝发表的文章的摘要并不很清楚，但这正是他所提供的。他指出，他们的腔调从“学术式的到谩骂式的”。[18]从布朗芬布伦纳的描述来看，似乎只有一篇文章明确采取的是新古典主义观点，有四篇是试图对马克思的价值理论进行捍卫。[19]很显然，珀尔曼对发表文章的选择并不是不偏不倚的，而且萨缪尔逊在一部分标题为“引证的著述者的反应”栏目中发现，该栏目“对那些没有被同意发表的夭折文章所进行的评论有些零散”。[20]

有两篇曾遭到拒绝的文章后来在别处发表了。资深议会共产主义者保罗·马蒂克[21]，提出了三个实质性的观点。第一，他（正确地）强调马克思的价值理论与资产阶级均衡分析共同具有成为一个“理论装置”或“思想结构”的特性，因此，马克思的价值理论不能被直接观察到。[22]第二，他认为马克思主要关心的问题是“为什么社会劳动关系是以价值关系表现出来？”马克思曾经提出“价值概念怎样才能全部呈现出来”。他发现答案就在资本主义生产方式的特殊阶级关系中。[23]这里暗含着价值理论质的方面和量的方面之间的一个区别，这一区别既构成萨缪尔逊其他方面批判的主要特色，又被用来反对马克思的斯拉法主义批判家（参见以下第 15 章）。第三，马蒂克认为，劳动价值论只有在整体经济的水平上才能得以证实：“价值规律不是在每天的价格关系中得到证明，而是在生产价格的总体升降过程中找到经验证明的……该体系作为一个整体对价值分析是敏感的。”[24] 森岛通夫在后来得出了一个更加严格的相关结论（参见以下第 4 节）。马蒂克坚持认为，萨缪尔逊对此一无所知，他是一个庸俗经济学家；他的代数学是“夸大的垃圾”，他“浪费了自己的时间和国家社会基金会的金钱”。[25]

如果马蒂克是把学术腔调和谩骂口气结合在一起的话，那么戴维·利伯曼对萨缪尔逊的攻击则采取一种严谨的模式。[26] 利伯曼首先提出了他自己解决转型问题的几何学方案，该方案取消了传统的不变条件，包括价格总额与价值总额相等和（或）剩余价值总额与利润总额相等，要求剥削率不管是用价值表示还是用价格表示都要相同。利伯曼为这一修正提供的正当理由是：工人与资本家是围绕着剥削率而不是利润率而展开阶级斗争的。[27] 跟马蒂克一样，利伯曼也抱怨萨缪尔逊仅仅探讨了该问题的量的方面，而忽视了更有意义的质的方面。萨缪尔逊完全无法理解“价值问题是一个社会范畴”，因此“在马克思主义意义上说”，他自我暴露为“一个可怕的政治的经济学家”。利伯曼总结道：“为了推进争论中他这一方的发展，（萨缪尔逊）必须跨越‘哲学—社会学’和‘经济分析’之间的随意界限，以面对作为社会关系范畴的价值的定义。”[28]

价值的质的问题和量的问题之间的这一关键性区别首先起源于马克思的分析，斯威齐在其著作《资本主义发展的理论》[29] 中对此作了强调。1975 年霍华德和金提出，应该把这一区别有效地应用于收入分配的分析中[30]，而这一点实际上包含在了鲍莫尔对萨缪尔逊的批判中。在对利伯曼当时未发表的文章所做的（必要的）简短评论中，萨缪尔逊把整个观点看作是包括“一个几乎是滑稽可笑的拜物教和双关语”[31] 的错误概念而不予考虑。这是完全不正确的。萨缪尔逊的错误可能在于：通过把洗澡水（量的方面）和孩子（质的方面）一起倒掉而弱化了他自己分析的影响力。实际上，对价值的这两方面在逻辑上是分离等问题可以作出强有力的证明。如果真是这样的话，那么在取消——按照萨缪尔逊的理由——马克思数量价值理论的同时接受其对质量问题分析的本质是可能的。[32] 利伯曼拒绝这一结论，斯威齐最终对此也是畏缩不前，[33] 但是它却吸引了一些不太教条的捍卫者，他们认为质量价值理论与斯拉法主义者和马克思主义者之间和平共处的明显承诺之间，存在着持续的关联性（参见以下第 15 章）。[34]

马蒂克并不是把萨缪尔逊当作是庸俗经济学家的唯一的评论家[35]，他自己坚决否认这一指责：“在这一讨论中我的优势之处不是新古典的，而是斯拉法的！……我所说的是非新古典主义者琼·罗宾逊一直在说的。”[36] 萨缪尔逊也不否定传统的分配理论，只是拒绝与之站在一起。[37] 他所希望做的就是打破把马克思看作是一个预言家的神话，他揭露了“藏在事物表面之下的无法服从于传统政治经济学的秘密”。[38] 正如我们已经看到的，在这一方面，他只是部分地成功了，因为他没有认识到价值理论质的方面的重要性。然而，在这场论战的最后，萨缪尔逊确实从他1971年的攻击中退却了一点，减弱了他对“橡皮原理”的固执，[39] 把马克思描述成为“一个政治经济学最初的有创造力的缔造者”。[40]

4. 森岛通夫和斯蒂德曼加入论战

与此同时，在大西洋彼岸也进行着一场激烈的争论。这场争论首先集中在莫里斯·多布对古典马克思主义综合的认同上（参见以上第2节）。多布是英国马克思主义经济学家的老前辈，是英国共产党最重要的理论家（尽管偶尔也持异议），也是斯拉法在剑桥的密友，鉴于斯拉法对由他的著作引起的争论持绝对沉默态度，多布对其观点的解释迅速成为典范的形式，多布本人也成为正统马克思主义捍卫者攻击的主要对象。

攻击的最初阶段是在新成立的杂志《经济与社会》上展开的，其中首先是杰夫·皮林接着是苏珊娜·德·布隆霍夫，对李嘉图的价值理论和马克思的价值理论之间的主要区别进行了鉴别。他们认为，李嘉图的方法与马克思的方法截然不同，这表现在辩证法、矛盾、历史特殊性，以及形式和内容之间、本质和现象之间、质和量之间的区别等各个方面。马克思的概念是独一无二的；在古典政治经济学中找不到他对使用价值和交换价值、抽象劳动和具体劳动的分析的对等物。首要的是，正如马克思已经认识到的，李嘉图由于混淆了价格和价值而受到批判。因此，多布对价值理论中“古典马克思主义”传统的发明是相当错误的。[41]

多布的同事鲍勃·罗松在他称之为剑桥学派、英国—意大利学派或“新李嘉图”学派的一个广为人知的批判中，（从一个稍微不同的角度）得出了类似的结论。[42]（现在更一般的提法是“斯拉法”学派。）罗松特别不赞成把马克思理解为“仿佛他是一个英国古典经济学家”。[43] 实际上，马克思早已对李嘉图把剩余价值仅仅看作是一个单纯的分配现象的观点进行了攻击，正是这一观点导致李嘉图忽视了生产过程。同时，马克思也批判李嘉图混淆了劳动力和劳动，批判他无法区分不变资本和可变资本。[44] 罗松强调，由于受到李嘉图分析的影响，新李嘉图主义者无法理解马克思的生产方式概念，因此夸大了生产的技术方面，而牺牲了它的社会方面，把生产看成是“一个非社会的或自然的过程”。[45] 由于新李嘉图主义的代数学与几种不同的生产方式都一致，因此就无法验证马克思主义关键的历史性特征。真正的危险在于，马克思主义者会陷入一场争论的束缚中，这场争论所参照的条件一方面由诸如庞巴维克这样的庸俗经济学家，另一方面由诸如博特凯维兹这样的新李嘉图主义者来规定。[46]

罗纳德·米克在其著作《劳动价值论研究》第二版（1973 年）的长篇导言中，已对这些观点所存在的弱点进行了证实，他展示了怎样使斯拉法的高度抽象的再生产模型变得具有历史和社会的具体性。米克运用马克思的“逻辑—历史的方法”[47]，对一系列斯拉法模型作了系统阐述，从简单商品生产开始，从不同部门具有不同利润率的早期资本主义阶段成功地过渡到《资本论》第三卷所描绘的单一利润率普遍通行的成熟资本主义阶段。米克总结道，斯拉法不情愿以这种方式提出他自己观点的做法，并没有使他成为一个庸俗经济学家，也没有使分析价值和剥削理论的统一的古典马思主义方法变得无效。

在这一点上，森岛通夫将其杰出的才华倾注在马克思主义经济学的研究上。除了布罗迪的文章以外，森岛通夫出版于 1973 年的《马克思的经济学》，是第一部用数学语言分析这一主题的长篇著作，接着就是在《计量经济学》上发表的一篇有着同样难度的文章，再后来是与乔治·凯特福斯合著的关于这些观点的更为流行的一篇文章。[48] 森岛通夫似乎成了系统探索由联合生产、固定资本和存在可替换生产过程所提出的劳动价值论问题涵义的第一人。正如马克思所理解的，在某些情况下劳动价值可能是负的或不确定的（参见第 13 章第 4 节），更多地受诺伊曼的而不是受斯拉法的影响，森岛通夫认为，通过把一个商品的价值重新界定为生产它所需要的最小劳动量，这些困难能够被克服，而且也才能被克服。当按照这些“真实”或“最优价值”来计算必要劳动和剩余劳动的时候——而且只有在这个时候——森岛通夫所说的“马克思主义基本原理”才能够普遍地成立：一个正的剥削率必须有一个正的利润率，反过来也是这样。[49]

从马克思主义角度出发，对这一点所持的异议是双重的。很显然，这并不是马克思用来界定价值的方式（它也不可能是马克思用来界定价值的方式，因为在马克思生活的年代，相关的数学方法还没有发明出来）。[50] 而且更重要的是，森岛通夫的“真实价值”是非加总的，这意味着不再有可能把商品界定为体现于商品中的不变资本、可变资本和剩余价值之和。[51] 但是，马克思的许多最著名的观点，都是建立在价值确实是加总的这一假定之上的，而且他还认为这一加总的特点太明显而无需加以证明。例如，一旦加总的价值被取消的话，《资本论》第二卷的再生产模型就必须重新表述。因此，森岛通夫用冯·诺伊曼的方式对马克思主义经济学的重新铸造具有远远超过价值和剥削理论的许多分枝。而且，尽管森岛通夫已经表明在联合生产的条件下，马克思主义基本原理还是有可能得到保留，但是他没有这样做的欲望，更不用说这样做的必要性了。换句话说，森岛通夫的价值分析自身也可能仍旧被看作是一个“复杂的迂回”。

伊恩·斯蒂德曼不久就颇具说服力地把这些问题提了出来。斯蒂德曼在1975年发表在《经济学杂志》上的一篇论文[52]（参见以上第13章）中承认，如果运用森岛通夫的“真实价值”的话，负的剩余价值与正的利润之间的矛盾就可以避免了。[53]但是，却没有使人非相信不可的理由去这样做。斯蒂德曼在他的《斯拉法之后的马克思》一书中认为，“凡是可以用价值量来表示的任一事物，不用价值量也可以表示出来，因为价值量仅仅是更基本的物质生产条件和实际工资的派生物”。斯蒂德曼（挑衅性地）总结道：“可以毫不过分地强调，只有在对后者的信奉是前者发展首要束缚的否定意义上，为资本主义社会提供一个唯物主义描述的方案才会依赖于马克思的价值分析。”[54]尽管这一结论来自于一个马克思主义者，他曾在《社会主义经济学家会议公报》和《新左派评论》[55]上论证过他的观点，但正如几个评论家所提到的，这一结论实际上与萨缪尔逊的“橡皮原理”是一致的。[56]

那么，“斯拉法之后”的马克思还剩下些什么呢？对森岛通夫和凯特福斯来说，剩下的就是用森岛通夫的“真实价值”表述的马克思主义基本原理，即用剩余劳动解释利润。斯蒂德曼的学生杰夫·霍奇森声称，即使是这一点也是多余的，因为具体劳动概念本身“仅仅是一个隐喻，在任一社会现实和与此相对应的现象形式中都缺乏物质基础”。对霍奇森来说，利润的真正基础是“用其价格计算”的剩余产品。[57]在《斯拉法之后的马克思》中，斯蒂德曼认为，斯拉法的贡献在于为森岛通夫用“真实价值”表述马克思主义基本原理提供了一个基础。[58]但是两年以后，斯蒂德曼追随霍奇森，而不是森岛通夫，否认剩余价值或剩余劳动能够解释利润的存在。它们是“测量剩余 [产品] 的两种方法……（狭义的）剥削的存在和利润的存在仅仅是同一枚硬币的两面，它们仅仅是存在着物质剩余这样一个事实的‘劳动’和‘货币’表述”。[59]

5. 回到“历史的转型问题”

几年前，安德拉斯·布罗迪曾针对斯威齐关于“为什么不从价格开始？”的提问，作出了一个黑格尔式的回答。对黑格尔来说，“一种事物的历史就是该事物自身”，因此，“我们的观点和范畴是真实过程的反映，按照它们在历史上出现的顺序来展开它们是有好处的”。用马克思的话说，由于价值“不仅在理论上，而且在历史上先于生产价格”，因此，如果要切合实际地谈论价格和利润的话，从价值和剩余价值分析开始是必然的。[60] 以后的一些著述者声称，森岛通夫和萨缪尔逊对“历史的转型问题”的忽视，反映了他们各自观点中的主要缺陷。[61]

马克思去世后，恩格斯对转型问题的历史方面进行了详细的分析，之后鲁道夫·希法亭又对之进行了捍卫（参见本书第一卷第 3 章第 2—3 节）。在现代的著述者中，罗纳德·米克对这一问题强调得最多，因为他把这一解答看作是对马克思的逻辑—历史方法的最重要的证明。米克强调，劳动价值论的地位在马克思所概括的每一个不同历史阶段是不相同的。在没有商品生产的社会里，根本不存在交换，因此价值问题就没有被提出来；或者会发生零星的物物交换，其中的交换比率也是相当偶然的。在这一阶段，价值理论是不相干的。第二阶段是简单商品生产阶段。在这一阶段，劳动价值论无限制地适用。在早期资本主义阶段，由于竞争力太弱，无法在所有部门间形成均衡的利润率，在这一阶段劳动价值论也是无限制地适用。然而，到了成熟的资本主义阶段，自由竞争形成了统一的利润率，正是在这第四阶段，系统地区别于劳动价值的生产价格出现了。最后，在后资本主义（社会主义或共产主义）社会，商品生产将被取消，对任一价值理论的需求也将随之取消。按照以上定义，“价值”和“生产价格”都是具体的历史范畴，而且作为一个历史过程，从前者向后者的转型，产生于从早期资本主义向成熟资本主义过渡期间。[62]

如以上所证实的，森岛通夫和凯特福斯 1975 年发表在《经济学杂志》的文章，对上述观点提出了第一个决定性的挑战。[63]（70 年代中期在这一杂志上允许发表的有关价值和剥削论文的数量，比在此之前和在此之后发表的数量都多）。森岛通夫和凯特福斯提出这样一个问题：“什么时代是价值时代？”他们认为，简单商品生产不可能是价值时代，这既有历史的原因也有逻辑的原因。从历史上看，即使是在西欧封建社会瓦解的时期，也从来没有存在过这样一种生产方式。在这一时期，还残存着某些封建经济关系，而当时自给自足生产的持续重要性和劳动的明显不流动性表明，商品生产的发展是不完善的。而且，简单商品生产从逻辑上讲也是不可能的，因为抽象劳动这一重要概念预先假定要压制对任一劳动的偏好，而没有抽象劳动，价值理论是不适用的。这只有在资本主义条件下才会发生。[64]

那么，“价值时代”是不是对应于米克所说的早期资本主义呢？森岛通夫和凯特福斯也否认了这一点。他们认为，米克的分析忽略了代表着封建主义和工业资本主义之间这一阶段的商业资本。商人的利润来自于不等价交换而不是等价交换。很显然，劳动价值论无法适用于此。工业资本的产生包含商人对其活功的扩展，首先是在生产（或家庭）体系中做承包商，以后是建立工厂。很显然，在这一历史过程中，商品根本不是按照反映其劳动价值的价格来进行交换。[65]森岛通夫和凯特福斯总结说，马克思曾打算把简单商品生产作为一个理想的模式或“逻辑表象”，用来说明利润的出现。这对前资本主义经济中的价格决定来说没什么意义。实际上，商品从来都没有按照它们的劳动价值来出售，转型问题应该被看作是一个纯粹的逻辑问题，它的解答从本质上讲成了“一个静止的、永恒的分析手段”。[66]

尽管米克对自己的观点作了捍卫，但是没有什么用处。[67]之后对转型问题的历史地位进行证明的尝试很少而且是不成功的。[68]从转型问题争论方面可以得出三个一般性的结论。第一，将“逻辑—历史”方法运用于价值理论并不像米克所讲的那么容易；[69]第二，还存在这样一种情况，即“我们对在交换和成本与收益的计算还不普遍的社会中的分配和定价了解很少”；[70]第三，也是最重要的，借助于价值对价格的历史优先性，是无法挽救（数量）劳动价值论的。

6. 再次提及转型的逻辑

转型问题具有多面的性质现在是很明显的了。到 20 世纪 70 年代末，它已成为各种历史和逻辑背景下关于价值与价格数量关系的一整套问题。数量理论也充满了对质的思考，在这方面存在着种种看法和相互的误解。而且，尽管在历史的转型方面，在联合生产、固定资本和可选择的生产过程的内涵方面，在造成“复杂迂回”的功过（或必然性）方面，还存在着各种各样的争论；尽管存在着上述所有的情况，讨论的最后结论，还必须提到马克思最初在《资本论》第三卷介绍的简单的、一种商品、一种生产过程模型中提出的问题。[71]

试图维护马克思的第一个（也是最不成功的）尝试来自于安瓦尔·谢赫，他认为，正如普遍被相信的，马克思自己的转型过程并没有错，但最好是把它看作是一个重复过程的第一阶段，从这个过程中最终会产生正确的（博特凯维兹的）生产价格。也就是说，《资本论》第三卷中得出的价格应该仅仅被看作是一个最初的近似值，应该用相同的算法首先对它们进行计算，然后再计算“第二阶段”的价格，等等，这样就可以逐渐地达到博特凯维兹的解答。[72] 尽管的观点在当时引起了巨大的轰动，并且至少得到保罗·斯威齐这样的人物的认可[73]，但是他的观点既不新颖，也不令人信服。在乔治·冯·查洛索夫 1914 年前的文章中就发现类似观点的萌芽（参见以上第 12 章第 2 节），而当时布罗迪和森岛通夫都曾预先将马尔科夫矩阵应用于转型问题。正如森岛通夫所提到的，困难在于最初的起点是随意的。[74] 霍奇森相当尖刻地指出，即使不是开始于劳动价值，而是开始于“商品名字在被翻译成塞尔维亚—克罗地亚语时包含的字母数量”，谢赫的复杂过程最终也能够得出一个确切的生产价格的近似值。[75] 萨缪尔逊在瓦西里·里昂惕夫的激励下，也早已设计了一个类似的毫无意义的“莫名其妙”的价格模型。[76]

更有趣的是亨特和格利克在《新帕尔格雷夫辞典》关于转型问题条目上称作的“新的解答”。[77] 这一解答首先由法国的 G. 迪梅尼在 1980 年公开提出，而美国经济学家邓肯·弗利一直在沿着相同的思路工作，而且他们的观点自此一直得到其他人的支持。[78] 弗利在其《理解资本》一书中作出了最易于理解的描述。[79] 假设一个两部门经济，运用钢和人类劳动生产钢和小麦，在下述条件下：

1/2 钢 +1 劳动→ 1 钢

1/4 钢 +1 劳动→ 1 小麦

钢和小麦的劳动价值（λ_s）和（λ_w）可以用与以前例证中所使用的方式相同的方式计算出来：

$$1/2\ \lambda_s+1=\lambda_s$$

$$1/4\ \lambda_s+1=\lambda_w \qquad (14.1)$$

如果 $\lambda_s=2$ 和 $\lambda_w=1.5$，弗利假设货币的价值（在该体系之外产生）是一个单位，那么货币工资是 0.5。如果工人仅仅消费小麦，这样他们能够购买 0.5 / 1.5 = 0.33 个单位的小麦。

价值体系现在可以表述如下：

	c	v	s	$(c+v+s)$	$e=s/v$（%）	$r=s/(c+v)$（%）
钢	1	$\frac{1}{2}$	$\frac{1}{2}$	2	100	$33\frac{1}{3}$
小麦	$\frac{1}{2}$	$\frac{1}{2}$	$\frac{1}{2}$	$1\frac{1}{2}$	100	50
总计（平均）	$1\frac{1}{2}$	1	1	$3\frac{1}{2}$	100	40

（注意，该经济不是处于简单再生产的状态下，因为钢的产出量已超过了这两个部门所使用的钢的投入量）。要把这些量转化为生产价格，弗利提出了两个重要的假定，这两个假定构成了“新的解答”的不变条件。第一个假定是让价值总额等于价格总额，但这仅仅是针对净产品而言的（而马克思和博特凯维兹则坚持这一条件适用于总产品）。第二个假定是要求可变资本转型过程中要保持不变。实际上，弗利对劳动力价值进行了重新界定：它不再是包含在工人所消费的一系列工资品中的劳动，而是与货币工资相乘得到的货币的价值。[80]那么，价格关系可以表达如下：

$$\left(\frac{1}{2}p_s+\frac{1}{2}\right)(1+r)=p_s$$

$$\left(p_s+\frac{1}{2}\right)(1+r)=p_w$$

$$\left(p_s-\frac{1}{2}p_s\right)+(p_w+p_s)=2 \tag{14.2}$$

其中第三个方程使得用价格表示的净产品（左边）和用价值表示的净产品（右边）相等。（14.2）的答案是 p_s=2.008，p_w=1.448 和 r=37.65%，给出如下的价格体系：

	不变资本	可变资本	利润	生产价格	利润率（%）
钢	1.104	0.5	0.604	2.208	37.65
小麦	0.552	0.5	0.396	1.448	37.65
总计（平均）	1.656	1	1	3.656	37.65

“新的解答”的特征是很容易确认的，用价值和用价格表示的净产品是一样的（=2）；可变资本也是不变的（=1）。由此可以得出马克思的一个不变条件得到满足，因为剩余价值总额等于利润总额（=1）；整个体系中的剥削率也不

变（=100%）。但是总产品的价值（3.5）低于其价格（3.656）；用价值表示的不变资本（=2）低于用价格表示的不变资本（=2.208）；价值体系中的利润率（=33.3%）低于价格体系中的利润率（=37.65%）。这最后的差异当然曾令马克思非常焦虑。[81] 而且转型过程还包含了实际工资的增加，因为工人现在可以购买（0.5）/（1.448）=0.345 个单位的小麦，而不是 0.33 个单位的小麦。这意味着价值在逻辑上优先于价格的假定已不存在："分配的假定要求事后的知识，实际的价格体系必须在工资率确定之前就是已知的，人们不能一步步地从价值进入到价格。这两个领域必须单独加以考虑，而新解答则仅仅提供了从一个领域到另一个领域的详细过程。"[82] 最后，人们还必须记住，这是一个单一产品、单一过程的模型，在这一模型中，还没有遇到由联合生产、固定资本和可替换生产方法提出的问题。总之，"新的解答"在处理转型问题上与更传统的方法相比是否有了真正的发展还是令人疑虑的；而且两者都没有克服萨缪尔逊提出的运用价值范畴是一个复杂的迂回的指责。

所有这一切纯粹是静止的，也就是说，它所关注的是一个"均衡"利润率和"均衡"生产价格的特性[83]，而不是这些均衡量在竞争资本主义经济中得以建立的过程。马克思似乎再一次把资本为了寻求更高的利润而在部门间自由转移直到形成一个普遍的一般利润率看作是不证自明的，尽管他意识到这可能包含着相当多的干扰。然而，到了 20 世纪 80 年代，事情显然变得比这更复杂了。

伊曼纽尔·法尔约恩和摩舍·马克沃夫同时提出了这一问题，而 H. 尼卡多则以非常不同的方式提出了这一问题。[84] 法尔约恩和马克沃夫列举了一系列令人印象深刻的论据支持他们自己的观点：即利润率实际上是极不相等的，即使在部门内部也是如此，而且"等价规律"从经验上讲也是错误的。他们认为，这是资本主义竞争过程本身的必然结果："在对竞争概念某些合理推理的条件下，试图推动利润率远离均衡的力量，至少与那些推动利润率趋向均衡的力量一样真实、有力。"这些力量包括技术的不平衡发展，以及使用掠夺性的低定价战略使竞争者破产的方式，保证长期高额利润。

> 要抓住如下的基本要点：竞争就其最根本的意义来讲，是一个无序的过程——而且竞争越自由，则无序越强烈。因此，竞争更倾向于破坏利润率的一致性而不是保持这一一致性，如果这种一致性曾被强加于这一体系的话。期望通过竞争保持利润率的最初平衡，就如希望所有参与比赛的马仅仅由于

它们一同起跑而要求它们必须一起到达一样不合理。[85]

法尔约恩和马克沃夫就此得出结论：必须把价格的形成看成是一个随机的过程。唯一有效的价值理论是具有或然性质的理论，因此马克思《资本论》第三卷中的具有决定论性质的分析是一个错误。不能用均衡价格来衡量经济变量，因为这一概念对任何一种实际的资本主义经济来说都是不适用的。需要有一个非价格的衡量体系，而且——假定劳动的唯一地位是经济活动的“本质”——这只能是人类劳动。马克思在《资本论》第一卷中对于保持劳动价值论的真实性方面应该做得相当好些。[86]

这是一个引起人们兴趣的观点，在马克思把竞争看作是一个动态过程而不是一个静止结果的理论论述中，可以为这一观点找到某种基础。[87]界于个体经济单位的决策和整体体系的行为之间的具有或然说性质的“架桥理论”的观点是吸引人的。[88]法尔约恩和马克沃夫非常正确地坚持，《资本论》第三卷中平均利润率和相应的生产价格，是在资本主义现实中无法直接观测到的理论实体。[89]但是这并不会使这些概念毫无意义，正如抽象劳动概念是破坏劳动价值论一致性的一种抽象一样不会毫无意义的。因此，法尔约恩和马克沃夫的分析是建立在超经验主义的基础之上的，它与任何维护马克思经济方法论的观点不相一致。

由尼卡多发起的这场争论的参与者，运用与老练的新古典主义理论家处理均衡分析时相类似的方式提出这一问题。在非常简单的条件下检验各种非均衡调节机制，看看该体系的动力机制能否带来包含平均利润率的生产价格。结果并不令人放心。它们“从对完全不稳定的论证……到对生产价格至少局部稳定的论证……价格、产出和利润在界限内的波动或摆动……也可以得到论证”。而且大部分分析“涉及的仅仅是一个流动资本的模型……而且这些已论证的结果依赖于形式化的类型，反映系数和附加的 [假定]”。因此，收敛问题依旧未解决，生产价格和平均利润的理论意义和经验意义也由此成为未解决的问题（参见以下第 15 章和第 17 章）。[90]

7. 价值理论的其他问题

关于价值理论的争论并未局限在转型问题上，这一节我们将涉及与生产价格起源于劳动价值并不直接相关的一些问题。第一个是集中于“劳动力”商品特殊地位的复杂问题。[91]由马克思最初提出的一个难题是熟练劳动向非熟练劳动（或复杂劳动向简单劳动）“折合”的问题。一小时的高度熟练劳动要多于一小时的非熟练劳动者劳动吗？如果是这样的话，那么，如何来计算分配给技能程度不同的劳动者的权数呢？马克思本人的答案受到了严厉的批评，既有对其形式上的弱点的批评[92]，也有对其相对工资论的缺陷的批评。[93]日本马克思主义经济学宇野学派信徒们提出的是另一个激进的平均主义方案，认为不管从事这一工作的工人的技能或培训的程度如何，一小时劳动就产生一个相同数量的价值。[94]然而，它没有提出相对工资理论或生产价格理论。

另一个单独的问题是关于劳动力市场分割问题，它与第一个问题紧密相连而且经常被混淆在一起。具有同等技能的工人在报酬上的差异是巨大的。这些差异看起来也是系统地而不是随意地依赖于雇主的特性（例如大公司比小公司付更多的工资）和工人的特性（少数民族和女工比白人男工获得的报酬少）。对分割的劳动力市场的早期分析，是由新制度学派经济学家进行的。[95]但是，马克思主义者也普遍地对这些观点作了证明，他们把这些现象解释为资本在处理其他难以对付的劳动大军中采取的“分割与征服”的战略。[96]马克思主义者对与之相联系的工资歧视的解释，比其新古典学派对手的解释更具有说服力，这确实是马克思主义经济学明显地优于传统理论的一个领域。[97]然而，劳动市场分割必然包括无产阶级不同部分之间存在着不同的剥削率。这些变化在分析上（和政治上）的充分含义还有待于全面探索。[98]

近年来，为了排除所有这些困难而被日益频繁地提出的观点是，马克思对劳动力的分析基本上是错误的。这一观点分为两部分：第一，从定义上看，商品是为了到市场上销售而生产的，但劳动力却不属于这种情况，因此劳动力不可能是商品。[99]第二，表示生产条件的系数是由社会因素也是由技术因素决定的；它们是在工作场所就劳动强度和任务分配而进行的无休止冲突的结果。这就对劳动力使用价值分析造成了现实的难题。“对其他任何商品的使用价值的享有是不成问题的：面包无法拒绝被吃掉。但劳动力却不是这样，它的‘使用价值’不是被转移，不是被出售，不是被消费，它必须是被榨取”，并且面临着工人在生产过程中有意识的抵抗。[100]马克思的劳动力商品概念废除了这一决定性的特性，并（自相矛盾地）威胁到要把阶级斗争从他的政治经济学核心中消除。[101]

这些缺陷与另外一个缺陷紧密相连。女权主义者极其有理地抱怨，马克思的价值理论由于把女性的家庭劳动界定为“有用但非生产性的”劳动而贬低了女性的家庭劳动。这一劳动之所以有用，是因为它对于（占优势的）男性劳动力的再生产，从而对资本主义生产方式自身的再生产来说是至关重要的；这一劳动之所以是非生产性的，是因为它既不生产商品，也不生产价值，也不生产剩余价值。[102] 这并不是马克思试图区分生产性劳动和非生产性劳动所引起的争论的唯一线索，流通费用的增长，国家的大量经济活动（直到最近还呈增长趋势）也引起了激烈的争论，在 20 世纪 70 年代这一争论最为激烈。[103]

还必须进一步提及三个难题。马克思的地租理论惯常被他的朋友同样也被他的对手所忽略，实际上马克思的地租理论在 1959 年就受到萨缪尔逊的批判，其理由是非生产性使用的投入本身就足以使相对价格同相对劳动价值相背离。[104] 20 年后，出现了一系列的文章试图恢复马克思对绝对地租的分析，该分析与使用自然资源部门中的价值向生产价格的转型有着密切的关系，马克思的级差地租概念就由此与李嘉图的级差地租概念区分开来。[105] 这个问题的重要意义远远超出了最初提出的城市土地价格问题，因为只要劳动的使用在一块土地上比在另一块土地上“更具生产性的”意义，就应该支付地租。因此，在选择所使用的生产过程时，地租分析和劳动价值定义之间就存在着密切的联系。[106] 在把劳动价值论应用到国际贸易方面，特别是用于分析经济发展阶段不同的民族国家之间或者地域之间的不平等交换时，存在着更进一步的分歧。[107]

最后还有一个垄断问题，它在关于转型的文献中几乎是被忽略的。[108] 假如存在着自由竞争和形成一般利润率的强烈趋势，生产价格就是竞争价格。对垄断问题的一个办法是否认它的存在，其理由或者是认为竞争价格总是具有强大的力量，或者认为全球范围内竞争价格由于跨国资本的出现而得到了极大的增强。[109] 巴兰和斯威齐采取另一种方法，他们用新古典的均衡垄断价格理论取代马克思的生产价格 [110]，这一方法斯威齐已——非常容易引起争论地——把它作为“第二种转型”而加以证实。第三种分析类型出人意料地不受马克思主义经济学家欢迎，它采用的是米哈尔·卡莱茨基的寡头定价的“后凯恩斯主义”模型，利润率的等级是不同经济部门的资本家享有不同程度的垄断力的表现。[111]

8. 结论

战后出现的关于劳动价值论的质的问题的讨论，在本质上没有遭受损害。不管斯拉法著作的标题怎样，生产在本质上仍然是人类活动的过程。交换现象中可以发现社会分工。由于生产者通过商品交换媒介而相互联系，他们也由此而相互异化，他们对社会现实的直觉被最后出现的商品拜物教所歪曲。这就是劳动为什么在政治经济学中占据一个“优越”的位置，以及为什么以上第13章第5节中讨论的“能力”“谷物”“花生”价值理论完全忽略马克思劳动价值论的质的意义的原因。[112]

价值论的量的情况则完全不同。在《资本论》第三卷中，马克思提出了两个大胆的断言。首先，他认为转型问题是能够被解决的；价格总额等于价值总额，利润总额等于剩余价值总额，以及在生产价格王国通行的一般利润率是由剩余价值与不变资本价值加可变资本价值之和的比率事先确定的。其次，他强调价格和利润只能起源于劳动价值，因此劳动价值拥有逻辑上的优先权。

一般而言，马克思的第一个观点是不完整的。即使是在单一产品、单一生产过程的模型中，这一观点也只有在非常特殊的假定条件下才有效。一旦联合生产、固定资本和可选择的生产过程存在的话，这一观点几乎都是错误的。马克思观点中较不充分的各种看法可以被证明是有根据的。利润率可以表示为生产条件和资本家与工人之间收入分配的函数。运用森岛通夫的“真实价值”或冯·诺伊曼的价值理论，利润率可以表示为价值量的函数，马克思主义基本原理——正的利润率需要正的剥削率，反过来也是这样——也能得到坚持。只有在这种有所减弱的看法中，马克思的第一个观点才被证明是合理的。[113]

然而，就第二个观点遇到的困惑是，“复杂的迂回”是不必要的；正如琼·罗宾逊在半个世纪前指出的，“马克思用价值概念表示的所有重要的观点，如果不用价值概念来表示的话，或许会更好”。[114]特别是劳动价值论对剥削理论来说是不必要的，即使是从质的方面考虑也是如此。正如马克思自己解释的，利润之所以产生，是因为资产阶级在一个能够产生剩余的经济中垄断了生产资料。阶级垄断是资本家拒绝其他人占有他们所拥有的生产资料的能力。由于没有生产资料大多数人就无法生存，因此资本家对生产出来的东西就拥有有效的索取权。按照上面段落中提到的条件，利润就可以用剩余劳动量来表示。但这仅仅是衡量利润的一种可能的尺度，而且对剥削理论来说它也不是最根本的。

尽管对这些结论仍然存在争论，但是对劳动价值论的量的信奉继续呈下降趋势。那么用什么理论来取代它呢？许多马克思主义经济学家简单地退回到了对价值的质的分析上。但随之出现的困难是：马克思对商品交换、资本积累和危机的分析是运用价值术语进行的，这就需要用一个更加容易被接受的方式对之进行重新阐述。许多著述者简单地采用了非马克思主义的价格理论，像巴兰和斯威齐在其著作《垄断资本》中所采用的理论（参见以上第 6 章），霍华德·谢尔曼阐述的准凯恩斯主义的周期增长模型，或者是同基思·考林和马尔科姆·索耶联系在一起的卡莱茨基的垄断资本主义分析。[115] 下一章我们将评价另一种反应，它更公开地敌视新古典分析，它得自于斯拉法的均衡价格理论，并试图在此基础上建立一个重新展示马克思对价值的质的分析的根本要素的政治经济学体系，但没有再使用马克思的价值范畴。

注释：

1. 莫里斯·多布：《亚当·斯密以来的价值和分配理论》（*Theories of Value and Distribution Since Adam Smith*，Cambridge：Cambridge University Press，1973），第 161 页。

2. 森岛通夫和弗朗西斯·塞顿：《里昂惕夫矩阵中的集合和劳动价值论》（‘Aggregation in Leontief Matrices and the Labour Theory of Value’，*Econometrica*，29，1961，第 203—220 页）。

3. 同上书，第 205 页；参见 琼·罗宾逊：《论马克思经济学》（*An Essay on Marxian Economics*，London：Macmillan，1942），第 3 章；也可以见 J.S. Szumski：《转型问题的解决》（‘The Transformation Problem Solved’，*Cambridge Journal of Economics*，13，1989，第 431—452 页）。

4. 利夫·约翰森：《劳动价值论和边际效用》（‘Labour Theory of Value and Marginal Utilities’，*Economics of Planning*，3，1963，第 89—103 页）。

5. 置盐信雄：《马克思原理的一个数学注释》[‘A Mathematical Note on Marxian Theorems’，*Weltwirtschaftliches Archiv*，91，1963，第 296—298 页；以及（特别是）第 297 页]。

6.A. 布罗迪：《比例、价格和计划：劳动价值论的数学方法重述》（*Proportions*，*Prices and Planning*：*A Mathematical Restatement of the Labour Theory of Value*，Amsterdam：North-Holland，1970）。

7. 莫里斯·多布：《斯拉法体系和对新古典分配理论的批判》（‘The Sraffa System and the Critique of the Neo-Classical Theory of Distribution’，*De Economist*，118，1970，第 347—362 页）。

8. 同上书，第 356 页；最早的重点。

9. 同上书，第 358 页，第 360 页。

10. 莫里斯·多布：《亚当·斯密以来的价值和分配理论》，第 261 页。

11. 萨缪尔逊:《从马克思主义的“价值”到竞争“价格”的“转型”:一个拒绝接受和取代的过程》(‘The “Transformation” From Marxian “Values” to Competitive “Prices”: A Process of Rejection and Replacement’, *Proceedings of the National Academy of Science*, 67, 1970, 第423—425页)。

12. 萨缪尔逊:《理解马克思的剥削概念:马克思主义的价值与竞争价格之间的所谓转型问题概要》(‘Understanding the Marxian Notion of Exploitation: A Summary of the So-Called Transformation Problem between Marxian Values and Competitive Prices’, *Journal of Economic Literature*, 9, 1971, 第399—431页)。

13. 同上书,第400页。

14. 阿巴·勒纳:《“理解马克思的剥削概念”的一个注释》(‘A Note on “Understanding the Marxian Notion of Exploitation” ’, *Journal of Economic Literature*, 10, 1972, 第50页); 琼·罗宾逊:《萨缪尔逊和马克思》(‘Samuelson and Marx’, *Journal of Economic Literature*, 11, 1973, 第1367页); 见萨缪尔逊:《马克思的经济学:一个普遍的回答》(‘The Economics of Marx: an Ecumenical Reply’, *Journal of Economic Literature*, 10, 1972, 第51—57页);《评论》(‘Comment’, *Journal of Economic Literature*, 11, 1973, 第1367页)是他的回应。

15. 威廉·鲍莫尔:《价值的转型:马克思的“真正”意图:一种解释》(‘The Transformation of Values: What Marx “Really” Meant: an Interpretation’, *Journal of Economic Literature*, 12, 1974, 第56页,第59页)。

16. 萨缪尔逊:《剥削理论的洞悉和迂回:对鲍莫尔的答复》(‘Insight and Detour in the Theory of Exploitation: A Reply to Baumol’, *Journal of Economic Literature*, 12, 1974, 第62—70页); 鲍莫尔:《评论》,同上书,第74—75页。

17. 森岛通夫:《马克思的基本原理:对萨缪尔逊的答复》(‘The Fundamental Marxian Theorem: a Reply to Samuelson’, *Journal of Economic Literature*, 12, 1974, 第71—74页); 萨缪尔逊曾在其对鲍莫尔的答复中批评了森岛通夫的著作,在其《反驳:“暴露的梅林”,一种定论》(‘Rejoinder: “Merlin Unclothed”, a Final Word’)中,萨缪尔逊重申了他的反对意见。该文载于《经济文献杂志》(*Journal of Economic Literature*, 12, 1974, 第75—77页)。森岛通夫的著作将在本章第4节讨论。

18. 马丁·布朗芬布伦纳:《萨缪尔逊、马克思及其最近的评论家》(‘Samuelson, Marx and Their Latest Critics’, *Journal of Economic Literature*, 11, 1973, 第58页)。

19. 新古典作者是Murray Wolfson,马克思主义著述者是J. Cartelier, B. Jossa,戴维·利伯曼和保罗·麦蒂克;第六位作者G. Bjornson忠实于哪一派不清楚(同上书,第62—63页)。

20. 萨缪尔逊：《萨缪尔逊对马克思的有关问题的答复》（'Samuelsons Reply on Marxian Matters', *Journal of Economic Literature*, 11, 1973, 第 67 页）。

21. 马蒂克：《萨缪尔逊把马克思主义"转型"到资产阶级经济学》（'Samuelson's "Transformation" of Marxism into Bourgeois Economics', *Science and Society*, 36, 1972, 第 258—273 页）；马蒂克的早期著作，参见以上第 1 章第 1 节和第 5 章第 4 节。

22. 马蒂克：《萨缪尔逊把马克思主义"转型"到资产阶级经济学》，第 263 页，第 269 页。

23. 同上书，第 267 页。

24. 同上书，第 272 页。

25. 同上书，第 263 页，第 273 页。

26. 利伯曼：《价值和生产价格：转型问题的政治经济学》（'Values and Prices of Production：The Political Economy of the Transformation Problem', *Science and Society*, 37, 1973-1974, 第 404—436 页）；利伯曼感谢萨缪尔逊在论文第 4 节中的评论（第 430 页）。

27. 同上书，第 414—425 页；这不是由米克所强加的同一条件（参见第 12 章第 2 节和利伯曼：《价值和生产价格：转型问题的政治经济学》，第 412—413 页）。

28. 同上书，第 432 页，第 435 页。

29. 保罗・斯威齐：《资本主义发展理论》（*The Theory of Capitalist Development*, New York：Monthly Review Press, 1970 年；1942 年第 1 版），第 25 页；参见 E. K. 亨特：《转型问题的含义和意义：两种截然相反的方法》（'The Meaning and Significance of the Transformation Problem：Two Contrasting Approaches', *Atlantic Economic Journal*, XVII, 1989, 第 47—54 页），其在经验主义和激进主义之间的区别带来了非常相似的含义。

30. 米切尔・霍华德和金：《马克思的政治经济学》（*The Political Economy of Marx*, Harlow：Longman, 第 1 版, 1975, 第 161—162 页；第 2 版, 1985, 第 174—177 页）。

31. 萨缪尔逊：《萨缪尔逊对马克思的有关问题的答复》，第 67 页 .

32. 霍华德和金：《马克思的政治经济学》，第 161—162 页（第 1 版）；第 176—177 页（第 2 版）。

33. 斯威齐：《马克思的价值理论和危机》（'Marxian Value Theory and Crises', *Monthly Review*, 31, July-August, 1979, 第 1—7 页）。

34.D. Elson：《劳动价值论》（'The Value Theory of Labour'），该文载于 D. Elson 编：《价值：资本主义条件下劳动的再现》（*Value*：*The Representation of Labour in Capitalism*, London：CSE Books, 1979），第 115—180 页；见 D. Gleicher：《劳动价值的本体论：〈科学与社会〉价值专题论文集评论》（'The Ontology of Labor Values：Remarks on the "Science and Society"

Value Symposium'，*Science and Society*，49，1985-1986，第463—471页）。

35. 见G. Southworth：《萨缪尔逊论马克思：一个评论》（'Samuelson on Marx：A Note'，*Review of Radical Political Economics*，4，1972，第103—111页）。

36. 萨缪尔逊：《萨缪尔逊对有关马克思问题的答复》，第64页。

37. 萨缪尔逊：《作为数量经济学家的马克思》（'Marx as Mathematical Economist'），载于G. Horwich和萨缪尔逊编：《贸易、稳定性和宏观经济学：纪念劳埃德·麦茨勒尔论文集》（*Trade*，*Stability and Macroeconomics*：*Essays in Honor of Lloyd A.Metzler*，New York：Academic Press，1974），第288页。

38. 萨缪尔逊：《反驳："暴露的梅林"，一种定论》，第76页。

39. 萨缪尔逊：《作为数量经济学家的马克思》，第301页。他在此把价值和价格看作是表示"双重价格体系"；参见金：《萨缪尔逊对马克思的批判》（'Samuelson's Marx-Kritik'，*Social Scientist*，33，1975，第3—13页，第6—7页）。金认为从价值到价格转型的逻辑结构，与英国度量衡向公制度量衡转型的逻辑结构相同，而这并不需要表明一个是"正确的"和另一个是"错误的"；见Southworth：《萨缪尔逊论马克思：一个评论》，第108页。

40. 萨缪尔逊：《作为数量经济学家的马克思》，第292页。

41. 杰夫·皮林：《李嘉图和马克思的价值规律》（'The Law of Value in Ricardo and Marx'，*Economy and Society*，1，1972，第281—307页）；苏珊娜·布隆霍夫：《作为李嘉图主义者的马克思：在〈资本论〉起点的价值、货币和价格》（'Marx as an A-Ricardian：Value，Money and Price at the Beginning of "Capital"'，*Economy and Society*，2，1973，第421—430页）；参见B. 法因：《马克思的〈资本论〉》（*Marx's 'Capital'*，London：Macmillan，1975），B. 法因和L. 哈里斯：《马克思主义经济理论中有争议的论题》（'Controversial Issues in Marxist Economic Theory'，*Socialist Register*，1976，第141—178页）。相关的文章收集在B. 法因编：《价值方面：马克思对抗李嘉图和斯拉法》（*The Value Dimension*：*Max Versus Ricardo and Sraffa*，London：Routledge & Kegan Paul，1986），这一段主要取决于法因对那一册书的清晰的"导言"。

42.R. 罗松：《新李嘉图主义还是马克思主义？》（'Neo-Ricardianism or Marxism?'，New Left Review，86，1974，第63—87页）；早期的看法出现于《新古典经济学及其评论家：一个马克思主义者的观点》（'Neoclassical Economics and Its Critics：A Marxist View'）一文中，该文载于《巴基斯坦经济和社会评论》（*Pakistan Economic and Social Review*，11，1973，第316—348页）。

43. 罗松：《新李嘉图主义还是马克思主义？》，第87页。

44. 同上书，第 82—87 页；参见霍华德和金：《马克思的政治经济学》（1985 年版），第 91—107 页；伊恩・斯蒂德曼：《马克思论李嘉图》（‘Marx on Ricardo’），载于 I. 布拉德利和霍华德编：《古典的和马克思主义的政治经济学：纪念罗纳德・米克》（*Classical and Marxian Political Economy*：*Essays in Honour of Ronald Meek*，London：Macmillan，1982，第 115—156 页）。斯蒂德曼认为马克思对李嘉图的批判是不公正的。

45. 罗松：《新李嘉图主义还是马克思主义？》，第 84 页；参见弗兰克林・罗斯福：《剑桥经济学的商品拜物教》（‘Cambridge Economics as Commodity Fetishism’，*Review of Radical Political Economics*，7，1975，第 7 页）。这是针对萨缪尔逊的同一指责，见金：《萨缪尔逊对马克思的批判》，第 9 页。

46. 罗松：《新李嘉图主义还是马克思主义？》，第 75 页；参见 A. Medio：《新古典主义者、新李嘉图主义者和马克思》（‘Neoclassicals, Neo-Ricardians, and Marx’），载于 J. Schwartz 编：《资本主义的微妙剖析》（*The Subtle Anatomy of Capitalism*，Santa Monica，Cal.：Goodyear，1977），第 381—411 页。

47. 米克:《卡尔·马克思的经济方法》（‘Karl Marx’s Economic Method’），载于米克:《经济学和意识形态以及其他论文》（*Economics and Ideology and Other Essays*，London：Chapman & Hall，1967），第 93—112 页。

48. 森岛通夫：《马克思的经济学》（*Marx's Economics*，Cambridge：Cambridge University Press，1973）；森岛通夫：《现代经济理论中的马克思》（‘Marx in the Light of Modern Economic Theory’，*Econometrica*，42，1974，第 611—632 页）。森岛通夫和乔治·凯特福斯:《价值、剥削和增长》（*Value*，*Exploitation and Growth*，New York：McGraw-Hill，1978）。参见由 C.C. von Weizsäcker 对《马克思的经济学》的评论，载于《经济学杂志》（*Economic Journal*，83，1973，第 1245—1254 页）；斯蒂德曼的评论，载于《曼彻斯特学派》（*Manchester School*，41，1973，第 355—356 页）；E. Nell 的评论，载于《经济文献杂志》（*Journal of Economic Literature*，11，1973，第 1369—1372 页）。

49. 马克思主义的基本原理最早可以追溯至弗朗西斯・塞顿的《“转型问题”》（*Review of Economic Studies*，24，1957，第 151 页）；见置盐信雄：《马克思原理的一个数学注释》，第 292—293 页。正如 C.C. von Weizsäcker 在《论李嘉图和马克思》中所提及的，萨缪尔逊在 1971 年没有发现这一点。该文载于 E. C. Brown 和 R. M. Solow 编：《保罗・萨缪尔逊和现代经济理论》（*Paul Samuelson and Modern Economic Theory*，New York：McGraw-Hill，1983），第 203—210 页。

50. 把马克思看作是“一个实在的数学家”，见森岛通夫：《现代经济理论中的马克思》，第 612—613 页；在这些情况下讨论了价值的另一种定义，见霍华德和金：《马克思的政治经济学》，第 150—156 页。

51. 森岛通夫：《马克思的经济学》，第 181—186 页；森岛通夫和凯特福斯：《价值、剥削和增长》，第 36—37 页。

52. 斯蒂德曼：《与负剩余价值并存的正利润》（'Positive Profits With Negative Surplus Value', *Economic Journal*, 85, 1975, 第 114—123 页）。

53. 森岛通夫：《与负剩余价值并存的正利润：一个评论》（'Positive Profits With Negative Surplus Value: a Comment', *Economic Journal*, 86, 1976, 第 599—603 页）；斯蒂德曼：《与负剩余价值并存的正利润：一个答复》（'Positive Profits With Negative Surplus Value: A Reply', *Economic Journal*, 86, 1976, 第 604—608 页）。

54. 斯蒂德曼：《斯拉法之后的马克思》（*Marx After Sraffa*, London: New Left Books, 1971），第 207 页（最早的重点）；参见加雷尼亚尼：《斯拉法对马克思主义经济理论的复兴：采访皮耶兰杰利·加雷尼亚尼》（'Sraffa's Revival of Marxist Economic Theory: An Interview With Pierangelo Garegnani', *New Left Review*, 112, 1978, 第 71—75 页）。

55. 斯蒂德曼：《再谈转型问题》（'The Transformation Problem Again', *Bulletin of the Conference of Socialist Economists*, 2, 1973, 第 37—42 页）；斯蒂德曼：《价值、价格和利润》（'Value, Price and Profit', *New LeftReview*, 90, 1975, 第 71—80 页）。

56. 见对《斯拉法之后的马克思》的下述评论：G. C. Harcourt 的评论，载于《经济文献杂志》（*Journal of Economic Literature*, 17, 1979, 第 534—536 页）；罗默的评论，载于《科学与社会》（*Science and Society*, 43, 1977, 第 95—99 页）；L. Mainwaring 的评论，载于《曼彻斯特学派》（*Manchester School*, 47, 1979, 第 305—307 页）；也可以见 H. Kurz：《马克思之后的斯拉法》（*Sraffa After Marx*, *Australian Economic Papers*, 18, 1979），第 52—70 页。

57. 杰夫·霍奇森：《剥削和具体劳动时间》（'Exploitation and Embodied Labour Time', *Bulletin of the Conference of Socialist Economists*, 5, 1976），第 GH10 页，第 GH18 页；参见霍奇森：《马克思主义的认识论和转型问题》（'Marxist Epistemology and The Transformation Problem', *Econvmy and Society*, 3, 1974, 第 357—392 页）；霍奇森：《没有劳动价值论的剥削理论》（'A Theory of Exploitation Without the Labor Theory of Value', *Science and Society*, 44, 1980, 第 257—273 页）；利伯曼：《剥削、商品关系和资本主义：对劳动价值定义的捍卫》（'Exploitation, Commodity Relations and Capitalism: A Defense of the Labor-Value Formulation', *Science and Society*, 14, 1980, 第 274—288 页）。

58. 斯蒂德曼：《斯拉法之后的马克思》，第 34—35 页，第 192—194 页。

59. 斯蒂德曼：《对利润的再思考》（‘ThinkingAgain About Profits’，New Statesman，5 January，1979，第 11 页）；见金：《价值和剥削：最近的一些争论》（‘Value and Exploitation：Some Recent Debates’），载于 I. Bradley 和霍华德：《古典的和马克思主义的政治经济学》，第 157—187 页。

60. 布罗迪：《比例、价格和计划：劳动价值论的数学方法重述》，第 94 页；马克思：《资本论》第三卷，第 174 页；斯威齐：《资本主义发展理论》，第 128—130 页。

61.Nell：《对马克思经济学的评论》（‘*Review of Marx's Economics*’，第 1371 页）；金：《萨缪尔逊对马克思的批判》（‘Samuelson's Marx-Kritik’），第 9 页。

62. 米克：《劳动价值论研究》（*Studies in the Labour Theory of Value*，London：Lawrence and Wishart，1956，第 1 版），第 198—200 页；参见第 2 版（1973 年），第 xxxii—xxxxi 页。

63. 森岛通夫和凯特福斯：《存在“历史的转型问题”吗？》（‘Is There an “Historical TransformationProblem？”’，*Economic Journal*，85，1975，第 309—328 页）。

64. 同上书，第 313—320 页。

65. 同上书，第 321—323 页。

66. 同上书，第 318—325 页。

67. 米克：《存在“历史的转型问题”吗？：一个评论》（‘Is There an “Historical Transformation Problem？” A Comment’，*Economic Journal*，86，1976，第 342—347 页）；森岛通夫和凯特福斯：《“历史的转型问题”：一个答复》（‘“Historical Transformation Problem”；A Reply’，*Economic Journal*，86，1976，第 348—352 页）。

68.B. 法因：《历史的转型问题》（‘On the Historical Transformation Problem’，*Economy and Society*，9，1980，第 337—339 页）；凯特福斯：《历史的转型问题——一个答复》（‘The Historical Transformation Problem- a Reply’，*Economy and Society*，9，1980，第 332—336 页）（两篇文章都在法因的《价值方面：马克思对抗李嘉图和斯拉法》中再版，第 185—187 页，第 180—184 页）；见霍奇森：《资本主义、价值和剥削：一个激进的理论》（*Capitalism，Value and Exploitation：A Radical Theory*，Oxford：Martin Robertson，1982，第 104—107 页）。

69. 森岛通夫和凯特福斯：《存在“历史的转型问题”吗？》，第 325—326 页。

70.M. 德赛：《转型问题》（‘The Transformation Problem’，*Journal of Economic Surveys*，2，1988，第 320 页）。

71.D.M. Nuti：《劳动价值向生产价格的转型和马克思主义的剥削理论》（‘The Transformation of Labour Values into Production Prices and the Marxian Theory of Exploitation’），载于 Schwartz：《对资本主义的微妙的剖析》（*Subtle Anatomy*），第 103 页；见 G. Abraham-

Frois 和 E. Berrebi:《价值、价格和积累理论》(*The Theory of Value*, *Prices and Accumulation*, Cambridge: Cambridge University Press, 1979), 第 217—218 页; 金:《价值和剥削: 最近的一些争论》, 第 161—162 页。

72. 安瓦・尔・谢赫:《马克思的价值理论和"转型问题"》('Marx's Theory of Value and the "Transformation Problem"'), 该文载于 Schwartz:《对资本主义的微妙剖析》, 第 106—139 页; 尔・谢赫:《从马克思到斯拉法的转型》('TheTransformation From Marx to Sraffa'), 载于曼德尔和 A. Freeman 编:《李嘉图、马克思、斯拉法》(*Ricardo*, *Marx*, *Sraffa*, London: Verso, 1984), 第 43—84 页。

73. 斯威齐:《马克思的价值理论和危机》, 第 7 页。

74. 布罗迪:《比例、价格和计划: 劳动价值论的数学方法重述》, 第 90—91 页; 森岛通夫:《现代经济理论中的马克思》第 624 页。

75. 霍奇森:《资本主义、价值和剥削: 一个激进的理论》, 第 97 页。

76. 萨缪尔逊:《萨缪尔逊对有关马克思问题的答复》, 第 64 页。

77. 亨特和格利克:《转型问题》('Transformation Problem'), 载于伊特韦尔、米尔盖特和 P. Newman 编:《新帕尔格雷夫经济学词典》第四卷 (*The New Palgrave*: *A Dictionary of Economics*, London: Macmillan, 1987, 第 688—691 页), 见 P.Patnaik:《马克思的转型问题和李嘉图的不变的测量标准》('Marx's TransformationProblem and Ricardo's Invariant Measure', *Cambridge Journal of Economics*, 13, 1989, 第 555—562 页)。

78. 热拉尔・迪梅尼尔:《从价值到生产价格》(*De La Valeur Aux Prix De Production*, Paris: Economica, 1985); 邓肯・弗利:《货币价值、劳动力价值和马克思主义的转型问题》('The Value of Money, the Value of Labour Power and the Marxian Transformation Problem', *Review of Radical Political Economics*, 14, 1982, 第 37—47 页); 阿兰・利匹兹:《回到所谓的"转型问题"》('The So-Called "TransformationProblem" *Revisited*', *Journal of Economic Theory*, 26, 1982, 第 59—88 页); 迪梅尼尔:《超越转型之谜: 劳动价值论》('Beyond the Transformation Riddle: A Labour Theory of Value', *Science and Society*, 47, 1984, 第 427—450 页); 格利克和 H. Ehrbar:《转型问题: 一份死亡报告》('The TransformationProblem: AnObituary', *Australian Economic Papers*, 26, 1987, 第 294—317 页)。

79. 弗利:《理解资本: 马克思的经济理论》(*Understanding Capital*: *Marx's Economic Theory*, *Cambridge*, Mass.: Harvard University Press, 1986), 第 95—102 页。

80. 同上书, 第 42—44 页; 参见格利克和 H. Ehrbar:《转型问题: 一份死亡报告》, 第 301—302 页。

81. 金：《价值和剥削：最近的一些争论》，第 160 页。

82. 亨特和格利克：《转型问题》，第 690 页。

83. 认为马克思是一位一般均衡理论家，见森岛通夫：《马克思的经济学》，第 1—2 页；更极端的观点见塞缪尔·霍兰德：《作为“一般均衡”理论的马克思经济学》（‘Marxian Economics as “General Equilibrium” Theory’，*History of Political Economy*，13，1981，第 121—155 页）。

84. 伊曼纽尔·法尔约恩和摩舍·马克沃夫：《混沌的规则：政治经济学的一种具有或然性的方法》（*Laws of Chaos*：*A Probabilistic Approach to Political Economy*，London：Verso，1983 年）；法尔约恩：《什么方式的商品生产》（‘The Production of Commodities By Means of What？’），载于曼德尔和 A. Freeman 编：《李嘉图、马克思、斯拉法》，第 11—41 页；H. 尼卡多：《马克思论竞争》（‘Marx on Competition’，*Zeitschrift für Nationalökonomie*，43，1983，第 337—362 页）。

85. 法尔约恩和马克沃夫：《混沌的规则：政治经济学的一种具有或然性的方法》，第 34—35 页。

86. 同上书，第 4 章。

87.J. A. Clifton：《竞争和资本主义生产方式的演变》（‘Competition and the Evolution of the Capitalist Mode of Production’，*Cambridge Journal of Economics*，1，1977，第 137—151 页）。

88. 斯蒂德曼：《对〈混沌的规则〉的评论》（Review of Laws of Chaos，*Economic Journal*，93，1983，第 1015—1016 页）；这是我们能够找到的唯一的评论。

89. 马蒂克和斯威齐已对这一切做了预测，见其《马克思的价值理论》，第 8 页；见金：《价值和剥削：最近的一些争论》，第 175—176 页。

90.W. Semmler：《竞争：马克思的概念》（‘Competition：Marxian Conceptions’），载于《新帕尔格雷夫经济学词典》第一卷，第 540—542 页；见尼卡多：《马克思论竞争》；斯蒂德曼：《自然价格、差异利润率和古典竞争过程》（‘Natural Prices，Differential Profit Rates，and the Classical Competitive Process’，*Manchester School*，52，1984，第 123—140 页）；L.Boggio：《论生产价格的稳定性》（‘On the Stabilityof Production Prices’，*Metroeconomica*，37，1985，第 241—267 页）；W. Semmler 编：《竞争、不稳定性和非线性周期》（*Competition*，*Instability and Nonlinear Cycle*，Berlin：Springer-Verlag，1986），第一部分；P.Flasche 和 W. Semmler：《古典的和新古典的竞争调节过程》（‘Classical and Neoclassical Competitive Adjustment Processes’，*Manchester School*，55，1987，第 13—37 页）；迪梅尼尔和 D.Levy：《竞争的动力：古典分析的恢复》（‘The Dynamics of Competition：A Restoration of the Classical Analysis’，*Cambridge*

Journal of Economics, 11, 1987，第 133—164 页）; R. Walker:《价值、价格和利润的动力》（‘The Dynamics of Value，Price and Profit’，*Capital and Class*，35，1988，第 143—182 页）。

91. 对这些问题更全面的探讨，见霍华德和金:《马克思的政治经济学》（1985 年），第 7 章。

92. 森岛通夫:《马克思的经济学》，第 180—181 页，第 190—193 页。

93. 马克·布劳格:《对马克思的劳动还原问题的另一种看法》（‘Another Look at the Labour Reduction Problem in Marx’），载于 Bradley 和霍华德:《古典的和马克思主义的政治经济学》，第 188—202 页；U. Krause:《异质劳动和马克思主义的基本原理》（‘Heterogeneous Labour and the Fundamental Marxian Theorem’，*Review of Economic Studies*，48，1981，第 173—178 页）。

94. 伊藤诚:《价值理论中的熟练劳动》（‘Skilled Labour in Value Theory’，*Capital and Class*，31，1987，第 39—58 页）；伊藤诚:《资本主义的基本理论》（*The Basic Theory of Capitalism*，London：Macmillan，1988，第 149—168 页）。

95.P.B.Doeringer 和 M.J.Piore:《内部劳动市场和人力分析》（*Internal Labor Markets and Manpower Analysis*，Lexington，Mass.：D.C.Health，1971），第 8 章；参见 C.Kerr:《劳动经济学中新现实主义的智力规则》（‘The Intellectual Role of Neorealists in Labor Economics’，*Industrial Relations*，22，1983，第 298—318 页）；M.Segal:《劳动经济学中的后制度主义：对四十年代和五十年代的重新思考》（‘Post-Institutionalism in Labor Economics：The Forties and Fifties Reconsidered’，*Industrial and Labor Relations Review*，39，1986，第 388—403 页）。

96. 罗默:《有差异的剥削劳动：马克思的剥削理论》（‘Differentially Exploited Labor：A Marxian Theory of Exploitation’，*Review of Radical Political Economics*，10，1978，第 43—53 页）；M.Reich:《种族歧视：政治经济分析》（*Racial Inequality：A Political-Economic Analysis*，Princeton，NJ：Princeton University Press，1981）；M.Reich 和詹姆斯·迪瓦恩:《资本主义生产中冲突和等级制度的微观经济学》（‘The Microeconomics of Conflict and Hierarchy in Capitalist Production’，*Review of Radical Political Economics*，12，1981，第 27—45 页）；戴维·戈登、R.C. Edwards 和 M.Reich:《分割的工作、分裂的工人：美国劳动的历史变迁》（*Segmented Work，Divided Workers：The Historical Transformation of Labor in the United States*，Cambridge：Cambridge University Press，1982）。

97. 金:《劳动经济学》（*Labour Economics*，London：Macmillan，1990，第 2 版），第 6 章。

98. 塞缪尔·鲍尔斯和赫伯特·金蒂斯:《马克思价值和异质劳动理论：批判和重新阐述》（‘The Marxian Theory of Value and Heterogeneous Labour：A Critique and Reformulation’，*Cambridge Journal of Economics*，1，1977，第 173—192 页）；森岛通夫:《鲍尔斯和金蒂斯

论马克思的价值和异质劳动理论》（‘S.Bowlesand H.Gintis on the Marxian Theory of Value and Heterogeneous Labour’, *Cambridge Journal of Economics*，2，1978，第 305—309 页）；鲍尔斯和金蒂斯：《森岛通夫教授论异质劳动和马克思的价值理论》（‘Professor Morishima on Heterogeneous Labour and Marxian Value Theory’, *Cambridge Journal of Economics*，2，1978，第 311—314 页）；凯特福斯：《关于异质劳动和劳动价值论》（‘On Heterogeneous Labour and the Labour Theory of Value’, *Cambridge Journal of Economics*，5，1981，第 273—280 页）；E.J. McKenna：《对鲍尔斯和金蒂斯的马克思价值理论的评论》（‘A Comment on Bowlesand Gintis’ Marxian Theory of Value’, *Cambridge Journal of Economics*，5，1981，第 281—284 页）；鲍尔斯和金蒂斯：《劳动的异质性和劳动价值论：一个答复》（‘Labour Heterogeneity and the Labour Theory of Value：A Reply’, *Cambridge Journal of Economics*，5，1981，第 285—288 页）。

99. 金蒂斯：《劳动交换的性质》（‘The Nature of the LaborExchange’, *Review of Radical Political Economics*，8，1976，第 36—54 页）；金蒂斯和鲍尔斯：《劳动价值论的结构和实践》（‘Structure and Practices in the Labor Theory of Value’, *Review of Radical Political Economics*，12，1981，第 1—26 页）；霍奇森：《资本主义、价值和剥削》，第 178—182 页。

100. 金蒂斯和鲍尔斯：《劳动价值论的结构和实践》，第 14—15 页。

101. 参见以上第 4 章第 4 节在科尔内利乌斯·卡斯托里亚迪（保罗·卡丹）著作中对这一主题的讨论。

102.B. Bradby：《价值的再一次神秘化》（‘The Remystification of Value’, *Capital and Class*，17，1982，第 114—133 页）；D. Purdy：《社会力量和劳动市场》（*Social Power and the Labour Market*，London：Macmillan，1988）。

103.I. Gough：《马克思的生产性和非生产性劳动理论》（‘Marx’s Theory of Productive and Unproductive Labour’, *New Left Review*，76，1972，第 47—72 页）；亨特：《马克思主义经济理论中的生产性和非生产性劳动范畴》（‘The Categories of Productive and Unproductive Labor in Marxist Economic Theory’, *Science and Society*，43，1979，第 303—325 页）；霍华德和金：《马克思的政治经济学》（1985 年，第 128—132 页）；参见以上第 6 章第 5 节和以下第 16 章第 6 节。

104. 萨缪尔逊：《李嘉图经济学的一种现代论述》（‘A Modern Treatment of the Ricardian Economy’, *Quarterly Journal of Economics*，73，1959，第 1—35 页，第 217—231 页）。

105.M. Ball：《级差地租和土地所有制的作用》（‘Differential Rent and the Role of Landed Property’, *International Journal of Urban and Regional Research*，1，1977，第 380—402 页）；B. 法因：《马克思的农业地租理论》（‘On Marx’ s Theory of Agriculture Rent’, *Economy and*

Society，8，1979，第 241—278 页）；M.Ball：《马克思的农业地租理论：对本·法因的答复》（‘On Marx’s Theory of Agriculture Rent：a Reply to Ben Fine’，*Economy and Society*，9，1980，第 304—326 页）；B. 法因：《马克思的农业地租理论：一个反驳》（‘On Marx’s Theory of Agriculture Rent：A Rejoinder’，*Economy and Society*，9，1980，第 327—331 页）；法因：《资本主义经济理论》（*Theories of the Capitalist Economy*，London：Edward Arnold，1982），第 4 章；P. Bandyopadhyay：《马克思主义者对都市的分析和地租经济理论》（‘Marxist Urban Analysis and the Economic Theory of Rent’，*Science and Society*，46，1982，第 162—196 页），见霍华德和金：《马克思的政治经济学》（1985 年），第 147—148 页。

106. 霍华德和金：《马克思的政治经济学》（1985 年），第 150—156 页；O. Horverak：《马克思关于竞争与价格决定的观点》（‘Marx’s View of Competition and Price Determination’，*History of Political Economy*，20，1988，第 275—297 页）。

107. 参见以上第 10 章，见谢赫：《外贸和价值规律》（‘Foreign Trade and the Law of Value’，*Science and Society*，43，1979，第 281—302 页；以及 *Science and Society*，44，1980，第 27—57 页）。

108. 参见德赛：《转型问题》，第 303 页。

109. 见以上第六章第 4 节。

110. 斯威齐：《垄断资本和价值理论》（‘Monopoly Capital and the Theory of Value’，*Monthly Review*，25，January，1974，第 31—32 页）。

111. 马尔科姆·索耶：《米哈尔·卡莱茨基的经济学》（*The Economics of Michal Kalecki*，London：Macmillan，1985），第 2 章。

112. 布罗迪：《比例、价格和计划：劳动价值论的数学方法重述》，第 91 页；法尔约恩和马克沃夫：《混沌的规则：政治经济学的一种具有或然性的方法》；金蒂斯和鲍尔斯：《劳动价值论的结构和实践》，第 7 页，第 18—21 页；霍奇森：《资本主义、价值和剥削：一个激进的理论》，第 59 页，第 77—81 页，第 91—92 页；罗默：《马克思经济理论的分析基础》（*Analytical Foundations of Marxian Economic Theory*，Cambridge：Cambridge University Press，1981），第 204—208 页；亨特：《转型问题的含义和意义：两种截然相反的方法》（‘The Meaning and Significance of the Transformation Problem：Two Contrasting Approaches’，*Atlantic Economic Journal*，17，1989，第 47—54 页）。

113. 从逻辑上讲这是真实的，经验的研究不太正式地表明，劳动价值比率实际上与生产价格比率是紧密相关的，这一相关性对利润率中的变动不敏感。见 P. Petrovic：《生产价格对劳动价值的偏离：某种方法论和经验的例证》（‘The Deviation of Production Prices from Labour

Values：Some Methodology and Empirical Evidence'，*Cambridge Journal of Economics*，11，1987，第 197—210 页）。

114. 琼・罗宾逊：《论马克思经济学》（*An Essay on Marxian Economics*，London：Macmillan，1942），第 20 页，最早作了强调。

115. 霍华德・谢尔曼：《马克思主义的商业周期理论》（'A Marxist Theory of the Business Cycle'，*Review of Radical Political Economics*，11，1979，第 1—23 页）；基思・考林：《垄断资本主义》（*Monopoly Capitalism*，London：Macmillan，1982）；索耶：《有争议的宏观经济学》（*Macroeconomics in Question*，Brighton：Wheatsheaf，1982）。

第 15 章　马克思政治经济学和剩余经济学

1. 斯拉法马克思主义

从本质上讲，面对挽救马克思价值论的各种尝试，斯拉法经济学家[1]仍旧保持着镇静，而且依然继续强调本书以上第 13 章概括的批判是有效的，即重新设计的劳动价值范畴，从最好的方面讲是多余的，从最坏的方面讲是引起争议的或错误的。同时，斯拉法主义者声称，他们对马克思的分析是建设性的，他们认为斯拉法和马克思同属于一个“剩余范式”，具有相同的视角和方法论。因此，他们认为他们对马克思的批评是属于“内部的”批评，马克思主义政治经济学实际上得到了加强，因为其最初形式中的缺陷被暴露出来而且被证明与支持它的更一般的方法是不相关的。因此，斯拉法的著作提供了一个牢固的基础，使剩余范式得以发展并使马克思主义的真正洞察力重新得以建立。[2]

这些著述者对剩余所下的定义是不相同的，但基本的观点总是相同的：剩余形成可处置的资源。任一经济体系的净产出被分成两部分：产品再生产所需要的部分，它代表生产或再生产的必要成本，其中包括必要的劳动成本；净产出的余留部分代表剩余。不管剩余如何使用，这一经济的产出都可以得到保证，虽然剩余的使用会影响到该体系的动态性（参见以上第 6 章和第 9 章）。剩余收入没有对应的等价物的交换，不代表生产成本。因此，财产收入——通常被认为是剩余在阶级社会里分配的主要形式——很容易被认为是剥削的结果，许多斯拉法主义者明确地将其作为一种合适的描述而加以接受。[3]

在资本主义社会，利润是财产收入的主要形式，在竞争中利润的分配通过生产价格的形式，生产价格使利润率平均化同时使经济的再生产得以进行。因此，利润并不表示任一“生产要素”的报酬，价格也不反映相对稀缺性，正如新古典主义经济学中所说的那样。[4]在这种剩余观点中，存在着一个用商品生产商品的“循环过程”，这与新古典主义观点中的“从‘生产要素’到‘消费品’的单程路径”相反。[5]而且在新古典主义理论中不需要描述再生产和剩余的概念，或者如果附加地提到，再生产和剩余的概念也没有什么重要的意义；商品可以被生产出来，但没有被看作是再生产的投入和超过生产所需投入的剩余价值之和。[6]进而对那些坚持剩余范式的人来说，正是生产和再生产的需要在决定经济行为中起着支配作用，它不能被准确地界定为是自主经济人的选择（参见以下第 17 章）。相反，依据在剩余生产和分配中的作用界定的是阶级。[7]

凭借通常所指的作为“长期状态”或“引力中心”的竞争性均衡这一特殊概念，剩余理论家们对价值进行了分析。[8]不同部门中的利润率和同类型劳动的工资率分别被设想成是相同的，同一单位商品以同一价格交易。这些特征在第 13 章所概括的斯拉法体系中是很明显的，马克思主义对转型问题的论述很典型地遵循了这一均衡概念（参见本书第一卷第 3 章和以上第 12 章，第 14 章）。斯拉法主义者声称对这些经济状态的特征曾进行过严格的检验，但马克思主义者却没有这样做。他们对马克思主义的批判是这一结果，而对新古典主义理论的攻击则是另一结果（参见以上第 13 章）。

对这些斯拉法主义者来说，马克思本人价值理论的重要性纯粹是历史方面的：它是李嘉图经济学衰微之后剩余范式得以保留和扩张的主要媒介。然而，由于诸如德米特里耶夫、里昂惕夫和冯·诺伊曼等经济学家后来超越马克思而进一步发展了剩余方法，而且通过这样做揭示了马克思著作中的重要局限，因此斯拉法主义者声称，如果马克思主义的真理要保留的话，成为一个修正主义者是至关重要的。然而，剩余范式的现代理论家们，对这一范式到底需要什么并未达成一致的观点。加雷尼亚尼、伊特韦尔和米尔盖特喜欢直接建立在《用商品生产商品》基础上的一种方法，而森岛通夫、古德温，可能还有帕西内蒂，特别是冯·诺伊曼的著作，则认为线性生产理论更有说服力。琼·罗宾逊和后凯恩斯主义者则更喜欢把卡莱茨基解释的凯恩斯著作作为发展的主要模式（参见以上第 5 章），而马尔格林和哈里斯的观点更加具有综合性（参见以下第 4 节）。所有这些观点的共同特征是：把马克思的观点和其他经济学家的观点混合起来，特别具有冲淡马克思主义成分的效果，以至于现代马克思主义政治经济学到底是什么变得模糊不清了。以下事实则进一步加剧了这一倾向，即对剩余范式特征的界定有时与新古典主义理论相对立，而且对于到底什么才是新古典主义的本质也存在着不同的看法。[9]

下一节将要概括历史理论家们如何用斯拉法的观点来解释经济思想的发展，特别是价值理论的发展。他们强调，自从资本主义出现以后，就存在着两种主要的分析立场：剩余传统和供求理论。第 3 节探讨马克思主义者对这一观点的评论，认为把马克思并入同时也包括像李嘉图和斯拉法这样的资产阶级思想家的政治经济学的流派中是完全不合适的。第 4 节接着对现代剩余理论家们如何试图超越《用商品生产商品》而扩展他们研究经济学的方法作了概括，第 5 节则探讨对他们的努力所作的批评。

2. 经济思想史中的剩余传统

罗纳德·米克和莫里斯·多布很快就察觉到在马克思和斯拉法之间有某些相似之处。[10] 他们各自及时地根据斯拉法的著作重写了经济学史，认为至少从 18 世纪开始，经济理论就在两种传统中发展：供求方法和剩余范式。[11] 多布坚持认为，亚当·斯密是一个关键性的人物，可以从他的理论中同时引出这两种传统。李嘉图和马克思在 19 世纪发展了剩余方法，而德米特里耶夫、博特凯维兹、里昂惕夫、冯·诺伊曼和斯拉法则是 20 世纪发展剩余方法的主要人物。米克的着重点稍有不同，他对重农主义的广泛了解，导致他抬高了亚当·斯密在现代剩余理论范式的公式化方面的重要作用；[12] 他对历史唯物主义起源的研究加强了这一结论。[13] 米克认为，在斯密之前，没有一个经济学家正确地构思资本主义社会的阶级结构，他们也没有意识到资本主义阶级关系积累的重要性。此外，尽管米克没有对李嘉图著作在剩余传统中的中心问题提出质疑，但是他对斯拉法本人对李嘉图经济学发展的解释不应受到指责这一点并不充满信心。在编辑《大卫·李嘉图著作及通信集》中，多布与斯拉法进行过广泛的合作，因此毫无疑问，多布在李嘉图理论的确切性质方面受到了斯拉法观点的影响。[14]

米克和多布在运用斯拉法的著作重写经济思想史时，没有遇到什么困难，因为这与他们已有的观点十分一致。1960 年之前，他们各自都曾试图把马克思严格地界定在古典政治经济学的传统中，认为古典分析不能被简单地看作是新古典主义经济学的萌芽形式（像许多非马克思主义的思想史学家所做的那样）。[15] 另外，在斯拉法的批判超出把转型问题看作是一个“复杂的迂回”的逻辑变得很明显之前，他们都已过世了——多布 1976 年去世，米克 1978 年去世（参见以上第 13 章）。因此，他们的理论史著促进了那些继续为经济思想史的“双重传统”解释进行辩解、同时也接受斯拉法对马克思批判的全部力量的更为忠诚的斯拉法主义者。加雷尼亚尼非常仔细地考察了古典的和马克思主义的价值理论的结构，认为这两种理论在逻辑上和历史上都与凯恩斯的有效需求理论相一致。[16] 米尔盖特认为，凯恩斯可以被看作是一个“长期”理论家，他的分析可以不受 20 世纪 60

年代在“资本争论”中遭到破坏的残余的新古典主义因素的影响。确实，米尔盖特和伊特韦尔曾强调指出，新古典资本理论的逻辑缺陷完全颠覆了凯恩斯著作的其他解释，而且要求把凯恩斯理论重新界定在剩余范式之内。[17]

供求理论的进展也引起了斯拉法主义者的关注。加雷尼亚尼、伊特韦尔和米尔盖特都曾指出，在20世纪30年代，在希克斯和哈耶克的影响下，新古典主义均衡理论放弃了价值理论的传统“目标”——长期均衡。很显然，瓦尔拉关于经济关系的观点从一般意义上看与一般利润率的存在不相一致。由于这一原因，包括资本物品供给价格上的不均等收益率在内的内部暂时均衡和短暂均衡的观点，开始代替了长期的重力中心，而这一中心以前曾在两种传统中支配着价值理论家的分析。结合着对新古典主义理论其他形式的致命批判，斯拉法经济学家由此声称，剩余范式是政治经济学唯一连贯的方法。[18]

多布本人就是这一观点的拥护者。[19]在《用商品生产商品》之前，他就曾用古典政治经济学和马克思主义政治经济学的优点来攻击新古典主义理论，但他却从来没有对供求分析的逻辑连贯性展开全力攻击，只是与米克一起声称，它从概念上讲是错误的，从意识形态上讲是有动机的。[20]在受到斯拉法的影响之后，多布的关注点有了一个重大的转移。多布现在则声称新古典主义理论的科学地位已完全被削弱；这也就意味着，马克思本人完全击溃庸俗经济学的目的已达到了。[21]

3. 马克思主义对剩余传统的批判

许多马克思主义者反对把马克思并入剩余范式中，经常声称斯拉法主义者及其前辈本身都是庸俗经济学家。相反，他们认为马克思主义政治经济学是独一无二的，它与新古典分析之间有着明显的分歧；把马克思主义政治经济学并入斯拉法的思想源流中，不可能不对马克思主义政治经济学的统一性造成无法弥补的伤害。这些评论家无需就斯拉法批判马克思价值论的逻辑一致性进行质疑；确实，有些人承认它在形式上是有一定道理的，但是他们拒绝接受批判马克思时所使用的术语，仅仅接受了对新古典主义理论的攻击，尽管它也是庸俗经济学（参见以上第14章）。[22]

在为多布的《亚当·斯密以来的价值和分配理论》所写的评论中，保罗·斯威齐提出了一种温和的批判形式。

> 马克思的理论确实是建立在李嘉图理论基础之上的，并且在多个方面发展了李嘉图的理论。但与李嘉图完全不同，马克思认为他的任务是建立对整个资本主义秩序全面的、不妥协的批判，包括对整个资本主义秩序的运动方式竭尽全力的全面的、不妥协的批判。为了完成这一任务，他开辟了一个全新的领域，建立了一种既反对古典经济学又反对新古典主义经济学的传统……在多布看来，斯拉法就是他所说的传统在当代的化身，斯拉法著作的书名本身就与马克思的方法截然不同。马克思没有着重去考虑“用商品生产商品”，他的主题是用人类劳动生产商品。[23]

本着同样的精神，其他马克思主义者也曾指责多布和米克两人都贬低了马克思对古典政治经济学批判的意义。[24]

在这里，有一点是真实的。马克思把一系列的质的特征和量的内容并入他的价值范畴中。他阐述了一个“劳动价值理论”和一个“价值劳动理论”。[25]换句话说，马克思的概念试图用古典政治经济学中所缺乏的一种明确的方式来揭示商品生产体系的社会关系。[26]我们可以很公正地指责多布实质上忽略了马克思对古典经济学的批判，指责米克不合逻辑地把只有在马克思的著作中才清晰地出现的质的特征硬塞进了斯密和李嘉图的著作中。由于这样做，他们轻视了不连续性，贬低了马克思下述合理的观点，即他的古典主义先辈们的经济学中渗透着的拜物教观点。[27]马克思的经济学不仅仅是古典政治经济学的线性延续，而且不论斯拉法对马克思价值理论的量的批评是否有道理，这都是真的。

然而，马克思主义评论家却忽略不谈米克和其他人在质的分析中，试图运用的是同马克思最初建立的框架相并行的斯拉法框架。[28]更重要的是，他们未能意识到马克思价值范畴的神圣本质使得理论整体结构的诸方面都存在一种缺陷。在经希法亭、佩特里和鲁宾到斯威齐和罗斯多尔斯基的马克思主义思想史中，发现这样一种只强调价值理论的质的方面、从实质上排斥量的方面完全不同的传统，确实是有可能的，而斯拉法主义者则与作为庸俗经济学的新古典主义理论家混在了一起。[29]

马克思主义对斯拉法的批判没有提到这一极其基本的要点，但他们提出了两个更为深刻的问题。第一，斯拉法的批判采用了一种特殊手法，由此决定联合生产方式生产的商品之间具体劳动的分配，马克思没有发表过这种见解。批评家们认为，这样做的结果就是斯拉法主义者把太多的意义硬塞到了他们自己的结论中，而最后并没有表明他们对马克思价值的量的分析的理解是恰当的。[30] 第二，科学分析仅仅是马克思主义努力成为以转换现存秩序为目标的批判性理论的一个基本元素。在斯拉法的框架中，没有什么东西能够足以弥补由于排除对剩余价值概念的所有考虑而造成的思想政治损失。[31]

然而，这些论证却无法为“不管怎样继续进行下去”的策略进行辩护，这是某些马克思主义者面对斯拉法的批判所采取的策略。马克思价值理论在量的方面的含糊不清，被反对斯拉法的马克思主义者所误用。第 13 章中所概括结论中的自负，远甚于在阐述其过程和假设中的自负。斯蒂德曼的批判家们也总是经常退回到对不确定的和难以理解的价值—价格关系的“真实”性质的描述中，当然他们也没有对《资本论》第三卷不同于《资本论》第一卷的价值理论进行演绎的、形式的描绘。[32] 在《资本论》第三卷中，可以辨认出马克思是处在李嘉图传统中，而且这一点也通过恩格斯对“有奖论文比赛”的探讨而得到了进一步证明（参见本书第一卷第 2 章和第 3 章）。[33] 而且，劳动价值论的政治—思想作用依赖于它自身的科学真理。[34] 科学与政治的分离会威胁到马克思方案的整个基础，正如在斯大林统治下把马克思主义用作国家意识形态所展示的那样（参见以上第 2 章第 3 节）。

反斯拉法的马克思主义者从捍卫马克思转到攻击斯拉法经济学的刻板结构时，有着更强有力的根据。然而即使如此，他们也错误地把斯拉法著作中没有包括的特性硬塞进斯拉法的著作中。像斯蒂德曼所说的那样，《用商品生产商品》本身没有包括对劳动和循环过程的分析这一事实并不意味着它无法内在地解决这些问题。[35] 指责斯拉法的理论仅仅局限于交换关系，把生产看作是一个技术问题和并入了拜物教观点，等等，[36] 是毫无意义的。这一结论是以下述事实为依据的，即斯拉法主义者试图在斯拉法原著的基础上建立一种全面的政治经济学，正如我们将在下一节所展示的那样。

4. 超越价值理论

剩余理论家们采用了多种多样的研究方案以扩展和丰富他们研究政治经济学的方法。并不是所有的人都认为《用商品生产商品》是最合适的出发点；有些人更倾向于里昂惕夫和冯·诺伊曼的模型。但是所有的人都认识到，凡是与马克思的观点有联系的地方，必须把这些观点并入非马克思主义理论家的著作中，包括像凯恩斯和熊彼特这样的反马克思主义者的著作中。不过，这种修正主义形式不自觉地比许多早期的看法更欠积极意义，并且只是把增强马克思主义对资本主义发展的洞察力作为一般目标，而不是对之提出进一步的质疑。

加雷尼亚尼、伊特韦尔和米尔盖特不仅强调了斯拉法价值论述的独特优点，而且还声称该论述准确地反映了作用于资本主义经济的因果关系的总体结构。价值理论的“目标”——长期均衡，允许把分析集中在通过竞争发挥作用的“持久而系统”的力量上，并且把它们从复杂和短暂的失衡影响中抽象出去。决定均衡价格和其他分配变量的价值理论的论据（技术、产出和分配的一个变量）反映了在产出、分配、价格和技术进步的实际变化之间缺乏任何一般的因果关系。其结果是，这些论据中每一决定性要素大部分都相互分离，因此政治经济学要求采用一种包括对每一类型变量进行不同解释的分割的方法，而不是像新古典主义理论家所尝试的那样，用一套单一的论据来同时决定所有的变量。

斯拉法主义者声称，古典的和马克思主义的经济理论的方法的标志，是对每一类型的变量，或一组系统上内部相关的变量（如利润率和均衡价格）分别进行解释，接着是考虑它们的相互作用。这一点与供求传统中运用的同时决定的方法论形成鲜明的对照。剩余理论的发展过程反映了这样一种信仰，即尽管在资本主义经济中所有现象不断地相互作用，但是也存在着相对自动的关系子集。因此首先可以把它们看作是独立的，而它们与其他现象（从经验上它们自身也是变量）的相互作用问题则可以推迟到下一阶段进行研究。[37]

从目前的发展来看，斯拉法的观点存在着实际的弱点。加雷尼亚尼、伊特韦尔和米尔盖特更多关注的是理论构建的规则，而不是真正地去建立超越斯拉法的任何理论。而在他们试着去这样做的地方，却又总显得与他们方法论的限制不相一致。[38]他们没有提出这样的问题，即李嘉图和马克思的“每次一个问题”的步骤是否代表有关因果关系的一个真正的观点，或者只是简单地反映了在处理系统的内部关系方面的分析上的不足。他们也没有检验预先假定的资本主义竞争的“持久而系统”的力量是否会导致经济收敛于长期均衡。其他人这样做了，但从整体来看，他们得出的结论并不令人鼓舞；非集中的调节路径极为可能，但由此则削弱了把长期均衡作为“趋势中心”的观点。[39]

毫不奇怪的是，剩余范式内的许多现代理论家都把他们的注意力限定在稳定状态增长中的长期均衡的序列上，这是马克思在其再生产模型中首先开始分析的内容。[40] 如果给《用商品生产商品》加上规模收益不变的假定，其结果就可以并入到包括里昂惕夫和冯·诺伊曼的线性生产理论中。[41] 而且，有可能把对生产的这一分析与第5章中讨论的卡莱茨基的有效需求分析连接起来，这样做在一定程度上补充了斯拉法的价值理论。

以上第5章方程（5.2）可以重新写成：

$$P=(1-s_c)P+I \tag{15.1}$$

其中 P 代表利润，I 代表投资，s_c 是资本家阶级的储蓄偏好，用 K（代表股本）除以等式两侧，再重新确定术语，方程（15.1）则变成：

$$P/K=(I/K)/s_c \tag{15.2}$$

对于稳定状态增长的路径，P/K 是均衡利润率（r），积累率（I/K）等于产出增长率（g），那么方程（15.2）可以写成：

$$r=g/s_c \tag{15.3}$$

因此，利润率由积累率和资本家阶级的储蓄率决定。把这一利润率代入斯拉法的分析数据中，长期均衡的所有内生变量都可以得到决定。卡莱茨基的分配理论和斯拉法的价值理论融为一个连贯的整体。

路易吉·帕西内蒂已表明，方程（15.3）并不是基于工人的储蓄是零的假设基础上[方程（15.1）是以工人储蓄为零为基础的]。[42] 他还运用方程（15.3）来支持剩余范式，以对抗马克思主义的批评家。

> 马克思和庞巴维克的时代距今已有一个多世纪了，经济理论家们一直在争论，利润率是否归因于资本的“生产力”……但现在已开辟了新的地平线。从长期看……利润率决定于……增长率除以资本家阶级的储蓄偏好，它不依赖于资本的任何“生产力”……而且它实际上不依赖于任何其他因素。[43]

很明显，这一点与马克思政治经济学的一般观点相吻合，因为重要的是积累过程和阶级活动，而不是通过交换关系而相互决定的“生产要素”的“神圣的三位一体”。[44]

然而，稳定状态增长模型只是第一次接近于理解现实资本主义中积累的干扰条件。[45] 帕西内蒂则比他们走得更远，从而开辟了与马克思主义理论的其他问题直接相关的途径。在《结构变迁和经济增长》一书中，他考察了具有不稳定技术变迁率，并逐渐形成消费模式的经济的特性，他还特别地指出了许多马克思主义者一直看作是资本主义发展基本矛盾的消费不足倾向（参见本书第一卷和以上第1章和第二篇）。[46] 马克思主义危机理论的过度积累观点，也由于理查德·古德温把失衡并入到冯·诺伊曼的增长模型中而得到了促进。[47] 他的结论很大程度上处于奥托·鲍威尔和保罗·斯威齐的传统之中（参见本书第一卷第6章和以上第1章）。但是古德温的周期分析更严格些，而且该分析还并入了熊彼特和马克思的分析因素。

剩余理论的另一个组成部分则形成了积累和危机模型，这一模型更加折衷但却明显地展示出马克思的影响，并围绕马克思主义政治经济学来探讨问题。琼·罗宾逊的《资本积累论》是第一部，也是迄今最著名的积累和危机理论[48]，当然还有其他的理论，特别是斯蒂芬·马尔格林、唐纳德·哈里斯和后凯恩斯学派的理论。[49] 对新古典主义理论的敌意是对后凯恩斯主义著述者的促动力量，其重要性可能同有马克思主义倾向的著述者是一样的。但是，这两种影响趋于相互补充，即使两者在逻辑上并不是相关联的（参见以上第5章）。从这一意义上讲，克里斯托弗·布利斯非常正确地表明：现代经济分析的高级理论中的基本冲突是马克思主义和“庸俗经济学”之间的冲突。[50]

然而这一冲突并不是单方面的。《用商品生产商品》以供求理论家能够理解的方式使他们感到痛苦，他们于是组织了反攻。紧接着新古典理论在“资本争论”中的失败，出现了萨缪尔逊在20世纪70年代早期对转型问题的批判，但这一批判很快就被从剩余理论传统中出现的对正统马克思主义所进行的更深层次的批判所超越（参见以上第13章和第14章）。从那以后，萨缪尔逊和其他新古典主义理论家瞄准了更具有实质性的目标，而且他们的一些观点在反对斯拉法的马克思主义者中间引起了共鸣。正统经济学家和正统马克思主义者无疑是陌生的同伴，但是他们却共同拥有使斯拉法的大部分论断中立化的目标，共同拥有把斯拉法的著作作为一个“特例”吸收到新古典主义理论框架中去的目标。然而，是供求理论家起了带头作用，他们对剩余经济学的剖析揭露出了严重的缺陷，它使得马克思自己的政治经济学也难免遭受损失。

5. 斯拉法分析的局限性

把古典政治经济学和马克思主义政治经济学定位于剩余传统，已引起了来自某些经济思想史学家的连珠炮式的批判，如塞缪尔·霍兰德就认为，自斯密以来只有一种传统，即供求传统，这其中也包括了马克思。[51] 然而，这仍然只是少数派的主张，它甚至遭到一些新古典经济思想史学家的拒绝，这些史学家对剩余理论的现代观点几乎不持赞同态度，但却承认用这种方式来解释古典政治经济学和马克思主义政治经济学会更有意义。[52] 因此，斯拉法、多布和米克关于 19 世纪思想史的观点得到了广泛的认可，而不是仅仅局限于剩余传统内的理论家。[53]

然而，在 20 世纪，这一判断并没有频繁地扩展到里昂惕夫和冯·诺伊曼的著作中。萨缪尔逊确实指责过，在斯拉法的影响下，经济学家们误解了冯·诺伊曼的增长模型[54]，该模型一点都没有冲击新古典一般均衡理论的任何一种主张。[55] 萨缪尔逊还认为，他自己的著作同阿罗、德布勒和库普曼的著作都已经证明，里昂惕夫和冯·诺伊曼在现代供求理论的发展中是如此关键。[56] 萨缪尔逊还声称，冯·诺伊曼的框架比斯拉法的框架更为一般，剩余传统内的一些理论家也持这一观点。[57]

哈恩进一步巩固了这些观点，断言在《用商品生产商品》中不存在与新古典一般均衡理论的结论相矛盾的命题；认为新古典理论自身可以得出斯拉法的结论，并进一步揭示了推广这些结论所必需的限定性假设条件；因此把斯拉法经济学看作是新古典主义理论的一个特例是有道理的。特别是，只有在特殊的资本存量初始禀赋和最终需求结构的条件下，长期均衡才取决于新古典主义一般均衡模型。哈恩认为，一般地说，利润最大化行为与斯拉法主义者所想象的均衡，即包括资本品再生产价格上利润率的平均化，是不一致的。竞争性均衡涉及所有资产都有一个相同的回报率，但是新古典主义理论认为，只有在特殊的条件下，资产价格才会与它们的生产成本相等。[58]

在新古典对斯拉法主义理论家的这一攻击中含有冷嘲的成分，当然，斯拉法主义理论家对之进行的回击也是如此。新古典批评者的立场在形式上与斯拉法主义者在同马克思经济学关系中采取的立场是一致的。新古典主义者完全同意斯蒂德曼的观点，即他对马克思的评价代表着"一个逻辑学的观点"，而且"任何人要想对它进行挑战，他们要么必须发现一个逻辑错误……要么必须明确而一贯地拒绝基于其上的一个或更多的假设"。[59] 但是，新古典主义者还运用现代一般均衡分析，把这一观点扩展到他们自己对斯拉法理论的批判中。另一方面，斯拉法主义者对自己经济学的捍卫，模仿了许多反对斯拉法的马克思主义者的方式——他们接受了对逻辑一致性的批判，但却拒绝接受其对手概念化的合适性。[60]

反对斯拉法的马克思主义者经常与新古典主义者站在一起，没有意识到他们的批判对马克思本人的分析是如何地有害。[61] 现代供求理论揭露了所有剩余理论形式中存在的重要缺陷，而这并不依赖于对新古典主义世界观的承认。斯拉法假设中存在的一个难题就是“一致性原则”，在“一致性原则”中，不但在所有过程中工资和利润率是相同的，而且每一种商品不论是作为投入还是产出，其价格是一致的。假定竞争条件不保证价格是固定的。例如，可以采用下面的体系：

$$a_{11}p_1^1(1+r)+l_1w=p_1^2$$

$$a_{21}p_1^1(1+r)+l_2w=p_2^2$$

价格的上标是指时间，如果价格不受限制地趋于一致的话（因此，$p_1^1 \neq p_1^2$ 是可能的），那么，指定 r 和货币兑换率标准，既不足以决定价格，也不足以决定工资。[62]

这一无法确定的特殊原因，也威胁着利润和剩余之间的联系。产出价格与投入价格不等可以表现为如下方式，即一个正的剩余对于正的利润来说，既不是必要条件也不是充分条件。[63] 因此，把经济体系看作是含有再生产和剩余榨取，其作用是令人怀疑的，因为一旦接受了非固定价格的可能性，这两个概念与交换现象的联系不再存在。结果，剩余理论中因果关系的设想（这一理论认为生产和特定的分配关系完全决定交换关系），不再是非令人相信不可的理论了。反过来，它也对剩余传统内的许多理论家为了把他们的经济学并入一般社会理论而对历史唯物主义概念所做的独特应用提出了质疑。[64]

即使交换关系像斯拉法经济学家设想的那样，使不变价格向量普遍通行，他们对生产结构的论述也还存在一个难题，即要求生产过程的数量与商品的数量相等。这一假定从经济学上看似乎很随意，因为设想联合生产的经济中存在的过程数量少于其生产出的商品数量，既是可能的，也是有道理的。在这样一种情况下，内生变量是由以斯拉法为基础的经济学范围之外的因素决定的，除非再指定额外的假定条件。[65] 这又一次“一点也没有支持马克思来反对斯拉法：在过程数量少于产品数量时，马克思的劳动价值甚至无法计算”。[66]

斯拉法在论述交换和生产时的这些局限性，对通过设置标准商品以重建马克思的剥削理论来说也有着重要的影响，这一点在以上第 13 章第 5 节作了概括。在缺乏不变价格、过程数量与商品数量不相等的情况下，既无法确立标准商品，也无法把标准商品作为整个经济体系的替代物。每一件可能发生的事都意味着，第 13 章第 5 节的观点只有在特定的技术和交换关系类型的条件下才会有效，它并不是普遍有效的。

剩余理论家之间的内部争论是具有毁灭性的。特别是琼·罗宾逊，严厉批评了斯拉法的均衡方法论。她声称，从马克思那里学到的一个教训就是“必须依据历史来思考，而不是依据均衡来思考”。[67] 经济学从一个“不可改变的过去”转向“未知的将来”[68]，“生产的无政府状态”使得协作的地域性失败。在她看来，分析长期均衡的最基本的理论基础只能是马克思的再生产模型：它们能够用来阐明这些条件是如何脆弱，由此揭露了现实经济所遭受的各种干扰。[69] 反斯拉法的马克思主义者提出了类似的反对意见[70]，而且他们确实发现，新古典经济学家之间存在着广泛的一致性意见，这些新古典经济学家对均衡模型的应用，同样也不能反映他们与现实紧密一致的信念。[71]

因此，斯拉法主义者、反斯拉法的马克思主义者和新古典主义者之间的争论，有时使得人们很难准确地理解它们之间的分歧。当然，现代供求理论与马克思所相信的供求理论的早期形式相比，确实更少具有“庸俗性”。例如，这一理论认真思考了是什么条件威胁着均衡的存在，妨碍着市场力量从集中向均衡发展，从而揭露了资本主义经济中危机和不稳定的潜在原因。而且，在 20 世纪 80 年代期间，随着“理性选择马克思主义”的出现，使得思想学派之间区别不清的状况进一步加重了。“理性选择马克思主义”既接受斯拉法对马克思的批判，也接受新古典主义者对斯拉法的批判，继而他们拒绝把剩余范式作为马克思主义政治经济学进一步发展的一种合适的方式。相反，他们接受了新古典主义方法论，用供求分析的工具来分析马克思主义中的问题。我们在以下第 17 章将讨论他们的著作；然而，我们首先转向分析危机理论问题。

注释：

1. 并不是所有运用斯拉法分析的经济学家都可以被看作是马克思主义者；保罗·萨缪尔逊是最主要的例子。然而，其中许多经济学家还是倾向于马克思，尽管倾向的角度不同，在这一章我们将主要讨论这些人的著作。

2. 约翰·伊特韦尔对约翰·罗默《马克思经济理论的分析基础》（*Analytical Foundations of Marxian Economic Theory*）的评论，载于《政治经济学文献》（*Contributions to Political Economy*，1，1982，第 106—109 页）；E.J. Nell：《增长理论和价值理论》（‘Theories of Growth and Theories of Value’，*Economic Development and Cultural Change*，16，1967，

第 15—26 页），对剩余范式作了非常好的说明；见伊恩 · 斯蒂德曼：《对利润的再思考》（'Thinking Again About Profits', *New Statesman*, 5 January, 1979，第 10—12 页）；米切尔 · 霍华德：《经济理论中的利润》（*Profits in Economic Theory*，London：Macmillan，1983），第 2 章；皮耶兰杰利 · 加里雷尼亚尼：《价值和分配的剩余方法》（'Surplus Approach to Value and Distribution'），载于伊特韦尔、米尔盖特和 P. Newman 编：《新帕尔格雷夫经济学词典》第 IV 卷（*The New Palgrave：A Dictionary of Economics*，London：Macmillan，1987），第 560—574 页。

3.Nell：《增长理论和价值理论》；伊特韦尔：《剩余价值理论的争论：旧的和新的》（'Controversies in the Theory of Surplus Value：Old and New', *Science and Society*，38，1973，第 281—303 页）；《斯拉法先生的标准商品和剥削率》（'Mr. Sraffa's Standard Commodity and the Rate of Exploitation'，*Quarterly Journal of Economics*，89，1975，第 543—555 页）；金：《价值和剥削：一些最近的争论》（'Value and Exploitation：Some Recent Debates'），载于 I. Bradley 和霍华德编：《古典的和马克思主义的政治经济学》（*Classical and Marxian Political Economy*, London：Macmillan, 1982），第 157—187 页；加雷尼亚尼：《价值和分配的剩余方法》，第 570—573 页；B.Jossa：《马克思的剥削理论》（'The Theory of Exploitation in Marx'），该论文曾提交多伦多大学 1988 年 6 月的《经济学社会历史》（The History of Economics Society）；也可参见格里 · 科恩：《劳动价值论和剥削概念》（'The Labour Theory of Value and the Concept of Exploitation'），载于斯蒂德曼编：《价值争论》（*The Value Controversy*，London：Verso，1981），第 202—223 页，以及参见以上第 13 章第 6 节。

4. 路易吉 · 帕西内蒂：《再论资本理论和索洛的"收益率"》（'Again on Capital Theory and Solow's "Rate of Return"', *Economic Journal*, 80, 1970，第 28—31 页）；加雷尼亚尼：《斯拉法对马克思主义经济理论的复兴》（'Sraffa's Revival of Marxist Economic Theory'，*New Left Review*，112，1978，第 71—75 页）；斯拉法经济学家经常在错误的意义上刻划新古典主义经济学的特征；见霍华德：《经济理论中的利润》，第 148—149 页；霍华德：《现代收入分配理论》（*Modern Theories of Income Distribution*，London：Macmillan，1979），第 60—63 页，第 74—75 页，第 122—134 页。

5. 斯拉法：《用商品生产商品》（*Production of Commodities by Means of Commodities*，Cambridge：Cambridge University Press，1960），第 93 页。

6. 新古典的消费者和生产者剩余概念的描述，见 H.R. Varian：《中间的微观经济学》（*Intermediate Microeconomics*，New：Norton，1990，第 2 版），第 240—257 页，第 297 页，第 366 页，第 373 页，第 387 页，第 422 页。

7. 这里存在着与阿尔都塞结构主义者的观点广泛相似的观点，但不论是斯拉法主义者还是阿尔都塞的信徒们，都没有尝试着去建立一个与其他人的著作相联的桥梁。但是许多原因表明这样做会很困难，更别说斯拉法主义者必然会对阿尔都塞本人的价值理论中的马克思主义原教旨主义的特殊形式进行猛烈的抨击。见霍华德：《经济理论中的利润》，第11—16页，第143—144页，第153—155页；霍华德：《斯拉法基础上的经济学：一个新李嘉图主义的批判性分析》（'Economics on a Sraffian Foundation：A Critical Analysis of Neo-Ricardian Theory'，*Economy and Society*，16，1987，第317—340页）；路西·阿尔都塞和E.巴里巴：《读〈资本论〉》（*Reading Capital*，London：New Left Books，1970）。

8. 见G.C.Harcourt：《社会科学的帝国主义者》（*The Social Science Imperialists*，London：Routledge & Kegan Paul，1982），第15章；伊特韦尔、米尔盖特和Newman：《新帕尔格雷夫经济学词典》第一卷，第392—394页。

9. 斯蒂芬·马尔格林：《增长、分配和价格》（*Growth，Distribution and Prices*，Cambridge，Mass.：Harvard University Press，1984），对新古典主义理论进行了详细的讨论，特别见第12页，第313页，第317页，第328页及其后诸页，第524页及其后诸页，第529—532页，第537—538页，第540页；也可见I. Bradley和霍华德：《古典的和马克思主义的政治经济学导言》（'An Introduction to Classical and Marxian Political Economy'），载于Bradley和霍华德：《古典的和马克思主义的政治经济学》，第1—43页。

10. 罗纳德·米克：《斯拉法先生对古典经济学的恢复》（'Mr.Sraffa's Rehabilitation of Classical Economics'，*Scottish Journal of Political Economy*，8，1961，第119—136页）；多布：《写书的时代》（'An Epoch Making Book'，*Labour Monthly*，1961，第487—491页）。

11. 多布：《亚当·斯密以来的价值和分配理论》（*Theories of Value and Distribution Since Adam Smith*，Cambridge：Cambridge University Press，1973）；米克：《斯密、马克思及其之后》（*Smith*，*Marx and After*，London：Chapman and Hall，1977）；也可见K. Bharadwaj：《古典政治经济学和供求理论优势的提高》（*Classical Political Economy and the Rise to Dominance of Supply and Demand Theories*，London：Longman，1976）；V.Walsh和H. Gram：《古典的和新古典的一般均衡理论》（*Classical and Neoclassical Theories of General Equilibrium*，Oxford：Oxford University Press，1980）。

12. 米克编：《亚当·斯密的先辈们》（*Precursors of Adam Smith*，London：Dent，1973）。

13. 米克：《社会科学和卑鄙的未开化的人们》（*Social Science and the Ignoble Savage*，Cambridge：Cambridge University Press，1976）。

14. 斯拉法：《大卫·李嘉图著作》第一卷（*The Works of David Ricardo*：*Volume* Ⅰ，

Cambridge：Cambridge University Press，1951）的“导言”，第xiii—lxii页；B.H. Pollitt：《莫里斯·多布同斯拉法编辑李嘉图著作时的合作》（‘The Collaboration of Maurice Dobb in Sraffa’s Edition of Ricardo’，*Cambridge Journal of Economics*，12，1988，第55—65页）。

15. 多布：《资本主义的政治经济学》（*Political Economy of Capitalism*，London：Routledge & Kegan Paul，1937）；米克：《劳动价值论研究》（*Studies in the Labour Theory of Value*，London：Lawrence & Wishart，1956）。

16. 加雷尼亚尼：《有关消费、投资和有效需求的注释：Ⅱ》（‘Notes on Consumption，Investment and Effective Demand：Ⅱ’，*Cambridge Journal of Economics*，3，1979，第63—82页）；《古典经济学家和马克思的价值和分配论》（‘Value and Distribution in the Classical Economists and Marx’，*Oxford Economic Papers*，36，1984，第291—325页）。

17. 米尔盖特：《资本和就业》（*Capital and Employment*，London：Academic Press，1982）；伊特韦尔和米尔盖特编：《凯恩斯经济学与价值和分配理论》（*Keynes's Economics and the Theory of Value and Distribution*，Oxford：Oxford University Press，1983）。

18. 加雷尼亚尼：《最近的价值和分配著作中均衡概念的变化：对萨缪尔逊的评论》（‘On the Change in the Notion of Equilibrium in Recent Work on Value and Distribution：a Comment on Samuelson’），载于M. Brown，K. Sato和P. Zarembka编：《现代资本理论论文集》（*Essays in Modern Capital Theory*，Amsterdam：North-Holland，1976），第25—45页；米尔盖特：《“内部短暂均衡”的起源》（‘On the Origin of the Notion of “Intertemporal Equilibrium”’，*Economica*，46，1979，第1—10页）；在《新帕尔格雷夫经济学词典》中，伊特韦尔、米尔盖特和Newman的许多条目为这一观点提供了最近的和最全面的解释，如第一卷，第357—368页；第二卷，第179—183页，第726—728页；第三卷，第238—240页，第598—599页，第605—608页，第786—787页；第四卷，第253—254页，第560—574页，第868—872页；马克·布劳格：《镜中透视经济学：新帕尔格雷夫经济学词典的扭曲的观点》（*Economics Through the Looking Glass：The Distorted Perspective of The New Palgrave Dictionary of Economics*，London：Institute of Economic Affairs，1988）。

19. 多布：《亚当·斯密以来的价值和分配理论》，第247页及其后诸页；多布：《斯拉法体系和对新古典分配理论的批判》（‘The Sraffa System and Critique of the Neoclassical Theory of Distribution’，*De Economist*，118，1970，第347—362页）。米克在这一观点上退却不前；以下第4节表明了他这样做的聪明之处。

20. 多布：《资本主义的政治经济学》；米克：《经济学和意识形态》（*Economics and Ideology*，London：Chapman and Hall，1967）。

21. 金：《作为经济思想史学家的马克思》（‘Marx as an Historian of Economic Thought’, *History of Political Economy*，11，1979，第 382—394 页）。

22. 例如，见马蒂克对多布的评论（*Science and Society*，38，1974，第 222—223 页）。

23. 见斯威齐对多布的评论（*Journal Of Economic Literature*，12，1974，第 481—483 页）；也可见斯威齐：《马克思的价值理论和危机》（‘Marxian Value Theory and Crises’），载于斯蒂德曼：《价值争论》，第 20—35 页 .

24.B.J. McFarlane：《麦克法兰论多布》（‘McFarlane on Dobb’），载于 H. W. Spiegel 和 W. J. Samuels 编：《当代经济学家展望》（*Contemporary Economists in Perspective*，Greenwich, Conn.：JAI Press，1984），第 595—621 页；杰夫·皮林：《李嘉图和马克思的价值规律》（‘Law of Value in Ricardo and Marx’，*Economy and Society*，1，1972，第 281—307 页）。

25.D. Elson：《劳动价值论》（‘The Value Theory of Labour’），载于 D. Elson 编：《价值：资本主义条件下劳动的再现》（*Value：The Representation of Labour in Capitalism*，London：CSE Books，1979），第 115—180 页。

26. 霍华德和金：《马克思的政治经济学》（*The Political Economy of Marx*，Harlow：Langman，1985，第 2 版），第 43—48 页，第 52—59 页，第 167 页；也可见以上第 14 章。

27. 马克思对古典经济学最详细的分析是在《剩余价值理论》第一册，人民出版社 1975 年版，第 55—85 页、第 142—166 页；《剩余价值理论》第二册，人民出版社 1975 年版，第 177—240 页、第 388—623 页。

28. 米克：《劳动价值论研究》第二版导言，第 i—x1iv 页；霍奇森：《资本主义、价值和剥削：一种激进的理论》（*Capitalism，Value and Exploitation：A radical Theory*，New York：Monthly Review，1982）；S.J.Pack：《重建马克思经济学》（*Reconstructing Marxian Economics*，New York：Praeger，1985）。

29. 希法亭：《庞巴维克对马克思的批判》（Böhn-Bawerk’s Criticism of Marx），载于斯威齐编：《卡尔·马克思及其体系的终结》（*Karl Marx and the Close of His System*，New York：Kelley，1966），第 121—196；佩特里：《马克思价值理论的社会内容》（*Der Soziale Gehalt der Marxschen Werttheorie*，Jena：Fisher，1916）；鲁宾：《论马克思价值理论》（*Essays on Marx's Theory of Value*，Montreal：Black Rose，1973；1920 年首版）；斯威齐：《资本主义发展理论》（*The Theory of Capitalist Development*，London：Dobson，1946）；罗曼·罗斯多尔斯基：《马克思〈资本论〉的形成》（*The Making of Marx's 'Capital'*，London：Pluto Press，1977），参见本书第一卷第 3 章。

30. 曼德尔和 A. Freeman：《李嘉图、马克思、斯拉法》（*Ricardo，Marx，Sraffa*，London：

Verso，1984），第 19—25 页，第 213 页，第 222 页；B. 法因和哈里斯：《重读〈资本论〉》（*Rereading 'Capital'*，London：Macmillan，1979）；P.A.Swanson：《劳动价值论和固定资本》（'The Labor Theory of Value and Fixed Capital'，*Review of Radical Political Economics*，18，1986，第 1—21 页）；伊藤诚：《资本主义的基本理论》（*The Basic Theory of Capitalism*，London：Macmillan，1988），第 174—178 页。

31. 埃里克・赖特：《再思考》（'Reconsiderations'），载于斯蒂德曼：《价值争论》第 161—162 页；H.Cleaver：《从政治角度理解资本》（*Reading Capital Politically*，Austin：University of Texas Press，1979）。

32. 参见，例如，Elson：《价值：资本主义条件下劳动的表现》；曼德尔和 Freeman：《李嘉图、马克思、斯拉法》；B. 法因：《价值方面：马克思对抗李嘉图和斯拉法》（*The Value Dimension*：*Marx Versus Ricardo and Sraffa*，London：Routledge & Kegan Paul，1986）；斯蒂德曼：《价值争论》，第 224 页及其后诸页。

33. 而且，马克思反对李嘉图价值理论的一些批判是无效的。尽管李嘉图在马克思之前，而且其质量价值分析缺乏有意义的内容，但李嘉图有时是正确的，而马克思有时是错误的。见斯蒂德曼：《马克思论李嘉图》（'Marx on Ricardo'），载于 Bradley 和霍华德：《古典的和马克思主义的政治经济学》，第 115—126 页。

34. 霍华德和金：《马克思的政治经济学》，第 2 章。

35. 斯蒂德曼：《斯拉法之后的马克思》（*Marx After Sraffa*，London：New Left Books，1977），第 16—26 页，第 77—87 页，第 112—115 页。

36. 例如，见罗斯福：《具有拜物教性质的剑桥经济学》（'Cambridge Economics as Commodity Fetishism'，*Review of Radical Political Economics*，7，1975，第 1—30 页）。J.B.Davis：《斯拉法、威蒂吉斯坦和新古典经济学》（'Sraffa，Wittgenstein and Neoclassical Economics'，*Cambridge Journal of Economics*，12，1988，第 29—36 页），在捍卫斯拉法时提供了一种更宽泛的观点。

37. 加雷尼亚尼：《古典经济学家和马克思的价值和分配论》和《价值和分配的剩余方法》；伊特韦尔和米尔盖特：《凯恩斯经济学与价值和分配理论》。在这种意义上，斯拉法理论再一次与那些对历史唯物主义的更具有决定论性质的形式提出质疑的结构主义者的理论相吻合，然而，这两组理论更是相互孤立的，在其他学科方面，有同样想法的理论家之间没有建立起真正的联系（参见以上第 1 节）。

38. 见霍华德:《斯拉法基础上的经济学：一个新李嘉图主义的批判性分析》，第 321—324 页。

39. 参见以上第 14 章。

40. 马克思：《资本论》第二卷，第 20 章和第 21 章。

41. 帕西内蒂：《关于生产理论的讲稿》（*Lectures on the Theory of Production*，London：Macmillan，1977）；L. Mainwaring：《资本主义经济中的价值和分配》（*Value and Distribution in Capitalist Economies*，Cambridge：Cambridge University Press，1984）。

42. 帕西内蒂：《增长和收入分配》（*Growth and Income Distribution*，Cambridge：Cambridge University Press，1974）。

43. 同上书，第 144—145 页。

44.Harcourt：《社会科学的帝国主义者》，第 236 页。

45. 例如：见哈里斯：《经济增长理论：从稳定状态到不平衡发展》（'The Theory of Economic Growth：From Steady States to Uneven Development'），载于 G. Feiwel 编：《宏观经济学和分配中的当代的要点》（*Contemporary Issues in Macroeconomics and Distribution*，London：Macmillan，1985 年），第 378—394 页。

46. 帕西内蒂：《结构变迁和经济增长》（*Structural Change and Economic Growth*，Cambridge：Cambridge University Press，1981）。

47. 古德温：《沿着公路走动》（'Swinging Along the Autostrada'），载于 W. Semmler：《竞争、不稳定和非线性周期》（*Competition，Instability and Nonlinear Cycles*，Berlin：Springer-Verlag，1986），第 125—131 页；古德温：《沿着公路走动：沿着冯・诺伊曼辐射线周期波动》（'Swinging Along the Autostrada：Cyclical Fluctuations Along the Von Neumann Ray'），载于 M. Dore，S. Chakravarty 和古德温编：《约翰・冯・诺伊曼和现代经济学》（*John Von Neumann and Modern Economics*，Oxford：Oxford University Press，1989），第 125—140 页。

48. 罗宾逊：《资本积累理论》（*The Accumulation of Capital*，London：Macmillan，1956）；霍华德：《现代收入分配理论》第 6 章对罗宾逊的著作有一个批判性的概括。

49. 马尔格林：《增长、分配和价格》；哈里斯：《资本积累和收入分配》（*Capital Accumulation and Income Distribution*，Stanford：Stanford University Press，1978）；A. Bhaduri 和罗宾逊：《积累和剥削：马克思、斯拉法和卡莱茨基学说中的一项分析》（'Accumulation and Exploitation：An Analysis in the Tradition of Marx，Sraffa and Kalecki'，*Cambridge Journal of Economics*，4，1980，第 103—115 页）；P.M. Lichtenstein：《后凯恩斯主义和马克思主义价值和价格理论导言》（*An Introduction to Post-Keynesian and Marxian Theories of Value and Price*，Armonk，NY：M. E. Sharpe，1983）。

50. 克里斯托弗・布利斯：《资本理论和收入分配》（*Capital Theory and the Distribution of Income*，Amsterdam：North-Holland，1975），第 15 章。

51. 霍兰德：《大卫・李嘉图的经济学》（*The Economics of David Ricardo*，London：

Heinemann，1979）；霍兰德：《作为“一般均衡”理论的马克思经济学》（‘Marxian Economics as “General Equilibrium” Theory’，*History of Political Economy*，13，1981），第 121—155 页；霍兰德：《古典经济学》（*Classical Economics*，Oxford：Basil Blackwell，1987）；G.J.Stigler：《帕尔格雷夫经济学词典》（‘Palgrave’s Dictionary of Economics’，*Journal of Economic Literature*，26，1988，第 1129—1136 页）。

52. 布劳格：《古典经济学》（‘Classical Economics’），载于伊特韦尔、米尔盖特和 Newmann：《新帕尔格雷夫经济学词典》第一卷，第 434—445 页。

53. 然而，见布朗芬布伦纳：《古典经济学的恢复》（‘A Rehabilitation of Classical Economics’，*Aoyama Kokusai Seikei Ronshū*，13，1989，第 35—41 页），布朗芬布伦纳是支持霍兰德的。

54. 萨缪尔逊：《冯·诺伊曼增长模型的一个修正主义观点》（‘A Revisionist View of von Neumann’s Growth Model’），载于 Dore：《约翰·冯·诺伊曼和现代经济学》，第 100—122 页。

55. 萨缪尔逊：《斯拉法经济学》（‘Sraffian Economics’），载于伊特韦尔，米尔盖特和 Newmann：《新帕尔格雷夫经济学词典》第四卷，第 452—461 页。

56. 多夫曼、萨缪尔逊和 R. Solow：《线性规划和经济分析》（*Linear Programming and Economic Analysis*，Englewood Cliffs，NJ：Prentice-Hall，1958）；加林·库普曼：《最大程度的经济增长》（‘Economic Growth at a Maximal Rate’，*Quarterly Journal of Economics*，78，1964，第 355—394 页）；肯尼思·阿罗：《冯·诺伊曼和一般均衡原理的存在》（‘Von Neumann and the Existence Theorem for General Equilibrium’），载于 Dore：《约翰·冯·诺伊曼和现代经济学》，第 15—28 页。

57. 萨缪尔逊：《冯·诺伊曼增长模型的一个修正主义观点》和《斯拉法经济学》；古德温：《沿着公路走动》，载于 Dore：《约翰·冯·诺伊曼和现代经济学》，以及 Semmler：《竞争、不稳定性和非线性周期》；森岛通夫：《马克思的经济学》（*Marx's Economics*，Cambridge：Cambridge University Press，1973）。

58. 哈恩：《政治经济学的复兴：错误的结果和错误的论证》（‘Revival of Political Economy：The Wrong Issues and the Wrong Argument’，*Economic Record*，51，1975，第 360—364 页）。《新李嘉图主义》（‘The Neo-Ricardians’，*Cambridge Journal of Economics*，6，1982，第 353—372 页）。

59. 斯蒂德曼：《斯拉法之后的马克思》，第 49 页。

60.Mainwaring：《资本主义经济中的价值和分配》，第 89 页；加雷尼亚尼：《关于古典工资理论和一个据称是新古典理论的“特例”》（‘On the Classical Theory of Wages，and a Claimed “Special Case” of Neoclassical Theory’），论文提交多伦多大学的《经济学社会历史》

（*History of Economics Society*，June 1988）。

61. 罗松：《新李嘉图主义还是马克思主义？》（‘Neo-Ricardianism or Marxism?’，*New Left Review*，86，1974，第 63—87 页）；D.M. Nuti：《关于投资收益率》（‘On Rates of Return on Investment’），载于 Brown，Sato 和 Zarembka 编：《现代资本理论论文集》，第 47—68 页；A. Medio：《新古典主义者、新李嘉图主义者和马克思》（‘Neoclassicals，Neo-Ricardians and Marx’），载于 Schwartz 编：《资本主义的微妙剖析》（*The Subtle Anatomy of Capitalism*，Santa Monica，Cal.：Goodyear，1977），第 381—411 页；曼德尔和 Freeman：《李嘉图、马克思、斯拉法》，第 32—33 页，第 224—229 页。

62.I. 布拉德利和霍华德：《皮罗・斯拉法的〈用商品生产商品〉和古典的马克思主义政治经济学的恢复》（‘Piero Sraffa's "Production of Commodities by Means of Commodities" and the Rehabilitation of Classical and Marxian Political Economy’），载于布拉德利和霍华德：《古典的和马克思主义的政治经济学》，第 229—254 页，也可见霍华德和金：《马克思的政治经济学》，第 173—174 页；以及霍华德：《斯拉法基础上的经济学：一个新李嘉图主义的批判性分析》。

63. 霍华德：《经济理论中的利润》，第 151—152 页。

64. 霍华德：《斯拉法基础上的经济学：一个新李嘉图主义的批判性分析》，第 330 页。

65.I. 布拉德利和霍华德：《皮罗・斯拉法的〈用商品生产商品〉和古典的马克思主义政治经济学的恢复》，第 248 页。这实际上是一个复杂的问题，斯蒂德曼和 Schefold 曾试图严格地证明，除了“意外的”情况之外，过程的数量会与商品的数量相等，但是为了这样做他们制定了完全不合理的假设条件。见霍华德：《斯拉法基础上的经济学：一个新李嘉图主义的批判性分析》，第 326—328 页；J.E. Woods：《商品生产：对斯拉法的介绍》（*The Production of Commodities*：*An Introduction to Sraffa*，London：Macmillan，1990），第 11 章。

66. 霍华德和金：《马克思的政治经济学》，第 174 页。

67. 罗宾逊、J. A. 克里格：《重建政治经济学》的“前言”（*The Reconstruction of Political Economy*，London：Macmillan，1973，第 X 页）。

68. 罗宾逊编：《凯恩斯之后》（*After Keynes*，Oxford：Blackwell，1973），第 5 页。

69. 霍华德和金：《马克思的政治经济学》，第 181—218 页，第 192 页。

70. 曼德尔和 Freeman，《李嘉图、马克思、斯拉法》。

71. 例如，见阿罗和哈恩：《一般竞争分析》（*General Competitive Analysis*，Edinburgh：Oliver & Boyd，1971）；P.J.Hammond：《关于当代新古典宗教的某些假设》（‘Some Assumptions of Contemporary Neoclassical Theology’），载于 G.R.Feiwel：《琼・罗宾逊和现代经济理论》（*Joan Robinson and Modern Economic Theory*，New York：New York University Press，1989），第 186—257 页。

第五篇　当前的争论

第 16 章　“第二次衰退”：1973 年之后的危机理论

1. 长期繁荣的终结

70 年代初，有明显的迹象表明，战后的长期繁荣已经结束。在 1945 年之后的四分之一的世纪中，整个发达资本主义世界经历了经济快速增长的“黄金时期”，（大部分国家）实现了实质上的、持续的充分就业，真实工资稳步提升，但并没有很快达到威胁资本盈利能力的程度。[1] 但是，1973 年之后，积累速度明显放慢。四个主要欧洲国家（英、法、西德和荷兰）和日本的 GDP，1950—1973 年的年均增长速度为 5.6%，1973—1984 年只有 2.1%；同期，单位小时劳动产出率的年增长速度从 5.3% 降为 2.8%。美国的衰退只是稍轻一些：GDP 及单位小时 GDP 产出的增长速度分别由 3.7%降到 2.3%、由 2.5%降到 1.0%。[2] 失业的增加更引人注目。例如，英国男性的失业率，1953—1970 年间在 1.1%—3.6%之间波动，1971—1980 年升到在 3.6%—8.7%间波动，1981—1983 年则在 13.7%—16.7%间波动。其他国家的情况即使没有这么严重，也基本类似。[3] 利润率及其在净产出中的份额在 70 年代都降低了。[4] 通货膨胀——在这之前的几十年，它与其说是个问题，还不如说是经济发展的刺激因素——令人注目地攀升。

一些经济学家，包括正统经济学家和马克思主义者，都认为这些新情况为帕尔乌斯和康德拉季耶夫首次认定的经济增长“长波”（见以上第 1 章第 1 节）提供了深层证据。根据这些理论家的观点，资本主义以 50 年的周期波动为特征，在它之上又叠加着人们更为熟悉的 7 至 10 年为周期的商业循环。在一个长的上升阶段，平均的资本积累率比较高，周期性的上升阶段强劲有力，而衰退相对微弱，1945 年之后的 25 年属于这种情况。但在一个长的衰退阶段，微弱的经济景气与相对深刻而长久的衰退组合在一起造成缓慢的增长。战争期间可以看成一次康德拉季耶夫衰退，1970 年之后是另一次。[5]

不是所有的马克思主义理论家都被“长波”的存在所说服，不管怎样“长波”本身还需要加以说明。大萧条同 70 年代和 80 年代温和得多的、更像是通货膨胀的危机之间，存在着明显的差别，以致作任何简单的类比都没有说服力。[6] 尽管如此，马克思主义者还是在利润率有明显下降，以及它是资本积累速度放慢之后非常重要的作用过程这一点上，达成了普遍的一致。在解释利润率下降的原因时，马克思主义经济学家利用了上一代马克思主义者解释大萧条的四种理论中的三种：第三卷中的“有机构成提高模型”、消费不足理论和巴兰—多布—斯威齐的过度积累分析（参见以上第 1 章第 2 节）。[7] 只有第四种认为不同生产部门比例失调的观点，在 1970 年之后缺乏拥护者。而 1973 年的石油危机恰恰反映了制造业的商品产出与能源供给之间存在严重的比例失调。可是，它被马克思主义经济学家普遍地当成更深层的经济问题的结果，而不是盈利能力下降的根本原因。

这保留下来的三个思想线索，经过不同方法润色之后，单独地或者以某种方式组合起来，构成了所有严肃的马克思主义者探讨长期繁荣终结问题的基础。[8] 他们互不相同的主张可以用数学形式加以概括。沿着托马斯·韦斯科普夫的思路，[9] 我们把利润率写成如下的恒等式：

$$r \equiv \frac{P}{K} \equiv \frac{Y}{Z} \cdot \frac{Z}{K} \cdot \frac{P}{Y} \qquad (16.1)$$

在这里，P 代表总利润；Y 是净产出；K 代表股本；Z 表示潜在产出（股本被充分利用时的产出水平）。于是，利润率是生产能力利用率（Y/Z）、潜在产出—资本比率（Z/K）和利润份额（P/Y）的乘积。考虑到等式（16.1）是用市场价格而不是劳动价值表示的，所以，它能够将这三种竞争的理论明显地区别开来。首先，利润率下降可以是由消费不足引起的，消费不足引起利润实现上的困难，同时降低生产能力的利用率（Y/Z）；或者，它可能是由有机构成的提高引起的，这反映在潜在产出—资本比率（Z/K）的下降上；[10] 最后，利润率可能会因为利润份额（P/Y）的下降而下降，这是由过度积累（它被韦斯科普夫称为“劳动力量增强”命题）带来的。虽然在实践中存在很多实质性的困难，但在原则上，经验性的研究应该能够确定这三个因素中的哪一个决定了 1970 年之后利润率的下降。

我们在第 2 节研究消费不足论者的解释，下一节转向有机构成提高的分析方法，第 4 节和第 5 节讨论过度积累理论的两个变量，由政府经济职能强化引出的特殊问题是第 6 节的议题。最后一节，我们将得出一些实质性的和方法论上的结论。

2. 对消费不足理论的重新讨论

前面各章使我们想起，现代马克思主义的消费不足理论虽然在细节问题上存在很大的区别，但却存在一个共同的核心，这就是认为供工人阶级消费的工资增长得太慢，赶不上产出扩张的步伐，因此造成有效需求不足。在解释 70 年代及 80 年代早期的情况时，消费不足论者的解释遇到了两个明显的困难。第一个与收入分配有关。无论是在 1973 年开始的危机之前还是在它的最初阶段，工资、薪金在纯收入中的份额都在增长，与 20 年代劳动份额的下降（至少在危机开始爆发的美国是这样的）形成鲜明的对比；第二是关于“滞胀”的问题。与 1929 年之后各资本主义国家价格水平都剧烈下跌相反，1973 年之后的危机遇到的是迄今为止在和平年代前所未有的高通胀率。消费不足论在 1970 年之后拥护者甚少[11]，其中大部分原因就在于这些异常情况的出现。

马克思主义消费不足理论的老前辈保罗・斯威齐力图对付这些异常情况。虽然他的合作者保罗・巴兰已于 1964 年去世，但他与哈里・马格多夫一起作为《每月评论》的联合编辑及经济专题主要的撰稿人，保持着活跃的状态。斯威齐没有修订再版《垄断资本》，但从他后来的著作中可以看出，他强调的重点已经发生了重要变化。80 年代初，他仍然坚持“停滞的直接原因在今天与在 30 年代是一样的，是储蓄倾向过于强烈而投资倾向过于微弱”。[12] 尽管斯威齐还显然地坚持他对消费不足理论的信奉，但他不再把“剩余增长规律”作为垄断资本的根本矛盾，而改为赞成卡莱茨基的过度投资模型：“资本家的投资是经济增长的发动机，这是真实的；而投资趋向于引起资本过度积累、反过来导致周期性的经济危机，这也是真实的。”[13]“投资灾难”——正如卡莱茨基所说——在于它同时提高了有效需求和生产能力：“强烈的投资动机使投资迅速增长，反过来它又会破坏投资的动机。”[14] 1973 年之后的衰退，就是这样一种“投资阻滞”，它是由老的产业过去的过度积累造成的，这些老的产业没有能在美国新兴产业迅速而有效的扩张中被抵消。[15]

关于通货膨胀，斯威齐把货币主义的因素与查尔斯・L. 舒尔茨 1959 年提出的结构主义结合在一起。[16] 根据舒尔茨的理论，经济垄断部门向下的价格刚性特征，意味着需求结构的变化在本质上只会带来通货膨胀：价格在需求增加的产业中上升，在需求下降的产业中却不能下降。斯威齐注意到，这种类型的结构性通货膨胀，与实质性的生产能力过剩及失业往往同时存在。因此，价格上涨的罪魁祸首是垄断者而不是行业工会。欧洲著述者们夸大了阶级斗争的通货膨胀效应的重要性，在很大的程度上，这与工会势力比较微弱的美国没有什么关系。[17] 斯威齐认为，垄断组织的强大说明 1973 年之后凯恩斯主义需求管理政策失败的原因。凯恩斯理论以自由竞争为先决条件。而在垄断的情况下，需求的增加却会引发价格上升、利润增加、成本增加，最终使工资上升（这是生活费用增加的结果）而不是产出扩大。结果就是普遍的通货膨胀："简言之：停滞越严重，反作用的财政金融手段就越严厉，通货膨胀就越恶化。" [18] 事实上，这次长期繁荣是建立在私人债务和公共债务持续增长的基础上的。1945 年之后的"金融爆炸"，打开了有利可图的不动产业和建筑业的投资机会，刺激了以螺旋上升的利息支付的奢侈品的消费。但金融部门的这种"过度膨胀"显然是"病态的和寄生的"。[19] 它是"战后的长期繁荣和 70 年代作为回报的经济停滞的奥秘。随着繁荣逐渐消失，人们在很多年中，用越来越多的债务创造、越来越疯狂的投机和越来越严重的通货膨胀与停滞做斗争。"现在是清算的时候了。[20]

对斯威齐的分析的反对意见有以下几方面。首先，他从来没有成功地、仔细地研究过 60 年代末、70 年代初的"利润挤轧"，这与他在《垄断资本》中宣称的"剩余增长"很难统一起来。依照斯威齐早期著作的精髓，他坚持认为，表面上剥削率的下降是非生产性活动持续增长造成的统计幻觉。但他既没有沿着这条线索继续研究，也没有试图纠正或更新菲利普斯对经济剩余做的估计。[21] 第二方面更严厉的批评关系到斯威齐的不充分的投资理论，这与《垄断资本》的分析也不一致。仅仅提到投资的两面性，并不能证实停滞趋势的存在。而且，这种两面性在不接受斯威齐观点的资产阶级经济学家当中，已经得到普遍认可，并且在哈罗德—多马增长模型的初期就一直存在。就此而言，建立一个更精确的专门模型是有必要的，也需要对斯威齐早期消费不足分析持有异议的观点进行反驳（参见以上第 6 章第 4 节），并提供一些证据，表明这个模型可以真正用于分析与长期繁荣的终结相关的情况。可是，斯威齐对此没有提供任何东西。

第三，他对通货膨胀的解释不能令人满意。舒尔茨的结构性理论只对 50 年代价格总水平的轻微上涨提供了一个似是而非的解释，但部门间需求的变化没有达到 70 年代两位数通胀率这样剧烈的程度。就所涉及的货币因素而言，斯威齐的看法也不完全一致：有时把它们看成是第二重要的因素，而在别的场合，又把它们看成是通货膨胀的主要原因。[22] 此外，在货币和通货膨胀的联系问题上所存在的问题，比斯威齐所意识到的更严重。沿着以下的思路，得出马克思主义的货币理论是有可能的：商品货币的价值即黄金，与任何其他商品的价值一样，由生产它所花费的社会必要劳动量来决定。因此，黄金的价值只会随着金开采业劳动生产率的变化而波动。但在商品流通中，黄金被纸币、银行存款和信用所取代，纸币、银行存款和信用扮演着黄金中包含的劳动的代表或“符号”的角色。每一盎司黄金所对应的“符号”的量越大，它们所代表的劳动量就越小，因为，更多的“符号”要用来代表与黄金中、同时也是用它们购买来的商品中包含的劳动量相等的劳动量。[23] 既使是为了作为论据，而接受了这种劳动价值论的正确性（参见以上第 12—15 章），但用它说明通货膨胀理论仍然存在巨大的困难。没有理由能够说明为什么是增长的货币数量（而不是商品数量）应当被看成是通货膨胀的根本原因。事实上，把货币的膨胀解释成真实经济失调——如在工资、利润收入分配问题上产生的阶级冲突——所造成的价格水平全面上扬的后果，与马克思对这一问题的分析一致的程度比现代金融机构的行为方式与之一致的程度要高得多。[24]

因此，斯威齐的货币理论把货币与价格之间真正的关系搞颠倒了。他又一次没有详细阐述他的根据，只是简单地、想当然地认为货币增长与价格上升有关。这同斯威齐总体分析上的第四个，也是最后一个缺点有一些关系，即引导他的是未经证实的、矛盾的、有时甚至是完全错误的预言。这样，他 1981 年所做的金融灾难就要来临的预言就没有分析的基础，事实上，4 年后他就抛弃了这一预言；[25] 他曾预期的里根政府大规模军备开支有“强烈的通货膨胀倾向”也是如此，它所促成的持续、有力的经济恢复如此巨大，使之绝不仅仅是“一次正常的存货调整”。[26] 总而言之，斯威齐对滞胀的论述不能令人信服。

3. 再一次提出利润率下降

利润率下降理论用于 1973 年之后发展问题的研究工作，可以在三个标题下作一评价：第一，一些理论著作对置盐信雄定理的意义的抨击；第二，对资本有机构成发展趋势及其与利润率的关系进行的（极少量的）经验分析；最后，一些著述者既没提供新的分析模式也没提供任何相关证据，只是用纯粹方法论的理由捍卫马克思《资本论》第三卷的理论。

回顾一下可以知道，置盐信雄定理表明，对于一项降低成本的创新来说，如果实际工资没有提高而利润率却下降了是不可能的。这与马克思有关论述的中心思想是不一致的，因为有机构成的提高使利润率下降，也就会使失业增加，因此会阻止实际工资持续增长（参见以上第 7 章）。[27] 有人对此的回答是，把它作为经济处于长期均衡状况且仅仅使用流动资本（这也是置盐信雄为其分析所作的限制）情况下的一种特例，进而否定这个定理的正确性。在短期内，各个企业固定资本的生产能力可能互不相同，因此而产生这种可能性（马克思曾仔细研究过），即一种创新活动能提高引进企业的利润率、也能降低整体资本家的利润率。[28] 早在 1967 年，苏联经济学家 A.A. 库伊斯就已经提出置盐信雄论证能否用于使用固定资本的经济这一问题。1979 年又出现了两篇彼此独立的、煞费苦心地详细阐述这个定理实际上能够用于固定资本的文章。[29] 但不久就遭到了 N. 萨尔瓦多里的反对，他认为置盐信雄定理不适用于联合生产的一般情况。这里是存在一些例外，而马克思的观点可能是正确的。[30] 因为它只举了一个例子反驳一个一般性的定理，必须承认：在原则上，技术进步、失业增加和利润率降低，在一个联合生产的系统里毕竟是不矛盾的。但是，这些结论对解释长期繁荣的终结所具有的价值仍然是不清楚的。当然，马克思的利润率下降理论并不是在所有的情况下都正确，在联合生产的各种情况下也是如此。

抨击置盐信雄定理的第二条理论线索是安瓦尔·谢赫 1978 年提出来的，他认为，在最早的流动资本模型中，利润率（利润 / 资本）与边际利润（利润 / 成本）是一致的。在谢赫看来，事实上，置盐信雄证明了技术变化只会提高边际利润，并使实际工资保持不变。谢赫观察到，在一个更一般的模型中，这与利润率的下降是完全一致的。[31] 这是对的，但并不切题。因为对资本家来说，边际利润不是一个容易察觉出来的目标变量。[32] 对资本家来说，采纳一种以降低利润率为代价的革新手段来提高边际利润是不明智的，因为它会减少既定的资本量能带来的利润总量。[33]

最后一种理论上的回应是，在形式上接受置盐信雄定理的正确性，但拒绝承认它对资本主义经济的重要性，因为在这样的经济中，无论是否存在大规模的失业，随着技术的进步，实际工资都不可能保持不变。在这样的经济中，如果劳动生产率的增长不能快到抵消工资增长的程度，利润率就会下降。把利润率写成如下的表达式，就可以很清楚地看出这一点：

$$r \equiv \frac{P}{K} \equiv \frac{P}{Y} \cdot \frac{Y}{L} \cdot \frac{L}{K} \qquad (16.2)$$

在这里，我们忽略了实际产出与潜在产出的区别。P/Y 是净产出中的利润份额；Y/L 是平均劳动生产率；L/K 是资本—劳动比率的倒数。如果我们用更现实的假设——实际工资与劳动生产率同步增长——来代替置盐信雄的假设——单位劳动力的实际工资不变，P/Y 将保持不变。那么，就只有在技术进步带来的单位工人产出（Y/L）的增加，小于它所带来的单位工人资本量占用量（K/L）的增加时，利润率才会降低。这就需要提高大体上可以看作是马克思的资本有机构成的资本—产出比例（K/Y）。[34]

现在看来，这第三种方法与解释这次“新的衰退”最相关。如果免去逻辑上的质疑，它还指出了支配利润率发展趋势的重要变量：实际工资、劳动生产率增长和资本—净产出比率的发展趋势。我们在本章的下两节研究第 1 个和第 2 个变量。第 3 个呢？有什么证据能够证明 1973 年之后盈利能力的下降与大体上可由资本—产出比率代表的资本有机构成的提高有关呢？

值得注意的是，在捍卫利润率下降分析的人当中，感到有必要号召大家来回答这个马克思本人认为是核心的问题的人是如此之少。欧内斯特·曼德尔算是一例。他曾再三强调，这次长波的下降阶段——他确定，这一阶段从 60 年代后期就开始了——与资本有机构成的急剧提高刚好重合。[35] 他断言，这是由“第三次技术革命”的衰竭造成的。在这次革命中，电子工业和核能工业的进步，使固定资本的构成要素变得便宜，这在很大的程度上抵消了技术构成持续提高的效果。我们可以把核能是否使除了人生命之外的其他物品变得便宜这个问题放在一边，也可以撇开 1965 年之后电子工业生产力的进步是否逐渐衰减这一有争议的论断，只需注意到曼德尔《第二次衰退》中的 57 个统计表格，没有一个涉及有机构成。

韦斯科普夫对美国经验所做的严谨而仔细的研究，没有为 1975 年之前潜在产出—资本比率（即 16.1 式中的 Z/K）的急剧下降提供任何证据，这同时是利润率正在下降的时期。但史密斯证明，70 年代一些发达资本主义国家的资本—产出比率是上升的，尽管如此，他还是注意到利润份额（即 16.1 式中的 P/Y）的下降对它起的作用，比对利润率下降起的作用要大，尤其是在制造业中。哈格里夫斯·希普也确认了资本—产出比率的上升，并把它与原材料价格的相对上升联系在一起。最后，利匹兹宣布，1973 年之后，法国的资本—产出比率在经历了 20

多年的平稳不变或下降之后有明显的提高，并引用了西德、英国（50 年代中期以后）、日本以及美国（从 60 年代中期开始）也有类似的上涨的证据。利匹兹还认为，利润份额的下降有同样重要的意义。[36]

对一些马克思主义经济学家来说，这些（毋宁说是无确切结果的）研究在根本上是一种误解，因为马克思的“利润率下降趋势的规律”不是用来对利润率长期发展趋势进行经验性预测的。用马克思的话说，他只是提出“一个资本固有的、同时又在发展过程中不断地被超越的界限”，它是资本“内在矛盾发展趋势的一个暴露”。[37] 这意味着马克思的分析永远不会错，因为它对经验分析没有用处，仅仅是用来把影响利润率向不同方向变化的重要因素分离出来的一种分类学上的工具，并不打算揭示现实资本主义制度某个既定时间哪种因素起支配作用。无论人们怎样看待这个论点，很显然，它与说明“第二次衰退”的原因无关，也不能用来反驳那些对马克思的论点及变量进行的经验分析。

4.“过度积累”与利润挤轧

随着资本有机构成的提高对利润率的降低至多只起到微弱的作用这一点变得日益明显，人们的注意力开始转向剥削率，它可以用净产出中的利润份额来反映。早期马克思主义者探讨这个变量，主要是希望剥削率的长期增长也许会抵消有机构成提高的趋势（参见以上第 7 章）。但 70 年代初，两位英国著述者指出，在过去 20 年中，盈利能力受到明显的挤轧，其中利润份额的下降对利润率的下降起到主要的作用。安德鲁·格林和鲍勃·萨克利夫把这一点归因于联合战斗能力的增强，它使货币工资直线上升。面对激烈的国际竞争，英国资本家不能以涨价的方式把增加的成本完全转嫁出去，因此边际利润下降。[38] 1975 年，拉福特·博迪和詹姆斯·克罗蒂证明，同样的过程对美国利润率的急剧下降也负有责任。[39] 类似的主题在欧内斯特·曼德尔的著述中出现得也越来越频繁，他一直认为欧洲工人阶级力量的薄弱（先是法西斯主义的镇压、然后是第二次世界大战造成的）是 1945 年之后经济扩张的重要基础。到 1980 年为止，曼德尔一直在“绘制”（比喻）一条“阶级斗争曲线”，强调像阶级斗争这样的“主观因素”的“相对独立性”，并且否定了新一轮长期增长的可能性，除非有组织的工人阶级首先受到决定性的挫败。[40] 过度积累理论的特殊说法在日本宇野学派的危机理论中也能发现。[41]

美国的利润受到挤轧的经验性证据是由托马斯·韦斯科普夫于 1979 年提供的。他分解了美国从 1949 年到 1975 年战后五个经济周期中利润率变化的情况，表 16.1 是其概要。可以看到，利润率在第 1 周期、第 3 周期之间下降了，然后恢复，在第 4 周期、第 5 周期之间又一次下降。利润份额（*P/Y*）的下降可以说明其下降的大部分原因，没有证据能够清楚地显示潜在产出—资本比率或生产能力利用程度（*Y/Z*）的变化趋势。后者实际上在第 3 周期、第 4 周期之间明显上升，这可以说明利润率在此时的上升。确立了他的“劳动力量增强”命题之后，韦斯科普夫继续区分它的“进攻性的”和“防御性的”的方面：

> 利润率从 1949 年到 1975 年的长期下降，几乎完全起因于实际工资份额的上升，它表明劳动者力量的增强。但是，这种上升在很大的程度上是防御性的。工人阶级不能成功地使实际工资所得与实际劳动生产率同步增长，他们只能比资本家阶级稍稍成功地使自己免遭长期贸易条件恶化的伤害。[42]

特别是 1973 年，“劳动力量的增强”使实际工资免受欧佩克石油价格上涨的冲击。

表格 16.1　美国的利润率及其决定因素，1949—1975

	整个时期	第 1 周期 1949.4—1954.2	第 2 周期 1954.2—1958.2	第 3 周期 1958.2—1960.4	第 4 周期 1960.4—1970.4	第 5 周期 1970.4—1975.1
利润率（*r*）	12.1	13.7	12.0	11.4	13.1	9.4
利润份额（*P/Y*）	19.2	21.6	19.7	19.1	19.1	15.5
实际—潜在产出比率（*Y/Z*）	83.6	85.0	83.3	79.8	84.7	82.3
产出能力—资本比率（*Z/K*）	75.5	74.7	73.0	75.0	78.0	73.2

资料来源：韦斯科普夫：《马克思的危机理论》（*Marxian Crisis Theory*），Table 2，第 351 页。

韦斯科普夫的分析只同 1975 年之前的情况有关，且仅限于美国。但利润挤轧似乎是一个世界性现象，并至少持续到这个10年的后期。全面的文献是由格林和他的两个同事在1984年提供的，他们还详细地阐述了一个一般的过度积累理论。

> 过度积累的基本思想是：资本主义有时候会产生一个比它所能支撑的积累率更高的积累率，这样，积累率最终会跌落下来。在战后繁荣的后期，积累与劳动力供给之间的不平衡，导致劳动力日益严重的短缺。对劳动的过度需求使旧机器更快地变成废物。实际工资被提了上去，旧设备变得无利可图，这使工人更快地转向新设备。在原则上，这个过程可以平稳地进行：随着盈利能力的下降，积累率平稳地降到可以支撑的水平。但是，资本主义制度不具备在这种情况下保证它平稳过渡的机制。60年代后期，过度积累的最初结果是一段时期的过热增长，同时伴有工资、物价的迅速上升，以及对迅速致富的热切渴望。这一切暂时掩盖了、却不能阻止盈利能力的恶化。资本家的信心遭到破坏，投资崩溃，大规模的破产随之发生。过度积累带来的不是增长率的适度下降，而是一种典型的资本主义危机。[43]

这种情况往往与通货膨胀相伴随，因为资本家为了抵消工资成本的上升会抬高物价，通过货币的膨胀（它本身是商业信贷增加的结果），价格的提升得以实现，并造成继此之后的货币工资的新一轮的提高。[44]

阿姆斯特朗、格林和哈里森的分析与格林与萨克利夫10年前的分析有所不同，最明显的是把加快了的工资膨胀速度主要归因于增加了的投资对劳动力所产生的需求，并降低了工人阶级在生产中产生的战斗精神的自主性影响。事实上，他们的处理恰恰在这一点上易于受到严厉的批评。例如，他们提供的世界失业数据只与1965年之后的10年有关，这就造成一种错觉，好像在此前没有地方实现过充分就业。但只需举一个反例：50年代英国劳动力短缺的程度比后来任何时期都严重，这样，就搞不清楚利润挤轧为什么一直推迟到60年代末才出现。[45]

一定要用这种方式来说明过度积累命题是没有道理的。一个更似是而非的说法是持续的高就业与工人们对提高生活水平热切渴望的增强结合在一起所产生的“滞后效应”起了作用。这种热切的渴望是在前一代工人阶级体验了挫败之后，伴随着他们集体自信心及战斗精神的复兴而形成的。在某一个时期，当劳动生产率增长的速度下降，加之贸易条件恶化，国家又通过累进所得税在平均收入中占有越来越大的份额时[46]，如果工资压力上升，利润就会被挤轧。在这种解释下，“过度积累”变成了卡莱茨基“政治性商业循环”中的一个变量。[47]

与过度积累理论相关的一个深层次问题，涉及假设中的从60年代中期开始的投资支出加速，这完全是由日本在世界经济中的份量的提高造成的，而实际上，积累在任何单个的资本主义国家都没加速。[48] 在投资增加与利润挤轧之间的确切关系问题上，也存在一些疑虑。阿姆斯特朗、格林和哈里森部分地用原材料成本的上升（最明显的是1973年之后石油价格的上涨）、部分地用与积累率的加快恰好重合的国际竞争的增强来解释这个问题。但最重要的是，70年代劳动生产率的增长速度放慢。我们可以从下式中看出这种世界性现象的重要性。

$$\frac{W}{Y} \equiv \frac{W}{L} \cdot \frac{L}{Y} \tag{16.3}$$

在这里，W 代表总工资，W/L 是平均工资，L/Y 是平均劳动生产率水平 Y/L 的倒数。这里提出了一个更宽泛的、工资和劳动生产率都在其中起一定作用的利润挤轧概念。阿姆斯特朗、格林和哈里森从多个方面解释劳动生产率放慢的原因：资本投资能力降低，这反映在资本—产出比率的上升上；美国与欧洲和日本的竞争者之间的技术差距缩小，来自于追赶北美工业的“相对落后优势”随之消失；由于多少可察觉出来的工人对提高速度、技术细分和提高劳动强度的抵制，使来自劳动重组的收益日渐枯竭。[49] 但是，他们并不把这看成是使盈利能力下降的最重要的因素。正如我们在下一节将看到的，这与法国和美国马克思主义经济学家的观点形成鲜明对比，他们把这最后一个因素放到比阿姆斯特朗、格林和哈里森在过度积累分析中所强调的因素都重要的位置上。

5. 情感、精神和积累体制

对劳动生产率下降的分析，支配着70年代法国“调节”学派和之后10年美国马克思主义经济学家的著述。法国最著名的著述者米歇尔·阿列塔的《资本主义调节理论》一书出版于1976年，三年后被译成英文。这本书的标题——连同这个学派的名称——容易引起误解。通过“积累体制”“调节模式”这样的用语，这位法国经济学家实际上描绘了资本主义生产的一系列发展阶段，每个阶段有其特殊的劳动组织方式，以及满足消费需求的方式。阿列塔这本书的主题是揭示最近的或者说“福特主义”阶段的危机。

福特主义之前的阶段是“泰罗主义”，它主要指大规模地采用技术手段对生产进行“科学的管理”。在福特主义阶段，半自动化的生产线可能带来的大规模生产，与更高的实际工资以及社会福利所带来的群众消费的扩张相匹配。因此，像对大萧条负有责任的消费不足的危机，在 1945 年之后的 20 多年中得以避免。但阿列塔强调，60 年代末以来，福特主义的局限性变得越来越明显：首先，工作的速度和强度提高，这使工人阶级身体困乏、精神疲惫，降低了劳动生产率，使旷工率增加；其次，由于计件工资不适应福特主义的管理制度，因此激励工人变得越来越难。这反过来又影响到劳动生产率的增长，并由于工厂中阶级冲突的加剧而恶化。这些因素综合作用的后果，就是实际工资经过了几十年的相对下降之后，开始超过劳动生产率的增长速度。为解决随之而来的“盈利能力危机”，就需要对劳动进行根本性的重组，资本家对丰富工作内容、建立“半自治性”工作小组的兴趣不断提高，也许预示着这种发展方向。用克里斯琴·帕洛克斯的话来说就是：“新福特主义”产生了。[50]

用这样枯燥的语言概述阿列塔的理论是不公正的，因为他的论证要精致和复杂得多。由于包含了资本主义国家的经济职能这样严肃的内涵（参见以下第 6 节），它能够加以扩展，既用来考察“新兴工业国”的“外围福特主义”，也用来考察集体消费成本的上升。正如我们在前一节看到的，阿列塔的分析还能在利润率降低的理论框架内重新加以解释。它能够说明，如果劳动生产率的增长赶不上实际工资的增长，利润率就会下降。[51] 阿列塔还重复了巴兰和卡斯托里亚迪的观点，详细地描绘了福特主义的隐蔽成本：“个人使用商品的强度在不断增加，而人与人之间的非商品关系却引人注目地枯竭。”换句话说，调节学派提供的不是狭隘的经济学理论；福特主义的危机是多层次、全方位的。[52]

在英语国家中，这些问题已经引起了广泛的兴趣。英国马克思主义者是在“劳动过程争论”这一令人生畏的题目下讨论这些问题的。但最初他们并不倾向于将其与劳动生产率的下降或经济危机联结在一起，而且劳动组织一直属于马克思主义社会学家、产业关系理论家和劳动历史学家研究领域的问题。[53] 狭义地说，它对经济的重要意义是由杰夫·霍奇森在 1982 年发表的一篇被不恰当地忽视了的文章中提出来的。霍奇森引证了许多制造业方面有代表性的研究资料，表明英国工人的劳动生产率水平只达到西德、法国和美国工人的 1/2 到 1/5。他也提到虽然简明但却颇能说明问题的 1974 年 3 天工作周案例，当时，希思政府对能源使用实施的限制，使单位小时的劳动生产率突然提高了 50%（工作小时数降低了 40%，而产出只降低了 10%）。霍奇森得出结论：劳动生产率是一个变量，而不是既定技术条件下的恒量。劳动力的使用价值不可能在实际使用之前被提前确定。[54]

正如我们在以上第 6 章看到的，北美洲的马克思主义政治经济学在几近 30 年的时间里，颇受保罗·巴兰和保罗·斯威齐极具特色的思想的影响，而巴兰和斯威齐则深受法兰克福学派批判理论的影响。60 年代中期勃然兴起的“激进”很快废黜了《垄断资本》作为头等权威的教科书的地位，由此产生的影响就是，美国的马克思主义经济学家比其在欧洲的大多数同行，更可能接受“非经济的”或“上层建筑的”变量所具有的经济学意义。因此，他们研究劳动的组织形式、劳动力市场上的不平等和歧视、劳动的家庭及性别分工、教育政治经济学、国家理论，以及所有对经济危机的传统分析。[55]

直到 80 年代初，塞缪尔·鲍尔斯、戴维·戈登和托马斯·韦斯科普夫还一直主张，这些因素是危机理论的必要组成部分。他们对长波的解释强调他们称作的“积累的社会结构”的作用，这是一个由劳动管理、国际货币运行机制和原材料供应网等因素组成的系统。提供经济的、政治的稳定的积累的社会结构，能够在一次正常的周期性衰退的后期，使令人满意的预期利润得到恢复，使资本积累继续进行。因此，这是一种“生产性的”周期。然而在一种“非生产性的”周期中，社会结构积累不能恢复盈利能力，要想恢复持续的、有益的增长，就需要对基本制度进行变革。第一次非生产性周期是大萧条之前 1926—1929 年的周期，第二次是 1969—1971 年，以及 1973 年之后带来的长期下降趋势。[56]

法国人的“积累体制”概念与鲍尔斯—戈登—韦斯科普夫的“积累的社会结构”学说，给人留下了强烈的同族相似性的印象，被后者对劳动生产率的下降所进行的有影响的“情感和意志”分析所强化。他们认为，劳动生产率下降的原因在于商业创新衰减及工作强度下降的共同作用。他们认为，工人劳动投入的下降可以从“马克思效应”那里得到解释：劳动生产率是劳资斗争的产物，因此，它是由工人受激励的程度、劳动对抗的范围和（相反地）雇主对劳动控制的效率决定的。从资本家的角度来看，所有这些因素在 60 年代后期都恶化了，相当重要的原因是，随着福利津贴的提高和平均失业时间的缩短，工人失去工作的代价大大降低。这为 1973 年之后的危机打下了基础，而这次危机又因为生产能力利用率下降和贸易条件向不利的方向逆转而大大地加剧了。[57]

鲍尔斯、戈登和韦斯科普夫以引人注意的《超越困乏》为题，出版了一部很长的通俗读物来表达他们的观点。这本书在两个方面有新的进展：首先，它企图测算“公司权力费用”，它反映在美国资本主义制度经济浪费的程度上。他们对浪费的定义在某些方面与《垄断资本》的分析相类似，但在其他方面有根本的不同，具体包括：由于生产能力过剩而废弃的产出；劳动被错误配置及未被充分利用产生的结果；用于军事、医疗健康、能源、犯罪控制和超过了理性组织的经济所必需的市场活动中的过量的资源。他们得出结论：1980 年，有用的产出可能比实际达到的高出 50%。[58]

《超越困乏》的第二个特点是，它对解决危机所需要的激进政策作了详细的分析。鲍尔斯、戈登和韦斯科普夫强调，必须形成一种新的社会结构的积累，以大大加强劳动人民反对法人资本的力量。他们提出了一种能在更高的实际工资的水平上恢复充分就业，并使经济得以恢复的工资引导策略，它将增加有效需求、鼓舞工人士气，因而会提高劳动生产率，并迫使资本家在其工厂中实行机械化，否则就会在竞争中灭亡。为保证它的有效实施，还必须给工会以更强大的法律保护，对工厂及自然环境施以大规模的民主管理。[59] 虽然对潜在的、强大的反资本主义动力，它只表现一种动员手段[60]，但在本质上这是一种平民主义的方案，与 70 年代意大利及西班牙的“欧洲共产主义”所主张的“历史折中主义”非常相似。

虽然鲍尔斯、戈登和韦斯科普夫关于资本主义行为方式的模型及其对劳动生产率的下降所作的基本假设，并没有计量经济学的证据支持，但许多正统经济学家却发现对他们是相当合适的。[61] 毫无疑问，正是这一切构成了迪瓦恩反对鲍尔斯、戈登和韦斯科普夫“既不批判资本主义也不拥护资本主义”的原因。但是，他们的观点是否正统与它的真实价值是绝对无关的。[62] 这些是易变的，因为《超越困乏》的诊断比其开出的药方要有力得多。在所有的马克思主义者当中，只有消费不足论者阿尔·西曼斯基严肃地要求对劳动生产率的下降作出解释。在利用国际数据的基础上，西曼斯基断言，劳动生产率增长的速度会因为就业保障的改善而提高（不是降低）。事实上是经济停滞阻碍了劳动生产率的发展，而不是相反。[63] 其他批评者更有说服力地提出，鲍尔斯、戈登和韦斯科普夫没对危机的国际范围给予足够的重视，而这一点就将排除任何一个资本主义国家单独实行高工资改革政策的可能性。它的政治前景也不乐观，尤其在罗纳德·里根执政的美国。[64]

6. 国家与经济危机

鲍尔斯、戈登和韦斯科普夫可能被指责犯了所有改良主义者共有的重大错误，即过分倾向于把国家当作能被工人阶级及其联盟所控制，并为其谋利的中性的工具。正如我们在以上第 5 章所看到的，对这种基本上属于自由主义或社会民主主义的国家概念的反对，是马克思主义者对凯恩斯作出回应的最显著的特征之一。但是，直到最近，马克思主义经济学家在这方面，除了正统的习惯定则之外，并没有找到什么合适的东西。简单地断言国家是“为资本利益服务的”，就等于对它在经济活动中的决定性作用或影响什么也没有说。既使战后最深刻的评说，即巴兰和斯威齐对美国扩大民用的政府开支的障碍的说明，也几乎完全没超出这些无用的泛论（参见以上第 6 章第 3 节）。

到 70 年代初，越来越明显的是，对危机管理的性质及其局限需要国家政治经济学的进一步的发展。与巴兰和斯威齐相反，有些著述者找到了政府扩大非军事性支出可以有利于资本积累的方法。最有意义的是那些由国家提供教育、医疗健康和社会保障的支出，并降低劳动力价值的方式。随着生产变得越来越复杂，技术变化越来越快，社会对熟练、健康、可流动、富有灵活性的工人的需求日益增长。因此，“福利国家”被解释为适应了资本增长的需要。[65]

但是，这种简单的功能主义的解释，并不比传统马克思主义者的观点高明多少，对回应批评者们关于国家只是垄断统治阶级的囚徒的观点几乎不起什么作用。其他的马克思主义者更为激进，他们认为国家是阶级冲突的场所，这种观点展示的前景就是：一方面工人阶级在反对资本利益的斗争中赢得的某种妥协，另一方面国家本身在这些斗争中获得了某种程度的“相对自主”。这样，国家的内部结构、人员构成和实践活动的自身权力就变得重要了。资本家之间的不可避免的利益冲突，也必须由国家调停。[66] 国家的支出在许多方面是矛盾的：通过提高劳动力的质量，能够提高劳动生产率；使生产活动的重要领域免于竞争、鼓励浪费（参见以上第 8 章第 5 节），又降低了劳动生产率。它通过保护无效率的资本家、削弱群众失业者的有纪律的力量，刺激经济从危机中复苏，但同时又破坏了经济复苏的内在机制。而且，在积累需求——可支配的利润越高、公司税越低——与合法的需要之间，总存在着固定的张力。工人已经对正常的社会福利习以为常，只对持续增加的供给品作出积极的反应。这种“棘齿效应”是对国家支出水平上升造成压力的主要原因，也是造成“国家财政危机”的重要因素。[67] 与制造业相比，落后的服务业的劳动生产率是造成财政危机的另一个重要因素。[68]

尽管如此，有关国家政治经济学的许多最重要的问题，仍然有讨论的余地。首先要考察的是税收负担的问题，只有假设税后的实际工资已经达到不可削减的最低水平，它才会完全落在资本身上。只要这不是事实，资本家就可以通过制定更高的价格或支付更低的工资，把部分税收负担转嫁到工人阶级身上，使自己有钱可赚。但马克思主义经济学没有理论能够说明，用这些方法能使多大比例的财富在阶级之间转移。涉及到政府支出的效果时，情况稍好一点。有些著述者强调类似于正统宏观经济学的“挤出”效应的影响；另有些人把国家支出看成是剩余资本的吸收器，它减弱了消费不足或利润率下降的趋势。从某种程度上说，国家提供了一种“社会工资”，它可以在不影响雇主支付的私人工资的情况下，提高工人整体的生活水平；或者它允许工资有所下降，但把教育、子女抚养、健康和社会保险的成本完全社会化；最后，一部分政府支出可以直接或间接地成为私人资本的补助金。这些因素的相对而言的重要性是存在争议的；与之密切相关的问题就是，哪些政府雇员的劳动可以看成是生产性劳动，哪些是非生产性劳动。

这些极为基本的问题上观点的不一致，使马克思主义经济学家在国家对长期繁荣的终结所起的作用以及可能产生的影响的问题上发生分歧就是不可避免的了。大部分人与罗恩·史密斯一道认为，美国经济霸权的突然衰落使有效的国际管理更困难，它加剧了这个体系整体上的潜在的不稳定性，破坏了资本家对积累收益率的信心。许多人接受史密斯关于1973年危机的冲击力由于政府的干预而得到缓解的判断：“虽然协调得不恰当，却是有价值的，国际金融体系的完整性在1974—1975年保存下来。如果那时没有干预，1929年那样规模的恐慌很可能已经发生。”[69]同样，这对理解1987年的股市崩溃来说也是正确的。无论在哪种情况下，对金融市场的不当配置都会带来巨大的现实危机。这些进展的确切意义还不清楚。“由政府保证金融体系不会崩溃，不再出现成为30年代大萧条前兆那样的普遍的通货紧缩，在长期中意味着什么？”这个由保罗·斯威齐和哈里·马格多夫提出的问题等着人们去回答。[70]

值得注意的是，充分就业除了作为里根大规模军备扩张的副产品，在北美洲这个有限的范围内得到实现外，在别的地方都没得到恢复。在西欧的大部分地区，人们用紧缩的财政、金融政策来降低通货膨胀，削弱工人阶级力量，增加失业和扭转利润挤轧。削减福利支出是这个过程的核心，并日渐增加地伴随着出售国有企业、放松对私人企业的管制、在累进税原则上实施大退却等。几乎没有马克思主义著述者预料到经济自由主义会在80年代复活。例如，晚至1978年，埃里克·奥林·赖特还曾预言，政府干预将会继续扩大，会把“国家垄断资本主义”转变为羽翼丰满的“国家资本主义”，并强化这种制度的合法性危机。[71] 即使是米歇尔·阿列塔，尽管承认存在着政府撤销一些公共物品和服务供应的可能性，但他的结论还是：“生活条件的不断大规模社会化，将会摧毁作为自由主义意识形态基础的私人企业制度。”创造出一个集权化的国家资本主义。[72] 然而玛格丽特·撒切尔却带来了巨大的（非常令人不快的）震惊。

7. 第二次衰退的教训

马克思主义经济学家们曾在解释和说明30年代大萧条的问题上发生过严重的分歧。大部分人赞同消费不足的解释，也有相当的人支持比例失调论和《资本论》第三卷关于利润率下降的分析。他们在危机的预后问题上存在的差别也是显而易见的：一些人断言资本主义生产方式的基本性质没有改变，另一些人却看到了不同性质的国家资本主义制度正在酝酿的迹象（参见以上第1章）。其实，80年代马克思主义经济学家之间的分歧比30年代还要严重。大部分马克思主义者用过度积累理论中的一些变量说明长期繁荣的终结，但消费不足论者和利润率下降理论的支持者则对此持保留意见，而过度积累论者本身又在许多重要的细节问题上意见不一。只有很少的人提出需要进行理论的综合。[73] 总之，争论跟以前一样激烈。

有两个分歧明显的问题特别突出。第一是经济基础—上层建筑的两分法，在危机理论中的运用明显弱化。对大萧条所作的绝大部分的现代解释，在本质上是经济学的，依赖于几乎是想象的资本积累模型，该模型与意识形态、阶级冲突或劳工组织是无关的。这一点已经发生变化，而且第二国际时期马克思主义中教条的经济学科学主义几乎不再有拥护者。这就产生了一种丰富得多的（虽然同时也必然是具有较少把握和精确性的）政治经济学，产生了一种与“西方马克思主义”的本质特征相符的政治经济学。[74]

第二个分歧是本质上更直截了当的方法论的问题。20世纪30年代几乎没有理论家会对功能主义者观点的正确性提出质疑，在功能主义者看来，经济的驱动取决于资本的（互相冲突的）“需求”或者（充满矛盾）的“逻辑”，以及在很大的程度上互不相关的个人决策动机。现在不再是这种情况。例如，正如我们在生产组织问题争论上所看到的，在新古典主义经济思想和反功能主义的科学哲学家的共同影响下，马克思主义政治经济学家开始探究，认为“资本主义社会的运动规律”是建立在单个资本家和工人理性选择基础之上的。由此提出的问题是我们下一章研究的主题。

注释：

1. 安德鲁·格林、A. Hughes，阿兰·利匹兹和 A. Singh：《黄金时期的兴衰》（‘*The Rise and Fall of the Golden Age*’），载于 A. Singh Marglin 编：《资本主义的黄金时期》（*The Golden Age of Capitalism*，Oxford Clarendon Press，1989），第 39—125 页；也可参见菲利普·阿姆斯特朗、安德鲁·格林和约翰·哈里森：《二战后的资本主义》（*Capitalism Since World War Two*，London：Fontana，1984）。

2.A. Maddison：《发达资本主义经济的增长和减缓：一种定量评估技术》（‘Growth and Slowdown in Advanced Capitalist Economies：Techniques of Quantitative Assessment’，*Journal of Economic Literature*，25，1987，第 650 页）。也可参见 A.S.Blinder：《硬头脑和软心肠》（*Hard Heads and Soft Hearts*，New York：Addison-Wesley，1987），第 40—41 页。

3.《失业》（‘Unemployment’，*Economica* n.s.，53，1986，增刊，数据附录），第 S369 页；同样的资料来源包括其他许多资本主义国家的广泛的比较数据。

4. 阿姆斯特朗、格林和哈里森：《二战后的资本主义》，第 255—259 页；G. Duménil、马克·格利克和 J. Rangel：《美国利润率的下降趋势》（‘The Tendency of the Rate of Profit to Fall in the United States’，*Contemporary Marxism*，9，1984，第 148—164 页），其中也包括国际数据；以及 E.Downe：《收益率在战后资本主义国家的反应》（‘The Behaviour of Postwar Rates of Return in Capitalist Countries’，*Review of Radical Political Economics*，18，1986，第 101—110 页）。

5. 欧内斯特·曼德尔：《晚近资本主义》（*Late Capitalism*，London：New Left Books，1975），第 4 章；曼德尔：《资本主义发展的长波理论》（*Long Waves of Capitalist Development*，Cambridge：Cambridge Univers Press，1980）；戴维·M. 戈登：《长期变化中的起伏跌荡》（‘Up and Down the Long Roller Coaster’，载于激进政治经济学协会（Union for Radical Political Economics）编：《危机中的美国资本主义》（*U.S. Capitalism in Crisis*，New York：URPE，1978），第 22—35 页；参见 C.Freeman，J. Clark 和 L. Soete：《失业和技术创新：论长波及经济发展》（‘Unemployment and Technical Innovation’：*A Study of Long Waves and Economic*

Development，London：Frances Pinter，1982）。

6.M. Bleaney：《从历史的角度看当前的危机》（‘The Present Crisis in Historical Perspective’，*Economy and Society*，14，1985，第407—428页）。

7. 有时候，“过度消费”是在消费不足的意义上使用的，或者用来描绘一种增长着的有机体。在这一章，我们仅仅用它表示迅速积累的速度非常大，使得不断增长的对劳动力的需求，通过提高工资或降低工作的努力程度，产生了使劳动力利用效率下降的压力。

8. 关于综合性的确切表述，参见M.Castells：《美国危机和美国社会》（*The American Crisis and American Society*，Oxford：Blackwell，1980），罗恩·史密斯：《世界资本主义的危机》（‘Crisis in World Capitalism’），载于S. Aaronovitch和罗恩·史密斯编：《英国资本主义政治经济学：马克思主义的探讨》（*The Political Economy of British Capitalism*：*A Marxist Approach*，London：McGraw-Hill，1981），第176—192页；以及欧内斯特·曼德尔：《第二次衰退》（*The Second Slump*，London：Verso，1980），后者是A. Hussain的一篇极具批判性的评论《革命的症候学》（‘Symptomatology of Revolution’）的主题，载于《经济和社会》（*Economy and Society*，9，1980），第348—358页。关于把这三种理论分别应用于资本主义发展的三个阶段的尝试，参见埃里克·奥林·赖特：《阶级、危机和国家》（*Class*，*Crisis and the State*，London：New Left Books，1978）。

9. 托马斯·韦斯科普夫：《马克思的危机理论和战后美国经济的利润率》（‘Marxian Crisis Theory and the Rate of Profit in the Postwar U.S. Economy’，*Cambridge Journal of Economics* 3，1979，第341—378页）；参见R.Alcaly：《马克思危机理论导论》（‘An Introduction to Marxian Crisis Theory’），载于URPE编：《危机中的美国资本主义》，第15—22页。

10. 在马克思的术语中，Z / K可以被写成（$v+s$）/（$c+v$）。如果剥削率（s/v）保持不变，它将随着有机构成（c/v）的变化呈反向变化。

11. 一个罕见的例外是M. A. Lebowitz，他是70年代利润率下降理论坚定的捍卫者，而在80年代又转向了有效需求不足的危机理论。对比其《马克思的利润率下降理论：一种辩证观点》（‘Marx’s Falling Rate of Profit：A Dialectical View’，*Canadian Journal of Economics*，9，1976，第232—254页）和《马克思危机理论一般和特殊》（‘The General and the Specific in Marx’s Theory of Crisis’，*Studies in Political Economy*，7，1982，第5—25页）。

12. 保罗·斯威齐：《为什么停滞？》（‘Why Stagnation？’，*Monthly Review*，34，June 1982，第6页）。

13. 保罗·斯威齐和哈里·马格多夫：《供给理论和资本投入》（‘Supply-Side Theory and Capital Investment’，*Monthly Review*，34，April 1983，第3页）；参见斯威齐：《现代资本主义

及其他论题》（*Modern Capitalism and Other Essays*，New York：Monthly Review Press，1972），第 39—41 页；以及《美国的资本主义危机》（‘The Crisis of American Capitalism’，*Monthly Review*，32，October 1980，第 2—3 页）。

14. 斯威齐：《为什么停滞？》，第 8 页。

15. 斯威齐和马格多夫：《供给理论和资本投入》，第 7 页。

16.C. L. 舒尔茨：《美国最近的通货膨胀》（*Recent Inflation in the United States*，Washington，DC：Joint Economic Committee of the US Congress，1959）。

17. 保罗・斯威齐：《通货膨胀的多样性》（‘Varieties of Inflation’，*Monthly Review*，30，March 1979，第 44—49 页）。浏览 F. Hirsch 和 J. Goldthorpe 编:《通货膨胀的政治经济学》（*The Political Economy of Inflation*，Cambridge，Mass.：Harvard University Press，1978）。

18. 保罗・斯威齐：《美国的经济危机》（‘The Economic Crisis in the United States’，*Monthly Review*，33，December 1981，第 8 页）。

19. 保罗・斯威齐和哈里・马格多夫：《金融爆炸》（‘The Financial Explosion’，*Monthly Review*，37，December 1985，第 1—10 页）；斯威齐：《美国的经济危机》，第 3 页。

20. 斯威齐：《为什么停滞？》，第 8 页。

21.F. Moseley：《战后美国的剩余价值率：对韦斯科普夫估算的一个批评》（‘The Rate of Surplus Value in the Postwar U.S. Economy：a Criticism of Weisskopf's Estimates’，*Cambridge Journal of Economics*，9，1985，第 57—79 页）；托马斯・韦斯科普夫：《战后剩余价值率：对 Moseley 的批评的回答》（‘The Rate of Surplus Value in the Postwar Economy：A Response to Moseley's Critique’，*Cambridge Journal of Economics*，9，1985，第 81—84 页）。

22. 对比斯威齐《通货膨胀的多样性》，第 48 页，以及《美国的经济危机》，第 4—7 页，第 9 页。

23.O. Jacobi，J. Bergmann 和 W. Mueller-Jentsch：《马克思主义通货膨胀理论中的问题》（‘Problems in Marxist Theories of Inflation’，*Kapitalistate*，3，1975，第 107—125 页）；D. Lavoie：《马克思、数量理论和价值理论》（‘Marx，the Quantity Theory，and the Theory of Value’，*History of Political Economy*，18，1986，第 155—170 页）。

24. 邓肯・弗利:《论马克思的货币理论》（‘On Marx's Theory of Money’，*Social Concept*，1，1983，第 5—19 页）；鲍勃・罗松：《冲突、通货膨胀和货币》（‘Conflict，Inflation and Money’，*Cambridge Journal of Economics*，1，1977，第 215—239 页）。

25. 斯威齐：《美国的经济危机》，第 1 页，第 3 页；斯威齐和马格多夫：《金融爆炸》，第 10 页。

26. 斯威齐：《美国的经济危机》，第 9 页；斯威齐和马格多夫：《供给理论和资本投入》，第 9 页。

27. 对置盐信雄定理简要的再表述见塞缪尔·鲍尔斯：《技术变化和利润率：置盐信雄定理的一个简要考证》（‘Technical Change and the Profit Rate：A Simple Proof of the Okishio Theorem’，*Cambridge Journal of Economics*，5，1981，第 183—186 页）。

28.G.Reuten 和 M.Williams：《价值形式和国家：资本主义社会的积累趋势》（*Value-Form and the State*：*The Tendencies of Accumulation in Capitalist Society*，London：Routledge & Kegan Paul，1989），第 122—138 页。

29.A. A. Koniüs：《论利润率下降趋势》（‘On the Tendency of the Rate of Profit to Fall’），载于 C. H. Feinstein 编：《社会主义、资本主义和经济增长：给莫里斯·多布的短评》（*Socialism，Capitalism and Economic Growth*：*Essays Presented to Maurice Dobb*，Cambridge：Cambridge University Press，1967），第 72—83 页；J. Alberro 和 J. Persky：《利润率下降理论的一个简单恢复：置盐信雄定理和固定资本》（‘The Simple Analytics of Falling Profit Rates，Okishio's Theorem and Fixed Capital’，*Review of Radical Political Economics*，11，1979，第 37—41 页）；约翰·E. 罗默：《对利润率下降理论的继续讨论：固定资本及其他问题》（‘Continuing Controversy on the Falling Rate of Profit：Fixed Capital and Other Issues’，*Cambridge Journal of Economics*，3，1979，第 379—398 页）。也可参见 J. E. Woods：《置盐信雄和固定资本》（‘Okishio's Theorem and Fixed Capital’，*Metroeconomica*，37，1985，第 187—197 页）。

30. N. 萨尔瓦多里：《利润率下降和不变的实际工资：一个实例》（‘Falling Rate of Profit With a Constant Real Wage，An Example’，*Cambridge Journal of Economics*，5，1981，第 59—56 页）。又见 C. Bidard：《利润率下降和联合生产》（‘The Falling Rate of Profit and Joint Production’，*Cambridge Journal of Economics*，12，1988，第 355—360 页）；N. 萨尔瓦多里和伊恩·斯蒂德曼：《与联合生产相关的四个问题》（‘Four Questions Concerning Joint Production’，*Political Economy*：*Studies in the Surplus Approach*，4，1988，第 226 页）；以及 J. E. Woods：《商品生产：介绍斯拉法》（*The Production of Commodities*：*An Introduction to Sraffa*，London：Macmillan，1990，第 285—286 页）。

31. 安瓦尔·谢赫：《政治经济学和资本主义：对多布危机理论的一个注解》（‘Political Economy and Capitalism：Notes on Dobb's Theory of Crisis’，*Cambridge Journal of Economics* 2，1978，第 233—251 页）；也可参见关于谢赫文章的专题论文集（*Cambridge Journal of Economics*，4，1980，第 61—83 页）。

32. 罗默：《对利润率下降理论的继续讨论：固定资本及其他问题》，第 387—388 页。

33.P. Van Parijs：《关于危机的利润率下降理论：以宣告死亡的方式进行理性的重建》（'The Falling Rate of Profit Theory of Crisis：A Rational Reconstruction by Way of Obituary', *Review of Radical Political Economics*，12，1980，第 11 页）。

34. G. Duménil、马克・格利克和 J. Rangel：《利润率下降趋势在美国，第二部分：不可逆转的模型》（'The Tendency of the Rate of Profit to Fall in the United States，Part II：The Pattern of Irreversibility'，*Contemporary Marxism*，10，1985，第 138—152 页）；阿兰・利匹兹：《危机的背后：积累体制的枯竭。法国"调节学派"经验主义作品的观点》（'Behind the Crisis：The Exhaustion of a Regime of Accumulation.A "Regulation School" Perspective on Some French Empirical Works'，*Review of Radical Political Economics*，18，1986，第 13—32 页）；邓肯・弗利：《认识资本主义：马克思的经济理论》（*Understanding Capital*：*Marx's Economic Theory*，Cambridge，Mass.：Harvard University Press，1986），第 136—139 页。

35. 曼德尔：《晚近资本主义》，第 4 章；曼德尔：《第二次衰退》，第 5 章。

36. 韦斯科普夫：《马克思的危机理论》（'Marxian Crisis Theory'）；史密斯：《世界资本主义的危机》，第 181 页；S. Hargreaves Heap：《70 年代世界生产力危机：一些经验性证明》（'World Profitability Crisis in the 1970s：Some Empirical Evidence'，*Capital and Class*，12，1980，第 66—84 页）；利匹兹：《危机的背后：积累体制的枯竭。法国"调节学派"经验主义作品的观点》，第 18—26 页。也可参见 A. Henley：《美国的"劳动"共享和生产力危机》（'Labour's Shares and Profitability Crisis in the United States'，*Cambridge Journal of Economics*，11，1987，第 315—330 页）和 D. Papadimitriou：《希腊的政治经济学：对马克思经济学的一个经验性分析》（'The Political Economy of Greece：an Empirical Analysis of Marxian Economics'，*European Journal of Political Economy*，6，1990，第 181—199 页）。

37. M. A. Lebowitz：《马克思的利润率下降理论：一种辩证观点》（'Marx's Falling Rate of Profit：A Dialectical View'，*Canadian Journal of Economics*，9，1976，第 232 页）；B. 法因：《资本主义经济理论》（*Theories of the Capitalist Economy*，London：Edward Arnold，1982），第 122 页；参见 J. Christiansen：《马克思和利润率下降理论》（'Marx and the Falling Rate of Profit'，*American Economic Review*，66（论文和记录），1976，第 20—26 页）。关于 Lebowitz 放弃观点的声明，见《马克思的利润率下降理论》（'Marx's Falling Rate of Profit'）。

38. 安德鲁・格林和鲍勃・萨克利夫：《英国资本主义、工人和利润挤轧》（*British Capitalism*，*Workers and the Profit Squeeze*，Harmondsworth：Penguin，1972）。

39. 拉福特・博迪和詹姆斯・克罗蒂：《阶级冲突和宏观政策：政治性的商业周期》（'Class Conflict and Macro Policy：The Political Business Cycle'，*Review of Radical Political Economics*，

7，1975，第 1—19 页）。另见 R. Jankowski：《利润挤轧和税收政策：国家能够积极干预吗？》（‘The Profit-Squeeze and Tax Policy：Can the State Actively Intervene？’，*Review of Radical Political Economics*，19，1987，第 18—33 页）。

40. 曼德尔：《资本主义发展的长波理论》，第 50 页，第 111—115 页。

41.T. Morris-Suzuki：《日本经济思想史》（*A History of Japanese Economic Thought*，London：Routledge，1989），第 119 页；J.Clark：《资本主义的基本理论：对伊藤诚和宇野学派的一个批评性概括》（‘The Basic Theory of Capitalism：A Critical Review of Itoh and the Uno School’，*Capital and Class*，37，1988，第 133—149 页）。

42. 韦斯科普夫：《马克思的危机理论和战后美国经济的利润率》，第 370 页。

43. 阿姆斯特朗、格林和哈里森：《二战后的资本主义》，第 235 页；同书第 267 页提供了关于这一争论的一个概括性摘要。关于过度积累的正式模型，参见唐纳德 ·J. 哈里斯：《马克思理论中的资本积累和利润率》（‘Accumulation of Capital and the Rate of Profit in Marxian Theory’，*Cambridge Journal of Economics*，7，1983，第 311—330 页）。

44. 同上书，第 263—268 页。

45.M. Bleaney：《马克思经济学和世界经济》（‘Marxian Economics and the World Economy’，*Economy and Society*，15，1986，第 503—515 页）。

46. 曼德尔：《资本主义发展的长波理论》；Bleaney：《从历史的角度看当前的危机》；阿姆斯特朗、格林和哈里森：《二战后的资本主义》，第 271—290 页；罗松：《冲突、通货膨胀和货币》；P. Skott：《有效需求、阶级斗争和循环增长》（‘Effective Demand，Class Struggle and Cyclical Growth’，*International Economic Review*，30，1989，第 231—247 页）。

47. 米哈尔 · 卡莱茨基：《充分就业的政治方面》（‘Political Aspects of Full Employment’，*Political Quarterly*，14，1943，第 322—331 页）。

48.Bleaney：《马克思经济学和世界经济》，第 509 页。

49. 阿姆斯特朗、格林和哈里森：《二战后的资本主义》，第 248—253 页。

50. 米歇尔 · 阿列塔：《资本主义调节理论》（*A Theory of Capitalist Regulation*，London：New Left Books，1979），第 87—91 页，第 117—122 页，第 162—168 页；M. de Vroey 提供了一个简单的解释，见《从调节方法解释当代危机》（‘A Regulation Approach Interpretation of Contemporary Crisis’，*Capital and Class*，23，Summer 1984，第 45—66 页）；以及阿兰 · 利匹兹：《对一个传说的反思：马克思主义的调节和积累概念的基础》（‘Reflections on a Tale：The Marxist Foundations of the Concepts of Regulation and Accumulation’，*Studies in Political Economy*，26，1988，第 7—36 页）。关于调节方法的批判，参见 J. Clark：《过度积累、阶级

冲突和调节方法》（‘Over Accumulation，Class Struggle and the Regulation Approach’，*Capital and Class*，36，1988，第 59—92 页）；C. Harman：《探究危机：一种马克思主义的再评价》（*Exploring the Crisis*：*a Marxist Re-appraisal*，London：Bookmarks，1982），第 143—147 页；B.Jessop：《调节理论的回顾和展望》（‘Regulation Theories in Retrospect and Prospect’，*Economy and Society*，19，1990，第 153—216 页），以及 D. M. Kotz：《调节理论和积累的社会结构理论的比较分析》（‘A Comparative Analysis of the Theory of Regulation and the Social Structure of Accumulation Theory’，*Science and Socety* 54，1990，第 52—58 页）。

51. 关于前者，参见阿兰·利匹兹：《朝向全球的福特主义？》（‘Towards Global Fordism？’，*New Left Review*，132，March-April 1982，第 33—47 页）；关于后者，参见利匹兹：《令人着魔的世界：通货膨胀、信用和世界危机》（*The Enchanted World*：*Inflation*，*Credit and the World Crisis*，London：Verso，1985），第 135—137 页；以及利匹兹：《危机的背后：积累体制的枯竭。法国“调节学派”经验主义作品的观点》。

52. 阿列塔：《资本主义调节理论》，第 158 页；另见以上第 4 章第 3 节和第 4 节。

53. 参见 A. L. Friedman：《产业和劳动：工作中的阶级冲突和垄断资本主义》（*Industry and Labour*：*Class Struggle at Work and Monopoly Capitalism*，London：Macmillan，1977）；以及《资本和阶级》（*Capital and Class*）杂志争论的许多问题。

54. 杰夫·M. 霍奇森：《可变的生产力的理论及政策含义》（‘Theoretical and Policy Implications of Variable Productivity’，*Cambridge Journal of Economics*，6，1982，第 213—226 页）。

55. 赫伯特·金蒂斯：《马克思主义经济学在美国的复兴》（‘The Reemergence of Marxian Economics in America’），载于 B. Ollman 和 E. Vernoff 编：《左派学院：美国校园的马克思主义》（*The Left Academy*：*Marxist Scholarship on American Campuses*，*Volume I*，New York：McGraw-Hill，1982），第 53—81 页。

56. 戴维·M. 戈登、托马斯·韦斯科普夫和塞缪尔·鲍尔斯：《长期波动和非再生产性循环》[‘Long Swings and the Non-Reproductive Cycle’，*American Economic Review*，73（Papers and Proceedings），1983，第 152—157 页]；关于一种略为不同的处理，参见塞缪尔·鲍尔斯和赫伯特·金蒂斯：《民主和资本主义》（*Democracy and Capitalism*，London：Routledge & Kegan Paul，1986），第 55—62 页。

57. 托马斯·韦斯科普夫、塞缪尔·鲍尔斯和戴维·M. 戈登：《情感和意志：美国生产力增长的社会模型》第二部分（‘Hearts and Minds：A Social Model of U.S. Productivity Growth’，*Brookings Papers in Economic Analysis*，1983，Part 2，第 381—441 页）；鲍尔斯、戈登和韦斯科普夫：《权力和利润：战后美国经济的社会积累结构和盈利能力》（‘Power and Profits：

The Social Structure of Accumulation and the Profitability of the Postwar U.S. Economy’，*Review of Radical Political Economics*，18，1986，第 132—167 页）。至于纯粹的理论性分析，参见塞缪尔·鲍尔斯：《竞争性经济中的生产过程》（‘The Production Process in a Competitive Economy’，*American Economic Review*，75，1985，第 16—36 页）；至于建立在美国观念分析基础上的支持性观点，参见 J.J. 奥康纳：《积累的危机》（*Accumulation Crisis*，Oxford：Blackwell，1984）；关于进一步的经验性支持，参见 E.N. 沃尔夫：《劳动生产率的减速和美国利润率的下降（1947—1976 年）》（‘The Productivity Slowdown and the Fall in the U.S. Rate of Profit，1947—1976’，*Review of Radical Political Economics*，18，1986，第 87—109 页）。

58. 塞缪尔·鲍尔斯、戴维·M. 戈登和托马斯·韦斯科普夫：《超越困乏：用民主代替经济衰退》（*Beyond The Wasteland*：*A Democratic Alternative to Economic Decline*，London：Verso，1984），第 7 章。

59. 同上书，第 8—11 章，结束语。（1983 年 Anchor 出版的美国版省略了结束语，但包括了一个篇幅颇长的关于政策问题的讨论。）

60. 同上书，第 281—282 页。

61.C. Shapiro 和 J.E. Stiglitz：《均衡性失业：训练工人的一种手段》（‘Equilibrium Unemployment as a Worker Discipline Device’，*American Economic Review*，74，1984，第 433—444 页）；A. Rees：《“情感和意志”的“讨论”》（‘Discussion' Of ‘Hearts and Minds’，*Brookings Papers*，第 446—448 页）。

62.J. Devine：《评“超越困乏”》（‘Review of Beyond The Wasteland’，*Science and Society*，48，1984，第 225 页）。

63.A. Szymanski：《劳动生产率的增长和资本主义停滞》（‘Productivity Growth and Capitalist Stagnation’，*Science and Society*，48，1984，第 295—322 页）；韦斯科普夫、鲍尔斯和戈登：《关于资本主义停滞的两个观点：过度消费和对资本主义控制的挑战》（‘Two Views of Capitalist Stagnation：Underconsumption and Challenges to Capitalist Control’，*Science and Society*，49，1985，第 259—286 页）。

64.R. P. Guttmann：《评“超越困乏”》，（Review of Beyond the Wasteland），载于《对政治经济学的贡献》（*Contributions to Political Economy*，3，1984，第 97—105 页）；Devine：《评“超越困乏”》，第 224—229 页；参见 R. D. Norton 的评论（*Journal of Economic Literature*，22，1984，第 113—115 页）。

65.I. Gough：《福利国家的政治经济学》（*The Political Economy of the Welfare State*，London：Macmillan，1979）；参见 J. 奥康纳：《政府的财政危机》（*The Fiscal Crisis of the*

State，New York：St Martin's Press，1973），第 4—6 章，以及 J. Miller：《对国家财政危机的再思考：关于战后经济国家和资本积累的两个观点》（'The Fiscal Crisis of the State Reconsidered：Two Views of the State and the Accumulation of Capital in the Postwar Economy'，*Review of Radical Political Economy*，18，1986，第 236—260 页）。

66.T. Burden 和 M. Campbell：《英国的资本主义和公共政策：马克思主义的探讨》（*Capitalism and Public Policy in the UK：A Marxist Approach*，Beckenham：Croom Helm，1986）；参见 Reuten 和 M. Williams：《价值形式和国家：资本主义社会的积累趋势》，以及 A. Gamble：《自由经济和强力政府：撒切尔主义的政治经济学》（*The Free Economy and the Strong State：The Politics of Thatcherism*，London：Macmillan，1988），第 224 页及其后诸页。

67. 赖特：《阶级、危机和国家》（*Class，Crisis and the State*），第 157—159 页；另见 Reuten 和 M. Williams：《价值形式和国家：资本主义社会的积累趋势》。

68. 史密斯：《世界资本主义的危机》，第 176—178 页；阿列塔：《资本主义调节理论》，第 162—168 页。

69. 史密斯：《世界资本主义的危机》，第 187 页。

70. 斯威齐和马格多夫：《金融爆炸》，第 10 页。

71. 赖特：《阶级、危机和国家》，第 187—190 页；关于合法性危机的概念，参见以上第 4 章第 3 节。

72. 阿列塔：《资本主义调节理论》，第 385—386 页。

73.H.J. 谢尔曼：《经济危机理论：需求、供给和利润挤压》（'Theories of Economic Crisis：Demand-Side，Supply-Side and Profit Squeeze'，*Science and Society*，53，1989，第 62—71 页）；也可参见 Reuten 和 M. Williams：《价值形式和国家：资本主义社会的积累趋势》。

74.P. Anderson：《对西方马克思主义的思考》（*Considerations on Western Marxism*，London：New Left Books，1976）；莱斯泽克·科拉科夫斯基：《马克思主义的主要趋势》第三卷（*Main Currents of Marxism*，Oxford：Oxford University Press，1978），Volume 3；D. McLellan：《马克思之后的马克思主义》（*Marxism After Marx*，London：Macmillan，1979）；J. Merquior：《西方马克思主义》（*Western Marxism*，London：Paladin，1986）。

第 17 章　理性选择马克思主义

1. 理性选择马克思主义的实质

理性选择马克思主义作为一种独特的思想流派，源起于 20 世纪 70 年代，在 20 世纪 80 年代获得迅速发展。许多没有参与它的创立的马克思主义者，现在成了它的“皈依者”；而那些不断对它进行批判的马克思主义者，则对它趋于尊重。这一流派在总体上显示出三个主要特征。首先，理性选择马克思主义者对马克思主义理论的精确和清晰显示出非同寻常的关注。因此，这一学派有时又被称为“分析马克思主义”。它极其关注的是概念的准确含义，导出结论的推演过程，以及这些结论能够在多大程度上支持传统的马克思的命题。通过提问它可能的意图是什么、它什么样的含义是最合理的、它们在多大程度上是真实的等，对历史唯物主义关于生产关系制约生产力发展的论断作出批判性评价。毫无疑问，经由这样的研究过程，唯物史观的优点和弱点就更清楚地显现出来了。[1]

第二，在对马克思的著作进行分析时，非马克思主义的概念和观点，特别是分析哲学的、数理模型的、现代心理学的和新古典主义经济学的概念和观点，发挥了出色的作用。因此，理性选择马克思主义显然是修正主义的，尽管 20 世纪 20 年代以来“资产阶级”观念向马克思主义的广泛“注入”，使这一点看上去似乎不成为它的新特征。但是，就分析马克思主义而言，修正主义的特征最明显地体现在方法论中，而不是实质分析上，这就完全改变了关于什么是马克思主义的最薄弱之处的典型观点。虽然理性选择马克思主义也对马克思主义的核心观点提出批评——有时甚至是严厉的批评，但是它还是一再声称，马克思的许多分析都是正确的，并且可以用非马克思主义的理论加以论证。

第三，理性选择马克思主义存在着一种显著的倾向，即从决策者的理性行为推导出马克思关于社会—经济体系的命题。正是这一特征，使得分析马克思主义同时成为理性选择马克思主义。也正是这一特征，使得理性选择马克思主义的观点被看作是对阿尔都塞结构主义（在 20 世纪 60 年代，它在马克思主义理论界居统治地位，参见以上第 11 章）和斯拉法的政治经济学（它同时试图把马克思主义转换为以结构主义原则为基础的剩余经济学，参见以上第 13 章和第 15 章）的反抗。不过，理性选择马克思主义从来没有系统地尝试直接卷入其中任何一种思想，也没有显示任何认为值得如此做的意向。实际上，理性选择马克思主义很少对马克思之外的马克思主义者的著作进行探讨，他们给人以对马克思之后的大部分马克思主义著作都不很尊重的印象。

关注马克思主义经济学的理性选择马克思主义者，主要有格里·科恩、罗伯特·布伦纳、乔恩·艾尔斯特和约翰·罗默。他们的著作不仅在所思考的主题上不同，而且在致力于个人主义形式的解释上，在强调理性选择重要性的必备条件上，以及运用新古典主义经济学的推理上也都有所不同。科恩对历史唯物主义的从技术视角进行的重新阐述（这在以上第 11 章已作过探讨）只是强调，理性是人类行为的决定力量，在稀缺条件下，它将以发展生产力的形式发生作用。科恩认为，对理性行为的偏离无需排除在外；并且，有关解释不是必定要采用关于行为的术语——理性或非理性，采用功能性解释就相当合理了。布伦纳提出了另一种不同的历史唯物主义观点，理性选择在这一观点中发挥了更为出色的作用，这在以上第 11 章已作过探讨。但是，布伦纳的著作对经济人面临的选择结构，几乎没有进行正式分析。而且，他描述的通常是阶级的而不是个人的理性行为。只有罗默和艾尔斯特坚决遵循“微观基础”的方法论，把个人的理性选择作为理解整个社会经济现象的基础。

因此，理性选择马克思主义表现为各种不同纯度的理论观点。由于科恩和布伦纳的观点已经在以上第 11 章作过探讨，因此，本章要探讨的是理性选择马克思主义的更为激进的形式：罗默的经济学和艾尔斯特对罗默的经济学方法论的维护。本章第 2 节概述罗默对马克思主义经济学的看法，第 3 节则对罗默的观点进行批判。第 4 节和第 5 节探讨微观基础的逻辑，以及艾尔斯特和罗默在多大程度上始终如一地维护这一观点。最后一节以探讨他们对马克思主义政治经济学的主要贡献结束。

2. 罗默对马克思经济学的看法

罗默广泛地研究了马克思的经济学[2]，但是他的最独到的批判是：马克思理论在传统上假设社会现象和经济现象是联系在一起的，但这些假设事实上只在概念上是确定的，在现实历史中可能是各自独立的。在他看来，严密的方法要求理论家们推演出事物同时具备的多种特征；这些特征应当被系统地阐述为定理而非公理。更具体地说，罗默坚持认为，生产力的分布、具体的生产关系、阶级地位和剥削形式，原则上是可以相互独立的。因此，如果它们实际上被联结起来，就需要按照相关个人的理性选择加以解释。为了支持和解释这一观点，罗默还提供了一系列抽象的理论模型。罗默指出，即使没有剩余的生产和阶级的存在（在商品生产体系中由其所处的市场地位所决定：雇主和雇员，贷款者和借款者），马克思用劳动价值定义的剥削也可能存在。另一方面，他还认为，没有剥削，也可能存在阶级划分；剥削者事实上也不见得比被剥削者更富有；在不存在劳动力市场的情况下，剥削可以通过商品市场和信用市场而实现。

然而，逻辑上性质截然不同的现象，在实际中往往是相互关联的。罗默对重要的历史事件非常了解，他所建立的与历史无关的抽象模型的目的之一就在于：阐明存在“阶级—剥削对应”、“阶级—财富对应”和“剥削—财富对应”所必须具备的条件。证明这些源自特定条件的结合，将搞清楚阶级、剥削和财富交结在一起的实际历史状况的决定因素；而且也将指出，那些在实际历史中本该发生的事情，在特定方式下是完全不同的。

我们可以通过解释剥削在简单商品生产条件下是如何发生的来说明罗默的观点。[3] 设想存在一个由独立手工业者和农民组成的社会，这些手工业者和农民各自使用非熟练劳动、利用已知的技术条件进行生产。虽然所需的工艺技能因生产物及所需投入的不同而不同，但是，由于不存在联合生产，不同商品的劳动价值可以轻易地被计算出来。生产者也因各自拥有的据以进行生产的商品存货的不同而各不相同。在每一生产阶段，每位生产者都力图使本阶段已用完的商品恰好得到替换，销售所得的净收益则全部用于消费。消费方式将在个人偏好、相对价格和最初的资产禀赋基础上，由生产者的最优化行为决定。在瓦尔拉斯均衡中（在这一均衡中，价格决定于市场出清状况），并没有保证生产者所消费的劳动价值将等于他或她所生产出的商品的劳动价值。[4] 因此，一些生产者可能被剥削，而另一些生产者则成为剥削者，这取决于他们所生产的商品的劳动价值和他们所消费的商品的劳动价值之间的差额。但是，由于不存在劳动力市场，也就不存在雇佣劳动；由于全部生产者都是小资产阶级成员，从而也就没有阶级的存在。那么，很显然，这种生产者有着古典意义上的充分自由但已涉及剥削的商品生产系统，并不必然与资本主义经济体系具有同等含义。

同样，罗默用另一个例子阐明[5]，资本主义剥削也不是必定包含雇佣劳动。设想现在有一个由两类不同禀赋的人——富人和穷人——组成的经济体。在现有可资利用的技术条件下，穷人使用其贫乏的资源不能够生产出自己所需的全部消费品。为了生存，他们被迫把自己的劳动力出卖给富人，而富人则把这些劳动力连同他们更加充足的其他生产资料储备一起用于生产过程，结果就产生了作为雇主的资本家阶级和无产阶级。在一般均衡条件下，当所有经济人都追求经济行为的最优化、全部市场都处于出清状况时，前者通常会剥削后者。这显然没有什么特别之处。但是，不涉及雇佣劳动的另一种结果也是可能产生的。穷人不再在劳动力市场上受雇于人，而可能租用富人拥有的生产资料。这样，他们就可以自行负责生产，或独立经营，或采取联合经营的方式；通过向富人租用生产资料，剥削经由信用市场而产生。除了体制上的这种改变，其他的与第一种情况完全相同。在这里，存在一个租出资本的资本家阶级，和一个租用生产资料的无产阶级。实际上，罗默证明了这两种情况之间存在着严格的一致性：不论是穷人租用资本，还是资本家雇佣穷人，剥削都可以在同样程度上发生。这说明，雇佣劳动和资本主义剥削并不是必然联系在一起的。[6]

从上述例证中，罗默并未推演出资本主义剥削不重要的结论，也没有得出雇佣劳动是次要的看法。相反，他认为，资产的不平等分配是产生剥削的主要因素；劳动力市场之所以比信用市场显得更为突出，是因为资本家通过诸如提高劳动强度这样的剥削方式能够获得一定利益，而这在我们刚刚讨论的情形中则不明显。但是，罗默的确指出，马克思经济学太过于夸大劳动过程的重要性。特别是许多马克思主义者都错误地认为，生产过程对劳动力的这种支配是产生剥削和阶级对抗的主要原因。[7] 在罗默看来，生产资料所有权的不平等，在每一种情形中都是主要因素。它制约着经济人的理性选择，以致这些选择几乎总是引发包含着剥削和矛盾冲突的资本主义阶级关系，即便不存在对劳动过程的统治权的情况下也是如此。[8]

罗默的观点存在一个明显的局限，即它是建立在以劳动价值定义的剥削概念的基础之上的。正如我们在以上第四篇看到的，具体的劳动系数可能确定不出来，或者可能是反常的信号，总体而言，它们在逻辑上并不优先于价格因素。罗默对与劳动价值有关的令人困惑的问题阐述了自己的看法。[9] 他对阶级、剥削和市场所作的分析，并不表明他坚持劳动价值论，也不表明他忽视劳动价值论存在的缺陷。他以劳动来测度剥削，是由于这一方法简便易行，也因为他试图就剥削产生的根本原因与其他马克思主义者进行辩论。他还颇感兴趣地向新古典主义经济学家指出，贸易互利的存在，并不意味着剥削的消失；相反，在市场经济中，剥削正是通过贸易产生的。这样，新古典主义的理论“工具”，如瓦尔拉斯的价格理论，转而成为反对新古典主义经济学家的辩护性论证的论据。[10]

然而，与劳动价值概念联系在一起的这种分析上的缺陷，连同其他考虑一起，的确促使罗默用不同的思想方法系统阐述剥削理论。新的理论——通常被称作研究剥削的财产权方法——是用博奕论的概念清楚地加以表述的[11]，它可以概括如下：设想存在一个由 *N* 个人组成的社会（不论其类型如何），这一社会对财产所有权分配有着清晰的界定。假设存在一种可以选择的可行的财产权分配方式，这种分配在某些形式的财产权方面是平等的，在所有其他形式的财产权方面至少不是不平等的。在这种新的分配方式下，如果全部 *N* 个社会成员中的 *S* 个离开现存社会能够改善他们的经济状况，则这个由 *S* 个经济人组成的社会子系统就被定义为被剥削者。如果这一离开，使剩余的（*N*–*S*）个人的经济状况变坏，则他们就被归为剥削阶级——因为他们的利益部分地依赖于实行一种逊于“平等”的财产分配方式，而这种分配方式相对于更加“平等”的分配方式会给 *S* 带来损失。既然假设可以选择的可行方式为数众多，*N* 个人中 *S* 和（*N*–*S*）的人数划分也可以多种多样，那么，就可能存在多种不同的剥削类型，以及多种剥削集团和被剥削集团。罗默集中论述了封建剥削（其产生的基础是对他人的劳动力拥有所有权）、资本主义剥削（除劳动力因素外，主要产生于可让渡的生产资产在分配上的不平等）和社会主义剥削（在财产社会化条件下，因每个人拥有的不可转让的技能的不同而产生）。但是，他的理论也可以用于解释对妇女和少数民族的剥削。[12] 罗默还指出，前面在特定背景下使用剥削的劳动价值定义的例证，是剥削的财产权概念的特例。

罗默的这一理论构架，对其他马克思主义者的著作有着相当广泛的影响。例如，埃里克·奥林·赖特应用这一理论阐明了现代资本主义社会中阶级地位的复杂性，特别指出中产阶级是如何被确切地定位的，以及他们所处的中间位置所固有的紧张状态。[13] 不过，罗默的兴趣似乎主要在于对一些规范问题进行探讨。在这一点上，他对自己的一般理论并不满意。他对剥削的劳动价值概念和他自己提出的剥削的财产权定义，能否用于解释分配的道德问题提出质疑。虽然传统马克思主义论述存在的种种缺陷和不足，促使罗默重新对剥削理论进行系统阐述，但是，他认为，即使是他创立的以财产权为衡量标准的剥削理论，提供的也是有缺陷的不公平指数。他认为，在许多情况下，资本主义剥削可能是公正的，或者至少不是不公正的。另一方面，社会主义剥削则提出了一个复杂的问题，即人们从其生而具有的优越的天赋能力中获益，在多大程度上是合理的。[14]

3. 罗默的马克思主义的局限

罗默强调指出，在生产资料供给稀缺的情况下，资本主义剥削的主要根源在于生产资料所有权的不平等。他尤其注意反驳那种认为剥削只能产生于劳动过程的观点，并对那些把劳动过程看作至关重要的马克思主义者提出了批评。这些马克思主义者的观点和马克思本人的观点并没有什么直接的联系，罗默攻击的是其他马克思主义者，而不是马克思。然而，按照罗默的标准，马克思本人的某些论述也存在着许多缺陷。马克思毫无疑问是轻视利润的交换理论的，而且认为市场本质上与理解剥削无关；在他的简单商品生产模式中是不存在剥削的（参见以上第 10 章和第 11 章）。《资本论》特别强调劳动和劳动力的区分，这表明，在马克思看来，劳动过程确实与资本主义剥削有着极为特殊的关系。

这些论述可以理解为，马克思是不会接受罗默的剥削理论的，这一理论不仅极具原创性，而且是对马克思的强力批判。不过，这样的解释是不正确的。马克思对利润交换理论的批判，是建立在对重商主义学说的评价之上的，是一种对纯粹的利润交换理论的批判。马克思认为，贸易所获利润的价值必定为零；一方之所得恰恰等于另一方之所失。为了获得纯利，必须使生产中创造的价值大于生产所使用的投入的价值。[15] 马克思的论证是正确的，而罗默关于剥削的许多例证，在根本上把生产包含在内，并没有得出与马克思相反的结论。因此，马克思和罗默的意见是一致的：没有生产，就不会有剥削。

但是，在马克思看来，生产过程的存在并不足以产生剥削。在他的简单商品生产模式中，价格与劳动价值是一致的，每一位生产者通过交换获得价值与自己生产的价值恰好相等。因此，这与生产者本身拥有的天赋是无关的——不论他们是平等的还是不平等的都无关紧要。只有在资本主义生产关系条件下，剥削才会产生。[16] 这一看法正是罗默所反对的。他认为，剥削可以在简单商品生产条件下产生，而不必要求资本主义生产关系的存在。

不论是马克思还是罗默的论述，都没有逻辑上的错误。他们得出的结论之所以不同，是由于他们应用不同的价格理论。马克思相信，李嘉图的劳动价值理论适用于简单商品生产；罗默的模型则建立在瓦尔拉斯的供求理论之上。当价值与价格相符时，没有一个生产者可以得到少于或多于他或她所生产的价值。当价值与价格不相符时，生产者得到的价值则可以少于或多于他或她所生产的价值。从历史来看，马克思和罗默的论证基础都较薄弱。与实际商品生产系统（其中，生产者拥有自己的生产资料）相联系的极不完善的市场表明，不论是李嘉图还是瓦尔拉斯的价格理论，与之都没有太大的关系（参见以上第 14 章第 5 节）。因此，马克思和罗默的结论都缺乏经验基础。

按照马克思的看法，作为剥削产生根源的资本主义阶级关系，是原始积累过程的产物。这一过程正如马克思所理解的那样，同时也是生产者被剥夺的过程。因此，资本主义阶级关系的发展是与财产权利的日益不平等的发展同步的。马克思还清楚地表明，他确信分配变化是这种关系变化的原因。[17] 因此，他的观点与罗默的观点即便不是完全一致，也是极其相似的。所以，根据这两位理论家的论述，正是生产力所有权的不平等导致了资本主义剥削的产生。

这一观点在马克思关于商业资本、制造业和现代工业的论述中得到进一步论证。虽然马克思依据雇佣劳动来定义资本主义生产方式，但他承认，商业资本家可以通过信用市场剥削生产者，正如在生产内部系统中发生的一样。[18] 因此，马克思察觉一种重要的历史状况：在这种状况下，资本主义剥削与雇佣劳动无关。从而他并不认为劳动力市场是产生剥削的基本要素。在这一点上，马克思和罗默又是一致的。马克思的确没有把信用市场和劳动力市场看作类质相同的市场，但他区分二者的理由，与罗默解释劳动力市场之所以在资本主义制度中居支配地位的理由非常相似。马克思认为，劳动力市场最先是与制造业相联系的。在制造业中，生产的技术基础不变，只是劳动分工大大扩展了。资本主义剥削仍然存在，并且发生在现在所谓的资本主义生产方式之中。然而，由于技术水平像手工艺技术一样发展停滞，从而限制了“相对剩余价值”的生产，这意味着“资本不得不经常同工人的不服从行为作斗争”。[19] 资本家理想的要求是改变劳动过程的继承形式。依据马克思的理论，“现代工业”的出现已经使之成为可能。这种生产方式的特点不仅在于它是一种工厂生产，而且在于它是一种使用动力机械的生产。它使得工人的生产技能水平降低，使资本家通过提高劳动强度加强了对工人的剥削，进而加强了资本家对工人的统治。这正是“劳动过程”理论家们所着力强调的（参见以上第 16 章）。把这些理论家的著作置于马克思经济学的整体背景之中，则他们的观点与罗默把财产权不平等置于首位的主张并不冲突。[20] 依据马克思的政治经济学，剥削只是在资本主义劳动过程中得到加强，而不是产生于劳动过程。罗默自己则承认，资本家对劳动过程的支配确实提高了剥削程度。[21]

用马克思经济学来审视罗默关于剥削的论述，则这种论述的原创性就不那么显著了。在他认为财产权关系优越于劳动过程并对其他任何强调相反看法的人提出的指责是正确的限度内，他所做的不过是建议马克思主义政治经济学“回归马克思”。这一点，只是由于他构建自己理论的方式不同于马克思的做法而被掩盖了。在这里，马克思的真正有力之处，没有被罗默所“复制”。罗默构建其理论模式的核心几乎完全以逻辑关系为基础。他使用了标准的新古典主义经济学的比较静态方法，但又把它用于分析制度形式的变化以及为新古典主义经济学典型地忽视的量的变化。这一方法要求外生因素必须相互独立，从而使它们在其他情况均相同的条件下发生独立的变化，进而使这种变化引起内生变量变化的作用效果相互独立。与罗默不同，马克思使用的是“逻辑—历史”分析方法。依据这一方法构建的模式更接近于马克思确信的历史中实际存在的“特定情形”。同时，这种方法忽略对任何纯粹假设的世界进行考察。因果关系通过比较不同历史结构模式而得到评估；但是，这些历史结构不只在一个方面，而是在好几个方面都是不同的。因此，在其他情况都相同的条件下，不可能产生一种独立的变化，也不能估价这种变化产生的因果作用。

罗默的做法显然更具“普遍”性，因为它既适用于真实的经济社会，也适用于假想的经济社会，还可以在各个参数纠结在一起的历史状况下，单独地改变这些参数。但也正由于这个原因，它忽略了那些被视作外生的因素之间的实际上的依赖关系。相反，马克思的方法则明确地试图抓住这些依赖关系，并对历史上发生的真实变化的重要意义予以评估。[22] 马克思对这种方法的使用并未能免除责难（正如我们在以上第 14 章第 5 节所看到的），但这种方法本身比罗默的新古典主义方法更适合于马克思主义政治经济学。

马克思（正确地）认为，个体的特性（如他们的偏好）、技术的精密程度和财产权都具有高度的相互依赖性。罗默的新古典主义方法论（与罗默实际信奉的相反）则认为它们是互不相干的。这样，每一种因素都可以独立地发生变化，内生变量（如剥削程度）的变化，可以视为外生因素变化的结果。因此，罗默关于信用市场和劳动力市场的同质定理，假设制度结构的变化不会引起剥削指数的变化，同时这一定理又要求生产过程不受任何市场运作类型的影响。然而，我们已经了解到，马克思（正确地）认为，劳动力市场的引入最终会导致生产过程的革命。与此相类似，罗默确信财产权分配而非资本主义劳动过程才是资本主义剥削产生的原因，是基于这样一种分析：劳动过程不因其在资本主义或非资本主义生产方式中进行而有所变化。在这个问题上，罗默与马克思的“距离”几乎不能说是比较远，他的理论模型甚至对“劳动过程”理论家们提出的问题毫无反应。

罗默的非历史方法不是偶然的。它反映这样一个事实，即他主要关注的根本上就不是历史。他的理论意图主要受到伦理学的支配。[23] 在有所保留的条件下，他是一个激进的平等主义者。并且，罗默确信这是马克思主义者自然而然会采取的立场。但是，这绝不是显而易见的。马克思清晰地表述了他的道德观，其中一部分是对不平等现象的抗议。然而，这些信念在马克思的成熟的历史唯物主义理论中的地位远不是那么清楚的。对马克思原著的任何具体的解释得出的结论都必须承认，马克思主义的局限性可能意味着现代社会主义对修正的伦理原则的需要。如果把这种伦理原则与社会主义者在历史上曾经认为是重要的道德原则结合起来，就不是绝对的平等主义。在社会主义思潮中，理性主义和自由主义是至少同等重要的主题。这些理想的实现可能会制约平等的实现。[24]

在罗默关于剥削的一般理论（其建立的基础是财产权的可行的重新分配）中，罗默经济学方法的缺陷和论题本身的缺陷是交织在一起的。在对什么是“可行的”下定义时，罗默并不很清楚应当把什么样的变量包含在内。[25] 罗默无视特定分配形式的激励效果——尽管他并不是不清楚它们对于效率的重要作用。[26] 罗默还认为，规模经济能够把他认为不公正的分配形式与那些可归入剥削的分配形式划分开来。[27] 另外，他对转移成本加以抽象，从而提出了评价可选择的分配方式后果的时期阶段问题。[28] 这些后果本身问题重重：一个联合体的全部成员都得从把他们定义为被剥削者的选择方案中受益吗？可以认为剥削者的损失是完全不相干的吗？罗默乐意把经济人的偏好作为判断标准，这就要求对被剥削集团的成员满足帕累托标准。对于判断任何现实的以及大部分假设是可行的再分配方式来说，这是在不充分范围内的一种片面的安排。[29] 同时，罗默又不愿漠视剥削者的财产权——如果他们过去在道德上是清白的话，这又与整个剥削理论的关键之处相矛盾。罗默自己把这一点看作剥削之所以是不公正的不完善指数的原因，这反过来又提出一个问题，即为什么他继续相信马克思主义是道德理论的适当媒介？[30]

4. 微观基础和马克思主义

罗默的伦理观点并不是他的个人主义（这可能与马克思主义相对立）的唯一

表现。在他的著作和在艾尔斯特的著作中，与伦理观点同样鲜明的是方法论上的个人主义。这一方法要求以个人行为为依据来解释一切社会现象；整体的联合特征应被递次分解为经济人的个体选择；宏观现象应当存在着微观基础。[31] 大部分马克思主义者都敌视这些说法。例如，在20世纪初希法亭和庞巴维克之间的争论中，以及在50多年后阿尔都塞结构主义者的责难中，表现得非常明显。[32] 然而，这种个人主义的方法深深植根于新古典主义经济学中；自边际革命以来，这种方法的自负的理论家们一直为运用这一方法而取得的成果感到自豪：构建了不同类型的决策者模型；显示了个人选择或这些选择的外生决定因素（偏好、技术水平或禀赋）如何可能导致经济体系的运行。[33] 20世纪60年代初以来，一些凯恩斯主义经济学家也日益认同这一方法，这部分原因是新古典主义理论家对宏观经济学结论的产生缺乏个体行为模型作了成功的批判。[34] 如果马克思主义也屈服于同样的攻击，那么它就可以在很体面的理论团体中占据一席之地。全部社会科学都使用同样的个人主义方法求得发展，这正是罗默和艾尔斯特所向往的。那样，各种思想流派之间的分歧就会缩减为质的分析上的分歧，而“交易工具”将成为共同的财产，使真正的对话得以产生。

虽然卢卡奇认为马克思主义的原创性和独特性在于它的方法[35]，但是，很显然，上述现象的出现并不会完全驱逐马克思主义。马克思和恩格斯本人曾经有过看起来是与方法论上的个人主义相一致的论述。[36] 然而，乔恩·艾尔斯特坚持认为，马克思在这一点上并非始终如一。在马克思的论述中，科学的解释有时为粗糙的功能主义和源自历史思辨哲学的目的论所代替。[37] 马克思以后的马克思主义者，如果与马克思稍有区别的话，在于他们更少受个人主义方法论规则的约束。他们的某些观点，从艾尔斯特的社会科学观来看是有缺陷的。不过，揭示出其他理论家在具体论点上的缺陷，并不等于确立了支持简化论的一般方法论立场。并且，理性选择马克思主义提出的其他用以支持微观基础方法的论据也不是决定性的。[38]

“分解”将是一个无休无止的过程，因为物质世界的任何因素都能够进一步分解。

> 任何在本质上都不是不可分割的事物，证明都有一个结构，是一个能够分解为构成因素的复杂体，这些构成因素本身是依据那些有待于发现的规则而相互联系着的。发现一种最终不能进一步分解的简单实体，可能是某些科

学领域的梦想，但是，对它们的探寻，例如在理论物理领域，是极其不成功的，因为物理学发现的每一种简单实体，在更加深入的研究下，结果都证明是一个出乎意料的复杂体。旧时被认为是不可分割的原子，不可能被任何更小的被假想成物质“建筑材料”的东西所代替。[39]

此外，“简化”也未必能够完善对事物的解释或说明。把一种解释或说明的组成部分分解为更加基本的成分，事实上可能会削弱对事物的解释或说明。

社会是个人的集合体，正如个人是细胞的集合体一样；社会现象是个人行为的结果，正如个人行为是构成个人的细胞的行为结果一样。然而，至少对于个人行为来说，本体论的可分性（不留任何残余的分解性）显然不能等同于解释或说明的可分性。对个人行为的最好解释或说明，本质上无需涉及细胞水平上的行为。

在上述意义上，第二次世界大战仅仅是处于运动中的亚原子微粒的聚合。但是，对这种亚原子微粒的全部了解，根本无助于我们了解第二次世界大战的原因。我们可以合理地认为，即使战争能够完全用物理术语描述出来，这些描述在原则上不可能是这些现象的最好说明。[40]

总体而言，罗默总是在个体水平上停止分解，并且没有说明拒绝进一步分解的理由。艾尔斯特认为，罗默的这种截断是合适的，因为人类本质上是复杂的决策者，从而是以其他动物所不能运用的方式进行最理想的选择。[41] 但是，艾尔斯特对罗默的这种维护是不中肯的。撇开动物是否能尽可能完善地进行选择的问题，彻底的分解法意味着：所有的社会理论，包括与个人主义方法论的要求相一致的主张，必须被看作是处于“次优”状态，只有在其被吸收进入生物科学领域之后才能得以完善。但是，正如前面的例子所揭示的，这些科学领域并不总是能够适合于所要求的解释类型；即使适合，进一步分解的可能性也是无限的，因为人类至今还未发现不可分解的“简单体”的存在。这说明，分解法并不是普遍适用的方法论规则，从而也就不能据此证明个人主义方法论是合理的。

罗默和艾尔斯特都没有始终如一地坚持个人主义的解释。艾尔斯特认为，作为对所研究问题的基本认定，非个人主义的因果解释是可接受的。他还注意到，社会具有与达尔文的自然选择（这种选择构造了个体决策）[42] 相似的过程。罗默运用瓦尔拉斯的经济理论说明马克思的目的，但他没能指出，在他的公理式的系统阐述中，并未要求经济人应当是个体，而只是要求有定义明确的决策者，而这个决策者可以是集合体。[43] 而且，尽管罗默遵循通常的瓦尔拉斯程序，集中探讨了均衡的结构，但却忽视了把均衡作为终极状态的决策和再决策过程。此外，非唯一性问题也被一起忽视了。通常的情形是：特定均衡与个体行为的不同综合相一致，个体行为的任何一种综合又会达到许多各不相同的均衡。[44]

当然，罗默和艾尔斯特都可以声称，所有这些例证都取自社会科学发展不充分的情况之下，因此他们对最好的解释是真正个人主义的解释的主张毫不怀疑。但是，这样一种立场在其他情况下是站不住脚的。只要存在经济再生产的先决条件，并且特定经济类型再生产自身有更具体的要求，就可以直接求助于这些条件。它们告诉我们经济现象之成为经济现象所可能发生的某些情况，我们无需为此考察个人的行为或动机。[45] 相类似的是，对具有某些现象的社会与不具有这些现象而其他方面与前一社会都极其相似的社会进行比较的历史比较法，提供了这些现象发生原因的信息——不论这种原因是否被个体行为的调查所补充说明。[46] 这两种解释形式都存在着一个系统，假如它们被微观基础的解释所代替，则这种系统就会消失：也就是说，如果用个人主义方法进行系统阐述，则它们就会更加复杂，也更不雅致。而这种性质又不能为理性选择马克思主义者自己所贬低，因为在他们的理论模型中，个人在事先即是优秀的理性行为者，而经济的行为是全部理性行为的必然特征。如果他们的这一看法是正确的，那它对社会科学家与其他决策者都同样适用。

乔恩·艾尔斯特特别研究了个体理性的确切含义和特征，他的著作的许多部分都似是而非地显示了理性选择范例的局限。[47] 他的看法有两个方面尤其值得注意。第一，个人被看作“社会”人；他们的偏好、可行的环境条件和信念受到社会条件的制约。[48] 第二，为了使选择完全理性化，他们必须遵循极其严格的、任何一个经济人未必可能完全达到的要求，在某些情形下，还会出现对理性的明显偏离。因此，艾尔斯特的观点比大部分新古典主义经济学家的观点要更加复杂精细得多，并且同“边缘理性”的理论家们，如赫伯特·西蒙的观点更为接近。[49] 罗默也接受个人的社会性的观点，并同意标准的新古典主义选择模型存在着严重的局限性。但是，他的看法远不及艾尔斯特的那样广泛而详尽。

任何经济人的选择都可以用两种因素来说明：基于因果联系的偏好，以及确定选择得以做出的那些因果联系的可行条件。艾尔斯特认为，这两种因素可能不是相互独立的，每一种因素的内容会因社会地位不同的个人而不同。根据艾尔斯特的看法，一种行为要成为理性行为，经济人在偏好的基础上做出选择，并且这种偏好具有一贯性是不够的。此外，还更多地需要选择结构中的每一因素，都达到相应的理性程度。

偏好很可能是适应性的；它们随着时间的推移、环境的变化以及经验的积累而改变。因此，对个人来说，认识这一点并考虑一下他或她希望成为什么是理性的；这样，理性的人就能有意识地确定自己的偏好。即便偏好不受环境和经验的影响，那些“强烈地渴望得到他们不能得到的东西”的个人也“将不会感到幸福”，从而他们的这种愿望是“非理性的”。理性的愿望是那些“最令人满意地适应现实可行的条件”的愿望，因此，经济主体有意识地改变自己的偏好也是理性的。[50] 但是，艾尔斯特也认识到，同时起作用的还有非理性的力量，例如，无意识地降低不协调的机制，也会使偏好发生改变。“意志薄弱”在任何情况下都是理性选择的现实威胁因素。

正如艾尔斯特在对马克思的意识形态理论探讨中所认为的，关于什么是切实可行的环境条件的看法可能也偏离了理性观念。马克思主义在这方面的“有价值的内核”是认为“一种意识形态包含着从部分观点来看的对整体的理解”。[51] 艾尔斯特本人探讨了导致阶级成员把他们的特定利益与社会总体利益混淆起来，从而不适当地把局部有效的关系推广到更广泛的范围之内的机制。此外，偏好的形成和对切实可行的环境条件的认识，都有赖于对信息的掌握。为了使自己的行为具有理性，经济人必须在任何情况下都具有适当的信念。由于个人不能够了解他或她没有掌握的信息的价值，因此，为信息收集提供一个理想的标准是不可能的。[52]

毫不奇怪的是，艾尔斯特认为，个人行为可能会单凭经验而不是遵循严格的新古典主义规则。由于这个原因，或者由于社会条件的制约，新古典主义关于囚徒困境的说法在经验上是不正确的。个人并不像所能预料的那样频繁地采取搭便车行为，他们在个人选票的作用无足轻重的情况下，也仍然参加大的选区中的选举这类代价高昂的活动。[53]

因此，个人主义方法论的教条是不具说服力的，特别在增加了始终包含着理性选择要求的解释时更是如此。个体概念本身就是“整体性的”；存在许多无需求助于选择的有效的解释类型；也存在许多理由，使人们确信个人不会总是理性地行为——尤其是在狭窄的新古典主义意义上。这说明，理性选择马克思主义实际上比他们所宣称的离新古典主义经济学要更远些，而更接近于结构主义。

5. 结论

艾尔斯特和罗默认为，个人都是社会的人，完全理性在他们看来可能是困难的、甚至是不可能的。这些看法促使我们就理性选择马克思主义的激进观点的现实重要意义，作出以下几点结论：

首先，尽管在罗默和艾尔斯特使用的模型中，经济主体像新古典主义理论家们所假设的那样采取行动，但是，他们的论述经常显示出，他们认为这些模型过于粗糙和简单，需要进一步完善。然而，他们又不总是一贯地坚持这一看法，他们所强调的以理性选择为基础的马克思主义的重要性的主张，也没能反映出新古典主义方法的局限，以及他们本人所承认的理性本身的限制条件。[54] 这种认识对于斯拉法主义者拒绝把政治经济学建立在个人选择基础之上的做法是一种支持。在他们看来，正如新古典主义理论所描述的那样，个人的选择是不稳固的，因为它们包含着对不可预知的未来的猜测；个人选择又是难以确定的，因为它们建立在不能评价其是否适当的主观假设的基础之上。据此，斯拉法主义者认为，新古典主义关于个人选择的看法，对任何试图系统阐述经济体系运行规律的理论来说，都是不够可靠的基础；严密的社会科学，包括马克思主义在内，都应该是结构主义的。[55] 对于这一看法，不论是罗默还是艾尔斯特，都没能作出有力的反驳。而且，罗默对马克思经济学的许多批判，例如他对置盐信雄理论的支持（参见以上第 7 章），与斯拉法主义者对马克思经济学的批判惊人地相似。[56] 这表明，结构主义和微观基础方法不一定是对立的。事实上，罗默和艾尔斯特的微观基础理论，与结构主义经济学的大部分内容显然是不相矛盾的。

罗默和艾尔斯特用以描述他们的方法论的术语是不恰当的，因为他们确实把个人看作具有社会人。这样做的结果是，他们没有把整体的特征分解为个人选择的结果，因为这些特征被保留在进行选择的个体的素质之中。除了宏观行为的微观基础，还存在着微观行为的宏观基础，任何一个人都不能被视作与另一个人相对立。严密的结构主义者的立场是：他们对“个人”的概念并无敌意，他们反对的只是那些不准确地对“个人”予以定义的观点。[57] 把新古典主义准确地描述为方法论上的个人主义，这是正确的；因为它名副其实地把对经济现象的解释分解为对经济人决策的解释；在对微观基础的探求中，它的正统理论否定了其对宏观基础的需要。确实如此，在新古典主义经济学中，个人的偏好和制约条件被视为外生因素。但是，正如我们已经了解到的，不论是罗默还是艾尔斯特都认为新古典主义的观点不具有说服力。他们使用建立在新古典主义原则之上的理论模型，在此基础上发表关于马克思主义的看法，但是他们并不认为这些原则是正确的。

把选择和结构对立起来造成了一种错误的二分法，这种二分法只有在把理性选择马克思主义归于他们并不赞成的结构主义立场时，才是令人信服的。罗默和艾尔斯特都坚持认为结构主义的标志在于：认为个人选择的限制条件严重地制约着切实可行的环境条件，以致选择要么被彻底消除，要么由于受到压制而显得无关紧要。[58] 这是对结构主义观点的一种漫画式的描述，它强调由于系统特征的运作建立在偏好和制约条件的基础上，因此个人的决策是由系统特征“决定”的。[59] 这一看法事实上非常接近于艾尔斯特和罗默的观点。他们并不强调（或者确信这种强调并不重要）在个人选择中存在着唯意志论的巨大因素。至少是更温和的理性选择马克思主义者如科恩和布伦纳，采取了类似于结构主义的决定论立场。[60] 事实上，艾尔斯特和科恩之所以会就功能解释发生争论（参见以上第 11 章第 4 节），是因为艾尔斯特不仅坚持认为马克思的解释应当以个人行为为依据进行系统阐述，而且更强硬地认为，没有什么关于社会现象的描述可以被归类为一种解释——除非它实际上提供了一种把个人主义的解释要素与待解释的社会现象联系起来的机制。科恩正确地抵制了这一说法，他认为，尽管必须存在一种机制，但一种解释不必起源于这种机制，因此，艾尔斯特的这一观点不符合建立在科技哲学家解释之上的逻辑规则，并且也不是艾尔斯特本人一贯所持的立场。然而，科恩并不否认，功能解释的“详尽阐述”是合乎需要的，马克思主义者有时没有意识到这一点，或者，他本人所作的详尽阐述是不完善的，需要进一步加强。[61]

非个人主义解释的详尽阐述，无需限定在对有意识决定的行为的系统阐述上，甚至个人主义的解释，也无需限定在理性选择的范围内。从马克思主义观点来看，艾尔斯特对理性的研究可以看作是关于理性的能力、激励和压力如何随着历史的发展而改变，以及如何随具体环境的变化而变化的概述。就此而言，他的著作是非常有启发的。例如，他对布伦纳关于前资本主义社会的静态特征源自理性经济人的决策（参见以上第 11 章）[62] 的观点提出质疑。惯性行为模式可能会产生与理性选择的结果相一致的结果；但是，既然这些行为模式是习惯性的，它们在不断变化的环境中就仍然保持惯性；如果选择确实是理性的，就无所谓变化的环境。这样，我们就可以更好地理解封建社会的经济人在可以获得效率更高的技术时，为什么不迅速调整其生产行为。对艾尔斯特著作的这种理解，还可以解释为什么科恩在借助于理性时，并不清楚明确地借助于理性选择（参见以上第11章）。科恩只认为存在着理性行为的趋势，而不认为行为总是理性的，或者理性趋势总是明显地达到同一程度。[63]

把理性行为看作强度可变的历史力量，也是看待新古典主义理论的一个适当的角度。当联系到偏好和制约条件都是历史的这一事实时，它意味着新古典主义经济学能够为马克思主义提供的主要服务是作为一种反事实的推理模式。这一方法的推理过程是：首先构造一种模式，在这种模式中，人们竭力去解释的存在着的某种现象，事实上并没有发生；接着，把模式中的假设条件与看来实际上在现实中适用的条件进行比较，就可以得到是什么在事实上导致了所讨论的现象发生的线索。[64]因此，新古典主义的模式可以在不被相信的情况下有效地使用。如果这是一个正确的论断，那么从反事实角度理解时，罗默运用新古典主义理论解决阶级、剥削和财产权问题就是有强大说服力的。

从马克思主义史的视角来看，罗默的分析的实质比其方法更不具原创性。但是，罗默的方法本质上是新古典主义经济学的方法。因此，从经济思想史的整体发展来看，其新颖独特之处在于把不同传统的因素联系在一起：非新古典主义的问题和新古典主义的方法。这是正统经济学范围内的关于广义“帝国主义”发展的一部分，其中使用了既有的新古典主义分析方法来分析传统上被认为是新古典主义理论范围之外的领域。可能正是从这一优点而不是从马克思主义的观点来看，罗默的著作受到高度评价。[65]但是，这一评判尚需有一个重要方面得到说明。过去100年来，马克思主义政治经济学产生了大量观点和不同的分析形式。除了一些明显的例外，它们的一个共同的特点是对经济模型的严密的系统阐述持漫不经心的态度。这却不是任何一位理性选择马克思主义者（尤其是罗默）的特点，理性选择理论的精密性被证明是对马克思主义的有益影响。尤其是我们下一章将要探讨的社会主义政治经济学，在今天尤其需要一些严密的思维习惯。

注释：

1. 参见 G. A. 科恩：《卡尔 · 马克思的历史理论：一种辩护》（*Karl Marx's Theory of*

History: *A Defence*, Princeton, NJ: Princeton University Press, 1978),科恩:《历史,劳动和自由》(*History*, *Labour and Freedom*, Oxford: Clarendon Press, 1988),以及 J. 艾尔斯特:《理解马克思》(*Making Sense of Marx*, Cambridge: Cambridge University Press, 1985),第二部分。

2.J. E. 罗默:《马克思经济理论的分析基础》(*Analytical Foundations of Marxian Economic Theory*, Cambridge: Cambridge University Press, 1981)。

3. 我们对罗默模型的说明没有他自己著作中通常所述的那么规范。参见 J. E. 罗默:《剥削与阶级的一般理论》(*A General Theory of Exploitation and Class*, Cambridge, Mass: Harvard University Press, 1982),第 1 章;更一般的论述,参见罗默:《自由的失去》(*Free to Lose*, Cambridge, Mass: Harvard University Press, 1988),第 49—51 页,第 100—103 页。

4. 斯拉法对新古典主义经济学的批判,无损于罗默对瓦尔拉斯理论的应用,因为斯拉法提出的用于反对"总供给=总需求"分析的"资本争议"说及其他反对观点是没有多少力度的;参见以上第四篇。瓦尔拉斯主义者建立了马克思认为不可能存在的"庸俗经济学"的清晰逻辑。当然,这并不意味着新古典主义经济学的这种形式在经验上是正确的。

5. 我们这里的说明还是直观的,罗默本人的阐述则要严谨得多。参见罗默:《剥削与阶级的一般理论》,第 2 章;简明的说明,参见罗默:《自由的失去》,第 90—99 页。

6. 罗默:《剥削与阶级的一般理论》,第 3 章;罗默:《自由的失去》,第 91—95 页。P.A. 塞缪尔森:《工资和利息:马克思经济模型的现代分析》('Wages and Interest: A Modern Dissection of Marxian Economic Models', *American Economic Review*, 47, 1957,第 884—912 页);以及 K. Wicksell:《政治经济学演讲》(*Lectures on Political Economy*, London: Routledge & Kegan Paul, 1934;初版于 1901 年)第一卷,第 109 页,二者在多年前阐述了同样的观点。

7.H. 布雷弗曼:《劳动和垄断资本:二十世纪劳动的贬值》(*Labor and Monopoly Capital: The Degradation of Work in the Twentieth Century*, New York: Monthly Review Press, 1974);S. 马尔格林:《老板们做什么?资本主义生产中等级制度的起源和作用》('What Do Bosses Do? The Origins and Functions of Hierarchy in Capitalist Production', *Review of Radical Political Economics*, 6, 1974,第 60—112 页);E. O. 赖特:《阶级》(*Classes*, London: New Left Books, 1985)。

8.J. E. 罗默:《马克思主义者就该对剥削感兴趣吗?》('Should Marxists be Interested in Exploitation?', *Philosophy and Public Affairs*, 14, 1985,第 30—65 页);重印于罗默编:《分析马克思主义》(*Analytical Marxism*, Cambridge: Cambridge University Press, 1986),第 81—113 页;罗默:《自由的失去》,第 23 页及其后诸页,第 85—93 页。

9. 罗默:《马克思经济理论的分析基础》;罗默:《剥削与阶级的一般理论》。

10.J. E. 罗默：《马克思剥削与阶级理论的新说明》（‘New Directions in the Marxian Theory of Exploitation and Class’，*Politics and Society*，11，1982，第 253—288 页）；重印于罗默：《分析马克思主义》，第 81—113 页。

11. 同上书，第 102—110 页；罗默：《剥削与阶级的一般理论》，第 194—237 页；罗默：《自由的失去》，第 125—147 页，也可参见 G. 霍奇森：《没有劳动价值论的剥削理论》（‘A Theory of Exploitation Without the Labor Theory of Value’，*Science and Society*，44，1980，第 257—273 页），以及霍奇森：《资本主义，价值和剥削》（*Capitalism*，*Value and Exploitation*，London：Martin Robertson，1982），第 18 章。

12.J.E. 罗默：《分配与征服：马克思工资决定理论的微观基础》（‘Divide and Conquer：Microfoundations of a Marxian Theory of Wage Determination’，*Bell Journal of Economics*，10，1979，第 695—705 页）。

13.E.O. 赖特：《中间阶级的“中间”是什么？》（‘What is “Middle” About the Middle Class？’），载于罗默：《分析马克思主义》，第 114—140 页；赖特：《阶级》。

14. 罗默：《马克思剥削与阶级理论的新说明》，第 105—109 页；罗默：《剥削与阶级的一般理论》，第 275—276 页，第 278 页，第 288—289 页；罗默：《马克思主义者就该对剥削感兴趣吗？》；罗默：《自由的失去》，第 3—4 页，第 9—10 页，第 14 页，第 24—25 页，第 47—51 页，第 52—71 页，第 89 页，第 99 页及其后诸页，第 106 页及其后诸页，第 125—178 页；艾尔斯特：《理解马克思》，第 172—179 页，第 201—204 页，第 227—229 页，第 337 页。

15.M. C. 霍华德和 J. E. 金：《马克思的政治经济学》（*The Political Economy of Marx*，Harlow：Longman，1985），第二版，第 68—70 页。

16.K. 马克思：《资本论》第一卷中文版，第二十四章第 7 节；马克思：《资本论》第三卷中文版，第十章；R. L. 米克：《劳动价值论研究》（*Stuies in the Labour Theory of Value*，London：Lawrence & Wishart，1973），第二版，第 l—xliv 页；霍华德和金：《马克思的政治经济学》，第 54—59 页。

17. 马克思：《资本论》第一卷中文版，第二十二章；马克思：《资本论》第三卷中文版，第二十章、第三十六章、第三十七章；马克思：《政治经济学批判大纲》（*Grundrisse*，Harmondsworth：Penguin，1973），第 497—515 页。

18. 马克思：《资本论》第三卷中文版，第二十章。

19. 马克思：《资本论》第一卷，第十二章第 5 节，《马克思恩格斯文集》第 5 卷，人民出版社 2009 年版，第 425 页。

20. 当然，对于“技能降低理论”的实际效果而言，这并不能说明什么；参见霍华德和金:《马克思的政治经济学》，第 7 章。

21. 马克思:《资本论》第一卷中文版，第十一章，第十二章，第十三章；霍华德和金:《马克思的政治经济学》，第 57—59 页；罗默:《马克思剥削与阶级理论的新说明》，第 94 页，第 116—117 页；罗默:《回答》(‘Reply’，*Politics and Society*，11，1982，第 375—383 页)；罗默:《马克思主义者就该对剥削感兴趣吗？》，第 269—270 页；罗默:《自由的失去》，第 85—88 页，第 96 页及其后诸页，第 188—189 页；艾尔斯特:《理解马克思》，第 192—193，第 284 页及其后诸页。构建一种剥削仅仅产生于资本主义生产过程的模型是可能的；参见 A. Przeworski:《约翰·罗默的伦理唯物主义》(‘The Ethical Materialism of John Roemer’，*Politicsand Society*，11，1982，第 289—313 页)；M. A. Lebowitz:《“分析马克思主义”是马克思主义吗？》(‘Is “Analytical Marxism” Marxism？’，*Science and Society*，52，1988，第 191—214 页)，以及 W. H. L. Anderson 和 F. W. Thompson:《新古典主义的马克思主义》(‘Neoclassical Marxism’，*Science and Society*，52，1988，第 215—228 页)，也可参见 G.A.Dymski 和 J.E.Elliott:《基本剥削分类》(‘The Taxonomy of Primary Exploitation’，*Review of Social Economy*，47，1989，第 338—372 页)。

22.R. L. 米克:《经济学和意识形态》(*Economics and Ideology*，London：Chapman & Hall，1967)，第 93—112 页；米克:《劳动价值论研究》第 i—xliv 页；霍华德和金:《马克思的政治经济学》，第 54—59 页。

23. 罗默:《马克思剥削与阶级理论的新说明》，第 105—109 页；罗默:《回答》，第 393—394 页；罗默:《剥削与阶级的一般理论》，第 275—276 页，第 288—289 页；罗默:《马克思主义者就该对剥削感兴趣吗？》；罗默:《自由的失去》，第 3—4 页，第 9—10 页，第 14 页，第 24—25 页，第 47—51 页，第 52—71 页，第 89 页，第 99 页及其后诸页，第 106 页及其后诸页，第 125—178 页；A. Levine:《走向正义的马克思理论》(‘Toward a Marxian Theory of Justice’，*Politics and Society*，11，1982，第 343—362 页)；J. 艾尔斯特:《与罗默相反对的罗默》(‘Roemer versus Roemer’，*Politics and Society*，11，1982，第 363—374 页)；艾尔斯特:《理解马克思》，第 172—179 页，第 201—204 页，第 227—229 页，第 337 页。

24.A. Wood:《卡尔·马克思》(*Karl Marx*，London：Routledge & Kegan Paul，1981)；S. Lukes:《马克思主义与道德》(*Marxism and Morality*，Oxford：Oxford University Press，1987)；R. N. Berki:《社会主义》(*Socialism*，London：Dent，1975)；艾尔斯特:《理解马克思》，第 148 页，第 216—233 页，第 516 页；A. 普沃斯基:《资本主义和社会民主主义》(*Capitalism and Social Democracy*，Cambridge：Cambridge University Press，1985)，第 239—248 页；J.E.Elliott:《论马克思对资本主义道德批判的可能性》(‘On the Possibility of Marx’s Moral Critique of

Capitalism', *Review of Social Economy*, 44, 1986, 第 130—145 页); 也可参见本卷第 18 章。

25.M. Levi 和 D. C. North:《走向剥削的财产权理论》('Towards a Property-Rights Theory of Exploitation', *Politics and Society*, 11, 1982, 第 315—320 页); Przeworski:《资本主义和社会民主主义》, 第 223—238 页。

26. 罗默:《马克思剥削与阶级理论的新说明》, 第 110 页; 罗默:《自由的失去》, 第 13 页, 第 54 页, 第 70—71 页, 第 121 页, 第 134 页, 第 138—140 页, 第 145—147 页, 第 158 页。

27. 罗默:《马克思剥削与阶级理论的新说明》, 第 110 页。

28. 普沃斯基:《资本主义和社会民主主义》, 第 223—228 页。

29.E. J. Mishan:《福利经济学述评(1939—1959 年)》('A Survey of Welfare Economics, 1939—1959', *Economic Journal*, 70, 1960, 第 197—256 页)。

30. 罗默:《马克思主义者就该对剥削感兴趣吗?》; 罗默:《自由的失去》, 第 52—71 页。

31. 罗默:《马克思经济理论的分析基础》, 第 1—14 页, 第 202—220 页; 罗默:《方法论的个人主义和演绎的马克思主义》('Methodological Individualism and Deductive Marxism', *Theory and Society*, 11, 1982, 第 513—530 页); J. 艾尔斯特:《马克思主义, 机能主义和博弈论: 个人主义方法论的存在理由》('Marxism, Functionalism and Game Theory: The Case for Methodological Individualism', *Theory and Society*, 11, 1982, 第 453—482 页); 艾尔斯特:《理解马克思》, 第 5—8 页; 艾尔斯特:《对马克思主义, 机能主义和博弈论的进一步思考》('Further Thoughts on Marxism, Functionalism and Game Theory'), 载于罗默:《分析马克思主义》, 第 202—220 页; Przeworski:《约翰·罗默的伦理唯物主义》; P. Van Parijs:《马克思主义经济学为什么需要微观基础: 对一篇讣告的附言》('Why Marxist Economics Needs Microfoundations: Postscript to an Obituary', *Review of Radical Political Economics*, 15, 1983, 第 111—124 页); S.Lukes:《对个人主义方法论的再思考》('Methodological Individualism Reconsidered', *British Journal of Sociology*, 19, 1968, 第 119—128 页); 以及 G. 霍奇森:《在个人主义方法论的背后》('Behind Methodological Individualism', *Cambridge Journal of Economics*, 10, 1986, 第 211—224 页), 为个人主义方法论的各种争论提供了分析和参考。

32. 参见本书第一卷第 3 章, 以及本卷第 11 章。

33.P. A. 萨谬尔逊:《经济分析基础》(*Foundations of Economic Analys*, Cambridge, Mass: Harvard University Press, 1947), 第 8 页; C.J. 布利斯:《资本理论和收入分配》(*Capital Theory and the Distribution of Income*, Amsterdam: North-Holland, 1975), 第 28—29 页, 第 32 页。第 71—72 页, 第 88 页, 第 120 页; M.C. 霍华德:《经济理论中的利润》(*Profits in Economic Theory*, London: Macmillan, 1983), 第 73—77 页, 第 153—155 页。

34.F. H. 哈恩：《凯恩斯经济学和一般均衡理论：对当前一些争议问题的思考》（'Keynesian Economics and General Equilibrium Theory: Reflections on Some Current Debates'），载于 G. C.Harcourt 编：《宏观经济学的微观基础》（*The Microfoundations of Macroeconomics*, London: Macmillan, 1977），第 25—40 页；M.C. 霍华德：《经济理论中的利润》（*Profits in Economic Theory*，London：Macmillan，1983），第 164—177 页。

35.G. 卢卡奇：《历史与阶级意识》（*History and Class Consciousness*，London：Merlin，1971），第 1—26 页。

36.D.F.B.Tucker：《马克思主义和个人主义》（*Marxism and Individualism*，Oxford：Basil Blackwell，1980），第 11—34 页。

37. 艾尔斯特：《理解马克思》；J. Sensat 在《方法论的个人主义和马克思主义》（'Methodological Individualism and Marxism'，*Economics and Philosophy*，4，1988，第 189—219 页）中为捍卫马克思而对艾尔斯特的指责进行了反驳。

38. 不论是罗默、艾尔斯特，还是其他维护个人主义方法论的理性选择马克思主义者，都没有就判断某种解释是更合适还是更不合适的标准提供一个正式和系统的说明；J. 艾尔斯特的《社会科学疑难问题》（*Nuts and Bolts for the Social Sciences*，*Cambridge*：Cambridge University Press，1989）是最接近于做到这一点的著作。

39.J.Sturrock：《结构主义》（*Structuralism*，London：Paladin，1986），第 7 页。

40.A. Levine：《对〈理解马克思〉的评论》（Review of making Sense of Marx，*Journal of Philosophy*，83，1986，第 721—728 页）。

41.J. 艾尔斯特：《尤利西斯和塞壬》（*Ulysses and the Sirens*，Cambridge：Cambridge University Press）；艾尔斯特：《导言》，载于艾尔斯特编：《理性选择》（*Rational Choice*，Oxford：Basil Blackwell，1986），第 1—33 页。

42.J. 艾尔斯特：《酸葡萄》（*Sour Grapes*，Cambridge：Cambridge University Press，1983），第 1 章；艾尔斯特：《理解马克思》；P.Van Parijs：《机能主义的马克思主义的复兴：对艾尔斯特的评论》（'Functional Marxism Rehabilitated：A comment on Elster'，*Theory and Society*，11，1982，第 497—512 页）。

43.G. 热拉尔：《价值理论》（*Theory of Value*，New Haven，Conn：Yale University Press，1959），第X页。

44.K. J. 阿罗和 F. H. 哈恩：《一般竞争分析》（*General Competitive Analysis*，Edinburgh：Oliver & Boyd，1971）；M. C. 霍华德：《当代收入分配理论》（*Modern Theories of Income Distribution*，London：Macmillan，1979），第 1 章和第 2 章；K. 阿罗：《经济理论和理性假

设》（‘Economic Theory and the Hypothesis of Rationality’），载于 J. 伊特韦尔、M . 米尔盖特和 P. Newman 编：《新帕尔格雷夫经济学词典》（*The New Palgrave*：*A Dictionary of Economics*，London：Macmillan，1987），第二卷，第 69—75 页；A.Levine、E.Sober 和 E.O. 赖特：《马克思主义和方法论的个人主义》（‘ Marxism and Methodological Individualism’，*New Left Review*，162，1987，第 67—84 页）。也可参见 A. Kirman：《当代经济理论的内在缺陷：皇帝的新装》（‘The Intrinsic Limits of Modern Economic Theory：The Emperor Has No Clothes’，*Economic Journal*，99，1989，第 126—139 页）。

45.E.K. 亨特：《价值理论中的理性主义和经验主义》（‘Rationalism and Empiricism in Economic Theories of Value’，*Social Science Journal*，14，1978，第 11—25 页）；参看 S.Hargreaves Heap：《经济学中的理性》（*Rationality in Economics*，Oxford：Basil Blackwell，1989）中对信息时代的探讨以及有关制度建立方面的内容。

46. 参见本卷第 11 章的注释 26。

47.J. 艾尔斯特：《逻辑与社会》（*Logic and Society*，Chichester：Wiley，1978）；艾尔斯特：《尤利西斯和塞壬》；艾尔斯特：《信仰，偏见与意识形态》（‘Beliefs，Bias and Ideology’），载于 M. Hollis 和 S. Lukes 编：《理性与相对主义》（*Ration ality and Relativism*，Cambridge，Mass：MIT Press，1982），第 123—148 页；艾尔斯特：《导言》，载于艾尔斯特编：《理性选择》。

48.J. 艾尔斯特：《社会的胶合剂：社会秩序研究》（*The Cement of Society*：*A Study of Social Order*，Cambridge：Cambridge University Press，1989）。

49.M. 布劳格：《凯恩斯以来的杰出经济学家》（*Great Economists Since Keynes*，Brighton：Wheatsheaf，1985），第 228—231 页。

50. 艾尔斯特：《导言》，载于艾尔斯特编：《理性选择》，第 15 页。

51. 艾尔斯特：《理解马克思》，第 476 页。

52.Hargreaves Heap：《经济学中的理性》。

53. 艾尔斯特：《导言》，载于艾尔斯特编：《理性选择》，第 25 页；G. Marwell 和 R. Ames：《经济学家的“便车”，是其他任何人都搭乘的吗？》（‘Economists Free Ride，Does Anyone Else？’，*Journal of Public Economics*，15，1981，第 295—310 页）。

54.J. E. 罗默：《理性选择马克思主义：方法和实质的一些问题》（‘Rational Choice Marxism：Some Issues of Method and Substance’），载于罗默：《分析马克思主义》，第 191—201 页；参见艾尔斯特：《理解马克思》。

55. 霍华德：《经济理论中的利润》，第 143—144 页。

56. 请比较 I. 斯蒂德曼：《斯拉法以后的马克思》（*Marx After Sraffa*，London：New Left

Books，1977）与罗默：《马克思经济理论的分析基础》。

57. 正如托洛茨基所认为的，历史唯物主义“使个人简化为社会的人”；参见《托落茨基文集（1932—1933 年）》（*Writings of Leon Trotsky*，1932-1933，New York：Pathfinder，1972），第 185 页（着重予以强调）。

58. 艾尔斯特：《导言》，载于艾尔斯特编：《理性选择》，第 22—24 页；罗默：《理性选择马克思主义》。

59.L. 阿尔都塞和 E. Balibar：《读〈资本论〉》（*Reading Capital*，London：New Left Books，1970）；T. Benton：《结构主义的马克思主义的兴起和衰落》（*The Rise and Fall of Structural Marxism*，London：Macmillan，1984），第 36—45 页，第 64—65 页，第 67 页，第 98 页，第 106 页。

60.J. 艾尔斯特：《阶级的三个挑战》（‘Three Challenges to Class’），载于罗默：《分析马克思主义》（*Analytical Marxism*），第 141—161 页；艾尔斯特：《理解马克思》，第 6 章。

61. 参见本卷第 11 章的注释 42。艾尔斯特现在似乎已经承认了科恩的观点，并承认功能解释原则上是一种有效的解释形式，但是他仍然不喜欢这种解释；参见 J. 艾尔斯特：《对马克思主义、机能主义和博弈论的进一步思考》。

62.R. 布伦纳：《经济发展的社会基础》（‘The Social Basis of Economic Development’），载于罗默：《分析马克思主义》，第 23—53 页。

63. 科恩：《卡尔·马克思的历史理论：一种辩护》，第 152 页及其后诸页。

64. 霍华德：《经济理论中的利润》，第 86 页，第 89 页，第 111 页，第 115 页，第 118 页，第 191 页。

65.M. Olson：《集体行为的逻辑》（*The Logic of Collective Action*，Cambridge，Mass：Harvard University Press，1965）；G. Becker：《人类行为的经济方式》（*The Economic Approach to Human Behavior*，Chicago：Chicago University Press，1976）；J. Hirshleifer：《不断扩展的经济学领域》（‘The Expanding Domain of Economics’，*American Economic Review*，75，1985，第 53—68 页）。也可参见本卷第 18 章。

第 18 章　社会主义政治经济学

1. 引言

在马克思主义思想史上，社会主义政治经济学由于人们对资本主义生产方式给予的过多关注而相形见绌，只有后资本主义经济组织问题作为一段小插曲，走到了理论关注的前沿。即便如此，它也常常是在非常具体的环境下出现的，而这种具体的环境条件又制约着可能得出的结论的普遍性。本章第 2 节和第 3 节将解释这种对社会主义政治经济学的忽视是如何内在地存在于最初的马克思主义观点中的。接着的一节将揭示：为什么自 20 世纪 20 年代以来，尤其是 20 世纪 70 年代以来，社会主义政治经济学被提高到一个较为显著的位置。当“实际存在的社会主义”[1]的危机的深度开始变得明显之时，1989 年的剧变预示着，这一主题将主导 20 世纪 90 年代的马克思主义政治经济学。[2]本卷最后一章对社会主义政治经济学所作的单独探讨，恰如其分地反映了马克思主义政治经济学自身的历史。

我们进行探讨的时间跨度很大。从下一节探讨马克思和恩格斯的观点开始，接着在第 3 节论述第二国际著名理论家的观点。对苏联早期实践的反思构成第 4 节的主题。第 5 节则探讨两次大战期间在西方经济学家中进行的著名的“社会主义计算的争论”。在马克思主义和非马克思主义经济学中，主要作为战后现象的斯大林主义和去斯大林化的政治经济学，则在第 6 节进行概述。这为 20 世纪 80 年代进行的关于社会主义可行性的讨论提供了背景，本章第 7 节将对此进行论述。

不过，在开始探讨马克思和恩格斯的观点之前，我们应当了解一个事实，即关于后资本主义社会的大部分讨论都是不确定的。首先，理论家们都慎重对待设想中的社会主义的存在环境问题，其观点相去甚远。许多理论家绝对地把社会主义构想成一个孤立的系统，而其他理论家则承认社会主义将与资本主义共同存在，并不得不与它发生联系并使自己适应于它。[3]但是，马克思主义者有时不清楚他们的观点是否与过渡时期有关，或者它们是否也可以扩展到了一种已经稳定的新的社会形态内。

第二，效率问题没有得到充分的讨论。马克思主义者一贯认为，社会主义经济结构比资本主义经济结构更能有效地满足人们的需要。但是，他们在对其含义进行详细说明时却遇到了困难。依据唯物史观，人性—意识，兴趣，抱负和能力——随社会关系的变化而变化，因此，社会主义社会中人的需要也将不同。[4]但是，准确地确定它们如何不同，必然是一种理论上的推测活动，从而对社会主义经济制度效率的任何评定也是理论上的一种推测。[5]当假设后资本主义社会在很长时期内仍可能保持发达资本主义通行的动机和需求结构时，这个问题就好解决得多了。然而，尽管许多马克思主义者都确信这是着手研究社会主义经济的最合理的假设，但是，他们常常无法面对这一假设的言外之意，即社会主义只有在满足同样的需求方面优越于资本主义，而不仅仅是由于它可以更好地适应于满足新的需求时才能赢得支持。因此，对现代资本主义——而不是马克思时代的资本主义——为什么可能失败进行正确的研究，就是一个迫切的问题。总体而言，马克思主义者一直倾向于回避这一问题，他们一再重复传统的论证，诸如资本主义制度下发生危机的倾向、对资源的挥霍和浪费以及非人的残酷条件，而迄今为止，这些论证并没有使发达国家中的更多人相信资本主义需要被新的制度所取代。

第三，社会主义者传统上认为，一旦后资本主义社会得以建立，压迫就会显著减少，甚至可能彻底消亡。这一信念得以建立的基础是假设所有人的需要将会在社会主义条件下得到更好的满足，因此，它有赖于社会主义的效率。[6]但是，这一看法并没有充分地认识到，在非压制关系居统治地位的情况下，效率必须在微观结构中得以普及，而不只限于宏观经济。否则，“彼此同意的成年人之间的资本主义行为”就有重新出现的趋势[7]，社会主义将从内部受到威胁。因此，在提高自由程度仍然是社会主义事业的主要动机的范围内，为社会主义提供蓝图的任何企图都必须对这一问题保持特别的敏感。然而，几乎所有正式的社会主义经济模式都忽略了这一点。例如，20 世纪 30 年代始于奥斯卡·兰格的著名蓝图（参见本章第 5 节），以及市场社会主义的大部分现代观点的妙想，都没有试图研究这一问题。兰格只是想当然地认为，把生产资料的私有权排除在外的“社会主义法制”将得到坚持。

第四，“实际存在的社会主义”显然不是富有效率的，也不是非高压统治的那种社会主义，它们的历史在多大程度上与实现真正的社会主义有关系，是一个很难回答的问题。可以认为，从马克思主义传统看，苏联和东欧的所谓“社会主义”的明显失败，与真正获得解放的社会的可行性问题并没有什么联系。马克思本人在他的大部分理论研究生涯中，一直坚持认为社会主义既需要生产力的高度发展，也需要广大的工人阶级群众有意识的支持和参与。1917 年落后的俄国则不具备上述任何一项条件，当时，俄国无产阶级的力量很微弱，并且很快就屈从于布尔什维克的专政。第二次世界大战结束时，在红军坦克的炮筒之下输出的苏联模式，也不能构成对马克思的社会主义计划可行性的公正检验。正如我们在前面第 3 章所了解到的，几个持不同见解的马克思主义派别广泛地关注苏联生产模式，它或者被视为阶级社会的一种新形式，或被看作一种扭曲的和反常的过渡社会类型，其崩溃被广泛地预测到。

同时，如果仅仅因为社会主义产生的经济困难几乎必然地被任何社会主义实验所经历，而不论进行这一实验的环境条件多么有利，就由此坚持认为斯大林主义的实践与社会主义是不相干的，这种看法是错误的。社会主义的批判者认为，就社会主义本质而言，任何把社会主义付诸实践的尝试都必定导致效率低下，因而只能通过高压统治来维持。[8] 然而，苏联模式社会主义产生的历史性的危机说明，必须谨慎地对待现实的社会主义实践。这在两方面都说得通。就粗略的增长率而言，苏联在 20 世纪 60 年代之前的迅速发展，很大程度上依赖于从发达资本主义国家引入技术，其他社会主义国家不大可能模仿这一点。另一方面，面对虎视眈眈、掠夺成性的资本主义，在军事上赢得均势的迫切需要，以可能的方式影响着苏联的社会—经济结构（参见以上第 2 章和第 3 章）。[9]

上述四点说明了一个问题，即资本主义政治经济学和社会主义政治经济学需要密切地联系起来。正是由于社会主义被看作是一种后资本主义的社会结构，在这种社会结构中，人们在资本主义社会所获得的自由和解放将得到进一步扩展，因此，社会主义经济学只有建立在对资本主义进行彻底了解的基础上才有说服力。本书前面的章节已经指出，在这方面，马克思主义可能存在着真正的局限。马克思主义经济学家在分析资本主义时频频出现错误，这种错误必定会渗入他们的社会主义概念之中。不过，在 1929 年之前，资本主义和社会主义的密切联系确实得到过关注。特别是马克思和恩格斯的实际分析尽管存在着严重缺陷，但他们的方法论依然为如何构建社会主义经济学提供了一种模式。

2. 马克思和恩格斯论后资本主义社会

社会主义的理想在马克思主义出现之前就存在了很久。马克思主义者对早先的关于如何组织社会主义的观点提出的批评已被发现是错误的，这特别是由于他们没能就自己关于后资本主义社会的制度安排的观点提供更深入的解释。[10] 当然，马克思和恩格斯在对他们之前的社会主义蓝图大肆奚落时，并未感到有什么限制，但他们自己却不愿详细说明他们关于未来社会结构的看法。并且，当他们确实这么做时，其说明通常是对当时发生的事件的一种反应，而不是就主题本身进行全面的讨论。[11] 事实上，这种立场是他们理论性质的逻辑上的必然结果。马克思和恩格斯对社会主义传统思想的首要贡献是一种科学的观点，从这种科学观点来看，社会主义因素作为资本主义自身发展的结果产生于资本主义内部。他们认为，这一点使得离开现存社会可能发生的事情去系统阐述社会主义理想的企图受到限制。“科学社会主义”的大胆预言，总是无不震惊朋友和敌人，但在这种震惊背后的却是世俗的假定，即任何社会主义方案的价值都有赖于它的实用性。

因此，我们可以相对容易地确定马克思和恩格斯所认为的后资本主义经济的主要特征。这些特征在逻辑上来自于他们所认为的日益制约着资本主义充分满足人们需要的那些因素。这里的核心概念是异化。[12] 后资本主义社会最终将是一个不存在异化的社会：人类劳动的产品将不再统治它们的创造者，而是处于人类自觉的控制之下。马克思和恩格斯认为，这一特征要求消灭商品生产和生产资料私有制。因此，为了达到这些目的，任何形式的未来社会从一开始就要削减市场活动。[13]

此外，社会主义解决资本主义没有能力满足人们需要的方案，也直接来自于异化。在马克思看来，异化的条件与历史唯物主义的领域是统一的。他认为，在资本主义条件下，生产力和生产关系的矛盾附着于这样一个事实，即生产力日益要求新的社会主义关系的产生。《资本论》中论述的所有具体的“运动规律”——消费不足的危机，利润率下降以及不断扩大的失业后备军——都源于此。由于这些“规律”产生的严峻后果影响着工人阶级的生存条件，因此，马克思和恩格斯把无产阶级看作是推翻资本主义的主要力量。由于这个原因，他们认为，尽管社会主义自身将普遍地提高人们的生活水平，但是，后资本主义社会首先将采取工人阶级国家的形式。[14]

在马克思和恩格斯看来，无产阶级的革命活动将导致人类的普遍解放，因为作为革命基础的生产力和生产关系之间的矛盾，同样也在朝着社会主义方向修正着资本主义生产关系。因此，无产阶级只是使资本主义内部目前已经萌芽的事物成为现实。这里，至关重要的是马克思和恩格斯的这一看法：资本主义的发展包含着生产资料积聚和集中的显著趋势，这种趋势会缩减商品关系的范围，从而为不存在交换的使用价值生产提供基础。正是这一关键点，使马克思和恩格斯确信，社会主义经济将是有计划的。[15]

从这一历史唯物主义观点出发，马克思和恩格斯批评空想社会主义者把理想与现实发展分离开来、并经常与现实发展相悖，是有其道理的。而且唯物史观也免除了自己为未来社会提供详细蓝图的义务。

> 无论哪一个社会形态，在它所能容纳的全部生产力发挥出来以前，是决不会灭亡的；而新的更高的生产关系，在它的物质存在条件在旧社会的胎胞里成熟以前，是决不会出现的。所以人类始终只提出自己能够解决的任务，因为只要仔细考察就可以发现，任务本身，只有在解决它的物质条件已经存在或者至少是在生成过程中的时候，才会产生。[16]

据此得出的必然结论是：对后资本主义社会进行描述可望达到的详细程度，取决于资本主义发展的成熟程度。[17] 因此，指责马克思和恩格斯本身是空想社会主义者是完全不正确的，由此认为历史唯物主义可以与乌托邦主义的新形式相结合则是误入歧途。[18] 马克思和恩格斯关于资本主义发展的看法当然是错误的，从而他们对任何社会主义的未来形式的看法当然也是错误的。但是，他们解决这一问题的方式依然是合理的。

然而，他们错误地认为，资本主义自身具有的发生危机的趋势，对于说明社会主义的优越性至关重要。即便他们已经为其关于资本主义经济危机将会日趋严重的观点提供了一个可信的基础，这也不能说明社会主义更可取，或者说明社会主义是广大工人阶级更愿选择的一种制度。一个浪费的和低效的资本主义制度（资源在这种制度下令人羞耻地得不到充分利用）可能仍然比任何其他可行的选择都明显地要更好些。而且，即便资本主义制度下利润率下降、失业上升和消费不足变得更加严重，也不能排除资本主义关系紧接着反资本主义革命之后，在微观层次上重新建立起来。个人就如何最有效地生产出特定商品进行计算时，可能不会把资本主义生产方式的宏观经济后果考虑在内。因此，社会主义经济结构只有在每一个生产领域都具有更高的效率，才能保证后资本主义社会不会倒退回资本主义。[19]

这些看法表明，马克思和恩格斯用以论证他们赞同社会主义的另外两个观点的重要性。第一，资本主义自身通过不断扩大的资本积聚和集中，使生产关系不断社会化。第二，商品生产的消除越来越与人们深切感受到的（如果只能不完全地表达）自我实现和克服异化的需要相一致。但是，这两个观点都不易得到证明。马克思和恩格斯关于资本主义将逐步消除全部商品关系的预测是错误的。尽管他们关于资本积聚和集中趋势的看法是正确的，但是，这并不能对在非商品原则基础上组织经济生活的观点予以解释和说明。各个大型生产单位之间居于统治地位的关系仍然是货币关系；各个公司的内部结构是对外部竞争的一种适应；这些结构通常建立在准市场原则基础之上。[20]并且除了像保健供应这样的特定领域，人们在满足其消费需求方面几乎没有显示出对市场有什么不满。然而，在马克思主义政治经济学史上，理论家们却在马克思关于资本集中的观点、以及他对市场关系敌视的观点上显示出固执的忠诚。在第二国际时代尤其是如此。

3. 社会主义和第二国际

马克思的科学社会主义是与他对革命政治的巨大热情联系在一起的。因此，在他的著作中，一方面是对社会主义取得成功所要求的条件进行慎重判断，另一方面是对资本主义终结的热切渴望，二者之间呈对立之势（参见本书第一卷第7章）。马克思有时也对历史赋予超越科学判断的"意义"，认为后资本主义社会代表着社会哲学的全部理论问题得到真正的解决，并由此构成人类对自身探索的终结。[21]但是，德国马克思主义者并不很认同马克思科学观的这两个限制条件。他们中的所有马克思主义著述者大多强调马克思著作的科学方面，许多人认为社会主义是一个"实际的"事情。在这里，马克思成熟著作的过度影响是显而易见的，同样显而易见的是马克思主义变成了工人阶级政党被迫为"面包和黄油"利益服务的理论（参见本书第一卷第1章和第4章）。俄国马克思主义则不同，面对沙皇专制统治造成的落后状况，它不得不以更剧烈的方式提出革命问题。但是，俄国的杰出理论家们同德国马克思主义者一样，并不违背科学社会主义的宗旨和原则。就社会主义经济学而言，甚至在1914年第二国际解散之后，列宁和布哈林仍旧是希法亭的信徒，而布尔什维克的先锋主义，正如列宁在《怎么办？》一书中所指出的，是在考茨基的著作中找到根基的。[22]

考茨基坚持认为，社会主义需要资本主义的充分发展，并通过现存制度内议会民主力量的增长得以实现。与许多现代马克思主义者的评价不同，在第一次世界大战之前，考茨基的这种观点通常被他的同时代人认为是合理的。确实，他关于通过议会民主下的激进改革实现社会主义的观点，在当时几乎没有遇到批评。[23]（考茨基认为，暴力革命可能是需要的，但它仅仅是对付抵抗历史必然性的保守力量的一种防卫措施。）[24]普列汉诺夫关于资产阶级民主制度下的恰当策略的观点，在本质上与此相同。许多孟什维克竭力主张仿效1905年革命后的德国政党制度。列宁对此持反对态度，但是，他反对的理由主要集中在俄国缺乏可靠的政体条件，而不是基于1914年之后逐步形成的对考茨基主义的反对。[25]

在组织社会主义经济方面，考茨基显然忠实于马克思和恩格斯的看法，认为在未来的社会主义社会中，社会所有制居于支配地位，资源分配是有计划的，权力机构完全民主。考茨基并没有试图对确切的制度结构进行详细说明，出于同样的原因，马克思也没有写出“未来的操作手册”：详细的方案不能够先于历史发展提出来。[26]然而，考茨基承认，资本主义的许多因素在工人阶级掌握政权之后的一段时间内可能会继续存在。马克思已经承认过这一点[27]，但考茨基的论述要更为深入，也更加明确。这可能反映了修正主义论战的影响（参见本书第一卷第4章）。但是，考茨基只是笼统地表明了自己的观点。尽管在未来的社会主义社会中，将有一个扩大得多的政府供应来满足工人阶级的住房、教育和社会保障需要，但是，生产资料私有制（尤其在农业和智力活动中）仍将继续存在；以不平等来维持对工作的激励，不会立即停止。此外，考茨基还认识到：

> 迄今为止，货币是最简单的手段，它使现代生产力这样复杂的机制可能存在……保证商品的流通……货币手段使每一个人根据个人偏好来满足自己的需要成为可能……作为流通的手段，货币在更好的替代品被发现之前是必不可少的。[28]

在考茨基的著作中，资本主义的发展要求生产资料不断进行集中的看法依然非常明显。[29]因此，考茨基从未明确地设想过一种成熟的社会主义经济会不需要充分的社会化的和计划。随后的社会主义理论和实践的发展进一步论证了这一预见，最显著的是希法亭的《金融资本》和第一次世界大战的历程。[30]希法亭的这部著作说明了国家资本主义经济的有组织的性质，他明确地把这一点与社会主义的实现联系起来。

> 金融资本把社会生产的支配权越来越集中到少数最大的资本集团手中，使生产的经营权同所有权相分离，生产社会化达到资本主义范围内所能达到

> 的限界……金融资本的趋势是建立对生产的社会控制［这］……使战胜资本主义变得非常容易……社会通过其自觉的执行机关——被无产阶级夺取的国家——占有金融资本，就足以立即获得控制权……剥夺根本不必延及大量农场和小企业，因为通过对农场和小企业长期依赖的大型产业的剥夺，这些农场和小企业就间接社会化了。因此，这也使剥夺过程缓慢地达到成熟成为可能。[31]

《金融资本》对马克思主义经济理论产生了非常重大的影响，它强化了这样一个观念，即社会主义植根于“真正的发展”之中，只有“真正的发展”才使社会主义成为必然的未来（参见本书第一卷第5章）。

对这一观点的进一步支持，出现在1914年之后的德国战时经济结构中。它对布哈林和列宁产生的显著影响，在本书第一卷第13章中已经论及。他们的论述中有许多新颖独到的因素，以下我们将对此作出评论。但是，他们为捍卫关于社会主义将完全地延续现代资本主义有组织的特征的观点所作的努力，得到广泛认同。[32] 计划的实践也促使奥地利社会主义者和一位博学者奥托·纽拉斯提出了社会主义经济的第一个马克思主义蓝图。在1916年之后的一系列文章中，他勾划出了一个社会化、有计划和无货币居支配地位的经济可能实际运行的轮廓：

> ［通过计划和］……普遍的统计……［经济的］总体结构 ……能够提高……经济效率。经济计划将由一个把整个国民经济看作一个巨大企业的特殊机关制订。货币价格将不再重要……因为在计划经济的框架内，这些价格——只要它们还继续存在——是由一种基本上是主观的方式决定的……我们最终必须把自己从过时的偏见中解脱出来，把大规模的实物经济看作一种充分有效的经济形式。[33]

纽拉斯的著作，以及同时出现的俄国革命后的战时共产主义现象，促使路德维希·冯·米塞斯对社会主义将富有效率的观点进行驳斥（参见以下第5节）。但是，在此之前，奥地利学派的其他成员就已奠定了基础性工作。在19世纪的最后几十年中，作为对马克思价值理论批判的一部分，维塞尔和庞巴维克认为，边际主义理论的各种类型具有普遍的意义，且不受历史上具体的资本主义经济结构形式的限制。相对价格是稀缺条件下机会成本的替代率，利润则代表“迂回”

生产过程的额外生产力，同时保持当前消费对未来消费的时间偏好。因此，现代经济的计划者们不能够省去这些范畴而希望保持效率。[34]

这一观点在1908年由恩里克·巴罗纳进一步加以论证。[35] 他从瓦尔拉斯的视角出发进行论证，并受到帕累托福利经济学的巨大影响。他证明，资源的有效配置所要求的条件，在任何经济社会都是一样的，因此，它与特定制度结构无关："……集体主义均衡的方程组正是自由竞争均衡的方程组。"[36] 巴罗纳认为，一个社会化的、集中计划的和取消货币的经济，在原则上可以是有效率的；但是，最优化条件的复杂性使他相信，不利用市场体系，这些条件在实际上是不可能实现的。社会主义的看得见的手注定要明显劣于"生产的无政府状态"。

在1920年米塞斯发表其见解之前，没有任何形式的"庸俗经济学"对马克思主义关于社会主义经济学的讨论产生过影响。然而，来自社会民主派内部的批评的确开始削弱正统观念的"铜墙铁壁"。19世纪90年代，德国和俄国的修正主义者都对马克思描述的资本主义发展的"运动规律"包括资本集中提出了质疑。他们还从奥地利学派的分析角度，对马克思的价值理论进行了批判。但是，对于已被接受的社会主义经济结构和现代资本主义关系的看法，主要的修正主义者并没有明确地提出质疑。他们更关注于改变政治策略和为社会主义伦理观提供一个可供选择的基础（参见本书第一卷第4章和第10章）。

马克思主义关于社会主义的理论受到的震动，还在于1905年和1917年革命中工人委员会的成立，并在第一次世界大战中遍及大部分欧洲国家，最后遭夭折。这使得自由主义者重新恢复了对无产阶级专政的解释，恢复了对迄今为止实际上一直为无政府主义者和工团主义者所垄断的公社国家的解释。社会主义革命包含对现有国家机器取得民主控制的正统观点，现在受到了来自马克思主义左派的攻击。他们认为，必须"打碎"已有的国家机器，要在与以往不同的原则基础上建立新的政权。尽管这些观点很大程度上建立在马克思和恩格斯对巴黎公社的看法之上，因而能够得到马克思的信任状，并且没有被马克思主义者用作质疑那些已接受的社会主义经济学观点，但是，它们同社会主义形成于发达资本主义结构的科学假设这一总体观点是不统一的。如果有组织的资本主义是社会主义经济的先兆，历史唯物主义就将指出中央集权的、官僚体制的国家将是不可避免的，如马克思、恩格斯、考茨基和希法亭有时承认的那样。[37] 列宁和布哈林都反对这些说法，但是他们的解释都不具说服力。布尔什维克革命以后，他们被迫修正了自己的观点（参见本书第一卷第6章，第13章和第15章）。

4. 对斯大林主义之前的苏联实践的反思

1917 年以后，西方大多数社会民主主义者仍然忠实于社会主义经济的正统观点。发达的资本主义日益成为“有组织的资本主义”，并提供了未来社会所必需的经济基础。主要的变化将涉及那些已经明显扩展的事物，并将由于民主的扩展而成为现实，这将只能导致无产阶级的政治统治（参见本书第一卷第 14 章）。无怪乎许多人把十月革命看作布朗基式的乌托邦主义，认为它在极端落后的状况面前注定要失败。考茨基认为，布尔什维克的恐怖主义方式反映了这一矛盾，而缺乏民主制的结果则是国家资本主义而不是社会主义的产生。[38] 这与他以前的观点是一致的，因为他一贯把缺乏充分民主条件下日益强大的国家控制和国有化，看作完全是在资本主义制度内的发展。[39] 列宁和托洛茨基认为，第一次世界大战揭开了革命的新纪元，并以此为基础强烈遣责考茨基。但是，考茨基和大部分其他西方社会主义者并不接受这一点（参见本书第一卷第 5 章，第 12 章，第 13 章和第 15 章以及以上第 3 章）。

布尔什维克左派、斯巴达克同盟的成员如罗莎·卢森堡和议会共产主义者，从类似的但更为赞同的立场驳斥了党的专政理论。[40] 他们赞成列宁和布哈林在第一次世界大战期间所拥护的公社国家制度。但是，他们都没能为后资本主义经济如何以这样的方式实际运行提出令人信服的说明。

因此，马克思主义对苏联早期实践的所有的批评，都强调政治权力的上层建筑的重要性。路德维希·冯·米塞斯——这是一位毕生坚决反对各种形式社会主义的人——把目标对准了一个更为核心的问题。他于 1920 年提出的最初观点结构松散，其主题现在已有不同的解释。[41] 然而，他进行批评的形式很易于理解。米塞斯认为，没有私有产权就没有交换；没有交换，就不能对不同资源进行合理估价，也就不能够经济地使用这些资源，从而只能导致混乱或无秩序状态。其选择（用罗莎·卢森堡自己的警句来反驳她）要么是资本主义，要么是野蛮状态。

> 如果社会主义思想的支配地位维持不变，那么，在短时间内，欧洲几千年建立起来的整个共同的文化体系就会动摇……所有实现社会主义的努力都只会导致社会的毁灭……［和］……退回到封闭的自给自足的家庭经济……陷入……满足自己需要的勉强糊口的生产。[42]

这一论断是对战时共产主义实践的反思，而不应被视为米塞斯观点的完整形式。米塞斯集中对纽拉斯和布哈林概述的计划化、社会化及取消货币的经济形式的效率问题提出了质疑。[43]

随着新经济政策的实行，米塞斯的并不算极端的论述得到了明显的确认，而许多马克思主义者把新经济政策说成是迈出了复辟资本主义的第一步。然而，从理论观点来看，更有意义的是一些苏联经济学家得出的结论。1920 年期间进行了一次大规模的讨论，主题是取消货币的经济和最近建议（包括纽拉斯的建议）实施的脱离市场进行计划的方案存在的种种问题。新古典主义理论家们揭示的困难问题得到了承认，特别是关于没有货币作为总的成本和受益的共同标准，合理的计算在实际上就是不可能的问题。与米塞斯不同的是，人们接受的是，取消货币的经济可能运转得不错，但在实现计划者的目标和满足消费的需求方面不会有效率。[44] 布尔什维克理论家们是否开始接受这一观点不得而知。20 世纪 20 年代，党内各派都接受了新经济政策，但是，没有确切的证据表明，布尔什维克党的领导人都认为，社会主义经济将成为传统设想之外的什么事物。对新经济政策的支持，是把它作为一种过渡模式，而不是作为达到革命目标的一种社会结构（参见本书第一卷第 15 章以及以上第 2 章）。

即便 20 世纪 70 年代初以来布哈林的观点成为那时试图重构苏联生产方式的一种模式赢得了很高声望[45]，也需要恰当地认识到，它们至多只是略微触及了主题。相反，尽管托洛茨基在内战中表现出的革命狂热和冷酷无情，使他成为大部分改革者不大喜欢的人物，但他关于社会主义政治经济学的观点要敏锐得多。布哈林用以论证他对新经济政策看法的消费不足经济学，以及他对自给自足政策的选择，是完全错误的；他对斯大林主义的批评，也只是在 20 世纪 20 年代末才提出的，而且使用伊索寓言式的语言表述。[46] 托洛茨基正确地提出了存在的主要问题，他的认识与传统马克思主义的前提要贴近得多。

> 势不两立、相互对抗的两种社会体系——资本主义和社会主义——的长期斗争，其结果将最终取决于每一种体系中的相对劳动生产力水平……只有与世界经济的现有技术水平、生产成本、产品质量和价格不断地接近或同步……才能捍卫目前正在建设的社会主义经济。[47]

并且，托洛茨基明确地和再三地承认，市场关系和货币价格在纠正计划产生的失误和判断计划成败上的作用。他提出所有这些论据，以一种现在看来是预言的方式[48]，揭露斯大林指令性经济的不合理性及其缺陷。托洛茨基批判中存在的真正问题，就是它准确地描述了已被证明是指令性经济的体制性问题，因而似乎非常接近于支持、至少部分地支持米塞斯的观点。

5. 兰格对米塞斯的回应

两次世界大战之间的整个时期，西方社会主义者为避开米塞斯对社会主义的攻击作了各种尝试。有的重申资本主义正迅速地超越市场式经济组织方式的正统观念；或指出中央计划当局解决像巴罗纳所详细说明的效率分配等式问题，是有可能性的；他们偶尔也像纽拉斯一直在做的那样，对完全有计划的、社会化的和取消货币化的经济可能如何运行作出概述。其他一些人更加激进。他们承认米塞斯揭示了一个真正的问题，设想社会主义所有制可以与商品生产相联系；这样，单是公有制就可以完全表达社会主义的含义。[49]

直到 1936 年，奥斯卡·兰格才为反驳米塞斯的观点提供了一个深奥精微的理论论证，这一论证保留了超越法定财产形式的后资本主义社会的概念，为计划找到了位置，使平等主义的价值观得以贯彻。[50] 有迹象表明，兰格对“有组织的资本主义”可能提供克服市场关系基础的观点给予某种信任[51]，但是，他对米塞斯作出的著名回答并不求助于此。1935 年，他明确承认，新古典主义理论与社会主义经济学的关系，要比马克思政治经济学（他认为，马克思政治经济学的力量，在于从整体上理解资本主义的历史演进）密切得多。[52] 次年，兰格开始在新古典主义基础上指出，生产资料私有制的消失并不意味着市场交换的终结，市场交换的存在也不排除计划和重要的社会主义价值观的实现。

兰格的社会主义蓝图假设所有的生产资料实行公有，但是允许消费品私有权的存在；在消费品和职业选择上，允许自由的市场选择。由中央计划局确定全部国有资产项目的价格，并保证生产单位能够在此价格上买卖任何数量的商品；管理的指导原则是在给定价格条件下获取最大利润；当需求或供给过剩时，中央计划当局将以瓦尔拉斯的拍卖方式调整价格，直至市场出清（尽管兰格似乎也允许非均衡贸易的存在）；外部效应和公共产品供应的容差，能够很容易地结合在这一过程中。这样，兰格就能够声称：价格将是“合理的”，资源配置也是有效率的。他认为，由于经济不平衡、市场权力以及与外部因素有关的不适当政策的存在，“现实世界”中的资本主义不能保证这一点。兰格还指出，计划当局也可以通过确定利率来达到任何理想的积累率，可以通过租借国有资产给生产单位的形式和税收形式进行融资。此外，国有资源还可以用来抵消自由劳动市场运作中产生的收入不平等。

兰格方案的具体细节同他的总体原则相比，就不是那么重要了。他的总体原则就是使用价格体系对经济进行计划，而不是把计划看作另一种资源配置方式。[53]反过来说，这种可能性取决于把财产所有权看作可以授权给特定经济主体的一系列权利，并且不承认社会所有制包含着对全部经济行为的具体的集中控制。这样，兰格在批驳米塞斯的同时，也含蓄地批评了马克思和其他大部分马克思主义者。在兰格看来，财产所有权形式并不紧密地依赖于生产关系，商品生产的效果则取决于支配市场运作的体制。事实上，理解兰格推理的一种方式就是，试图使用维塞尔和庞巴维克关于价值关系普遍性的主张来反对马克思和米塞斯、并支持社会主义。

奥斯卡·兰格小传

奥斯卡·兰格于1904年出生于波兰的托马舒夫。他的父亲是一位纺织厂主，原籍德国。20世纪20年代，在波兹南和克拉克夫上大学学习法律和经济学，1929年成为伦敦经济学院的学生。1934年，兰格移居美国，在不同大学授课，最后于1943年成为芝加哥大学经济学教授。在战后的早期年代，他曾担任波兰驻华盛顿大使和在联合国工作。之后，他在波兰重新开始自己的学术生涯，并深入地参与了波兰经济管理工作。作为社会主义理论家，他主要以其1936年系统提出的市场社会主义模式而为人们所铭记。在经济学的许多分支中，他也广有著述。终其一生，他寻求经济思想不同流派的各个方面的综合，并确信非马克思主义理论对社会主义的计划尤为有益。兰格去世于1965年。

米塞斯对社会主义批判的维护者，著名的有弗里德里希·冯·哈耶克和莱昂内尔·罗宾斯，他们发现兰格的反驳极大地削弱了他们的观点。在学术界，兰格的论述很快被看作是对奥地利学派对社会主义批判的最终的回答。[54]然而，莫里斯·多布则持不同的看法。[55]他承认兰格驳倒了米塞斯，但不认为兰格的反驳建立在强有力的基础之上。这时，多布还是苏联指令性经济的坚决支持者。1928

年，他在《俄国经济的发展》一书中指出，后资本主义社会的关键方面是无产阶级的政治权力（意指由此导致的共产党专政），经济政策应当由环境来决定。[56]然而，到 20 世纪 30 年代初期，他又接受了一种新的观点，这种观点把社会主义视为苏联计划的同义词，指令性经济不仅代表后资本主义社会，而且还是替代资本主义工业化方式的一可供选择的经济发展方式。[57]

多布认为，快速增长在改善福利方面的意义，远远大于资源配置效率的意义（他把资源的有效配置看作新古典主义经济学的主题）。在《政治经济学和资本主义》一书中，他对古典马克思的传统经济理论（这种理论集中于发展背后的客观因素）和由边际革命引入的静态主观主义作了比较。[58]在多布看来，米塞斯和兰格都错误地被均衡所困扰，而忽视了积累和结构变迁。同时，他还认为，他们都过高估计了中央计划，特别是投资计划对信息的要求。实际上，依据多布的看法，对分权体系中——不论是资本主义的还是市场社会主义的——投资者的忽视，是这些经济类型的主要缺陷。自主经济主体的行为，仅仅建立在对不可确定的未来的猜测基础上，从而导致周期性的经济波动和其他资源的浪费，这反映了调节只是发生在事后的事实。就消费活动而言，多布承认存在着利用市场的情况。但是，对于现有生产资料的配置及其未来扩充，最好还是留给计划者去完成，他们可以集中相关信息，预先做好事前调节的计划。多布还认为，无论如何，消费者偏好不能构成判断经济政策的理性标准，因为它们是内生的因素。这一点被福利经济学忽视了，并且极大地削弱了其原则的重要意义。由于帕累托最优状态并不是唯一的，因而这些原则无论如何都不具有充分说服力。

尽管多布从未像保罗·斯威齐走得那么远，斯威齐把兰格的中央计划局视为是“价格确定”机构[59]，多布对各种形式的市场社会主义所作评论的要点是：它们将以极其近似于资本主义的方式来运行。仅仅在一点上，他才认为兰格的观点对于社会主义建设具有一些积极的价值。如果价格调整机制是一种真正的 tâtonnement，以致市场关系可以被限定于影子价格，则计划的效率就可能得以提高。这样，多布率先提出了斯大林去世之后出现在东欧许多文献中的“最优化计划”的观点。[60]但是，多布仍然坚决地认为，任何把市场作为生产资料配置和积累的真正手段的试图，都将逐渐削弱社会主义的优越性（参见以下第 6 节关于多布在斯大林去世后对市场社会主义观点的概述）。

多布还注意到，中央计划的地位在经济理论的发展中正在得到加强。他提到投入—产出分析，它代表了一种比苏联的物质平衡体系更加精确的用以调节的工具。当时，他还不了解其他正在发生的具有同样潜力的理论进展，特别是冯·诺伊曼的增长理论和坎特罗维奇发现的线性增长理论。[61] 20 世纪 50 年代，巴兰提出了不发达理论，这一理论极大地增强了苏联经济发展战略的声望（参见以上第 9 章）。与此同时，经济分析正朝着背离奥地利学派的方向发展。凯恩斯的《通论》显然是最重要的事件（参见以上第 5 章）。但是，新古典主义经济学家正在日益采纳能够容易地用来巩固市场社会主义观点的瓦尔拉斯范式。[62] 甚至在奥地利学派内部，也出现了背叛。1942 年，在著名的《资本主义、社会主义和民主》一书中，约瑟夫·熊彼特经过理论上的漫长跋涉，重申了古典马克思关于社会主义为什么不可避免的观点。[63]

然而，米塞斯和哈耶克实质上并未作任何退让。相反，他们开始着手对米塞斯 1920 年提出的最初观点的内容进行澄清，重新作出系统而详尽的阐述。[64] 在此过程中，他们断然与新古典主义理论决裂，并强调那些激进的凯恩斯主义者一贯认为至关重要的变量：未来的不确定性和投资者的预期。他们甚至根据多布用来论证苏联计划合理性（即具有产生经济高速增长能力）的理由，提出有利于资本主义的论述。多年来，他们的观点一直不为人所承认，但是，到 20 世纪 70 年代，有明显的迹象表明，他们对所持观点的执着逐渐得到了回报。

新奥地利主义的关键论点是，新古典主义者把事实上的内生变量看作是外生的。偏好和技术系数，并不是可以被决策者在不同环境中以同样方式使用的数据，它们随时间的变化而变化。哈耶克认为，变化的主要力量是从经济主体的竞争行为中产生的新知识。在哈耶克看来，竞争更多的是一个过程，而不是一种具体的经济结构，价格则是使经济主体得以在不断发展变化着的环境中，调节其行为所需的最新信息的最有效的传导者。这通常是正确的。但是，哈耶克认为，只有在以私有制为基础的自由市场经济中，才能取得最大化受益的结果。对交换的任何限制，都会制约价格的信息功能，而财产权的社会化则削弱了损益的激励和制约效应。经济进步要求失误要付出代价，能力则将得到报偿。[65]

从奥地利学派的这一观点出发，兰格的论文被看作是对巴罗纳而不是对米塞斯的驳斥。巴罗纳和兰格都假设偏好和技术条件是既定的，经济主体在由政权当局规定的游戏规则中像程序化的受动装置一样自动地实现最优化。奥地利学派的学者认为，作为新古典主义经济学家，巴罗纳和兰格从未真正地与古典政治经济学的虚假的客观主义特征（多布在论证中央计划的合理性时曾诉之于此）相决裂。

奥地利学派对新古典主义经济学的批判，为一些新古典主义经济学家所接受。过去 20 年来，他们越来越多地注意到不完全信息的重要性，包括含有道德风险和搭便车可能性的委托—代理关系。其结果就是，对一些前资本主义经济关系形式，如分成制，比以前更加赞许，其理由是：它们是对它们存在于其中的不确定的环境的有效反应（参见以上第 11 章）。但是，这种新的观念，导致对社会主义更具批判性的看法。在这里，具有重大影响的是阿尔钦和德姆塞茨的著作。他们认为，资本主义生产单位的等级专制结构植根于对效率的考虑，而不仅仅源自财产关系的特定类型。没有监督，工作的努力程度就会下降；而没有业主获取剩余收入（利润）的权力，就不会有进行有效监督的动力。他们认为，正是这些因素，解释了为什么是“资本家雇佣工人”，而不是“工人雇佣资本家”。[66]

但是，奥地利学派的观点也遭到了批评。其他新古典主义经济学家同斯拉法主义者和凯恩斯主义者一起指出，奥地利学派对模型详细说明的力度极为缺乏，并揭示了该学派在理论推演中的错误，为其理论推论提供了假定的反面例证。[67]而且，资本主义国家的经济史，也几乎没有支持过于浮夸的奥地利学派的主张；更为经常的是，国家资本主义具有更大的活力（参见以上第 11 章）。大萧条表明，价格的信息功能并不总是运作良好（参见以上第 1 章），特别是与斯大林主义下达到的惊人的增长率相对比更是如此（参见以上第 2 章及本章第 6 节）。然而，东欧计划经济的实际历程，为奥地利学派对社会主义的攻击提供了某些证据。这至少是那些不仅研究过、而且在“实际存在的社会主义”中工作过的主要经济学家的结论。[68]

6. 斯大林主义经济学和去斯大林化

莫里斯·多布和保罗·巴兰对苏联模式发展的某些看法，看起来是经得起苏联经济增长数据检验的。1928 年至 1985 年间，“苏联国民生产总值（GNP）的年均增长率……为 4.2%。如果把第二次世界大战的五年排除在外，则达到 4.7%……在此后的这些年中，苏联的增长纪录依然保持在世界最高之列”[69]。兰格没有忽略这种增长现象，在 20 世纪 50 年代和 60 年代，他更加赞赏地看待中央指令性计划。[70]同时，兰格在波兰的同事米哈尔·卡莱茨基确实对严格的计划和过分强调投资的做法提出了批评，赞成南斯拉夫“自治”体制的某种分权形式[71]，但他也没有发现苏联经济在总体方法上存在的重大问题。致力于研究第三世界的西方发展经济学家，以及许多关注工业化的资本主义经济的加速增长问题的主流分析家也确信，对世界的拯救可能存在于国家计划之中。[72] 1961 年，十年内赶超美国写进了尼基塔·赫鲁晓夫领导的苏联共产党的纲领[73]，当时，许多西方人士认为存在着实现这一纲领的有利的机遇。

赫鲁晓夫还力图通过大幅度削弱恐怖机构的权力和提供少量的公民自由权来改革斯大林主义。他本人对过去年代的观点是托洛茨基关于上层建筑蜕变分析的一种高度保守的变体：全部问题都产生于斯大林本人的高度集中的权力。这种所谓的对列宁主义集体领导的偏离，被委婉地称为“个人崇拜”，由此产生的对党的“犯罪”和领导人的“失误”，在 1956 年的“秘密报告”中作了概略描述。[74] 尽管这一举动对国际共产主义运动产生巨大的冲击，但赫鲁晓夫并没能解释斯大林专政是如何产生的，为什么它特别具备恐怖主义的特征，以及这种蜕变为何没有触及向社会主义或向社会主义生产方式的过渡，这都被认为是与列宁主义学说相一致的。然而，实际实施的去斯大林化与赫鲁晓夫的“理论”是一致的，它主要关注的是消除官僚主义。赫鲁晓夫及其继任者没能找到替代恐怖并控制国家机构的机制。由此，腐败如雨后春笋般地滋生漫延，加剧了苏联领导人从 20 世纪 60 年代开始日益关注的经济问题。[75]

去斯大林化部分地是对这些经济问题的回应。经过 30 年的快速增长，成本低廉的大量劳动后备军和可利用的自然资源急剧减少，而许多资本设备包含的技术同知识前沿连接在一起，这阻碍了以与过去相同的借鉴西方经验的方式实现未来的增长。[76] 为了走上集约增长的道路，必须在更大范围内发挥人们的主动性和积极性，这就要求更稳固的条件和不断增长的消费品供给，以便提升激励水平和为更加开明的专政提供合法依据。但是，这本身就使得指令性计划中已经明显存在的一系列问题更加严重了。这种体系的运作曾是以不惜一切代价保护优先发展部门为基础的。当军事和重工业计划受到威胁时，投入就从非优先部门转向这些部门。从而，统计错误的责任就集中在了其他领域，如消费品生产领域。在削弱不同“部类”之间地位差别的过程中，对持续的计划的压力增强。这种计划已经被过去发展中产生的日益增强的经济复杂性强化。因此，实际经验证明，巴罗纳对有效的中央计划可能性的疑虑是核心问题，至少对于相对成熟的经济来说是如此。

经济发展也掩盖了主张指令性经济的马克思主义理论家们所没有预见到的严重问题。苏联由于过度消耗资源，疏于保护环境，对基础结构（例如，道路和仓库容量）投入不足，已经预支了未来的增长来支撑现在的增长。[77] 这表明，正如多布和巴兰确信的那样，新古典主义经济学家关于资源配置的观点并不限于静态领域。为执行严格的计划而施加给生产单位的增加产出的强大压力，虽然使得目前的增长提高，但同时也对产品质量产生了灾难性影响。这又是那些倾向于把每种商品类型都看作同质实体的大部分马克思主义者所未料想到的。斯大林去世后，苏联开始改革时所面临的重要问题恰恰产生于过去发展的成功之中。而对这一点，通行的理论几乎没有论及。

通过更广泛地应用市场和给予生产单位更多的自主权来分散决策的尝试，开始于 20 世纪 60 年代。这是合乎理性的，它同两次大战期间市场社会主义者的理论广泛地相一致。事实上，他们的观点得到了加强，这是由于对价格体系稳定性特征理解上的进步，也是由于最理想的计划制定者为实施计划目标，在计算部门之间比例和合理价格时对数理规划技术的运用。但是，不论是在苏联还是在东欧国家，改革的尝试都遭到了利益受到威胁的官僚机构的顽固而有效的抵制。况且已经实施的改革还没有证明是成功的。增长率继续下降：苏联的经济增长率从 20 世纪 50 年代的 5.7%下降到 80 年代初的 2%左右。[78] 东欧“实际存在的社会主义”发现自己甚至连“追随者”的地位都难以维持，更不必说成为“赶超”西方经济的领先者了。正是这种令人沮丧的形势，最终导致 20 世纪 80 年代中期以来就已明显的危机。当统治者意识到，他们不能“以不变的形式维持自己的统治”，以及他们的内部分裂使得“分歧产生……通过这些分歧，被压迫者的不满和愤慨……[可能]……爆发”时[79]，这种危机就形成革命的态势。

莫里斯・多布从 1956 年直至 1976 年去世之前，跟随东欧各个中央委员会的领导，轻松自如地适应了分权的需要，事实上他已经预见到这一点。[80] 他现在更加明确地把斯大林主义的经济看作通过粗放式增长战胜落后的一种手段，认为它的成功带来了对日益增长的灵活性的需要。他对坚持过时的经济管理形式而导致微观经济缺乏效率，作了某些准确的分析。但是，多布对新古典主义福利经济学的批判依然是尖锐的。[81] 他认为，中央对投资的控制仍然是关键的。他建议按照市场规则重新制定当前产出的有关决策，而计划者则保留对积累的控制。不过，多布承认这是一个人为的区分，很难付诸实施。[82]

西方的其他许多马克思主义者如艾萨克・多伊彻，赞成把去斯大林化和分权化作为迈向“真正的社会主义”的开端，这一观点一再地得到重申。但是，在夏尔・贝特兰和保罗・斯威齐及其追随者看来，东欧的改革可能会使特定利益制度化，而不是维护社会主义整体。他们像反对官僚极权主义一样反对引入市场的社会主义（参见以上第9章）。这样一种观点促使瑞典社会民主主义者阿瑟·林德贝克对这些马克思主义者提出质询：他们认为如何可能在实际上形成对经济活动的调节，进而如何才能有效地进行这种调节。他认为，在与中央指令性计划必然相伴的官僚体制和更广泛地利用市场实行分权之间，不存在第三条道路。林德贝克的质询没有得到满意的回答，那些反复提出这一问题的人也没有得到满意的回答。[83] 的确，贝特兰和斯威齐对毛泽东主义的支持，对他们放弃这一难题大有帮助。他们忽略了毛泽东统治下的灾难性的经济措施，并用一种非常奇特的方式解释文化大革命[84]，因而完全反对"经济主义"，赞成通过持续的阶级斗争摧毁既存的社会关系。斯威齐甚至进一步询问：为什么"东欧国家和苏联非得陷入与资本主义世界的激烈竞争之中"。[85]

更有分量的分析是东欧经济学家们自己作出的，尤其是亚诺什·科尔奈，他力图解释"实际存在的社会主义"（不论是被改革还是保留了中央集权的指令性经济）中十分明显的规律。随着时间的推移，科尔奈找到了更深层次上存在的主要缺陷。20世纪50年代，"过度集权"被认为是苏东社会主义诸种问题产生的根本原因；到70年代，"急速增长"成为最重要的因素；80年代，社会主义"失灵"的基本原因又被归结为"软预算约束"；而到1990年，国家所有制在支撑软预算约束中的作用越来越多地得到强调。[86] 由于缺乏对企业的融资约束，从而有效地排除了任何形式的破产，这使得东欧企业不像大部分资本主义企业那样是"需求约束"型的，而是"资源约束"型的。这就造成了它们对投入贪得无厌的需求，导致劳动纪律涣散、生产资料囤积、产品短缺、质量低劣以及对价格反应迟钝的行为、强劲的通货膨胀趋势和腐败现象等。这些问题致使分权的尝试阶段性地倒退，改革总是难以完善，在扭转经济相对下滑状况上也缺乏有效性。

塔玛斯·鲍威尔应用这些观点来解释投资周期，东欧经济文献对此有很好的记载。在他看来，投资具有增长到一定水平即难以为继的固有倾向，最终迫使采取紧缩措施，从而导致周期性的循环增长。[87] "危机"并不采取与资本主义社会的危机完全相同的形式——特别是失业率的波动要小得多——但是，很显然，多布一直声称的社会对积累控制的优越性，必须要抱着怀疑的眼光来看了。越来越多的西方经济学家也认为，主要资本主义国家经济中存在的诸多无效率和失灵现象，实质上也具有与科尔奈用"软预算约束"表示的症状完全相同的综合病症。[88] 这样，由社会民主主义政策引出的难题，就被看作同缓和"生产无政府状态"尝试相伴随的一种比较温和的变体。所有这些，对新奥地利学派的观点给予了大力支持，因为它对任何既要保持微观经济效率、又要实现传统社会主义价值观的持续的尝试表示质疑。但是，它本身必须由以上第 1 节提出的相关问题，以及以下第 7 节就经济效率展开的更广泛的讨论所证明。

7. 可行的社会主义

“实际存在的社会主义”的实践，对许多社会主义者产生了显著的影响。20 世纪 70 年代以来，出现了大量批判早期马克思主义者的观点的著作。这些著作对非资本主义的经济结构形式的论证和分析作了评论，提出了被认为是理想的和切合实际的社会主义蓝图，并指出了它们可能如何实现的途径。[89] 1989 年的剧变有力地提出了两个问题：在斯大林主义和资本主义之间是否存在第三条道路[90]，如果存在，它确切地由什么构成。对这些问题缺乏具有说服力的回答本身，有助于解释一些东欧国家以压倒之势普遍支持恢复资本主义的现象。不过，从 20 世纪 60 年代初开始，波兰、匈牙利、捷克斯洛伐克（在杜布切克任内）和南斯拉夫的马克思主义经济学家，就已经对社会主义进行了多方面的再思考。南斯拉夫把真正独立于莫斯科与官方的“自治”思想结合在一起，表达了这样的主张：这样的第三条道路在那里已经出现。东欧修正主义者如奥塔·锡克[91]和布兰科奥·霍瓦特，[92]强调市场在确保资源有效配置和削弱国家官僚主义权力方面的作用。他们还强调了工人自主管理企业的一些不同形式所带来的好处：促使工人关心积累，缓解当前消费的急速增长造成的通货膨胀压力；[93]此外，也使生产过程更富有人性，并且改善了经济异化现象。南斯拉夫的实践引起了许多西方非马克思主义经济学家的关注。20 世纪 70 年代，出现了大量关于自治经济的新古典主义著作，它们从正统微观经济学的角度对工人自治企业的行为作了分析。[94]

在西方，社会主义派别中关于市场社会主义的最重要的著作是亚历克·诺夫的《可行的社会主义经济学》，这部著作之所以重要，是因为它是作者通过对东欧经济的终生研究而形成的，并且，它对本章前几节提及的观点都作了严肃认真的研究。他倡导一种真正符合其词义的“混合”经济，在这种经济中，公共组织掌管基础设施，工人合作社负责中小规模的生产活动，私营企业和家庭企业则主要经营诸多的服务行业和零售批发业。诺夫的观点典型地代表了目前被现代马克思主义者广泛认同的观点：如果社会主义要继续作为非乌托邦设想而存在，它就必须把市场、预算硬约束和某种程度的生产资料私有制联系起来。[95]

这种观点遭到抵制是不足为怪的。特别是欧内斯特·曼德尔，他继续提出有吸引力的和现实的社会主义要建立在集体所有制、平等、合作和计划，并且排除了市场和官僚机构的基础之上。[96]（作为一个托洛茨基主义者，曼德尔也更经常是工人自治的坚定支持者）。诺夫本人的"可行的社会主义"方案，曾是曼德尔重申传统马克思主义的社会主义经济学的主要攻击目标。但是，根据1920年米塞斯最早对马克思主义提出批评以来的学术进展，诺夫在揭示马克思主义的"瑕疵"方面没有遇到困难。[97]事实上，曼德尔的原教旨主义甚至比诺夫认识到的更脆弱。他试图把公社国家的概念和作为一个巨大企业运行的经济结合起来，确信工人阶级政治和技术发展趋势共同作用以实现二者。事实上，并没有迹象表明市场关系的作用有削弱的显著倾向。[98]曼德尔脱离这一事实而设想的确定社会利益的投票程序，可能恰恰展示了新古典主义社会选择理论家们着重指出的那些无效率现象和悖论。[99]因此，即便不考虑经济业绩，用曼德尔设想的方式达到真正的公共控制也是不可能的。

实际上，诺夫的可行的社会主义模式与其他现代修正主义者的模式只有一点是真正不同的：尽管他赞成在任何可能的地方实行合作制，但是，工人的自主控制在他的方案中并不是处于中心位置。对经济民主可行性的疑虑是有充分理由的，它也是马克思主义内部的非列宁主义者和反斯大林主义者，如从20世纪20年代初的议会共产主义者，到像保罗·马蒂克、拉亚·杜娜耶夫卡娅和科尔内利乌斯·卡斯托里亚迪（他恰恰是出于这些原因而和托洛茨基主义决裂）这样的自由的马克思主义者不断提出的命题。[100]关于自治的理论和实证都揭示：无效率和不平等这样的重要问题会由此产生。特定工人团体的特殊利益可能被制度化，并可能导致一种"集体资本主义"，其运作比建立在私有产权基础上的资本主义要差得多。[101]事实上，这些缺陷可以被看作贝特兰和斯威齐反对各种形式的分权改革的"合理的内核"。

然而，不论是自治的理论还是实证都不是结论性的。从理论视角看，自治的后果对特定的结构形式非常敏感：工人管理制度的权力同其他团体的权力，比如消费者权力的关系；市场竞争的程度；预算约束的"刚性"。经验性的实证包括成功的生产合作社的例子，这些合作社的成员积极评价他们参与合作社事务的能力，在与资本主义企业的竞争中能够坚守阵地而不被击败。[102]因此，其他社会主义者有理由把自治看得比诺夫所认为的更重要。许多人认为，当前迈向经济民主的运动，构成了超越资本主义的最合理的战略。[103] 对此辩护时，他们着重突出了诺夫在《可行的社会主义经济学》一书中的一个重要局限。

尽管诺夫一贯指责马克思主义是乌托邦主义，但是，他本人也可以受到同样的指责。[104] 他无从处置代理机构据以形成的特定利益，诺夫的模型是要由代理机构加以实施的，而不是依靠其观点的合理性来吸引大众的支持。与此相对照，那些强调民主参与重要性的人认为，这些特定利益不仅构成了自由社会主义的实质，而且也是形成过渡战略的主要出发点。塞缪尔·鲍尔斯和赫伯特·金蒂斯指出，自从专制主义时代以来，西欧和北美几乎所有的抗议运动都使用了民主自由主义的用语。它们的不同之处只在于哪类权利将会通行：财产的权利抑或个人的权利。投身于社会主义的运动，可能会发现自己在某种程度上是建立在前马克思主义理想之上，这种理想是大部分古典马克思主义者所不承认的。[105] 就其实质而言，资本主义不能充分贯彻自由、平等和博爱的价值观，而这些价值观传统上是被用来维护资产阶级社会的。资本主义结果就是“搬起石头砸自己的脚”。[106]

进而还可以认为，经济生活中民主参与的扩展将会提高效率水平。决策权向实际生产者的扩展，将开掘出知识资源和生产力资源，这些资源被资本主义的专制的雇佣劳动结构压制着[107]，同时还可以降低阿尔钦和德姆塞茨声称的被资本主义最小化的监督和强制成本。换言之，尽管鲍尔斯、金蒂斯和霍奇森接受了奥地利学派对中央集权指令性计划所作批判的许多观点，并反对市场社会主义的非民主形式，但他们依然坚持认为，这些批评家的论据可用作民主社会主义的论证理由。[108] 并且也可以应用科学社会主义观点来支持这些主张。通过利润共享、共同所有权、共同决策，也通过磨平等级制度的尖利棱角，发达资本主义经济内部的许多制度已经得到修正。这些并不是都得到显著的表现，但是已经取得的进展表明，社会主义关系孕育于资本主义之中的观点，可能会被赋予新的涵义。[109]

与此相对照，资本主义的真正力量在于它的创新能力，这一点马克思在《共产党宣言》中已经指出。[110] 它为那些乐意承担创新风险的人，提供了相对开放的获得生产资料的途径，也为那些依然依附于现存技术的人展开经济战争提供了限制最少的环境。熊彼特强调，在“创造性破坏”（他认为这是在马克思那里发现的）的经典辩解中，认为这个制度是残酷的、不公正的和紊乱的，但是，它的确提供了商品，然后毁掉这一切，这些商品是……［人民］……需要的”。[111] 正是在这里，传统马克思主义仍然保持着对资本主义的批判力量；在使残酷、不公平和紊乱最小化的同时保持发展的动力，既是合理的，也是经济的。这是能够做到的，这一事实已为社会民主主义的成功改革所证明。许多现代马克思主义者确信，伴随着激进的民主化，这些改革能够得到更深更远的扩展，它将使经济进程的社会化远远大于资本主义可能达到的程度。[112]

激进的民主化将不可避免地削弱资本主义制度下某些已经建立的个人权利。由于这些权利只关注财产权的应用，而忽视财产权对非所有者的影响，因此，与基本的公民自由权相比，它们在道义上的优越性要小得多。而且，在假设净效果是有益的情况下，某一领域内的权利收缩被看作只是其他方面的权利扩张的结果。民主参与可能对经济效率造成的负面影响，能够通过渐进主义方式达到最小化。依据资本主义原则组织起来的企业之间的竞争，可以用来限制民主化可能导致的停滞趋势。实际上，一些现代马克思主义者承认，保留某些资本主义制度形式是合理的，以便为那些赞成雇佣劳动的人提供选择机会，因为他们的自我发展属于政治学和经济学范围之外的问题。[113] 这一战略的主要薄弱之处在于它的改良主义性质，它假设——正如第二国际时代的修正主义理论家们所做的那样——能够通过和平的方式夺取和改造既有的国家机构。如果能够得到强有力的普遍支持，这也许能够做到。1989 年的东欧剧变揭示，如果既存秩序中的危机已经足够深刻，而过去的暴力革命又没有提供明显的更具优势的选择，那么这就不是一个空洞的希望。[114]

无论如何，现代马克思主义者显然力图保持科学社会主义的说服力，同时又承认马克思和恩格斯的原创论述中存在的巨大局限性。在此过程中，后资本主义社会的概念经历了剧烈变化，反社会主义的批评家则可以宣称取得了理论上的重大胜利。但是，在寻求可行的社会主义理论的任何方案中，对这些有效的批判作出回应是不可避免的。退回原教旨主义是无益的，因为，目前既不存在古典马克思主义设想的社会主义的经济基础，也不存在可能努力实现它的任何机构。市场社会主义是否将成为人类历史的最终阶段，或者是否只是向马克思原先提出的未来的“自由生产者联合体”进行漫长过渡的一部分，这仍然是一个有待回答的问题。

注释：

1.“实际存在的社会主义”这个短语，是 Rudolf Bahro 发明的，用来表示东欧非资本主义国家的社会形态。参见 Bahro：《东欧的选择》（*The Alternative in Eastern Europe*，London：Verso，1977）。

2.B. Gwertzman 和 M. T. Kaufman 编：《共产主义的崩溃》（*The Collapse of Communism*，New York：Random House，1990）；F. Halliday：《冷战的结束》（'The Ends of the Cold War'，*New Left Review*，180，1990，第 5—23 页）。.

3. 例如，参见 R. N. Berki：《马克思的思想和国际关系问题》（'On Marxian Thought and the Problem of International Relations'，*World Politics*，24，1971，第 80—105 页）。

4.M. C. 霍华德和 J. E. 金：《马克思的政治经济学》（*The Political Economy of Marx*，Harlow：Longman，1985，第二版），第 1 章和第 2 章。

5.A. Heller：《马克思的需要理论》（*The Theory of Need in Marx*，London：Allison & Busby，1976）。

6. 马克思有时提及“富裕”一词。A. 诺夫：《可行的社会主义经济学》（*The Economics of Feasible Socialism*，London：Allen & Unwin，1983），对马克思的这种思想进行了批判，认为这是空想。但是，诺夫也许误解了马克思的本意，参见 P. Chattopadhyay：《社会主义：空想的和可行的》（'Socialism：Utopian and Feasible'，*Monthly Review*，37，1986，第 40—52 页）；J. E. Elliott：《马克思恩格斯对共产主义、稀缺和分工的看法》（'Marx and Engels on Communism，Scarcity and the Division of Labor'，*Economic Inquiry*，18，1980，第 275—292 页）；以及 Heller：《马克思的需要理论》。

7. 这一短语源自 R. 诺齐克：《无政府状态、政府和乌托邦》（*Anarchy，State and Utopia*，New York：Basic Books，1974）。

8. 参见本章第 5 节，以及霍华德和金：《马克思的政治经济学》，第 24 页。

9.J. 艾尔斯特和 K. O. Moene 编：《资本主义的选择》（*Alternatives to Capitalism*，Cambridge：Cambridge University Press，1989），第 1—35 页，对“实际存在的社会主义”的历史是如何与人们对社会主义的向往紧密相联，作了精彩的论述。也可参见 J. E. Elliott：《马克思与当代社会主义经济模式》（'Marx and Contemporary Models of Socialist Economy'，*History of Political Economy*，8，1976，第 151—184 页）。

10. 至于马克思以前的社会主义思想的基本概况，参见 E. K. 亨特：《财产权及其提倡者》（*Property and Prophets*，New York：Harper & Row，1990，第 6 版），第 50—67 页。

11. 马克思：《哥达纲领批判》。马克思和恩格斯对未来社会本质的最重要的论述，收集在 T. B. 博特莫尔和 M. Rubel 编：《卡尔·马克思：社会学和社会哲学选集》（*Karl Marx*：*Selected Writings on Sociology and Social Philosphy*，Harmondsworth：Penguin，1961），第 5 篇，以及 R. Freedman 编：《马克思论经济学》（*Marx on Economics*，Harmondsworth：Penguin，1961），第 3 篇。

12.J. E. Elliott：《马克思异化理论发展中的持续性和变化：从〈手稿〉经由〈政治经济学批判大纲〉到〈资本论〉》（'Continuity and Change in the Evolution of Marx's Theory of Alienation：From the *Manuscripts through the Grundrisse to Capital*'），载于 G. E. Panichas 编：《被分析的马克思》（*Marx Analysed*，New York：University Press of America，1985），第 51—102 页；也可参见 B. Ollman：《马克思的共产主义观：重新构建》（'Marx's Vision of Communism：a Reconstruction'，*Critique*，8，1977，第 4—41 页），以及 D. Mclellan：《马克思的非异化社会的观点》（'Marx's View of Unalienated Society'，*Review of Politics*，31，1969，第 459—465 页）。

13.J. Pressler：《马克思和市场社会主义生产关系中的非均衡》（'Marx and Disequilibrium in Market Socialist Relations of Production'，*Economics and Philosophy*，3，1987，第 23—48 页）。

14. 霍华德和金：《马克思的政治经济学》，第 1 章和第 2 章；J. E. Elliott：《马克思的〈政治经济学批判大纲〉：资本主义的创造性破坏观》（'Marx's Grundrisse：Visions of Capitalism's Creative Destruction'），*Journal of Post-Keynesians*，*Economics*，1，1978–1979，第 148—169 页）。

15. 霍华德和金：《马克思的政治经济学》，第 145—146 页，第 198 页，第 243 页；P. Auerbach，M. Desai 和 A. Shamsavari：《从实际存在的资本主义的过渡》（'The Transition from Actually Existing Capitalism'，*New Left Review*，170，1988，第 61—78 页）。一些非马克思主义的社会主义者也像马克思一样坚持这种观点；参见 E. Bellamy：《回顾》（*LookingBackward*，New York：Modern Library，1951；初版于 1887 年），第 41 页。

16. 卡尔·马克思：《〈政治经济学批判〉序言》，见《马克思恩格斯文集》第 3 卷，人民出版社 2009 年版，第 592 页。

17. 马克思和恩格斯试图将其完全具体化，但他们在这一过程中受到一些特殊历史事件的冲击，因此不是始终如一的。这给后来的马克思主义者出了难题；参见 N. Harding：《列宁的政治思想》第二卷（*Lenin's Political Thought Volume* Ⅱ，London：Macmillan，1981），第 9 章，以及 R. Selucky：《马克思主义，社会主义，自由》（*Marxism*，*Socialism*，*Freedom*，London：Macmillan，1979）。

18. 参见 P. 安德森：《英国马克思主义内部的争议》（*Arguments Within English Marxism*，London：New Left Books，1980），按照这一思路对 E. P. 汤普森进行了批判。

19. 列宁在 1920 年强调了这一点；参见《列宁全集》(*Collected Works*，Moscow：Progress Publishers，1960–1970)，第三十一卷，第 24 页。也可参见 Pressler 的《马克思和市场社会主义生产关系中的非均衡》和本书第一卷第 9 章，第 10 章，第 15 章。

20.Auerbach. Desai 和 Shamsavari：《从实际存在的资本主义的过渡》; S. Lash 和 J. Urry：《有组织的资本主义的终结》(*The End of Organised Capitalism*，Cambridge：Polity Press，1987)。

21. 霍华德和金：《马克思的政治经济学》，第 2 章。

22.《列宁全集》(*Collected Works*，Moscow：Progress Publishers，1960–1970)，第五卷，第 349—520 页。

23.A. Przeworski：《资本主义和社会民主主义》(*Capitalism and Social Democracy*，Cambridge：Cambridge University Press，1985)，对考茨基的战略构想的历史后果进行了审视。

24.D. Geary：《卡尔・考茨基》(*Karl Kautsky*，Manchester：Manchester University Press，1987)。

25.V. I. 列宁：《取消取消主义》，见《列宁选集》第二卷中文第 3 版；Harding：《列宁的政治思想》，第一卷，第 267—268 页。

26.K. 考茨基：《社会革命》(*The Social Revolution*，Chicago：Charles H. Kerr，1902)，第 105 页。

27. 马克思：《哥达纲领批判》，见《马克思恩格斯文集》第三卷，人民出版社 2009 年版，第 434 页及其后诸页。

28. 考茨基：《社会革命》，第 129 页；K. 考茨基：《政论文选》(*Selected Political Writings*，London：Macmillan，1983)，第 131—138 页。

29.K. 考茨基：《土地问题》(*Die Agrarfrage*，Stuttgart：Dietz，1899)；参见本书第一卷第 10 章。

30.R. 希法亭：《金融资本》(*Finance Capital*，London：Routledge & kegan Paul，1980)。

31. 同上书，第 367—368 页。

32. 参见本书第一卷第 14 章，以及 Auerbach、Desai 和 Shamsavari：《从实际存在的资本主义的过渡》。

33.O. 纽拉斯：《经验主义和社会学》(*Empiricism and Sociology*，Dordrecht：Reidel，1973)，第 135—150 页。

34.F. 冯・维塞尔：《自然价值》(*Natural Value*，New York：Kelley & Millman，1956；1889 年德文初版)；E. 冯・庞巴维克：《资本与利息》(*Capital and Interest*，South Holland，Ⅲ：Libertarian Press，1959，1888 年德文初版)；也可参见本书第一卷第 3 章。

35.E. 巴罗纳：《集体主义国家的生产部门》（‘The Ministry of Production in the Collectivist State’，载于 A. 诺夫和 D. M. Nuti 编：《社会主义经济学》（*Socialist Economics*，Harmondsworth：Penguin，1972；1908 年意大利文初版），第 52—74 页。

36. 同上书，第 64 页。

37.Elliott：《马克思的〈政治经济学批判大纲〉：资本主义的创造性破坏观》，第 37—38 页；Elliott：《马克思与当代社会主义经济模式》，第 175 页。

38. 考茨基：《政论文选》。

39.Geary：《卡尔 · 考茨基》。

40.R. V. Daniels：《革命良心》（*The Conscience of the Revolution*，New York：Simon & Schuster，1969）。

41.L. 冯 · 米塞斯：《社会主义国家的经济计算》（‘Economic Calculation in the Socialist Commonwealth’），载于诺夫和 Nuti：《社会主义经济学》，第 75—91 页，1920 年德文初版。

42.L. 冯 · 米塞斯：《社会主义：经济学和社会学分析》（*Socialism*：*An Economic and Sociological Analysis*，London：Jonathan Cape，1936；1922 年德文初版），第 511 页。

43. 纽拉斯：《经验主义和社会学》；也可参见本书第一卷第 15 章。

44.A. 诺夫：《社会主义，经济学和发展》（*Socialism*，*Economics and Development*，London：Allen Unwin，1986），第 53—59 页，第 69 页。

45.M. Lewin：《苏联经济争论中的政治暗流：从布哈林到当代改革者》（*Political Undercrurrents in Saviet Economic Debates*：*From Bukharin to Modern Reformers*，Princeton，NJ：Princeton University Press，1974）；S. F. 科恩：《布哈林与布尔什维克革命》（*Bukharin and the Bolshevik Revolution*，Oxford：Oxford University Press，1980）；S. F. 科亨：《对苏联实践的再思考》（*Rethinking the Soviet Experience*，Oxford：Oxford University Press，1985），第 71—92 页；S. F. 科恩和 K. V. Heuvel 编：《格拉斯诺斯特之声：对戈尔巴乔夫改革者的采访》（*Voices of Glasnost*：*Interviews with Gorbachev's Reformers*，New York：Norton，1989）。

46. 参见本书第一卷第 15 章以及 J. Salter：《N. I. 布哈林与市场问题》（‘N. I. Bukharin and the Market Question’，*History of Political Economy*，22，1990，第 65—80 页）。

47.L. 托洛茨基：《左翼反对党的挑战（1926—1927 年）》（*The Challenge of the Left Opposition*（1926–1927），New York：Pathfinder Press，1980）第 334—335 页。

48. 托洛茨基的分析贯穿于《左翼反对党的挑战》（*The Challenge of the Left Opposition*，New York：Pathfinder Press，1975–1981）和《托洛茨基文集》（*Writings of leon Trotsky*，New York：Pathfinder Press，1973–1979）；也可参见《走入歧途的革命》（*The Revolution Betrayed*，

New York：Pathfinder Press，1972）；以上第 3 章，以及本书第一卷第 15 章。

49.D. Lavoie：《竞争和中央计划》（*Rivalry and Central Planning*，Cambridge：Cambridge University Press，1985），第 4 页，第 14 页，第 79 页，第 85 页，第 117 页，第 132 页，第 139 页，第 145—149 页，第 162 页，第 174—175 页；纽拉斯：《经验主义和社会学》。

50.O. R. 兰格：《社会主义经济理论》（'On the Economic Theory of Socialism'），载于诺夫和 Nuti：《社会主义经济学》，第 92—110 页，本书初版于 1936 年。也可参见 I. 索伯：《索伯论勒纳》（'Sobel on Lerner'），载于 H. W. Spiegel 和 W. J. Samuels 编：《当代经济学家透视》（*Contemporary Economists in Perspective*，Greenwich，Conn.：JAI Press，1984），第 185—200 页。

51.Elliott：《马克思与当代社会主义经济模式》；T.Kowasik：《兰格，奥斯卡·雷萨德》（'Lange，Oskar Ryszard'），载于 J. 伊特韦尔，M. 米尔普福特和 P. Newman 编：《新帕尔格雷夫经济学词典》（*The New Palgrave：A Dictionary of Economics*，London：Macmillan，1987），第Ⅲ卷，第 123—129 页。

52.O. R. 兰格：《马克思经济学与当代经济理论》（'Marxian Economics and Modern Economic Theory'，*Review of Economic Studies*，2，1935，第 189—201 页）；也可参见本卷的“结束语”。

53. 例如，兰格曾设想生产单位的“个人管理”，但是这种思想被演化成适应于工人的自我管理；参见本章第 7 节。

54.Lavoie：《竞争和中央计划》；W. Keizer：《对社会主义计算争论的最近的重新解释》（'Recent Reinterpretations of the Socialist Calculation Debate'，*Journal of Economic Studies*，16，1989，第 63—83 页）。

55.M. H. 多布：《经济理论与社会主义》（*On Economic Theory and Socialism*，London：Routledge & Kegan Paul，1955），第 34—54 页，第 239—246 页。多布 20 世纪 30 年代以来关于经济计算的争论的大部分文章都在该书中重新发表。

56.M.H. 多布：《十月革命以来俄国经济的发展》（*Russian Economic Development Since the Revolution*，London：George Routledge & Sons，1928）；也可参见本卷第 2 章。

57. 琼·罗宾逊持类似的观点；参见 W. B. Brus 和 T. Kowalik：《社会主义与发展》（'Socialism and Development'，*Cambridge Journal of Economics*，7，1983，第 243—255 页）。

58.M. H. 多布：《政治经济学和资本主义》（*Political Economy and Capitalism*，London：Routledge & Kegan Paul，1937）；也可参见本卷第 15 章。

59.P. M. 斯威齐：《社会主义》（*Socialism*，New York；McGraw-Hill，1949），第三篇。

60. 多布：《经济理论与社会主义》，第 51—52 页，第 242 页。

61. 同上书，第 68 页；R. Gardner：《L. V. 坎特罗维奇：最优计划暗含的价格》（‘L. V. Kantorovich：The Price Implications of Optimal Planning’，*Journal of Economic Literature*，28，1990，第 638—648 页）；也可参见本卷第 15 章。

62.J. R. 希克斯：《价值与资本》（*Value and Capital*，Oxford：Oxford University Press，1939）是 20 世纪 30 年代的主要著作。从那时起，瓦尔拉斯学派的理论家已经证明，竞争性的价格机制在调整经济活动中可能会失灵。但是，没有特定的理由说明市场社会主义在这方面一定表现得比资本主义差。

63.J. A. 熊彼特：《资本主义、社会主义和民主主义》（*Capitalism*，*Socialism and Democracy*，London：Allen & Unwin，1942）；J. E. Elliott：《卡尔·马克思和约瑟夫·熊彼特论资本主义的创造性破坏》（‘Karl Marx and Joseph Schumpeter on Capitalism’s Creative Destruction’，*Quarterly Journal of Economics*，94，1980，第 45—68 页）。

64.F. A. 哈耶克：《经济学与认识》（‘Economics and Knowledge’，*Economica*，4，1937，第 33—54 页），似乎是重新阐释奥地利学派观点的分水岭；Lavoie，《竞争和中央计划》，以及 Keizer：《对社会主义计算争论的最近的重新解释》，都作了精彩了论述，但是二者都以奥地利学派的观点来看问题，极力谈化“前兰格”与“后兰格”思想的差异。

65. 熊彼特关于企业家的理论从诸多方面概括了新奥地利学派的观点；参见 J. A. 熊彼特：《经济发展理论》（*The Theory of Economic Development*，*Cambridge*，Mass：Harvard University Press，1912）和 I. M. Kirzner：《发现和资本主义进程》（*Discovery and the Capitalist Process*，Chicago：University of Chicago Press，1986）。也可参见 F. H. Knight：《风险、不确定性和利润》（*Risk*，*Uncertainty and Profit*，Boston，Mass：Houghton Mifflin，1921），具有相似理论的雏形。

66.A. A. 阿尔钦和 H. 德姆塞茨：《生产、信息成本和经济组织》（‘Production，Information Costs，and Economic Organisation’，*American Economic Review*，62，1972，第 777—795 页），也可参见 F. Green：《新古典主义和马克思主义的生产理论》（‘Neoclassical and Marxian Conceptions of Production’，*Cambridge Journal of Economics*，12，1988，第 299—312 页）；M. Eswaran 和 A. Kotwal：《为什么资本家是老板？》（‘Why Are Capitalists the Bosses？’，*Economic Journal*，99，1989，第 162—176 页），以及本卷第 17 章的注释 7，注释 19。

67.A. Leijonhufvud：《信息与合作》（*Information and Coordination*，Oxford：Oxford University Press，1981）；M. C. 霍华德：《奥地利资本理论：根据皮罗·斯拉法的“以商品生产方式进行商品生产”所作的评论》（‘Austrian Capital Theory：An Evaluation in Terms of Piero Sraffa’s “Production of Commodities by Means of Commodities” ’，*Metroeconomica*，32，1980，第 1—23 页）；F. H. 哈恩：《对“看不见的手”的思考》（‘Reflections on the Invisible Hand’，

Lloyds Bank Review，144，1982，第 1—21 页）；K. 阿罗：《经济理论与理性假设》（'Economic Theory and the Hypothesis of Rationality'），载于伊特韦尔，米尔盖特和 Newman 编：《新帕尔格雷夫经济学词典》第 II 卷，第 69—75 页。

68.J. 科尔奈：《通向自由经济之路》（*The Road to a Free Economy*，Mew York：Norton，1990）；J. 科尔奈：《所有制形式与协调机制之间的密切关系：社会主义国家改革的一般经验》（'The Affinity Between Ownership Forms and Coordination Mechanisms：The Common Experience of Reform in the Socialist Countries'，*Journal of Economic Perspectives*，4，1990，第 131—148 页）。

69.G. Ofer：《苏联的经济增长：1928—1985》（'Soviet Economic Growth：1928—1985'，*Journal of Economic Literature*，25，1987，第 1777 页）；也可参见 M. Bleaney：《社会主义经济是有效的吗？》（*Do Socialist Economies Work*？，Oxford：Basil Blackwell，1988）；M. Ellman：《社会主义计划》（*Socialist Planning*，Cambridge：Cambridge University Press，1989）；以及 H. J. 谢尔曼：《激进政治经济学基础》（*Foundations of Radical Political Economy*，Armonk，NY：M. E. Sharpe，1987），对东西方作了更为广泛的对比。

70.Elliott：《马克思与当代社会主义经济模式》，第 161 页，第 163 页，第 173—174 页。

71.M. C. 索耶：《米哈尔·卡莱茨基的经济学》（*The Economics of Michal Kalecki*，London：Macmillan，1985）；J. Osiatynski：《米哈尔·卡莱茨基论社会主义经济》（*Michal Kalecki on the Socialist Economy*，London：Macmillan，1988）。

72.A. Shonfield：《当代资本主义》（*Modern Capitalism*，Oxford：Oxford University Press，1965）；V. Lutz：《市场经济下的中央计划》（*Central Planning for the Market Economy*，Harlow：Longman，1969）；也可参见本卷第 9 章。

73. 苏联共产党：《通向共产主义之路》（*The Road to Communism*，Moscow：Foreign Languages Publishing House，1961），第 512 页。

74.N. S. 赫鲁晓夫：《苏共二十大秘密报告》（'Secret Report to the 20th Party Congress of the CPSU'），载于 T. Ali 编：《斯大林主义遗产》（*The Stalinist Legacy*，*Harmondsworth*：Penguin，1984），第 221—272 页。

75.M. Walker：《正在觉醒的巨人》（*The Waking Giant*，New York：Pantheon，1988）；A. Barnet：《苏联的自由》（*Soviet Freedom*，London：Picador，1988）；M. Voslensky：《专门名词汇编》（*Nomenklatura*，London：Bodley Head，1984）。

76.Ofer：《苏联的经济增长：1928—1985》，第 1814—1826 页。

77. 同上书，第 1800 页及其后诸页；J. 科尔奈：《与协调增长相对的急速增长》（*Rush*

Versus Harmonic Growth，Amsterdam：NorthHolland，1972）；M. I. Goldman：《社会主义体系中的环境和可再生资源经济学：俄罗斯》（'Economics of the Environment and Renewable Resources in Socialist Systems：Russia'），载于 A. V. Kneese 和 J. L. 斯威齐编：《自然资源和能源经济学手册》（*Handbook of Natural Resource and Energy Economics*，Amsterdam：North-Holland，1985）第二卷，第 725—745 页。

78.Ofer：《苏联的经济增长：1928—1985》，第 1777 页；[Anon]，《Perestroika 调查》（'A Survey of Perestroika'，*The Economist*，28 April 1990，第 1—22 页）。

79.《列宁全集》第五卷（Moscow：Foreign Languages Publishing House，n. d.），第 174 页。

80. 多布：《经济理论与社会主义》（*Economic Theory and Socialism*）；多布：《1917 年以来苏联经济的发展》（*Soviet Economic Development Since* 1917，London：Routledge & Kegan Paul：6th edn，1966）；多布：《资本主义、发展和计划论文集》（*Papers on Capitalism*，*Development and Planning*，New York：International Publishers，1967）；多布：《社会主义计划：同样的问题》（*Socialist Planning*：*Some Problems*，London：Lawrence & Wishart，1970）。

81.M. H. 多布：《福利经济学与社会主义经济学》（*Welfare Economics and the Economics of Socialism*，Cambridge：Cambridge University Press，1969）。

82. 同上书，第 140 页及其后诸页。

83.A. 林德贝克：《新左派政治经济学》（*The Political Economy of the New Left*，New York：Harper & Row，1971）；诺夫：《可行的社会主义经济学》；谢尔曼：《激进政治经济学基础》。

84.M. Seldon 和 V. Lippit 编：《中国向社会主义的过渡》（*The Transition to Socialism in China*，Armonk，NY：M. E. Sharpe，1982）；V. Lippit：《二战以来中国共产主义的经济发展》（*The Economic Development of China Communism Since World War II*，Brighton：Harvester，1981），第 11 章；Westoby：《共产主义的发展》（*The Evolution of Communism*，New York：Free Press，1989）。

85.P. M. 斯威齐和 C. 贝特兰：《论向社会主义的过渡》（*On the Transition to Socialism*，New York：Monthly Review Press，1971），第 105 页。

86.J. 科尔奈：《经济管理中的超集权控制》（*Overcentralisation in Economic Administration*，Oxford：Oxford University Press，1959）；科尔奈：《与协调增长相对的急速增长》；科尔奈：《短缺经济》（*Economics of Shortage*，Amsterdam：North Holland，1980）；科尔奈：《通向自由经济之路》；科尔奈：《所有制形式与协调机制之间的密切关系：社会主义国家改革的一般经验》。

87.T. 鲍威尔：《计划经济学中的投资周期》（'Investment Cycles in Planned Economics'，*Acta Oeconomica*，21，1978，第 243—260 页）。

88.M. riedman:《光明的前途，沉闷的现状》(*Bright Promises*, *Dismal Performance*, New York: Harcourt Brace Jovanovich, 1983); [Anon]《资本主义调查》('A Survey of Capitalism', *The Economist*, 5 May 1990, 第 1—20 页); 也可参见本卷第 16 章。

89. 例如，参见诺夫:《可行的社会主义经济学》; D. Elson:《市场社会主义还是市场的社会化》('Market Socialism or Socialization of the Market? ', *New Left Review*, 172, 1988, 第 3—44 页); M. Harrington:《社会主义：过去和未来》(*Socialism*: *Past and Future*, New York: Arcade, 1989); W. Brus 和 K. Laski:《从马克思到市场：社会主义对经济体制的探寻》(*From Marx to the Market*: *Socialism in Search of an Economic System*, Oxford: Clarendon Press, 1989)。

90.O. 锡克:《第三条道路：马克思列宁主义理论与当代工业社会》(*The Third Way*: *Marxist-Leninist Theory and Modern Industrial Society*, London: Wildwood House, 1976)。

91. 锡克:《追求人道的经济民主》(*For a Humane Economic Democracy*, New York: Praeger, 1985)。

92.B. 霍瓦特:《社会主义政治经济学》(*The Political Economy of Socialism*, Oxford: Martin Robertson, 1982); Selucky:《马克思主义，社会主义，自由》。

93. 其自主管理从而可能有利于反通货膨胀，甚至引起西方保守派经济学家的关注；参见 P. Jay:《就业，通货膨胀及其应对策略的一般前提》(*A General Hypothesis of Employment*, *Inflation and Politics*, London: Institute of Economic Affairs, 1978)。

94.J. Vanek:《劳动者自治经济学的一般理论》(*The General Theory of Labor-Managed Economics*, Ithaca, NY: Cornell University Press, 1970); J. E. Meade:《商业组织与工人报酬的可选择体系》(*Alternative Systems of Business Organiation and of Workers' Renumeration*, London: Allen & Unwin, 1986)。

95. 这种观点可追溯到阿巴·勒纳在 20 世纪 30 年代的思想；参见 T. Scitovsky:《勒纳，阿巴·普塔契亚》('Lerner, Abba Ptachya'), 载于伊特韦尔、米尔盖特和 Newman 编:《新帕尔格雷夫经济学词典》第Ⅲ卷，第 167—169 页；以及 T. Kowalik:《兰格 – 勒纳机制》('Lange-Lerner Mechanism'), 同上，第 129—131 页。

96.E. 曼德尔:《为社会主义计划辩护》('In Defence of Socialist Planning', *New Left Review*, 159, 1986, 第 5—37 页); 曼德尔:《市场社会主义的神话》('The Myth of Market Socialism', *New left Review*, 169, 1988, 第 108—120 页)。

97.A. 诺夫:《市场与社会主义》('Markets and Socialism', *New Left Review*, 161, 1987, 第 98—104 页)。

98.Auerbach，Desai 和 Shamsavari：《从实际存在的资本主义的过渡》。

99. 其代表作是 K. J. 阿罗：《社会选择与个人价值》（*Social Choice and Individual Values*，New Haven Conn.：Yale University Press，1951）；至于对该书的精彩介绍，参见 J. Bonner：《社会选择理论介绍》（*Introduction to the Theory of Social Choice*，Baltimore，Maryland：Johns Hopkins University Press，1986）。

100.P. 马蒂克：《反布尔什维克的共产主义》（*Anti-Bolshevik Communism*，Armonk，NY：M. E. Sharpe，1987）；R. 杜娜耶夫斯卡娅：《马克思主义与自由——1776 年至今》（*Marxism and Freedom from* 1776 *until Today*，London：Pluto，1975）；C. 卡斯托里亚迪：《政治与社会文集》两卷本（*Political and Social Writings*，Minneapolis：University of Minnesota Press，1988）。关于工联主义和无政府共产主义的传统，参见 G.Woodcock：《无政府主义》（*Anarchism*，*Harmondsworth*：Penguin，1975）；也可参见本卷第 3 章。

101. 诺夫：《可行的社会主义经济学》，第 82 页，第 121 页，第 133—141 页，第 145 页，第 172 页，第 182 页，第 217—223 页。

102. 例如，参见 B. Horvat：《劳动者自治》（'Labour-Managed'），载于伊特韦尔、米尔盖特和 Newman 编：《新帕尔格雷夫经济学词典》第Ⅲ卷，第 79—84 页，以及艾尔斯特和 Moene：《资本主义的选择》。

103. 例如，参见 G. 霍奇森：《民主经济》（*The Democratic Economy*，Harmondsworth：Penguin，1984）；S. 鲍尔斯和 H. 金蒂斯：《民主与资本主义》（*Domocracy and Capitalism*，New York：Basic Books，1987）；以及 G. A. Dymski 和 J. E. Elliott：《资本主义与民主经济》（'Capitalism and the Democratic Economy'），载于 E. F. Paul，F. D. Miller，J. Paul 和 J. Ahrens 编：《资本主义》（*Capitalism*，Oxford：Basil Blackwell，1989），第 140—164 页。

104. 诺夫：《可行的社会主义》；Chattopadhyay：《社会主义：空想的和可行的》；Elliot：《马克思恩格斯对共产主义、稀缺和分工的看法》，Heller：《马克思的需要理论》。

105. 鲍尔斯和 H. 金蒂斯：《民主与资本主义》，第 ix 页，第 25 页，第 32 页，第 42 页及其后诸页，第 62 页及其后诸页，第 167 页及其后诸页；P. Anderson：《历史唯物主义寻踪》（*In the Tracks of Historical Materialism*，London：Verso，1983），第 81 页及其后诸页，第 104 页及其后诸页；J. Dunn：《社会主义政治学》（*The Politics of Socialism*，Cambridge：Cambridge uviversity Press，1984），也可参见 A. Gorz：《劳动者战略》（*Strategy for Labor*，Boston，Mass：Beacon Press，1968）。

106.A. Levine：《为社会主义辩护：理论思考》（*Arguing for Socialism*：*Theoretical Considerations*，London：Verso，1988）。

107.P. 卡丹［Cornelius Castoriadis 的笔名］在其著作《当代资本主义与革命》(*Mordern Capitalism and Revolution*, Bromley：Solidarity，1965）中也持这样的观点。

108. 鲍尔斯和 H. 金蒂斯：《民主与资本主义》；霍奇森：《民主经济》(*Democratic Economy*)。

109. 参见 D. Nuti：《共同决策与利润分享》(‘Codetermination and Profit Sharing’)，载于伊特韦尔、米尔盖特和 Newman 编：《新帕尔格雷夫经济学词典》第一卷，第 465—469 页，以及 K. Coates：《合作团体》(‘Cooperatives’）载于同上，第 664—666 页。

110.《马克思恩格斯文集》第 2 卷，人民出版社 2009 年版，第 31—44 页。

111.J. 罗宾逊：《经济哲学》(*Economic Philosophy*, Harmondsworth：Penguin，1964)，第 130 页；熊彼特：《经济发展理论》；也可参见本卷第 11 章第 3 节。

112. 艾尔斯特和 Moene：《资本主义的选择》；Elson：《市场社会主义还是市场的社会化》；Przeworski：《资本主义和社会民主主义》；鲍尔斯和 H. 金蒂斯：《民主与资本主义》；霍奇森：《民主经济》；Harrington：《社会主义：过去和未来》。

113.B. 穆尔：《人类悲剧原因的思考》(*Reflections on the Causes of Human Misery*, Boston, Mass：Beacon Press，1972)，第三章；J. 伯纳姆：《民主是可能的吗？》(*Is Democracy Possible*? Berkeley：University of California Press，1985)，第 28 页，第 51 页，第 65—68 页，第 130 页；J. 艾尔斯特：《劳动与政治活动中的自我实现：马克思主义的美好生活概念》(‘Self-Realisation in Work and Politics：the Marxist Conception of the Good Life’)，载于艾尔斯特和 Moene：《资本主义的选择》，第 127—158 页。也可参见 D. Lavoie：《国民经济计划：什么是‘左’？》(*National Economic Planning*; *What is Left*? Cambridge, Mass：Ballinger, 1985)，第 5 章。

114.C. Brinton：《对革命的分析》(*The Anatomy of Revolution*, New York：Vintage，1965)；T. Skocpol：《国家与社会革命》(*States and Social Revolutions*, Cambridge：Cambridge University Press，1979)；Gwertzman 和 Kaufman：《共产主义的崩溃》。

结束语

在本书第一卷第一篇中，我们阐述了19世纪90年代正统马克思主义在德国的形成，以及捍卫“爱尔福特纲领”的情况，针对修正主义批判者，“爱尔福特纲领”罗列了正统马克思主义的一些基本信条。这种正统马克思主义有三个主要的理论支柱。第一，资本不断地向更大的企业集中，而且越来越集中化；因此一些更具实力的垄断组织和卡特尔取代了资本主义发展早期阶段的相对自由的竞争。这将不可避免地导致剥削率上升、相对贫困化（如果不是绝对贫困化）的不断加速和无产阶级阶级意识的提高。第二，经济危机在资本主义制度下是不可避免的，并且将越来越严重。危机是市场无政府状态导致的比例失调的不可避免的后果，是相对贫困化导致的消费不足的不可避免的后果，（在少数解释中）也是资本有机构成不断提高导致的利润率降低的不可避免的后果。随之产生了工人大量失业，进而导致工人阶级在其物质生活都无法保证的情况下加入社会主义的行列。第三，由于上述原因，资本主义被取代的时机已经成熟。这具有双重含义：它现在已经是人类社会生产力发展的障碍，取代它的方式也是现存的。无产阶级只须夺取柏林的六大银行——正如希法亭所指出的——控制国民经济最高层的权力，为后资本主义社会的建立奠定基础。上述的第三点还包含另外一个极其重要但人们很少论及的内容：社会主义是替代资本主义生产方式的一种可行的、并且在一切方面都是可取的生产方式。

对于马克思政治经济学来说还远不止这些，但是上述三个方面是那个世纪之交正统观点的核心。在随后的几十年，又进一步提出两个基本思想。希法亭、卢森堡、列宁的帝国主义理论认为，争取经济领土的斗争是各种资本主义国家政治和军事对抗背后的根本动力。在经济发展不平衡的情况下，国际无产阶级面临一个严峻的选择：革命或战争，社会主义或野蛮状态。上述这些在1918年之前就成为马克思政治经济学的第四个理论支柱，这个支柱得到了第二次世界大战后的第五个理论支柱的补充。经济发展的不平衡使落后地区和依附地区得不到发展，而不是（像马克思曾经认为的）它们被迅速同化为世界体系中一个平等的成员。

在第三世界，社会主义革命是工业化的前提，而不是工业化的终点。

由此可见，马克思主义经济理论在过去是历经波折。尽管人们没有理由对资本在单个国家（如果不是全球范围）的集中和集中化提出质疑，但人们很难将这些根深蒂固的趋势与剩余价值率不断上升联系起来。如果没有令人满意的马克思的工资理论，没有人们普遍认可的生产劳动和非生产劳动的定义，对剥削率变动的测算和解释就是毫无说服力的或者莫衷一是的。国际竞争的最新发展、国家经济职能的退化，都对“垄断资本主义”、“有组织的资本主义”和“国家资本主义”等概念提出严峻挑战，而这些概念似乎又是正统理论观点的合乎逻辑的推论。

正统理论的第二个理论支柱，即经济危机不断加重的理论，看起来在一些时期比在另外一些时期会得到更强有力的证明。毫不奇怪，它在“大萧条”时期或在 20 世纪 70 年代，比 19 世纪 90 年代末期、1945 年后的“长期繁荣”时期以及始于 1982 年的经济上升时期，更令人深信不疑。事实上，“里根繁荣”从马克思的危机理论方面并没有得出什么令人信服的解释，除非有点勉强地将它看作是军备竞赛的结果。[1] 这暴露出分析上的严重缺陷。正统马克思主义仍然缺乏被普遍认可的关于经济危机的理论，也没有一个令人满意的方法去说明为什么缺乏这样的理论。马克思主义经济学家会认为一个新的“黄金时代”是不可能的；他们相信，利润率——无论何种原因——最终将下降；但是，他们现在还缺乏一种理论工具，对他们关于资本主义行将在经济上毁灭的预言作出更鲜明清晰的论述。

至于正统理论的第三个理论支柱，几乎没有必要再重复，西欧和北美的资本主义已经比马克思主义理论家们所想象的要更具生命力，无产阶级也更不易对摧毁资本主义制度感兴趣。当然，这些现象是相互联系的。资本主义生产方式在很大程度上不负众望。从长远看，工人生活水平已经有显著提高，失业也没有像人们想象的那样不断地上升。在一些发达国家，甚至相对贫困也难以发现。与唯一可见的替代资本主义的制度——苏联生产方式相比，资本主义似乎是人们更好的选择，甚至（对大多数工人而言）在“大萧条”时也是如此。认为斯大林主义与社会主义方案毫不相关的说法，不管如何准确，也都是不能令人信服的；而最近集中的计划经济的不断瓦解，也只不过增强了已经流行的“共产主义将永远走不通”的观点。如果没有一个合理的社会主义经济模式，马克思主义者剩下的就只是无法证实的盲目乐观的信条。

马克思主义政治经济学的第四个理论支柱，在很长时间里看起来比前三个更经得起批评。它在真实意义上也更具说服力：如果世界体系的长期替代方案只是全球大劫难，那么新社会不可避免存在的一些不完善也就无关紧要了。第一次世界大战和——更明显的是——第二次世界大战，被认为是希法亭—列宁理论中帝国主义冲突的可怕的例证，新兴的富有侵略性的资本主义国家与老牌资本主义国家之间争夺经济领土。但在 1945 年以后，美国在经济上和特别是在军事上的绝对统治地位，使资本主义国家之间不再可能重新爆发战争，进而摧毁了列宁帝国主义理论的可信性。正如我们在前面的第三篇所看到的，帝国主义概念本身已经蜕变为第三世界民族主义意识形态的一部分，它在这个过程中也失去了一致性和清晰性。

20 世纪后半期，马克思主义政治经济学确实在第三世界里找到了它的主要知音，巴兰、弗兰克和沃勒斯坦的依附理论和不发达理论吸引了第三世界。但是，正统马克思主义的理论支柱已经开始被歪曲。斯大林主义的发展模式并没有在苏联、东欧、亚洲和拉丁美洲取得预期的成功，相反，一些前落后国家——所谓的“新兴工业化国家”无序的、不平等的却异常迅速的发展，已经确证资本主义有能力把第三世界（至少是某些部分）吸引到充满活力的、繁荣的世界体系中来。

就解释 20 世纪世界历史的总体进程的能力而言，马克思主义政治经济学表现得极为糟糕。马克思及其正统的后继者给自己规定了雄心勃勃的任务，并愿意接受检验。但是，马克思主义经济学在更缜密的分析方面，并没有取得什么进展。特别是劳动价值（量的）理论不能承担赋予它的理论上的重负，它只能——如果真要这样的话——在冯·诺伊曼—森岛通夫关于马克思基本定理的弱化的形式中得到维护，这一形式涉及的最小劳动量的理论，在以上第 13 章至第 15 章作了阐述。正如我们在第 7 章、第 16 章中所看到的，马克思《资本论》第三卷中关于利润率下降理论也站不住脚。马克思主义对资本主义的一些批判无疑是无关痛痒的（例如，异化理论和拜物教理论），同时，考茨基在不到一个世纪前曾自信地宣扬的全面而缜密的社会科学，也几乎荡然无存。

面对上述这些严重缺陷，留给人们的唯一想象是，马克思主义批判者兴高采烈地宣告马克思主义已经死亡。这里引用两则这样的“讣告”，它们都是 1989 年东欧剧变前完成的。经济思想史专家马克·布劳格认为：

> （马克思）留给他的后继者一个极其复杂和费解的思想体系，很少有人能够理解其形式上的结构，因此它马上遭到修正。当该理论体系作出的预言

失败时，他的追随者们退却到完全从口头上坚持劳动价值论和剩余价值论。资本主义则被看作是受其内部矛盾困扰，每一年都将其本已不堪重负的内部结构作进一步的改善，并以此作为资本主义体系还超乎人们想象地生存下来的解释。马克思主义研究纲领开始变质，每一次都是试图阻止它进一步蜕变。在某些方面，一个不断蜕变的科学研究纲领，要么逐步萎缩，失去其所有的统一性，要么具有宗教色彩，通过排斥任何实践的进一步的检验来维持其理论立场。很显然，正是后者，被证明就是马克思主义的厄运。[2]

哲学家莱斯泽克·科拉科夫斯基将其三卷本的马克思主义史的副标题定为“起源、发展和终结”；最后一卷的副标题只是“崩溃”。在该书的“后记”中，莱斯泽克·科拉科夫斯基试图说明马克思主义在理论上衰退的过程：

马克思及其后继者们的所有预言，几乎都已证明是错误的，但这并没有影响支持者对它在精神上的确信，在千年之交更是如此：它成为一种确信，这种确信不是基于任何经验前提或所谓的“历史规律”，而只是基于一种对确定性的心理需要。马克思主义从这个意义上说发挥了宗教的功能，它的功效具有宗教色彩……

马克思主义作为极权政治运动的上层建筑中的意识形态，已经被凝固了，没有得到发展，因此脱离了知识发展和社会现实。人们希望能够恢复它的活力，重新结出硕果，但这种愿望被证明是一个妄想。它作为一个解释性的“体系”，已经死亡；它也没有提供任何可以有效地说明现实生活、预测未来、勾划理想规划的“方法”。当代马克思主义著作尽管在数量上很丰富，但都带有一种僵化的、绝望的气息，同时它们也不是纯粹历史的……现在，马克思主义既不能解释这个世界，也不能改造这个世界；它仅仅成为服务于各种利益的口号，其中的大部分理论完全脱离了马克思主义最初所确定的内容。在第一国际破产一个世纪以后，成立一个能够捍卫全世界被压迫阶级利益的新国际的可能性越来越渺茫。[3]

以卡尔·波普尔和伊姆里·拉卡托斯而闻名的科学方法论学派，也对马克思主义展开批判。[4]这种批判可以归为以下三点。第一，马克思主义政治经济学已经成为一种教条，与社会现实越来越脱离。第二，其实践者从中引申出关于现实世界的可检验的预言，这些预言失败了。第三，这些教条面对批判时，事实上也在修正，但这种修正是以不合逻辑的形式进行的。[5]马克思主义经济学不论被看作是国家意识形态的一部分，还是被看作新的准宗教因素，都已经蜕变到这种程度，即现在没有——很长时间也没有——对理论知识的发展增加任何东西。

这些都是极为严厉的批判，正如我们所指出的，每一种批判都包含着重要的实质性内容。但它们并没有从总体上把握马克思主义政治经济学的不断发展的本质。只有在人们忽视马克思主义的多中心的本质的时候，它才会被看作是一种刻板的教条。本书第一卷在审视各方面分歧时试图证明，一直存在着马克思主义正统理论批判者，正统理论在受到批判时也发生重大变化。但自 1929 年以来，马克思主义在经济问题上根本没有单一的正统理论。斯大林主义确实在长时期具有正统理论的色彩，也确实在世界部分地区推行其理论。但在西方，并没有形成分析或信念上的一致性。从老左派到新左派，从托洛茨基主义者到世界体系论者，从新斯大林主义者到法兰克福学派，以及所有这些松散的组织，当时的现实就是（现在仍然是）观点纷呈、莫衷一是。

马克思主义经济学家的预测也没有完全失败。他们在理解资本主义发展各种阶段的“中间层次的”现象方面，远远好于他们雄心勃勃地解释全球资本主义的长期总体发展。我们在前面已经指出早期正统理论的一些成功之处。资本的集中和积聚在过去的世纪里已经有了发展；已经发生过一些大的国际危机；帝国主义战争已经两次肆虐这个星球。显然，资产阶级经济学在这些问题上并没有什么更多的作为，它没有提出建立在缜密分析基础上的准确预言。（正因为如此，布劳格本人成为新古典经济学的尖锐批判者）[6]在这里，值得一提的是奥斯卡·兰格的一个著名结论：

> 显然，马克思主义经济学和现代“资产阶级”经济学之间的相对优点，属于不同“层面”。马克思主义经济学可以把资本主义社会的历史演变，纳入前后统一的理论分析之中，而“资产阶级”经济学则没有对历史展开进一步分析。另一方面，“资产阶级的”的经济学能够抓住资本主义经济日常生活中的现象，它在这一点上胜过马克思主义经济学。另外，这两种类型的经济学所作出的预测，也处于不同的时间范围。如果人们想预测资本主义的长期发展，马克思的理论会比维塞尔、庞巴维克、帕累托或者马歇尔的理论更有效（尽管马歇尔的理论在这方面更为高级）。但是马克思主义经济学在管

理中央银行或预测贴现率变化的结果方面有点力不从心。[7]

作为“经济社会学”，或者作为全面分析不同类型经济制度的基础，马克思主义政治经济学还没有遇到严峻的挑战。例如，普列汉诺夫和杜冈-巴拉诺夫斯基对“后发者”理论的分析；列宁对资本主义现代化的不同道路的分析；托洛茨基对不平衡和混合发展的分析；布伦纳对西方资本主义社会转变和前资本主义生产方式的保守性的分析；科恩对历史唯物主义的大胆改造。[8]格申克龙对欧洲工业化的研究，巴林顿·穆尔对现代化不同道路的研究，西达·斯克科玻尔对社会革命背后的矛盾的研究，这些研究从严格意义上看并不是马克思主义的，但表明它们深受马克思主义历史演变理论的影响，并在相当程度上运用了马克思主义历史演变理论的分析工具。[9]马克思主义经济学家实际上仅仅试图罗列出主要由经济因素决定的有关制度方面的理论，同时非马克思主义者在该领域所做的研究——例如 J. K. 加尔布雷思所做的研究——也深受马克思主义经济学家思想的影响。主流经济学家喜欢把精力仅仅集中在那些更能得到验证，但常常与真正具有重大意义的问题不甚相关的一些理论问题上。他们对经济体制运行上的研究成果已经证明是极重要的——例如，与竞争性定价过程密切联系的发展波动的研究——这些研究成果已经为大多数新古典经济学的实践者所忽视。[10]

许多马克思主义者在有些时候指出，苏联生产方式的崩溃可以看作是历史唯物主义作用的有力证明，这种生产关系已经阻碍了生产力的发展。事实上，早在两次世界大战期间，布哈林和托洛茨基就认为，斯大林主义体制下的命令经济最终会导致一场危机。直到最近，只有（反斯大林主义的）马克思主义者才实际上把苏联看作是一个矛盾的生产方式，在这里，只有政治和意识形态明显居于支配地位，对历史发展起着决定作用的社会经济因素被忽视了。西方“苏联学”普遍认为，这是“极权主义模式”的凄惨失败，苏联历史研究中的“修正主义学派”在过去 20 年也提出了挑战，因此人们普遍认为，马克思主义的方法更加正确。[11]另外，还有人认为马克思主义经济学的一些方面随着本世纪的结束，将会更加贴近现实。例如，美国霸主地位在衰退，欧洲和日本的地位相应上升，这些表明帝国主义之间斗争的理论将再次得到证实。[12]同时，假如罗纳德·里根恢复“市场神话”的政策不能真正消灭经济周期性波动，这将再一次为马克思主义经济学的危机理论提供证明的机会。

针对布劳格—科拉科夫斯基对马克思主义经济学进行批判的第三个方面，我们可以认为，马克思主义的“修正”是其自身历史的、社会的方法论上的特点；马克思主义经济学自 1918 年以来所发生的巨大变化是一种批判性的更新，而不是一种教条式的退化。很多的马克思主义者不论在阐述劳动价值论还是在阐述利润率下降理论时，已经证明他们愿意放弃一些站不住脚的观点，同时他们愿意对马克思主义政治经济学的哲学基础进行反思。例如，我们把马克思主义者对“大萧条”的一般分析（以上第 1 章考察的内容）与他们对 20 世纪 70 年代经济危机的更为公开、更富灵活性的分析（以上第 16 章考察的内容）相比较，就发现这一点；或者我们把马克思主义者在 20 世纪七八十年代对价值理论的缜密的阐述，与一个世纪以前马克思主义理论的状况相比较，也会发现这一点。马克思主义经济学家已经认识到新古典理论的优点，这可以从其最近对经济落后国家的研究得到证明，可以从理性选择马克思主义的崛起得到证明，还可以从一个普遍共识即如果社会主义是可行的，那它必须广泛地利用市场的观点得到证明。[13] 一系列新的问题，促使马克思主义经济学在过去的 50 年间，在很大程度上放弃了布劳格或者科拉科夫斯基所说的那种缺乏生气的、具有宗教色彩的正统理论。马克思主义对劳动力市场分割、劳动生产率中的社会因素、教育制度和家庭的经济功能、种族和性别歧视的决定因素等问题的研究，就是这样的一些例子。[14]

分析研究上的“公开化政策”（glasnost）确实是有代价的，从以上第 17 章所阐述的新古典的个人主义方法论的“帝国主义”倾向，及其对“理性选择马克思主义”的渗透等问题，可以十分清楚地看到这一点。这从不同的方向提出了另一个可能威胁马克思主义政治经济学的问题。如果没有了劳动价值论、经济决定主义、剩余价值论和利润率下降理论，马克思主义经济学还能剩下什么与它的称谓相匹配的东西呢？还有什么东西使它不致于成为新古典理论中的一个微小的、相对平均主义的、具有社会学倾向和历史意识的分支呢？用拉卡托斯式的说法就是，马克思主义政治经济学的“坚硬的内核”又是什么呢？

我们认为，21 世纪的马克思主义经济学有四个本质内容，作为“本质”，不是因为它们能够作为新的正统理论的基础，而是因为它们成为区分对经济现象是马克思主义分析还是非马克思主义分析的分水岭。第一个本质是资本主义社会阶级性质的不可回避的现实，以及必然包括也不可避免的（如果在通常情况下是潜在的）阶级斗争的现实。第二个本质是紧紧抓住这一社会再生产中的一些关键性问题，包括前面第 4 章和第 16 章所讨论的意识形态问题，也包括马克思在《资本论》第二卷中首先提出的更狭隘的科学技术问题，这些绝不是没有分析意义的。现代马克思主义经济学第三个不同的本质是强调再生产过程中的矛盾性，特别是强调不同阶级和阶级分化可能产生的对该制度的威胁。最后一个本质是“不平衡发展”这样一个内涵丰富的概念，这一概念说明资本主义作为一个世界体系是如何不可能平稳而协调发展。上述四个方面将使马克思主义经济学不致失去本来面目，也不致在不远的将来的社会研究中不再是一种充满生命力的和——用拉卡托斯式的说法——进步的纲领。

最后一个问题是：马克思主义政治经济学和其他持异见学派之间到底是什么关系？在以上几章我们已经看到，许多人试图把其他理论传统中带有马克思主义分析的因素融合起来。那么，把马克思的、斯拉法的、后凯恩斯的、现代制度学派的[15]以及（可能）一些新古典的理论前后一致地综合起来，用于分析资本主义经济及其发展前景，这在多大程度上是可能的呢？上述明确的马克思主义经济学的四个本质，能否在这种综合中长期保存下来呢？如果它们在其中所占的位置不像马克思主义经济学家所一直坚持的那么重要，那么它就成了在将来必须沿马克思的方向加以修正的其他类型的经济学。只有当它们的重要性被证明处于急剧下降之中时，马克思主义政治经济学才有可能会“消失”。

注释：

1.J. Lovering：《大西洋军事经济：走向军事扩张的体制》（‘The Atlantic Arms Economy：Towards a Military Regime of Accumulation?’，*Capital and Class*，33，1987，第 129—155 页）。

2.M. 布劳格：《从方法论角度评价马克思主义经济学》（*A Methodological Appraisal of Marxian Economics*，Amsterdam：North-Holland，1980），第 69—70 页。

3.L. 科拉科夫斯基：《马克思主义的主要趋势》第三卷（*Main Currents of Marxism*，*Volume* Ⅲ. *The Breakdown*，Oxford：Clarendon Press，1978），第 526 页，第 529 页，第 530 页。

4.K. 波普尔：《假设与反驳：科学知识增长》（*Conjectures and Refutations*：*The Growth of Scientific Knowledge*，London：Routledge & Kegan Paul，1965）；I. 拉卡托斯：《科学研究纲领的方法论》（*The Methodology of Scientific Research Programmes*，Cambridge：Cambridge University Press，1978）。

5. 同上书，第 31—33 页。

6.M. 布劳格：《经济学的方法论：或者，经济学家如何解释》（*The Methodology of*

Economics：*Or*，*How Economists Explain*，Cambridge：Cambridge University Press，1980）。

7.O. 兰格：《马克思主义经济学与现代经济理论》（‘Marxian Economics and Modern Economic Theory’，*Review of Economic Studies*，2，1935，第191—192页）。

8. 参见本书第一卷第二篇，以及本卷第11章。

9.A. 格申克龙：《从历史的观点看经济倒退》（*Economic Backwardness in Historical Perspective*，Cambridge，Mass：Harvard University Press，1966）；B. 穆尔：《民主和独裁的社会起源》（*Social Origins of Dictatorship and Democracy*，Harmondsworth：Penguin，1966）；T. 斯克科玻尔：《国家与社会革命》（*States and Social Revolutions*，Cambridge：Cambridge University Press，1979）。

10. 例如，参见F. 哈恩：《我们分歧的冬季》（‘The Winter of Our Discontent’，*Economics*，40，1973，第322—330页）。

11. 参见本卷第2章的注释11，注释87和注释93。

12.E. 曼德尔：《欧洲与美洲：帝国主义的冲突》（*Europe vs. America*：*Contradictions of Imperialism*，New York：Monthly Review Press，1970）。

13. 参见本卷第11章，第13章，第15章，第17章和第18章。

14.D. M. 戈登、R. Edwards 和 M. Reich：《分隔的工作，分离的工人：美国劳动力的历史性转变》（*Segmented Work*，*Divided Workers*：*the Historical Transformation of Labor in The United States*，Cambridge：Cambridge University Press，1982）；S. 鲍尔斯：《竞争经济的生产过程》（‘The Production Process in a Competitive Economy’，*American Economic Review*，75，1985，第16—36页）；S. 鲍尔斯和H. 金蒂斯：《人力资本理论存在的问题——马克思的批判》（‘The Problem with Human Capital Theory-a Marxian Critique’，*American Economic Review*，65，1975，第74—82页）；V. Beechey：《不平等的工作》（*Unequal Work*，London：Verso，1987）；J. E. 罗默：《分化与征服：马克思主义工资歧视理论的微观基础》（‘Divide and Conquer：Microfoundations of a Marxian Theory of Wage Discrimination’，*Bell Journal of Economics*，10，1979，第695—705页）；M. Reich：《种族歧视：一种政治经济学分析》（*Racial Inequality*：*A Political Economic Analysis*，Princeton，NJ：Princeton University Press，1981）。

15. 参见G. 霍奇森：《经济学与制度：现代制度经济学宣言》（*Economics and Institutions*：*A Manifesto for A Modern Institutional Economics*，Cambridge: Polity，1988）。

人名译名对照表

A

阿列塔，米歇尔	Aglietta，Michel
阿卡马祖，卡内姆	Akamatsu，Kaname
阿尔钦，阿芒	Alchian，Armen
亚历山大，S. S.	Alexander，S.S.
阿连德，萨尔瓦多	Allende，Salvador
阿尔都塞，路西	Althusser，Louis
阿明，萨米尔	Amin，Samir
安德森，J.–O.	Andersson，J.–O.
阿姆斯特朗，菲利普	Armstrong，Philip
阿罗，肯尼思	J.Arrow，Kenneth J.

B

巴枯宁，米哈伊尔	Bakunin，Michael
巴兰，保罗 ·A.	Baran，Paul A.
巴罗纳，恩里克	Barone，Enrico
巴师夏，弗雷德里克	Bastiat，Frédéric
鲍威尔，奥托	Bauer，Otto
鲍尔，塔玛斯	Bauer，Tamas
鲍莫尔，威廉 ·J.	Baumol，William J.
伯恩施坦，爱德华	Bernstein，Eduard
贝特兰，夏尔	Bettelheim，Charles
布劳格，马克	Blaug，Mark

布利斯，克里斯托弗·J.	Bliss, Christopher J.
博迪，拉福特	Boddy, Raford
庞巴维克，尤金·冯	Böhm-Bawerk, Eugen von
博特凯维兹，拉迪斯劳斯·冯	Bortkiewicz, Ladislaus von
博特莫尔，托姆	Bottomore, Tom
布丁，路易斯	Boudin, Louis
鲍尔斯，塞缪尔	Bowles, Samuel
布罗代尔，费尔南德	Braudel, Fernand
布雷弗曼，哈里	Braverman, Harry
布伦纳，罗伯特	Brenner, Robert
布鲁尔，安东尼	Brewer, Anthony
勃列日涅夫，列昂尼德·I.	Brezhnev, Leonid I.
布罗迪，安德拉斯	Brody, Andras
布朗芬布伦纳，马丁	Bronfenbrenner, Martin
布隆霍夫，苏珊娜	Brunhoff, Suzanne
布哈林，尼古拉·伊万诺维奇	Bukharin, Nikolai Ivanovich
伯纳姆，詹姆斯	Burnham, James

C

卡丹，保罗	Cardan, Paul
凯里，亨利·C.	Carey, Henry C.
卡斯托里亚迪，科尔内利乌斯	Castoriadis, Cornelius
凯特福斯，乔治	Catephores, George
卡钦斯，瓦迪尔	Catchings, Waddill
张伯伦，爱德华·H.	Chamberlin, Edward H.
查洛索夫，乔治·冯	Charasoff, Georg von
蔡斯，斯图尔特	Chase, Stuart
克拉克，约翰·贝特斯	Clark, John Bates
克利夫，托尼	Cliff, Tony
科布登，理查德	Cobden, Richard

科恩，格里·A.	Cohen, Gerry A.
科里，刘易斯	Corey, Lewis
考林，基思	Cowling, Keith
克罗齐，贝内代托	Croce, Benedetto
克罗斯兰，C. A. R.	Crosland, C.A.R.
克罗蒂，詹姆斯	Crotty, James

D

丹，西奥多	Dan, Theodor
达雷尔，约翰	Darrell, John
达尔文，查尔斯	Darwin, Charles
戴，理查德·B	Day, Richard B.
德布雷，里吉斯	Debray, Regis
热拉尔，德布勒	Debreu, Gérard
德姆塞茨，哈罗德	Demsetz, Harold
丹尼斯，亨利	Denis, Henri
多伊彻，艾萨克	Deutscher, Isaac
迪瓦恩，詹姆斯·N.	Devine, James N.
德·沃尔夫，S.	De Wolff, S.
迪金森，H·D	Dickinson, H.D.
迪拉德，达德利	Dillard, Dudley
季米特洛夫，格奥尔吉	Dimitrov, Georgi
德米特里耶夫，V. K	Dmitriev, V.K.
多布，莫里斯·H.	Dobb, Maurice H.
多马，伊夫塞·S	Domar, Evsey S.
多斯·桑托斯，特奥托尼奥	Dos Santos, Theotonio
道格拉斯，梅杰，克利福德·H.	Douglas, Major Clifford H.
杜布切克，亚历山大	Dubcek, Alexander
迪梅尼尔，热拉尔	Duménil, Gérard
杜娜耶夫斯卡娅，拉亚	Dunayevskaya, Raya

达特，R. 帕姆 Dutt，R.Palme

E

伊特韦尔，约翰 Eatwell，John
艾尔斯特，乔恩 Elster，Jon
伊曼纽尔，阿格里 Emmanuel，Arghiri
恩格斯 Engels，Friedrich

F

樊弘 Fan-Hung
法农，弗兰茨 Fanon，Frantz
法尔约恩，伊曼纽尔 Farjoun，Emmanuel
费尔德曼，G. A. Feldman，G.A.
弗利，邓肯 ·K. Foley，Duncan K.
福斯特，威廉姆 ·F. Foster，William F.
弗雷纳，刘易斯 ·C.(见科里，刘易斯) Fraina，Louis C.(see Corey，Lewis)
弗兰克，安德烈 · 冈德 Frank，André Gunder

G

加尔布雷思，约翰 · 肯尼思 Galbraith，John Kenneth
加雷尼亚尼，皮耶兰杰利 Garegnani，Pierangelo
格申克龙，亚历山大 Gerschenkron，Alexander
格塞尔，西尔维奥 Gesell，Silvio
吉尔曼，约瑟夫 Gillman，Joseph
金蒂斯，赫伯特 Gintis，Herbert
格利克，马克 Glick，Mark
格林，安德鲁 Glyn，Andrew
古德温，理查德 ·M. Goodwin，Richard M.

戈登，戴维 ·M.	Gordon，David M.
葛兰西，安东尼奥	Gramsci，Antonio
格里芬，基思	Griffin，Keith
格罗斯曼，亨利克	Grossman，Henryk
格瓦拉，切	Guevara，Che

H

哈贝马斯，于尔根	Habermas，Jürgen
哈恩，弗兰克 ·H	Hahn，Frank H.
汉森，阿尔文 ·H	Hansen，Alvin H.
哈里斯，唐纳德 ·J.	Harris，Donald J.
哈里斯，奈杰尔	Harris，Nigel
哈里森，约翰	Harrison，John
哈罗德，罗伊 ·F.	Harrod，Roy F.
哈耶克，弗里德里希 · 冯	Hayek，Friedrich von
希思，爱德华	Heath，Edward
希尔吉，阿诺德	Heertje，Arnold
黑格尔，乔治 · 威廉 · 弗里德里希	Hegel，Georg Wilhelm Friedrich
格尔方德，亚历山大 ·I.	Helphand，Alexander I.
希克斯，约翰 ·R.	Hicks，John R.
希法亭，鲁道夫	Hilferding，Rudolf
希特勒，阿道夫	Hitler，Adolf
霍布森，约翰 ·A.	Hobson，John A.
霍奇森，杰夫 ·M.	Hodgson，Geoffrey M.
霍兰德，塞缪尔	Hollander，Samuel
霍罗威茨，戴维	Horowitz，David
霍瓦特，布兰科	Horvat，Branko
霍华德，米切尔 ·C.	Howard，Michael C.
亨特，E. K.	Hunt，E.K.

J

詹姆斯, C. L. R.　James, C.L.R.
杰文斯, 威廉・斯坦利　Jevons, William Stanley
约翰森, 利夫　Johansen, Leif

K

卡尔多, 玛丽　Kaldor, Mary
卡莱茨基, 米哈尔　Kalecki, Michal
加米涅夫, 列夫・波里索维奇　Kamenev, Lev Borisovitch
康托罗维奇, 列昂尼德・V.　Kantorovich, Leonid V.
考茨基, 卡尔　Kautsky, Karl
凯恩斯, 约翰・梅纳德　Keynes, John Maynard
赫鲁晓夫, 尼基塔・S.　Khrushchev, Nikita S.
基德隆, 迈克尔　Kidron, Michael
金, J. E.　King, J.E.
克莱因, 劳伦斯・R.　Klein, Lawrence R.
科拉科夫斯基, 莱斯泽克　Kolakowski, Leszek
库普曼, 加林・C.　Koopmans, Tjalling C.
康德拉季耶夫, 尼古拉・德米特里耶维奇　Kondratiev, Nikolai Dmitrievich
库伊斯, A. A.　Konius, A.A.
科尔奈, 亚诺什　Kornai, Janos
克隆罗德, Y. A.　Kronrod, Y.A.
克塞诺弗托夫, F. A.　Ksenofontov, F.A.
屈内, 奥托　Kühne, Otto

L

拉克卢, 埃内斯托　Laclau, Ernesto
利伯曼, 戴维　Laibman, David

拉卡托斯，伊姆里	Lakatos, Imre
兰格，奥斯卡	Lange, Oskar
莱德勒，埃米尔	Lederer, Emil
勒尔，J.	Lehr, J.
列宁	Lenin, Vladimir Ilyich
里昂惕夫，瓦西里 ·W	Leontief, Wassily W.
勒纳，阿巴 ·P.	Lerner, Abba P.
林德贝克，阿瑟	Lindbeck, Assar
利匹兹，阿兰	Lipietz, Alain
劳，克拉伦斯 ·Y.	Lo, Clarence Y.
卢卡奇，乔治	Lukács, Georgy
卢森堡，罗莎	Luxemburg, Rosa

M

麦克哈吉斯基，简	Machajski, Jan
马克沃夫，摩舍	Machover, Moshe
马格多夫，哈里	Magdoff, Harry
曼德尔，欧内斯特	Mandel, Ernest
曼德尔鲍姆，库尔特	Mandelbaum, Kurt
马诺利斯库，米海尔	Manoilescu, Mihail
马尔库塞，赫伯特	Marcuse, Herbert
马尔格林，斯蒂芬	Marglin, Stephen
马歇尔，阿尔弗雷德	Marshall, Alfred
马尔托夫，尤利乌斯	Martov, Julius
马克思	Marx, Karl
梅森，爱德华 ·S.	Mason, Edward S.
马蒂克，保罗	Mattick, Paul
梅，肯尼思	May, Kenneth
米恩斯，加德纳 ·C.	Means, Gardner C.
米克，罗纳德 ·L.	Meek, Ronald L.

梅尔曼，塞默尔	Melman，Seymour
门格尔，安东	Menger，Anton
米歇尔斯，罗伯特	Michels，Robert
米尔盖特，穆蕊	Milgate，Murray
米塞斯，路德维希·冯	Mises，Ludwig von
穆尔，巴林顿	Moore，Barrington
森岛通夫	Morishima，Michio
莫斯科斯卡，纳塔莉	Moszkowska，Natalie
米尔普福特，沃尔夫冈	Mühlpfort，Wolfgang

N

纳夫塔利，弗里茨	Naphtali，Fritz
那瓦，托伊奇	Nawa，Toichi
尼斯尔，汉斯	Neisser，Hans
诺伊曼，弗兰茨	Neumann，Franz
诺伊曼，约翰·冯	Neumann，John von
纽拉斯，奥托	Neurath，Otto
尼卡多，H.	Nikaido，H.
诺夫，亚历克	Nove，Alec

O

奥康纳，詹姆斯·R.	O'Connor，James R.
置盐信雄	Okishio，Nobuo
奥韦尔，乔治	Orwell，George

P

帕卢瓦，克里斯蒂安	Palloix，Christian
帕累托，维尔弗雷多	Pareto，Vilfredo

帕尔乌斯	Parvus
帕西内蒂，路易吉 ·L	Pasinetti，Luigi L.
珀尔曼，马克	Perlman，Mark
佩特里，弗朗兹	Petry，Franz
菲利普斯，约瑟夫 ·D.	Phillips，Joseph D.
庇古，阿瑟 ·C.	Pigou，Arthur C.
皮林，杰夫	Pilling，Geoff
普列汉诺夫，格奥尔吉 · 瓦连廷诺维奇	Plekhanov，Georgy Ventinovich
波洛克，弗里德里克	Pollock，Friedrich
波普尔，卡尔	Popper，Karl
普雷维什，劳尔	Prebisch，Raul
普雷泽尔，埃里克	Preiser，Erich
普列奥布拉任斯基，叶夫根尼 · 阿列克谢耶维奇	Preobrazhensky，Evgeny Alexeyevich

R

拉柯夫斯基，克里斯蒂	Rakovsky，Christian
里根，罗纳德	Reagan，Ronald
李嘉图，大卫	Ricardo，David
里齐，布鲁诺	Rizzi，Bruno
罗宾斯，莱昂内尔	Robbins，Lionel
罗宾逊，奥斯汀	Robinson，Austin
罗宾逊，琼 ·V.	Robinson，Joan V.
罗默，约翰 ·E.	Roemer，John E.
罗尔，埃里克	Roll，Eric
罗斯福，富兰克林 ·D.	Roosevelt，Franklin D.
罗斯多尔斯基，罗曼	Rosdolsky，Roman
罗斯托，瓦特 · 维特曼	Rostow，Walt Whitman
罗松，鲍勃	Rowthorn，Bob
鲁宾，I. I.	Rubin，I.I.

S

萨尔瓦多里，N	Salvadori，N.
萨缪尔逊，保罗·A.	Samuelson，Paul A.
索耶，马尔科姆·C.	Sawyer，Malcolm C.
施米特，康拉德	Schmidt，Conrad
舒尔茨，查尔斯·L.	Schultze，Charles L.
熊彼特，约瑟夫·A.	Schumpeter，Joseph A.
西尔斯，达德利	Seers，Dudley
塞顿，弗朗西斯	Seton，Francis
沙奇托曼，马克斯	Shachtman，Max
赛克，安瓦尔	Shaikh，Anwar
萧伯纳，乔治·B.	Shaw，George Bernard
谢尔曼，霍华德·J.	Sherman，Howard J.
柴田敬	Shibata，Kei
锡克，奥塔	šik，Ota
西蒙，赫伯特·A.	Simon，Herbert A.
斯克科玻尔，西达·C.	Skocpol，Theda C.
斯密，亚当	Smith，Adam
史密斯，亨利	Smith，Henry
史密斯，罗恩	Smith，Ron
斯拉法，皮罗	Sraffa，Piero
斯大林	Stalin，Josef V.
斯蒂德曼，伊恩	Steedman，Ian
斯坦德尔，约瑟夫	Steindl，Josef
斯滕伯格，弗里茨	Sternberg，Fritz
斯蒂贝林，乔治·C.	Stiebeling，George C.
斯特雷奇，约翰	Strachey，John
斯特鲁韦，皮特	Struve，Peter
萨克利夫，鲍勃	Sutcliffe，Bob
斯威齐，保罗·M.	Sweezy，Paul M.

西曼斯基，阿尔	Szymanksi，A.

T

塔希斯，洛里	Tarshis，Lorie
撒切尔，玛格丽特	Thatcher，Margaret
汤普森，E. P.	Thompson，E.P.
蒂克亭，海莱尔	Ticktin，Hillel
托宾，詹姆斯	Tobin，James
汤因比，阿诺德	Toynbee，Arnold
托洛茨基，列夫·达维多维奇	Trotsky，Lev Davidovich
都留重人	Tsuru，shigeto
杜冈－巴拉诺夫斯基，米哈伊尔·I.	Tugan-Baranovsky，Mikhail I.

U

宇野弘藏	Uno，kozo

V

范·海詹劳特，琼	Van Heijenoort，Jean
瓦尔加，尤金	Varga，Eugen
凡勃伦，索尔斯坦	Veblen，Thorstein

W

瓦格曼，恩斯特	Wagemann，Ernst
沃勒斯坦，伊曼纽尔	Wallerstein，Immanuel
瓦尔拉，里昂	Walras，Leon
沃尔特，埃米尔	Walter，Emil
沃德，E.E.	Ward，E.E.

沃伦，比尔　Warren，Bill
韦伯，马克斯　Weber，Max
韦斯科普夫，托马斯 ·E.　Weisskopf，Thomas E.
维塞尔，弗里德利克 · 冯　Wieser，Friedrich von
威尔逊，J. D.　Wilson，J.D.
温特尼茨，J.　Winternitz，J.
沃尔夫，爱德华 ·N.　Wolff，Edward N.
赖特，埃里克 · 奥林　Wright，Erik Olin

Y

耶夫，戴维 ·S.　Yaffe，David S.

Z

季诺维也夫，格里戈里 · 叶夫谢耶维奇　Zinoviev，Grigory Yevseyevich